Nördliche Inseln über dem Winde und Französische Antillen

Seiten 222–375

Inseln

- Virgin Islands
- Anguilla
- St. Martin/Sint Maarten
- Saba und St. Eustatius
- St. Kitts und Nevis
- Antigua und Barbuda
- St. Barthélemy
- Guadeloupe
- Martinique

Südliche Inseln über dem Winde und Barbados

Seiten 376–453

Inseln

- Dominica
- St. Lucia
- St. Vincent und die Grenadinen
- Grenada
- Barbados

VIS-À-VIS

KARIBIK

Vis-à-Vis

So schmeckt die KARIBIK

PASTELLES · JERK FISH · BANANA STEWS · COSTILLAS · MAJARETE

Genießen im Urlaub – Rezepte für zu Hause

VIS-À-VIS

So schmeckt die KARIBIK

www.dorlingkindersley.de

KARIBIK KULINARISCH

Die Küche der Karibik ist vielfältig. Jahrhundertelang strömten Einwanderer aller Herren Länder auf die Inseln und kombinierten regionale Zutaten mit jenen aus ihrer Heimat. So entwickelte jede Insel eine Küche mit eigenem Charakter.

Es ist nicht verwunderlich, dass auf den karibischen Inseln viel Fisch und Seafood auf dem Speiseplan steht, etwa Red Snapper, Tilapia oder Conch-Muscheln. Eine wichtige Rolle spielt *lobster*, die karibische Languste, die auf den Speisekarten vieler Restaurants zu finden ist, aber auch, mit etwas Butter bestrichen und kurz gegrillt, ein schnelles, einfaches und köstliches Mahl ergibt.

Fleisch steht auf den Inseln der Karibik ebenfalls hoch im Kurs. Huhn, Schwein und Rind werden auf jede denkbare Weise zubereitet, z. B. als Eintopf wie der *brown stew chicken* oder gegrillt wie die kubanischen *costillas con mojo de mango*. Eine besondere Spezialität der jamaikanischen Küche sind Jerks, Marinaden, die bei der Zubereitung von Jerk Pork, Jerk Chicken oder einer Variante mit Fisch, z. B. *Jamaican Jerk Fish with sweet potatoes*, ihren wunderbaren Duft verströmen. Apropos Duft, die karibische Küche wäre ohne ihre heimischen Gewürze nur die Hälfte wert. Muskat, Gewürznelken, Ingwer und Scotch-Bonnet-Chili fehlen in fast keinem Gericht. Auch Zimt, Vanille, Pfeffer, Piment und Lorbeer verwöhnen die Gaumen von Einheimischen und Besuchern gleichermaßen. In puncto Gewürze hat die Karibik einen großen Vorteil: Viele werden auf den Inseln angebaut, und mit Grenada hat man sogar die »Insel der Gewürze« quasi vor der Haustür.

Zwar hat sich auf jeder Insel eine Küche mit eigenem Charakter entwickelt, dennoch gibt es viele Gemeinsamkeiten. Beilagen wie Kochbananen, Süßkartoffeln, Brotfrucht oder Okraschoten werden in der ganzen Karibik serviert. Gerichte aus der Kategorie *rice and peas* sind ebenfalls überall zu finden – die puertoricanische Variante *arroz con gandules* ist dort sogar das Nationalgericht.

Mais wurde bereits vom Volk der Taíno angebaut

Inhalt

Impressum

Beilage zum Reiseführer Vis-à-Vis Karibik

Programmleitung: Dr. Jörg Theilacker, DK Verlag
Projektleitung: Antonia Wiesmeier, DK Verlag
Gestaltung: Ute Berretz, München
Redaktion: Bernhard Lück, Augsburg
Schlussredaktion: Philip Anton, Köln

ISBN: 978-3-7342-0141-7

Pastelles
Maismehltaschen aus Trinidad

Auf Trinidad ist das Zubereiten von Pastelles eine beliebte Weihnachtstradition.

Für 12–15 Stück

Zubereitungszeit 45 Min. + Wartezeit

Garzeit 40–50 Min.

Bananenblätter, tiefgekühlt aus dem Asialaden

Küchengarn

Zutaten

Für den Teig

320 g Maismehl

1 TL Salz

120 g Butter, gewürfelt

Für die Füllung

500 g Hackfleisch (nach Belieben Schwein, Rind oder Huhn)

1 EL Olivenöl

2 Zwiebeln, fein gehackt

4 Knoblauchzehen, gehackt

1 Scotch-Bonnet-Chili, entkernt und gehackt

120 g Tomatenstücke aus der Dose, abgetropft

½ Bund Frühlingszwiebeln, gehackt

2 EL frischer Thymian, gehackt

Salz und schwarzer Pfeffer

3 EL Kapern, gehackt

3 EL grüne Oliven, gehackt

30 g Rosinen, gehackt

① Mehl mit dem Salz in eine Schüssel sieben. Mit den Händen die Butter einarbeiten, bis feine Krümel entstanden sind. 500 ml sehr warmes Wasser hinzufügen und alles rasch verkneten. Den Teig in Frischhaltefolie gewickelt 30 Min. ruhen lassen.

② In der Zwischenzeit Öl in einer Pfanne erhitzen, Hackfleisch unter Rühren 5 Min. braten, dabei das Fleisch mit einem Kochlöffel zerdrücken. Zwiebeln, Knoblauch und Chili hinzufügen und weitere 3 Min. braten.

③ Tomaten, Frühlingszwiebeln und Thymian sowie Salz und Pfeffer dazugeben und bei reduzierter Hitze 10–12 Min. unter Rühren köcheln lassen. Zum Schluss Kapern, Oliven und Rosinen unterrühren.

④ Den Maismehlteig zu 12 bis 15 Kugeln formen. Diese auf ein zugeschnittenes Bananenblatt setzen und 5 mm dick zu einem Kreis ausrollen. Darauf 1 TL Füllung setzen. Die Ränder umschlagen, kleine Päckchen falten und mit einem Stück Küchengarn zusammenbinden.

⑤ Die Pastelles in den Dämpfeinsatz eines Topfes legen und über kochendem Wasser bei geschlossenem Deckel 25–30 Min. dämpfen, bis der Teig gar ist.

Kapern sind eingelegte Blütenknospen des Kapernstrauchs, die Gerichten ein unverwechselbares Aroma verleihen

Für 4 Personen

Zubereitungszeit 25 Min.
+ Wartezeit

Garzeit 10 Min.

Zutaten

Für die Spieße

200 g Hähnchenbrust

Saft von 1 Limette

1 Knoblauchzehe, gehackt

50 ml Erdnussöl

Salz und schwarzer Pfeffer

1 TL brauner Zucker

Für das Mus

150 g Stockfisch

1 große, sehr reife Avocado

½ Schalotte, fein gehackt

1 Knoblauchzehe

1 Scotch-Bonnet-Chili, gehackt

½ Bund Petersilie, gehackt

100 g Maniokmehl (bzw. Mais- oder Kartoffelstärke)

100 ml Kokosmilch

Féroce d'Avocat

Avocado-Stockfisch-Mus

Die Scotch-Bonnet-Chili macht die Guacamole der Französischen Antillen »wild« *(féroce)*.

① Stockfisch 48 Std. vor Verwendung in eine Schüssel mit Wasser geben und während der Einweichzeit das Wasser mindestens 4-mal wechseln.

② Hähnchenbrust würfeln und in einer Marinade aus 2 EL Limettensaft, der Knoblauchzehe, dem Öl und jeweils einer Prise Salz, Pfeffer sowie ½ TL braunem Zucker 30 Min. marinieren.

③ Den Ofen auf 150 °C vorheizen, Stockfisch aus dem Wasser nehmen, abtrocknen und auf den Backofenrost legen. Im Ofen auf beiden Seiten leicht golden grillen. Stockfisch abkühlen lassen, Haut und Gräten entfernen.

④ Avocado schälen und entsteinen, das Fleisch mit einem Löffel herauslösen und zusammen mit Stockfisch in einen Mixer geben und fein pürieren.

⑤ Restlichen Limettensaft mit Schalotte, Knoblauchzehe, Chilischote, Petersilie, Salz, Pfeffer und restlichem Zucker mischen und in die Avocadocreme rühren.

⑥ Maniokmehl mit Kokosmilch glatt rühren und unter die Avocadocreme mischen. Hähnchenwürfel auf Spieße stecken und auf beiden Seiten etwa 3 Min. grillen.

Avocados enthalten viel Fett, wegen des hohen Anteils an ungesättigten Fettsäuren, B-Vitaminen, Magnesium und Kalium sind sie dennoch gesund

Pumpkin soup
Karibische Kürbissuppe

Die mit Ingwer, Chili und Knoblauch verfeinerte Kürbissuppe ist ein delikat gewürzter, aromatischer Genuss.

Für 4 Personen

Zubereitungszeit 20 Min.

Garzeit 20 – 25 Min.

Zutaten

- 2 EL Olivenöl
- 1 Zwiebel, gewürfelt
- 2 Knoblauchzehen, fein gehackt
- 2 TL geriebener frischer Ingwer
- ¼ TL Chiliflocken
- 500 g Kürbis, geschält und in kleine Stücke geschnitten
- 250 g gehackte Tomaten (Dose)
- 1 TL Kreuzkümmelsamen ohne Fett geröstet und zerstoßen
- 1 TL Korianderkörner, ohne Fett geröstet und zerstoßen
- 1 l heiße Gemüsebrühe
- 200 ml Kokosmilch
- 1 Spritzer Tabasco (nach Belieben)
- 1 Scotch-Bonnet-Chili, Samen entfernt, fein gehackt

① Olivenöl in einem großen Topf erhitzen. Zwiebelwürfel darin 3 Min. braten. Knoblauch, Ingwer und Chiliflocken unterrühren und 1 Min. mitbraten. Kürbis, Tomaten und zerstoßene Gewürze untermischen und alles noch 2 Min. braten. Brühe und Kokosmilch dazugießen, aufkochen und 12–15 Min. köcheln lassen, bis der Kürbis weich ist.

② Die Suppe im Mixer oder in der Küchenmaschine (falls nötig, portionsweise) glatt pürieren. Anschließend durch ein Sieb wieder in den Topf gießen. Für mehr Schärfe nach Belieben etwas Tabasco dazugeben. Die Suppe wieder heiß werden lassen, mit gehackter Chilischote bestreuen und servieren.

Für die leuchtend roten Chiliflocken werden Chilischoten getrocknet und grob geschrotet

Dazu werden gerne karibische Pfannkuchenfladen, *rotis*, und gebratene Garnelen- oder Hähnchenbrustspieße serviert.

Für 4 Personen

Zubereitungszeit 10 Min.

Garzeit 30 Min.

Zutaten

4 Kochbananen

Saft von einer 1 Limette

1 Prise Zucker

Salz

6 EL Erdnussöl

1 große rote Zwiebel, in Ringe geschnitten

2 Knoblauchzehen, gehackt

80 g grüne Oliven, in Ringe geschnitten

Banana salad

Kochbananensalat

Kochbananen sind aus der karibischen Küche nicht wegzudenken. Es gibt sie frittiert, gegrillt, gebraten – oder wie hier, als sommerlich leichten Salat.

① Beide Enden der Kochbananen abschneiden. Bananen 30 Min. in Salzwasser kochen, danach in Eiswasser abschrecken.

② Limettensaft, Zucker und Salz verrühren, bis sich Salz und Zucker aufgelöst haben, und abschmecken. Öl sorgfältig unterrühren, einige Zwiebelringe beiseitelegen, die restlichen Ringe und Knoblauchzehen in das Dressing geben.

③ Kochbananen schälen, in Scheiben schneiden und unter das Dressing heben. Mit Oliven- und Zwiebelringen bestreuen.

Reife Kochbananen sind nicht besonders ansehnlich, das Fruchtfleisch ist jedoch süß und sehr aromatisch. Das Fruchtfleich grüner unreifer Bananen ist fest und enthält viel Stärke

Dazu passt Kurzgebratenes oder gegrilltes Fleisch.

Für 4 – 6 Personen

Zubereitungszeit 20 Min.
Garzeit 1:30 – 2 Std.

Zutaten

2 EL Olivenöl
2 Zwiebeln, fein gewürfelt
Salz und frisch gemahlener schwarzer Pfeffer
3 Knoblauchzehen, fein gehackt
1 TL Cayennepfeffer
3 Zuckermaiskolben, in etwa 1 cm dicke Scheiben geschnitten
2 rote Paprikaschoten, grob zerkleinert
3 Süßkartoffeln, geschält und gewürfelt
175 g gelbe Spalterbsen (Chana Dal)
300 ml heiße Gemüsebrühe
1 Dose Kokosmilch (400 ml)
1 kleine Handvoll Thymian
1 Scotch-Bonnet-Chili
Limettenschnitze zum Servieren (nach Belieben)

Jamaican corn stew

Jamaikanischer Maistopf

Knackige Paprikaschoten, leuchtend gelber Mais und die aromatische Schärfe von Cayennepfeffer und Chili bereiten ein Fest für das Auge und den Gaumen.

① Den Backofen auf 170 °C vorheizen. Das Öl in einem großen backofenfesten Schmortopf bei mittlerer Hitze heiß werden lassen. Die Zwiebelwürfel darin in 3 – 4 Min. glasig dünsten, salzen und pfeffern. Knoblauch und Cayennepfeffer unterrühren und 1 Min. mitdünsten. Mais, Paprika und Süßkartoffeln hinzufügen und in der Mischung wenden. Erbsen und etwas Brühe untermischen.

② Das Ganze aufkochen lassen. Restliche Brühe und Kokosmilch dazugeben, erneut aufkochen und köcheln lassen. Thymian und Chili in den Topf geben. Den Topf schließen und für 1:30 – 2 Std. in den heißen Ofen stellen. Falls nötig, gelegentlich etwas heißes Wasser hineingeben.

③ Die Chilischote entfernen. Das Gericht abschmecken und in vorgewärmte Schalen schöpfen. Mit Limettenschnitzen (nach Belieben) und Reis servieren.

Zuckermais wird meist zubereitet verzehrt, schmeckt aber auch sehr gut, wenn man die Körner roh direkt vom Kolben knabbert

Costillas con mojo de mango

Kubanische Rippchen mit Mango-Mojo

Außen kross, innen zart und saftig, serviert mit fruchtig-würzigem Mojo – nach diesen Rippchen leckt man sich nicht nur in Kuba alle zehn Finger.

① Grill vorbereiten; die Kohle sollte nicht mehr rauchen, sondern außen bereits weiß sein und innen glühen.

② Rippchen mit Öl bestreichen. Alle Gewürze gut miteinander vermengen und in das Fleisch einmassieren.

③ Rippchen nicht direkt über die glühenden Kohlen des Grills legen, sondern leicht versetzt daneben, da die Marinade durch den enthaltenen Zucker leicht verbrennen kann. Deckel des Grills schließen und etwa 2 Std. garen lassen. Alle 30 Min. eine Handvoll Kohle nachfüllen, Fleisch dabei mehrmals wenden.

④ Inzwischen die Mangos schälen. Das Fleisch mit einem scharfen Messer von den Steinen abschneiden, fein würfeln und in eine Schüssel geben.

⑤ Chilischote, Zucker, Essig, Limettensaft mischen, bis sich der Zucker aufgelöst hat. Anschließend Öl sorgfältig unterrühren und alles unter die Mangowürfel geben. Das Mojo mit Salz, Pfeffer und Koriander würzen.

Für 6 Personen

Zubereitungszeit 20 Min.

Garzeit 2 Std.

Zutaten

Für die Rippchen

3 kg Kotelettrippchen

3 TL Olivenöl

2 TL Annatto (alternativ: geräuchertes Paprikapulver)

1 TL Cumin, gemahlen

½ TL schwarze Pfefferkörner, gemahlen

1 TL Salz

2 TL brauner Zucker

Für das Mango-Mojo

2 reife Mangos

1 Scotch-Bonnet-Chili, Samen entfernt, gehackt

3 TL brauner Zucker

1 TL Weißweinessig

Saft einer ½ Limette

4 TL Rapsöl oder Olivenöl

Salz und schwarzer Pfeffer

1 große Prise gemahlener Koriander

1 EL gehackte Minze

⑥ Das Mojo in einen luftdicht verschließbaren Behälter füllen und kalt stellen, damit sich die Aromen entfalten können.

⑦ Die Rippchen sind gar, sobald klarer Saft aus den Rippchen läuft, wenn man mit einem spitzen Messer hineinsticht. Rippchen vom Grill nehmen, diesen noch einmal stark erhitzen und die Rippchen über der glühenden Kohle auf beiden Seiten knusprig braten.

⑧ Das Mojo vor dem Servieren bei Bedarf nachwürzen, die Minze unterrühren und das Ganze mit den Rippchen servieren.

Variante

Statt mit einem Grill können Sie die Rippchen auch im Backofen zubereiten. Bei 100 °C sollten sie innerhalb von 2 Std. zart gegart sein. Auch hier die Rippchen danach aus dem Ofen nehmen, den Ofen auf 200 °C vorheizen und das Fleisch kurz auf beiden Seiten kross grillen.

Eine reife Mango erkennt man daran, dass sie angenehm duftet und auf leichten Druck nachgibt

Für 8 Personen

Zubereitungszeit 30 Min.
+ Marinierzeit

Garzeit 30 Min.

Zutaten

1–2 Scotch-Bonnet-Chilis oder andere grüne Chilischoten, entkernt

2 TL gemahlenes Piment

1 Handvoll Thymianblättchen

2 TL Tamarindenpaste

5 cm frischer Ingwer, grob gewürfelt

Salz und frisch gemahlener schwarzer Pfeffer

3 EL Olivenöl

4 große Hähnchenbrustfilets, in mundgerechte Stücke geschnitten

1 EL Mehl

1,5 l heiße Hühnerbrühe

4 Paprikaschoten, grob gewürfelt

5 Tomaten, gehäutet und gewürfelt

Brown stew chicken

Karibischer Hähnchentopf mit Piment und Ingwer

Die feurigen Scotch-Bonnet-Chilis sind die Chilis der Karibik.

① Chilis mit Piment, Thymian, Tamarindenpaste, Ingwer, Salz und Pfeffer im Blitzhacker zu einer Paste verarbeiten, dabei etwas Öl dazugeben. Die Marinade in einen Gefrierbeutel füllen. Das Fleisch hinzufügen, den Beutel verschließen und durchkneten. Das Fleisch 30 Min. oder über Nacht im Kühlschrank marinieren.

② Das restliche Öl in einem Schmortopf bei mittlerer Hitze heiß werden lassen. Das Fleisch mit der Marinade hineingeben und in 10 Min. rundherum anbraten. Das Mehl unterrühren. Etwas Brühe angießen, den Bratensatz vom Topfboden losschaben. Die restliche Brühe hinzufügen und rühren, bis keine Klümpchen mehr vorhanden sind.

③ Paprika und Tomaten unterrühren; kräftig salzen und pfeffern. Aufkochen und bei schwacher Hitze 30 Min. köcheln lassen, bis die Sauce etwas angedickt ist; abschmecken. Heiß servieren; dazu passen gebackene Süßkartoffeln oder Süßkartoffelpüree.

Piment, auch als Jamaikapfeffer bekannt, verleiht jedem Gericht eine Note von Pfeffer, Gewürznelke, Muskat und Zimt

Für 4 Personen

Zubereitungszeit 15 Min.

Garzeit 30 Min.

Zutaten

1 EL Olivenöl

1 TL gemahlenes Piment

1 TL Paprikapulver

1 Stück frischer Ingwer (5 cm), in Scheiben geschnitten

2 Scotch-Bonnet-Chilis, entkernt und gehackt

Salz und frisch gemahlener schwarzer Pfeffer

4 weißfleischige Fischfilets (z. B. Schellfisch, Seelachs oder Kabeljau; je etwa 200 g)

4 Süßkartoffeln, geschält und in mundgerechte Stücke geschnitten

gehacktes Koriandergrün zum Bestreuen

Jamaican Jerk Fish with sweet potatoes

Fisch und Süßkartoffeln auf Jamaika-Art

Jamaikaner bereiten das Gericht natürlich mit einheimischen Fischen wie Red Snapper oder Tilapia zu. Es schmeckt aber auch mit Seelachs oder Kabeljau ganz hervorragend.

① Den Backofen auf 190 °C vorheizen. Das Olivenöl mit Piment, Paprikapulver, Ingwer, Chilis, etwas Salz und reichlich Pfeffer verrühren. Die Fischfilets mit dem Großteil dieser Mischung bestreichen. Die Süßkartoffelstücke mit dem restlichen Würzöl mischen. In eine ofenfeste Form geben und im Ofen 15 Min. rösten.

② Den Fisch in die Form geben und etwa 15 Min. mitgaren, bis die Süßkartoffeln weich sind – dann ist auch der Fisch gar. Das Gericht mit Koriandergrün bestreuen und sofort servieren.

Süßkartoffeln zählen in der karibischen Küche zu den klassischen Beilagen

Für 4 Personen

Zubereitungszeit 10 Min.

Garzeit 40 Min.

Zutaten

1 Dose Gungo- oder Pigeonerbsen, ersatzweise Augenbohnen (400 g), abgegossen und abgespült

1 Dose Kokosmilch (400 ml)

1 große Zwiebel, fein gehackt

1 grüne Paprikaschote, Stielansatz, Samen und Scheidewände entfernt, Fruchtfleisch gehackt

Salz und Pfeffer

125 g Langkornreis

Cayennepfeffer zum Bestreuen

Arroz con gandules

Puerto-ricanischer Reis mit Erbsen

Aus der Karibik und nur echt mit *gungo* oder *pigeon peas*, die es bei uns im Asialaden gibt.

① Erbsen oder Bohnen, Kokosmilch, Zwiebel und Paprika in einen Topf geben. Mit Salz und Pfeffer würzen und bei niedriger Temperatur 5 Min. köcheln lassen.

② Den Reis einrühren, Deckel auflegen und 35 Min. köcheln lassen, bis der Reis weich ist, dabei gelegentlich umrühren. Mit Cayennepfeffer bestreut servieren.

Vorbereitung

Sie können das Gericht im Voraus zubereiten und in einer flachen, mit Alufolie gut abgedeckten ofenfesten Form bei 180 °C aufwärmen.

Passt zu gegrilltem oder gebratenem Fleisch und Geflügel, aber auch zu gebratenem Fisch.

Pigeonerbsen sind ein wertvoller Eiweißlieferant. Der Proteinanteil der getrockneten Samen liegt bei über 20 Prozent

Für 4 Personen

Zubereitungszeit 15 Min.
+ Wartezeit

Garzeit 15 Min.

4 Dessertförmchen
für je 300 ml Inhalt

Zutaten

6 Maiskolben

85 g Maisstärke

1 l Milch

60 g Zucker

1 Päckchen Vanillezucker

2 Zimtstangen

Muskatnuss

Majarete
Dominikanischer Zimtpudding

Kaum eine Nachspeise bringt in der Dominikanischen Republik mehr Augen zum Leuchten – sowohl von Erwachsenen als auch von Kindern.

① Maiskörner mit einem Messer vom Maiskolben abschneiden. Die Maisstärke mit etwas Milch in einer mittelgroßen Schüssel glatt rühren. Die restliche Milch mit Maiskörnern, Zucker und Vanillezucker in einen Mixer geben und rasch zu einem Brei mixen. Durch ein Sieb in einen großen Topf geben und langsam zum Kochen bringen.

② Die angerührte Maisstärke zur kochenden Milch in den Topf gießen und alles gut vermischen. Unter ständigem Rühren langsam wieder zum Kochen bringen und mit den Zimtstangen bei reduzierter Hitze 15 Min. köcheln lassen.

③ Den Topf von der Kochstelle nehmen, sobald die Creme eine Konsistenz von Joghurt hat, Zimtstangen aus dem Topf nehmen und Creme auf die Förmchen verteilen.

④ Auf jeden Pudding ein Stück Frischhaltefolie drücken. Die Puddinge für mindestens 2 Std. kalt stellen bis sie fest sind, dann Muskatnuss darüberreiben und servieren.

Zimtstangen entstehen, wenn sich die abgeschälte Zimtrinde beim Trocknen in der Sonne zusammenrollt

Flan de huevos

Eierflan

Dieser Traum aus Eiern, Zucker und Vanille belegt, dass man in der Karibik die Kunst der süßen Verführung beherrscht.

① Den Backofen auf 160 °C vorheizen. Die Förmchen mit kochendem Wasser füllen und beiseitestellen. Etwas kaltes Wasser in eine zweite Schüssel füllen.

② Zucker in einem schweren Topf bei niedriger Temperatur erhitzen. Sobald er sich aufgelöst hat, die Temperatur erhöhen und den Sirup sprudelnd kochen, bis er goldbraun ist. Den Topfboden in die Schüssel mit dem kaltem Wasser stellen, damit der Karamell rasch abkühlt und nicht weiterkocht.

③ Förmchen ausleeren und den Karamell hineingießen. Die Förmchen behutsam drehen, um den Karamell auf der unteren Hälfte der Wände zu verteilen.

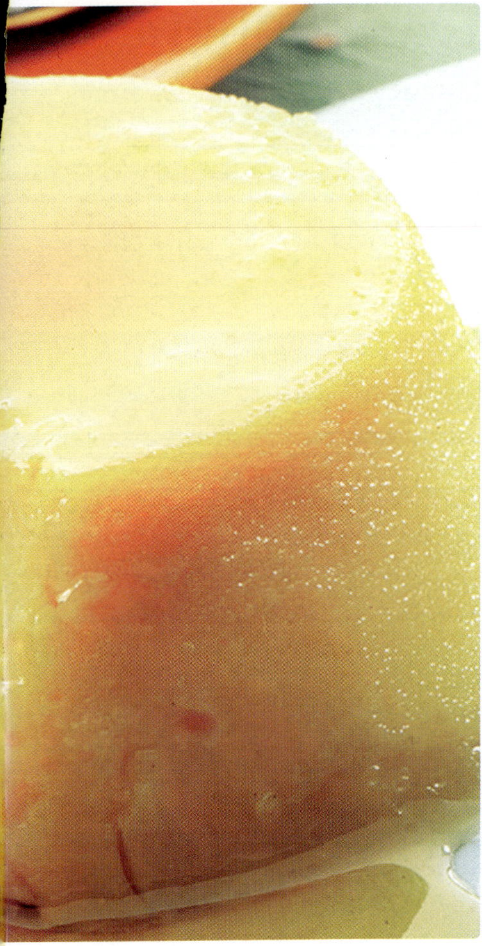

Für 4 Personen

Zubereitungszeit 20 Min.
+ Wartezeit

Garzeit 35–40 Min.

4 ofenfeste Förmchen

Zutaten

175 g Zucker

1 Vanilleschote

600 ml Vollmilch

4 Eier

4 Eigelb

60 g feiner Zucker

④ Vanilleschote aufschlitzen und das Mark herauskratzen. Milch mit Mark und Schote in einen Topf geben und kurz vor dem Kochen von der Kochstelle nehmen. Die Schote entfernen.

⑤ In der Zwischenzeit Eier, Eigelbe und feinen Zucker in einer Schüssel verquirlen. Die warme Milch unterrühren. Die Mischung in die Förmchen gießen. Diese in einen Bräter setzen und kochendes Wasser dazugießen, bis die Förmchen bis zur Hälfte im Wasser stehen. Für 25–30 Min. in den Backofen schieben, bis der Flan gerade fest ist. Herausnehmen, abkühlen lassen.

⑥ Die Ränder der Flans mit der Fingerspitze behutsam von den Wänden der Förmchen wegziehen. Servierteller auf die Förmchen setzen und die Flans stürzen.

Eigelb von einem frischen Ei ist stark gewölbt. Je älter das Ei, desto flacher der Dotter

VIS-À-VIS-REISEFÜHRER

Ägypten • Alaska • Amsterdam • Apulien • Argentinien • Australien • Bali & Lombok • Baltikum • Barcelona & Katalonien • Beijing & Shanghai • Belgien & Luxemburg • Berlin • Bodensee • Bologna & Emilia-Romagna • Brasilien • Bretagne • Brüssel • Budapest • Chicago • Chile • China • Costa Rica • Dänemark • Danzig • Delhi, Agra & Jaipur • Deutschland • Dresden • Dublin • Florenz & Toskana • Florida • Frankreich • Gardasee • Gran Canaria • Griechenland • Großbritannien • Hamburg • Hawaii • Indien • Irland • Istanbul • Italien • Italienische Riviera • Japan • Jerusalem • Kalifornien • Kambodscha & Laos • Kanada • Karibik • Kenia • Korsika • Krakau • Kreta • Kroatien • Kuba • Las Vegas • Lissabon • Loire-Tal • London • Madrid • Mailand • Malaysia & Singapur • Mallorca • Marokko • Mexiko • Moskau • München & Südbayern • Myanmar • Neapel • Neuengland • Neuseeland • New Orleans • New York • Niederlande • Nordspanien • Norwegen • Österreich • Paris • Peru • Polen • Portugal • Prag • Provence & Côte d'Azur • Rom • San Francisco • St. Petersburg • Sardinien • Schottland • Schweden • Schweiz • Sevilla & Andalusien • Sizilien • Slowenien • Spanien • Sri Lanka • Stockholm • Straßburg & Elsass • Südafrika • Südtirol & Trentino • Südwestfrankreich • Teneriffa • Thailand • Thailand – Strände & Inseln • Tokyo • Tschechien & Slowakei • Türkei • Umbrien • USA • USA Nordwesten & Vancouver • USA Südwesten & Las Vegas • Venedig & Veneto • Vietnam & Angkor • Washington, DC • Wien • Zypern

DK

www.dorlingkindersley.de

VIS-À-VIS

KARIBIK

DK

London • New York • München
Melbourne • Delhi

www.dorlingkindersley.de

Produktion
Dorling Kindersley India, Delhi

Managing Editor
Aruna Ghose

Texte Christopher Baker, James Henderson, Skye Hernandez, Lynda Lohr, K. C. Nash, Don Philpott, Theresa Storm, Lynne Morgan Sullivan, Polly Thomas

Fotografien Demetrio Carrasco, Nigel Hicks, Linda Whitwam

Illustrationen Chapel Design & Marketing Ltd., Chinglemba Chingtham, Aurgho Jyoti, Arun Pottirayil, Mark Arjun Warner

Kartografie
Uma Bhattacharya, Zafar-ul-Islam Khan

Redaktion und Gestaltung
Dorling Kindersley India, Delhi: Ankita Awasthi, Sunita Gahir, Kavita Saha, Shikha Kulkarni, Anchal Kaushal, Divya Chowfin, Jayashree Menon, Souvik Mukherjee, Sonal Bhatt, Neha Gupta
Dorling Kindersley Ltd., London: Douglas Amrine, Vivien Antwi, Jane Ewart, Alastair Laing, Kate Leonard, Shahid Mahmood, Vicki Ellen, Casper Morris, Karen Constanti, Tessa Bindloss, Natasha Lu

Titel der englischen Originalausgabe:
Eyewitness Travel Guide *Caribbean*
Zuerst erschienen 2009 in Großbritannien
bei Dorling Kindersley Ltd., London
A Penguin Random House Company

Für die deutsche Ausgabe:

Ein Unternehmen der Penguin Random House Group

Aktualisierte Neuauflage 2017 / 2018

Programmleitung Dr. Jörg Theilacker, DK Verlag
Projektleitung Stefanie Franz, DK Verlag
Projektassistenz Sonja Baldus, DK Verlag
Übersetzung Barbara Rusch, München; Annika Schroeter, München
Redaktion Bernhard Lück, Augsburg
Schlussredaktion Philip Anton, Köln
Umschlaggestaltung Ute Berretz, München
Satz und Produktion DK Verlag
Druck Vivar Printing Sdn Bhd, Malaysia

ISBN 978-3-7342-0141-7
5 6 7 8 9   20 19 18 17 16

Dieser Reiseführer wird regelmäßig aktualisiert. Angaben wie Telefonnummern, Öffnungszeiten, Adressen, Preise und Fahrpläne können sich jedoch ändern. Der Verlag kann für fehlerhafte oder veraltete Angaben nicht haftbar gemacht werden. Für Hinweise, Verbesserungsvorschläge und Korrekturen ist der Verlag dankbar. Bitte richten Sie Ihr Schreiben an:

Dorling Kindersley Verlag GmbH
Redaktion Reiseführer
Arnulfstraße 124 • 80636 München
travel@dk-germany.de

◀ **Vogelperspektive der Turtle Cove Marina, Providenciales** ***(siehe S. 120)***

◀◀ **Umschlag: Little Cayman Beach Resort auf Little Cayman, der kleinsten der Cayman Islands** ***(siehe S. 108f)***

Inhalt

Souvenir, Puerto Rico ***(siehe S. 221)***

Die Karibik stellt sich vor

Ein Porträt der Karibik

Christiansted Harbor, St. Croix, US Virgin Islands ***(siehe S. 232)***

Große Antillen

Musée Victor Schoelcher in Pointe-à-Pitre, Guadeloupe *(siehe S. 346)*

Nördliche Inseln über dem Winde und Frz. Antillen

Grand Anse Beach auf Grenada *(siehe S. 430)*

Französische Antillen

Südliche Inseln über dem Winde und Barbados

Südliche Karibikinseln

Stelzenläufer beim Karneval, Trinidad und Tobago *(siehe S. 459)*

Estate Whim auf St. Croix, US Virgin Islands *(siehe S. 232f)*

Benutzerhinweise

Dieser Reiseführer präsentiert Ihnen die vielen Facetten der Karibik und soll Ihre Reise mit Informationen und Empfehlungen zu einem Erlebnis machen. *Die Karibik stellt sich vor* präsentiert die Region und bietet praktische Reisetipps. *Ein Porträt der Karibik* informiert über Geschichte und Kultur sowie das vielfältige Freizeitangebot. Die einzelnen Inseln sind in vier Hauptkapiteln zusammengefasst und werden dort in Teilkapiteln vorgestellt. Jedes Teilkapitel beginnt mit einer Karte, danach folgen Beschreibungen der Sehenswürdigkeiten und der schönsten Strände sowie Informationen über Sport, Aktivitäten, Hotels, Restaurants und praktische Hinweise.

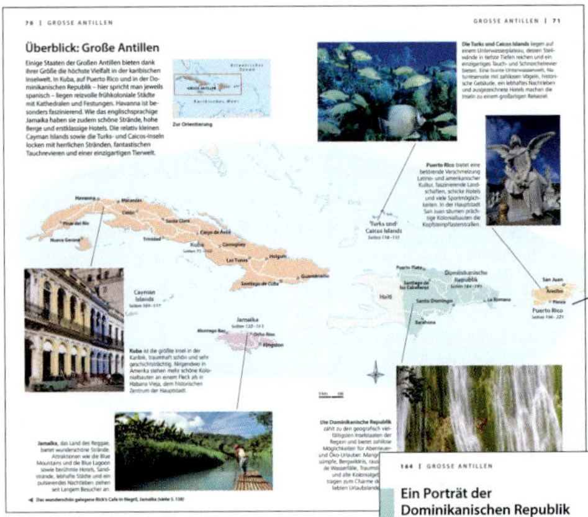

Regionen der Karibik
Die Karte auf der vorderen Umschlaginnenseite zeigt die vier Hauptregionen und sämtliche Inseln und Staaten, die in diesem Buch vorgestellt werden.

1 Übersichtskarte
Jedes Kapitel beginnt mit einer Karte, auf der die im Folgenden beschriebenen Inseln farbig markiert sind.

2 Inselporträt
Von besonders charakteristischen Inseln werden Landschaft, Geschichte und Kultur ausführlicher vorgestellt.

Kurztexte beschreiben einige der wichtigen Sehenswürdigkeiten einer Insel.

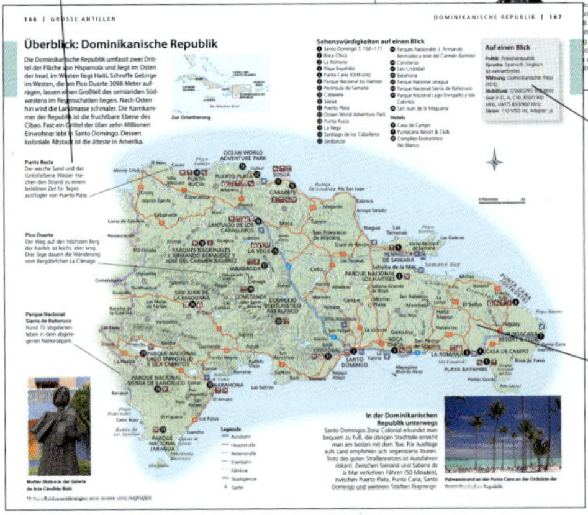

Informationen zu Politik, Sprache, Währung, Mobilfunkempfang und Stromspannung sind im Kasten »Auf einen Blick« zusammengefasst.

3 Inselkarte
Hier sind alle Sehenswürdigkeiten eines Inselstaates eingetragen und in der Reihenfolge durchnummeriert, in der sie beschrieben werden.

Alle Inselbeschreibungen können anhand der Farbcodierung leicht gefunden werden.

Sterne bezeichnen Sehenswürdigkeiten, die man keinesfalls versäumen sollte.

4 Detailkarte
Die Karte zeigt die wichtigen Straßen und Sehenswürdigkeiten eines Stadtviertels aus der Vogelperspektive.

Routenempfehlungen führen zu besonders interessanten und schönen Sehenswürdigkeiten.

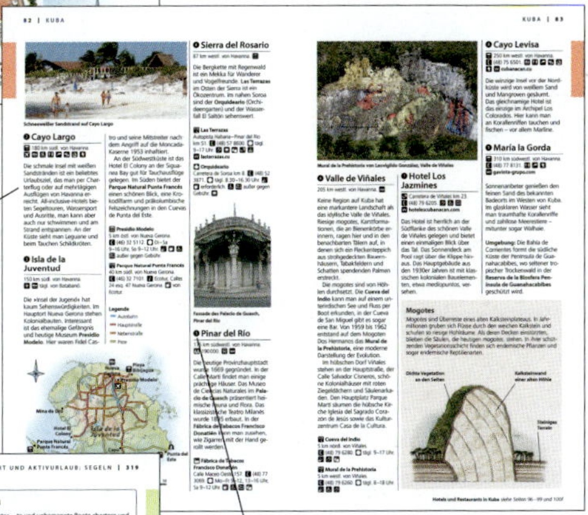

5 Detaillierte Informationen
Städte, Natur- und Strandgebiete werden individuell, teilweise mit Karten und Verweisen, beschrieben.

Zahlen beziehen sich auf die Markierung auf der Karte.

6 Sport und Aktivurlaub
Hier findet man detaillierte Informationen über die möglichen Aktivitäten auf jeder Insel sowie Adressenlisten.

Sonderseiten befassen sich ausführlicher mit bestimmten Aspekten, z. B. Sportarten.

7 Praktische Hinweise
informieren über Aspekte wie beste Reisezeit, Einreisebestimmungen, Sicherheit, Verkehrsmittel und Sprache.

Infoboxen listen die Adressen der im Text erwähnten Organisationen und Dienstleister auf.

DIE KARIBIK STELLT SICH VOR

Die Karibik entdecken

Die Inseln der Karibik sind über ein weites Gebiet verstreut. Deshalb ist es kaum möglich, die gesamte Region mit einer einzigen Reise abzudecken. Die folgenden Touren konzentrieren sich deshalb auf besonders faszinierende und lohnende Inseln. Zunächst stellen wir Ihnen Hauptstädte der Großen Antillen vor: Für Havanna und Santo Domingo planen wir zwei Tage, für San Juan einen Tag. Es folgen zwei Sieben-Tage-Touren durch Westkuba bzw. Jamaika. Für alle Reisenden, die von einer Karibik-Kreuzfahrt träumen, haben wir eine Route durch die Südkaribik im Angebot. Den Abschluss bildet ein sieben- oder 14-tägiger Segeltörn um die Nördlichen Inseln über dem Winde.

Eine Woche in Jamaika

- Füttern Sie Kolibris im Rocklands Bird Sanctuary bei **Montego Bay**.
- In **Negril** können Sie im weißen Sand liegen, tauchen, schnorcheln oder zu Reggae tanzen.
- Besuchen Sie das **Royal Palm Reserve** im **Great Morass** und auf der Fahrt nach **Treasure Beach** die **YS Falls**.
- Besichtigen Sie in **Kingston** das Devon House und das Bob Marley Museum.
- Auf der Fahrt nach **Port Antonio** können Sie das Panorama der **Blue Mountains** genießen.
- Die Küstenstraße nach **Ocho Rios** bietet einen herrlichen Ausblick.
- Die Herrenhäuser **Rose Hall und Greenwood** erwecken Jamaikas koloniale Vergangenheit.

English Harbour, Antigua
Shirley Heights bietet den besten Blick auf den geschützten Hafen und auf Nelson's Dockyard.

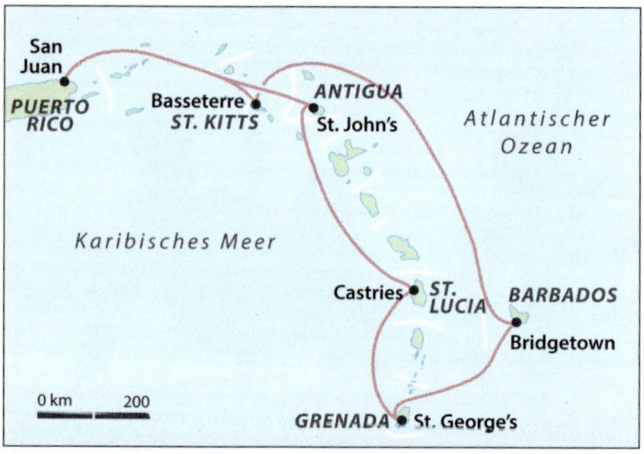

7-Tage-Kreuzfahrt in der Karibik

- **English Harbour und Nelson's Dockyard** sind das historische Juwel **Antiguas**.
- Bestaunen Sie **St. Lucias** eindrucksvolle Vulkankegel – die **Pitons**.
- Wandern Sie durch Regenwald im **Grand Étang Forest Reserve** auf **Grenada**.
- Viele Surfer träumen von den Wellen vor **Bathsheba** an der **Barbados**-Ostküste.

◀ **Strand an der Bucht Great Harbor, Jost Van Dyke, British Virgin Islands** ***(siehe S. 244)***

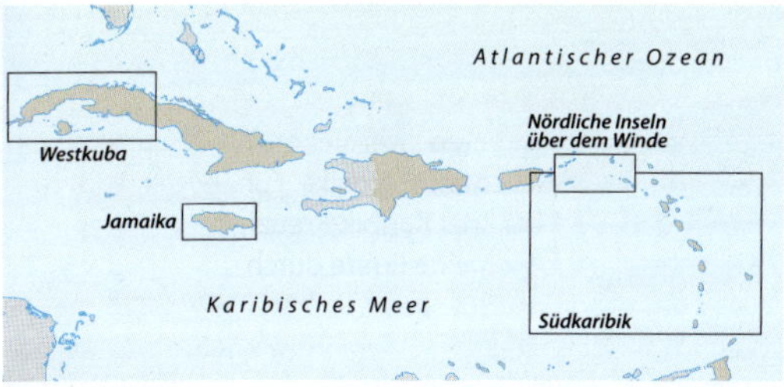

Zur Orientierung

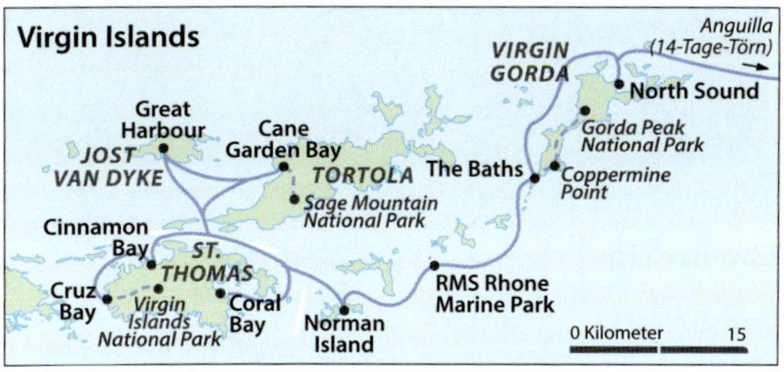

Törn um die Nördlichen Inseln über dem Winde

- Beim Schnorcheln vor **Jost Van Dyke** (BVI) kann man Rochen und Meeresschildkröten begegnen.
- Erforschen Sie die kolonialen Ruinen der Brimstone Hill Fortress auf **St. Kitts**.
- Duty-free-Paradies: **Sint Maartens** Philipsburg.
- The Quill auf **St. Eustatius**: Regenwald im Krater eines erloschenen Vulkans.
- **St. Barthélemy**: Insel für Gourmets und Partygäste.

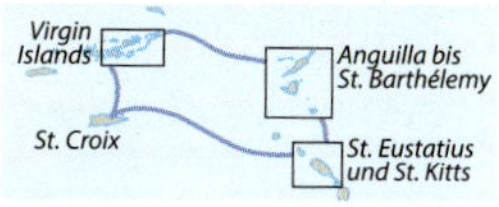

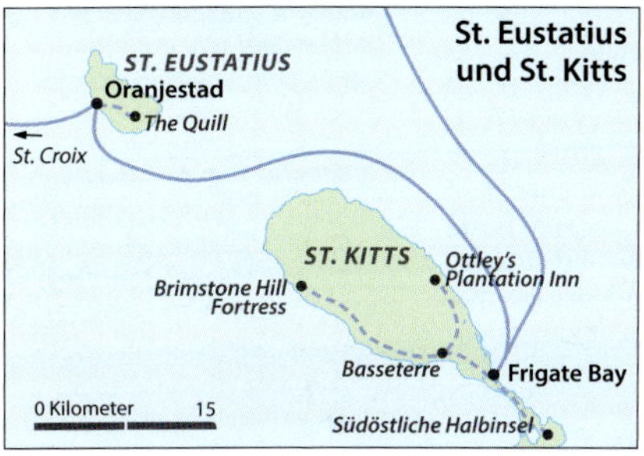

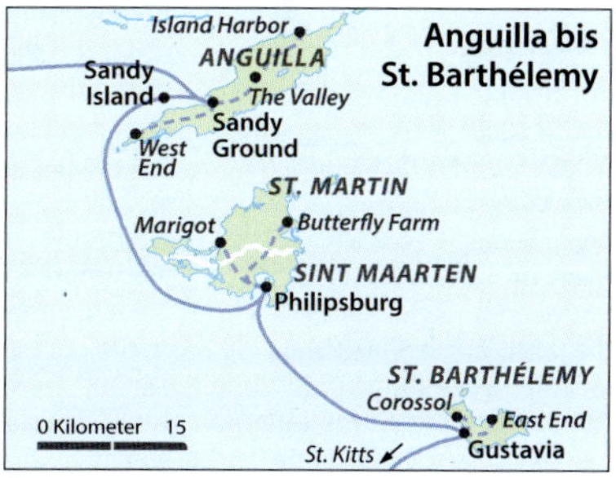

Eine Woche in Westkuba

- Das Kopfsteinpflaster in **Habana Vieja** ist ein Stück Kolonialgeschichte.
- In Las Terrazas gibt es eine Seilrutsche, in **Soroa** in der **Sierra del Rosario** einen Orchideengarten.
- Markantes, einzigartiges Tal: **Valle de Viñales**.
- In der idyllischen Region um **Cienfuegos** prägt so mancher Ochsenpflug das Landschaftsbild.
- In **Trinidad** sind die Spuren der Kolonialzeit noch deutlich sichtbar. Läden verkaufen feine Spitze und edle Kunst.

Legende

- Eine Woche in Jamaika
- 7-Tage-Kreuzfahrt in der Karibik
- Törn um die Nördlichen Inseln über dem Winde
- Törn um die Nördlichen Inseln über dem Winde (Route über Land)
- Eine Woche in Westkuba

Zwei Tage in Havanna

Kubas Hauptstadt bietet viele Sehenswürdigkeiten, schöne Architektur, mit Kopfstein gepflasterte koloniale Plazas und natürlich die Plaza de la Revolución.

- **Anreise** Im Aeropuerto Internacional José Martí, rund 17 Kilometer südwestlich vom Stadtzentrum, gibt es für Inlands-, US- und internationale Flüge jeweils ein eigenes Terminal. Da die Terminals nicht von öffentlichen Verkehrsmitteln bedient werden, sind Taxis die einzige Möglichkeit für die Fahrt vom Flughafen in die Stadt.

Erster Tag

Vormittags Wer Havanna besucht, sollte sich für den kolonialen Stadtkern Habana Vieja mindestens einen Tag Zeit nehmen. Beginnen Sie früh an der **Plaza de San Francisco** *(S. 76)*, und werfen Sie einen Blick in die Basílica. Die **Plaza Vieja** *(S. 76f)* ist bekannt für erlesene Architektur und Attraktionen wie die **Casa del Conde de Jaruco** *(S. 77)* in der südwestlichen Ecke. Nach Westen führt die **Calle Mercaderes** *(S. 76)* vorbei an der **Maqueta de la Habana** *(S. 76)* zur **Plaza de Armas** *(S. 78f)*. Besuchen Sie das **Castillo de la Real Fuerza** *(S. 79)* und das Museo de la Ciudad. An der dortigen Plaza können Sie sich in einem der Cafés stärken.

Nachmittags Von der **Plaza de la Catedral** *(S. 76)* führt die Calle Empedrado nach Westen zum **Museo Nacional de Bellas Artes** *(S. 80)*, dessen erstklassige Sammlung vier Jahrhunderte umfasst. Nicht weit davon entfernt widmet sich das **Museo de la Revolución** *(S. 80)* der jüngeren Geschichte. Dort steht auch die *Granma*, die Motoryacht, mit der Fidel Castro und weitere Revolutionäre 1956 von Mexiko nach Kuba übersetzten.

Das Castillo de la Real Fuerza ist Havannas älteste Festung *(siehe S. 79)*

Zweiter Tag

Vormittags Beginnen Sie am **Parque Central** *(S. 80)* mit seinen prächtigen Gebäuden wie dem Gran Teatro und dem imposanten **Capitolio** *(S. 81)*. Von dort geht es auf dem von Bäumen beschatteten **Prado** *(S. 80)* zum **Malecón** *(S. 80)*, dem lebhaften, geschwungenen Uferboulevard, der zum **Hotel Nacional** *(S. 80)* führt. Treten Sie ein, sehen Sie sich die maurische Lobby an, und genießen Sie auf der herrlichen Gartenterrasse einen Snack und einen Mojito.

Nachmittags Gehen Sie zum modernistischen Hochhaus **Hotel Tryp Habana Libre** *(S. 81)*, in dessen Lobby Kunst vom Feinsten zu sehen ist. Gönnen Sie sich anschließend ein Taxi zum **Cementerio Colón** *(S. 81)* mit seinen Gräbern und Mausoleen aus Marmor. Beschließen Sie den Tag an der **Plaza de la Revolución** *(S. 81)*, Kubas politischem Zentrum seit den 1950er Jahren, und fotografieren Sie das riesige Abbild von Che Guevara. Dahinter bietet der Turm mit dem Museo de José Martí den besten Ausblick auf Havanna.

Tipp zur Verlängerung
Fahren Sie nach San Francisco de Paula. Das **Museo Ernest Hemingway** *(S. 81)* befindet sich im früheren Haus des Nobelpreisträgers.

Zwei Tage in Santo Domingo

Die Hauptstadt der Dominikanischen Republik besitzt neben dem sehr gut erhaltenen kolonialen Stadtkern auch moderne Attraktionen.

- **Anreise** Vom Aeropuerto Internacional Las Américas, 25 Kilometer östlich von Santo Domingo, führt eine Schnellstraße ins Stadtzentrum. Taxis benötigen für die Fahrt 20 Minuten. Es fahren auch Shuttlebusse.

Erster Tag

Vormittags In der Zona Colonial gibt es sehr viel zu sehen, etwa die ab 1502 errichtete **Fortaleza Ozama** *(S. 168f)*, das älteste noch vorhandene europäische Bauwerk in Amerika. Ein Spaziergang durch die **Calle Las Damas** *(S. 168)* führt zum **Panteón de la Patria** *(S. 168)*, zum reizenden **Hostal Nicolás de Ovando** *(S. 168)* und zu dem sich der Kolonialgeschichte widmenden **Museo de las Casas Reales** *(S. 168)*. An der **Plaza España** *(S. 168)* können Sie zu Mittag essen.

Nachmittags Gehen Sie über den Platz zum **Museo Alcázar de Colón** *(S. 168)* – hier lebte einst Diego, der Sohn von Christoph Kolumbus. Erfreuen Sie sich an der Bernsteinsammlung des **Museo Mundo de**

Weitere Infos zu Verkehrsmitteln in der Karibik *siehe Seiten 24f*

Ambar *(S. 168)*, und gehen Sie zum **Parque Colón** *(S. 169)* und zur 1514 begonnenen **Catedral Primada de América** *(S. 171)*.

Zweiter Tag

Vormittags Im **Parque Duarte** *(S. 169)* steht die Statue des Nationalhelden Juan Pablo Duarte, in der Iglesia y Convento de los Padres Dominicos ist der steinerne Zodiak sehenswert. Westlich davon gedenkt das **Museo Memorial de la Resistencia Dominicana** *(S. 169)* des Widerstands gegen den Diktator Rafael Trujillo. Jenseits der alten Stadtmauer befindet sich der **Parque Independencia** *(S. 170)*, wo im Altar de la Patria Duartes sterbliche Überreste ruhen.

Nachmittags Gehen Sie in nordwestlicher Richtung zum klassizistischen **Palacio Nacional** *(S. 170)*, dem extravaganten Präsidentenpalast. Liebhaber moderner Kunst sollten sich in der **Galería de Arte Cándido Bidó** *(S. 170)* die bunten Gemälde des 2011 verstorbenen Künstlers nicht entgehen lassen. Fahren Sie dann mit dem Taxi zum **Faro a Colón** *(S. 170)*, dem monumentalen Denkmal für Christoph Kolumbus.

Tipp zur Verlängerung
Boca Chica *(S. 172)* ist ein beliebtes Tagesausflugsziel. Dort kann man am Strand liegen und im türkisfarbenen Wasser schnorcheln.

Ein Tag in San Juan

Festungen, Plazas mit Kopfsteinpflaster und reizvolle Museen machen die Altstadt zum Juwel der puertoricanischen Hauptstadt.

- **Anreise** Der Aeropuerto Internacional Luis Muñoz Marín befindet sich fünf Kilometer südöstlich von San Juans Stadtzentrum. In der Rushhour kann eine Taxifahrt 45 Minuten dauern. Der Inlandsflughafen Aeropuerto Isla Grande liegt näher zur Altstadt.

Pavillon im Parque Duarte in Santo Domingo ***(siehe S. 169)***

Vormittags Folgen Sie von der Plaza del Inmigrante aus dem **Paseo de la Princesa** *(S. 199)*, und gehen Sie durch die Puerta de San Juan zur **Plazuela de la Rogativa** *(S. 199)*. Dort zeigt eine Skulptur die Fackelprozession, die 1797 die Belagerung der Stadt beendete. Setzen Sie den Weg fort zur imposanten **Fortaleza San Felipe del Morro** *(S. 199)*, sehen Sie sich die Festung und das Museum an, und gehen Sie zurück zur **Plaza del Quinto Centenario** *(S. 198)* für den Besuch des **Museo de Las Américas** *(S. 198)* mit seinen Sammlungen zu den Kulturen Amerikas. An der **Plaza de San José** *(S. 198)* steht das sehenswerte **Museo de Pablo Casals** *(S. 198)* zu Ehren des spanischen Cellisten, der einst hier lebte. Danach können Sie in einem der nahen Cafés eine Kleinigkeit essen.

Nachmittags In der **Calle del Cristo** *(S. 198)* stehen das reizende **Hotel El Convento** *(S. 198)* und die klassizistische Catedral de San Juan Bautista. Von dort führt die Calle San Francisco ostwärts, vorbei an der **Plaza de Armas** *(S. 198)*. Zum Schluss gelangen Sie zum **Castillo San Cristóbal** *(S. 200)* mit eindrucksvollen Mauern, Kasernen und Tunneln.

Tipp zur Verlängerung
Verbringen Sie einen Vormittag im **Museo de Arte de Puerto Rico** *(S. 201)*. Nachmittags können Sie am Strand von **Condado** *(S. 201)* entspannen.

Der malerische Paseo de la Princesa an der Stadtmauer von San Juan ***(siehe S. 199)***

Eine Woche in Westkuba

- **Flughafen** Ankunft und Abflug an Havannas Aeropuerto Internacional José Martí.
- **Weiterreise** Der öffentliche Nahverkehr ist schwach ausgebaut, Regionalbusse sind für ausländische Besucher verboten. Víazul-Touristenbusse fahren von Havanna nach Las Terrazas und Viñales sowie nach Varadero und Trinidad. Wer flexibel bleiben möchte, sollte bei Ankunft in Kuba ein Auto mieten. In Havanna fährt HabanaBusTour über 40 Sehenswürdigkeiten und Hotels an. Tagesticket-Besitzer können jederzeit zu- und aussteigen.
- **Vorab buchen** Sierra del Rosario: Führungen in Las Terrazas.

Erster Tag: Havanna

Wählen Sie einen Tag aus der Stadttour auf Seite 12 aus. Sie werden merken, dass für die lebendige kubanische Hauptstadt **Havanna** *(S. 76–81)* ein Tag eigentlich zu wenig ist.

Zweiter Tag: Sierra del Rosario

Eine 90-minütige Autofahrt bringt Sie von Havanna in die von Kieferndduft erfüllte Sierra del Rosario, ein Mekka für Wanderer, Natur- und Vogelfreunde. Erster Stopp ist das an den Hängen um einen See errichtete Ökodorf **Las Terrazas** *(S. 82)*. Hier leben viele Künstler, z. B. der Maler Lester Campa, dessen Atelier besichtigt werden kann. Es werden auch Ausflüge für Vogelbeobachter, Ausritte sowie Wanderungen zu Wasserfällen und zu einer Kaffeeplantage aus der Kolonialzeit angeboten. In der Nähe liegt das von steilen Hängen umgebene **Soroa** *(S. 82)*. Dort gibt es viele Wanderwege und mit dem Orquideario einen sehenswerten Orchideengarten. Zum ebenfalls lohnenden Wasserfall El Saltón sind es zu Fuß 15 Minuten.

Dritter Tag: Viñales

Das grüne **Valle de Viñales** *(S. 83)* ist eine der eindrucksvollsten Landschaften Kubas: Tabakfelder, zimtfarbene, von Ochsenpflügen durchfurchte Erde und *mogotes*, die charakteristischen Kegelfelsen dieser Region. Auf einem dieser Felsen, an der Straße nach Pinar del Río, bietet ein Besucherzentrum den wohl schönsten Blick in die Umgebung. Verpassen Sie nicht das Mural de la Prehistoria – die Darstellung der Evolution wurde direkt auf einen *mogote* gemalt. Besichtigen Sie auch die **Cueva del Indio** *(S. 83)*, eine Höhle, die mit Booten erkundet werden kann. Das Dorf Viñales hat den Charme der Kolonialzeit des 19. Jahrhunderts. Abends jedoch kommt Leben ins Dorf – dann, wenn in der Casa de la Cultura Live-Musik ertönt.

Tipp zur Verlängerung
Nehmen Sie die Fähre zur Insel **Cayo Levisa** *(S. 83)*, und genießen Sie dort ein, zwei Tage die herrlichen weißen Sandstrände.

Vierter Tag: Pinar del Río und Cienfuegos

Die Straße nach Süden führt nach **Pinar del Río** *(S. 82)* und zur Autopista, Kubas einziger Autobahn. Auf ihr geht es ostwärts nach **Cienfuegos** *(S. 85)*. Die fünfstündige Fahrt erfordert eine Pause – am besten am **Museo Ernest Hemingway** *(S. 81)*, dem früheren Haus des Schriftstellers in einem Vorort von Havanna. Die einmalige Atmosphäre im 1819 von französischen Siedlern aus New Orleans gegründeten Cienfuegos ist besonders um den Parque Martí herum spürbar. Für das Abendessen ist der im Mogul-Stil errichtete **Palacio de Valle** *(S. 85)* zu empfehlen.

Pferde grasen an einem See bei Las Terrazas ***(siehe S. 82)***

Vor der Cueva del Indio ***(siehe S. 83)***

Fünfter und sechster Tag: Trinidad

Auf der Küstenstraße Circuito Sur geht es nach **Trinidad** *(S. 86f)*. Die UNESCO-Welterbestätte wurde 1514 gegründet und durch Zucker- und Sklavenhandel reich. Heute ist Trinidad ein perfekt erhaltenes koloniales Juwel, das sich am besten zu Fuß erkunden lässt. An der Plaza Mayor stehen die Hauptsehenswürdigkeiten, wie das **Museo Romántico** *(S. 86)*, die **Iglesia Parroquial de la Santísima Trinidad** *(S. 87)* und die **Iglesia y Convento de San Francisco** *(S. 86)*. In den Läden wird Kunst und Kunsthandwerk, z. B. handgearbeitete Spitze, verkauft. Abends erklingt in **La Casa de la Trova** *(S. 87)* traditionelle Live-Musik.

Siebter Tag: Península de Zapata und Havanna

Zurück nach Havanna geht es über Cienfuegos zur **Península de Zapata** *(S. 84)*. Das **Museo Playa Girón** *(S. 84)* an der Playa Girón erinnert an die Invasion in der Schweinebucht 1961. In **Boca de Guamá** *(S. 84)* gibt es Krokodile zu sehen.

Weitere Infos zu Verkehrsmitteln in der Karibik *siehe Seiten 24f*

Eine Woche in Jamaika

- **Flughafen** Ankunft und Abflug am Sangster International Airport, fünf Kilometer östlich von Montego Bay.
- **Weiterreise** Shuttlebusse fahren ins Stadtzentrum und nach Ocho Rios. Für die restliche Insel benötigen Sie ein Mietauto, das Sie vor Ihrer Anreise reservieren sollten.
- **Vorab buchen** Black River: Ausflüge mit Black River Safaris; Port Antonio: Bambusfloßfahrten.

Kreuzfahrtschiff im Hafen von Ocho Rios ***(siehe S. 148f)***

Erster Tag: Montego Bay

Machen Sie in **Montego Bay** *(S. 136)* einen Spaziergang durch die als »Hip Strip« bekannte Gloucester Avenue hin zum Sam Sharpe Square. Anschließend können Sie sich im **Aquasol Beach & Theme Park** *(S. 136)* oder am **Doctor's Cave Beach** *(S. 136)*, wo man gut schnorcheln kann, entspannen.

Zweiter Tag: Negril

Im **Rocklands Bird Sanctuary** *(S. 136)* lassen sich die Kolibris aus der Hand füttern. Genießen Sie anschließend auf der Fahrt nach **Negril** *(S. 138)* den Blick auf die traumhafte Küste. Den Nachmittag verbringen Sie am weißen Sandstrand mit Schnorcheln oder Tauchen – vor Negril gibt es wunderschöne Korallen. In einem Reggae-Club können Sie dann die Nacht zum Tag machen.

Dritter Tag: Great Morass, Black River und Treasure Beach

Plankenwege aus Holz führen in die geschützten Feuchtgebiete **Great Morass und Royal Palm Reserve** *(S. 138f)*. Fahren Sie danach via Savanna-la-Mar nach **Black River** *(S. 140)*, wo Sie bei einem Bootsausflug von Black River Safaris Krokodile beobachten können. Im Osten, jenseits eines Trockengebiets mit Kakteen, liegt **Treasure Beach** *(S. 140f)*. In dem idyllischen Fischerdorf kann man gut faulenzen oder aber mit Einheimischen fischen gehen.

Vierter Tag: St. Elizabeth und Kingston

Fahren Sie zurück nach Black River und weiter in den Landkreis **St. Elizabeth** *(S. 141)* zu den **YS Falls** *(S. 141)*. Genießen Sie dort die erfrischenden Kaskaden und Becken. Durch die **Bamboo Avenue** *(S. 141)* geht es hinauf nach **Mandeville** *(S. 141)*. Die reizende Stadt ist das Tor zum Süden Jamaikas mit der Hauptstadt **Kingston** *(S. 142)*.

Fünfter Tag: Blue Mountains und Port Antonio

Nach einem Spaziergang im Park des **Devon House** *(S. 142)* wartet im **Bob Marley Museum** *(S. 142)* die Geschichte von Jamaikas berühmtestem Sohn auf Sie. Die folgende Fahrt durch die **Blue Mountains** *(S. 144f)* via Irish Town und Newcastle bietet ein umwerfendes Panorama – enge Kehren und Schlaglöcher erfordern ein hohes Maß an Aufmerksamkeit. Schließlich geht es hinunter in das ruhige Städtchen **Port Antonio** *(S. 146)*.

Üppige Vegetation an den Hängen der Blue Mountains ***(siehe S. 144f)***

Sechster Tag: Firefly und Ocho Rios

Genießen Sie eine ruhige Floßfahrt auf dem Rio Grande, bevor Sie Ihre Fahrt an der Nordküste entlang fortsetzen. Nach dem Besuch von Noël Cowards Haus **Firefly** *(S. 148)* geht es zu den Stränden des Ferienorts **Ocho Rios** *(S. 148f)*. Im **Margaritaville** *(S. 149)* kann man gut essen und Spaß haben.

Siebter Tag: Montego Bay

Die Nordküste bietet Naturwunder wie die imposanten **Dunn's River Falls** *(S. 149)* und das tropische Paradies des **Cranbrook Flower Forest** *(S. 150)*. Wer sich für die Zeit der Plantagensklaverei interessiert, sollte sich **Rose Hall und Greenwood** *(S. 137)* ansehen. Entlang der Küste geht es schließlich wieder zurück nach **Montego Bay** *(S. 136)*.

Tipp zur Verlängerung
Cockpit Country *(S. 151)*, 60 Kilometer südöstlich von Montego Bay, ist eine große Wildnis mit beeindruckenden Kalksteinformationen und ein ideales Gebiet zum Wandern und Reiten.

7-Tage-Kreuzfahrt in der Karibik

- **Flughafen** Ankunft und Abflug am Aeropuerto Internacional Luis Muñoz Marín.
- **Weiterreise** Kreuzfahrtunternehmen bieten kostenlose Shuttlebusse vom Flughafen zum Schiff. Auch Taxis stehen zur Verfügung.
- **Vorab buchen** Kreuzfahrten müssen frühzeitig gebucht werden, vor allem im Winter.St. Kitts: Mittagessen im Ottley's Plantation Inn.

Erster Tag: San Juan
Viele Kreuzfahrtschiffe legen abends vom Hafen in San Juan Viejo ab. Wenn Sie früh ankommen, können Sie noch die Stadt besichtigen *(S. 13)*.

Zweiter Tag: Auf See
Genießen Sie den Komfort an Bord des Schiffs.

Dritter Tag: Antigua
Das Schiff legt frühmorgens in **St. John's** *(S. 312)* an. Buchen Sie an Bord eine Tour, oder erkunden Sie die Stadt zu Fuß, etwa die **Anglican Cathedral** *(S. 312)* und das **Museum of Antigua and Barbuda** *(S. 312)*. Nachmittags geht es per Auto oder Taxi auf eine ca. einstündige Inselrundfahrt, inklusive **English Harbour und Nelson's Dockyard** *(S. 314)*, **Betty's Hope** *(S. 313)* und die allzeit windige **Devil's Bridge** *(S. 313)*.

Vierter Tag: St. Lucia
Nach der Ankunft in **Castries** *(S. 396)*, der Hauptstadt von St. Lucia, nehmen Sie an einem Ausflug teil oder fahren per Taxi oder Mietwagen nach **Soufrière** *(S. 397)*. Der Fischerort liegt in einer Bucht zwischen vulkanischen **Pitons** *(S. 397)*. Danach geht es in den Südosten der Insel nach **Vieux Fort** und zur **Ostküste** *(S. 397)*. Wer Natur liebt, sollte die **Latille Gardens** *(S. 397)* und die **Mankote-Mangrovensümpfe** *(S. 397)* nicht verpassen.

Fünfter Tag: Grenada
Auf der bergigen »Gewürzinsel« gibt es viel Regenwald. Erkunden Sie die alte Hafenstadt **St. George's** *(S. 426)*, und besuchen Sie bei einem Ausflug oder per Taxi das in den Bergen gelegene **Grand Étang Forest Reserve** *(S. 427)*, wo Monameerkatzen leben.

Sechster Tag: Barbados
Die Hauptstadt **Bridgetown** *(S. 440)* ist voller historischer Bauten. Gönnen Sie sich hier einen halben Tag, und sehen Sie sich die Parlamentsgebäude an. Später geht es per Mietwagen oder Taxi an die Atlantikküste ins Surferparadies **Bathsheba** *(S. 443)*. Auf der Rückfahrt ist in der **Barbados Concorde Experience** *(S. 441)* das berühmte Überschallflugzeug von innen zu sehen.

Siebter Tag: St. Kitts
Auf **St. Kitts** *(S. 294–309)* ist noch viel aus der Zeit der großen Plantagen sichtbar, z. B. die **Romney Manor Plantation** *(S. 297)* und **Brimstone Hill Fortress** *(S. 296f)*. Nach dem Mittagessen im **Ottley's Plantation Inn** *(S. 306)* geht es zurück in die Hauptstadt **Basseterre** *(S. 296)* mit dem sehenswerten National Museum.

Achter Tag: San Juan
Fliegen Sie nach Hause, oder besichtigen Sie die Stadt *(S. 13)*.

Tipp zur Verlängerung
In **Puerto Rico** *(S. 194–221)* lohnt sich ein Mietauto für Tagestouren zum **Arecibo Observatory** *(S. 202)* und zum **El Yunque National Forest** *(S. 208)*.

Mächtige Felsen an der Küste bei Bathsheba, Barbados *(siehe S. 443)*

Törn um die Nördlichen Inseln über dem Winde

Der siebentägige Segeltörn um die Virgin Islands kann mit einer extra Sieben-Tage-Tour zu weiteren Nördlichen Inseln über dem Winde kombiniert werden. Dies ist allerdings nur möglich, wenn die Anegada-Passage zwischen beiden Regionen sicher zu überqueren ist (Sep–Dez und Mai–Juli).

- **Flughafen** Direktflüge aus den USA nach St. Thomas landen auf dem Cyril E. King Airport.
- **Weiterreise** Am Flughafen sind Taxis verfügbar.
- **Vorab buchen** Wer eine Yacht chartern möchte, sollte frühzeitig buchen.

Erster Tag: Von St. Thomas nach St. John, US Virgin Islands
Die erste Etappe führt nach **Cruz Bay** *(S. 230)* auf St. John, zu kristallklarem Wasser und Stätten wie der Battery. Ein Stück weiter östlich informiert das Besucherzentrum im **Virgin Islands National Park** *(S. 230)* über die Umwelt.

Zweiter Tag: St. John, US Virgin Islands
Ankern Sie in der **Cinnamon Bay** *(S. 231)*. Der Cinnamon Nature Trail führt Sie zu Ruinen einer Zuckerplantage. Nachmittags bietet **Coral Bay**

Weitere Infos zu Verkehrsmitteln in der Karibik *siehe Seiten 24f*

(S. 230) die historisch wichtige Emmaus Moravian Church. **Skinny Legs Bar and Restaurant** *(S. 252)* serviert Dinner.

Dritter Tag: Von Jost Van Dyke nach Cane Garden Bay (Tortola), British Virgin Islands

Ankern Sie im malerischen Great Harbour im Süden von **Jost Van Dyke** *(S. 244)*, und essen Sie mit Blick auf türkisfarbenes Wasser und bewaldete Hügel im Bar-Restaurant **Foxy's Bar** *(S. 241)* zu Mittag. Nach etwas Strandvergnügen und Schnorcheln segeln Sie weiter in die **Cane Garden Bay** *(S. 244)* an Tortolas Nordküste.

Vierter Tag: Von Tortola nach Norman Island, British Virgin Islands

Mieten Sie ein Auto für die Tour über **Tortola** *(S. 238f)*. Im **Sage Mountain National Park** *(S. 238)* können Sie zum höchsten Punkt der Inseln wandern. Nachmittags segeln Sie zur Norman Island – der Hafen The Bight soll Inspiration für Robert Louis Stevensons *Die Schatzinsel* gewesen sein.

Fünfter Tag: Vom RMS Rhone Marine Park zu The Baths (Virgin Gorda), British Virgin Islands

Die *Rhone* ist ein von Korallen überzogenes Wrack im beliebten Tauchrevier **RMS Rhone Marine Park** *(S. 241)*. Segeln Sie weiter zu **The Baths** *(S. 240)*, und schnorcheln Sie in jadegrünem Wasser.

Sechster Tag: Virgin Gorda, British Virgin Islands

Der Vormittag auf **Virgin Gorda** *(S. 240f)* bietet eine Tour zu den alten Kupferminen am Coppermine Point und im **Gorda Peak National Park** *(S. 241)* eine Wanderung durch seltenen karibischen Trockenwald. In **North Sound** *(S. 245)* verbringen Sie den Abend.

Siebter Tag: St. Thomas oder Anguilla

Der Weg zurück nach St. Thomas führt an den **Outer Islands** *(S. 240f)* vorbei. Wenn es die

Yachten im Hafen von Gustavia, St. Barthélemy ***(siehe S. 334)***

Bedingungen zulassen, können Sie den Trip verlängern und durch die Anegada-Passage nach **Anguilla** *(S. 256–265)* segeln. Abends legen Sie im geschützten Hafen von **Sandy Ground** *(S. 258)* an.

Achter Tag: Anguilla

Die Fahrt mit dem Mietwagen führt Sie zu herrlichen Stränden vor **West End** *(S. 258f)*, dann nach **The Valley** *(S. 258)* mit dem alten Plantagenhaus Wallblake House, weiter durch die historischen Dörfer im **East End** *(S. 259)* und in den Fischerort **Island Harbor** *(S. 259)*. Nächste Station des Törns ist Sandy Island, um nachmittags ein wenig zu schnorcheln.

Neunter Tag: St. Martin / Sint Maarten

St. Martin / Sint Maarten *(S. 266–279)* – französisch im Norden, niederländisch im Süden – ist ca. drei Stunden entfernt. Nach ein paar zollfreien Einkäufen im niederländischen Hafenort **Philipsburg** *(S. 268)* folgt eine Inseltour inklusive des französischen Hauptorts **Marigot** *(S. 269)* und der **Butterfly Farm** *(S. 270)*.

Zehnter Tag: St. Barthélemy

Die mondäne französische Insel **St. Barthélemy** *(S. 332–343)* bietet schöne Landschaft, angesagte Boutiquen und schicke Restaurants und kann mit dem Mietwagen an einem Tag besichtigt werden. Zunächst geht es zu Fuß durch die Stadt **Gustavia** *(S. 334)*, dann mit dem Auto zum **East End** *(S. 335)* und nach **Corossol** *(S. 335)*, wo die Insel noch ein wenig so ist, wie sie vor dem Tourismusboom einmal war.

Elfter Tag: St. Kitts

Segeln Sie südwärts nach **St. Kitts** *(S. 294–309)*. Ankern Sie in **Frigate Bay** *(S. 298)*; dort gibt es Bars und Restaurants. Nachmittags, per Mietwagen, Taxi oder Minibus, besichtigen Sie georgianische Häuser im schönen **Basseterre** *(S. 296)*, dann **Brimstone Hill Fortress** *(S. 296f)* mit toller Aussicht. Im **Ottley's Plantation Inn** *(S. 306)* essen Sie zu Abend. Alternativ können Sie auch die **Südöstliche Halbinsel** *(S. 298f)* erkunden und in der **Major's Bay** *(S. 299)* schnorcheln.

Zwölfter Tag: St. Eustatius

Segeln Sie zur Vulkaninsel **St. Eustatius** *(S. 280–293)*, »Statia« genannt. Legen Sie vor **Oranjestad** *(S. 286)* an – der Hauptort steckt scheinbar noch im 18. Jahrhundert. Die **St. Eustatius Historical Foundation** *(S. 286)* hat einen sehenswerten Sitz und bietet Stadtführungen an. Erklimmen Sie den Mount Mazinga, einen erloschenen Vulkan, der auch als **The Quill** *(S. 289)* bekannt ist. Der Krater ist geschützt und gehört zum The Quill National Park. Beschließen Sie den Tag mit einem Abendessen im **The Old Gin House** *(S. 286)*.

13. Tag: St. Croix

Segeln Sie frühmorgens los. Die 195 Kilometer nach Nordwesten bis **St. Croix** *(S. 232f)* werden bis zum frühen Abend dauern. Ankern Sie vor Christiansted, und essen Sie im **The Buccaneer Hotel** *(S. 232)*, einer alten Zuckermühle, zu Abend.

14. Tag: Von St. Croix nach St. Thomas

Genießen Sie vormittags die Gebäude (18. Jh.) von **Christiansted** *(S. 232)*, essen Sie früh zu Mittag, und segeln Sie zurück nach St. Thomas. Hier endet Ihr Segelabenteuer.

Die Karibik auf der Karte

Von Kubas Westspitze zu den Inseln über dem Winde im Osten und weiter nach Süden bis zur Spitze von Südamerika und entlang der Nordküste Venezuelas nach Westen erstreckt sich der rund 3200 Kilometer lange Bogen der karibischen Inseln rund um das Karibische Meer. Zu den Großen Antillen im Nordwesten zählen die Inseln Kuba, Jamaika, Hispaniola und Puerto Rico. Östlich davon bilden die Kleinen Antillen eine Barriere zum Atlantischen Ozean. In ihrer Gesamtheit präsentiert diese Inselwelt eine faszinierend vielfältige Landschaft, deren Bandbreite von semiariden Wüsten zu Regenwäldern, von Kalksteinplateaus zu hoch aufragenden Vulkanen und von Korallenriffen zu Gebirgen reicht.

Weitere Zeichenerklärungen *siehe hintere Umschlagklappe*

VEREINIGTE STAATEN VON AMERIKA
Atlantischer Ozean
Golf von Mexiko
MEXIKO
BELIZE
KARIBISCHE INSELN
GUATEMALA
HONDURAS
Karibisches Meer
EL SALVADOR
NICARAGUA
COSTA RICA
GUYANA
VENEZUELA
SURINAME
Pazifischer Ozean
PANAMA
KOLUMBIEN
FRANZ.-GUAYANA

Atlantischer Ozean
Nördliche Inseln über dem Winde
spaniola
Plata
ago de los Caballeros
MINIKANISCHE REPUBLIK
Santo Domingo
La Romana
San Juan
Ponce
PUERTO RICO
VIRGIN ISLANDS
ANGUILLA
ST. MARTIN/ SINT MAARTEN
ST. BARTHÉLEMY
ANTIGUA UND BARBUDA
St. John's
SABA UND ST. EUSTATIUS
ST. KITTS UND NEVIS
Montserrat
GUADELOUPE
Pointe-à-Pitre
Antillen
DOMINICA
Roseau
Südliche Inseln über dem Winde
MARTINIQUE
Fort-de-France
ST. LUCIA
Bridgetown
BARBADOS
Karibisches Meer
Kingstown
ST. VINCENT UND DIE GRENADINEN
Antillen
GRENADA
St. George's
Kleine
TRINIDAD UND TOBAGO
Tobago
Aruba
ABC-INSELN
Bonaire
Willemstad
Curaçao
Port of Spain
Trinidad
Golf von Paria
olf von nezuela
Coro
Caracas
Barcelona
Maturín
aracaibo
Valencia
Barquisimeto
Ciudad Guayana
VENEZUELA

Klima

Alle karibischen Inseln liegen in den Tropen. Hier herrscht immer Sommer, auch wenn sich das Klima von Insel zu Insel leicht unterscheidet. Die Temperaturen sind vor allem auf den Kleinen Antillen sehr konstant, auf den Großen Antillen schwanken sie im jahreszeitlichen Verlauf etwas. Die ganzjährigen Passatwinde halten vor allem an den Ostküsten die Hitze in erträglichen Grenzen, ansonsten ist das Klima von der Geländeform abhängig: Mit steigender Höhe nehmen die Temperaturen ab, im Windschatten von Bergen regnet es weniger. Deshalb zählt man im Osten mehr Niederschläge als im Westen. Diese reichen von jährlich 25 Zentimeter auf Bonaire bis 900 Zentimeter in Teilen Dominicas.

Havanna

Monat	Apr	Juli	Okt	Jan
°C	28 / 21	30 / 23	28 / 23	24 / 18
Sonne	8 Std.	9 Std.	8 Std.	7 Std.
Regen	40 mm	150 mm	190 mm	30 mm

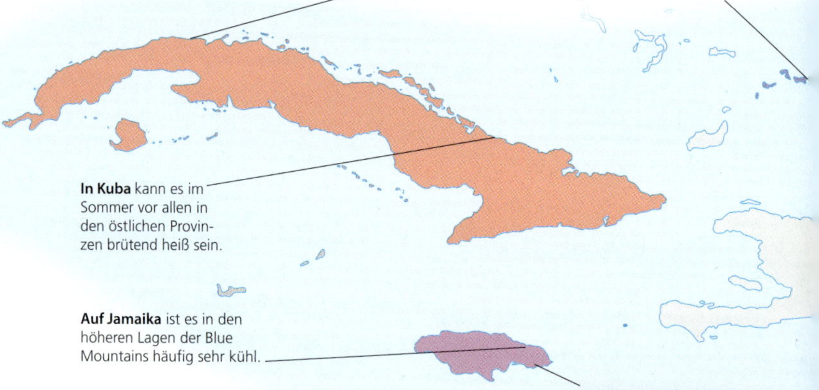

Kingston

Monat	Apr	Juli	Okt	Jan
°C	31 / 24	33 / 24	32 / 23	30 / 21
Sonne	09 Std.	09 Std.	07 Std.	08 Std.
Regen	64 mm	74 mm	188 mm	69 mm

Hurrikane

Die karibischen Inseln liegen in einer Hurrikanzone. Diese tropischen Stürme bauen sich über warmem Meerwasser auf, wirbeln rasend schnell um ein Tiefdruckzentrum und richten, von starken Niederschlägen begleitet, oft beträchtliche Zerstörungen an. Die Hurrikansaison dauert von Juni bis November und erreicht ihren Höhepunkt im September. Nicht alle Inseln sind alljährlich betroffen, die südlichsten Gebiete sind in der Regel am sichersten.

Zerstörerischer Hurrikan in Cienfuegos in Kuba

Felsen in der ariden Landschaft Arubas, einer der drei ABC-Inseln

Santo Domingo

Monat	Apr	Juli	Okt	Jan
°C (max.)	30	31	31	29
°C (min.)	21	23	22	20
Sonne	07 Std.	06 Std.	06 Std.	06 Std.
Niederschlag	99 mm	163 mm	152 mm	61 mm

Puerto Ricos niederschlagsreichster Ort ist El Yunque: Dort fallen jährlich im Durchschnitt über 508 Zentimeter Regen.

Roseau

Monat	Apr	Juli	Okt	Jan
°C (max.)	29	31	32	32
°C (min.)	20	20	22	22
Sonne	08 Std.	08 Std.	07 Std.	08 Std.
Niederschlag	61 mm	274 mm	198 mm	132 mm

In der Dominikanischen Republik herrschen verschiedene Klimata und im Sommer Regenzeit.

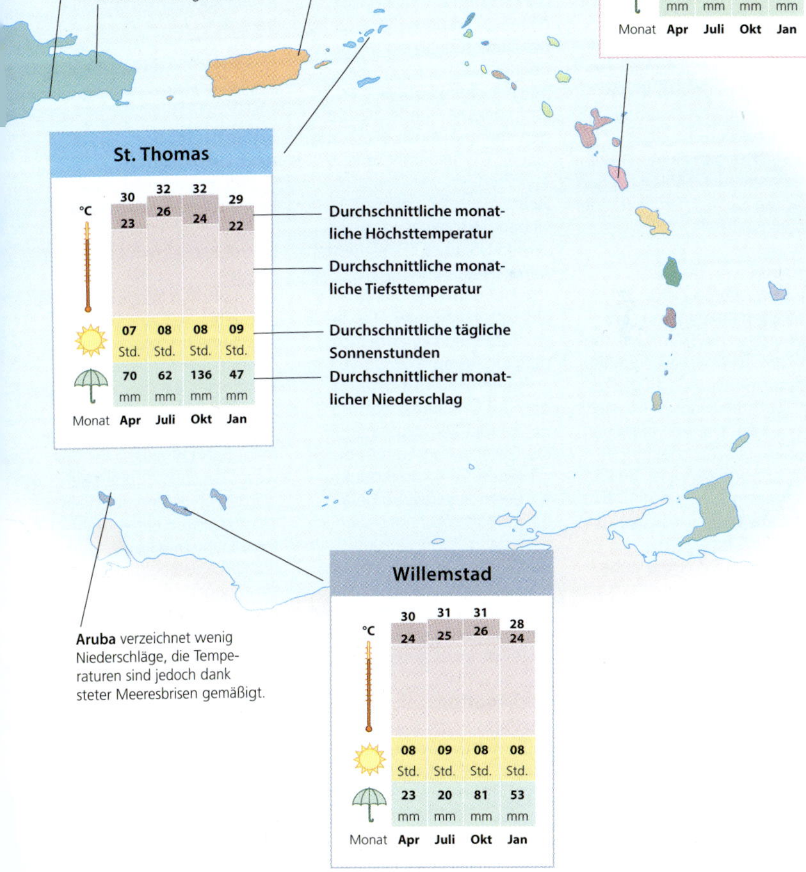

St. Thomas

Monat	Apr	Juli	Okt	Jan
°C (max.)	30	32	32	29
°C (min.)	23	26	24	22
Sonne	07 Std.	08 Std.	08 Std.	09 Std.
Niederschlag	70 mm	62 mm	136 mm	47 mm

Durchschnittliche monatliche Höchsttemperatur

Durchschnittliche monatliche Tiefsttemperatur

Durchschnittliche tägliche Sonnenstunden

Durchschnittlicher monatlicher Niederschlag

Willemstad

Monat	Apr	Juli	Okt	Jan
°C (max.)	30	31	31	28
°C (min.)	24	25	26	24
Sonne	08 Std.	09 Std.	08 Std.	08 Std.
Niederschlag	23 mm	20 mm	81 mm	53 mm

Aruba verzeichnet wenig Niederschläge, die Temperaturen sind jedoch dank steter Meeresbrisen gemäßigt.

Praktische Hinweise

Fast alle karibischen Inseln leben vom Fremdenverkehr und bieten Einrichtungen auf internationalem Niveau. An abgelegeneren Orten können die Komfortmerkmale für Urlauber jedoch begrenzt sein. Man gelangt relativ einfach von Insel zu Insel, sollte dies jedoch im Voraus planen. Die meisten Inseln haben eigene Fremdenverkehrsbüros, die bei der Planung helfen und zudem Informationen zu Hotels, Restaurants und Sehenswürdigkeiten liefern. Die Ausflüge vor Ort bucht man am besten bei einem der zahlreichen Veranstalter auf den Inseln, die meist in den großen Hotels zu finden sind.

Beste Reisezeit

Auf den Inseln der Karibik ist immer Saison, jedoch ist von Juni bis November Hurrikanzeit. Im Juli und im August wird es sengend heiß – Ausflüge können dann sehr anstrengend sein. Die beste Reisezeit ist von Dezember bis April, wenn es warm, aber nicht unerträglich heiß ist. Dann finden auf den meisten Inseln kulturelle Veranstaltungen statt.

Anreise

Am einfachsten fliegt man in die Karibik oder erkundet sie auf einer Kreuzfahrt. In der Hauptsaison von Dezember bis April schnellen die Preise in die Höhe. Zwischen einigen Inseln verkehren auch Fähren, Details erfahren Sie auf den Seiten der jeweiligen Inseln.

Einreise

Die Einreisebestimmungen der jeweiligen Inselstaaten sind sehr unterschiedlich. Meist benötigt man einen gültigen Reisepass und ein Rückflugticket. Ein Touristenvisum ist oft nicht notwendig. Das von manchen Ländern vorgeschriebene Visum ist normalerweise dreißig bis neunzig Tage gültig und in der Regel problemlos über die Reisebüros erhältlich.

Für Kuba und einige andere Inselstaaten muss man sich das Visum in Form einer »Touristenkarte« rechtzeitig im Voraus besorgen. Individualreisende müssen sie in der kubanischen Auslandsvertretung in ihrem Heimatland beantragen *(siehe auch S. 102)*. Jeder Kubareisende muss außerdem bei der Einreise einen für Kuba gültigen Krankenversicherungsschutz für die Aufenthaltsdauer nachweisen. Bitten Sie Ihre Versicherung, die Begleitpolice in Spanisch auszustellen.

Deutsche, Österreicher und Schweizer, die über die USA in ein Land der Karibik reisen, müssen einen für die Aufenthaltsdauer gültigen Reisepass (ePass mit elektronischem Chip) besitzen und im Rahmen des Visa Waiver Program (VWP) spätestens 72 Stunden vor Reiseantritt auf der **ESTA**-Website eine Reisegenehmigung beantragt haben. Dies gilt auch, wenn sie sich nur auf der Durchreise in ein Drittland befinden. Die Gebühr von 14 US-Dollar wird per Kreditkarte gezahlt. Kinder benötigen ebenfalls einen ePass und eine ESTA-Genehmigung.

Zoll

Neben persönlichen Dingen dürfen Urlauber in die meisten Karibikstaaten bis zu zwei Liter Alkohol und zwei Stangen Zigaretten einführen. Für bestimmte Medikamente muss man ein Rezept vorzeigen. Die Zollbehörden achten besonders auf Drogenhandel und greifen bei Verstößen gegen die Gesetze konsequent durch.

Kaufen Sie keine Produkte, für deren Herstellung gefährdete Tiere zu Schaden kamen oder gar getötet wurden, wie Schildpatt, Reptilienhaut, Schwarze Korallen. Sie fallen unter das Washingtoner Artenschutzübereinkommen (CITES). Ihr Besitz steht unter Strafe.

Information

Die Website der **Caribbean Tourism Development Company** (CTDC) ist für Besucher der karibischen Inseln eine überaus nützliche Informationsquelle. Von diesem Portal führen Links zu den Websites der Fremdenverkehrsämter der jeweiligen Inselstaaten.

Die **Caribbean Tourism Organization** ist eine Agentur für tourismuswirtschaftliche Entwicklung in den karibischen Ländern. Sie unterstützt die gesamte Region, ein Programm für die Entwicklung eines nachhaltigen Fremdenverkehrs zu erarbeiten. Die Organisation mit Hauptsitz in Barbados betreibt ein Informationsportal rund um die Karibik.

Eine weitere gute Anlaufstelle ist die Website des Auswärtigen Amts.

Sicherheit und Gesundheit

Sicherheit und medizinische Einrichtungen unterscheiden sich stark von Insel zu Insel. Private Kliniken sind eher zu empfehlen als öffentliche. Auf manchen Inseln ist Malaria verbreitet. Seit einigen Jahren sind vermehrt Infektionen mit Denguefieber festzustellen. Erkundigen Sie sich vorab nach Impfempfehlungen.

In den meisten großen Orten treiben Taschendiebe ihr Unwesen, auch Raubüberfälle werden gemeldet. Seien Sie im Straßenverkehr vorsichtig: Viele Einheimische beachten die Verkehrsregeln nicht. Rippströmungen *(siehe S. 37)* fordern unter Schwimmern jedes Jahr Opfer. Legen Sie sich nicht unter Kokospalmen, herunterfallende Nüsse sind eine ernst zu nehmende Gefahr. Frauen sollten sich nicht an einsamen Strände aufhalten.

Haiti wird in diesem Reiseführer nicht behandelt. Das deutsche Auswärtige Amt rät wegen der Sicherheitslage von Reisen nach Haiti ab.

Banken und Währung

In der Karibik gibt es verschiedene Währungen. Viele englischsprachige Inselstaaten benutzen den East Caribbean Dollar, in den überseeischen Gebieten Frankreichs zahlt man mit Euro. Auf Curaçao und in Sint Maarten ist noch der Antillen-Gulden in Umlauf.

US-Dollar werden – außer in Kuba – fast überall angenommen, viele Läden akzeptieren zudem den Euro. Banken findet man überall, Geldautomaten sind ebenfalls ausreichend vorhanden. Auch viele Hotels wechseln ausländische Währungen.

Kommunikation

Telefongespräche in den Hotels sind meist teuer, günstiger ist es mit einer Telefonkarte an einem öffentlichen Telefon. Telefonkarten sind auf jeder Insel in Läden und an Tankstellen erhältlich. Quadband-Handys funktionieren in allen GSM-Netzen der Karibik. Internet-Zugang hat man überall in der Karibik – in Kuba ist die Internet-Nutzung jedoch teuer. Die meisten Hotels verfügen über ein WLAN-Netz, dessen Benutzung oft kostenlos ist.

Verkehrsmittel

Auf manchen Inseln kommt man nur schwer mit öffentlichen Verkehrsmitteln voran, auf den kleinen Inseln vor allem mit oft überfüllten Minibussen. Die Urlaubertaxis an den großen Hotels sind praktisch, aber nicht billig. Einheimische bevorzugen die preiswerteren Sammeltaxis. Infos zu Mietwagen finden Sie in den *Praktischen Hinweisen* zu jeder Insel.

Shopping

Die Karibik ist berühmt für ihr Kunsthandwerk. Jede Insel hat ihren eigenen Stil. Interessante Kunst findet man vor allem in Kuba, Kunst aus Haiti kann man in der Dominikanischen Republik entdecken. Typische Erzeugnisse sind Schmuck, Holzschnitzereien, Strohhüte und Strohkörbe, die an Strandbuden und auf Märkten verkauft werden. Schöne Souvenirs sind Zigarren, Rum, Hängematten und *guayaberas*.

In den Häfen für Kreuzfahrtschiffe kann man zollfrei Parfum und Uhren (Vorsicht vor Fälschungen!) kaufen. Meiden Sie unbedingt Produkte aus Tieren, Korallen und Muscheln.

Sprachen

Die Amtssprachen der Inseln sind Relikte ihrer Kolonialgeschichte. Auf Puerto Rico, in Kuba und der Dominikanischen Republik wird Spanisch gesprochen, Englisch in ehemaligen britischen Kolonien. Französisch und Niederländisch ist Verkehrssprache auf den Inseln mit Verbindungen zu Frankreich beziehungsweise den Niederlanden. Auf fast jeder Insel gibt es eine Kreolsprache, bei der die koloniale »Muttersprache« mit afrikanischen Worten gespickt ist.

Strom

Die Stromspannung auf den meisten Inseln der Großen Antillen beträgt 110 Volt/60 Hz, auf den anderen Inseln können auch 220 oder 230 Volt bei 50 oder 60 Hz vorkommen. Außer in den französischen Überseegebieten benötigen Sie für die Steckdose einen Adapter. Stromausfälle sind überall möglich, nehmen Sie deshalb eine Taschenlampe und Batterien mit.

Zeit

Die karibischen Inseln erstrecken sich über zwei Zeitzonen. Die Dominikanische Republik und alle Inseln östlich davon liegen fünf Stunden hinter der Zeit in Mitteleuropa (MEZ), im (europäischen) Sommer (MESZ) sind es sechs Stunden.

Die Inseln westlich der Dominikanischen Republik liegen sechs Stunden zurück. Die nur auf einigen Inseln übliche Sommerzeit beginnt und endet von Insel zu Insel verschieden.

Etikette

Die meisten Inseln sind konservativ, was Oben-ohne- und Nacktbaden betrifft. Meist ist beides verboten. Die französischen Inseln gelten als liberaler: Fragen Sie nach Pauschalangeboten in Nudistenhotels. Badekleidung sollte man ausschließlich am Strand tragen.

Auf den spanischsprachigen Inseln ist der »Machismo« noch weitverbreitet. Das Tabu der Homosexualität ist in den Inselkulturen tief verankert. Die karibischen Männer machen Frauen gerne Komplimente, die Art und Weise lässt allerdings oft zu wünschen übrig. Am besten unterbindet man unerwünschte Flirtversuche, indem man betont, dass man verheiratet ist.

Außer bei Geschäftstreffen, in teureren Restaurants und in Clubs benötigt man kein Sakko oder Abendkleidung. Viele Hotelrestaurants erwarten gepflegtes Schuhwerk.

Hotel- und Restaurantempfehlungen

Achten Sie bei den in jedem Insel-Kapitel aufgeführten Hotels und Restaurants auf die Einträge unter »Vis-à-Vis-Tipp«. Diese haben stets ein hervorstechendes Merkmal, etwa eine besonders schöne Lage oder Aussicht, großartige Atmosphäre und Service, exzellente Einrichtungen – oder eine Kombination aus allem.

Auf einen Blick

Einreise

Außenministerien

Deutschland
W auswaertiges-amt.de

Österreich
W bmeia.gv.at

Schweiz
W eda.admin.ch

Electronic System for Travel Authorization (ESTA)
https://esta.cbp.dhs.gov

Information

Caribbean Tourism Development Company
W caribbeantravel.com

Caribbean Tourism Organization
W onecaribbean.org

Reiseinformationen

Die Karibik ist ein riesiges Gebiet und kann kaum auf nur einer Reise ganz erkundet werden. Einige der Inseln sind mit internationalen Direktflügen erreichbar, andere hingegen werden nur über regionale Luftverkehrsknoten bedient. Die vielen luxuriösen Kreuzfahrtschiffe laufen in der Regel mehrere Karibikinseln an. Davon abgesehen kommt man teilweise nur schwer von einer Insel zur anderen, da nur wenige durch Fährlinien miteinander verbunden sind. Auf den größeren Inseln verkehren moderne, klimatisierte Busse zwischen Flughafen und den bekannten Urlaubszielen. Die Insulaner bevorzugen meist die Minibusse. Mit dem eigenen Wagen ist man zwar sehr flexibel, doch sind die Straßen oft in einem schlechten Zustand.

Landebahn des kleinen Flughafens von St. Barthélemy

Anreise mit dem Flugzeug

In die Karibik kommt man am einfachsten mit dem Flugzeug. Von Europa werden viele Inseln durch Langstreckenflüge angesteuert, meist muss man an Knotenpunkten wie San Juan oder St. Thomas umsteigen. Von Europa aus fliegen **Air France**, **British Airways**, **Iberia**, **KLM** und **Lufthansa** in die Karibik. Die Zahl der Direktflüge mit Ausgangspunkt im deutschsprachigen Raum ist jedoch überschaubar. Viele Fluglinien machen einen Zwischenstopp in den USA. Nordamerikanische Gesellschaften, die die Karibik bedienen, sind **American Airlines**, **Delta**, **United Airlines** und **Air Canada**. Auch die karibischen Gesellschaften **Bahamasair**, **Cayman Airways**, **Caribbean Airlines** und **LIAT** bieten internationale Verbindungen an. **Cubana** fliegt von Europa aus nach Kuba. In die Karibik fliegen zudem viele Charterfluggesellschaften.

Zwischen den Inseln verkehren kleine Passagierflugzeuge. Die Hauptflughäfen in Puerto Rico fliegt **Air Flamenco** an, in Kuba übernimmt diese Aufgabe Cubana, in der Dominikanischen Republik **Aerolíneas Mas**. Dutzende von Charterfirmen bieten Linienflüge in Maschinen für vier bis 16 Passagiere zwischen den Haupturlaubszielen auf den Inseln oder innerhalb der Inselgruppen an.

Die Kleinen Antillen werden durch kleine karibische Fluggesellschaften bedient. Details dazu finden Sie bei der jeweiligen Inselbeschreibung.

Flughäfen

In der Karibik sind rund 30 größere Flughäfen an den internationalen Flugverkehr angeschlossen. Weitere Flughäfen und Landepisten sind nur mit Inlandsflügen zu erreichen. Sie sind meist so klein, dass die Flugzeuge nicht direkt am Terminal parken – die Passagiere erreichen die Maschinen zu Fuß über das Rollfeld.

Kreuzfahrten

Die Karibik ist ein äußerst beliebtes Kreuzfahrtziel. Mehr als 20 Reedereien bieten eine breite Auswahl von Schiffen und Routen an. Die Schiffe legen nachts ab und erreichen vor dem Morgen den nächsten Zielhafen, sodass man tagsüber die Gegend auf den Ausflügen der Veranstalter besichtigen oder auf eigene Faust erkunden kann. Angeboten werden auch spezielle Themen-Kreuzfahrten. Weitere Informationen bieten die **Cruise Lines International Association** oder Websites wie: www.kreuzfahrten.de

Ein riesiges Kreuzfahrtschiff ankert in Pointe-à-Pitre, Guadeloupe

Passagiere verlassen eine Fähre in Puerto Rico

Fähren und Segelboote

In der Karibik fahren überraschend wenige Fähren. Einige verbinden etwa Puerto Rico, die Dominikanische Republik und die US Virgin Islands. Von dort gelangt man per Fähre auch auf die British Virgin Islands. Zwischen Trinidad und Tobago verkehren ebenfalls Fähren. Viele Urlauber erkunden die Inseln mit Segelbooten, die man auf fast allen Inseln mit oder ohne Crew mieten kann. Man sollte sein Boot jedoch im Voraus bei einer international tätigen Charterfirma buchen, wie **Caribbean Yacht Rentals**.

Autofahren

Für die Inselerkundung ist ein Wagen nicht nur praktisch, man ist auch am flexibelsten. Autos können fast überall gemietet werden, die großen internationalen Leihfirmen haben auf den meisten Inseln eine Niederlassung. Schlechte Teerstraßen mit Schlaglöchern, streunende Tiere und einheimische Fahrer, die die Sicherheit der anderen Verkehrsteilnehmer nur wenig kümmert, können aber zur Herausforderung werden. Man sollte vermeiden, nachts zu fahren. Auf den Inseln herrscht Linksverkehr, nicht jedoch auf Bonaire, St. Eustatius, Aruba, Guadeloupe, Curaçao, Kuba, Martinique, Puerto Rico, St. Martin/Sint Maarten, Saba und in der Dominikanischen Republik.

Pauschalreisen und organisierte Touren

Die Flugpreise variieren zum Teil stark zwischen den Fluggesellschaften bzw. den Ticketagenturen sowie je nach Jahreszeit. In der Regel erhalten Frühbucher günstigere Preise. Darüber hinaus sind Pauschalreisen meist billiger als individuell geplante Reisen. Die großen Fluggesellschaften und zahlreiche Reiseunternehmen im gesamten deutschsprachigen Raum bieten sie für alle Inseln an.

Auf den meisten Inseln gibt es eine Vielfalt von Wassersportmöglichkeiten und entsprechende Pauschalreiseangebote, genauso wie für reine Strandurlaube. Beliebt sind auch Erlebnisreisen zur Vogelbeobachtung, zum Wandern, Radfahren, Tauchen und Sportangeln. Weitere Informationen finden Sie bei den jeweiligen Inselbeschreibungen.

Fahrt durch den Regenwald auf Puerto Rico

Auf einen Blick

Fluglinien

Aerolíneas Mas
W aerolineasmas.com

Air Canada
W aircanada.com

Air Flamenco
W airflamenco.net

Air France
W airfrance.com

American Airlines
W aa.com

Austrian
W austrian.com

Bahamasair
W bahamasair.com

British Airways
W britishairways.com

Caribbean Airlines
W caribbean-airlines.com

Cayman Airways
W caymanairways.com

Cubana
W cubana.cu

Delta
W delta.com

Iberia
W iberia.com

KLM
W klm.com

LIAT
W liat.com

Lufthansa
W lufthansa.com

Swiss
W swiss.com

United Airlines
W united.com

Kreuzfahrten

Cruise Lines International Association
W cruising.org

Segelboote

Caribbean Yacht Rentals
T 1-888-622-1195.
W caribbeanyachtsrental.com

EIN PORTRÄT DER KARIBIK

Die schönsten Strände

Als Reiseziel für einen Strandurlaub sind die karibischen Inseln geradezu ideal. Dennoch unterscheiden sich die Küsten auf jeder dieser fast 7000 Inseln und Eilande zwischen Nord- und Südamerika. Zum Teil mächtige Atlantikwellen brechen sich an der zerklüfteten, dem Wind zugewandten Ostküste der Inseln – ein Traum für Surfer. Schwimmer, Schnorchler und Taucher zieht es an die vom Karibischen Meer sanft umspülten, windabgewandten Küsten. Die Qualität des Sandes reicht von fein und weiß bis schwarz und grob.

Punta Cana gehört zur 34 Kilometer langen Coconut Coast am Ostende der Dominikanischen Republik. Hunderte Palmen wogen am feinen, weißen Sandstrand. Dutzende All-inclusive-Hotels bieten jeden erdenklichen Komfort und alle Arten von Unterhaltung.

Die Grace Bay *(siehe S. 120)* auf den Turks und Caicos Islands bietet 19 Kilometer Sandstrand mit guten Hotels.

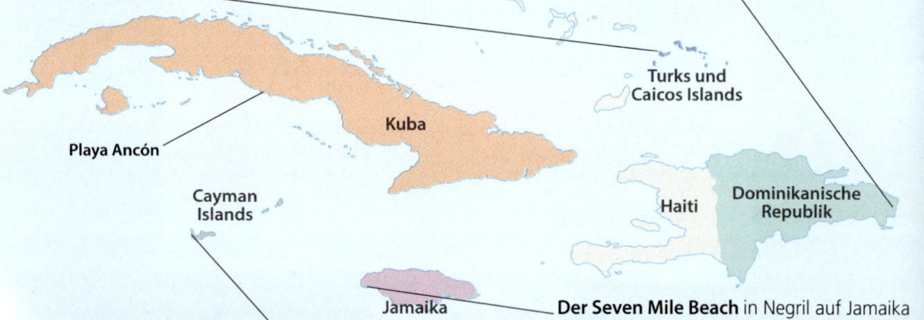

Der Seven Mile Beach in Negril auf Jamaika zählt seit seiner Entdeckung durch die Hippies in den 1960er Jahren zu den beliebtesten Sandstränden in der Karibik. Inzwischen ist er leider ziemlich zugebaut.

Der Seven Mile Beach auf Grand Cayman ist ein gepflegter Strand an der Westküste. Auch wenn sich hier geschäftige Läden, Restaurants und Hotels reihen, hat man doch den Eindruck von Weite und unberührter Natur.

Weitere schöne Strände

Gute Strände liegen an fast jeder Küste von fast jeder Insel. Spitzenbewertungen erhalten jedoch nur Strände mit bester Wasser- und Sandqualität, Schatten, Toiletten und Duschen und leichtem Zugang.

Die Playa Ancón *(siehe S. 88)* in Kuba ist ein hübscher, weißer Sandstrand auf der abgelegenen Halbinsel Ancón.

Der Great Bay Beach auf Sint Maarten ist ein weißer Sandstrand. Parallel zu ihm verläuft die Haupteinkaufsstraße von Philipsburg.

◀ Blick auf die Isla Palominos vor Puerto Rico *(siehe S. 210)*

Luquillo *(siehe S. 208)* auf Puerto Rico ist ein beliebter Familienstrand mit goldenem Sand, ruhigem Wasser und vielen Annehmlichkeiten. Der Strand mit dem Blue-Flag-Zertifikat erfüllt strikte Umweltauflagen, hat eine garantierte gute Wasserqualität und bietet Einrichtungen für behinderte Reisende.

Der Honeymoon Beach auf St. John (US Virgin Islands) ist einer von sieben feinen Sandstränden der Caneel Bay und nur zu Fuß oder per Boot erreichbar.

Der Pink Beach auf Barbuda ist ein 13 Kilometer langer, rosa Sandstrand an einem abgelegenen Küstenstreifen.

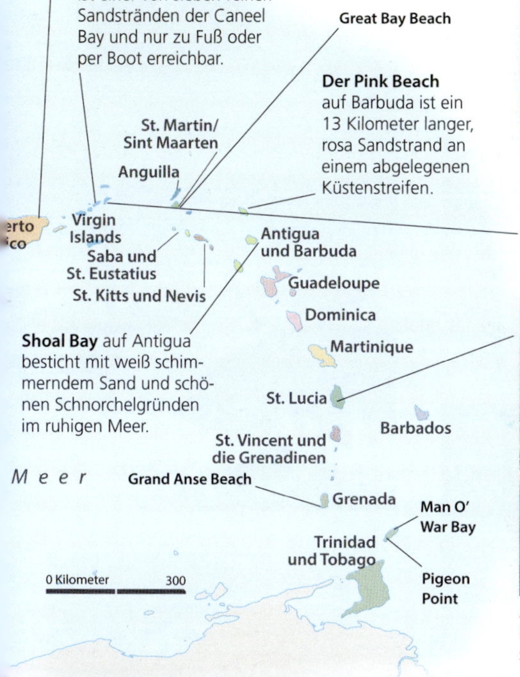

Shoal Bay auf Antigua besticht mit weiß schimmerndem Sand und schönen Schnorchelgründen im ruhigen Meer.

An The Baths *(siehe S. 240)* auf Virgin Gorda bilden verstreute und zum Teil bizarr geformte, gigantische Felsblöcke ruhige Becken und beeindruckende Höhlen.

Anse Chastanet auf St. Lucia ist ein weltberühmter Strand und lockt vor allem mit seinen schönen Tauchgründen.

An den Stränden von Tobago, etwa am Korallenstrand Pigeon Point, fühlt man sich fast wie Robinson Crusoe. Die Man O' War Bay bietet einen schönen Naturhafen und langen Sandstrand.

Grand Anse Beach auf Grenada ist rund drei Kilometer lang. Der weiße Pudersand reicht weit in das Land hinein. Sehr viele der besten Hotels der Insel stehen in nächster Nähe zu diesem Strand.

Strandvergnügen

Das ganzjährige Sonnenwetter und die Nähe zum Meer sind der gemeinsame Nenner aller Kulturen der Karibik. Der Strand steht meist im Mittelpunkt, tagsüber wie abends sowie bei Festlichkeiten. Laut Gesetz sind die meisten Strände bis zur Flutlinie öffentlich. Besitzer von Küstengrundstücken gewähren in der Regel freien Zutritt. An beliebten Stränden wachen Rettungsschwimmer, die Polizei patrouilliert regelmäßig. An unbewachten Stränden schwimmt man auf eigene Gefahr. Signale warnen vor starken Strömungen.

Katamaran beim Ablegen, Saline Bay, St. Vincent und die Grenadinen

Reiten am Strand ist sehr beliebt und eine schöne Möglichkeit, die Küsten der vielen Inseln zu erkunden. An den Strandritten können auch ungeübte Reiter teilnehmen, meist führt ein erfrischender Galopp in die Brandung. Einige Anbieter haben auch romantische Strandritte bei Sonnenuntergang im Programm.

Beachvolleyball gehört zu den beliebtesten Sportarten der Inseln. Die alljährlichen Caribbean Beach Volleyball Championships mit Teilnehmern aus aller Welt finden jeden Frühling auf einer anderen Insel statt.

Sport

Volleyball, Tauchen, Surfen, Segeln und alle erdenklichen anderen Wassersportarten – man hat die Qual der Wahl. Leeküsten sind dank ihrer ruhigen Gewässer ideal zum Schwimmen und Schnorcheln, windige Küsten ideal zum Surfen. Taucher bevorzugen die Inseln mit Riffen.

Parasailing wird an vielen Stränden angeboten. Dabei sitzt man in einem Gurtgeschirr unter einem speziell gearbeiteten Gleitschirm, der von einem Boot in den Himmel gezogen wird. Auf den Inseln mit Bergen und beständigen Passatwinden ist auch das Gleitschirmfliegen beliebt.

FKK-Resorts befinden sich auf einigen Inseln, Nacktbaden an öffentlichen Stränden ist jedoch gesetzlich meist verboten, sonnen oben-ohne unüblich und (nasse) Badekleidung in Restaurants, Läden und auch in Strandnähe unerwünscht.

Zum Kinderangebot in den All-inclusive-Hotels gehören etwa Sandburgenbau, Schatzsuche am Strand oder Naturwanderungen.

Das Karibische Meer ist für sein türkisfarbenes, glasklares Wasser berühmt.

Strohschirme spenden an vielen Stränden angenehmen Schatten in der tropischen Sonne.

Entspannung pur

Ein Morgenspaziergang am Strand gehört zu den schönsten Momenten im Urlaub. Die Nachmittage verbringt man dösend, lesend und picknickend unter Palmen oder erforscht die felsige Küste. Die Strandhotels versorgen ihre Gäste mit Handtüchern, Schirmen und Liegestühlen, ansonsten leihen Strandbuden alles Nötige aus.

Beim gemütlichen Einkaufsbummel vergeht der Tag in Windeseile. An den beliebtesten Stränden werden Sarongs, Handtücher, Badesachen und Souvenirs verkauft. Ob aus heimischer Produktion oder importiert – ihnen haftet das Flair der Karibik an.

Für die Strandverpflegung sorgen Strandbars und Imbissbuden vor allem mit Meeresfrüchte-Sandwiches, Rum-Mixgetränken und eiskaltem Bier. Auf vielen Inseln sind Rotis – sehr dünne Fladenbrote – beliebt, in die Fisch, Garnelen, Huhn oder Lamm eingeschlagen wird.

Strandpartys steigen fast jedes Wochenende. Solange es sich nicht um kleine private Feste handelt, sind Urlauber dazu fast immer willkommen. Strandbars veranstalten oft Vollmondpartys, besonders während größerer Festlichkeiten.

Tauch- und Schnorchelreviere

Mit ihren großen, spektakulären Korallenriffen und großartigen Tauch- und Schnorchelrevieren ist die Karibik ein Mekka für Taucher und Schnorchler. Im glasklaren Meer liegt eine fantastische, artenreiche Unterwasserwelt, in der geheimnisvolle Wracks spanischer Galeonen und gesunkener Schiffe aus dem Zweiten Weltkrieg zur Erkundung einladen. Wer während eines Urlaubs mehrere Inseln besucht, kann sich seine persönlichen Höhepunkte aus einer riesigen Auswahl aussuchen, etwa die Begegnung mit Stachelrochen vor Grand Cayman oder die Erforschung unterseeischer Vulkankrater vor Dominica.

Verleih von Ausrüstungen zum Tauchen und Schnorcheln, Curaçao

Wracktauchen

Versunkene Schiffe besitzen einen ganz besonderen Reiz: Die Wracks, die vor fast jeder der karibischen Inseln im Meer liegen, locken verschiedenste Tiere an, und oft findet man neben Kanonen auch noch andere Relikte aus längst vergangener Zeit.

Die *Superior Producer*, ein 1977 gesunkener Frachter, liegt in 32 Meter Tiefe vor der Südwestküste Curaçaos. Nachts ist das künstliche Riff vom Schimmer der Becherkorallen und kleinen Räuber erhellt.

Die *Hilma Hooker* liegt in 30 Meter Tiefe vor Bonaire. Sie wurde 1984 mit Drogen an Bord aufgebracht und wegen ihres schlechten Zustands schließlich versenkt. Sie ist von zahllosen Seeanemonen bevölkert.

Schnorcheln

Wer die Unterwasserwelten erkunden möchte, ohne sich den Gefahren der Tiefe auszusetzen, benötigt lediglich eine Taucherbrille, einen Schnorchel und ein Paar Flossen – die perfekte Ausstattung, um die Korallenriffe zu erforschen, die sich nahe der Wasseroberfläche erstrecken. Und Schnorcheln kann jeder! Viele Inseln haben hervorragende Schnorchelreviere, wie Antigua, Bonaire, die Grenadinen und die Virgin Islands.

Stingray City *(siehe S. 106)* liegt im Meer vor der Nordwestküste von Grand Cayman. Im flachen Wasser können hier Schnorchler Stachelrochen füttern und mit ihnen schwimmen.

The Baths *(siehe S. 240)* in den British Virgin Islands ist ein Schnorchelparadies. Hier entdeckt man eine faszinierende tropische Meereswelt in den Becken und Grotten zwischen riesigen Felsen. Man sollte jedoch auf die starke Dünung des Atlantiks achten.

Weitere Informationen zu Tauch- und Schnorchelrevieren *siehe* Sport und Aktivurlaub *zu den jeweiligen Inseln*

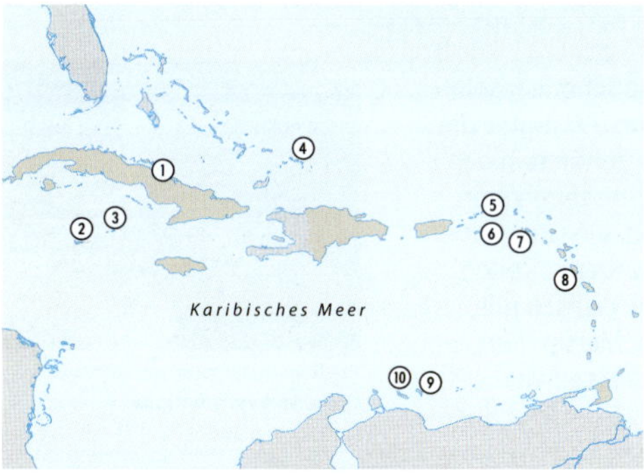

Die schönsten Reviere

① Jardines del Rey, Kuba
② Stingray City, Cayman Islands
③ Bloody Bay Marine Park, Cayman Islands
④ HMS *Endymion*, Turks und Caicos Islands
⑤ The Baths, Virgin Islands
⑥ Buck Island Reef National Monument, Virgin Islands
⑦ Wrack der M.V. *Talata*, St. Kitts
⑧ Soufrière Marine Reserve, Dominica
⑨ Wrack der *Hilma Hooker*, Bonaire
⑩ Wrack der *Superior Producer*, Curaçao

Tauchen und Snuba-Tauchen

Beim Tauchen stehen die Tiefen der Unterwasserwelt offen, wenn man den Umgang mit den Geräten und die Tauchtechnik beherrscht. Snuba ist eine Kombination aus Schnorcheln und Tauchen. Die Atemluftgeräte befinden sich auf Flößen und sind mit den Tauchern durch Schläuche verbunden.

An Dominicas Westküste liegen einige Tauchreviere. Die beliebten Gebiete von Scotts Head und Soufrière Bay wimmeln von buntem Unterwasserleben.

Im Bloody Bay Marine Park *(siehe S. 111)* auf den Cayman Islands liegen viele Tauchreviere. Einige sind nur zwei Meter tief, andere liegen an einer Senke, die 500 Meter in die Tiefe reicht.

Snuba-Tauchen ist ideal, um vor Aruba die mit Korallen zugewachsenen Wracks zu erforschen. Bei Antilla liegt ein halb versunkener deutscher Frachter aus dem Zweiten Weltkrieg, während in einer Lockheed Lodestar Seefächer und Schwämme wachsen.

Taucher kurz vor dem Tauchgang

Tauchschein und -ausbildung

Zum Tauchen wird in der Regel ein Tauchschein von PADI (Professional Association of Diving Instructors) oder NAUI (National Association of Underwater Instructors) benötigt. Veranstalter bieten Tauchgänge mit einer oder zwei Flaschen sowie Kurse an. Für erfahrene Taucher sind Nachtausflüge oder Fortgeschrittenenkurse mit Rettungstauchen. Anfängerkurse beinhalten Theoriestunden und Tauchgänge. Viele Hotels haben eigene Tauchläden.

Segeln

Beste Segelbedingungen und viele schöne Inseln und Eilande, die man anlaufen kann – Antigua, die Grenadinen und die Virgin Islands gehören in der Karibik zu den Top-Zielen. Die malerischen Virgin Islands sind am besten erschlossen, die Grenadinen bezaubern mit dem Charme vergangener Zeiten. Antigua ist für kleine wie für große Yachten mit Crew eine gute Basis, aber auch St. Martin / Sint Maarten und Guadeloupe sind beliebte Ziele.

Ausflugs-Katamaran am Heritage Quay, St. John's, Antigua

Antigua

Die Segelgeschichte Antiguas ist jahrhundertealt. Die Insel war in der Kolonialzeit das karibische Zentrum der britischen Seemacht. Die jährliche Antigua Sailing Week gehört zu den bekanntesten Regatten der Welt und ist der Höhepunkt des Segeljahrs in der Karibik. Der fünf Tage dauernde internationale Wettbewerb zieht Segler und Boote aller Art aus der ganzen Welt an.

Bei Segelveranstaltungen ist nicht nur auf dem Wasser, sondern auch auf dem Land einiges los. Zu den Regatten gehört ein buntes Nachtleben mit Konzerten, Spielen, Essen und Trinken.

Segelregatten

Das Carriacou Regatta Festival ist ein wichtiges Segelfest im Sommer

Grenadinen: Carriacou Regatta Festival (Juli/Aug) Zum größten Segelfest der Südkaribik kommen die Teilnehmer aus aller Welt.

Antigua: Sailing Week (Apr/Mai) Ein Top-Segelfest mit einheimischen und internationalen Konkurrenten.

Grenadinen: Bequia Easter Regatta (März/Apr) Diese Rennen für verschiedene Bootsklassen finden seit 1967 statt.

Sint Maarten: Heineken Regatta (März) Die Regatta bemüht sich um Umweltschutz.

Am Historic Redcliffe Quay in St. John's auf Antigua standen früher die Lagerhäuser der britischen Marine und der lokalen Handelsschiffe.

Weitere Informationen zum Segeln *siehe Seiten 244f, 319, 419 und 493*

Die Grenadinen

Segler, denen die Virgin Islands etwas zu überlaufen sind, weichen gerne auf die Grenadinen aus. Die Inseln bieten hervorragende Segelbedingungen mit konstanten Passatwinden, zahlreiche kleine Eilande und diverse Regatten.

Die Tobago Cays, winzige, von fantastischen Korallenriffen umgebene Inseln, sind auf den Grenadinen ein beliebtes Ziel für eintägige Bootsausflüge.

Viele Segler ankern an den ausgewiesenen natürlichen Ankerplätzen, um die Korallenriffe rund um die Inseln zu schützen. Das Ufer erreichen sie per Dingi oder Wassertaxi.

Virgin Islands

Die British und US Virgin Islands sind durch den Sir-Francis-Drake-Kanal getrennt. Sie bieten die beste Infrastruktur für Segler, zahlreiche Ankerplätze sowie geschützte und offene Segelreviere zwischen den einzelnen Inseln.

Einrumpf-Yachten sind perfekt für lange Strecken. Wer chartern will, den erwarten verschiedenste, gut gewartete, bemannte und unbemannte Bootsarten, auch Katamarane und Motoryachten.

Bars und Restaurants stehen an vielen Ankerplätzen. Hier können Segler bei kühlen Drinks und Grillplatten rasten. Zu den beliebtesten Treffpunkten des britischen Teils gehören die Foxy's Bar in Jost Van Dyke, das Rhymer's Restaurant in der Cane Garden Bay auf Tortola und The Bath and Turtle auf Virgin Gorda.

Tortola, die größte Insel der Virgin Islands, ist eine der wichtigsten Anlaufstationen für Segler in der Karibik. An den Marinas der Insel starten eintägige Bootsausflüge zu den Riffen von Anegada und den »Baths« auf Virgin Gorda.

Beliebte Wassersportarten

Im Wassersportparadies Karibik reichen die Optionen vom rasanten Jetski-Wellenreiten bis zu Kajaktouren in ruhigen Lagunen. Viele Inseln sind für bestimmte Sportarten bekannt, Barbados etwa für das Surfen und die Dominikanische Republik für das Kiteboarden. All-inclusive-Hotels bieten Ausrüstungen für nichtmotorisierte Sportarten und oft auch entsprechende Kurse an. Für motorisierte Sportarten wendet man sich an Veranstalter, die an den meisten Stränden zu finden sind.

Bootsverleih am Strand, Palm Beach, Aruba

Auf dem Wasser

Das Sportangebot wird lediglich durch das Wetter und die vor Ort vorhandenen Einrichtungen beschränkt. Das Surfen ist auf Küstenstreifen mit hohen Wellen begrenzt, dort werden aber auch Anfängerkurse geboten. Familien genießen mit Vorliebe entspannte Aquabike- und aufregende Banana-Boat-Fahrten. Wer die Gegebenheiten vor Ort kennenlernen will, steigt am besten in ein Kajak.

Surfen ist ungemein beliebt. Viele Inseln bieten hervorragende Bedingungen dafür. In Rincón an der Westküste Puerto Ricos finden regelmäßig Weltmeisterschaftswettkämpfe statt.

Banana Boats sind aufblasbare Schleppboote, die mit hoher Geschwindigkeit gezogen werden. Die schaukelige Fahrt und selbst das Umkippen machen großen Spaß.

Aquabikes gibt es in vielen großen Strandhotels. Die Dreiräder werden durch riesige Reifen über Wasser gehalten und von zwei Fahrern mit Pedalen vorwärtsbewegt.

Jetskis rasen mit starken Motoren über das Wasser und sind für Schwimmer potenziell gefährlich. Vielerorts sind sie daher verboten oder in bestimmte Gebiete verbannt.

Mit dem Kajak entdeckt man auf faszinierende Weise in den Mangrovenwäldern und Lagunen die Flora und Fauna der Karibik.

Weitere Informationen zu Wassersport *siehe* Sport und Aktivurlaub *zu den jeweiligen Inseln*

Sportangeln

Das Karibische Meer und der Atlantik wimmeln von Fächerfischen, Marlinen, Thunfischen, Wahoos und Barrakudas. Auf fast jeder Insel gibt es hervorragende Sportanglerangebote.

Grundangeln nach Schnappern und Zackenbarschen ist ebenso beliebt wie Fliegenfischen nach Grätenfischen in den Lagunen.

Charterangebote für Sportfischer gibt es als Halb- oder Ganztagesausflüge. Viele Inseln bieten Hochseefischen an, die Fischarten variieren je nach Jahreszeit.

Mit Windkraft

Dank der ganzjährigen Passatwinde sind an den Windseiten der karibischen Inseln in der Regel Wind und Wellen ideal für Kiteboarder, Segler und Windsurfer. Hier vergnügen sich geübte Sportler ebenso wie – nach etwas Unterricht – blutige Anfänger.

Windsurfen ist an fast jedem Urlaubsstrand der Favorit. Bei vielen Hotels muss man für die Ausrüstung nicht extra zahlen.

Hobie Cats sind relativ kleine, leicht zu manövrierende Boote, die auch für wenig erfahrene Segler geeignet sind.

Paragliden kann man allein oder im Tandem. In ein Geschirr geschnallt hängt man an einem Gleitschirm, der von einem Schnellboot in luftiger Höhe über dem Meer gezogen wird.

Beim Kitesurfen schnallt man die Füße auf ein Surfboard, um von einem Drachen gezogen über das Wasser zu gleiten. Könner vollführen atemberaubende Figuren, während sie rasant über die Wellen fegen.

Rippströmung

Der Brandungsrückstrom entsteht, wenn mehr Wasser an den Strand gedrückt wird, als über den Rückstrom wieder abfließt. Das überschüssige Wasser bahnt sich in engen, unvorhersagbaren Kanälen mit reißender Geschwindigkeit den Weg zurück ins Meer. Wird man mitgerissen, sollte man nicht dagegen ankämpfen, sondern seitlich versetzt zurückschwimmen.

Donnernde Brecher bei Bathsheba, Barbados

Wandern

Die karibischen Inseln präsentieren sich geologisch sehr unterschiedlich – von kahlen Ebenen bis zu bewaldeten Gebirgen –, je nachdem, ob eine Insel aus einem Korallenriff oder durch Vulkanausbrüche entstand. Wanderer können herrliche Aussichten genießen, Pflanzen und Tiere entdecken, archäologische Stätten besichtigen und Naturschutzgebiete und Nationalparks auf gepflegten Wegen erkunden. Überall bieten Veranstalter geführte Touren in allen Schwierigkeitsgraden, geübte Wanderer finden ihre Wege auch problemlos alleine.

Wasserfall im Asa Wright Nature Centre, Trinidad

Wanderungen

Auf vielen Inseln verlaufen sanft ansteigende Wege für zweistündige und kürzere Wanderungen. In den Nationalparks sind die Wege fast alle befestigt. Sie beginnen bei den Besucherzentren und führen an beschilderten Pflanzen oder historischen Stätten vorbei. Eine von vielen Herausforderungen für geübte Wanderer ist der Aufstieg zum La Soufrière auf Guadeloupe.

Der Pico Duarte in der Dominikanischen Republik ist der höchste Berg der Karibik *(siehe S. 177)*. Erfahrene Bergsteiger benötigen für die Besteigung drei Tage. Die Ausrüstung wird dabei von den mitgeführten Maultieren getragen.

Die schönsten Wanderungen

Leichte Wanderungen

1 Arikok National Park, Aruba, 33, 8 Kilometer markierte Wege
2 Barre de l'Isle Forest Reserve, St. Lucia, 1,6 Kilometer
3 The Baths, Virgin Gorda, British Virgin Islands, 0,8 Kilometer
4 Lake Trail, Grand Étang National Park, Grenada, 4 Kilometer
5 Reef Bay Trail, St. John, US Virgin Islands, 3,2 Kilometer

Mittelschwere Wanderungen

1 Blue-Mountains-Wanderung, Jamaika, 11 Kilometer
2 Chaconia Trail, Asa Wright Nature Centre, Trinidad, 3,2 Kilometer
3 El Yunque, Puerto Rico, 58 Kilometer Wege
4 Hooiberg (Haystack Mountain), Aruba, 562 Stufen auf 164 Meter
5 Parc Naturel, Basse-Terre, Guadeloupe, 290 Kilometer markierte Wege
6 Pic du Paradise, St. Martin, 6,4 Kilometer

Schwierige Wanderungen

1 Adventure Trail, Asa Wright Nature Centre, Trinidad, 31 Kilometer
2 Edmund Forest Trail, St. Lucia, 11 Kilometer
3 La Soufrière, Gipfelwanderung, Guadeloupe, 8 Kilometer
4 Mount Qua Qua, Grenada, 4,8 Kilometer
5 Pico Duarte, Dominikanische Republik, 23,3 Kilometer
6 Valley of Desolation, Dominica, 8,9 Kilometer

Im Morne Trois Pitons National Park, Dominica, verlaufen viele Wege, einfache wie zu den Trafalgar Falls oder schwierige wie zum Valley of Desolation. Einige sind schwer zu finden, besser geht man mit einem Führer.

Weitere Informationen zum Wandern *siehe Seiten 213, 237, 289, 303 und 388f*

Die Blue Mountains, Jamaika, verlaufen 45 Kilometer in Ost-West-Richtung und sind herrlich zum Wandern *(siehe S. 144f)*. Am schönsten ist die Sechs-Stunden-Tour auf den Blue Mountain Peak.

El Yunque National Forest, Puerto Rico, bietet befestigte und unbefestigte Wege *(siehe S. 208)*. Der El Yunque Trail führt hinauf zu einem Gipfel, der den Atlantik 1067 Meter überragt.

Im Arikok National Park, Aruba, gibt es einfache und mittelschwere Wege *(siehe S. 483)*. Der Anstieg auf den 188 Meter hohen Mount Jamanota ist kurz und steil, der Blick vom Gipfel jedoch fantastisch.

The Baths, Virgin Gorda, British Virgin Islands, verlangen dem Besucher beinahe mehr Felsenklettern als Wandern ab *(siehe S. 240)*. Die Küstenlandschaft ist mit ihren Höhlen, Tunneln und Felsen äußerst malerisch.

Der Reef Bay Trail, St. John, US Virgin Islands, ist ein sehr beliebter Wanderweg. Er führt von der Centerline Road zur Genti Bay hinab und passiert ein natürliches Becken mit Petroglyphen.

Golf

Golf ist seit über hundert Jahren in der Karibik beliebt. Dank eines neuen Hybridgrases lässt sich Rasen in den Tropen viel einfacher pflegen, sodass weitere Plätze gebaut und viele ältere Plätze nach modernen Standards umgestaltet wurden. Da in der Karibik ganzjährig die Sonne scheint, ist sie das ideale Urlaubsziel für Golfer aller Klassen. Internationale Meisterschaften auf den besten Plätzen ziehen auch große Namen an. Für Golfer werden viele spezielle Pauschalreisen angeboten, doch auch Individualreisenden stehen die Plätze offen. Anfänger können professionelle Kurse buchen.

Fidel Castro auf einem Golfplatz in Havanna, Kuba, 1961

Der Tryall Club auf Jamaika verfügt über einen 18-Loch-Platz mit atemberaubender Aussicht. Der von Ralph Plummer geplante Meisterschaftskurs bezieht Schwierigkeiten der typisch karibischen Landschaft und des Flint River mit ein. Hier finden verschiedene internationale Turniere statt.

Sandy Lane auf Barbados *(siehe S. 449)* bietet drei Plätze – Green Monkey, Old Nine und Country Club – mit zusammen 45 Löchern. Jeder Kurs führt durch eine herrliche Tropenlandschaft mit perfekt gesetzten Aussichtspunkten auf das Meer.

Casa de Campo in der Dominikanischen Republik *(siehe S. 181)* besitzt drei von Pete Dye gestaltete Kurse. Der Sieben-Loch-Kurs Teeth of the Dog gilt als der beste Golfplatz der Karibik.

Weitere Golfplätze

Der Manchester Country Club auf Jamaika mit herrlicher Aussicht wurde vor über hundert Jahren in 660 Meter Höhe angelegt. Beliebt sind auch der Punta Espada Golf Course in der Dominikanischen Republik, der Royal St. Kitts Golf Club und der von Greg Norman designte Platz des CuisinArt Golf Club auf Anguilla.

Coamo Springs Golf Club, Puerto Rico, ist ein 18-Loch-Platz von Ferdinand Garbin mit atemberaubendem Bergblick.

Der Provo Golf Club, Turks und Caicos Islands, besticht mit seinem 18-Loch-Platz inmitten von Kalkformationen.

Weitere Informationen zu Golfplätzen *siehe* Sport und Aktivurlaub *zu den jeweiligen Inseln*

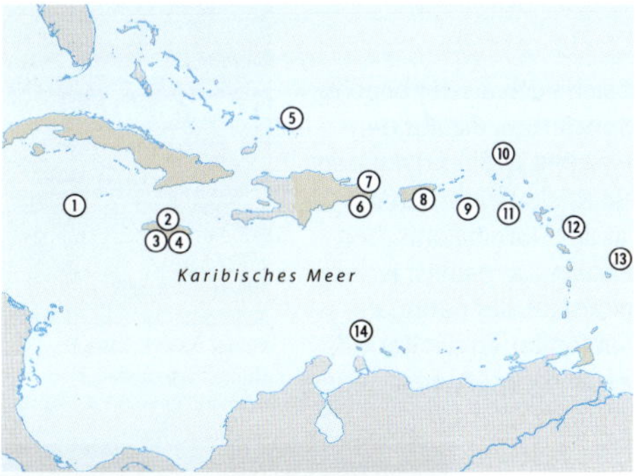

Top-Golfplätze

① The North Sound Club
② Manchester Country Club
③ Tryall Club
④ White Witch Golf Course
⑤ Provo Golf Club
⑥ Casa de Campo
⑦ Punta Espada Golf Course
⑧ Coamo Spings Golf Club
⑨ Carambola Golf & Country Club
⑩ CuisinArt Golf Club
⑪ Royal St. Kitts
⑫ Empress Josephine Golf Course
⑬ Sandy Lane
⑭ Tierra del Sol

Die besten Golfplätze

Die Golfplätze bieten oft einen Panoramablick auf das Meer, eine faszinierende Landschaftsgestaltung und natürliche Wasserhindernisse wie Bäche und Teiche. Auf den großen Inseln sind bereits viele Plätze angelegt, weitere sind aber in Planung.

Die Wasserhindernisse der Plätze bestehen aus Seen, Teichen und Bächen. Das Meer verleiht den karibischen Plätzen ein malerisches Flair.

Die Greens sind in der Regel gut gepflegt und die Grasflächen sehr kurz geschnitten. Dadurch können die Bälle weit rollen.

Der Tierra del Sol Golf Course auf Aruba wurde von Robert Trent Jones Jr. gestaltet. Um auf der trockenen Insel den Rasen grün zu halten, werden immense Mengen von entsalztem Wasser verbraucht.

Der Carambola Golf & Country Club auf den US Virgin Islands besitzt einen hervorragenden 18-Loch-Kurs, den Robert Trent Jones Sr. speziell für Laurance Rockefeller gestaltet hat.

Der North Sound Club, Grand Cayman, wurde von Roy Case harmonisch in die Landschaft von Crystal Harbor eingefügt.

Der Empress Josephine Golf Course, Martinique, ist ein 18-Loch-Platz von Robert Trent Jones Sr. in herrlicher Lage.

Der White Witch Golf Course, Jamaika, gehört zum Ritz-Carlton und heißt nach der Besitzerin der Rose Hall Plantation.

Sport

Das kulturelle Erbe der Karibik zeigt sich auch an der beachtlichen Bandbreite verschiedenster Sportarten, die auf den Inseln mit Begeisterung betrieben werden. Während auf den englischsprachigen Inseln eine große Kricketleidenschaft gepflegt wird, ist man in Kuba und in der Dominikanischen Republik verrückt nach Baseball. Fast allen gemein ist jedoch die Liebe zum Fußball. Domino ist praktisch der nationale Zeitvertreib auf den Inseln. Aus vielen Regionen der Karibik stammen zudem Weltklasse-Athleten und gar Olympiasieger.

Kinder beim Kricket in einem Park, Jamaika

Kricket

Kricket ist auf St. Kitts und Nevis genauso beliebt wie auf den Inseln der Champions, Jamaika und Trinidad. Jede Insel hat ihr eigenes Team, beim internationalen »Test Cricket« wird die Karibik aber vom Team West Indies vertreten. Das Spiel hat Kunst, Musik und endlose Debatten angeregt. Spieler wie Sir Garfield Sobers und Brian Lara sind Ikonen.

Kensington Oval in Bridgetown auf Barbados wurde 1882 gebaut. Im Mekka des karibischen Krickets fanden die Endspiele des ICC Cricket World Cup 2007 und der ICC World Twenty20 2010 statt.

Die feiernden Fans jubeln, trinken, tanzen und singen bei jedem Sportereignis – die Stimmung erinnert an Karneval. Auf den Zuschauerrängen picknicken ganze Familien.

Regionale Kricketteams wie die Barbados Tridents spielen in nationalen und internationalen Turnieren, bei denen Firmensponsoren hohe Preisgelder ausgesetzt haben.

Das Strandkricket mit behelfsmäßigen Schlägern, Bällen und Toren zeigt eindeutig die Kricketleidenschaft der Insulaner. Jugendliche feilen auf provisorischen und doch wunderbaren Plätzen an ihrer Spielkunst. Fremde sind als Mitspieler bei den Einheimischen willkommen.

Baseball

Mit den US Marines kam Ende des 19. Jahrhunderts auch das Baseball auf die spanischsprachigen Inseln. Kuba und die Dominikanische Republik gehören zu den besten der Welt, und auch aus Puerto Rico kommen einige bekannte Spieler, die in Mannschaften der US-Liga spielen.

Kuba schlug die USA im Jahr 2013 in den ersten Freundschaftsspielen seit 1996. Diese Vergleiche sollen dazu beitragen, dass Baseball irgendwann wieder in das olympische Programm aufgenommen wird.

Die Tigres del Licey, ein Profi-Baseballteam aus Santo Domingo in der Dominikanischen Republik, wurden 1907 gegründet und gewannen seitdem viele Titel.

Weitere Sportarten

Zu den vielen in der Karibik gepflegten Sportarten zählt etwa Fahrradfahren. Jamaika hat sogar eine Bobmannschaft, obwohl es dort weder Schnee noch Eis gibt. Fast jede Inselnation hat ein Sportministerium und viele Sportveranstaltungen.

Fußball zählt in der ganzen Karibik zu den beliebtesten Sportarten. Irgendwo findet immer ein Spiel statt: Wenn nicht gerade in einem Stadion ein Meisterschaftsspiel ausgetragen wird, kickt man am Strand oder auf einem Dorfplatz.

Boxen gehört in Ländern wie Barbados und Trinidad sogar zum Lehrplan in der Schule. Aus Kuba stammen zahllose Olympiasieger. Auch die kleineren Inseln sind in diesem Sport erfolgreich.

In der Leichtathletik zählen karibische Sportler mittlerweile zu den besten der Welt. Usain Bolt, Melanie Walker und Dayron Robles sind nur einige der Stars.

Domino

Eine der beliebtesten Freizeitbeschäftigungen ist Domino. In dem Legespiel werden sogar Wettkämpfe zwischen den Inseln ausgetragen. In der Regel spielen es nur Männer mit großer Hingabe bei einem bis vielen Schlückchen Rum im Schatten der Bäume oder in den Straßen. Die Steine werden dabei meist vehement auf den Tisch geknallt.

Dominospieler, Kuba

Familienfreundliche Inseln

Dank ihrer schönen Natur ist die Karibik ein perfektes Reiseziel für Familien mit Kindern. Hier kann man Sandburgen bauen, auf den Wellen surfen, in den Riffen schnorcheln und Regenwälder erkunden. Jede Insel bietet andere Erlebnisse und Möglichkeiten für Familienausflüge. Zur Auswahl stehen Wasserparks, Schwimmen mit Delfinen, Walbeobachtung und Tierparks. Anguilla, Jamaika, Curaçao, Dominica, die Turks und Caicos Islands, St. Martin/Sint Maarten und die Dominikanische Republik sind die Inseln mit den kinderfreundlichsten Angeboten.

Die Turks und Caicos Islands sind die erste Wahl für Familien, die auf Inselabenteuer aus sind. Kindern machen besonders die Ausflüge in den Dünenbuggys und der Wasserpark Spaß.

Jamaika verfügt über viele Familienattraktionen, wie die Dolphin Cove, den Caliche Rainforest, die Luminous Lagoon, Island Village und die Dunn's River Falls, die Kinder magisch anziehen.

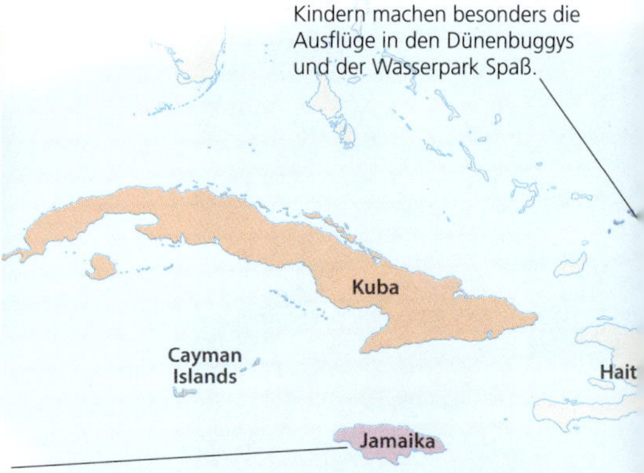

Aktivitäten im Hotel

In vielen Hotels können Familien alles Mögliche unternehmen, ohne die Anlagen verlassen zu müssen. Große Ketten wie Beaches, Breezes und Club Med bieten sogar eigene Programme für Kleinkinder, ältere Kinder und Teenager an. Prüfen Sie die Hotelinformationen gründlich auf Kindereinrichtungen, bevor Sie buchen. Einige Hotels sind mehr auf erwachsene Gäste spezialisiert.

Spielplätze sind oft besonders interessant gestaltet, z. B. wie ein Piratenschiff, in dem sich so manches Kind wie ein echter »Haudegen« fühlt.

Mit solchen Pools wie diesem im Beaches Turks and Caicos Resort Villages and Spa sind einige Hotels ideale Familienziele.

Der Strand ist stets angesagt. Es gibt viele Hotels in direkter Strandlage, wie etwa das Dreams Punta Cana in der Dominikanischen Republik.

Die Partysäle des Sonesta Maho Beach Resort auf Sint Maarten sind ideal für Familienfeste aller Art.

Die Dominikanische Republik lockt Familien mit ihrem Wassersportangebot, wie etwa am Cabarete Beach an der Nordküste. Beliebt sind auch die Delfin- und Seelöwen-Shows im Manati Park sowie der Ocean World Adventure Park und der Punta Cana Ecological Park.

Auf Anguilla kann die ganze Familie im Dolphin Discovery mit Delfinen schwimmen und vieles über den Lebensraum dieser Tiere lernen. Kinder jeden Alters erkunden das Korallenbecken und die Ausstellung über Dschungelvögel.

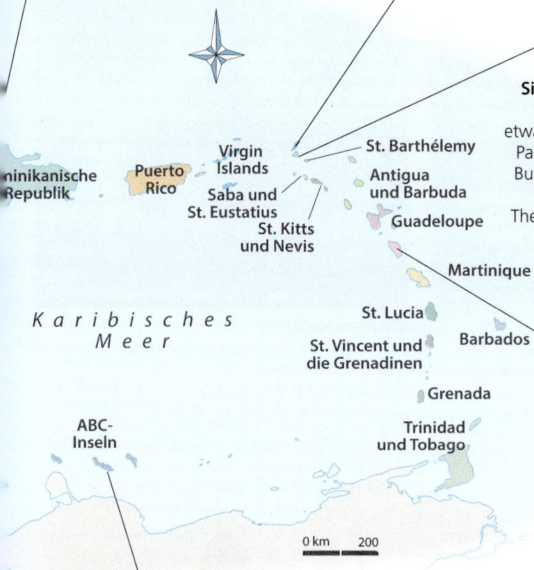

Auf St. Martin/ Sint Maarten gibt es viele Attraktionen, etwa den Sint Maarten Park and Zoo und die Butterfly Farm. Unterhaltsam sind auch Theater, Bowling- und Rollschuhbahnen.

Auf Dominica erreicht man die eindrucksvollen Trafalgar Falls mit einer kurzen Wanderung auf gut markierten Wegen. Im Wacky Rollers Adventure Park flitzt man mit den Ziplines durch die Luft. Beliebt ist die Schlauchreifenfahrt durch die Layou River Gorge.

Auf Curaçao schwimmt man im Sea Aquarium mit Stachelrochen oder lässt sich vom Glasbodenboot Seaworld Explorer, der Dolphin Academy oder dem Christoffel National Park begeistern.

Flora und Fauna

Mit artenreicher Flora und Fauna und verschiedenen Landschaften und Ökosystemen präsentiert die Karibik die ganze Vielfalt der Tropen. Die meisten größeren Inseln sind gebirgig und von Wäldern bedeckt, durch die sich Flüsse zu Küstenfeuchtgebieten schlängeln. Andere sind wüstenhaft trockene, kakteenbestandene Plateaus. Fast alle Inseln sind von Korallenriffen eingefasst und Heimat vieler Vögel, Schmetterlinge und Reptilien. Von den nur rund 90 Säugetierarten sind allerdings 40 endemisch, so der gefährdete Schlitzrüssler in Kuba.

Kalkstein-Mogotes im Valle de Viñales, Kuba

Bergwälder

Die dichtesten Tropenwälder stehen an der Windseite der Berge, wo die feuchten Passatwinde ankommen. Hoch oben ist der Nebelwald in Dunst gehüllt, in noch höheren Lagen wächst in der Kühle Kiefernwald. An den Ästen hängen Moose und Epiphyten.

Der Haitispecht lebt nur auf der Insel Hispaniola, auf der Haiti und die Dominikanische Republik liegen. Wie alle Spechtarten nistet er in Baumstämmen.

Puerto Ricos Antillenpfeiffrosch gehört zu den kleinsten der 162 Froscharten in der Karibik.

In den Bergnebelwäldern wachsen endemische Bäume, etwa der Mountain Mahogany auf der winzigen Insel Saba. Die Bäume sind meistens von Epiphyten bedeckt.

Tieflandwälder

Regenwälder bedecken viele Ebenen und untere Berghänge. In diesen komplexen Ökosystemen lebt ein Großteil der Tierwelt. Die gefährdeten Baumratten und Leguane bevölkern das Unterholz, in den Baumwipfeln schreien Papageien. Zu den vielen Palmenarten gehören auch Kokospalmen.

Der Wimpelschwanz auf Jamaika ist eine von 18 Kolibriarten, die in der Region leben.

Blattschneiderameisen zerkauen Blätter zu Mulch und düngen damit Pilze, deren Sporen sie fressen.

Anolis sind im Wald lebende Echsen, die bei Bedrohung ihre Kehlfahne am Hals aufstellen können.

Bedrohte Umwelt

Durch die Verschmutzung von Luft, Boden und Wasser sind viele karibische Ökosysteme sowie endemische Pflanzen und Tiere bedroht. Viele Inseln leiden unter der Abholzung der Wälder, auch wenn mittlerweile einige Länder, etwa die Dominikanische Republik, die lebenswichtigen Mangrovensysteme schützen. Die meisten Inseln haben Schutzgebiete ausgewiesen, die das Überleben von gefährdeten endemischen Arten gewährleisten sollen. Die Korallenriffe werden jedoch durch die zunehmende globale Erwärmung bedroht.

Entwaldung ist eine große Bedrohung für die Umwelt der karibischen Inseln

Feuchtgebiete und Küsten

Feuchtgebiete sind äußerst vielfältige Ökosysteme. Seen und Lagunen sind für Zugvögel wichtige Zwischenstationen, vor allem für Wasservögel. Sehr viele Vögel, endemische Krabbenarten und Krabben fressende Waschbären leben in Mangrovensümpfen.

Waschbären gehören zu den gefährdeten Arten und sind daher überall in der Karibik geschützt.

Rosalöffler, Silberreiher, Flamingos, Fischreiher und andere Wat- und Wasservögel bevölkern die Gewässer.

Mangroven wachsen in angeschwemmtem Schlick und sind die Kinderstube für viele Meerestiere und Vögel, etwa für die Fregattvögel.

Trockenwälder

Trockenwälder wachsen in Zonen im Regenschatten, meist im Südwesten der Berge. Wenn die Bäume zur Trockenzeit ihre Blätter abwerfen, sind Wildtiere leichter zu entdecken. Manche sehr ariden Gebiete sind fast nur mit Kakteen und Gestrüpp bestanden.

Leguane sind grün, wenn sie auf Bäumen leben, oder braun, wenn sie auf dem Boden leben. Während der Paarungszeit werden sie orange.

Der Flammenbaum oder Flamboyant explodiert im Frühling in Zinnoberrot. Der trockenresistente Baum wächst auf fast jeder Insel.

Fledertiere stellen über die Hälfte der Säugetiere der Karibik. Sie sind für den Erhalt des Ökosystems wichtig.

Meeresfauna

Seesterne und Stachelrochen in den Flachwassern, Schwertfische und Mantarochen in den Tiefen des Ozeans – die Karibik weist eine fantastische Bandbreite von Meeresfauna auf. Besonders artenreich ist die Welt der Korallenriffe, die sich wie Kaleidoskope durch die Bewegungen ihrer bunten Bewohner ständig verändern. Viele der hiesigen Tierarten leben nur in der Karibik. Delfine sind genauso wie Haie überall anzutreffen. In vielen Buchten und Passagen zwischen den Inseln erblickt man auch wandernde Wale.

Taucher über einem Korallenriff

Königin-Drückerfische sieht man an Riffen und über Sandgrund. Sie haben dünne Körper, hoch liegende Augen und kleine Münder mit langen Zähnen. Sie fressen Krusten- und Weichtiere.

Barrakudas haben spitze Zähne und wechseln die Farbe, um ihre Beute zu täuschen.

Schwarzbinden-Falterfische stöbern mit den spitzen Schnauzen in den Riffspalten nach Würmern.

Königin-Engelfische erkennt man an der Krone auf dem Kopf.

Mantarochen sind sanfte Riesen, die sich von Plankton ernähren.

Ammenhaie schlafen oft am Tag und werden erst nachts aktiv.

Tiefwassergorgonien wachsen in Tiefen von 15 bis 18 Meter. Taucher verwechseln sie oft mit Schwarzen Korallen, doch die Gorgonien haben hübsche rosafarbene Zweige.

Grüne Moränen werden ein bis zwei Meter lang und sind die größten Muränen der Karibik. Sie haben große, starke Kiefer, fressen kleine Fische und Weichtiere und leben in Riffspalten. Tagsüber ziehen sie sich zurück, nachts sind sie aktiv.

Königin-Papageifische werden 40 Zentimeter lang, sind auffällig und gehen Tauchern aus dem Weg. Sie fressen Algen.

Kraken haben ausgezeichnete Seh-, Geruchs- und Tastsinne. Sie können blitzschnell die Farbe wechseln.

Nassau-Zackenbarsche findet man in zwölf bis 30 Metern Tiefe bei Höhleneingängen oder hinter Seefächern. Dort lauern sie ihrer Beute auf.

Hainasengrundeln sind kleine, aktive Putzerfische, die dicht über dem Meeresboden leben.

Langusten sind Nachttiere, die sich tagsüber in Höhlen zurückziehen.

Korallenriffe

Korallenriffe sind ein Lebensraum für Tiere und Pflanzen, etwa für Anemonen, Schwämme, Seegurken und Fische. Dieses fragile Ökosystem ist durch Verschmutzung und die globale Erwärmung bedroht. In den letzten zehn Jahren schrumpften die Riffe der Karibik um 80 Prozent.

Gefährdete Meeresschildkröten

Die kleine Unechte Karettschildkröte und die riesige Lederschildkröte zählen zu den sechs Meeresschildkrötenarten. Sie werden durch Verordnungen geschützt, sind aber durch verschmutztes Wasser, Wilderei, Nestplünderungen und das Fehlen unberührter Strände bedroht. Nur aus wenigen Eiern entwickeln sich erwachsene Tiere.

Unechte Karettschildkröten

Wildtierbeobachtung

Fremdenverkehr in der Karibik heißt vor allem Urlaub in Ferienhotels – doch man kann leicht die reiche Tierwelt der Region erkunden und etwa Manatis, Glattkopfleguane oder gar die äußerst seltenen Elfenbeinspechte erspähen. Viele Inseln haben energische Schritte zum Schutz ihrer Strände, Riffe und Wälder eingeleitet. In Nationalparks, Reservaten und Wildtierzentren kann man die Natur genießen und zu ihrem Schutz beitragen. Zu sehen und fotografieren gibt es auf jeder Insel endemische Arten, eine bunte Vielfalt an Vogelarten und in den Wintermonaten fast sicher Wale vor der Küste.

Springender Buckelwal – kein ungewöhnlicher Anblick

Kubas Zapata Biosphere Reserve schützt verschiedene Ökosysteme und Habitate

① Kuba: Gran Parque Natural Montemar

Im bedeutendsten Feuchtgebiet Kubas *(siehe S. 84)* leben riesige Flamingoschwärme, ansonsten 171 Vogel-, 31 Reptilien- und zwölf Säugetierarten sowie der Manjuarí (Kubanischer Knochenhecht), Krokodile, Kaimane und der kleinste Vogel der Welt, der Zunzuncito.

Der Zunzuncito ist das kleinste warmblütige Wirbeltier und heißt wegen seiner Größe auch Bienenelfe.

Landkrebse sind die typischen Bewohner von Sumpfgebieten. Im Frühjahr wandern sie zu Millionen aus den Sümpfen um die Schweinebucht zur Paarung ins Meer.

Flamingos bevölkern die Salzwasserlagune der Península de Zapata. Ihre rosa Farbe kommt von den Cyanobakterien, die sie fressen.

③ Dominikanische Republik: Lago Enriquillo

Am Nordufer des Sees *(siehe S. 179)* und auf der Isla Cabritos lebt die größte Spitzkrokodilpopulation der Karibik. Auch Nashornleguane findet man hier.

Das Spitzkrokodil gehört zur selben Familie wie das endemische Kuba- oder Rautenkrokodil, gilt aber als weniger aggressiv.

Leguane kriechen über die Insel. Diese ledrigen Giganten leben in Feucht- wie in Trockengebieten und lieben es, sich in der Sonne zu aalen.

Ein Fregattvogelpaar in der Balz

⑧ Barbuda: Frigate Bird Sanctuary

In der Codrington Lagoon *(siehe S. 316)* nistet in den Mangroven von Man O' War Island die größte Fregattvogelkolonie der Karibik. Während der Balz, von September bis April, werben die Männchen mit aufgeplustertem rotem Kehlsack um die Weibchen. Fregattvögel heißen im Englischen auch »Man O' War«, weil sie einen Großteil ihres Futters von anderen Seevögeln stehlen. Ihre Nester liegen gut sichtbar am Wasserrand.

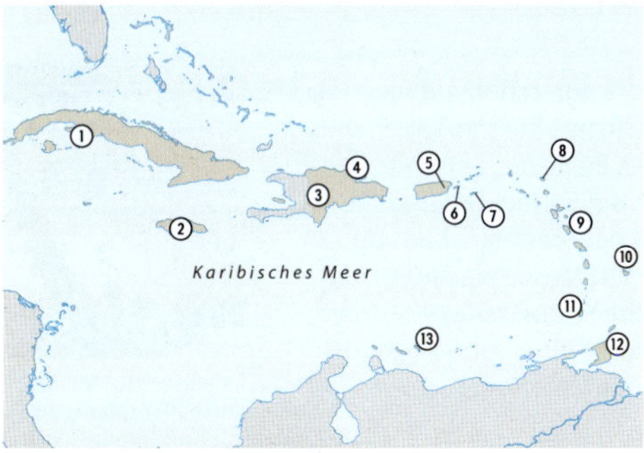

Top-Nationalparks

1. Gran Parque Natural Montemar
2. Marshall's Pen Great House
3. Lago Enriquillo
4. Los Haitises National Park
5. El Yunque National Forest
6. Bahía Fosforescente
7. Sandy Point National Wildlife Refuge
8. Frigate Bird Sanctuary
9. The Parrot Conservation and Research Centre
10. Barbados Wildlife Reserve
11. Grand Étang National Park
12. Asa Wright Nature Centre
13. Washington Slagbaai National Park

Ein Affenpärchen im Barbados Wildlife Reserve

⑩ Barbados: Barbados Wildlife Reserve

Das Reservat *(siehe S. 444)* schützt endemische und exotische Arten, wie Spießhirsche und Westliche Grünmeerkatzen.

Der Kaiman lebt sowohl in Salz- als auch in Süßwasser. Er ist daher die verbreitetste Krokodilart.

Agutis sind kaninchengroße, mit den Meerschweinchen verwandte Nagetiere. Sie leben in Wäldern und fressen vor allem Früchte und Nüsse.

Spießhirsche sind scheue Tiere, die alleine oder paarweise leben. Klein von Wuchs und vorwiegend nachtaktiv, sind sie nur schwer zu beobachten.

⑫ Trinidad: Asa Wright Nature Centre

Im Regenwald dieses Schutzgebiets *(siehe S. 463)* lebt eine große Vielfalt an Vögeln, darunter mindestens 13 Kolibri-Arten. Von einem Balkon aus kann man bequem endemische und exotische Vögel, beispielsweise Fahlkopfspechte und Säbelpipras, beobachten.

Der Naturschutz wird durch Bildung und Forschung gefördert. Das Zentrum bietet von Experten geführte Wanderungen an.

Kolibris trinken Nektar. Zu der artenreichen Familie gehören auch Schneebauchamazilie und Blaukinnelfe.

Nationalparks mit gefährdeten Arten

Zum Schutz gefährdeter Vogel-, Säugetier-, Amphibien- und Reptilienarten wurden auf den karibischen Inseln zahlreiche sehenswerte Nationalparks und Wildtierzentren eingerichtet.

Im Washington Slagbaai National Park auf Bonaire *(siehe S. 487)* leben endemische Vogelarten, so die gefährdete Gelbschulteramazone und der St.-Thomas-Braunwangensittich.

Im The Parrot Conservation and Research Center im Botanischen Garten von Roseau *(siehe S. 382)* auf Dominica werden u. a. die gefährdete Kaiseramazone und die Blaukopfamazone gezüchtet.

Sandy Point auf St. Croix ist ein Nistplatz der seltenen Lederschildkröte, eine von weltweit sechs Meeresschildkrötenarten.

Musik

Musik ist ein unverzichtbarer Teil des karibischen Alltags. Während Jamaikas Reggae unablässig aus Bussen, Läden und Bars tönt, hört man die pulsierenden Beats des Soca nur während des Karnevals. Und was wären die Sonnenuntergänge ohne den charakteristischen Sound der Steel Pans? So wie die Inseln sind auch die verschiedenen Musikstile enorm variantenreich. Jeder kann sicherlich einen Bob-Marley-Klassiker mitsummen, mehr über die karibische Kultur verraten jedoch weniger bekannte Stile wie Zouk oder Merengue.

Cuban Swing, Hülle einer Rumba-Tanzplatte,1937

Soca ist eine Weiterentwicklung des Calypso, die dem verstorbenen Ras Shorty I. zugeschrieben wird. Der schnellere, rhythmischere Soca ist Tanzmusik pur und der ultimative Sound des karibischen Karnevals.

Ob Salsa oder Merengue, karibische Musik ist meist Tanzmusik.

Der Reggae entstand in den Jahren um 1970 als verlangsamte Ska-Variante. Sein berühmtester Vertreter ist Bob Marley. Der schnellere Dancehall hat mittlerweile den Reggae etwas verdrängt.

Karibische Musikstile

Jede Insel hat ihre eigenen Musikstile. Der Son, die Tanzmusik Kubas, kombiniert spanische Gitarre und afrikanische Rhythmen.

Sänger und Musiker

Die Musik der Karibik bringt seit Jahren viele, auch international erfolgreiche Stars hervor. Zu den Vertretern des Calypsos gehören Mighty Sparrow und der verstorbene Lord Kitchener (Trinidad und Tobago). Reggae-Sänger und DJs aus Jamaika, wie Sean Paul und Damian Marley, erzielten internationale Hits. Ricky Martin und Marc Anthony (Puerto Rico) sind die Superstars des Latin. Aus Kuba kommt der legendäre Buena Vista Social Club (Son), aus Barbados stammt die erfolgreiche Popsängerin Rihanna.

Bob Marley (1945–1981), der König des Reggae, wird noch heute als Sänger, Songwriter und Musikbotschafter gefeiert.

Rihanna (geb. 1988) aus Barbados gehört seit 2005 zu den erfolgreichsten Popsängerinnen weltweit.

Zum Calypso gehören schwungvolle Melodien und lässig klingende Texte – diese sind jedoch ein beißender Kommentar zur sozialen Lage, voller Humor und schelmischer Zweideutigkeiten. Ein sehr bekannter Calypso-Musiker ist Mighty Sparrow aus Trinidad und Tobago.

Merengue stammt aus der Dominikanischen Republik und ist nicht nur ein Musikstil, sondern auch ein Tanz. Der einfache Rhythmus im Zweivierteltakt ist für den Paartanz ideal, Hüftwackler und Drehungen inklusive.

Die Perkussionsinstrumente reichen von Ziegenledertrommeln bis Schlagzeug.

Die Gitarre ist als Begleitinstrument für die rhythmische Grundstruktur unentbehrlich.

Steel Pans gelten als die einzigen »neuen« Instrumente des 20. Jahrhunderts und wurden in Trinidad erfunden. Die Pans wurden ursprünglich aus den Deckeln der Ölfässer gefertigt. Minuziös geformt, erzeugen sie jeweils unterschiedliche metallische Töne, wenn sie angeschlagen werden.

Zouk ist die Partymusik der französischen Karibik, besonders von Martinique und Guadeloupe. Er leitet sich aus dem haitianischen Cadence Rampa ab und klingt wie eine afrikanische Version des Soca aus Trinidad.

Machel Montano (geb. 1974) ist der wichtigste Name des karibischen Soca und für energiegeladenen Auftritte berühmt.

Celia Cruz (1925–2003), die erfolgreichste Salsa-Sängerin der Karibik, hat die kubanische Musik in die Welt hinausgetragen.

Beenie Man (geb. 1973) hat mit seinem Humor und seinen Texten einen Spitzenplatz unter Jamaikas Dancehall-DJs inne.

Feste und Festivals

Der Karneval wird in weiten Teilen der Karibik als kunstvolles Spektakel gefeiert. Er war ursprünglich eine respektlose Parodie der Sklaven auf die Maskenbälle ihrer Herren in der Vorfastenzeit. Einige Feste finden auch heute vor der Fastenzeit statt, andere im Juli, August oder Dezember. Zu Segelveranstaltungen mit Rennen und Partys kommen Besucher aus aller Welt. Einige Inseln richten Musik- und spezielle Festivals aus, wie das Tobago's Heritage Festival oder das Big Drum Festival auf Carriacou.

Maskierte Tänzer im Karneval der Dominikanischen Republik

Karneval

Der Karneval ist die Mutter aller karibischen Feste. Die Feiern auf Trinidad – Musik, Kostümparaden und riesige Feste – haben den Karneval der anderen Inseln beeinflusst.

In kunstvollen Kostümen begleiten die Gruppen ihre Protagonisten, die um den Titel von Karnevalskönig und -königin konkurrieren.

Die Karnevalsfeiern auf Trinidad beginnen mit dem frühmorgendlichen J'ouvert.

Blaue Teufel (Jab Jabs) übernehmen tanzend den Paramin auf Trinidad und fordern von den Zuschauern Geld.

Moko Jumbies sind Stelzentänzer, die im Karneval durch die Straßen ziehen. Ihre Ursprünge liegen in traditionellen afrikanischen Ritualen.

Auf Grenada wird der Karneval in jeder Region anders gefeiert. Während der Karnevalstage ziehen verschiedene traditionelle Gestalten, wie die Short Knees, Wild Indians und Jab Jabs, durch die Straßen.

Das Crop Over Festival auf Barbados war ursprünglich ein Erntefest, mit dem die Sklaven nach einer langen Zeit harter Arbeit die Ernte des Zuckerrohrs feierten. Heute ist es eines der beliebtesten Sommerfeste.

Musikfestivals

Auf vielen Inseln werden Musikfestivals veranstaltet, auf denen bekannte heimische und internationale Stars das Publikum begeistern.

St. Lucia Jazz and Arts Festival ist seit der Gründung 1992 eines der besten Musikfestivals der Karibik.

Beim Merengue Festival in der Dominikanischen Republik (Ende Juli bis Anfang August) wird Merengue getanzt und gespielt.

Beim Reggae Sumfest in Montego Bay auf Jamaika treten die besten Reggae- und Dancehall-Musiker – junge Stars wie alte Veteranen – auf.

Weitere Karnevalsfeste

Viele Inseln verlegten den Karneval in den Sommer, so wie St. Vincent und die Grenadinen den Vincy Mas. Auf St. Kitts, St. Croix und Montserrat wird er zum Jahresende gefeiert, auf Jamaika hat er sich völlig von der Religion gelöst und wird in der Fastenzeit gefeiert, mit dem Höhepunkt an Ostern.

Auf der Fête des Cuisinières werden Anfang August in Point-à-Pitre auf Grand-Terre die Meister der kreolischen Küche mit einem öffentlichen, fünfstündigen Bankett gefeiert.

Zur Antigua Sailing Week kommen Segelfans aus dem In- und Ausland. In dieser Segelwoche werden die hart umkämpften Regatten auf dem Meer von Feiern und Festen an Land begleitet.

Die Buccoo Goat Races werden am Osterwochenende auf Tobago abgehalten. Die Tradition geht auf das Jahr 1925 zurück. Auf die hart trainierten, gut gepflegten Tiere werden Wetten abgeschlossen.

Wichtige Feste

Einige der wichtigsten Festdaten sind untenstehend aufgelistet:

Mustique Blues Festival *(Januar/Februar)*

Bob Marley Week, Jamaika *(Anfang Februar)*

Festival Casals, Puerto Rico *(Mitte Februar bis Anfang März)*

Trinidad Carnival *(Rosenmontag und Faschingsdienstag)*

Holders Season, Barbados *(März)*

Antigua Sailing Week *(Ende April bis Anfang Mai)*

St. Lucia Jazz Festival *(Ende April bis Anfang Mai)*

Reggae Sumfest, Jamaika *(Juli)*

Crop Over Festival, Barbados *(Ende Juli bis Anfang August)*

Merengue Festival, Dominikanische Republik *(Ende Juli bis Anfang August)*

Grenada Carnival *(August)*

World Creole Music Festival, Dominica *(Oktober)*

Diwali, Trinidad und Tobago *(Oktober/November)*

Karibische Küche

Die Karibik verdankt ihre vielfältige Küche einem Jahrhunderte dauernden Strom von Einwanderern. Indianer, dann Europäer und ihre afrikanischen Sklaven und schließlich Inder, Chinesen und Immigranten aus dem Nahen Osten kombinierten karibische Zutaten mit jenen aus der Heimat. So entstand auf jeder Insel je nach ethnischer Mischung und Kolonialgeschichte eine spezifische Küche. Dennoch gibt es viele Gemeinsamkeiten, etwa *Rice-and-peas*-Kombinationen, Meeresfrüchte, Okragerichte und Eintöpfe.

Muskatnuss, Zimt und Piment

Eine Fechterschnecke *(conch)* wird zubereitet, Turks und Caicos

Indianisches Erbe

Die amerikanischen Ureinwohner kultivierten Mais, Bohnen, Kürbisse und Kartoffeln. Die Taínos auf den Großen Antillen räucherten und grillten Fleisch und Fisch über Holz und duftenden Blättern. Diese Art zu grillen nannten sie *barbacoa*. Davon leitet sich das englische Wort Barbecue her.

Europäische Gerichte

Viele Inseln waren von europäischen Mächten umkämpft, einige hatten wechselnde Kolonialherren. Die Franzosen brachten Gebäck, Saucen und Gerichte wie gefüllte Krebse, Schnecken in Knoblauch und Froschschenkel mit. Der britische Einfluss ist am stärksten auf Barbados, wo schottisches Jug-Jug aus Straucherbsen, Maismehl und Pökelfleisch eine Weihnachtsspezialität ist. Aus Spanien kamen Gebäck, Empanadas und *escabeche* (mariniert gebratener Fisch). Bacalhau und *buljol* (beide aus Stockfisch) auf Trinidad stammen aus Portugal. Europäische Kuchen und Desserts werden oft mit regionalen Zutaten angereichert, so wie beim Weihnachtsrumkuchen.

Eine Auswahl reifer, köstlicher Tropenfrüchte aus der Karibik

Karibische Spezialitäten

Rohe Riesengarnelen

Auf allen karibischen Inseln gibt es *rice and peas*, Zutaten und Geschmack sind jedoch unterschiedlich. In Kuba wird *moros y cristianos* aus schwarzen Bohnen und weißem Reis gekocht, der Geschmack kommt vor allem vom Schweinefleisch. Auf Trinidad und Tobago nimmt man Straucherbsen und rote Bohnen und würzt mit Kräutern und oft auch Kokosmilch, auf Grenada mit einer Prise Muskatnuss und anderen Gewürzen. Zu den besten Gerichten der Inseln zählen Curry *crab 'n' dumpling* auf Tobago, *jerk chicken* oder *jerk pork* aus Jamaika, gebratene Brotfrucht und Fisch von St. Vincent und den Grenadinen, die *farci* (gefüllte Krabben) aus Guadeloupe und der *stoba di cabritu* (Ziegeneintopf) auf Curaçao.

Pastelles, Teigtaschen aus Maismehl mit würziger Fleisch- oder Gemüsefüllung, werden in Bananenblättern gedämpft.

Farbenfroher Straßenmarkt in St. George's, Grenada

Afrikanische Wurzeln

Mit Millionen aus Westafrika verschleppten Sklaven kamen neue Gerichte und Zutaten, wie Okraschoten, Bananen, Fufu, Yam und Ackee in die Karibik. Zu den Gerichten aus Afrika gehören würzige Eintöpfe wie die Callaloo. Piment ist eine Grundzutat für Jamaikas weltberühmte Marinade »Jerk«. Sie wurde wohl erfunden, als man die indianische Art zu grillen übernahm und das Fleisch mit afrikanischen und spanischen Kräutern und Gewürzen verfeinerte. Auch preiswerte und reichlich vorhandene Produkte wie Brotfrüchte und Stockfisch, mit denen die Sklaven verköstigt wurden, fanden Eingang in die Inselküchen.

Asiatische Aromen

Schuldknechte aus Indien und Einwanderer aus China bereicherten die Küche um asiatische Gewürze und Kochmethoden. Zu den bekannten Gerichten gehören das Roti aus Trinidad – in Fladenbrot gewickeltes Fleisch- oder Gemüsecurry, das mit scharfen Chutneys gegessen wird. Viele indisch-karibische Gerichte sind vegetarisch: Dal aus geschälten Erbsen, Kartoffelcurry mit Kichererbsen, Auberginen und Tomaten-Choka (mit Knoblauch gegrillt). Köstlich sind mit Rosenwasser, Kardamom oder Ingwer gewürzte feine Süßigkeiten aus Mehl oder Milch. Chinesisches Essen ist weitverbreitet, doch in Trinidad besonders gut. Für viele Einheimische ist es eine Spezialität.

Peperoni auf einem Markt in Pointe-à-Pitre, Guadeloupe

Karibische Gerichte

Ackee and Salt Fish (Jamaika)
Die leckeren gelben Ackeefrüchte sehen ein wenig wie Rührei aus. Sie passen gut zum Stockfisch in diesem Frühstücksgericht.

Bake and Shark (Trinidad)
Der gebratene Hai im in Öl herausgebackenen Brotteig ist ein beliebter Strandimbiss.

Callaloo (fast alle Inseln)
Suppeneintopf mit Okra, Spinat, Krabben und Pökelfleisch.

Coo Coo (Barbados)
Maismehlkuchen mit gebratenem oder gedämpftem Fisch.

Feroce (Guadeloupe und Martinique)
Würziges Avocadomus mit Maniokmehl und Stockfisch.

Pepperpot (fast alle Inseln)
Ein lang köchelnder Eintopf mit Fleisch und Gemüse. Das indianische Gewürz Cassareep verleiht ihm die Farbe und den exotischen Geschmack.

Sancocho ist ein herzhaftes Festessen mit sieben Fleisch- und Gemüsearten aus der Dominikanischen Republik.

Arroz con gandules, Reis, Paprika und Straucherbsen mit Cayennepfeffer gewürzt, ist das Nationalgericht Puerto Ricos.

Majarete ist ein reichhaltiger, sahniger Maispudding, der mit Vanille, Zimt und Muskatnuss abgeschmeckt wird.

Hochzeiten und Flitterwochen

Herrliche Strände, tropische Vegetation, historische Plantagen und Festungen sowie wunderbare Ausblicke auf Berge und das türkisfarbene Meer sind eine sehr beliebte Kulisse für Hochzeiten. Die regionalen Hotels und Behörden stellen eine große Auswahl an Orten und Dienstleistungen für elegante oder ungezwungene Trauungen und Feste bereit. Nach dem Jawort müssen Jungverheiratete nicht weit reisen, um in einem romantischen Ferienhotel die perfekten Flitterwochen zu verbringen. Zu den besten Hochzeits-Inseln zählen Antigua, Barbados, Jamaika, St. Kitts und Nevis und St. Lucia.

Hochzeitspavillon mit Blumendekor auf Antigua

Antigua

Antigua gehört mit seiner romantischen Landschaft sicherlich zu den Top 10 der Hochzeitsziele. Die Insel hat den Juni zum »Monat der Romantik« erkoren. Strände, Meeresblick, hochelegante, kuschelige Fünf-Sterne-Hotels – die exotische Insel verspricht unvergessliche Erinnerungen.

Im Hotel Blue Waters steht der Hochzeitspavillon auf einem schmalen Landstreifen im Meer. Die Fünf-Zimmer-Villa Rock Cottage ist der perfekte Ort für ein sehr persönliches Fest.

Das Sandals Grande Antigua zählt zu den beliebtesten Flitterwochenhotels der Welt. Die tropische Landschaft und der schöne Strand der Dickenson Bay sind die romantische Umgebung für Flitterwochen in einer Luxushütte im afrikanischen Stil.

Barbados

Die Insel bietet eine breite Auswahl an Orten zur Trauung an: Strände, botanische Gärten, Klippen, Herrenhäuser einer Plantage, Privatyachten oder elegante Hotels. Wer etwas Einzigartiges erleben will, gibt sich auf Hochzeits-Safari in den Wäldern, im U-Boot oder Hubschrauber das Jawort.

Im Flower Forest, St. Joseph, einem weitläufigen farbenfrohen Tropenparadies, kann man von einer malerischen Stelle am Hang über die Ostküste der Insel blicken.

Im Sandy Lane Resort sind auch Trauungen und Feste möglich. Bekannt ist es aber für seine Pauschalangebote für Flitterwochen, die Luxuszimmer mit Meeresblick, Wellness, Candle-Light-Dinner, Champagner und exzellenten Service umfassen.

Das Fairmont Royal Pavilion bietet üppige, luxuriös gestaltete Gärten. Die Trauungen finden auf einer paradiesischen Terrasse mit Blick aufs Meer statt.

Weitere Informationen zum Heiraten *siehe* Praktische Hinweise *zu den jeweiligen Inseln*

Jamaika

An der Nordküste bieten Negril, Ocho Rios, Port Antonio und Montego Bay beinahe immer perfektes Wetter und erstklassige Hotels. Hier eine Hochzeit zu planen, ist einfach. Zu den besten Hotels gehören das Caves, das Strawberry Hill, das Tryall Club und das Sandals Royal Plantation.

Das Strawberry Hill Resort thront mit seinem Haupthaus und zwölf georgianischen Häuschen in einer Gartenanlage über den Blue Mountains – perfekt für ruhige Flitterwochen.

Das Sandals Montego Bay Resort am längsten Privatstrand der Insel verfügt über eine Hochzeitskapelle. Die Flitterwochen kann man in den Bay Roc Estate Beachfront Villas verbringen.

St. Kitts und Nevis

Die Inseln sind ideal für Hochzeiten und Flitterwochen, da viele ehemalige Plantagen in Hotels mit einzigartigem Flair umgewandelt wurden. Herrliche Orte für die Zeremonie sind historische Stätten wie das Brimstone Hill Fortress und Romney Manor oder Naturwunder wie die Black Rocks und der Mount Liamuiga.

Nisbet Plantation auf Nevis – hier leben Grünmeerkatzen, die Cottages sind mit Stuck verziert, in den Zimmern stehen Korbmöbel. Nach der Trauung am weißen Sandstrand feiert man im Gourmetrestaurant Great House.

Ottley's Plantation Inn auf St. Kitts ist bei Hochzeitern sehr beliebt. Das aus Steinen gemauerte Restaurant, der Poolbereich und das Herrenhaus mit dem englischen Rasen bilden eine ideale Kulisse für stilvolle Trauungen.

St. Lucia

Für die World Travel Awards ist die Insel das führende Reiseziel für Flitterwochen, sowohl wegen ihrer herrlichen Natur als auch ihrer hochklassigen Hotels für Frischvermählte. Zu den schönsten Trauungsorten zählt das Sugar Beach Resort.

Gros Piton und Petit Piton, zwei Vulkankegel an der Südwestküste, zählen zu den markantesten Wahrzeichen der Karibik – eine außergewöhnliche Kulisse für die Trauung.

Im Anse Chastanet wird die Trauung zur stillen Zeremonie in malerischer Umgebung. Mögliche Orte für das Jawort sind etwa ein Baumhaus, eine Plantage, ein Wasserfall oder ein Korallenriff.

Heiraten

Tropische Strände, Wasserfälle und Gärten, alte Kolonialarchitektur – die Karibik ist perfekt für eine Traumhochzeit. Doch damit ist ein hoher Aufwand verbunden, schließlich müssen gesetzliche Formalitäten erledigt sowie Fotograf, Hochzeitstorte, Blumen und Unterhaltungsprogramm organisiert werden. Man sollte frühzeitig mit der Planung beginnen und die Bestimmungen des gewählten Orts in Erfahrung bringen oder einen Hochzeitsplaner engagieren, bevor man sich in das exotische Heiratsabenteuer auf einer schönen Insel stürzt.

Hochzeitszeremonie im Ottley's Plantation Inn, St. Kitts

Gesetze

Die Karibik besteht aus vielen politischen Regionen mit unterschiedlichen Sprachen und jeweils eigenen Heiratsgesetzen, die z. B. hinsichtlich der geforderten Aufenthaltsdauer differieren. So muss man auf den französischen Inseln Martinique, St. Barthélemy, Guadeloupe und St. Martin einen Monat ansässig sein, bevor man heiraten kann. Auf Antigua, Barbados, den Cayman Islands und in der Dominikanischen Republik spielt die Aufenthaltsdauer hingegen keine Rolle. Wer das Aufgebot bestellt, muss die Reisepässe und Geburtsurkunden des Hochzeitspaars vorweisen sowie ggf. eine Scheidungsurkunde oder Bestätigung des Todes, falls ein oder beide Partner schon einmal verheiratet waren. Die Dokumente müssen entweder im Original oder als beglaubigte Kopie vorliegen und auf vielen Inseln in die jeweilige Landessprache übersetzt sein. Auf St. Eustatius und Sint Maarten übernehmen Büros vor Ort die Übersetzung ins Niederländische. Für Übersetzungen ins Spanische und Französische wendet man sich am besten bereits im Heimatland an Übersetzungsbüros mit vereidigten Übersetzern.

Andere Bestimmungen, beispielsweise die Anzahl der Trauzeugen, variieren von Insel zu Insel.

Ehegelübde an der historischen Stätte Brimstone Hill, St. Kitts

Romantische Hochzeit an einem Strand auf St. Lucia

Hochzeitsarten

Die Karibik bietet mit bunter Blütenpracht, üppiger Vegetation, Traumstränden und türkisblauem Meer die romantische Kulisse für eine Hochzeit in den Tropen schlechthin. Hier findet man unzählige Schauplätze für eine malerische Zeremonie und ein perfektes Fest.

Strandhochzeiten sind bei Paaren beliebt, die eine zwanglose Atmosphäre unter azurblauem Himmel direkt am Meer suchen. Traumhaft schön sind die Magens Bay auf den US Virgin Islands, St. Lucias Sugar Beach, der Grace Bay Beach der Turks und Caicos Islands und die Jumby Bay auf Antigua.

Wer es historisch liebt, kann in den sorgfältig restaurierten Herrenhäusern von Plantagen, in Museen, Zuckerraffinerien und Festungen feiern. Hier bieten sich vor allem einige Plätze auf Antigua, St. Kitts und Nevis, Barbados und St. Lucia an.

Wer sich in der Natur, etwa vor spektakulären Wasserfällen oder in beeindruckenden botanischen Gärten, das Jawort geben möchte, sieht sich am besten auf St. Lucia, Nevis und Dominica um.

Hochzeiten in luxuriösen Privatvillen bieten den Vorteil, dass man fast wie zu Hause feiert und zugleich oft den Blick auf einen traumhaften Privatstrand genießt.

Weitere Informationen zum Heiraten *siehe* Praktische Hinweise *zu den jeweiligen Inseln*

Etwas Besonderes ist auch eine Hochzeit auf einer Kreuzfahrt. Die Zeremonie findet entweder auf dem Schiff oder an einem Strand bei einem der Zielhäfen statt.

Nicht minder ausgefallen sind Hochzeiten auf See, viele Hobbysegler chartern sich hierfür eine luxuriöse Yacht oder einen Katamaran. Diese werden in der Karibik fast überall vermietet, die größte Auswahl hat man jedoch dank der dort zahlreichen Marinas und Dienstleister auf Antigua, Sint Maarten, den Virgin Islands und auf Barbados.

Informationen für die Planung einer Karibikhochzeit bieten u. a. die Websites bzw. Anbieter **Isledo Caribbean Wedding Planning Guide**, **Villas of Distinction**, **Awesome Caribbean Weddings**, **Caribbean Weddings**, **Caribbean Bride**, **Hochzeit auf Reisen**, **Island Brides**, **Grenada Wedding DE**, **Grenada Explorer** und **Honeymoon Highlights**.

Posieren für ein Hochzeitsfoto am Wasserfall

Angebote der Hotels

Unkompliziert und meistens auch am günstigsten sind die Karibikhochzeiten, die von vielen Hotels als besondere Pauschalangebote ausgerichtet werden. Diese beinhalten ein Zimmer für das Paar, die Dienste des Hotelhochzeitsplaners und Extras wie Hochzeitstorte, Dekoration, Musiker und Fotografen. Die Hotels verfügen mit ihren großen Restaurants zudem über sehr gute Räumlichkeiten für das Fest. Ausgesprochene »Hochzeitshotels« sind die Sandals-Hotels: Sie bieten Arrangements von Gestaltern wie Preston Bailey an. Beliebt sind auch das Anse Chastnet auf St. Lucia, das Hilton Rose Hall Resort & Spa auf Jamaika sowie das Canouan Resort at Carenage Bay auf den Grenadinen.

Musikgruppen werden von den Hotels organisiert

Hochzeitsversicherung

Hochzeiten, vor allen im Ausland, sind oft mit großem finanziellen Aufwand und vielen Unsicherheiten verbunden. Hochzeitsversicherungen decken den Verlust von Vorauszahlungen wegen schlechten Wetters, unzuverlässigen Dienstleistern und Reiseabsagen ab, sorgen für einen Ersatz bei verloren gegangenen Hochzeitskleidern, Smokings oder Trauringen und erstatten die Kosten bei einer plötzlichen Erkrankung der Braut, des Bräutigams oder eines engen Familienmitglieds. Versicherungen bekommt man u. a. bei **WedSafe** und **Wedding Protector Plan**.

Auf einen Blick

Awesome Caribbean Weddings
☎ 001 758 450 0300 (St. Lucia).
W **awesomecaribbeanweddings.com**

Caribbean Bride
W **caribbeanbride.com**

Caribbean Weddings
W **caribbeanweddings.com**

Grenada Explorer
W **grenadaexplorer.com/Activities/Wedding**

Grenada Wedding DE
Grand Anse (Grenada)
☎ 001 473 443 3866.
W **karibikhochzeit.net**

Hochzeit auf Reisen
☎ (08322) 940 80 77 (Deutschland).
W **hochzeit-auf-reisen.com**

Honeymoon Highlights
☎ (0211) 936 534 53 (Deutschland).
W **heiraten-weltweit.de**

Island Brides
W **islandbrides.com**

Villas of Distinction
W **villasofdistinction.com**

Isledo Caribbean Wedding Planning Guide
W **isledo.com**

WedSafe
W **wedsafe.com**

Wedding Protector Plan
W **protectmywedding.com**

Architektur

Präkolumbische Architektur beschränkt sich auf Zeremonialplätze. Sie sind am besten auf Puerto Rico erhalten. Die Spanier errichteten Festungen, Kirchen und koloniale Herrenhäuser, die noch heute die Stadtzentren auf den Großen Antillen prägen. Auf den niederländisch-, englisch- und französischsprachigen Inseln zeigt sich historische Architektur vor allem in Plantagenvillen und einfachen Stadthäusern in den jeweiligen europäischen Stilen ihrer Bauzeit. In den Finanzvierteln der großen Städte ist zunehmend moderne Architektur zu sehen.

Innenhöfe: ein typisches Element spanischer Kolonialarchitektur

Kuba

Kuba bietet einen spannenden Architekturmix, etwa Paläste im Mudéjar- und Häuser des 19. Jahrhunderts im französischen Rokokostil, Art-déco- und Jugendstilhäuser aus den 1920er und der Moderne aus den 1950er Jahren.

In der Calle Obispo zeigen viele Häuser mit Holzbalkonen und Innenhöfen spanischen Einfluss.

Mediopuntos sind Buntglasfenster, die Mitte des 18. Jahrhunderts zum Schutz vor der tropischen Sonne eingeführt wurden.

Bohíos sind typische Bauernhäuser mit Strohdach und Ziegel- oder Lehmziegelmauern.

Das Edificio Bacardí (1930) ist ein wunderschönes Art-déco-Gebäude. Die Fassade aus rosa Granit und Kalkstein ist mit Terrakotta-Dekor verziert.

Die Catedral de la Habana ist im Barockstil erbaut, der Ende des 17. Jahrhunderts aus Europa kam. Ihre grandiose Fassade beschrieb der kubanische Schriftsteller Alejo Carpentier als »zu Stein gewordene Musik«.

Puerto Rico

In der kolonialen Altstadt von San Juan stehen über 800 historische Gebäude. In den jüngeren Stadtvierteln dominieren Art-déco- und moderne Häuser.

Das Castillo San Cristóbal *(siehe S. 200)* wurde 1783 fertiggestellt und zählt zu den größten spanischen Festungen jener Zeit. Als typisches militärisches Bauwerk der Kolonialära weist es mehrere Verteidigungslinien auf.

Im Centro Ceremonial Indígena de Tibes *(siehe S. 206f)* sieht man präkolumbische *bateyes* (Zeremonialplätze), auf denen Ballspiele stattfanden. Petroglyphen schmücken die Felsen.

Trinidad

Die englischsprachige Insel besitzt ein reiches Architekturerbe. Hier bilden düstere Kolonialgebäude aus dem 19. Jahrhundert einen starken Gegensatz zu modernen Hochhäusern, und verschiedenste Sakralbauten spiegeln die kulturelle Vielfalt der Inselbevölkerung wider.

Der Nicholas Tower (2003) aus blauem Glas hat 21 Geschosse und ist eines der höchsten Gebäude in Port of Spain.

Zwei Minarette (25 Meter) flankieren die Moschee.

Die Kuppel ist ein typisches Element muslimischer Architektur und hat einen Durchmesser von zwölf Metern.

Die Jinnah Memorial Mosque von 1954 in St. Joseph heißt nach Pakistans erstem Generalgouverneur. In der sechseckigen Moschee finden bis zu tausend Gläubige Platz.

Martinique

Martinique zeigt seine kosmopolitisch angehauchten französischen Wurzeln mit Häusern mit vorgefertigten Metallelementen aus dem späten 19. Jahrhundert. Hier sieht man moderne Bauten, Kolonialfestungen, Steinkirchen und malerische Häuschen.

Die Schrägdächer sind mit Ziegeln gedeckt.

Die Fassaden sind farbig gestrichen.

Cases cimentées sind einfache Häuser im typischen Stil Martiniques. Am besten sieht man sie in dem reizenden Dorf Trois-Îlets.

Die Bibliothèque Schoelcher *(siehe S. 362)* wurde nach dem Entwurf von Architekt Henri Pick 1889 für die Pariser Weltausstellung gebaut und später nach Fort-de-France verbracht.

Die Geschichte der Karibik

Die ersten Bewohner der karibischen Inseln waren Angehörige indianischer Stämme, die in kleinen, meist isolierten Siedlungen lebten. Später wurden sie von den Spaniern, Engländern, Franzosen und Holländern unterworfen. Mit den Jahren vermischten sich die Kulturen der verbliebenen indigenen Völker mit denen der Europäer und der als Sklaven verschleppten Afrikaner. Auch nach ihrer Unabhängigkeit hielten viele der neu entstandenen Inselnationen enge Verbindungen mit ihren früheren Kolonialherren aufrecht.

Die karibischen Inseln werden schätzungsweise seit 7000 Jahren bewohnt. In jener Zeit migrierten verschiedene Arawak-Gruppen vom südamerikanischen Orinoko-Becken in Richtung Norden. Sie fuhren mit riesigen Einbaumkanus von Insel zu Insel und besiedelten schließlich das gesamte Gebiet.

Die Arawak lebten in nach Klans organisierten dörflichen Kommunen, deren Anführer *caciques* genannt wurden. Sie sammelten Schalentiere, jagten Wild und fischten im Meer, betrieben Brandrodungsfeldbau und bauten *maíz* (Mais) und *yuca* (Maniok) an, aus deren stärkehaltiger Wurzel man Kassava-Mehl für Brot gewann. Sie verwoben *henequen* (Sisal) und wilde Baumwolle zu *hamacas* (Hängematten) und inhalierten durch den *tabaco* (Rohr) den Rauch der halluzinogenen Pflanze *cohiba*. Die von ihnen verehrten *zemís* (Geister) verewigten sie in Felsbildern in heiligen Höhlen und an den *bateyes* (zeremonielle Ballplätze).

Als Christoph Kolumbus im Jahr 1492 die Karibik erreichte, wurden die größeren, westlichen Inseln von dem Volk der Taíno bewohnt, die eine komplexe Sozialstruktur besaßen. Im 15. Jahrhundert wurden diese relativ friedfertigen Bauern, Jäger und Sammler, die auf den heute Puerto Rico und Hispaniola genannten Inseln lebten, von den kriegerischeren Kalinagos (Kariben), die die Inseln entlang nach Norden wanderten, unterworfen und versklavt.

Ein Würdenträger der Taíno auf Kuba begrüßt Christoph Kolumbus (Stich, 19. Jh.)

5000 v. Chr. Die ersten Arawak-Gruppen ziehen vom Orinoko-Becken nach Norden

1000 n. Chr. Kalinagos beginnen, die Taíno zu unterwerfen

1493 Auf seiner zweiten Reise gründet Kolumbus La Isabela auf Hispaniola, die erste europäische Siedlung in der Neuen Welt

1503 Erste Sklaven aus Afrika erreichen Hispaniola

5000 v. Chr. | **1460** | **1520**

Die Kalinagos waren äußerst kriegerisch

1000 v. Chr. Taíno-Gruppen siedeln auf den Großen Antillen

1492 Christoph Kolumbus beginnt seine erste Entdeckungsreise

Die Radierung zeigt die Landung von Christoph Kolumbus auf Hispaniola

Konquistadoren

Den Untergang der Indianer läutete Kolumbus mit seiner Ankunft in der Karibik ein. Er kartierte auf vier Reisen zwischen 1492 und 1504 die Inseln von Trinidad bis Kuba und starb 1506 in Valladolid in dem Glauben, Japan und die Ostindischen Inseln gefunden zu haben. Ihm folgten die goldhungrigen spanischen Konquistadoren, die sich auf den größeren Inseln niederließen und die Indianer als Goldschürfer versklavten. Nach wenigen Jahrzehnten war die Bevölkerung durch Erschöpfung, Massaker und europäische Krankheiten fast ausgerottet. Deshalb begannen die Spanier im Jahr 1503 damit, Sklaven aus Afrika hierher zu verschleppen. Von Hispaniola, Puerto Rico und Kuba aus erkundeten sie die Neue Welt. Hernán Cortés eroberte in den Jahren 1519 bis 1521 das Reich der Azteken und plünderte dessen Goldschatz. Kurze Zeit später transportierten europäische Flotten kolumbianische Smaragde und die Schätze der Inkas ab. Santo Domingo, Havanna und San Juan entstanden.

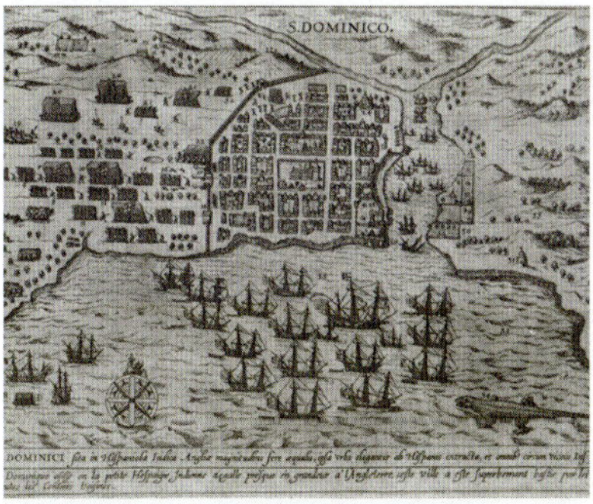

Der Stich zeigt, wie die Stadt Santo Domingo von Francis Drake angegriffen wird

Zeitalter der Piraten

Der Reichtum lockte Piraten an, die ab Mitte des 16. Jahrhunderts die spanischen Schiffe und Häfen überfielen. Ihre großen Flotten hinterließen eine Spur der Zerstörung. 1555 plünderte der französische Pirat Jacques de Sores Havanna. 1586 tauchte der Freibeuter Francis Drake bei einem monatelangen Raubzug mit 20 Schiffen vor Santo Domingo auf. Die Spanier bauten zum Schutz mächtige Festungsanlagen, wie den Castillo de la Real Fuerza in Havanna und den Brimstone Hill auf St. Kitts.

Porträt von Francis Drake

Als die Spanier im 17. Jahrhundert ein Handelsmonopol errichteten, nahmen die Angriffe der Piraten zu. Das Monopol missfiel Frankreich, England und Holland. Um die Kontrolle über die Region zu erlangen, führten sie Kriege mit Spanien und bekämpften sich gegenseitig. Die Freibeuter wurden mit staatlichen Kaperbriefen zur Piraterie gegen die Spanier eingesetzt. Die berüchtigten Bukanier entstanden, als die Spanier einige Franzosen aus Hispaniola vertrieben, die fortan spanische Schiffe und Häfen überfielen. England bot ihnen Port Royal auf Jamaika als Basis an. Zur Zeit Henry Morgans trieben sie ihr Unwesen in der gesamten Karibik und in Zentralamerika. Im Jahr 1697 verpflichteten sich im Frieden von Rijswijk Spanien und England, die Piraterie zu beenden.

1623 England gründet seine erste karibische Kolonie auf St. Kitts

1634 Niederländische Kolonien in der südwestlichen Karibik

1697 Spanien und England beenden im Frieden von Rijswijk die Piraterie

580 | **1640** | **1700**

1635 Guadeloupe und Martinique werden französische Kolonien

1655 Der englische Admiral Penn erobert Jamaika von Spanien

Der walisische Pirat Henry Morgan (1635–1688)

Afrikanische Sklaven auf einer Zuckerrohrplantage, Stich von Theodore de Bry, 1596

Zucker und Sklaverei

Im frühen 17. Jahrhundert kolonisierten England, Frankreich und die Niederlande die Kleinen Antillen. Anfänglich dominierten die Niederländer, die 1621 trotz des spanischen Handelsmonopols die Niederländische Westindien-Kompanie gründeten. In den folgenden Kriegen wechselten manche Inseln mehr als zwanzig Mal den Besitzer. Die Spanier förderten die Zucker- und Tabakproduktion, die mit steigender Nachfrage in Europa vor allem nach Zucker regelrecht boomte. Die anderen europäischen Nationen zogen nach, sodass der Zuckeranbau bald die Wirtschaft der Inseln dominierte.

Es waren afrikanische Sklaven, die das enorme Wachstum der Zuckerindustrie erst ermöglichten. Männer, Frauen und Kinder wurden in Afrika gefangen genommen und, auf Schiffen eingepfercht, in die Neue Welt verfrachtet – viele starben unterwegs. In Amerika wurden die meisten Überlebenden an Pflanzer verkauft. Zwischen 1662 und 1807 verschifften allein die Engländer über drei Millionen Afrikaner in die Karibik, wo Ende des 18. Jahrhunderts zehnmal mehr Sklaven als Weiße lebten. Der Sklavenhandel war so lukrativ, dass die europäischen Rivalen Kriege führten, um ihn zu kontrollieren.

Die Sklaven, die auf den Zuckerrohrfeldern schufteten, wurden mit Prügeln und Schlimmerem gequält. Gewaltsam unterdrückten die Sklavenherren Rebellionen, die sich Ende des 18. Jahrhunderts häuften. 1804 führte ein solcher Aufstand im französischen Saint-Domingue zur Gründung Haitis und damit zur ersten unabhängigen Republik von Schwarzen und Mulatten. Die Plantagenwirtschaft befand sich im Niedergang. 1834 verbot Großbritannien die Sklaverei, nur um dafür indische Kontraktarbeiter nach Jamaika und Trinidad zu holen. Frankreich folgte 1848. Auf den spanischen Inseln dauerte die Sklaverei bis 1886 – eine der Ursachen für die brutalen Unabhängigkeitskriege in Kuba.

Unabhängigkeit

Jede Insel entwickelte ihre spezielle kreolische Kultur, die in Unabhängigkeitsbewegungen mündete. Die USA, besorgt durch Unruhen auf Kuba und Puerto Rico, erklärten 1898 Spanien den Krieg. Der Spanisch-Amerikanische Krieg endete mit der Niederlage Spaniens, das Kuba und Puerto Rico an die USA abtrat. Puerto Rico blieb in der Folge US-Protektorat. Die Dominikanische Republik, die dritte große spanische

Sklavenaufstand unter der Führung von Toussaint L'Ouverture, 1794

1775 Die USA verhängen bis 1783 ein Handelsembargo gegen Britisch-Westindien

1845 Erste Kontraktarbeiter aus Indien erreichen die britischen Kolonien

1898 US-Interventic im kubanische Unabhängigkeitskrie Puerto Rico an US

1775 **1815** **1855**

1784 Frankreich übergibt St. Barthélemy an Schweden

1807 Großbritannien verbietet den Sklavenhandel

1834 Slavery Abolition Act verbietet Sklaverei in allen britischen Kolonien

Kolonie, war bereits 1844 unabhängig geworden, Kuba folgte 1903. Nachdem eine Reihe von korrupten Regierungen, die von den USA gestützt wurden, die Insel durch eine wirtschaftliche Berg- und Talfahrt geführt hatten, vertrieb Fidel Castro 1959 den Diktator General Batista. Kuba wurde sozialistische Republik.

Dänemark verkaufte 1917 seine Kolonie auf den Jungferninseln an die USA. Aruba, Curaçao, Bonaire, St. Eustatius, Saba und Sint Maarten wurden als autonome Gebiete den Niederlanden angegliedert. Auch die französischen Besitzungen wurden als vollwertige Departements in den Nationalstaat integriert und die Einwohner zu französischen Staatsbürgern.

Ein Versuch, die britisch regierten Inseln in eine unabhängige Federation of the West Indies zu überführen, scheiterte. Jamaika sowie Trinidad und Tobago wurden 1962 unabhängig innerhalb des British Commonwealth. Ihnen folgte 1966 Barbados und danach Dominica (1978), St. Lucia (1979), St. Vincent (1979), Antigua und Barbuda (1981) sowie St. Kitts und Nevis (1983). Anguilla, Montserrat, die Cayman Islands, die British Virgin Islands sowie die Turks und Caicos Islands sind weiterhin britische Überseegebiete.

Demonstration in den USA gegen das Regime von Rafael Trujillo in der Dominikanischen Republik

Karibik heute

Viele Inseln haben die Kolonialzeit überwunden und sich als Reiseziele etabliert. Auf Jamaika entstanden zuerst die All-inclusive-Resorts, die heute in der Dominikanischen Republik dominieren. Das Land hat sich von der 30-jährigen Diktatur (1930–1961) Rafael Trujillos erholt und ist heute ein wichtiges Reiseziel in der Karibik.

2010 wurde Haiti von einem verheerenden Erdbeben erschüttert, in dessen Folge über 316 000 Menschen starben. Der wirtschaftliche Schaden ging in die Milliarden. 2011 setzte Raúl Castro, der in Kuba 2008 das Zepter von seinem Bruder Fidel übernahm, einige soziale und wirtschaftliche Reformen um. 2015 vereinbarten er und US-Präsident Barack Obama, die Beziehungen zwischen Kuba und den USA wieder aufzunehmen.

Plakat mit Fidel Castro und »Che« Guevara

Wachsende politische Stabilität und wirtschaftliche Entwicklung prägen heute die Situation in der Karibik, in der jede Insel ihre eigene, aus afrikanischen, europäischen und anderen Wurzeln entstandene Kultur besitzt.

Cyparis, einziger Überlebender des Mont-Pelée-Ausbruchs

1961 US-Handelsembargo gegen Kuba

1962 Trinidad und Tobago werden unabhängig

1965 25 000 US-Marines unterdrücken Aufstand in der Dominikanischen Republik

Hurrikan George (1998), Große Antillen

2008 Hurrikan Ike wütet in Haiti und auf Kuba

1935

1975

2020

2 Mont e bricht Martinique St. Pierre zerstört

1958 Federation of British West Indies gegründet, scheitert vier Jahre später

1959 Fidel Castro kommt in Kuba an die Macht, kommunistische Revolution

1983 Invasion von US-Marines auf Grenada führt zum Sturz der linken Regierung

2010 Verheerendes Erdbeben in Haiti mit über 316 000 Todesopfern

2015 Neuaufnahme diplomatischer Beziehungen zwischen Kuba und den USA

GROSSE ANTILLEN

Überblick: Große Antillen

Einige Staaten der Großen Antillen bieten dank ihrer Größe die höchste Vielfalt in der karibischen Inselwelt. In Kuba, auf Puerto Rico und in der Dominikanischen Republik – hier spricht man jeweils spanisch – liegen reizvolle frühkoloniale Städte mit Kathedralen und Festungen. Havanna ist besonders faszinierend. Wie das englischsprachige Jamaika haben sie zudem schöne Strände, hohe Berge und erstklassige Hotels. Die relativ kleinen Cayman Islands sowie die Turks- und Caicos-Inseln locken mit herrlichen Stränden, fantastischen Tauchrevieren und einer einzigartigen Tierwelt.

Zur Orientierung

Kuba ist die größte Insel in der Karibik, traumhaft schön und sehr geschichtsträchtig. Nirgendwo in Amerika stehen mehr schöne Kolonialbauten an einem Fleck als in Habana Vieja, dem historischen Zentrum der Hauptstadt.

Jamaika, das Land des Reggae, bietet wunderschöne Strände. Attraktionen wie die Blue Mountains und die Blue Lagoon sowie berühmte Hotels, Sandstrände, lebhafte Städte und ein pulsierendes Nachtleben ziehen seit Langem Besucher an.

◀ **Das wunderschön gelegene Rick's Cafe in Negril, Jamaika** ***(siehe S. 138)***

Die Turks und Caicos Islands liegen auf einem Unterwasserplateau, dessen Steilwände in tiefste Tiefen reichen und ein einzigartiges Tauch- und Schnorchelrevier bieten. Eine bunte Unterwasserwelt, Naturreservate mit zahllosen Vögeln, historische Gebäude, ein lebhaftes Nachtleben und ausgezeichnete Hotels machen die Inseln zu einem großartigen Reiseziel.

Puerto Rico bietet eine betörende Verschmelzung Latino- und amerikanischer Kultur, faszinierende Landschaften, schicke Hotels und viele Sportmöglichkeiten. In der Hauptstadt San Juan säumen prächtige Kolonialbauten die Kopfsteinpflasterstraßen.

Die Dominikanische Republik zählt zu den geografisch vielfältigsten Inselstaaten der Region und bietet zahllose Möglichkeiten für Abenteuer- und Öko-Urlauber. Mangrovensümpfe, Bergwildnis, rauschende Wasserfälle, Traumstrände und alte Kolonialgebäude tragen zum Charme des beliebten Urlaubslandes bei.

Ein Porträt Kubas

Denkt man an Kuba, hat man spontan Zuckerrohr, Palmen und glasklares Wasser vor Augen. Doch die größte Karibikinsel bietet weit mehr: Hier ist eine tief verwurzelte, vielschichtige Kultur zu spüren, mit alten Traditionen und gleichzeitig modernen Strömungen. Kuba ist ein pulsierendes Land voller Musik und Farbe, das trotz der wirtschaftlichen Probleme seine Identität bewahrt hat.

In dem Inselstaat boomt der Fremdenverkehr: Jährlich kommen über drei Millionen Besucher, vor allem aus Europa und Kanada. Trotz wirtschaftlicher Rückschläge nach dem Zusammenbruch der Sowjetunion 1991 konnte Kuba sein Hotelnetz und seine touristische Infrastruktur nach internationalem Standard ausbauen. Die meisten Urlauber genießen die wunderbaren Strände und das jadegrüne Meer, das »echte« Kuba findet man jedoch in den jahrhundertealten Städten und auf dem Land. Dort leben die Bauern noch immer in einfachen, strohgedeckten Häusern, denen Palmen Schatten spenden, rollen quietschende Ochsenkarren neben den Tabakplantagen und wogen hellgrüne Zuckerrohrfelder im Windschatten mächtiger Kalksteinformationen wie den berühmten zuckerhutförmigen *mogotes* im Valle de Viñales. Die exotische Tierwelt in den Bergwäldern und den größten Sümpfen der Karibik locken Vogelfreunde und Wanderer, die traumhaften Korallenriffe sind ein Mekka für Taucher.

Lebensart

Kubas Kultur hat spanische, afrikanische und asiatische Wurzeln. Geselligkeit wird großgeschrieben. Das Leben spielt sich vorwiegend auf der Straße ab. Hier sitzen Frauen in *sillones* und plaudern ausgiebig, während die Männer Domino spielen, Zigarren rauchen und sich einen Aguardiente gönnen, eine unter Einheimischen sehr beliebte, preisgünstige Spirituose aus Zuckerrohr. Allgegenwärtig sind Musik und Tanz, die Rhythmen und Klänge von *son* und Salsa. Eine wichtige Rolle spielt die Religion Santería, in der katholische und afrikanische Elemente verschmelzen. Viele Gläubige tragen Perlen in der Farbe des *orisha* (Gott), den sie besonders verehren.

In der pulsierenden Zwei-Millionen-Stadt Havanna locken Clubs mit altmodischem Flair. Art déco und Jugendstil prägen die

Ein Rumbasänger unterhält Passanten in Havannas Callejón de Hammel, einer Straße mit bunten Wandbildern

Oldtimer und *Cocotaxi* vor dem Capitolio, Havanna

Architektur der moderneren Viertel, in Habana Vieja (Alt-Havanna) wurden marode barocke und klassizistische Kathedralen und Plätze mittlerweile restauriert. Fast surreal wirkt die Szenerie in der Altstadt, wo Kubas typische Oldtimer aus den 1950er Jahren zu plärrender Rumba durch enge Gassen rauschen. Aufgrund seiner kulturellen und architektonischen Bedeutung ist Havana Vieja eine von neun UNESCO-Welterbestätten auf Kuba.

Geschichte und Politik

Auf Kuba ist man sich der wechselvollen, kämpferischen, oft traumatischen Geschichte des Landes sehr bewusst. In jeder Stadt erinnern Denkmäler an den Unabhängigkeitskrieg und die Revolution, die das korrupte, von den USA unterstützte Regime von Fulgencio Batista zum Teufel jagte. Seit mehr als 50 Jahren ist Kuba ein sozialistisches Land, fast ebenso lang wurde es von Fidel Castro geführt, der 2008 zugunsten seines Bruders Raúl Castro von seinen politischen Ämtern zurücktrat. Fidel Castros Bild und Einfluss sind aber dennoch omnipräsent.

Die Bevölkerung teilt sich in Anhänger des Sozialismus und Kritiker, die unter den Beschränkungen der Freiheit leiden. Man ist stolz darauf, dass Kuba nicht von den USA kontrolliert wird – gedämpft wird dieser Stolz jedoch durch die Zwänge eines paternalistischen Regimes, von dem die Menschen vollständig abhängen.

Anfang 2014 hat die sozialistische Regierung den Import von Neuwagen zugelassen. Der freie Neuwagenkauf war nach der Revolution verboten worden. 2015 beendete das Treffen von Raúl Castro und US-Präsident Barack Obama in Panama die diplomatische Eiszeit zwischen Kuba und den USA. Seither wurden die Reisebeschränkungen für US-Bürger gelockert, und der US-Tourismus nach Kuba konnte wieder Fahrt aufnehmen.

Kunst und Kultur

Kubas Reiz liegt auch in seiner einzigartigen Mischung aus Kommunismus und karibischer Kultur. Cabarets erinnern an die Mafia-Ära der 1950er Jahre, in *casas de la trova* (Clubs mit Live-Musik) pflegt man traditionelle Musikstile wie den *son*. Das von Alicia Alonso geleitete Ballet Nacional de Cuba zählt zu den besten der Welt.

Varadero zählt zu Kubas beliebtesten Strandgebieten

Überblick: Kuba

An Kubas Nordküste findet man Urlaubsorte an weißen Sandstränden und Korallenriffe. Die weniger erschlossene Südküste ist ein Rückzugsort für Krokodile und andere Tiere. Den Westen und Osten prägen zwei Gebirgszüge, im Zentrum dominiert die Sierra Escambray. Im Tiefland fahren noch Ochsenkarren neben den Zuckerrohrfeldern. Imposante Kalksteinformationen ragen über grünen Tabakfeldern auf. Die Hauptstadt Havanna bietet Nachtleben und herrliche Architektur. Trinidad wirkt wie eine Zeitkapsel, Santiago de Cuba ist ein Zentrum afrokubanischer Musik.

Zur Orientierung

Varadero
All-inclusive-Hotels reihen sich an dem spektakulären Strand, der die Halbinsel säumt.

Habana Vieja
Die Festungen, Paläste, Kathedralen, Museen und Kulturzentren im kolonialen Kern der Hauptstadt erstrahlen wieder in altem Glanz.

Trinidad
Die Stadt steht auf einem Hügel nahe einem schönen Strand, das restaurierte Zentrum ist Fußgängerzone.

> ## Auf einen Blick
>
> **Politik**: Einparteienstaat, Zentralorgan der Machtausübung ist die Kommunistische Partei.
> **Sprache**: Spanisch.
> **Währung**: Für Urlauber gilt der Peso convertible (CUC); der Umtausch von Euro und Schweizer Franken ist gebührenfrei, bei US-Dollar werden zehn Prozent erhoben.
> **Mobilfunk**: GSM 900 MHz (wie in D, A, CH).
> **Strom**: 110 V/60 Hz, Adapter: ja.

Sehenswürdigkeiten auf einen Blick

1. *Havanna S. 76–81*
2. Cayo Largo
3. Isla de la Juventud
4. Sierra del Rosario
5. Pinar del Río
6. Valle de Viñales
8. Cayo Levisa
9. María la Gorda
10. Varadero
12. Península de Zapata
13. Cienfuegos
14. Santa Clara
15. Cayo Santa María
16. *Trinidad S. 86f*
17. Valle de los Ingenios
18. Topes de Collantes
19. Playa Ancón
20. Camagüey
21. *Jardines del Rey S. 89*
22. Playa Santa Lucía
23. Guardalavaca
24. Holguín
25. Bayamo
26. Santiago de Cuba
27. Baracoa

Hotels

7. Hotel Los Jazmines
11. Mansión Xanadú

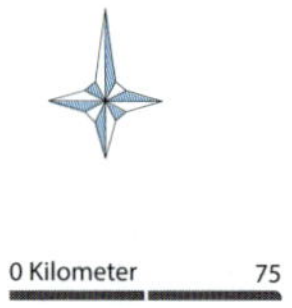

Weitere Zeichenerklärungen *siehe hintere Umschlagklappe*

Legende

- Autobahn
- Hauptstraße
- Nebenstraße
- Eisenbahn
- Fährlinie
- Staatsgrenze

Iglesia y Convento de San Francisco, Trinidad

Jardines del Rey
Die Inselchen mit den weißen Sandstränden liegen vor der Küste im türkisfarbenen Wasser. Cayo Coco ist der größte Urlaubsort.

In Kuba unterwegs

Die große Insel erkundet man am besten mit einem Leihwagen. Zwischen allen größeren Städten verkehren Flugzeuge und Züge. Klimatisierte Busse fahren zwischen großen Städten und Urlaubsorten, die von Einheimischen genutzten Überlandbusse sind unverlässlich und deshalb nicht zu empfehlen. Tragflächenboote verbinden die Isla de la Juventud mit Batabanó in der Provinz La Habana in Hochgeschwindigkeit. In Havanna, den Urlaubsorten und anderen touristischen Zentren fahren Touristentaxis. Öffentliche Busse sind meist unbequem. *Bicitaxis* (Fahrradrikschas) und Pferdewagen befördern ebenfalls Fahrgäste.

Baracoa
Kubas älteste Stadt produziert berühmten Kakao und ist pittoresk im Bogen einer Bucht gelegen.

Grüne Tabakfelder im Valle de Viñales, Provinz Pinar del Río

❶ Havanna

Havanna ist eine vor Leben sprühende Metropole mit schönen Bauwerken in verschiedensten Architekturstilen. Allein ein Besuch der Stadt lohnt die Reise nach Kuba. Habana Vieja (Alt-Havanna), der koloniale Stadtkern innerhalb der heute fast gänzlich abgerissenen alten Stadtmauer, wurde 1982 zum UNESCO-Welterbe erklärt. Das restaurierte historische Herz der Stadt erstrahlt heute wieder in alter Pracht und fasziniert mit seinen Festungen, Klöstern, Museen und Plazas. Häuser aus Havannas Blütezeit im 20. Jahrhundert stehen vor allem im zentralen Viertel Vedado und im Wohngebiet Centro Habana.

Blick auf die Catedral de San Cristóbal von der Plaza de la Catedral

Plaza de la Catedral

Calles San Ignacio und Empedrado. **Museo de Arte Colonial** Calle San Ignacio 61. (7) 862 6440. tägl. 9–17 Uhr. außer gegen Gebühr.

Auf dem schönen Platz markiert eine Tafel die Stelle, wo einst die Zanja Real (»königlicher Graben«) endete. Dieser Aquädukt sollte die Schiffe im nahen Hafen mit Wasser versorgen. Die barocke **Catedral de San Cristóbal** dominiert den gepflasterten Platz. Zwei asymmetrische Glockentürme flankieren die 1777 von Jesuiten vollendete Kirche. Das klassizistische Schiff mit den acht Seitenkapellen ist streng gestaltet, ebenso der Altar.

Im 18. Jahrhundert bauten spanische Adelige ihre Paläste rund um den Platz. In der besonders prächtigen Casa del Conde de Bayona präsentiert das **Museo de Arte Colonial** antike Möbel. Frauen in bunter Kleidung der Kolonialzeit posieren auf der Plaza für Fotos unter den schattigen Arkaden. Gleich neben der Nordwestecke befindet sich La Bodeguita del Medio, in der Ernest Hemingway einst Stammgast war.

Calle Mercaderes

Zwischen Plaza de Armas und Plaza Vieja. **Maqueta de la Habana** Calle Mercaderes 114. (7) 866 4425. tägl. 9–18.30 Uhr. außer gegen Gebühr.

Restaurierte Kolonialgebäude, Museen, Lokale und Boutiquen säumen die schmale Kopfsteinpflasterstraße. Unbedingt sehenswert ist in einem der Häuser die **Maqueta de la Habana**,

Schatten auf der Calle Mercaderes

ein Modell von Habana Vieja im Maßstab 1:500. Ein schönes Architekturbeispiel der Kolonialzeit ist die **Casa de la Obra Pía** (17. Jh.).

Calle Obispo

Farmacia Taquechel Calle Obispo 155. (7) 862 9286. tägl. 9–18 Uhr.

Habana Viejas quirligste Straße führt von der Plaza de Armas *(siehe S. 78f)* nach Westen zum Parque Central. In der autofreien Calle Obispo blüht das Geschäft wie schon zur Kolonialzeit. An ihrem Westende genoss im legendären El Floridita Ernest Hemingway seine Drinks, heute lehnt seine Bronzestatue am Tresen. Sein Zimmer (Nr. 511) im Hotel Ambos Mundos *(siehe S. 97)* ist ein Museum. In der alten **Farmacia Taquechel** *(siehe S. 78)* reihen sich die Apothekergefäße in den Regalen.

Plaza de San Francisco

Calle Oficios. **Basílica Menor de San Francisco de Asís** Calles Oficios y Amargura. (7) 862 9683. Mo–Fr 9–17.30 Uhr, Sa 11.30–19 Uhr. außer gegen Gebühr.

Der weitläufige Platz neben dem Terminal für die Kreuzfahrtschiffe lag in der Kolonialzeit am Ufer. Die marmorne, von Löwenfiguren bewachte Fuente de los Leones in der Mitte des Platzes wurde nach dem Vorbild eines Brunnens in der Alhambra in Granada gestaltet. An der Nordseite der Plaza de San Francisco thront auf der restaurierten klassizistischen Lonja del Comercio, der früheren Handelsbörse, eine geflügelte Statue des Merkur. Die **Basílica Menor de San Francisco de Asís** aus den 1580er Jahren wurde 1730 umgebaut und ab 1762 das Gotteshaus der Briten, die Havanna besetzt hatten. Heute dient die Kirche als Konzerthalle, das angrenzende Kloster als Museum für sakrale Kunst.

Plaza Vieja

Calles Mercaderes und Brasil.

Der »Alte Platz« wurde 1587 als Plaza Nueva (Neuer Platz)

Fassade der kolonialen Casa del Conde Jaruco, Plaza Vieja

Infobox

Information
La Habana, Nordküste von Kuba. 2,1 Mio. Calle 28 (zwischen 3ra und 5ta Avenida), Playa, (7) 204 0624. Festival Internacional del Nuevo Cine Latinoamericano (Dez), Festival de Teatro de La Habana (Okt), Festival de Ballet de La Habana (Nov, alle 2 Jahre). **infotur.cu**

Anfahrt

angelegt. Er diente Havanna als Hauptmarktplatz und Stierkampfarena. Gebäude aus vier Jahrhunderten säumen die restaurierte Plaza, der Brunnen ist eine Kopie des Originals. Die **Casa del Conde Jaruco** (1733–37) an der Südostecke zeigt einige koloniale Bauelemente, etwa die *mediopunto* genannten halbmondförmigen Buntglasfenster. Das beeindruckende, im Jahr 1906 errichtete Jugendstil-Gebäude des Palacio Cueto wird heute als Hotel genutzt.

Klosterviertel

Südl. der Plaza Vieja. **Convento de Santa Clara** Calle Cuba 610. (7) 866 9327. Mo–Fr 9–17 Uhr. **Iglesia de Nuestra Señora de la Merced** Calle Cuba 806. (7) 863 8873. tägl. 8–12, 15–17 Uhr. **Casa-Museo José Martí** Calle Leonor Pérez 314. (7) 861 3778. Di–Sa 9–17 Uhr.

Das südliche Habana Vieja war in der Kolonialzeit ein kirchliches Zentrum, deshalb stehen hier viele Klöster und Kirchen. Der **Convento de Santa Clara** aus dem 17. Jahrhundert besticht mit herausragender Kolonialarchitektur. Die **Iglesia de Nuestra Señora de la Merced** ist üppig ausgestattet. Unter ihrer mit Fresken ausgemalten Kuppel beten Katholiken und Anhänger der afrokubanischen Religion Santería.

In der für Kubaner fast heiligen **Casa-Museo José Martí** wurde José Martí *(siehe S. 80)* geboren. Das einfache Haus ist heute ein Museum mit Bildern, Möbeln und Schriften des Nationalhelden.

Zentrum von Havanna

1. Plaza de la Catedral
2. Calle Mercaderes
3. Calle Obispo
4. Plaza de San Francisco
5. Plaza Vieja
6. Klosterviertel
7. Fábrica de Tabacos Partagás
8. Capitolio
9. Parque Central
10. Museo Nacional de Bellas Artes
11. Museo de la Revolución
12. Prado
13. Malecón

Legende
Detailkarte *siehe S. 78f*

Im Detail: Havanna, Plaza de Armas

Die Plaza wurde in ihrer heutigen Form im 17. Jahrhundert angelegt. Damals diente sie für Militärparaden (Plaza de Armas), zudem befand sich hier das Regierungszentrum. Rund um den kleinen, schattigen Park in der Mitte stehen fast täglich Stände mit antiquarischen Büchern. Den Platz säumen sorgfältig restaurierte barocke und klassizistische Gebäude. Cafés und Bänke laden ein, das koloniale Ensemble in Ruhe zu genießen.

Palacio del Segundo Cabo
In der ehemaligen Residenz (1776) des spanischen Militärgouverneurs befindet sich heute das Instituto Cubano del Libro.

★ Palacio de los Capitanes Generales
Der prächtige Barockpalast war früher der Sitz des Gouverneurs. Heute vermittelt hier das Museo de la Ciudad einen Einblick in die Geschichte Havannas. Gezeigt werden unter anderem Reste des Friedhofs Espada und Exponate aus den Unabhängigkeitskriegen.

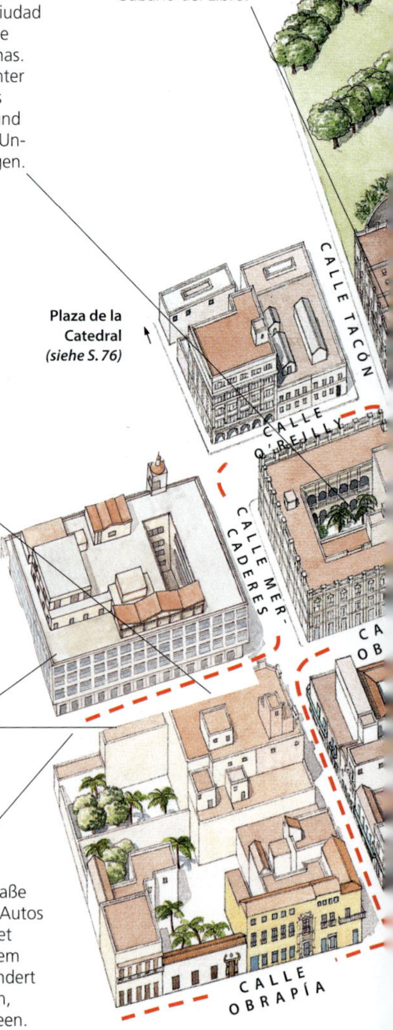

Plaza de la Catedral
(siehe S. 76)

Hotel Ambos Mundos
In Ernest Hemingways Hotelzimmer stehen noch heute die Schreibmaschine und der Schreibtisch des Schriftstellers, der hier *Wem die Stunde schlägt* (1940) schrieb.

Ehemaliges Ministerio de Educación

Farmacia Taquechel

Calle Obispo
Die lebhafteste Straße des Viertels ist für Autos gesperrt. Hier findet man Häuser aus dem 16. bis 19. Jahrhundert sowie Cafés, Läden, Galerien und Museen.

★ Castillo de la Real Fuerza
Die älteste Festung in Havanna (laut UNESCO eine der ältesten Festungen auf dem amerikanischen Doppelkontinent) wurde 1582 fertiggestellt. Sie ist mit einem breiten Burggraben und einem eckigen Mauerwall ausgestattet. Die 1634 auf einem Wachturm am Westwall angebrachte Wetterfahne wurde als »La Giraldilla« bald zu einem Wahrzeichen der Stadt. Heute befindet sich im Castillo ein sehenswertes Meeresmuseum.

★ El Templete
Das klassizistische Gebäude steht an der Stelle, wo die erste Messe stattfand. Im Inneren zeigen drei Gemälde die Stadtgeschichte.

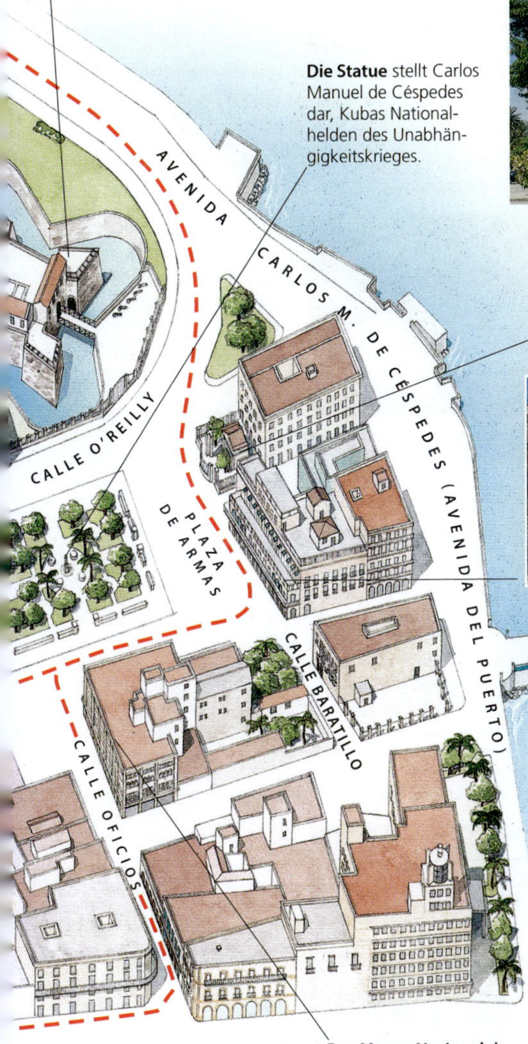

Die Statue stellt Carlos Manuel de Céspedes dar, Kubas Nationalhelden des Unabhängigkeitskrieges.

Hotel Santa Isabel
Das klassizistische Gebäude aus dem 18. Jahrhundert war früher die Residenz des Grafen von Santovenia.

0 Meter 50

Das Museo Nacional de Historia Natural präsentiert exzellente Exponate zu Kubas Tier- und Pflanzenwelt.

Legende
— Routenempfehlung

Fábrica de Tabacos Partagás

Calle Industria 520. (7) 863 5766. wegen Renovierung. Gebühr.

Die von dem katalanischen Unternehmer Jaime Partagás Ravelo gegründete Zigarrenfabrik (19. Jh.) hat eine Fassade im spanischen Stil mit Pilastern und barocken Ziergiebeln. Während der Renovierung gibt es in der Calle San Carlos und der Calle Penalver in Centro Habana Führungen zur Zigarrenherstellung.

Capitolio

Siehe S. 81.

Parque Central

Paseo de Martí, Ecke Calle Neptuno.

Der Park von 1877 ist ein sehr beliebter Treffpunkt und die Hauptverbindung von Habana Vieja zu den modernen Vierteln im Westen. In der Mitte steht eine Statue von José Martí. Zu den herrschaftlichen Gebäuden am Park gehören das Hotel Inglaterra und das Hotel Plaza mit eleganten Fassaden (19. Jh). Statuen zieren das Gran Teatro de la Habana.

Museo Nacional de Bellas Artes

Palacio de Bellas Artes Trocadero e/ Zulueta y Monserrate. **Centro Asturiano** San Rafael y Zulueta. (7) 861 0241. Di–Sa 10–18 Uhr, So 10–14 Uhr. Feiertage. **bellasartes.cult.cu**

Havannas Nationales Kunstmuseum präsentiert seine erstaunlich reiche Sammlung in zwei Gebäuden. Der **Palacio de Bellas Artes** zeigt in zwei Abteilungen Werke kubanischer Künstler aus der Kolonialzeit und des 20. Jahrhunderts. Im **Centro Asturiano** sind internationale Kunst, darunter auch europäische Arbeiten, sowie Werke aus der ägyptischen, griechischen und römischen Antike zu sehen.

José Martí (1853–1895)

José Martí wurde 1853 in Havanna geboren. Da er den Widerstand gegen die spanische Kolonialherrschaft unterstützte, wurde er bereits mit 16 Jahren inhaftiert und in späteren Jahren aus Kuba ausgewiesen. Er zog nach New York, organisierte von dort den kubanischen Unabhängigkeitskampf und trat als Schriftsteller und Philosoph für soziale Gerechtigkeit ein. Im April 1895 führte er mit General Máximo Gómez den Unabhängigkeitskrieg in Kuba an. Er fiel am 19. Mai 1895 in Dos Ríos.

Statue von José Martí

Hawker Sea Fury F50 im Museo de la Revolución

Museo de la Revolución

Calle Refugio 1 e/ Zulueta y Monserrate. (7) 862 4091. tägl. 10–17 Uhr. außer gegen Gebühr.

Das Museum im ehemaligen Präsidentenpalast, der 1920 in einem extravaganten Stilmix erbaut wurde, widmet sich dem kubanischen Unabhängigkeitskampf ab der Kolonialzeit. Den meisten Raum nehmen die Revolution und der Sturz des Diktators Fulgencio Batista ein. Hinter dem Gebäude sind ein Denkmal der *Granma* und Exponate zur Invasion in der Schweinebucht 1961 zu sehen *(siehe S. 85)*.

Prado

Zwischen Parque Central und Malecón.

Der von Bäumen gesäumte Boulevard, offiziell Paseo de Martí, wurde 1927 vom französischen Architekten Forestier umgestaltet. Den erhöhten Gehweg zieren Bronzelöwen, schmiedeeiserne Laternen und Marmorbänke. Eines der vielen neomaurischen Gebäude ist das Hotel Sevilla von 1908. Unter dem Stuckdekor im neobarocken Palacio de los Matrimonios wird in Havanna besonders gern geheiratet.

Malecón

Zwischen Prado und Río Almenderes.

Der geschwungene Uferboulevard ist Havannas wichtigste Verkehrsader. Ihn säumen elegante Gebäude und – in Vedado – Hotelhochhäuser. Das Monumento al Maine ist ein Denkmal für die Matrosen, die bei der Explosion des US Kriegsschiffs *Maine* am 15. Februar 1898 im Hafen von Havanna starben.

Hotel Nacional

Calles O und 21. (7) 836 3564. **hotelnacionaldecuba.com**

Das Art-déco-Hotel am Malecón wurde 1930 eröffnet. Der Stil im Inneren ist opulent maurisch, auf dem Rasen stehen Kanonen. Havannas schönstes Hotel beherbergte schon Churchill, Sinatra, Ava Gardner und Hemingway.

Der von Bäumen beschattete Prado heißt auch Paseo de Martí

Hotels und Restaurants in Kuba *siehe Seiten 96–99 und 100f*

Hotel Tryp Habana Libre
Calles L und 23. (7) 834 6100.
meliacuba.com
Das modernistische Hotelhochhaus an der La Rampa wurde 1958 als Havana Hilton eröffnet und ist ein Wahrzeichen der Stadt. Das riesige Wandgemälde *Carro de la Revolución* ziert das Eingangsportal, moderne Kunst das Atrium.

Cementerio Colón
Zapata y Calle 12. (7) 832 1050. tägl. 8–17 Uhr. Gebühr. außer gegen Gebühr.
Havannas riesiger Friedhof wurde um 1870 auf 56 Hektar in einem strengen Raster angelegt und steht unter Denkmalschutz. Es gibt eindrucksvolle Mausoleen in allen Stilrichtungen vom Klassizismus bis zur Avantgarde. Die Capilla Central in der Mitte ist eine üppig mit Fresken verzierte Kapelle.

Plaza de la Revolución
Paseo zwischen Av. Carlos M. de Céspedes und Av. Rancho Boyeros.
Der monumentale, in den 1950er Jahren als Plaza Cívica angelegte Platz bildet Kubas politisches und administratives Zentrum. Hier finden bedeutende Großkundgebunden statt. Die sieben Stockwerke hohe Stahlskulptur an der Fassade des Ministerio del Interior stellt Che Guevara dar. Das dominante Memorial José Martí besteht aus einer Marmorstatue des Nationalhelden und einem sternförmigen Turm mit dem Museo de José Martí. Hinter dem Denkmal stehen Regierungsgebäude.

Museo Ernest Hemingway
Calle Vigía y Steinhart, San Francisco de Paula. (7) 891 0809. Mo–Sa 10–16 Uhr, So 10–13 Uhr. außer gegen Gebühr.
Hemingways Finca Vigía ist so erhalten, wie sie der Autor verließ – alles liegt noch an seinem Platz. Besucher dürfen nicht eintreten, aber durch Tür und Fenster blicken.

Capitolio

Havannas imposantestes klassizistisches Bauwerk wurde 1929 von Diktator General Gerardo Machado eingeweiht. El Capitolio – nach dem Vorbild des US-Kapitols als Regierungssitz erbaut – war bis 1959 Sitz der Legislative. Nach der Renovierung soll das Gebäude innen und außen wieder in altem Glanz erstrahlen und erneut Sitz des kubanischen Parlaments werden. Bis zur Wiedereröffnung kann der prächtige Bau nur von außen besichtigt werden.

Infobox

Information
Paseo de Martí esq. San José.
bis 2018 wegen Renovierung.

Kuppel
Die Kuppel ist mit 92 Metern höher als die des Kapitols in Washington, DC.

Ehrentreppe
Diesen Treppenaufgang durften früher nur Abgeordnete benutzen.

Statue der Republik
Die 17 Meter hohe Bronzestatue schuf der italienische Bildhauer Angelo Zanelli.

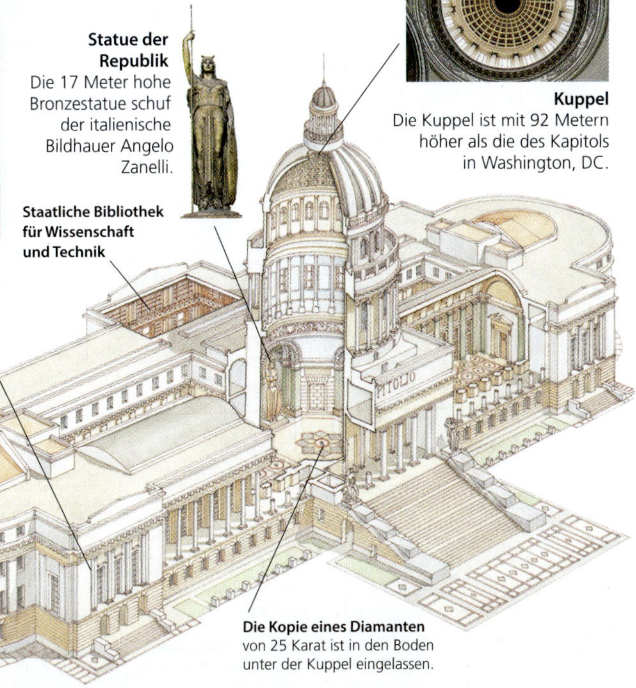

Staatliche Bibliothek für Wissenschaft und Technik

Die Kopie eines Diamanten von 25 Karat ist in den Boden unter der Kuppel eingelassen.

Schneeweißer Sandstrand auf Cayo Largo

❷ Cayo Largo

180 km südl. von Havanna.

Die schmale Insel mit weißen Sandstränden ist ein beliebtes Urlaubsziel, das man per Charterflug oder auf mehrtägigen Ausflügen von Havanna erreicht. All-inclusive-Hotels bieten Segeltouren, Wassersport und Ausritte, man kann aber auch nur schwimmen und am Strand entspannen. An der Küste sieht man Leguane und beim Tauchen Schildkröten.

❸ Isla de la Juventud

150 km südl. von Havanna.
tägl. von Batabanó.

Die »Insel der Jugend« hat kaum Sehenswürdigkeiten. Im Hauptort Nueva Gerona stehen Kolonialbauten. Interessant ist das ehemalige Gefängnis und heutige Museum **Presidio Modelo**. Hier waren Fidel Castro und seine Mitstreiter nach dem Angriff auf die Moncada-Kaserne 1953 inhaftiert.

An der Südwestküste ist das Hotel El Colony an der Siguanea Bay gut für Tauchausflüge gelegen. Im Süden bietet der **Parque Natural Punta Francés** einen schönen Blick, eine Krokodilfarm und präkolumbische Felszeichnungen in den Cuevas de Punta del Este.

Presidio Modelo
5 km östl. von Nueva Gerona.
(46) 32 5112. Di–Sa 9–16 Uhr, So 9–12 Uhr.
außer gegen Gebühr.

Parque Natural Punta Francés
40 km südl. von Nueva Gerona.
(46) 32 7101. Ecotur, Calles 24 esq. 47 Nueva Gerona. von Ecotur.

Legende

- Autobahn
- Hauptstraße
- Nebenstraße
- Piste

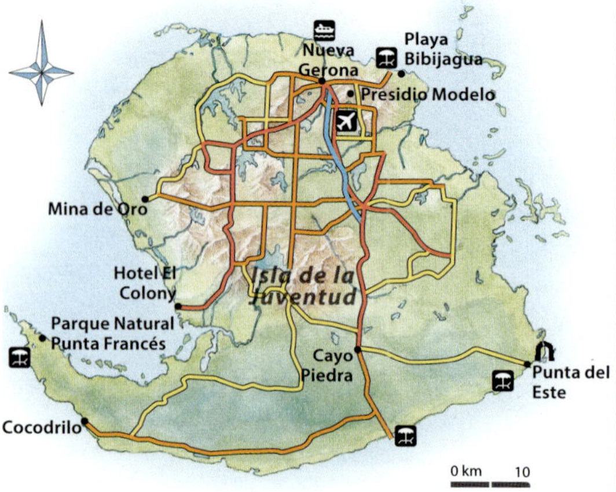

❹ Sierra del Rosario

87 km westl. von Havanna.

Die Bergkette mit Regenwald ist ein Mekka für Wanderer und Vogelfreunde. **Las Terrazas** im Osten der Sierra ist ein Ökozentrum. Im nahen Soroa sind der **Orquideario** (Orchideengarten) und der Wasserfall El Saltón sehenswert.

Las Terrazas
Autopista Habana–Pinar del Río km 51. (48) 57 8600. tägl. 9–17 Uhr.
lasterrazas.cu

Orquideario
Carretera de Soroa km 8. (48) 52 3871. tägl. 8.30–16.30 Uhr. erforderlich. außer gegen Gebühr.

Fassade des Palacio de Guasch, Pinar del Río

❺ Pinar del Río

175 km südwestl. von Havanna.
190 000.

Die heutige Provinzhauptstadt wurde 1669 gegründet. In der Calle Martí findet man einige prächtige Häuser. Das Museo de Ciencias Naturales im **Palacio de Guasch** präsentiert heimische Fauna und Flora. Das klassizistische Teatro Milanés wurde 1835 erbaut. In der **Fábrica de Tabacos Francisco Donatién** kann man zusehen, wie Zigarren mit der Hand gerollt werden.

Fábrica de Tabacos Francisco Donatién
Calle Maceo Oeste 157. (48) 77 3069. Mo–Fr 9–12, 13–16 Uhr, Sa 9–12 Uhr.

Weitere Zeichenerklärungen *siehe hintere Umschlagklappe*

Mural de la Prehistoria von Leovigildo González, Valle de Viñales

❻ Valle de Viñales

205 km westl. von Havanna.

Keine Region auf Kuba hat eine markantere Landschaft als das idyllische Valle de Viñales. Riesige *mogotes*, Karstformationen, die an Bienenkörbe erinnern, ragen hier und in den benachbarten Tälern auf, in denen sich ein Fleckenteppich aus strohgedeckten Bauernhäusern, Tabakfeldern und Schatten spendenden Palmen erstreckt.

Die *mogotes* sind von Höhlen durchsetzt. Die **Cueva del Indio** kann man auf einem unterirdischen See und Fluss per Boot erkunden, in der Cueva de San Miguel gibt es sogar eine Bar. Von 1959 bis 1962 entstand auf dem Mogoten Dos Hermanos das **Mural de la Prehistoria**, eine moderne Darstellung der Evolution.

Im hübschen Dorf Viñales stehen an der Hauptstraße, der Calle Salvador Cisneros, schöne Kolonialhäuser mit roten Ziegeldächern und Säulenarkaden. Den Hauptplatz Parque Martí säumen die hübsche Kirche Iglesia del Sagrado Corazón de Jesús sowie das Kulturzentrum Casa de la Cultura.

Cueva del Indio
5 km nördl. von Viñales.
(48) 79 6280. tägl. 9–17 Uhr.

Mural de la Prehistoria
5 km westl. von Viñales.
(48) 79 6260. tägl. 8–18 Uhr.

❼ Hotel Los Jazmines

Carretera de Viñales km 23.
(48) 79 6205.
hotelescubanacan.com

Das Hotel ist herrlich an der Südflanke des schönen Valle de Viñales gelegen und bietet einen einmaligen Blick über das Tal. Das Sonnendeck am Pool ragt über die Klippe hinaus. Das Hauptgebäude aus den 1930er Jahren ist mit klassischen kolonialen Bauelementen, etwa *mediopuntos*, versehen.

❽ Cayo Levisa

250 km westl. von Havanna.
(48) 75 6501.
cubanacan.cu

Die winzige Insel vor der Nordküste wird von weißem Sand und Mangroven gesäumt. Das gleichnamige Hotel ist das einzige im Archipel Los Colorados. Hier kann man an Korallenriffen tauchen und fischen – vor allem Marline.

❾ María la Gorda

310 km südwestl. von Havanna.
(48) 77 8131.
gaviota-grupo.com

Sonnenanbeter genießen den feinen Sand des bekannten Badeorts im Westen von Kuba. Im glasklaren Wasser sieht man traumhafte Korallenriffe und zahllose Meerestiere – mitunter sogar Walhaie.

Umgebung: Die Bahía de Corrientes formt die südliche Küste der Península de Guanahacabibes, wo seltener tropischer Trockenwald in der **Reserva de la Biosfera Península de Guanahacabibes** geschützt wird.

Mogotes

Mogotes sind Überreste eines alten Kalksteinplateaus. In Jahrmillionen gruben sich Flüsse durch den weichen Kalkstein und schufen so riesige Hohlräume. Als deren Decken einstürzten, blieben die Säulen, die heutigen *mogotes*, stehen. In ihrer schützenden Vegetationsschicht finden sich endemische Pflanzen und sogar endemische Reptilienarten.

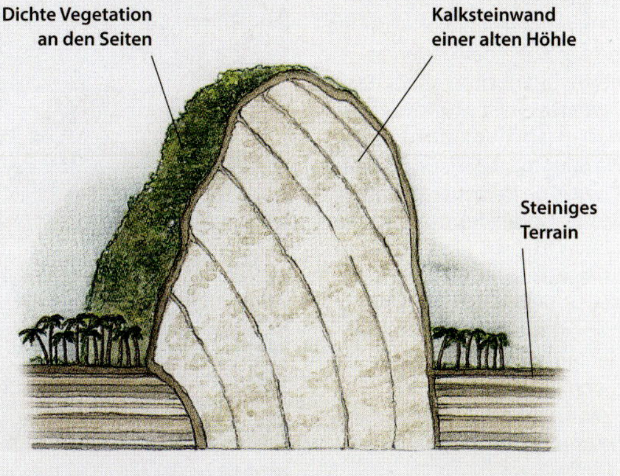

Hotels und Restaurants in Kuba *siehe Seiten 96–99 und 100f*

Ein Urlaubshotel in Varadero aus der Vogelperspektive

⑩ Varadero

145 km östl. von Havanna.

Der Urlaubsort auf der 19 Kilometer langen, nadeldünnen Península de Hicacos lockt mit fantastischen weißen Stränden. Varadero war einst das Refugium der Oberschicht Kubas. Heute ist dies eines der wichtigsten Reiseziele der Insel. Hier bieten Dutzende All-inclusive-Hotels Wassersport- und vor allem Tauchmöglichkeiten. Der Varadero Golf Club *(siehe S. 95)* war Kubas erster 18-Loch-Platz. Im **Delfinario** kann man mit Delfinen schwimmen.

Umgebung: Die meisten Besucher unternehmen Ausflüge zu den nahe gelegenen Sehenswürdigkeiten, etwa nach **Matanzas**, einer historischen Hafenstadt mit Kathedrale, Plaza und Theater, und zu den **Cuevas de Bellamar** mit ihren fantastischen Tropfsteinformationen. Das im Jahr 1900 eröffnete **Museo Municipal Oscar María de Rojas** in Cárdenas gehört zu den ältesten Museen der Insel. Zu seiner erlesenen Sammlung gehören neben Kolonialwaffen, Muscheln und Schmetterlingen und ausgestopfte Tiere.

Delfinario
Autopista Sur km 11. (45) 66 8031. tägl. 9–17 Uhr. extra Gebühr für das Schwimmen mit Delfinen. außer gegen Gebühr.

⑪ Mansión Xanadú

Carretera Las Américas km 8,5.
(45) 66 8482.
varaderogolfclub.com

In den 1920er Jahren gehörte ein Großteil von Varadero dem US-Milliardär Alfred I. du Pont. Er ließ sich die Villa auf den Klippen errichten – heute ist sie ein Luxushotel mit elegantem Restaurant und Bar.

⑫ Península de Zapata

202 km südöstl. von Havanna

Der größte Teil der riesigen Halbinsel mit dem größten Sumpfgebiet der Karibik ist als Gran Parque Natural Montemar ausgewiesen. Hier kann man Krokodile und Flamingos sehen und in **Boca de Guamá**, dem Fremdenverkehrszentrum des Gebiets, eine Krokodilfarm besichtigen. Playa Larga bietet schöne Strände, das gleichnamige Hotel ist ein guter Ausgangspunkt für Ausflüge.

Umgebung: Nördlich von Boca de Guamá steht die alte Zuckerfabrik Central Australia. 1961, während der Invasion in der Schweinebucht, war sie Fidel Castros Hauptquartier. Daran erinnert das **Museo Memorial Comandancia de la FAR**. Die Hauptlandung der von der CIA unterstützten Konterrevolutionäre erfolgte an der Playa Girón. An dem Strand zeigt das **Museo Playa Girón** Militärexponate.

Boca de Guamá
Carretera Playa Larga km 16.
(45) 91 5551. tägl. 7–17 Uhr.

Museo Memorial Comandancia de la FAR
Central Australia. (45) 91 2504.
Di–So 9–17 Uhr.
außer gegen Gebühr.

Bootsfahrt über einen See, Boca de Guamá, Península de Zapata

Hotels und Restaurants in Kuba *siehe Seiten 96–99 und 100f*

Eindrucksvolle Grabplastiken auf dem Cementerio La Reina, Cienfuegos

⓭ Cienfuegos

242 km östl. von Havanna.
160 000.

Die Provinzhauptstadt an einer Bucht an der Südküste wurde 1819 gegründet. In der gut erhaltenen Altstadt stehen rund um den weitläufigen Parque Martí sehenswerte Gebäude, z. B. das klassizistische Teatro Tomás Terry, die Catedral de la Purísima Concepción von 1870 und der **Cementerio La Reina** mit klassizistischen Marmorgräbern. Der elegante Paseo del Prado führt durch die Altstadt zum Stadtviertel Punta Gorda. Dort befinden sich im **Palacio de Valle**, einem Herrenhaus von 1917 im Mogul-Stil, ein Restaurant und eine Dachbar.

Umgebung: Der 15 Kilometer entfernte **Jardín Botánico Soledad** zählt zu den besten botanischen Gärten Lateinamerikas. Ein Bereich ist den Kakteen gewidmet. Südöstlich des Botanischen Gartens erstreckt sich die Sierra Escambray, in der verschiedene Wanderwege zu Wasserfällen und Kaffeeplantagen führen.

Palacio de Valle
Calle 37 y 2. (43) 55 1003.
tägl. 10–23 Uhr.

Jardín Botánico Soledad
Calle Central 136, Pepito Tey.
(43) 54 5115. tägl. 8–17 Uhr. Feiertage.

⓮ Santa Clara

274 km östl. von Havanna.
240 000.

In der Industrie- und Universitätsstadt fanden die entscheidenden Kämpfe statt, die zum Sturz des Diktators Batista führten. Das **Monumento al Tren Blindado** ist eine Kopie des Armeezuges, den Che Guevaras Guerilla am 28. Dezember 1958 zum Entgleisen brachte. Im **Conjunto Escultórico Memorial Comandante Ernesto Che Guevara** steht eine Bronzestatue des »heldenhaften Guerilla« auf einem Sockel mit Basreliefs und Inschriften. Das Museo de Che unterhalb der Statue widmet sich Guevaras Leben und seiner Rolle in der Revolution. Zudem gibt es ein Mausoleum mit seinen sterblichen Überresten.

Vase, Museo de Artes Decorativas

Am Hauptplatz, dem Parque Leoncio Vidal, stehen einige schöne Kolonialgebäude, darunter das klassizistische Teatro de la Caridad und das **Museo de Artes Decorativas**, das Möbel aus dem 17. bis 20. Jahrhundert zeigt.

Umgebung: Nördlich liegt die malerische Region **Vuelta Arriba**, ein Zentrum des Tabakanbaus. Dort erwacht die Kolonialstadt **Remedios** an Weihnachten zu lautem Leben, wenn sich Teams einen Feuerwerk-Wettkampf liefern.

Monumento Tren Blindado
Carretera Camujuani. (42) 20 2758. Mo–Sa 9–17.30 Uhr.

Conjunto Escultórico Memorial Comandante Ernesto Che Guevara
Av. de los Desfiles. (42) 20 5878.
Museo de Che Di–So 9.30–17 Uhr.

Museo de Artes Decorativas
Calle Martha Abreu y Luis Estévez.
(42) 20 5368. So–Do 9–18 Uhr, Fr, Sa 13–22 Uhr.

⓯ Cayo Santa María

354 km östl. von Havanna.

Die von Stränden gesäumte Insel vor der Küste der Provinz Villa Clara am Westende der Jardines del Rey *(siehe S. 89)* erreicht man über einen 48 Kilometer langen *pedraplén* (Damm). Auf der Insel stehen einige Luxushotels, weitere sind dort und auf dem benachbarten Cayo Las Brujas geplant. Hier kann man vor allem fischen, tauchen und in den Mangroven Vögel beobachten.

Invasion in der Schweinebucht

Am 17. April 1961 landeten 1400 von der CIA ausgebildete Exilkubaner in der Bahía de Cochinos (»Schweinebucht«). Die Aktion erfolgte mit Zustimmung des US-Präsidenten Kennedy. Nach drei Tagen mit schweren Kämpfen, in die US- und sowjetische Panzer involviert waren, zogen die Vereinigten Staaten ihre Luftunterstützung ab – die Invasoren waren besiegt. 20 Monaten später wurden die Kriegsgefangenen gegen Medizin, Nahrungsmittel und Krankenhausausstattungen ausgetauscht.

Kriegsgefangene besteigen ein Flugzeug nach Miami

⓰ Trinidad

Die 1514 von Diego Velázquez gegründete Stadt wurde 1988 zum UNESCO-Welterbe erklärt. Vom 17. bis 19. Jahrhundert war Trinidad ein Zentrum des Zucker- und Sklavenhandels – vom Reichtum der damaligen Großgrundbesitzer zeugen die schönen Gebäude im Stadtkern. Von Mitte des 19. bis Mitte des 20. Jahrhunderts wurde der abgelegene Ort kaum erneuert. Heute ist die Altstadt restauriert und vermittelt mit ihren Kopfsteinpflasterstraßen und pastellfarbenen Häusern den Eindruck, als ob sich hier seit den Tagen der Kolonialzeit wenig verändert hätte.

★ Museo Romántico
Das Museum im ehemaligen Palacio Brunet zeigt prächtige Möbel der Oberschicht aus der Kolonialzeit.

★ Iglesia y Convento de San Francisco
Vom Glockenturm der Kirche hat man einen schönen Blick, im Kloster beschäftigt sich das Museo de la Lucha Contra Bandidos mit dem Kampf gegen Konterrevolutionäre.

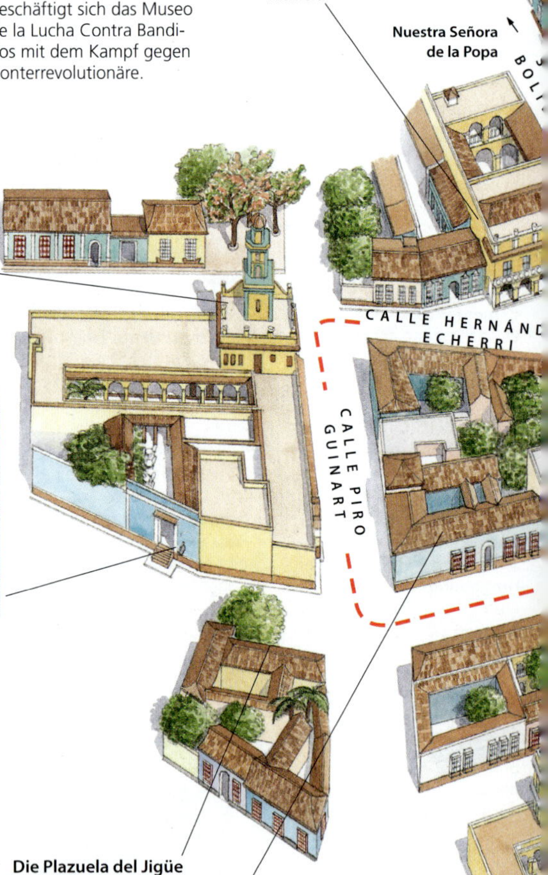

Legende
— Routenempfehlung

Canchánchara
Die typische *casa de infusiones* in einem Haus aus dem 18. Jahrhundert ist für ihren Cocktail *canchánchara* (aus Rum, Limette und Honig) berühmt. Zur Unterhaltung spielt Live-Musik.

Die Plazuela del Jigüe heißt nach dem dortigen Kürbisbaum *(jigüe).* Hier wurde 1514 die erste Messe in Trinidad zelebriert.

Im Ayuntamiento y Cárcel, dem alten Rathaus mit Gefängnis, wurde ein Teil des ursprünglichen Kalksteingemäuers freigelegt.

Iglesia Parroquial de la Santísima Trinidad
Die Dreifaltigkeitskirche mit der strengen Fassade wurde 1894 an der Stelle einer älteren Kirche errichtet. Im Inneren beeindruckt der geschnitzte Holzaltar mit aufwendigen Intarsien.

Infobox

Information
370 km südöstl. von Havanna. 75 000. Infotur, Calle Gustavo Izquierdo 101, (41) 99 8257. El Recorrido del Vía Crucis (Apr).

Anfahrt

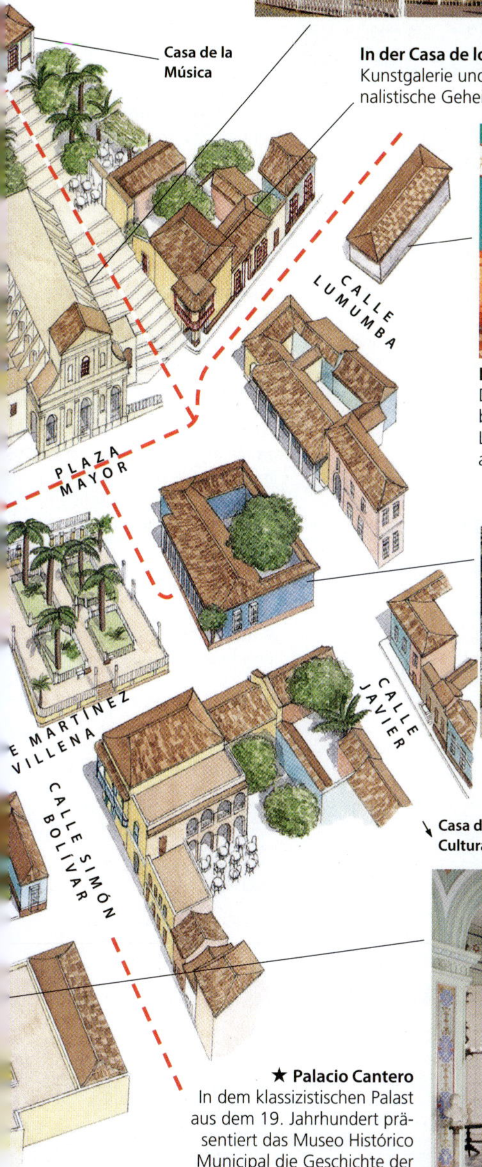

In der Casa de los Conspiradores, heute eine Kunstgalerie und ein Restaurant, traf sich die nationalistische Geheimorganisation La Rosa de Cuba.

La Casa de la Trova
Das Haus an der Plazuela de Segarte ist ein beliebter Veranstaltungsort für traditionelle Live-Musik. Hier finden nachmittags und abends Sessions statt.

Museo de Arquitectura Colonial
Das Museum in der restaurierten Casa de los Sánchez Iznaga illustriert Trinidads Architekturerbe.

★ Palacio Cantero
In dem klassizistischen Palast aus dem 19. Jahrhundert präsentiert das Museo Histórico Municipal die Geschichte der Stadt. Vom Turm hat man einen herrlichen Blick.

Valle de los Ingenios, im Hintergrund die Sierra Escambray

⑰ Valle de los Ingenios

10 km östl. von Trinidad.
tägl. auf der Manaca Iznaga.

Das fruchtbare Tal ist nach den *ingenios* (Zuckermühlen) benannt, die hier im späten 18. und 19. Jahrhundert in großer Zahl standen. Auch heute wogen hier Zuckerrohrfelder, die Mühlen sind jedoch meist verlassen. Eine Ausnahme bildet die **Manaca Iznaga**, in deren Herrenhaus heute ein Restaurant residiert. Vom 45 Meter hohen Turm blickt man über das Tal. Auch der nahe Sitio Histórico Guaímaro wurde in ein Restaurant verwandelt. Das Herrenhaus zieren Wandbilder. Den besten Blick hat man von **El Mirador**.

Manaca Iznaga
Iznaga, 14 km östl. von Trinidad.
(41) 99 7241. tägl. 9–16 Uhr.

El Mirador
5 km östl. von Trinidad.
tägl. 8–17 Uhr.

⑱ Topes de Collantes

21 km nordwestl. von Trinidad.
Kurhotel Escambray, (41) 54 0231. durch Gaviota Tours.

Den Bergwald der Sierra Escambray entdeckt man am besten vom 800 Meter hoch gelegenen Bergort Topes de Collantes. Das Kurhotel Escambray ist heute ein Anti-Stress-Zentrum. Zwei Wege führen zu dem 75 Meter hohen Wasserfall Salto de Caburní und zu der Kaffeeplantage Hacienda Codina. Dort locken ein Orchideengarten sowie Becken mit Heilschlamm. Das **Museo de Arte Cubano Contemporáneo** zeigt Arbeiten bekannter moderner Künstler.

Museo de Arte Cubano Contemporáneo
Topes de Collantes.
tägl. 8–20 Uhr.

⑲ Playa Ancón

10 km südl. von Trinidad.

Der Sandstrand auf der Halbinsel Ancón gehört zu Kubas schönsten. Hier gibt es einige gute Hotels sowie herrliche Korallenriffe. Die schönsten befinden sich vor Cayo Blanco, das man mit dem Boot in 20 Minuten erreicht. Die Kubaner selbst sind vor allem von dem Dorf La Boca angetan.

⑳ Camagüey

265 km östl. von Trinidad.
320 000. Infotur, Ignacio Agramonte International Airport, (32) 26 5807. Jornadas de la Cultura Camagüeyana (Anfang Feb), Festival Internacional de Vídeo Arte (Nov).

Kubas drittgrößte Stadt ist von Weideland umgeben. Von hier stammen die großen Tonkrüge *tinajones*, in denen Regenwasser aufgefangen wurde. Die Altstadt mit den vielen kolonialen Plazas wurde angeblich verwinkelt angelegt, um plündernde Piraten zu verwirren.

Im grünen Parque Ignacio Agramonte steht eine Reiterstatue des Freiheitskämpfers Ignacio Agramonte. Die Catedral de Nuestra Señora de la Candelaria stammt von 1757.

An der Plaza San Juan de Díos stehen Kolonialhäuser und die Iglesia de San Juan de Díos, an der **Plaza del Carmen** lebensgroße Figuren verdienter Einwohner. Die dreieckige Plaza de los Trabajadores wartet mit der Casa Natal de Ignacio Agramonte (Geburtshaus von Agramonte) und der barocken Iglesia de la Merced auf. Das Heilige Grab in der Kirche wurde aus Silbermünzen gegossen. Im klassizistischen **Teatro Principal** tritt das renommierte Ballet de Camagüey auf.

Teatro Principal
Calle Padre Valencia 64.
(32) 29 3048. tägl. 9–17 Uhr (Ballett meist ab 20 Uhr).

Keramikstatue und Einheimischer auf der Plaza del Carmen, Camagüey

Hotels und Restaurants in Kuba *siehe Seiten 96–99 und 100f*

㉑ Jardines del Rey

Wie eine fast 300 Kilometer lange Perlenkette liegen die rund 400 Inseln des Archipiélago del Jardines del Rey (»Königsgärten«) vor der Nordküste der Provinzen Ciego de Ávila und Camagüey. Fast alle der spärlich bewachsenen Cayos sind unbewohnt – ein idealer Lebensraum für Wildschweine, Leguane und Wasservögel. Flamingos, Löffler und Ibisse bevölkern die seichten Gewässer zwischen Inseln und Festland. An den schönen Stränden an den Atlantikküsten sind Hotels geplant, derzeit konzentrieren sie sich auf Cayo Coco und Cayo Guillermo, wo Urlauber auf einem internationalen Flughafen landen.

Infobox

Information
215 km nordöstl. von Trinidad.
Infotur, Aeropuerto Jardines del Rey, Cayo Coco, (33) 30 9109; Cubatur Cayo Coco, (33) 30 1338.

Anfahrt

Cayo Coco
Mit insgesamt 22 Kilometer langen, feinen Sandstränden ist der Cayo Coco ein Wassersportmekka, die Tauchgründe sind fantastisch.

Cayo Guillermo
Die kleine Insel bietet einige Hotels, einen Yachthafen und an der Playa Pilar riesige Dünen. In den Mangroven an der Küste nisten Wasservögel.

Cayo Romano ist die größte Insel des Archipels.

Bahía de Perros
Die Bucht bietet Lebensraum für Flamingos. Vom Parador La Silla sieht man sie während der Brutsaison von April bis November fliegen.

El Pedraplén
Der 27 Kilometer lange Damm erstreckt sich durch die Bahía de Perros. Er verbindet Cayo Coco mit dem Festland.

Legende
Hauptstraße
Nebenstraße

Weitere Zeichenerklärungen *siehe hintere Umschlagklappe*

㉒ Playa Santa Lucía

544 km östl. von Havanna.

Der großartige Strandabschnitt erstreckt sich 21 Kilometer entlang einer kargen Küste. Hier finden Taucher ein Korallenparadies im türkisfarbenen Wasser. Am westlichen Ende von Santa Lucía wartet das bescheidene Fischerdorf Playa Los Cocos mit dem schönsten Strand auf.

Der grüne, friedliche Parque Céspedes in Bayamo

㉓ Guardalavaca

724 km östl. von Havanna.

In Kubas drittgrößtem Feriengebiet stehen viele neue All-inclusive-Resorts. Die erste Anlage aus den 1980er Jahren liegt an der Playa Guardalavaca. Zwischen beiden Bereichen bietet die Bahía de Naranjo Wanderwege durch tierreiche Natur und ein Aquarium mit Delfin- und Seelöwenshow. Der nahe **Chorro de Maíta** ist die größte präkolumbische Nekropole, die in der Karibik ausgegraben wurde. Hier sieht man Skelette und eine *aldea taína*, ein rekonstruiertes präkolumbisches Dorf.

Chorro de Maíta
5 km östl. von Guardalavaca.
(24) 43 0421. tägl. 9–17 Uhr.
außer gegen Gebühr.

㉔ Holguín

740 km südöstl. von Havanna.
345 000.
Romerías de Mayo (3. Mai), Karneval (Aug).

Die Stadt mit den vielen Plätzen ist ein Industriezentrum. General Calixto García befreite sie 1872 von der spanischen Herrschaft. Sein Geburtshaus steht östlich des Parque Calixto García. Das **Museo Provincial de Historia** zeigt präkolumbische Exponate. Am Parque Peralta steht die Catedral de San Isidro (1720). Die Plaza San José bietet eine schöne Kirche und Kolonialhäuser. Den 458-Stufen-Aufstieg auf die Loma de la Cruz belohnt ein toller Blick.

Artefakt, Museo Provincial de Historia

Umgebung: Eine Autostunde östlich von Holguín kann man den **Sitio Histórico de Birán**, Fidel Castros Geburtsort, auf der Finca Manacas besichtigen. Zehn Kilometer südöstlich der Stadt sieht man vom **Mirador del Mayabe** weit über das Tal. Hier steht auch eine *aldea campesino*, ein rekonstruiertes Bauerndorf.

Museo Provincial de Historia
Calle Frexes 198. (24) 46 3395.
Di–Sa 8–17 Uhr, So 8–12 Uhr.
Feiertage. außer gegen Gebühr.

Sitio Histórico de Birán
Finca Manacas. (24) 28 6114.
Di–Sa 9–15.30 Uhr, So 9–12 Uhr. Feiertage.
außer gegen Gebühr.

㉕ Bayamo

680 km südöstl. von Havanna.
220 000. Infotur, Plaza del Himno, (23) 42 3468.

Kubas zweitälteste Stadt (1513) brannte 1876 im Zehnjährigen Krieg *(Guerra de los Diez Años)* nieder. Am Hauptplatz, dem Parque Céspedes, stehen einige Gebäude, u. a. die **Casa Natal de Carlos Manuel de Céspedes**, das heute als Museum genutzte Geburtshaus des Nationalhelden des Unabhängigkeitskampfes, und die Iglesia Parroquial Mayor de San Salvador.

Umgebung: Im Süden liegt die zerklüftete **Sierra Maestra**. Von San Rafael aus kann man den 1974 Meter hohen Pico Turquino besteigen.

Casa Natal de Carlos Manuel de Céspedes
Calle Maceo 57. (23) 42 3864.
Di–Sa 9–17 Uhr, So 10–13 Uhr.

Türkisblaues Wasser und weißer Sandstrand, Guardalavaca

Hotels und Restaurants in Kuba *siehe Seiten 96–99 und 100f*

㉖ Santiago de Cuba

862 km südöstl. von Havanna. 500 000. Infotur, Parque Céspedes, (22) 66 9401. Festival del Caribe (Juli), Karneval (26. Juli).

Kubas zweitgrößte Stadt ist quirlig und aufregend: Hier liebt man Musik und Tanz, vor allem im Karneval. Der historische Kern der 1514 von Diego Velázquez gegründeten Stadt liegt an einer großen, flaschenförmigen Bucht. Im Zentrum stehen um den Parque Céspedes schöne Gebäude: der Ayuntamiento (Rathaus), die vorwiegend im 20. Jahrhundert erbaute klassizistische Catedral de la Asunción und die Casa de Diego Velázquez. Die Residenz (1522) des ersten Gouverneurs ist als **Museo de Ambiente Histórico Cubano** erhalten. Im Patio des Hotel Casa Granda *(siehe S. 98)* kann man bei einem Mojito das Treiben auf der Plaza beobachten.

Historische Bauten säumen auch die Calle Heredia. Besonders interessant sind die Casa de la Trova für traditionelle Musik, das Museo del Carnaval und das **Museo Municipal Emilio Bacardí Moreau**. Die bunten Sammlung reicht von einer ägyptischen Mumie bis hin zu moderner Kunst.

Im Halbkreis um den historischen Kern liegen die Viertel aus dem 20. Jahrhundert. Hier machen viele historische Stätten Santiagos Beinamen »Wiege der Revolution« alle Ehre. Das Museo Histórico 26 de Julio in der Moncada-Kaserne, wo Fidel Castro am 26. Juli 1953 die Revolution begann, steht unweit der Reiterstatue des Helden des Unabhängigkeitskampfes, Antonio Maceo, an der Plaza de la Revolución. Die Avenida Juan Gilberto Gómez verbindet die Plaza mit dem Cementerio de Santa Ifigenia, auf dem auch José Martí *(siehe S. 80)* beerdigt wurde.

Maceos Statue, Detail, Plaza de la Revolución

Umgebung: Die **Basílica El Cobre** mit der Statue der Virgén del Cobre ist eine Pilgerstätte. Östlich der Stadt bietet der riesige **Parque Baconao** ruhige Strände, Künstlerdörfer und ein Aquarium. Im imposanten **Castillo del Morro** von 1637 an der Bucht von Santiago feuern Soldaten in historischen Uniformen bei Sonnenuntergang Kanonensalven ab.

Museo de Ambiente Histórico Cubano
Calle Felix Peña 602. (22) 65 2652. tägl. 9–17 Uhr. außer gegen Gebühr.

Museo Municipal Emilio Bacardí Moreau
Calle Pío Rosado. (22) 62 8402. Di–Sa 9–17 Uhr, So 9–13 Uhr.

Polymiten

Bunte Polymiten-Häuser

Die in der Region Baracoa endemische *polymita* ist eine Schnecke mit buntem Haus. Jedes Schneckenhaus ist mit seiner Streifenfärbung und speziellen Farbkombination so einmalig wie ein Fingerabdruck.

㉗ Baracoa

157 km östl. von Santiago de Cuba. 80 000. Infotur, Calle Maceo 129, (21) 64 1781. Semana de la Cultura (Apr).

Die erste europäische Siedlung auf Kuba stammt von 1511. Sie liegt an einer breiten Bucht und hat mit ihren alten Holzhäusern ein ungewöhnliches Stadtbild. Vom Hotel El Castillo *(siehe S. 96)* im Castillo de Seboruco (18. Jh.) hat man den besten Blick über die Stadt. Ein Kreuz in der Catedral de Nuestra Señora de la Asunción am Parque Independencia soll 1492 von Kolumbus zurückgelassen worden sein.

Umgebung: Westlich von Baracoa lockt der 575 Meter hohe Tafelberg **El Yunque** (»Amboss«) viele Vogelfreunde und Wanderer an. Der schöne Regenwald ist Teil eines UNESCO-Biosphärenreservats im Parque Nacional Alejandro de Humboldt.

Blick über Baracoa, im Hintergrund ragt der Tafelberg El Yunque auf

Sport und Aktivurlaub

Bei Ausflügen mit einem kenntnisreichen Führer lernt man die beeindruckende Natur und Tierwelt Kubas am besten kennen. In den Bergen kann man durch Regenwälder wandern und Kubas höchsten Gipfel, den Pico Turquino, besteigen. Im Tiefland gibt es Sümpfe sowie Mangroven- und Trockenwälder zu entdecken. An den Urlaubsorten am Meer werden zahlreiche Wassersportmöglichkeiten geboten, Tauchen zählt hier zu den beliebtesten Sportarten.

Palmen der Playas del Este, Havanna

Strände

Kuba hat fantastische, endlose Strände, deren Farbenspiel von Braungrau über Golden bis Weiß reicht. Die meisten Strandhotels stehen an der Nordküste, vor allem bei Varadero, sowie auf Cayo Santa María, Cayo Coco und Cayo Guillermo in den Jardines del Rey, wo der spektakuläre Strand von Cayo Sabinal noch unerschlossen ist. Weiter östlich findet man an der Playa Santa Lucía und der Playa Mayor in Guardalavaca günstige Hotels, luxuriöse All-inclusive-Anlagen liegen vor allem in Guardalavaca an den Stränden Esmeralda, Yuraguanal und Pesquero. Ganz im Osten ste-

Tauchen

Kuba ist ein Taucherparadies. Im glasklaren, 23 bis 30 °C warmen Wasser gibt es herrliche Korallenriffen, spanische Galeonen und andere versunkene Wracks, darunter auch sowjetische Schiffe und Flugzeuge. Sowohl an der Nord- als auch an der Südküste liegen gute Tauchreviere. In allen Ferienorten am Meer gibt es Tauchzentren. Viele All-inclusive-Hotels verfügen über eigene Einrichtungen und bestens ausgebildetes Personal.

Die Cueva de los Peces ist ein *cenote* (Kalksteinloch) und voller Fische.

María la Gorda ist ein guter Ort, um die Walhaie in der Bahía de Corrientes zu beobachten. Daneben sieht man auch viele Delfine und einen schwarzen Korallengarten.

An der La Costa de las Piratas liegen im ruhigen Wasser vor Punta Francés nicht weniger als 56 Tauchplätze.

Bei Punta Perdiz in der Schweinebucht taucht man an einer atemberaubenden unterseeischen Wand.

Vor der Isla de la Juventud liegen Reviere für Anfänger und Fortgeschrittene. Hier entdeckt man riesige Korallenblöcke, Schwämme und Wracks spanischer Galeonen.

Legende

Hauptstraße

Nebenstraße

hen in Marea del Portillo zwei günstige All-inclusive-Hotels, zur Playa Siboney kommen viele Familien aus Santiago de Cuba.

An der Südküste liegen nur wenige Strände. Ausnahmen bilden etwa die Playa Ancón in der Nähe von Trinidad und Playa Blanca auf der Isla de la Juventud. Unter den schönen Stränden des Cayo Largo sticht die Playa Sirena hervor. Ganz im Westen verfügt der Cayo Levisa über einige gute Strände. In Havanna treffen sich die Einheimischen an den schönen Playas del Este.

Angeln

Angler sind auf Kuba in ihrem Element. In den meisten Häfen der Ferienorte kann man Boote zum Thunfisch-, Schwertfisch- und Marlinfang chartern. In der Marina Hemingway in Havanna findet im Juni das Ernest Hemingway International Billfish Tournament statt. In Kubas Seen tummeln sich gewaltige Barsche: Versuchen Sie den Embalse Zaza in der Provinz Sancti Spíritus. Tarpune und Grätenfische zieht man bei Las Salinas im Gran Parque Natural Montemar und in den Jardines de la Reina vor der Südküste bei Ciego de Ávila und Camagüey aus dem Wasser. Dort werden auch mehrtägige Angelausflüge angeboten. Von der Lodge des **Villa Marinera** auf Cayo Largo sieht man über die Flachwasserzonen, in denen man nicht nur Grätenfische fängt.

Fliegenfischen auf Cayo Santa María

Tauchen im Karibischen Meer ist ein faszinierendes Erlebnis. In den abwechslungsreichen Landschaften der Korallenriffe entdeckt man eine beeindruckende Vielfalt an Meeresbewohnern.

Tauchzentren

Avalon Dive Center
W cubandivingcenters.com

Barracuda Diving Center
(53) 61 3481.

Centro Internacional de Buceo
(48) 77 1306.
W gaviota-grupo.com

Club Octopus International Diving Center
(45) 98 7294.

El Colony
(46) 39 8181.

Scuba Diving Center Acua
(45) 66 8063.

Weitere Zeichenerklärungen *siehe hintere Umschlagklappe*

Boote am Strand von Cayo Coco, Jardines del Rey

Wassersport

In allen Urlaubsorten am Meer werden Wassersportarten, etwa Parasailing, angeboten. Man kann Segelboote, z. B. Hobie Cats, sowie Jetskis ausleihen oder Banana Boat fahren. Die über 20 auf ganz Kuba verteilten **Marlin Marinas** vermieten auch größere Segelboote. Wer mit einer Yacht oder einem Katamaran durch die Jardines de la Reina kreuzen will, sollte sich an **Charter Partner** oder an **Platten Sailing Cuba** in Cienfuegos wenden. Bessere Hotels verleihen Ausrüstung zum Windsurfen. In All-inclusive-Hotels ist diese ebenso im Preis inbegriffen wie der Kurs.

Bootsausflüge

Fast alle Ferienhotels bieten Bootsausflüge an, die größte Auswahl hat man in Varadero. Seafari Cayo Blanco bringt Besucher mit modernsten Katamaranen zu den Nachbarinseln. Auch Segeltörns in den Sonnenuntergang gehören in Varadero, Cayo Largo, Cayo Santa María, Playa Ancón, Cayo Coco, Playa Santa Lucía und Guardalavaca zum Programm. Bei den sogenannten »Dschungel-Touren« durch die Mangrovensümpfe fährt man mit Jetskis, die das fragile Ökosystem der Region auf Dauer zerstören.

Urlauber auf einer geführten Wanderung

Wandern und Vogelbeobachtung

Früher waren organisierte Wandertouren auf das Gebiet Topes de Collantes in der Sierra del Rosario und auf die Sierra Maestra beschränkt, wo man in zwei bis drei Tagen den Gipfel des Pico Turquino bezwingt und mit einer herrlichen Aussicht belohnt wird. Nun werden immer mehr Wege erschlossen und Programme für Vogelfreunde und Ökotourismus entwickelt.

Auf Kuba kann man sehr gut Vögel beobachten, z. B. in den Feuchtgebieten und Salinen der Península de Zapata. Hier und in der Reserva Guanahacabibes, der Sierra Escambray und im Refugio Ecológico Los Indios auf der Isla de la Juventud gibt es Führungen. Vogelreich sind zudem der Parque Nacional Alejandro de Humboldt im Osten und El Saltón am Ostfuß der Sierra Maestra. Flamingos sieht man auf Cayo Coco. Informationen geben **Gaviota Tours** und **Ecotur**.

Höhlenwanderungen

Kuba hat viele Höhlen. Organisierte Höhlenbesichtigungen werden jedoch nur im Valle de Viñales geboten. In die Cueva del Indio fahren Boote, spannender ist die Tour durch das 45 Kilometer lange System der Gran Caverna de Santo Tomás. Präkolumbische Felsbilder sieht man in der Cueva de Punta del Este der Isla de la Juventud und in den Höhlen im Parque Nacional Cuguanas in der Provinz Sancti Spíritus. Beide Höhlensysteme kann man nur auf Touren von Gaviota Tours und **Hotel El Colony** besichtigen.

Ausflugsboot auf großer Tour in der Cueva del Indio

Radfahren

Für Millionen Kubaner ist das Fahrrad das Hauptverkehrsmittel. Beim Fahrradfahren kann man entspannt die Landschaft genießen, und man hat zahlreiche Gelegenheiten, Einheimische kennenzulernen. Viele Urlauber nehmen ihre eigenen Räder mit. Ein Radverleih in Havanna ist **Cubania**. Für Fahrräder gibt es viele Werkstätten, doch sollte man Ersatzteile mitbringen und auf den gefährlichen Straßen extrem vorsichtig fahren – wer auf Nummer sicher gehen möchte, sollte einen Helm tragen. Lassen Sie Ihr Rad nur abgesperrt und an bewachten Orten zurück. **Cubalinda** und Cubania bieten geführte Touren an. **WowCuba** ist ebenfalls auf Radreisen spezialisiert.

Golf

Derzeit gibt es in Kuba zwei Golfplätze. In großen Urlaubsorten wie Guardalavaca und Cayo Coco sind weitere geplant. Der **Havana Golf Club** bietet einen Neun-Loch-Platz. Der **Varadero Golf Club** mit seinem von Les Furber gestalteten 18-Loch-Platz liegt am Meer.

Schild des Varadero Golf Club

Reiten

Ein Ausritt führt tief hinein in das Landesinnere, wo das Pferd für zahlreiche Einheimische noch immer ein bedeutendes Transportmittel ist. In Havanna kann man im Parque Lenin und an den Playas del Este reiten.

Kubanische Ferienhotels bieten meist Ausritte an den Stränden und in die umliegenden Berge an. Auf der Farm **Sitio La Güíra** auf Cayo Coco stehen Reitpferde zur Verfügung. Auch die Rinderfarm **Hacienda La Vega** und die **Rancho King Touristic Farm** in Camagüey sind bei Pferdefreunden überaus beliebt.

Wellness

Viele Strandhotels und gehobene Urlauberhotels in den Städten bieten ihren Gästen Wellness-Einrichtungen mit Massagen und anderen Behandlungen. Nach westlichen Maßstäben sind die Spas relativ einfach ausgestattet und mehr auf gesundheitsstärkende Behandlungen als auf verwöhnende Entspannung ausgerichtet. Die zwei größten Kurorte des Landes sind **San Diego de los Baños Spa** in der Provinz Pinar del Río und **Baños de Elguea** in der Provinz Santa Clara.

Tennis

Kuba bietet keine speziellen Tenniszentren. Viele Hotels in den Ferienorten haben Plätze für ihre Gäste, alle anderen können sie meist gegen Gebühr benutzen. Die Squash- und Tennisplätze des **Club Habana** in Havanna und des Hotels Memories Miramar Havana *(siehe S. 97)* stehen nur Ausländern zur Verfügung.

Ausritt auf einem weißen Sandstrand, Jardines del Rey

Auf einen Blick

Angeln

Villa Marinera
Cayo Largo.
(52) 82 7715.

Wassersport

Charter Partner
charterpartner.com

Marlin Marinas
Marina Darsena, Carretera de las Morlas km 31, Varadero.
(45) 66 7550.
Marina Hemingway, Calle 248 y 5a Ave, Santa Fe, Havanna.
(7) 204 6848.
Marina Tarará, Vía Blanca km 19, Tarará, Havanna. (7) 796 0242.
Marina Trinidad, Playa Ancón. (41) 99 6205.
nauticamarlin.tur.cu

Platten Sailing Cuba
platten-sailing.de

Wandern und Vogelbeobachtung

Ecotur
Calle 13 No. 18005 zwischen 182 und 5ta Av., Playa, Havanna.
(7) 273 1542.
ecoturcuba.tur.cu

Gaviota Tours
Av. del Puerto 102, Havanna.
(7) 869 5774.
gaviota-grupo.com

Höhlenwanderungen

Hotel El Colony
hotelelcolony.com

Radfahren

Cubalinda
(7) 832 4493.
cubalinda.com

Cubania
(7) 207 9888.
cubaniatravel.com

WowCuba
Centro de Negocios Kohly (Salon 2), 34 e/ 49 y 49A, Havanna.
(7) 799 0759.
wowcuba.com

Golf

Havana Golf Club
Carretera de Vento km 8, Capdevila, Havanna.
(7) 649 8918.

Varadero Golf Club
Carretera Las Americas km 8, Varadero.
(45) 66 7788.
varaderogolfclub.com

Reiten

Hacienda La Vega
Carretera de Trinidad km 52. (43) 55 1126.

Rancho King Touristic Farm
Camagüey.
(53) 324 8115.

Sitio La Güira
Cayo Coco.
(33) 30 1208.

Wellness

Baños de Elguea
Villa Clara.
(42) 68 6298.

San Diego de los Baños Spa
San Diego de los Baños.
(48) 54 8812.

Tennis

Club Habana
5ta Av. 188 y 192, Flores, Havanna.
(7) 204 5700.

Hotelauswahl

BARACOA: Hotel El Castillo $
Historisch
Calle Calixto García, Loma el Paraíso
(21) 64 5165
hotelelcastillocuba.com
Die ehemalige, nun umgestaltete Hügelfestung bietet neben schlichten, aber komfortablen Zimmern tollen Ausblick und ein gutes Restaurant.

BARACOA: Villa Maguana $
Strand
Carretera Baracoa-Moa km 20
(21) 64 5372
villamaguana.com
Von dieser nett gestalteten Anlage mit großzügig geschnittenen Holzhütten fällt der Blick auf eine kleine Bucht mit Strand.

BAYAMO: Hotel Royalton $
Historisch
Calle Maceo 53
(23) 42 2290
Direkt am Hauptplatz des Orts bietet dieses restaurierte Hotel aus den 1940er Jahren Boutiquezimmer mit modernen Bädern.

CAMAGÜEY: Casa Caridad $
B&B
Oscar Primelles 310–A
(32) 29 1554
Das Hotel im Zentrum von Camagüey bietet gepflegte Zimmer mit Bad. Auf der Gartenterrasse werden Frühstück und Abendessen serviert – beides ist köstlich.

CAMAGÜEY: Islazul Gran Hotel $
Historisch
Calle Maceo 64 zwischen Gral. Gómez e Ignacio Agramonte
(32) 29 2093
islazul.cu
Im dem hübschen, antik gestalteten Haus im Herzen der Stadt gibt es zwei Restaurants und eine Pianobar.

CAYO COCO: Meliá Cayo Coco $$
Strandresort
Cayo Coco, Ciego de Ávila
(33) 30 1180
melia.com
Mit Restaurants, Bars, Spa, Tennis und Wassersport richtet sich das luxuriöse All-inclusive-Resort an erwachsene Gäste. Die Zimmer blicken auf Strand oder Lagune.

CAYO COCO: Tryp Cayo Coco $$
Strandresort
Av. Los Hoteles, Cayo Coco
(33) 30 1300
melia.com
Gäste des familienfreundlichen All-inclusive-Resorts erfreuen sich an gut ausgestatteten Zimmern, zwei Pools und viel Unterhaltung.

CAYO GUILLERMO: Iberostar Daiquirí $$
Strandresort
Cayo Guillermo, Ciego de Ávila
(33) 30 1650
iberostar.com
Zum All-inclusive-Angebot des schicken Strandresorts gehören komfortable Zimmer, diverse Annehmlichkeiten, Wassersport und Abendunterhaltung.

CAYO LARGO: Sol Cayo Largo $$
Strandresort
Cayo Largo del Sur
(45) 24 8260
melia.com
Auf Cayo Largo lockt ein All-inclusive-Resort in Pool-Landschaft. Es gibt auch mehrere Restaurants und Bars.

CIENFUEGOS: Casa Zunilda y Raya $
B&B
Calle 35, Punta Gorda
(43) 52 3330
Das schöne Haus eines gehobenen Viertels bietet zwei Zimmer mit Bad. Essen und der Blick auf die Bucht sind großartig.

Wunderschöner Empfangsbereich des Sol Cayo Largo

Preiskategorien
Die Preise gelten für ein Standard-Doppelzimmer pro Nacht (Hochsaison), inklusive Steuern und Service.

$	unter 100 CUC
$$	100–300 CUC
$$$	über 300 CUC

CIENFUEGOS: Hotel La Unión $
Historisch
Calle 31 esq. A 54
(43) 55 1020
hotellaunion-cuba.com
Buntglas und Antiquitäten sorgen in dem kleinen Hotel im Herzen der Altstadt für authentisches Kolonialzeitflair, Spa und Fitnessraum für modernen Komfort.

GUARDALAVACA: Blau Costa Verde Beach Resort $$
Strandresort
Playa Pesquero
(24) 43 3510
blau-hotels-cuba.com
Die hellen Zimmer des modernen All-inclusive-Resorts zieren Rattanmöbel. Das Angebot an Aktivitäten umfasst Basketball, Tennis, Volleyball und Wassersport. Der Pool ist riesig.

GUARDALAVACA: Memories Holguin Beach Resort $$
Resort
Playa Yuraguanal
(24) 43 3540
memoriesresorts.com
Das riesige All-inclusive-Nobelresort verfügt über fünf Pools und ein breites Sport- und Unterhaltungsangebot – auch Wassersport.

HAVANNA: B&B Central Havana $
B&B
Calle San Lazaro 907
(7) 873 8001
bebcentral.com
Drei Zimmer mit Bad, moderne Annehmlichkeiten und exzellentes Frühstück bietet das renovierte Hotel in der Nähe diverser Sehenswürdigkeiten.

HAVANNA: La Rosa de Ortega $
B&B
Calle Patrocinio 252
(7) 641 4329
larosadeortega.com
Hoch in den Hügeln am Rand von Havanna bietet das Hotel komfortable Zimmer und einen Swimmingpool. Die Gastgeber stehen ihren Gästen mit Rat und Tat zur Seite, damit deren Aufenthalt zu einem einzigartigen Erlebnis wird.

HAVANNA:
Hotel Ambos Mundos **$$**
Historisch
Calles Obispo 153 & Mercaders, Habana Vieja
(7) 860 9529
hotelambosmundos-cuba.com
Der Stolz des Drei-Sterne-Hotels ist der Umstand, dass Hemingway hier an einem Roman geschrieben haben soll. Reizvoll ist aber auch der antike Fahrstuhl und die lebhafte Pianobar.

HAVANNA:
Hotel Conde de Villanueva **$$**
Historisch
Calle Mercaderes 202, Habana Vieja
(7) 862 9293
habaguanexhotels.com
Eine Kolonialvilla aus dem 18. Jahrhundert birgt das nette Hotel in toller Lage samt Lounge und Zigarrenladen. Die Zimmer rund um den Innenhof sind groß, doch nicht alle haben ein Fenster.

HAVANNA:
Hotel Habana Libre Tryp **$$**
Business
Calle L 23, Vedado
(7) 834 6100
meliacuba.com
Das weithin sichtbare Hotel bietet schönen Blick, große elegante Gästezimmer, jeglichen Service und auf dem Dach einen Club.

HAVANNA: Hotel Los Frailes **$$**
Historisch
Calle Teniente Rey 8, zwischen Mercaderes & Oficios, Habana Vieja
(7) 862 9383
hotellosfrailescuba.com
Das Hotel erinnert an ein Kloster, das Personal trägt Mönchskutten. Die einstige Wohnstatt eines französischen Kapitäns liegt nahe vielen Restaurants. Ein Kammerquartett unterhält in der Bar.

HAVANNA:
Hotel Marqués de San Felipe y Santiago de Bejucal **$$**
Historisch
Calles Oficios 152 & Amargura, Habana Vieja
(7) 864 9191
habaguanexhotels.com
Das herrlich restaurierte Herrenhaus (18. Jh.) steht an einem von Havannas Hauptplätzen. Die geschmackvoll elegant gestalteten Zimmer bieten jeglichen Komfort.

HAVANNA:
Hotel Meliá Cohiba **$$**
Luxus
Paseo zwischen 1ra & 3ra, Vedado
(7) 833 3636
melia.com
Havannas führendes Businesshotel steht für Top-Service. Die modernen Zimmer verfügen über Marmorbäder, die Palette an Einrichtungen umfasst einen Club, vier Bars und vier Restaurants.

HAVANNA:
Hotel Meliá Habana **$$**
Business
Av. 3ra zwischen 76 & 80, Miramar
(7) 204 8500
melia.com
Vor allem Geschäftsreisende schätzen das moderne Uferhotel. Neben einem Businesscenter gibt es hier mehrere Restaurants. Die Bäder der eleganten Zimmer sind mit Marmor verkleidet.

Vis-à-Vis-Tipp

HAVANNA:
Hotel Nacional de Cuba **$$**
Historisch
Calle O & 21, Vedado
(7) 836 3564
hotelnacionaldecuba.com
Die Grande Dame aus den 1930er Jahren mit vielen berühmten Gästen gilt als Havannas schönstes Hotel. Zu den besonderen Reizen zählen die maurisch inspirierte Lobby, der Blick auf den Malecón und das hauseigene Cabaret. Die Zimmer wurden stilvoll renoviert. In der Patio Bar plaudert man bei Mojito und Zigarre.

HAVANNA: Hotel Raquel **$$**
Historisch
Calle Amargura 103, Habana Vieja
(7) 860 8280
hotelraquel-cuba.com
Schmiedeeiserne Möbelstücke schmücken die Zimmer des klassizistischen, jüdisch inspirierten Hotels. In der schönen Lobby konkurriert edler Marmor mit prächtigen Buntglasfenstern.

HAVANNA:
Hotel Santa Isabel **$$**
Historisch
Calle Baratillo 9, Habana Vieja
(7) 860 8201
hotelsantaisabel.com
Antiquitäten sorgen für Behaglichkeit in dem klassizistischen Palast, der mit einem schönen Terrassenrestaurant aufwartet.

HAVANNA: Hotel Telegrafo **$$**
Historisch
Prado 408, Ecke Neptuno, Centro Habana
(7) 861 1010
hoteltelegrafo-cuba.com
Das bunt zusammengewürfelte Mobiliar des Hotels mischt koloniale und moderne Stile. Die farbenfrohen Gästezimmer verfügen über moderne Bäder.

Eleganter Saal im Hotel Nacional de Cuba, Havanna

HAVANNA: Hotel Terral **$$**
Boutique
Malecón Ecke Lealtad, Centro Habana
(7) 860 2100
habaguanexhotels.com
Im schicken Terral dreht sich alles ums Thema Meer. Das Haus bietet exzellente Unterkunft und ein kleines Restaurant am Malecón.

HAVANNA: Iberostar Parque Central **$$**
Luxus
Calle Neptuno zwischen Prado & Zulueta, Habana Vieja
(7) 860 6627
iberostar.com
Lage, Ausstattung und Service sind großartig. Auch die drei Restaurants sind exzellent.

HAVANNA: Memories Miramar Havana **$$**
Business
Av. 5ta zwischen 72 & 76, Miramar
(7) 204 3584
memoriesresorts.com
Ein riesiger Pool und diverse Restaurants ziehen vor allem Reisegruppen und Geschäftsleute an.

HAVANNA: Hotel Saratoga **$$$**
Luxus
Prado 603, Ecke Dragones, Habana Vieja
(7) 868 1000
hotel-saratoga.com
Zeitgenössische Einrichtung, eine schicke Bar im Mezzanin und ein tolles Restaurant warten in dem Hotel aus der späten Kolonialzeit.

HOLGUÍN: Hotel Playa Pesquero **$$**
Strandresort
Playa Pesquero, Carretera Guardalavaca
(24) 43 3530
Das familienfreundliche All-inclusive-Resort liegt an einem spektakulären Strand. Die Gärten sind wunderschön und es gibt eine großartige Restaurantauswahl.

Zur kubanischen Währung *siehe Seite 102*

Poolbereich des Hotel Moka, Las Terrazas

LAS TERRAZAS: Hotel Moka $
Boutique
Autopista Habana-Pinar km 51, Pinar del Río
(48) 57 8600
lasterrazas.cu
Das umwaldete Haus fügt sich perfekt in seine Umgebung ein. Die Fenster der großzügigen Zimmer im Kolonialstil reichen vom Boden bis zur Decke.

MAYARÍ:
Villa Pinares de Mayarí $
Bergresort
Pinares de Mayarí
(24) 45 5628
gaviota-grupo.com
Gemütliche Gästehütten, ein großes Restaurant mit einfacher Kost und ein breites Tourenangebot locken in das rustikale Bergresort.

PINAR DEL RÍO:
Rancho La Guabina $
Boutique
Carretera Pinar a Luís Lazo km 9,5
(48) 75 7616
Auf der Pferderanch wohnt man schön und behaglich in luftigen Zimmern oder Blockhütten. Auch das Restaurant ist zauberhaft.

PLAYA ANCÓN:
Brisas Trinidad del Mar $$
Strandresort
Península Ancón, Trinidad
(41) 99 6507
hotelescubanacan.com
Zentrum des vom Kolonialstil inspirierten Strandresorts ist ein großer Poolbereich. Die geräumigen und farbenfrohen Zimmer verfügen über moderne Bäder.

REMEDIOS: Hotel E Barcelona $
Historisch
José A. Peña 67 zwischen La Pastora y Antonio Maceo
(42) 39 5144
hotelescubanacan.com
Die Schwester des Hotel E Mascotte bietet mit gemütlichen, antik gestalteten Zimmern und einer schönen Sonnenterrasse ein hervorragendes Preis-Leistungs-Verhältnis.

REMEDIOS:
Hotel E Mascotte $
Historisch
Máximo Gómez 114
(42) 39 5144
hotelescubanacan.com
Das Haus aus der Kolonialzeit wurde schön renoviert und mit modernen Bädern versehen. Es birgt ein gutes Restaurant.

SANCTI SPÍRITUS:
Hostal E del Rijo $
Historisch
Honorato del Castillo 12, Ecke Máximo Gómez
(41) 32 8588
hotelescubanacan.com
Deckenbalken und schmiedeeiserne Akzente verleihen dem Nachbau eines klassizistischen Herrenhauses aus dem 19. Jahrhundert seinen Reiz.

SANCTI SPÍRITUS:
Hotel E Plaza $
Historisch
Independencia 1m Plaza Sánchez
(41) 32 7102
hotelescubanacan.com
Neben eleganten Zimmern verschiedener Größe warten hier ein exzellentes Restaurant und Service wie Internet-Dienste.

SANTA CLARA:
Hostal Autentica Pergola $
B&B
Calle Luis Estevez 61
(42) 20 8686
Das schön restaurierte, traditionelle kubanische Haus in historischer Umgebung besitzt moderne Zimmer mit Bad und ein sehr gutes Dachrestaurant.

SANTA CLARA:
Villa La Granjita $
Resort
Carretera de Malezas km 1,5
(42) 21 8190
hotelescubanacan.com
Die ausgedehnte Anlage mit ansprechend gestalteten achteckigen Hütten, sehr gutem Büfettrestaurant und eigenem Club ist bei Reisegruppen beliebt.

SANTIAGO DE CUBA:
Horizontes Villa El Saltón $
Bergresort
Carretera Filé, Tercer Frente
(22) 56 6326
hotelescubanacan.com
Das rustikale Bergresort mit Spa bietet schnörkellose Zimmer, einen hübschen Wasserfall und reichlich Gelegenheit zum Wandern und zum Reiten.

SANTIAGO DE CUBA:
Hotel Casa Granda $
Historisch
Calle Heredia 201, Ecke San Pedro
(22) 65 3021
hotelescubanacan.com
Die Lage nahe dem Parque Céspedes ist großartig. Das ehrwürdige Hotel bietet behagliche Zimmer mit modernen Bädern, eine Patio-Bar und abendliches Cabaretprogramm.

SANTIAGO DE CUBA:
Hotel E San Basilio $
Boutique
Calle San Basilio 403 zwischen Calvario & Carnicería
(22) 65 1702
hotelescubanacan.com
Mobiliar im Antikstil verstärkt den Charme der umgebauten Stadtvilla, in der man schön und preiswert wohnen kann. Es gibt ein kleines Restaurant und eine Bar.

SANTIAGO DE CUBA:
Hotel San Basilio $
Boutique
Calle Bartolomé Masó 403
(22) 65 1702
Das zentrale Hotel bietet moderne, hell eingerichtete Zimmer mit Bad und ein Restaurant. Im schönen kleinen Innenhof kann man gemütlich etwas trinken.

Vis-à-Vis-Tipp

SANTIAGO DE CUBA:
Meliá Santiago de Cuba $$
Luxus
Av. de las Américas y Calle M
(22) 68 7070
melia.com
Nahe der Altstadt von Santiago de Cuba genießt man in diesem augenfälligen Hotel Annehmlichkeiten wie Freiluftpools, Sauna, Kunstgalerie, Live-Club und exzellente Restaurants, dazu freundlichen Service und den Aufenthalt in luxuriösen, modern gestalteten Zimmern, wo riesige Fenster herrlichen Blick auf Stadt und Berge freigeben. Nach einem Tag voller Sightseeing lockt die Dachbar zu einem Drink bei Sonnenuntergang.

Preiskategorien *siehe Seite 96*

SOROA: Villa Horizontes Soroa $
Resort
Carretera a Soroa km 8, Candelaria
(48) 52 3556
hotelescubanacan.com
Der nette Komplex aus Villen und Hütten, der friedlich auf einem bewaldeten Hügel liegt, wartet mit behaglichen Zimmern auf.

TRINIDAD: Hotel E La Ronda $
Historisch
Calle José Martí 238
(41) 99 6133
hotelescubanacan.com
Von der ansprechenden Unterkunft sind es nur ein paar Schritte zu Trinidads Hauptsehenswürdigkeiten und Restaurants.

TRINIDAD: Iberostar Grand Hotel Trinidad $$
Luxus
Calle José Martí 262
(41) 99 6070
thegrandcollection.com
Spanier führen das aufwendig ausgestattete Luxushotel samt edlem Restaurant, Zigarrenlounge und Billardzimmern.

VARADERO: Starfish Cuatro Palmas $
Strandresort
Av. 1ra zwischen 60 & 64
(45) 66 7040
starfishresorts.com
Lebhafte Atmosphäre, exzellente Einrichtungen und Unterhaltung sorgen rund ums Jahr für Zulauf.

VARADERO: Blau Marina Varadero $$
Strandresort
Punta Hicacos final
(45) 66 9966
blau-hotels-cuba.com
Das riesige All-inclusive-Resort bietet seinen Gästen wunderschöne Suiten mit nautischem Dekor, eine Reihe Restaurants, Wassersport, Live-Unterhaltung und einen netten Kinderbereich.

Vis-à-Vis-Tipp

VARADERO: Blau Varadero Hotel $$
Strandresort
Carretera Las Morlas km 15
(45) 667545
blau-hotels-cuba.com
Die Gestaltung des edlen Hotels zeigt Maya-Einfluss, die Einrichtungen sind topaktuell. Gäste des All-inclusive-Resorts freuen sich über den riesigen Pool, das herrliche Spa, das gute Essen, schicke Zimmer mit Marmorbädern und den weißen Sandstrand.

VARADERO: Mansion Xanadú $$
Historisch
Carretera Las Américas km 8,5
(45) 66 8482
varaderogolfclub.com
Eine extravagante, einst private Villa mit Marmorböden und alter Mahagonivertäfelung dient nun als Hotel mit Golfplatz und tollem Restaurant.

VARADERO: Royalton Hicacos Resort & Spa $
Strandresort
Carretera Las Morlas km 15
(45) 66 8844
royalhicacosresort.com
Das Erwachsenen vorbehaltene Resort mit Restaurant und Bars liegt an einem abgeschiedenen Strand. Alle Einrichtungen sind aus nachwachsenden Rohstoffen gefertigt. Der Service ist exzellent.

VILLA CLARA: Villas Las Brujas $
Strand
Cayo Las Brujas, Villa Clara
(42) 35 0199
gaviota-grupo.com
Die Holzhütten auf der Klippe bergen schlichte Bambusmöbel, das Seafood-Restaurant blickt auf einen hübschen Strand. Die nahe Marina bietet alles für Taucher.

VILLA CLARA: Iberostar Ensenachos $$
Strandresort
Cayo Ensenachos, Villa Clara
(42) 35 0301
iberostar.com
Im All-inclusive-Resort zeugt edler Marmor von Luxus. Die Zimmer im britischen Kolonialstil werden individuell betreut.

VILLA CLARA: Meliá Cayo Santa María $$
Strandresort
Cayo Santa María, Villa Clara
(42) 35 0200
melia.com
Die luxuriösen Annehmlichkeiten dieses All-inclusive-Resorts umfassen große Himmelbetten, eine Reihe von Bars und Restaurants sowie Wassersporteinrichtungen.

VIÑALES: Horizontes Rancho San Vicente $
Resort
Carretera P. Esperanza km 33
(48) 79 6201
hotelescubanacan.com
Hütten rund um einen Pool bilden ein entzückendes Hotel samt Restaurant. Das Spa bietet Schlammpackungen an.

VIÑALES: Hostal Tres Caballeros $
B&B
Calle Sergio Dopico Norte 20
(48) 79 6166
hotelescubanacan.com
Hier gibt es ruhige bequeme Zimmer mit Bad und schönem Auslick. Man kann auch ausreiten.

VIÑALES: Hotel Los Jazmines $
Historisch
Carretera a Viñales km 23
(48) 79 6205
hotelescubanacan.com
Das Hotel mit spektakulärem Ausblick hat Kultstatus, der Pool olympische Maße. Die Zimmer im Anbau bieten mehr Komfort.

Lobby des Iberostar Grand Hotel Trinidad: Sitzgelegenheiten rund um einen Brunnen laden zum Entspannen ein

Zur kubanischen Währung *siehe Seite 102*

Restaurantauswahl

CAMAGÜEY: La Campaña de Toledo $

Kubanisch, traditionell

Plaza San Juan de Díos 18

(32) 28 6812

Rustikales Mobiliar, alte Terrakottaböden und reichlich koloniales Flair sorgen für den Charme des ehrwürdigen Lokals, das für seinen Rinderbraten bekannt ist.

CIENFUEGOS: El Lagarto $$

Kubanisch, traditionell

Calle 35, La Punta

(43) 51 9966

In Cienfuegos' bestem *paladar* (privat geführtes Speiselokal), Teil des Hotels Villa Lagarto, genießt man exzellenten Service und riesige Portionen kubanischer Kost (auch Hummer) am Wasser.

CIENFUEGOS: Palacio del Valle $$

Kubanisch, traditionell

Calle 37 zwischen 0 & 2

(43) 55 1003

Schon allein die orientalische Architektur lohnt den Besuch des Restaurants, das zudem hervorragendes Seafood serviert. Auch im Garten speist man sehr schön.

CIENFUEGOS: Restaurante 1869 $$

Kubanisch, modern

Hotel La Unión, Calle 31 & Av. 54

(43) 55 1020

Auf der vielseitigen Karte stehen Gerichte wie *ceviche* (in Zitronensaft marinierter roher Fisch) und Lende vom Grill. Das elegante Restaurant zieren Antiquitäten.

GUARDALAVACA: El Ancla $$

Seafood

Playa Mayor

(24) 43 0381

Die Auswahl des legeren und freundlichen Lokals auf dem Korallenfelsen ist groß – kosten Sie unbedingt den Hummer.

HAVANNA: Doña Eutimia $

Kubanisch, traditionell

Callejón del Chorro 60, Habana Vieja

(7) 861 1332

Um in dem gemütlichen *paladar* nahe der Plaza de la Catedral gute kubanische Küche zu genießen, sollte man reservieren.

HAVANNA: La Paella $

Spanisch

Calle Oficios 53, Habana Vieja

(7) 867 1037

Das einladende Lokal im Stil einer Bodega serviert Klassiker der iberischen Küche wie die namengebende *paella* (ab zwei Personen).

HAVANNA: Los Nardos $

Kubanisch, traditionell

Paseo de Martí 563 zwischen Brasil & Dragones

(7) 863 2985

Das alte Stadthaus verrät nicht, in welch fantastischem Ambiente man hier Knoblauchshrimps, Hummer-Enchiladas und andere Köstlichkeiten genießen kann.

HAVANNA: Atelier $$

Kubanisch, modern

Calle 5 511 zwischen Paseo & 2, Vedado

(7) 836 2025

Das Spitzen-*paladar* vereint romantisches Ambiente, eindrucksvolle Kunst und zeitgemäße kubanische Küche in Perfektion.

HAVANNA: Café Laurent $$

Kubanisch, modern

Calle M 257 zwischen 19 & 21, Vedado

(7) 831 2090

Ein Penthouse birgt das *paladar* mit Flair, das kreativ mit Schwein, Fisch und Hummer kocht.

Preiskategorien

Die Preise gelten für ein Zwei-Gänge-Menü pro Person mit einer halben Flasche Hauswein, inklusive Steuern und Service.

$	unter 15 CUC
$$	15 – 40 CUC
$$$	über 40 CUC

HAVANNA: Don Cangrejo $$

Seafood

Av. 1ra zwischen 16 & 18, Miramar

(7) 204 5002

In einem modernistischen Herrenhaus am Meer lockt exquisit zubereitetes Seafood. Am späteren Abend erwacht am Pool das Clubleben.

HAVANNA: El Aljibe $$

Kubanisch, traditionell

Av. 7ma zwischen 24 & 26, Miramar

(7) 204 1583

Auch Reisegruppen schätzen das luftige, strohgedeckte Restaurant, dessen All-you-can-eat-Angebot köstliches Hühnchen in Orangen-Knoblauch-Sauce umfasst.

HAVANNA: La Casa $$

Kubanisch, modern

Calle 30 865 zwischen 26 & 41, Nuevo Vedado

(7) 881 7000

Das gut geführte *paladar* in einem modernistischen 1950er-Jahre-Wohnhaus bietet neben üppigen Portionen kreativer Speisen auch Bier und Cocktails.

HAVANNA: La Terraza de Cojímar $$

Seafood

Calle 152 161, Cojímar

(7) 766 5151

Ernest Hemingway setzte seiner Stammkneipe unter dem Namen Terrace im Roman *Der alte Mann und das Meer* ein Denkmal. Das Lokal am Wasser ist für köstliche Meeresfrüchte bekannt – besonders beliebt ist die *paella*.

Im spanisch inspirierten Restaurant La Paella in Havanna werden Tische sorgfältig gedeckt

HAVANNA: La Torre $$
Kubanisch
Calle 17 155 zwischen M & N, Vedado
(7) 838 3088
Havannas höchstes Restaurant bietet zum Blick vom Edificio Focsa schmackhafte Klassiker der kubanischen Küche, französische Gerichte und exzellenten Service.

HAVANNA: Le Chansonnier $$
Kubanisch, modern
Calle J 257 zwischen 13 & 15, Vedado
(7) 832 1576
In einer kunstvoll restaurierten Villa aus dem frühen 20. Jahrhundert lädt ein *paladar* Gäste ein. Der Service wird der exquisiten französisch-kubanischen Küche leider nicht immer ganz gerecht.

HAVANNA: Mediterraneo Havana $$
Italienisch
Calle 13 406 zwischen F & G, Vedado
(7) 832 4894
Die italienische Führung des *paladar* in dem schön restaurierten Haus tritt auch in den köstlichen Variationen kubanischer Gerichte zutage. Diese überzeugen ebenso wie der Service.

HAVANNA: El Floridita $$$
Seafood
Calle Obispo 557, Ecke Monserrate, Habana Vieja
(7) 867 1300
Reichlich Retro-Flair durchströmt dieses einstige Stammlokal Hemingways, das tolle Surf'n' Turf-Gerichte serviert und in Sachen Daiquirí die Nr. 1 in Havanna ist.

HAVANNA: La Cocina de Lilliam $$$
Kubanisch, modern
Calle 48 1311, Playa
(7) 209 6514
Das *paladar* durfte 2002 den ehemaligen US-Präsidenten Jimmy Carter bewirten und ist seither berühmt. Die kubanischen Gerichte zeugen von Kreativität.

Vis-à-Vis-Tipp

HAVANNA: La Guarida $$$
Kubanisch, modern
Calle Concordia 418, Centro Habana
(7) 866 9047
Kubas berühmtestes *paladar* steckt in einem leicht schäbigen Haus, das 1993 als Kulisse für den Film *Fresa y Chocolate (Erdbeer & Schokolade)* diente, und erinnert an ein Pariser Bistro. Freundliches Personal serviert superbe Kreationen, z. B. Oktopus-*ceviche*. Hier ist eine Reservierung ratsam.

Fotos und Kunstwerke zieren die Wände des La Guarida in Havanna

HOLGUÍN: Taberna Pancho $
Kubanisch, traditionell
Av. Dimitrov, Rpto. Pedro Díaz
(24) 48 1868
Das Bier vom Fass der stimmungsvollen *taberna* passt exzellent zur guten kubanischen Kost, die vom schlichten Hühnchengericht bis zu Knoblauchshrimps reicht.

SANCTI SPÍRITUS: Mesón de la Plaza $
Kubanisch, traditionell
Av. Máximo Gómez 34
(41) 32 8546
Raue Holztische und Kuhfell auf den Stühlen erinnern an eine spanische Bodega. Spezialität des Hauses ist *garbanzo* (Kichererbsen) mit Speck und Würstchen.

SANTIAGO DE CUBA: El Barracón $
Kubanisch, traditionell
Av. Victoriano Garzón Ecke Prudencio Martínez
(22) 66 1877
Die Gestaltung des Lokals – raues Holz, Schmiedeeisen und lebensgroße Figuren – thematisiert die Flucht von Sklaven im 19. Jahrhundert. Auf der Speisekarte dominieren Fleischgerichte.

SANTIAGO DE CUBA: Restaurante La Fontana $$
Italienisch
Av. de las Américas
(22) 68 7070
Das italienische Freiluftrestaurant im Hotel Meliá Santiago de Cuba bietet Pizza, Meeresfrüchte und tadellosen Service.

SANTIAGO DE CUBA: Restaurante Salón Tropical $$
Kubanisch, modern
Calle Fernández Marcané 310 zwischen 9 & 10
(22) 64 1161
Auf der Speisekarte des beliebten *paladar* mit Dachterrasse steht Schmackhaftes wie Hühnerfrikassee und ausgefallene Pizzas.

SANTIAGO DE CUBA: Restaurante Zunzún $$
Kubanisch, traditionell
Av. Manduley 159, Rpto. Vista Alegre
(22) 64 1528
Ein gut hundertjähriges Haus mit Terrasse birgt das charmante Restaurant in staatlicher Hand, wo man zu Klassikern der kubanischen Küche Live-Musik genießt.

TRINIDAD: Restaurante Plaza Mayor $
Büfett
Calles Zerquera & Villena
(41) 99 6470
Das staatliche Restaurant bietet ein großartiges, von Gesang begleitetes Büfett. Zur Hauptgeschäftszeit ist es nicht selten von Reisegruppen bevölkert.

TRINIDAD: Paladar Estela $$
Kubanisch, traditionell
Calle Simón Bolívar 557
(41) 99 4329
Die Portionen sind großzügig, der Service ist freundlich. Probieren Sie die Hausspezialität, eine Art Gyros aus Lamm. Der Innenhof ist romantisch.

VARADERO: Casa de Fondue $
International
Av. 1ra Ecke 63
(45) 66 7747
Kubas einziges Fondue-Restaurant verwendet für seine Spezialität heimischen und importierten Käse, bietet aber auch Hummer oder Fleisch vom Grill.

VARADERO: Xanadú Restaurante $$$
International
Carretera Las Américas km 8,5
(45) 66 8482
Das Restaurant im Hotel Mansion Xanadú serviert kreative, französisch inspirierte Küche – gebratene Gänseleber oder Shrimps in Sherry-Vinaigrette – in extravagantem Barockinterieur.

Zur kubanischen Währung *siehe Seite 102*

Praktische Hinweise

Der kubanische Fremdenverkehr nähert sich immer mehr dem Niveau in der restlichen Karibik an. Es gibt aber noch Schwachstellen, daher gilt es, vorab zu planen. Man sollte flexibel und gegenüber der allumfassenden Bürokratie geduldig sein. Geht etwas schief, erhält man selten eine Rückerstattung. Sowohl staatliche Tourismusinstitutionen als auch Einzelpersonen im Fremdenverkehr wollen an Besuchern Geld verdienen und sind entsprechend bemüht.

Sonnenbaden am Strand von Guardalavaca, Kuba

Beste Reisezeit

Kuba kann man immer besuchen, nur im Juli und August regnet es heftig. Von September bis November ist Hurrikansaison. Die beste Reisezeit ist von Dezember bis April. Es regnet das ganze Jahr über, am häufigsten jedoch von Juni bis November. Dann sinken auch die Hotel- und Mietwagenpreise. Die wichtigsten Festivals finden im November und Dezember in Havanna statt, so auch das Festival Internacional del Nuevo Cine Latinoamericano und das Jazzfestival.

Anreise

Von Europa kommt man per Charter- oder Linienflug nach Kuba. Das Land besitzt zehn internationale Flughäfen. Die meisten Besucher landen aber auf dem Aeropuerto Internacional José Martí in Havanna (HAV) oder dem Aeropuerto Juan Gualberto Gómez in Varadero (VRA). **Air Berlin** bietet Direktflüge nach Varadero, **Condor** nach Havanna, Holguín, Santa Clara und Varadero. **Cubana** fliegt ab Paris und Madrid, **Iberia** von mehreren deutschen Flughäfen über Madrid nach Havanna. Die Fluggesellschaften **Avianca**, **AeroMexico** und **Copa** starten in Zentralamerika.

Einreise

Urlauber aus Deutschland, Österreich und der Schweiz – auch Kinder jeden Alters – benötigen einen bei der Einreise mindestens noch sechs Monate gültigen Reisepass, ein Rückflugticket, ein Touristenvisum *(tarjeta de turista)* sowie einen für Kuba gültigen Krankenversicherungsschutz, der in spanischer Sprache ausgestellt sein sollte. Pauschalreisende können die Formalitäten über das Reisebüro erledigen lassen. Das Visum ist 30 Tage gültig und kann einmalig um zusätzliche 30 Tage verlängert werden.

Information

Broschüren und Informationen sind beim **Kubanischen Fremdenverkehrsamt** in Berlin erhältlich. Auskünfte zu speziellen Aktivitäten erteilen Reisebüros und Websites. **Infotur** unterhält Büros in Havanna, in Hotels gibt es Informationsschalter von kubanischen Reiseveranstaltern, die Touren organisieren. Im Internet findet man eine Unmenge von Informationen über Kuba. Alle kubanischen Websites werden vom Staat betrieben. Bei Online-Buchungen sollte man vorsichtig sein.

Sicherheit und Gesundheit

In allen Hotels sind ein Arzt oder eine Krankenschwester rund um die Uhr erreichbar. Urlauber werden in speziellen Kliniken behandelt, **Asistur** hilft in Notlagen. Kuba ist generell ein sicheres Reiseland. In armen Gegenden kommen Taschendiebstahl und Raub vor. Wertsachen lässt man besser im Hotelsafe.

Banken und Währung

Kubas Währung ist der *Peso cubano* (CUP), Urlauber müssen mit dem *Peso convertible* (CUC) bezahlen, dessen Kurs an den US-Dollar gebunden ist. Devisen kann man in Cadeca-Wechselstuben sowie in einigen staatlichen Banken tauschen. Für den Tausch von US-Dollars wird ein Aufschlag von zehn Prozent verlangt. In den Regionen Varadero, Jardines del Rey, Playa Santa Lucía,

Information in einer Straße in Havanna

Bunte Puppen aus Papiermaschee an einem Straßenstand

Playa Covarrubias und den Küstengebieten um Holguín kann man auch mit Euro bezahlen. Die girocard sowie Kreditkarten von US-Banken wie American Express und Diners Club werden nicht akzeptiert.

Kommunikation

Telefonkarten für öffentliche Telefone erhält man in Hotels und in Postämtern. Anrufe aus dem Hotel sind teuer. Sie können Ihr eigenes Handy nutzen, da das Mobilfunknetz in Kuba dem europäischen GSM-900-MHz-Standard entspricht. Die Mobiltelefongesellschaft **Cubacel** ist Roaming-Partner aller großen Anbieter im deutschsprachigen Raum. Die Gebühren für ein- und abgehende Gespräche und SMS können je nach Vertrag exorbitant sein. Für Telefonate ins Ausland wählt man 119 und die entsprechende Ländervorwahl (Deutschland: 49; Österreich: 43; Schweiz: 41). Die Vorwahl für Kuba ist 0053. Die meisten Hotels bieten einen Internet-Zugang über WLAN, zudem gibt es Internet-Cafés.

Verkehrsmittel

Staatliche Autoverleiher wie **Rex** haben Schalter in allen großen Hotels. In der Hochsaison muss man reservieren. In Urlaubsorten findet man Touristentaxis, deren Fahrer den Preis lieber aushandeln, als den Taxameter zu benutzen. Zwischen Havanna, den großen Orten und den Urlaubszielen verkehren klimatisierte Busse von **Víazul**. Die lokalen Busse werden vorwiegend von Einheimischen genutzt. Ein Zug fährt von Havanna nach Santa Clara, Camagüey und Santiago de Cuba. In Havanna sind Fahrradrikschas beliebt.

Shopping

Touristenhotels und ARTex-Läden verkaufen Souvenirs wie Zigarren und Rum. Den besten Handel macht man oft auf Kunsthandwerksmärkten. Begehrt sind Holzfiguren, Papiermascheepuppen, Gemälde und alte Modellautos. In Trinidad und in den Almacenes San Jose in Havanna kann man sehr gut shoppen.

Sprache

Die offizielle Sprache ist Spanisch, der lokale Dialekt ist relativ gut zu verstehen. Reiseführer und Servicepersonal sprechen meist Englisch.

Strom

Die Stromspannung beträgt meist 110 Volt, 220-Volt-Steckdosen sind gekennzeichnet. Für die meisten Dosen ist ein Adapter nötig. Es gibt häufig Stromausfälle *(apagones)*.

Zeit

Kuba liegt in der Zone der Eastern Standard Time (MEZ minus sechs Stunden). Von März bis Oktober gilt die Sommerzeit, der Zeitabstand zur MEZ bleibt also gleich.

Heiraten

Heiraten in Kuba ist äußerst bürokratisch. Alle Dokumente müssen ins Spanische übersetzt und notariell beglaubigt werden. Informationen erteilt die **Consultoria Jurídica**.

Fahrradrikscha *(bicitaxi)* in Havanna

Auf einen Blick

Anreise

AeroMexico
W **aeromexico.com**

Air Berlin
W **airberlin.com**

Avianca
W **avianca.com**

Condor
W **condor.com**

Copa
W **copaair.com**

Cubana
W **cubana.cu**

Iberia
W **iberia.com**

Information

Kubanisches Fremdenverkehrsamt
Stavangerstr. 20, 10439 Berlin.
T (030) 447 196 58.
W **cubainfo.de**

Infotur
Calle 28 No. 303 e/ 3ra y 5ta Av., Playa, Havanna
T (7) 204 0624. W **infotur.cu**

Nützliche Websites
W **autenticacuba.com**
W **cuba-travel.tur.cu**
W **cubalinda.com**

Sicherheit und Gesundheit

Polizei
T 106.

Feuerwehr
T 105.

Krankenwagen
T 104.

Asistur
T (7) 866 4499. W **asistur.cu**

Kommunikation

Cubacel
T (7) 264 2266. W **etecsa.cu**

Verkehrsmittel

Rex
T (7) 273 9166. W **rex.cu**

Víazul
T (7) 881 1413. W **viazul.com**

Heiraten

Consultoria Jurídica
Havanna. T (7) 204 6302.

Überblick: Cayman Islands

Das britische Überseegebiet südlich von Kuba besteht aus den Inseln Grand Cayman, Little Cayman und Cayman Brac, deren gesamte Landfläche nur rund 260 Quadratkilometer umfasst. Die Inseln sind Gipfel eines unterseeischen Gebirges, von Korallengärten umgeben und für ihre phänomenalen Strände und Tauchreviere zu Recht weltberühmt. Die beiden kleineren Inseln liegen 145 Kilometer nordöstlich des betriebsamen Grand Cayman, sind unberührter und gemütlicher und ideal für Taucher, Naturliebhaber und Ruhesuchende.

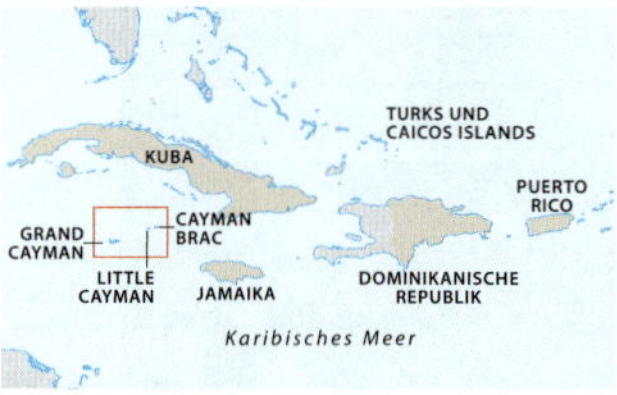

Zur Orientierung

Grand Cayman
Die größte der drei Inseln, Grand Cayman, ist – vor allem im Westen – auch am meisten erschlossen. Im Osten serviert man gute, inseltypische Küche.

Luftaufnahme der traumhaften Küstenlinie, Grand Cayman

Sehenswürdigkeiten auf einen Blick

1. George Town
2. Stingray City
3. Hell
4. *Cayman Turtle Farm S. 107*
5. Pedro St. James National Historic Site
6. Queen Elizabeth II Botanic Park
7. Little Cayman
8. Cayman Brac

Auf einen Blick

Politik: Britisches Überseegebiet (kein EU-Gebiet).
Sprache: Englisch.
Währung: Cayman-Island-Dollar (CI$).
Mobilfunk: GSM/GPRS 900/1800 MHz (wie in D, A, CH), 850/1900 MHz, UMTS 850 MHz.
Strom: 110 V/60 Hz, Adapter: ja.

Weitere Zeichenerklärungen *siehe hintere Umschlagklappe*

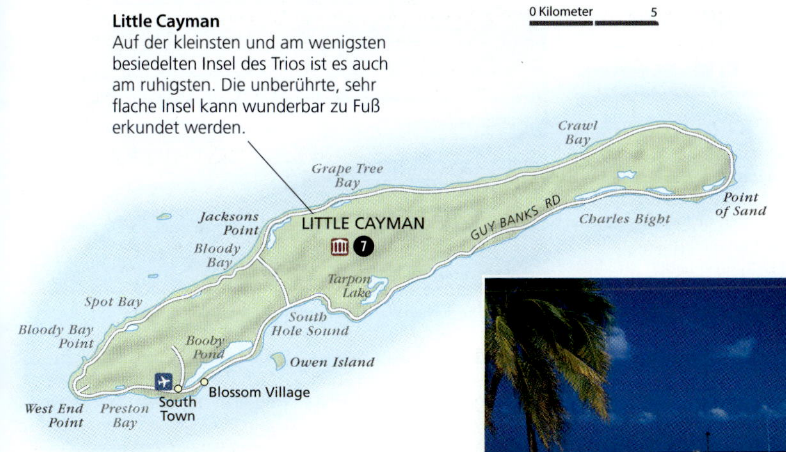

Besucher auf einem Anleger an der Südküste von Little Cayman

Auf den Cayman Islands unterwegs

Alle internationalen Flüge landen auf dem Owen Roberts International Airport auf Grand Cayman, Cayman Airways fliegt regelmäßig zu den beiden kleineren Inseln (40 Minuten Flugzeit). Zwischen den Inseln verkehren keine Fähren. Mit einem Mietwagen oder auf einer geführten Tour kann man die Inseln am besten kennenlernen. Auf Grand Cayman bieten Reiseveranstalter Tagesausflüge auf die Schwesterinseln an. An den Flughäfen stehen viele Taxis, die Fahrer spielen gerne Fremdenführer.

Ein Taucher erforscht ein Korallenriff vor Cayman Brac

❶ George Town

Westküste von Grand Cayman. 29 000. 1320 West Bay Road, (345) 949 8522. Pirates' Week (Nov).

In der geschäftigen Hauptstadt der Cayman Islands legen das ganze Jahr über Kreuzfahrtschiffe an. In etwa einer Stunde hat man die Straßen mit ihren Duty-free-Läden und Restaurants erkundet. Das Old Courts Building mit dem **Cayman Islands National Museum** ist eines der wenigen erhaltenen Gebäude des 19. Jahrhunderts. Das Museum widmet sich der Inselgeschichte und zeigt u. a. den Nachbau eines kleinen Segelboots von 1920.

Cayman Islands National Museum
3 Harbour Drive. (345) 949 8368. Mo–Fr 9–17 Uhr, Sa 10–14 Uhr.
museum.ky

Cayman Islands National Museum in George Town

❷ Stingray City

8 km nordöstl. von George Town, Grand Cayman. Tauch- und Wassersportanbieter haben meist geführte Ausflüge im Programm.

Badespaß im flachen Wasser von Stingray City, Grand Cayman

Stingray City besteht aus mehreren Sandbänken und ist dank seiner Amerikanischen Stachelrochen berühmt. Die nur vier Meter tiefe Stelle im klaren, türkisfarbenen Wasser des North Sound ist für Taucher und Schnorchler ein Paradies. Hier kann man mit wilden Rochen schwimmen, sie füttern und sogar berühren. Den Rochentreffpunkt fanden Anfang der 1980er Jahre Fischer, die im flachen, geschützten Sund ihre Fänge säuberten. Tauchanbieter erkannten das ökonomische Potenzial und bieten seitdem Ausflüge hierher an.

Auf der nahen »Sandbar«, einer Sandbank, können auch Nichttaucher mit den Meeresbewohnern auf Tuchfühlung gehen. Hier wird man im hüfttiefen Wasser von Rochen und Gelbschwanz-Schnappern umkreist. Die zutraulichen Rochen lassen sich sogar am samtigen Bauch streicheln. Wichtig ist, auf den Schwanz mit dem Stachel zu achten und nicht daraufzutreten – Führer zeigen, wie man dazu am Meeresgrund mit den Füßen schlurft, aber auch, wie man die Tiere mit Tintenfisch füttert. Die Rochen saugen die Leckerbissen ein. Schalentiere zermalmen sie mit ihren Knorpelplatten.

Es gab Vorwürfe, dass Führer die Rochen quälen, damit Urlauber fotografieren können. Am besten genießt man einfach die harmonischen Bewegungen der Tiere und das Kitzeln ihrer Flossen, wenn sie vorbeischwimmen.

❸ Hell

11 km nördl. von George Town, Grand Cayman. Post Office, (345) 949 3358.

Die »Hölle« liegt im gleichnamigen Dorf in West Bay: eine kleine, zackige, rund 1,5 Millionen Jahre alte, rabenschwarze Formation aus Korallenkalk und Dolomit. Der Ortsname stammt einer der vielen Theorien zufolge von einem einheimischen Beamten, der meinte, so müsse die Hölle aussehen. Der Ort ist eine Attraktion mit einem Postamt, in dem man Postkarten »aus der Hölle« verschicken kann. Da Kreuzfahrtschiffe Ausflüge hierher anbieten, kann auch wirklich die Hölle los sein.

Amerikanischer Stachelrochen

Der riesige breite, flache Knorpelfisch, den man an der Stingray City fast immer antreffen kann, ist eng verwandt mit den Haien. Die Weibchen dieser häufigsten Rochenart erreichen bis zu zwei Meter Durchmesser, die Männchen sind etwas kleiner. Auf ihrer ständigen Suche nach Futter benutzen die Rochen nicht die Augen, sondern ihren Geruchssinn. Die Tiere wirbeln mit ihren flügelartigen Flossen den Sandboden auf und legen damit ihre Beute, überwiegend Schalentiere und Würmer, frei. Die Beute saugen sie ein und zermalmen sie mit den harten Knorpelplatten in ihrem Maul. Vor Stingray City können die Tiere häufig gesichtet werden.

Ein Stachelrochen sucht am Meeresgrund nach Beute

Hotels und Restaurants auf den Cayman Islands *siehe Seiten 114 und 115*

❹ Cayman Turtle Farm

In dem 90 000 Quadratmeter großen Meerespark mit dem offiziellen Namen »Cayman Turtle Farm: Island Wildlife Encounter« kann man leicht einen halben Tag verbringen und viel über die Tier- und Pflanzenwelt der Cayman Islands lernen. Es ist ein fantastisches Erlebnis, in der riesigen Salzwasserlagune zwischen Fischen und Meerestieren zu schnorcheln. In der Cayman Turtle Farm werden auch die seltenen Grünen Meeresschildkröten gezüchtet.

Infobox

Information
786 Northwest Point Road, West Bay, Grand Cayman.
(345) 949 3894.
tägl. 8–17 Uhr.
turtle.ky

Anfahrt

Caribbean Free Flight Aviary
In der Voliere leben viele farbenprächtige Vögel, die auf den Cayman Islands und den Großen Antillen heimisch sind.

Breaker's Lagoon
Der größte Swimmingpool der Cayman Islands ist perfekt zum Entspannen und Abkühlen.

Shoreline Nursery ist ein geschütztes Riff und Zuflucht für alle Fische, die außerhalb nicht überleben würden.

Turtle Lagoon
Um sich die Meeresbewohner anzusehen, watet man durch die Salzwasserlagune oder wirft einen Blick durch das Unterwasserfenster.

Zuchtbecken
In diesem künstlichen Gewässer mit Sandstrand werden Grüne Meeresschildkröten gezüchtet.

Streichelbecken
Hier dürfen Besucher unter Aufsicht des Personals junge Schildkröten in die Hand nehmen und fotografieren.

Alltagsobjekte in der Pedro St. James National Historic Site

5 Pedro St. James National Historic Site

8 km östl. von George Town, Grand Cayman. Pedro Castle Road, Savannah, (345) 947 3329. tägl. 9–17 Uhr. Karfreitag, 25. Dez. nicht obere Etagen des Great House. **pedrostjames.ky**

Hoch auf der Steilklippe Pedro Bluff steht das älteste Bauwerk der Cayman Islands, Pedro St. James. Der wohlhabende Engländer William Eden ließ das prächtige dreistöckige Steingebäude 1780 von Sklaven aus Jamaika erbauen. Hier wurde 1831 die erste Regierung der Cayman Islands gebildet. In den folgenden Jahren nahm das Anwesen durch Hurrikane, Feuer und Blitzeinschläge Schaden, 1992 wurde es schließlich renoviert. Führer in historischen Kostümen geleiten die Besucher durch das Haus mit den alten Möbeln, Mahagoniböden und mächtigen Holzbalken. Das Besucherzentrum überrascht mit einem guten 3-D-Kino, in dem in 20 Minuten 200 Jahre Geschichte der Cayman Islands überflogen werden. Vom Garten hat man einen atemberaubenden Ausblick. Hier werden auch gerne Hochzeiten und Partys gefeiert und Konzerte veranstaltet. Ein Denkmal erinnert an die Zerstörungen durch den Hurrikan Ivan 2004.

6 Queen Elizabeth II Botanic Park

24 km östl. von George Town, Grand Cayman. (345) 947 9462. tägl. 9–17.30 Uhr. 25. Dez, Karfreitag. Golfwagen für gehbehinderte Besucher müssen vorab reserviert werden. **botanic-park.ky**

Der 26 Hektar große Park präsentiert über die Hälfte aller auf den Cayman Islands wachsenden Pflanzenarten sowie viele Vögel und Wildtiere, darunter auch die seltenen, endemischen Blauen Leguane. Ein Spaziergang führt durch den hübschen, ein Hektar großen Floral Color Garden, der aus Hunderten farbenprächtigen, tropischen und subtropischen Pflanzenarten gestaltet wurde. Daneben liegt ein malerischer See, in dem sich Wasservögel wie die seltene Kubapfeifgans tummeln. Ganz in der Nähe stößt man auf den Heritage Garden mit Zier- und Medizinpflanzen, die die Insulaner für ihre diversen Leiden verwandten.
Im Garten befinden sich auch ein hübsches traditionelles Cayman-Haus von 1900 und verschiedene Obstbäume.

Leguane haben »Vorfahrt«

Nahe dem Eingang beginnt der Woodland Trail. Er führt durch eine Naturlandschaft, die fast 16 Hektar des Parks einnimmt. In diesem Teil sieht man mit etwas Glück Blaue Leguane frei umherstreifen. Im ganzen Park flattern 56 Schmetterlingsarten, sehenswert ist zudem der wunderbare Orchideengarten.

7 Little Cayman

143 km nordöstl. von Grand Cayman. 200.

Die kleinste der drei Cayman Islands ist nur 25 Quadratkilometer groß. Hier leben mehr Blaue Leguane und Vögel als Menschen. Der Tagesrhythmus der Insel wird von der Natur diktiert. Reisende, die die Einsamkeit oder außergewöhnliche Tauchreviere suchen, kommen gerne auf Tagesausflügen von Grand Cayman zur Insel – etwa zur weltberühmten Bloody Bay Wall im Bloody Bay Marine Park *(siehe S. 111)*, um dort die schönsten Unterwasserabbrüche der Karibik zu bestaunen.
Östlich des Flughafens liegt Blossom Village, der einzige Ort der Insel. Besucher finden hier ein Restaurant. Im nahen, 83 Hektar großen Booby Pond Nature Reserve nisten 20 000 Rotfußtölpel sowie Prachtfregatt- und andere Wasservögel. Sie sind von den Aussichtspunkten des **National Trust House** mit Fernrohren zu sehen. Das **Little Cayman Museum** beim Schutzgebiet illustriert die In-

Traditionelles Haus der Cayman Islands im Queen Elizabeth II Botanic Park

Korallen und Gorgonien an der Bloody Bay Wall, Little Cayman

selgeschichte. Am Tarpon Lake kann man Tarpune angeln und Vögel beobachten. Die Ostspitze der Insel, der Point of Sand, ist ein schöner, kleiner Strand. Vom East End Point Lighthouse sieht man mach Cayman Brac hinüber. Vor der Küste ist die kleine weiße Sandinsel Owen Island ideal zum Picknicken und Kajakfahren.

National Trust House
558 South Church St., Blossom Village. (345) 749 1121.
Mo–Fr 9–17 Uhr.
nationaltrust.org.ky

Little Cayman Museum
Blossom Village. (345) 948 1033.
Do, Fr 15–17 Uhr.

8 Cayman Brac

144 km nordöstl. von Grand Cayman. 2100. Cayman Islands Department of Tourism, Brac Office, West End Community Park, (345) 948 1649; District Administration, Stake Bay, (345) 948 2222.
itsyourstoexplore.com

Das gälische Wort für Steilufer, *brac*, passt perfekt für diese Cayman-Insel, denn die vielfältige Topografie der Insel wird durch eine an der Ostspitze bis zu 44 Meter hohe Steilküste aus Kalkstein dominiert. Auf der Insel gibt es einige Höhlen und viele Wanderwege. Von Spot Bay wandert man in drei Stunden zu einem alten Leuchtturm mit herrlichem Blick auf das Meer. Auf halbem Weg erreicht man Little Cayman Brac Outlook, einen großen Felsen, auf dem Weißbauchtölpel nisten.

Eine Wanderung führt von der Bight Road nach Süden zum 125 Hektar großen National Trust Parrot Reserve and Nature Trail, das u. a. eine endemische Unterart der Kuba-Amazone sowie Pflanzen und die heimischen Bäume schützt. An der South Side Road liegt Rebecca's Cave, in der die Inselbewohner 1932 während des bisher schlimmsten Hurrikans Zuflucht suchten. Sie ist nach Rebecca Bodden benannt, einem Kleinkind, das während des Sturms hier starb. Direkt neben der Höhle beginnt der Salt-Water-Pond-Weg, auf dem man von der Süd- zur Nordküste wandert. Am Ende des Wegs liegt der Salt Water Pond, ein Schutzgebiet für Seeschwalben. Diese kann man hier beobachten und anschließend das schöne **Cayman Brac Heritage House** an der North East Bay Road besichtigen, in dem heimische Künstler ausstellen. In der nahen Stake Bay eröffnete 1983 das **Cayman Brac Museum** als erstes Museum der Insel. Es zeigt eine Ausstellung über Bootsbau und das Leben der Insulaner während der 1930er Jahre. Die Insel erholt sich noch immer von den verheerenden Schäden, die der Hurrikan Paloma im Jahr 2008 anrichtete.

Cayman Brac Heritage House
North East Bay. (345) 948 0563.
Mo–Fr 9.30–13, 14–17 Uhr, Sa 10–15 Uhr.

Cayman Brac Museum
Stake Bay. (345) 948 2222.
Mo–Fr 9–12, 13–16 Uhr, Sa 9–12 Uhr.

Weißbauchtölpel am Little Cayman Brac Outlook am Weg zum Leuchtturm

Blaue Leguane

Das Blue Iguana Habitat im Queen Elizabeth II Botanic Park ist das Zentrum des Blue Iguana Recovery Program des National Trust. Noch vor zwei Jahrzehnten drohte der Blaue Leguan *(Cyclura lewisi)*, der nur auf Grand Cayman vorkommt, auszusterben. Im Habitat, das sich im Park den Woodland Trail entlang erstreckt, soll seine Zahl wieder auf mindestens tausend Tiere anwachsen. Blaue Leguane werden bis zu zwei Meter lang und durchaus älter als 60 Jahre. Die Männchen sind dunkelgrau bis türkisblau, die Weibchen olivgrün bis blassblau gefärbt. Blaue Leguane fressen überwiegend Pflanzen, darunter vor allem Früchte und Blüten. Der National Trust bietet eine interessante Blaue-Leguan-Safari (Mo–Sa) an. Die zweistündige Führung gewährt auch einen Einblick hinter die Kulissen der Zuchteinrichtung.

Der endemische Blaue Leguan

Sport und Aktivurlaub

Auf den Cayman Islands haben sich viele Anbieter auf das Tauchen und Schnorcheln spezialisiert, denn rund um die Inseln liegen hervorragende Tauch- und Schnorchelreviere in großer Zahl. Wer nicht taucht, kann die Unterwasserwelt in einem U-Boot mit Aussichtsfenster oder einem Glasbodenschiff bewundern. Auf Grand Cayman sind alle Arten von Wassersport möglich, so auch eintägige Segeltörns mit verschiedenen Booten. Die Inseln bieten jedoch auch exzellente Möglichkeiten zum Wandern, Fischen und – in sieben Schutzgebieten – zur Vogelbeobachtung.

Der traumhafte Seven Mile Beach, Grand Cayman

Strände

Die Inseln sind mit öffentlichen Sandstränden reichlich gesegnet. Das Prunkstück ist der spektakuläre Seven Mile Beach auf Grand Cayman, dessen weißer Sandbogen von Luxushotels, Wohnungen, Strandrestaurants und Anbietern von Wassersport gesäumt wird. An der Nordspitze von Grand Cayman lockt Cayman Kai mit Hütten, Hängematten, Beachvolleyball und einer guten Bar mit Grill. Der Rum Point's Beach ist mit seinem ruhigen, flachen Wasser am Wochenende bei den Einheimischen sehr beliebt.

Der einsame Point of Sand an der Ostspitze Little Caymans ist ein wunderbarer Picknickplatz mit einem schönen Blick auf Cayman Brac. An der Nordküste ist Jacksons Point die perfekte Umgebung zum Tauchen und Schnorcheln an der Küste.

Auch wenn die Küste von Cayman Brac überwiegend aus Kalkstein besteht, gibt es einige gute Strände wie den Public Beach und den schönen Strand am Brac Reef Beach Resort *(siehe S. 114)* am West End Point.

Wassersport

Viele Wassersportzentren befinden sich bei den großen Hotels und den beliebtesten Stränden. Auf Grand Cayman bieten sie diverse Wassersportarten an, zur Verfügung stehen Meerkajaks, Waverunner, Hobie Cats, Aquabikes, Parasailing, Wasserskifahren, Banana- und Tretboote.

Die flachen, geschützten, sieben Kilometer langen Gewässer vor dem East End eignen sich am besten zum Windsurfen in allen Kategorien, gute Stellen liegen auch am North Sound und an der Westküste. **Red Sail Sports** im Morritt's Tortuga Resort verleiht die nötige Ausrüstung und hat auch Anfängerkurse im Angebot.

Auf Little Cayman und Cayman Brac bieten die meisten Ferienanlagen Kajaks, Boards und sonstige Ausrüstung an.

Ausflugsboot am Strand, Grand Cayman

Tagestörns und Bootsausflüge

Für einen Tag auf dem Karibischen Meer gibt es auf Grand Cayman eine große Angebotspalette. Atlantis Submarines bietet Ausflüge in die Unterwasserwelt der Korallenriffe – entweder an Bord eines Unterwasserboots oder von Beobachtungspunkten unter der Wasseroberfläche.

Auf der *Jolly Roger*, einem verkleinerten Nachbau von Kolumbus' *Niña*, vergnügt man sich bei einer Kreuzfahrt am Nachmittag und bei Sonnenuntergang an der Bar mit den **Pirates of the Caymans**. Red Sail Sports bietet Ausflüge auf einem luxuriösen Katamaran, **Sail Cayman** diverse Möglichkeiten zum Segeln an. Mit **Cayman Kayaks** paddelt man bei einer Öko-Abenteuer-Expedition mit einem Führer durch stille Lagunen und geschützte Mangrovenwälder. **Cayman Glass Bottom Boat** ist ein Glasbodenschnellboot mit einem riesigen Fenster im Rumpf, durch das man ein größeres Gebiet sieht. Der National Trust in George Town organisiert Touren durch die Central Mangrove Wetlands, die einen großen Teil von Grand Cayman bedecken.

Tauchen vor den Cayman Islands

Vor den Cayman Islands liegen einige der besten Tauchreviere der Karibik. Die Inseln zählen zu den fünf besten Tauch- und Schnorchelzielen der Welt. An über 250 Tauchplätzen findet man hier unberührte Steilabbrüche, flache Riffe, Schiffswracks und eine vielfältige Meeresfauna. Die Bloody Bay Wall vor Little Cayman ist ein Taucher-Mekka. Die Stingray City vor Grand Cayman bietet die seltene Gelegenheit, mit Amerikanischen Stachelrochen zu schwimmen.

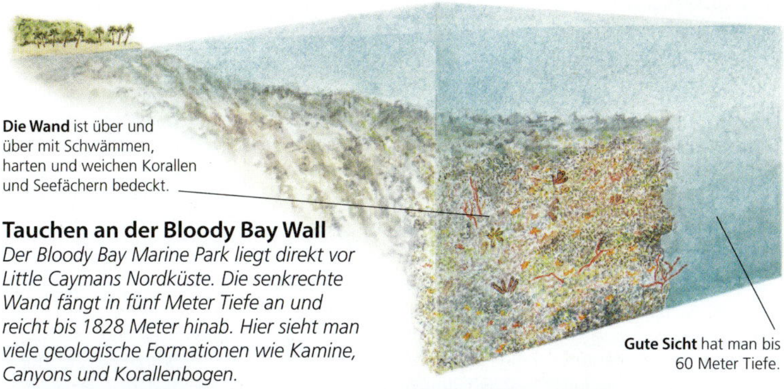

Die Wand ist über und über mit Schwämmen, harten und weichen Korallen und Seefächern bedeckt.

Gute Sicht hat man bis 60 Meter Tiefe.

Tauchen an der Bloody Bay Wall

Der Bloody Bay Marine Park liegt direkt vor Little Caymans Nordküste. Die senkrechte Wand fängt in fünf Meter Tiefe an und reicht bis 1828 Meter hinab. Hier sieht man viele geologische Formationen wie Kamine, Canyons und Korallenbogen.

Schulmeister-Schnapper mit den typischen gelben Flossen findet man nur auf den Riffen. Sie fliehen normalerweise vor Tauchern.

Gelbe Röhrenschwämme sind an den Cayman Islands weitverbreitet, ebenso wie orangefarbene Vasenschwämme.

Tauchen vor den anderen Inseln

Vor Grand Cayman liegen etwa 130 Tauchreviere zum Teil nahe an der Küste, vor Cayman Brac über 50. Zu diesen gehören vier Wracks, darunter das 100 Meter lange, in Russland gebaute Kriegsschiff M. V. Captain Keith Tibbetts, *das 1996 sank.*

Stingray City *(siehe S. 106)*, im North Sound vor Grand Cayman, bietet das einmalige Erlebnis, zwischen Stachelrochen zu schwimmen, zu waten und sie zu füttern.

Tauchanbieter

Diving Spots
W caymanislands.ky

Ocean Frontiers
W oceanfrontiers.com

Pirates Point
W piratespointresort.com

Reef Divers
W caymanbracbeachresort.com

Lost City of Atlantis vor Cayman Brac ist eine Unterwassersehenswürdigkeit aus über hundert Skulpturen des einheimischen Bildhauers J. Foots. Sie ist bei Tauchern sehr beliebt.

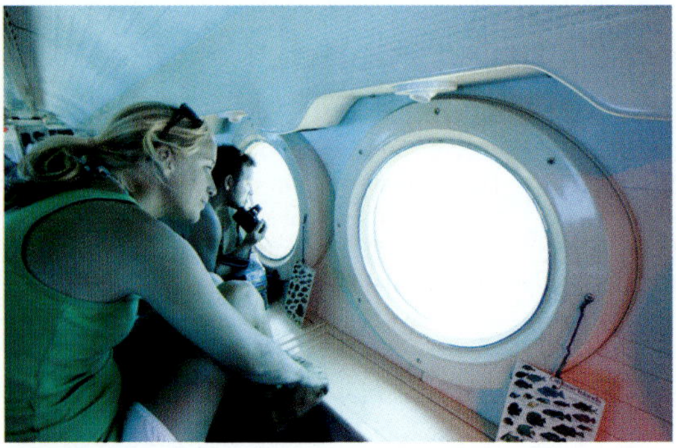

Unterwegs im Unterseeboot *Atlantis XI*, Grand Cayman

Unterseeboote

Das Leben der Korallenriffe vor Grand Cayman lässt sich auch trockenen Fußes während einer U-Boot-Fahrt entdecken.

Atlantis Submarines bietet Fahrten in der *Atlantis XI* an, die bis zu 30 Meter tief taucht. Auf der *Seaworld Observatory* schwebt man zwei Meter unter der Wasseroberfläche durch das Meer und sieht durch große Fenster im Boden spektakuläre Riffe und Schiffswracks. Eine ähnliche Möglichkeit bietet die **Nautilus**. Auf Fahrten durch die Gewässer kann man das Leben im Meer durch ihre Rumpffenster beobachten.

Vogelbeobachtung

In der Hochsaison leben bis zu 200 Stand- und überwinternde Zugvogelarten auf den Inseln. Grand Cayman hat sieben ausgewiesene Vogelschutzgebiete, u.a. den Queen Elizabeth II Botanic Park *(siehe S. 108)*, Colliers Pond und das Majestic Reserve. Im Schutzgebiet Governor Michael Gore Bird Sanctuary des National Trust in Bodden Town findet sich rund ein Drittel aller Vogelarten der Inseln. Ein Plankenweg über einen Teich, ein Beobachtungsstand und Bestimmungsschilder erleichtern die Entdeckung der 60 Wasser- und Watvogelarten. Der **National Trust** bietet jede Woche thematisch variierende Vogeltouren an. Auf den Schwesterinseln leben in fünf Seevogelkolonien Rotfuß- und Weißbauchtölpel, Prachtfregatt- und Weißschwanz-Tropikvögel sowie, im Sommer, Amerikanische Zwergseeschwalben. Nature Cayman organisiert kostenlose Vogeltouren mit Führern.

Das Booby Pond Nature Reserve auf Little Cayman schützt die größte Brutkolonie von Rotfußtölpeln der westlichen Hemisphäre und die einzige Brutkolonie von Fregattvögeln auf den Cayman Islands.

Im 73 Hektar großen Papageienreservat auf Cayman Brac erspäht man mit etwas Glück eines der 350 Exemplare der hier endemischen und gefährdeten Unterart der Kuba-Amazonen. Weitere gute Beobachtungsstellen sind die East-Point-Klippe, an der Weißbauchtölpel nisten, die Westerly Ponds, der Salt Water Pond und die Marschen. In der Skull Cave *(siehe S. 105)* kann man sogar kopfüber hängende Flughunde sehen.

Weißbauchtölpel, Lighthouse Footpath, Cayman Brac

Wandern

Grand Caymans beliebteste Wanderung ist der drei Kilometer lange Mastic Trail. Die Lebensräume in dem Waldgebiet reichen von Feuchtzonen bis zu Trockenwald. Unterwegs sieht man endemische Bäume sowie Schmetterlinge, Frösche, Eidechsen, Einsiedlerkrebse und andere Tiere. Der National Trust stellt Führer zur Verfügung und veranstaltet einmal die Woche eine geführte Wanderung. Der Weg ist für Kinder unter sechs Jahren und Menschen, die nicht gut zu Fuß sind, nicht geeignet.

Die am Flughafen erhältliche Broschüre *Nature Tourism* enthält Karten der Wanderwege. Schautafeln und Schilder an den Strand- und Waldpfaden erklären die Flora und Fauna, zudem werden kostenlose geführte Touren auf der Insel angeboten.

Auf einer Wanderung entlang der 44 Meter hohen Steilklippe von Cayman Brac sichtet man eine Vielfalt von Vogelarten. Die gesamte Insel ist von Wanderwegen durchzogen, darunter der Salt-Water-Pond-Weg und der ausgetrampelte Lighthouse Footpath an der Ostspitze.

Auf Little Cayman kann man an geschützten Stränden entlangwandern oder Lagunen, Mangrovenwälder, Salzbecken und Feuchtgebiete erkunden. Durch das West End führt der

Blick von der zerklüfteten Kalksteinküste, Cayman Brac

historische Salt Rock Nature Trail, der früher Blossom Village mit dem Salt-Rock-Kai verband.

Angeln

Blauer Marlin, Thunfisch, Wahoo und Goldmakrele beißen das ganze Jahr über. Leichtes Angelgerät und das Fliegenfischen nach Grätenfischen und Tarpunen sind hier die Anglerherausforderung, vor allem in den Untiefen vor Little Cayman. Der **Cayman Islands Angling Club** veranstaltet Angelturniere. Viele Bootsbesitzer bieten Halb- oder Ganztagesfahrten auf das Meer oder zu den Riffen. Auf Grand Cayman organisiert Captain Tobi von **Fish Tales** Fahrten zum Fliegen- und leichten Fischen. **Slackem Charters** ist auf Hochseeangeln spezialisiert. **Bayside Watersports** ermöglicht alle Arten des Angelns, vom Fischen nach Grätenarten bis zum anspruchsvollen Hochseeangeln. Auf Cayman Brac ist **Captain Shelby's Boat Charters** ein bekannter Veranstalter.

Golf

Der Neun-Loch-Platz des **Britannia Golf Club** ist einer der drei karibischen Golfplätze, die von Golflegende Jack Nicklaus entworfen wurden. Man kann ihn auch als 18-Loch-Executive-Kurs spielen. Der Linkskurs bietet alle natürlichen Hindernisse eines am Meer gelegenen Platzes – grasige Hügel, wogende Dünen, Bahnen über Wasser und übergroße Bunker. Zudem liegen auf Grand Cayman der **North Sound Golf Club** mit 18 Löchern und der nur für Gäste des Ritz-Carlton *(siehe S. 114)* geöffnete Neun-Loch-Platz **Blue Tip**. Auf den beiden anderen Inseln gibt es keine Golfplätze.

Beim Fischen in einer Lagune, Cayman Brac

Gepflegtes Green des Britannia Golf Club, Grand Cayman

Reiten

Geführte Ausritte auf malerischen Pfaden oder an einem der Strände von Grand Cayman bieten **Pampered Ponies** und **Spirit of the West** an, doch sind auch selbstständige Ausritte möglich. Unvergessliche Erlebnisse sind ein Galopp durch die Brandung oder am frühen Morgen ein Ritt in den Sonnenaufgang.

Auf einen Blick

Wassersport

Red Sail Sports
Grand Cayman.
(345) 623 5965.
redsailcayman.com

Tagestörns und Bootsausflüge

Cayman Glass Bottom Boat
Grand Cayman.
(345) 928 9449.
aquaventures cayman.com

Cayman Kayaks
Grand Cayman.
(345) 926 4467.
caymankayaks.com

Pirates of the Caymans
Grand Cayman.
(345) 945 7245.
jollyrogercayman.com

Sail Cayman
Grand Cayman.
(345) 916 4333.
sailcayman.com

Unterseeboote

Atlantis Submarines
Grand Cayman.
(345) 949 7700.
caymanislands submarines.com

Nautilus
Grand Cayman.
(345) 945 1355.
nautiluscayman.com

Vogelbeobachtung

National Trust
Grand Cayman.
(345) 749 1121.
nationaltrust.org.ky

Angeln

Bayside Watersports
Morgan's Harbour, West Bay, Grand Cayman.
(345) 949 3200.
baysidewatersports.com

Captain Shelby's Boat Charters
Cayman Brac.
(345) 927 5413.
captainshelby.com

Cayman Islands Angling Club
Grand Cayman.
(345) 945 3131.
fishcayman.com

Fish Tales
George Town, Grand Cayman.
(345) 925 3474.
fishinggrandcayman.com

Slackem Charters
George Town, Grand Cayman.
(345) 326 4765.
slackemcharters.com

Golf

Blue Tip
The Ritz-Carlton, Grand Cayman.
(345) 815 6500.
ritzcarlton.com

Britannia Golf Club
Grand Cayman.
(345) 745 4653.
britannia-golf.com

North Sound Golf Club
Grand Cayman.
(345) 947 4653.
northsoundclub.com

Reiten

Pampered Ponies
Grand Cayman.
(345) 916 2540.
ponies.ky

Spirit of the West
Grand Cayman.
(345) 916 6488.
seahorses.ky

Hotelauswahl

CAYMAN BRAC: Brac Reef Beach Resort $$
Strandresort
Southside Road, West End
(345) 948 1323
bracreef.com
In dem familiengeführten Resort sorgen warme Farben für Behaglichkeit. Geboten sind Tennisplätze, Tauchzentrum, Fitnessraum, Fahrradverleih, ein Pool und ein Restaurant mit Inselküche.

CAYMAN BRAC: Walton's Mango Manor $$
B&B
West End Road, Stake Bay
(345) 948 0518
Das traditionelle Haus am Strand bietet fünf luxuriöse Zimmer, eine Villa mit zwei Schlafzimmern, einen üppigen Garten und leckeres Frühstück.

GRAND CAYMAN: La Cazetta Guest House & Cottages $$
B&B
2 Avoca Lane, West Bay
(345) 949 8239
lacazetta.com
In der Nähe des Seven Mile Beach gibt es Hütten und geräumige Zimmer mit Bad sowie einen Pool und einen BBQ-Bereich im Freien.

Vis-à-Vis-Tipp

GRAND CAYMAN: Holiday Inn Resort $$
Resort
278 Crighton Drive, Crystal Harbour
(345) 949 3100
hiresortgrandcayman.com
Die fraglos mondänsten Unterkünfte der Cayman Islands bietet dieses moderne Resort – zeitgemäß minimalistisches Design in Weiß, Türkis und Schokoladenbraun. Die Einrichtungen befinden sich auf dem neuesten Stand und umfassen neben Tauchshop und Tennisplätzen auch Jetski- und Fahrradverleih. Stingray City liegt ganz in der Nähe.

GRAND CAYMAN: Morritt's Grand Resort $$
Apartments
2289 Queens Highway, East End
(345) 947 7449
morritts.com
Der Komplex komfortabler Apartments liegt ideal am Seven Mile Beach. Gäste können hier tauchen oder im Infinity Pool mit Blick aufs Meer entspannen.

Poolbereich des Ritz-Carlton auf Grand Cayman

GRAND CAYMAN: Shangri-La B&B $$
Boutique
1 Sticky Toffee Lane, West Bay
(345) 526 1170
shangrilabandb.com
Das behagliche, im Plantagenstil gestaltete Gästehaus ist in Familienhand und gilt als bestes B&B der Insel. Kinder sind hier erst ab 14 Jahren willkommen.

GRAND CAYMAN: Aqua Bay Club $$$
Strandresort
West Bay Road
(345) 945 4728
aquabayclub.com
Die geräumigen Selbstversorgersuiten des eleganten Resorts sind gemütlich und verfügen über WLAN-Anschluss.

GRAND CAYMAN: Compass Point Dive Resort $$$
Resort
346 Austin Conolly Drive, East End
1-800-348-6096
compasspointdiveresort.com
Die Apartments verfügen über ein bis drei Schlafzimmer und Meerblick. Aktive Gäste können hier radeln, paddeln, tauchen oder das Kiteboarden versuchen.

GRAND CAYMAN: Grand Cayman Beach Suites $$$
Luxus
747 West Bay Road, Seven Mile Beach
(345) 949 1234
grand-cayman-beach-suites.com
Das Angebot für Aktive ist groß: Britannia Golf Club, Tennis, Wassersport, Tauchcenter und Katamarantouren. Zur Entspannung dient ein Spa und große farbenfrohe Suiten.

Preiskategorien
Die Preise gelten für ein Standard-Doppelzimmer pro Nacht (Hochsaison), inklusive Steuern und Service.

$	unter 100 US-Dollar
$$	100 – 300 US-Dollar
$$$	über 300 US-Dollar

GRAND CAYMAN: Plantation Village Beach Resort $$$
Apartments
323 West Bay Road
(345) 949 4199
plantationvillage.com
Die große Anlage am Meer birgt diverse wohnliche Apartments und bietet alles für Schnorchler und andere Wassersportler.

GRAND CAYMAN: The Meridian $$$
Luxus
917 West Bay Road, Seven Mile Beach
(345) 945 4002
meridian.ky
Die im Plantagenstil möblierten Apartments des sechsstöckigen Resorthotels haben ein oder zwei Schlafzimmer und traumhaften Meerblick. Der Pool verfügt über Flutlicht.

GRAND CAYMAN: The Ritz-Carlton $$$
Luxus
West Bay Road, Seven Mile Beach
(345) 943 9000
ritzcarlton.com
Das Ritz-Carlton auf Grand Cayman bietet all den Luxus, den man bei dem Namen erwartet. Dazu gehören fünf Restaurants und ständiger Zimmerservice wie auch Tennis- und Golfplätze.

LITTLE CAYMAN: Paradise Villas $$
Strandresort
Guy Banks Road
(345) 948 0001
paradisevillas.com
Die Gästehäuschen am Meer sind mit Miniküchen und gleich zwei Veranden ausgestattet. Am Strand kann man in Hängematten entspannen.

LITTLE CAYMAN: Southern Cross Club $$
Strandresort
Guy Banks Road
1-619-563-0017
southerncrossclub.com
Reizende bunte, im Plantagenstil hübsch möblierte Bungalows stehen hier zwischen Palmen am Strand. Ein Boot bringt die Gäste des zwanglosen Resorts zum Tauchen aufs Meer hinaus.

Restaurantauswahl

CAYMAN BRAC: Star Island Restaurant $
Karibisch
137 West End
(345) 948 8406
Das beliebte Restaurant serviert u.a. Shrimps nach Cayman-Art, Muscheleintopf und Ananas-Hähnchen.

GRAND CAYMAN: Heritage Kitchen $$
Karibisch
11 Boggy Sand Road, West Bay
(345) 916 0444 Mo & Di
In dem zwanglosen Lokal wird inseltypische Hausmannskost – große Portionen Coconut Fish, Fish Fritters und Fish Tea (eine Suppe) – freundlich serviert.

GRAND CAYMAN: Rackam's Waterfront Bar & Grill $$
Seafood
93 North Church St, George Town
(345) 945 3860
Gäste des trendigen Lokals genießen Hausspezialitäten wie Fish 'n' Chips und Conch Fritters zu kühlem Bier auf einer großen Terrasse. Eine Leiter zum Wasser verlockt zu Schnorchelausflügen.

GRAND CAYMAN: Agua Restaurant & Lounge $$$
Seafood
Galleria Plaza, Seven Mile Beach
(345) 949 2482
Das elegante Seafood-Restaurant in italienischer Hand bietet Köstliches wie *ceviche* (in Zitrone marinierter roher Fisch) und Mahi Mahi im Couscousmantel.

GRAND CAYMAN: Blue by Eric Ripert $$$
Seafood
The Ritz-Carlton, West Bay Road, Seven Mile Beach
(345) 943 9000 So & Mo
Im noblen Ritz-Carlton lädt das einzige Five-Diamond-Restaurant der Inseln zum stilvollen Genuss großartiger Seafood-Gerichte.

GRAND CAYMAN: Deckers $$$
Karibisch
West Bay Road, Seven Mile Beach
(345) 945 6600
Ein Doppeldeckerbus dient als Bar des eleganten Restaurants. »Hummer satt« gibt es dienstags oder samstags.

GRAND CAYMAN: Edoardo's $$$
Italienisch
Coconut Place, West Bay Road, Seven Mile Beach
(345) 945 4408
Einheimische lieben den freundlichen Italiener für die köstlichen frischen Muscheln, die Seafood-Linguine und den unfassbar leckeren Banana Toffee Pie.

GRAND CAYMAN: Grand Old House $$$
Vornehm So
South Church Street, George Town
(345) 949 9333
Das romantische Lokal lockt mit Terrasse zum Meer, Klaviermusik, exquisiten Surf 'n' Turf-Gerichten und preisgekrönter Weinkarte.

GRAND CAYMAN: Osetra Bay Restaurant & Lounge $$$
Vornehm
Morgan's Lane, West Bay
(345) 325 5000
Die Lage des überaus stilvollen, nur abends geöffneten Restaurants mit Lounge ist atemberaubend, doch auch die Küche überzeugt mit karibisch inspirierten Gerichten aus aller Welt.

GRAND CAYMAN: Ragazzi Ristorante $$$
Italienisch
Buckingham Square, West Bay Road, Seven Mile Beach
(345) 945 3484
Wer entspannt italienisch essen möchte, genießt hier z.B. Steinofenpizza mit herrlich dünnem, knusprigem Boden.

Gemütliche Sitznischen im Restaurant The Cracked Conch, Grand Cayman

Preiskategorien
Die Preise gelten für ein Zwei-Gänge-Menü pro Person mit einer halben Flasche Hauswein, inklusive Steuern und Service.

$	**unter 15 US-Dollar**
$$	**15–40 US-Dollar**
$$$	**über 40 US-Dollar**

GRAND CAYMAN: The Brasserie $$$
International
171 Elgin Avenue, George Town
(345) 945 1815 Sa & So
Freundliches Ambiente und nachhaltige Küche sind hier die Highlights. Obst und Salate kommen allesamt aus der Region.

Vis-à-Vis-Tipp

GRAND CAYMAN: The Cracked Conch $$$
Vornehm
North West Point Road, West Bay
(345) 945 5217
In den luftigen Räumlichkeiten des schicken Restaurants laden gemütliche Polsternischen zum Verweilen ein, draußen ragt eine riesige Terrasse wie ein Schiffsbug aufs Wasser hinaus. Die Küche bereitet Gaumenfreuden wie knusprige Calamares mit Kardamom-Karotten zu.

GRAND CAYMAN: The Wharf Restaurant & Bar $$$
Seafood
43 West Bay Road, Seven Mile Beach
(345) 949 2231
Spezialität des Uferrestaurants ist Wolfsbarsch mit Pistazienkruste. Die Tarpunfütterung um 21 Uhr lockt viele Leute an.

LITTLE CAYMAN: Hungry Iguana Restaurant $$$
International
Guy Banks Road
(345) 948 0007
Das legere Restaurant am Strand bietet Speisen von Curry bis Pizza, Sport-TV und Mottopartys.

LITTLE CAYMAN: Pirate's Point $$$
Karibisch
Pirate's Point Resort, Guy Banks Road
(345) 948 1010
Mitte Aug–Okt
Gladys Howard hat das Kochen im Pariser Cordon Bleu gelernt. Im eigenen Lokal stellt sie aus traditionellen Inselgerichten ein tolles Dinnerbüfett zusammen.

Praktische Hinweise

Da Fremdenverkehr und Banken florieren, haben die Bewohner der Cayman Islands einen sehr hohen Lebensstandard. Der Cayman-Island-Dollar (CI$) hat einen höheren Wert als der US-Dollar, die Inseln sind daher ein teures Reiseziel. Grand Cayman, die größte und am besten erschlossene Insel, verzeichnet die höchsten Besucherzahlen. Die Verwüstungen, die die Hurrikane Ivan (2004) und Paloma (2008) hinterließen, sind kaum mehr sichtbar.

Taxis vor dem Owen Roberts International Airport, Grand Cayman

Beste Reisezeit

Die meisten Gäste kommen zwischen Dezember und April. Die Temperaturen schwanken im Jahresverlauf zwischen 21 und 32 °C, die Trockenzeit dauert von November bis April, die Regenzeit von Mitte Mai bis Oktober. Von August bis Oktober ist Hurrikan-Zeit. Die *Hurricane Guarantee* der Inseln deckt die Kosten für Reisestornierungen und entschädigt, wenn der Urlaub durch einen Sturm verkürzt wird.

Anreise

Internationale Flüge landen auf dem Owen Roberts International Airport (GCM) auf Grand Cayman. American Airlines und British Airways bieten Linienflüge aus Europa (mit einem oder zwei Zwischenstopps) an, ansonsten fliegt man in die USA und von dort weiter mit **United Airlines**, **American Airlines**, **Delta**, **JetBlue** und **WestJet**.

Die nationale Fluggesellschaft **Cayman Airways** fliegt in die USA, nach Jamaika und Kuba. Zudem bestreitet sie zusammen mit dem Tochterunternehmen Cayman Airways Express die täglichen Flugverbindungen zwischen den Inseln. Charterflüge kann man bei **Island Air** buchen. Es gibt keine Fährverbindungen zu den Cayman Islands.

Einreise

Für die Einreise ist ein gültiger Reisepass – auch für Kinder jeden Alters – und ein Rückflugticket nötig. Deutsche, Schweizer und österreichische Staatsbürger benötigen für die Cayman Islands kein Visum. Das **Immigration Department** informiert auf seiner Website über Einreisebestimmungen für Staatsbürger anderer Länder. Eine Einreisesteuer ist im Flugticket enthalten.

Information

Das Hauptbüro des **Cayman Islands Department of Tourism** befindet sich auf Grand Cayman. Die **District Administration**, das **Tourism Attraction Board** und die **Sister Islands Tourism Association** bieten Informationen zu den beiden kleinen Inseln.

Sicherheit und Gesundheit

Die Inseln verweisen zu Recht auf die geringe Verbrechensrate, doch gibt es Klein- und Taschendiebstahl. Verwahren Sie Wertsachen im Hotelsafe. Auf den Inseln begegnet man kaum Straßenhändlern und Strandverkäufern.

Das **Cayman Islands Hospital** (staatlich) und das **Chrissie Tomlinson Memorial Hospital** (privat) sind für Notfälle gut gerüstet, auf Cayman Brac steht das staatliche **Faith Hospital**, auf Little Cayman die **Little Cayman Clinic**. Eine Krankenversicherung ist verpflichtend.

Banken und Währung

Die Cayman Islands haben eine eigene Währung, den Cayman-Islands-Dollar (CI$), doch man nimmt auch überall zu einem festen Umtauschkurs US-Dollar. Gängige Kreditkarten und Reiseschecks werden meistens angenommen. Geldautomaten gibt es auf Grand Cayman überall, auf Cayman Brac und Little Cayman nur einen. Jeweils eine Filiale der Cayman National Bank gibt es auf Cayman Brac (Mo–Fr geöffnet) und Little Cayman (Mo & Do geöffnet).

Kommunikation

In den meisten Hotels sind direkte Auslandstelefonate möglich. Hierfür wählt man 011 und die Ländervorwahl (Deutschland: 49; Österreich: 43; Schweiz: 41). Wer aus Europa auf den Cayman Islands anruft, wählt 001, dann die Inselvorwahl 345 und die siebenstellige Rufnummer. Für Gespräche auf den Inseln selbst genügt die siebenstellige Rufnummer. Öffentliche Telefone sind weitverbreitet. Bei den beiden Mobilfunkanbietern

Voll ausgerüsteter Feuerwehrwagen, Grand Cayman

Digicel und **Flow** sind Prepaid-Karten erhältlich. WLAN gibt es gratis oder gegen eine kleine Gebühr an Flughäfen, in vielen Hotels und Cafés sowie in einigen Restaurants.

Verkehrsmittel

Um Auto zu fahren, muss man mindestens 21 Jahre alt sein und einen Besucherführerschein vorweisen, den Mietwagenfirmen ausstellen, so etwa die großen Verleihfirmen auf Grand Cayman, **CB Rent-A-Car** am Flughafen von Cayman Brac und **McLaughlin Car & Moped Rentals**, die einzige Mietwagenfirma auf Little Cayman. **Scooten! Scooters!** vermietet Motorroller. Gefahren wird links, die Hauptstraßen sind geteert und in der Regel in gutem Zustand.

Taxis findet man an Hotels und Flughäfen, in George Town gibt es einen Taxistand.

Die öffentlichen Busse auf Grand Cayman fahren von 6 Uhr bis Mitternacht, je nach Linie und Wochentag.

Duty-free-Shop, George Town, Grand Cayman

Shopping

Duty-free-Shops finden Sie auf allen Inseln. Schöne Souvenirs sind traditionelles Kunsthandwerk aus Leder, Holz und Muscheln sowie heimische Spezialitäten. Halten Sie Ausschau nach Schmuck aus Caymanite, einem Halbedelstein. Der **Cayman Craft Market** ist eine gute Adresse für regionale Produkte.

Sprache

Die offizielle Landessprache ist Englisch.

Strom

Die Stromspannung auf den Cayman Islands beträgt 110 Volt mit 60 Hertz. Für mitgebrachte Elektrogeräte ist ein Adapter erforderlich.

Zeit

Die Eastern Standard Time (EST) liegt sechs Stunden hinter der Mitteleuropäischen Zeit (MEZ) und sieben Stunden hinter der Mitteleuropäischen Sommerzeit (MESZ) zurück.

Heiraten

Besucher können einen Standesbeamten buchen, eine Heiratserlaubnis beim Gouverneur beantragen und sogar noch am Tag der Ankunft heiraten. Zuständig ist das **Passport and Corporate Services Office**.

Auf einen Blick

Anreise

American Airlines
americanairlines.com

British Airways
britishairways.com

Cayman Airways
(345) 949 2311.
caymanairways.com

Delta
delta.com

Island Air
islandair.ky

JetBlue
jetblue.com

Lufthansa
lufthansa.com

United Airlines
united.com

WestJet
westjet.com

Einreise

Immigration Department
(345) 949 8344.
immigration.gov.ky

Information

Cayman Islands Department of Tourism
(345) 949 0623 (Grand Cayman).
caymanislands.ky

District Administration
Cayman Brac.
(345) 948 2222.
itsyourstoexplore.com

Sister Islands Tourism Association
Cayman Brac.
(345) 916 4874.
sita.ky

Tourism Attraction Board
(345) 949 6999.
tab.ky

Sicherheit und Gesundheit

Cayman Islands Hospital
Grand Cayman.
(345) 949 8600.
hsa.ky

Chrissie Tomlinson Memorial Hospital
Grand Cayman.
(345) 949 6066.
chrissietomlinson.com

Faith Hospital
Cayman Brac.
(345) 948 2243.

Little Cayman Clinic
Little Cayman.
(345) 948 0072.

Polizei und Feuerwehr
911.

Kommunikation

Digicel
digicelcayman.com

Flow
discoverflow.ky

Verkehrsmittel

CB Rent-A-Car
cbrentacar.com

McLaughlin Car & Moped Rentals
Little Cayman.
(345) 948 1000.

Scooten! Scooters!
(345) 916 4971.
scootenscooters.com

Shopping

Cayman Craft Market
George Town, Grand Cayman.

Heiraten

Passport and Corporate Services Office
George Town, Grand Cayman.
(345) 943 7678.

Überblick: Turks und Caicos Islands

Die beiden Inselgruppen Turks und Caicos liegen südöstlich der Bahamas und nordöstlich von Kuba. Auf der westlichen Insel Providenciales stehen die meisten Hotels, hier vor allem an der Grace Bay. Die 30 000 Insulaner leben vorwiegend auf Providenciales. Die Hauptstadt, Cockburn Town, liegt auf Grand Turk, der östlichsten Insel. Die dünn besiedelten Inseln North, Middle, East und South Caicos sind großteils mit Gestrüpp bewachsen und ein Vogelparadies. Die völlig flachen Inseln liegen auf einem unterseeischen Plateau, dessen Wände in tiefste Ozeangräben reichen.

West Caicos Marine National Park
Der Park schützt Leguane und Vögel. Mit seinen in gewaltige Tiefen hinabreichenden Wänden, seinen Tunneln und seiner bunten Unterwasserwelt ist er ein berühmtes Tauchrevier.

North, Middle and East Caicos Nature Reserve
Das Reservat erstreckt sich über drei Caicos-Inseln und schützt die Lebensräume von Seekühen, Leguanen, Flamingos und zahllosen anderen Vogelarten.

Der luxuriöse Grace Bay Club, Providenciales

Auf den Turks und Caicos Islands unterwegs

Die insgesamt 430 Quadratkilometer große Landmasse der Inseln verteilt sich auf eine Fläche von 26 000 Quadratkilometer im Ozean. Zwischen den Inseln verkehren wenige Fähren und regelmäßig kleine Flugzeuge. Eine Brücke verbindet North und Middle Caicos. Auf Providenciales fahren der Gecko Shuttle Bus, Taxis und Autos. Minibusse sind das öffentliche Verkehrsmittel auf Grand Turk und den kleineren Inseln. Dort kann man Motorroller und Fahrräder mieten.

Hobie Cats am Sandstrand von Providenciales

Weitere Zeichenerklärungen *siehe hintere Umschlagklappe*

Sehenswürdigkeiten auf einen Blick

1. Providenciales
2. Grace Bay
3. West Caicos Marine National Park
4. North Caicos
5. Middle Caicos
6. South Caicos
7. Grand Turk
10. Salt Cay

Hotels

8. Grand Turk Inn
9. Salt Raker Inn

0 Kilometer 20

Das ruhige Blue Horizon Resort auf Middle Caicos

Grand Turk
Im Verwaltungszentrum der Inseln stehen die meisten historischen Gebäude. Unterhaltung bieten nette Lokale und das quirlige Nachtleben.

Auf einen Blick

Politik: Britisches Überseegebiet (kein EU-Gebiet).
Sprache: Englisch.
Währung: US-Dollar (US$).
Mobilfunk: GSM/GPRS 900 MHz (wie in D, A, CH), 850/1900 MHz, UMTS 850 MHz.
Strom: 110 V/60 Hz, Adapter: ja.

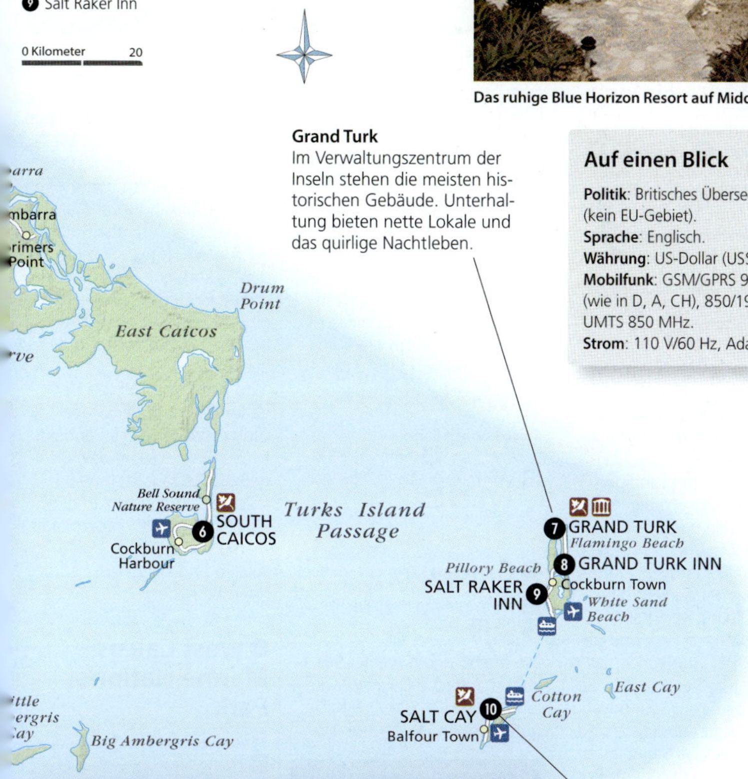

Salt Cay
Die Salzpfannen sind ein Vogelparadies. Vor der Nordküste kann man Buckelwale aus der Nähe beobachten.

Bunte Häuser an der Uferfront von Cockburn Town, Grand Turk

Legende
Straße
Fährlinie

Die weitläufige Caicos Conch Farm, östliches Providenciales

❶ Providenciales

Zweitwestlichste Insel der Turks und Caicos Islands. 25 000. Stubbs Diamond Plaza, (649) 946 4970. Big Blue Unlimited, (649) 946 5034. Kite Flying Competition (März), Music and Cultural Festival (Juli–Aug), Conch Festival (Nov).

Die bogenförmige Insel ist für den schier endlosen Strand von Grace Bay berühmt. Die »Downtown« mit zahlreichen Läden und Büros ist das Geschäftszentrum der Insel.

Zum Leuchtturm am Northwest Point führen sandige Pfade, ab dort wird die Insel Richtung Osten schmaler. Das gesamte Westufer mit Feuchtgebieten, Mangroven, Flutgebieten und Riffen liegt innerhalb des Northwest Point Marine National Park und des Pigeon Pond and Frenchman's Creek Nature Reserve. Die Gewässer des Chalk Sound National Park an der Südküste sind herrlich blau. Die Steinplatten am Aussichtspunkt South Rock tragen Inschriften von Seefahrern (18./19. Jh.). An der Ostspitze der Insel werden in der **Caicos Conch Farm** Muscheln gezüchtet. Hier bekommt man Einblick in den Lebensraum der Großen Fechterschnecke.

Nahe der Farm legen Boote zum Schnorcheln, zu Partyfahrten sowie zu einer Kette winziger Inselchen ab. Auf Little Water Cay leben Leguane, auf der Privatinsel Pine Cay bietet die Hotelanlage The Meridian Club *(siehe S. 128)* Sportmöglichkeiten, etwa Segeln mit Booten, von Hobie Cats bis zur hoteleigenen Yacht. Nordöstlich von Providenciales steht am schneeweißen Sandstrand der Parrot Cay die gleichnamige Hotelanlage *(siehe S. 128)* mit einem schicken Restaurant. Die minimalistisch gestalteten, strahlend weißen Zimmer zieren romantische Himmelbetten. Das luxuriöse COMO Shambhala Spa am drei Kilometer langen Strand ist der perfekte Ort zum Entspannen.

Caicos Conch Farm
Leeward Hwy. (649) 946 5330. Mo–Fr 9–16 Uhr, Sa, Feiertage 9–14 Uhr.

❷ Grace Bay

Nordküste von Providenciales.

Die Bucht, deren weißer Sandstrand in flache Gewässer ausläuft, zieht sich über 19 Kilometer entlang der Nordküste.

Wassersport in der Grace Bay

Hier liegen großartige Schnorchelgebiete. In der Bucht leben Leguane und Fischadler. Diese und die reiche Unterwasserwelt werden durch den großen Princess Alexandra Land and Sea National Park geschützt.

Exklusive Hotels säumen den Strand, auf dessen Dünen dünne Gräser sprießen. Hier gibt es viele Wassersportmöglichkeiten, aber auch ruhige Stellen.

Zu den besten Hotels der Grace Bay zählt der Grace Bay Club *(siehe S. 128)* im andalusischen Stil, zu dem das hochgelobte Restaurant Infiniti *(siehe S. 129)* gehört. In dem elf Hektar großen Resort kann man unter anderem Tennis spielen und viele Wassersportarten betreiben.

❸ West Caicos Marine National Park

24 km südwestl. von Providenciales. Mieten Sie in Providenciales ein Boot, oder nehmen Sie an einem Ausflug teil.

Der Ort Yankee Town auf dem von Leguanen, Eidechsen und Vögeln bevölkerten, neun Quadratkilometer kleinen Eiland West Caicos war in den 1890er Jahren ein Zentrum der Salzgewinnung. Die Ruinen mit der alten Eisenbahn stehen noch. Im Lake Catherine Nature Reserve leben Flamingos. Taucher können die West-Caicos-Wand erkunden, die 2133 Meter tief in einen Graben abfällt.

Angler mit einem Grätenfisch, einem beliebten Fang

Grätenfisch

Der leicht aufzuschreckende Verwandte des Herings grast in seichten Lagunen den Boden ab. Mit seinen silbernen Flanken ist er auf dem sandigen Untergrund gut getarnt. Grätenfische *(Albulidae)* werden bis zu vier Kilogramm schwer und sind eine Herausforderung für jeden Angler, da sie am Haken ihrem Widersacher einen schweren Kampf liefern. Grätenfische dürfen mit Angelschein das ganze Jahr über gefangen werden.

❹ North Caicos

19 km nordöstl. von Providenciales. 1500. von Providenciales nach North Caicos, Mo–Sa 6.30–17.30 Uhr, So 8.30–16.30 Uhr, (649) 946 5406. North Caicos Extravaganza (Juni), Festarama Festival (Juli).

Das üppig grüne North Caicos ist die schönste Insel der Turks und Caicos. In der Nähe des Orts Kew im Norden erinnert die Wade's Green Plantation an den Anbau von Sisal und Baumwolle. Die alten Kanonen bewachen noch immer das nahe Fort George Cay. Die Hotels konzentrieren sich um den Whitby Beach, den schönsten der vielen strahlend weißen Strände. Mit dem Boot kommt man in den East Bay Islands National Park mit seinen Leguanen und Meeresschildkröten.

Vogelliebhaber zieht es zum Cottage Pond *(siehe S. 123)* mit Enten und Lappentauchern sowie an den Flamingo Pond mit prächtigen Flamingos. Direkt vor der Küste liegt das Three Mary Cays Sanctuary *(siehe S. 123)*, in dem Fischadler leben.

❺ Middle Caicos

24 km östl. von North Caicos. 300.

Die kaum besiedelte Insel war einst ein Zentrum der Lucayan-Kultur, die man zur indigenen Volksgruppe der Arawak zählt. Überreste sieht man in der Armstrong Pond Village Historical Site, eine der vielen hiesigen präkolumbischen Stätten. Man erreicht sie und einige Plantagenruinen über das Middle Caicos Reserve and Trail System. Stalaktiten und Stalagmiten sowie Fledermäuse können im **Conch Bar Caves National Park** bewundert werden. Das gewaltige blaue Loch im Vine Point and Ocean Hole Nature Reserve an der Südküste lockt Taucher, das Reservat auch Vogelfreunde an. Den Mudjin Harbor Beach nahe der Hauptsiedlung Conch Bar säumen schroffe Klippen mit Höhlen. Am Bambarra Beach, einem herrlichen Schnorchelrevier, findet jährlich der Valentine's Day Cup statt, ein Segelrennen mit von Einheimischen gebauten Modellschiffen.

Umgebung: Drei Kilometer östlich von Middle Caicos liegt das unbewohnte **East Caicos**. Es ist ein Lebensraum für diverse Vogelarten wie etwa Flamingos.

Fischerboote in Cockburn Harbor, South Caicos

❻ South Caicos

24 km südöstl. von Middle Caicos. 1200. South Caicos Regatta (Mai).

Die winzige trockene Insel hat so gut wie keine Hotels, aber wunderbare Unterwasserwände zum Tauchen. Im Bell Sound Nature Reserve and Admiral Cockburn Nature Reserve angelt man nach Grätenfischen. Flamingos versammeln sich an den salzigen Tümpeln. Ganz in der Nähe wurde der kleine Ort **Cockburn Harbour** durch den Hurrikan Ike 2008 schwer getroffen. Jedes Jahr im Mai füllen sich die Straßen, wenn die South Caicos Regatta stattfindet. Zum Programm gehören Speedboat-Rennen, Schönheitswettbewerbe, Umzüge und Eselrennen.

Eingang zum Conch Bar Caves National Park, Middle Caicos

Postamt in Cockburn Town, Grand Turk

❼ Grand Turk

195 km östl. von Providenciales. 3700. Front Street, (649) 946 2321. Grand Turk Heineken Game Fishing Tournament (Juli).

Auf dem kleinen, semiariden Grand Turk liegt **Cockburn Town**, die Hauptstadt der Inselgruppe. Ein Spaziergang durch das hübsche historische Zentrum mit den schindelgedeckten Kalksteinhäusern versetzt zurück in vergangene Zeiten. Das im 19. Jahrhundert aus Schiffsholz erbaute Guinep House beherbergt das **Turks and Caicos National Museum** mit Fundstücken vom Wrack (1513) am Molasses-Riff.

Der Pillory Beach erstreckt sich mit einer ganzen Reihe von anderen Stränden an der Windseite der Insel. Die Einheimischen meinen, dass Kolumbus hier am 12. Oktober 1492 zum ersten Mal die Neue Welt betreten hätte. Das Küstenriff wird durch den Columbus Landfall Marine National Park geschützt. Auch an der windabgewandten Küste findet man einsame Strände mit feinem Sand. Zwei der schönsten sind der Flamingo Beach im Norden und der White Sand Beach im Süden. Dazwischen schützt der South Creek National Park einmalige Mangroven.

Turks and Caicos National Museum
Front Street. (649) 946 2160. Öffnungszeiten tel. erfragen. nur Erdgeschoss.
tcmuseum.org

❽ Grand Turk Inn

Cockburn Town, Grand Turk. (649) 946 2827. **grandturkinn.com**

Hinter einem weißen Lattenzaun versteckt sich das im traditionellen Stil erbaute frühere Pfarrhaus. Die Suiten des Inn erreicht man über eine schmiedeeiserne Treppe. Sie werden nur an Erwachsene vermietet. Die Einrichtung ist ein Mix aus antiken und modernen Stücken. Von dort hat man einen herrlichen Blick auf das Meer und den weißen Sandstrand.

❾ Salt Raker Inn

Cockburn Town, Grand Turk. (649) 946 2260.
saltrakerinn.com

Ein Zimmermann baute sich 1850 dieses zweistöckige, weiß-blaue Haus im Bermudastil, das fantastisch am Meer gelegen ist. Hier kann man herrlich beim Mittagessen im Gartenrestaurant entspannen und an Freitagabenden der Live-Musik lauschen.

❿ Salt Cay

13 km südwestl. von Grand Turk. 100. zwischen Grand Turk und Salt Cay (dreimal pro Woche). **saltcay.org**

Der trockene, pfeilförmige Inselfleck heißt nach den Salzteichen, in die ab dem 17. Jahrhundert mit Windmühlen Meerwasser gepumpt wurde. Viele Lagerhäuser und Kalksteingebäude der Salzhändler aus Bermuda wurden renoviert. Das winzige Balfour Town wirkt heute wie ein begehbares Museum der regionalen Industriearchitektur. Die meisten Einheimischen sind mit Fahrrädern oder Golfwagen unterwegs, Autos sind fast unbekannt.

Fast nirgendwo in der Karibik lassen sich Fischadler und Watvögel so gut beobachten wie an den Salinen. Im Winter versammeln sich in Sichtweite vom Ufer im warmen Wasser südöstlich von Salt Cay viele Buckelwale.

Umgebung: 1790 sank das britische Kriegsschiff HMS *Endymion* in einem Sturm südlich von Salt Cay. Das Wrack der Fregatte mit 44 Kanonen ist berühmt unter Tauchern *(siehe S. 125)*, die zum Wrack hinabtauchen und dessen unberührte Umgebung erkunden.

Buckelwale

Die sanften Riesen versammeln sich von Januar bis März südöstlich von Salt Cay im warmen Wasser der Silver und Mouchoir Banks zur Paarung und um zu gebären. Trotz ihrer Länge von bis zu 15 Metern und einem Gewicht von fast 30 Tonnen springen sie oft aus dem Wasser. Die Kälber sind nach der Geburt selbstständig, benötigen aber täglich rund 570 Liter Milch. Ab April wandern die Wale zu den Futtergründen im Nordatlantik.

Ein Buckelwalkalb schwimmt mit seiner Mutter im Meer

Hotels und Restaurants auf den Turks und Caicos Islands *siehe Seiten 128 und 129*

Vögel auf den Turks und Caicos Islands

Auf den Inseln, einem Paradies für Wasser- und Meeresvögel, sieht man mehr als 190 Vogelarten, u. a. Kuckuck, Taube und Grasmücke. Über 700 Quadratkilometer Lebensraum sind im North, Middle and East Caicos Nature Reserve gemäß der Ramsar-Konvention geschützt. Das Gebiet umfasst Buschwälder, zwölf Feuchtgebiete, Mangroven und auf den Südhälften von North, Middle und East Caicos Gezeitenebenen. Allein dort leben etwa 61 Wasservogelarten.

Das Cottage Pond Nature Reserve zieht Wasservögel magnetisch an. Die Kubapfeifgans lebt das ganze Jahr hier.

Im Three Mary Cays Sanctuary auf North Caicos nisten Fischadler.

Im North, Middle and East Caicos Nature Reserve tummeln sich Braunpelikane, Kubaflamingos, Flussseeschwalben und kleine Gelbschenkel.

Der South Creek National Park ist ein wichtiger Lebensraum für Watvögel, etwa Schlammläufer und Flussuferläufer.

Im Vine Point and Ocean Hole Nature Reserve liegt die größte Brutkolonie von Fregattvögeln der Turks und Caicos.

Das Lake Catherine Nature Reserve ist Brutgebiet von Flamingos und anderen Watvögeln. Die Flamingos fressen die Salinenkrebse der Lagune, die früher als Salzpfanne genutzt wurde.

Legende

— Nebenstraße

Zum Grand Turk Cays Land and Sea National Park gehören einige Cays. Fregattvögel nisten auf Penniston, Weißbauchtölpel auf Pinzon Cay.

Tourveranstalter

Big Blue Unlimited
(649) 946 5034.
bigblueunlimited.com

Salt Cay Tours
(649) 244 1407.
saltcaytours.com

Fregattvögel

Die leicht gebauten Vögel mit großer Flügelspannweite sind sehr gesellig und schlafen auf Mangrovenbäumen. Fregattvögel sind sehr geschickte Kleptoparasiten. Sie stehlen mit ihrem langen Schnabel anderen Seevögeln die Beute. Sie jagen aber auch selbst Fische. Ihrem schillernden schwarzgrünen Gefieder fehlen Wasser abweisende Öle, deshalb können sie im Meer ertrinken.

Fregattvogel mit geblähtem Kehlsack

Sport und Aktivurlaub

Die fantastische Unterwasserwelt ist die Hauptattraktion der Turks und Caicos Islands. Schnorcheln und Tauchen ist denn auch der schönste Weg, um sie zu erkunden. Im Winter kann man sowohl von Land als auch vom Boot aus Wale beobachten. Auf fast jeder Insel ist die bunte Vogelwelt von Wanderpfaden aus mühelos zu entdecken. An vielen Stränden kann man windsurfen, mit Hobie Cats segeln und Kajak fahren. Alternativ dazu bieten die luxuriösen Spas der Inseln wunderbare Verwöhnprogramme.

Grace Bay ist einer der schönsten Strände der Turks und Caicos Islands

Strände

Vielen Besuchern genügt es, sich am Strand den weichen, sonnenwarmen Sand durch die Zehen rieseln lassen. Die Auswahl an Traumstränden ist auf allen Inseln groß, der schönste ist jedoch Grace Bay *(siehe S. 120)* auf Providenciales. Die 19 Kilometer lange Bucht bietet viele Hotels, Cafés und Wassersportmöglichkeiten, aber auch Bereiche für einsame Strandspaziergänge. Weiter westlich stehen am viel ruhigeren Wheeland Beach weniger Hotels, die Einheimischen bevorzugen die Malcolm Road. Mit einem gemieteten Boot kann man sich in die Einsamkeit der Strände von Pine Cay oder Dellis Cay flüchten.

Das flache, jadegrüne Wasser des Whitby Beach an der Nordküste von North Caicos wird von Riffen geschützt, weiter westlich kann man am Pumpkin Bluff Beach schnorchelnd ein altes Wrack erkunden. Der endlose Long Bay Beach auf South Caicos mit seiner heftigen Brandung ist fast menschenleer. Auf Grand Turks windabgewandter Seite liegt bei Cockburn Town der Governor's Beach und nördlich davon der Pillory Beach. Noch schöner sind der White Sands Beach und der lange Flamingo Beach auf der Windseite der Insel. Der hübsche North Beach liegt auf dem winzigen Salt Cay.

Wellness

Die Turks und Caicos, vor allem Providenciales, sind ein Wellness-Mekka. Die guten Spas gehören meist zu Luxushotels. Anani Spa im Grace Bay Club *(siehe S. 128)* bietet europäisch-asiatische Behandlungen, das COMO Shambhala *(siehe S. 128)* auf Parrot Cay asiatisch-ganzheitliche Therapien und Yoga in einem orientalischen Pavillon. Das Thalasso Spa im Point Grace *(siehe S. 128)* ist ein Spa im europäischen Stil, dessen Behandlungszimmer einen hübschen Meerblick haben. Auf Grand Turk im **Oceanscapes Spa** können sich Kreuzfahrtpassagiere massieren lassen.

Das luxuriöse Spa Anani im Grace Bay Club, Providenciales

Bootsausflüge

Segeltrips sind ein angenehmer Kontrast zu faulen Strandtagen am Grace Bay Beach. Einige Katamarane fahren direkt vom Strand los, andere von der Blue Haven Marina. Die Auswahl von **Sail Provo** reicht von Halbtagesschnorchelausflügen über Sonnenfahrten bis zu mehrtägigen Luxustörns. An Bord der romantischen *Atabeyra* erwacht die Vergangenheit wieder zum Leben. Der traditionell getakelte Schoner wird von **Sun Charters** betrieben, die auch Piraten- und Nachtfahrten anbieten.

Der Katamaran Phoenix von Sail Provo auf Fahrt vor Providenciales

Walbeobachtung

Wenn im Januar die Buckelwale an den Mouchoir Banks südlich von Grand Turks ankommen, kann man die Tiere aus nächster Nähe bewundern. Die Fahrten zum Beobachten der Wale führen in die Turks Island Passage zwischen South Caicos und Grand Turk und in die warmen, seichten Gewässer vor Salt Cay. **Oasis Divers** bietet von Januar bis April solche Ausflüge an. Bei den Fahrten mit **Salt Cay Divers** kann man sogar mit den Walen schwimmen.

Tauchen vor den Turks und Caicos Islands

Die Inseln bieten beste Tauchreviere mit Unterwasserwänden, Walen und Wracks. Die mittleren Temperaturen des kristallklaren Wassers liegen zwischen 23 und 29 °C. Viele Reviere sind flach. Besonders spannend sind die Steilabhänge und Wracks, etwa die HMS *Endymion*. Providenciales besitzt zahllose fantastische Tauchreviere. Die Wände vor Grand Turk und Salt Cay mit prächtigen Korallen und vielen Tieren grenzen direkt an das flache Wasser der Küste.

Am Shark Hotel schwimmt man zwischen den Haien des Korallenriffs. Hier findet man auch Gefleckte Muränen und Amerikanische Stachelrochen.

Black Forest ist eine Unterwasserwand, an deren Überhängen Schwarze Korallen wachsen. In den Korallen wimmelt es von Schildkröten, Zackenbarschen und kleineren Fischen.

Am Elephant Ear Canyon wachsen enorme Schwämme und Wälder aus Schwarzen Korallen. Man sieht Röhrenaale, Rochen und Torpedobarsche.

Tauchanbieter

Blue Water Divers
(649) 946 2432.
grandturkscuba.com

Caicos Adventures
(649) 941 3346.
caicosadventures.com

Provo Turtle Divers
(649) 946 4232.
provoturtledivers.com

Die HMS *Endymion* ist ein wunderbares Tauchziel. Das britische Kriegsschiff sank 1790 und liegt in sieben bis zwölf Metern Tiefe. Die Kanonen und Anker sind mit Korallen überzogen. Die vielen Winkel wollen erforscht werden.

Wanderer auf einem der beliebten Wege auf Grand Turk

Wandern

Auf einigen Inseln führen Wanderwege durch Mangroven und Feuchtgebiete. Auf Little Water Cay vor Providenciales winden sich der North Shore Trail (155 m) und der South Shore Trail (206 m) durch beide Lebensräume. Während der Wanderung kann man hervorragend Vögel beobachten, oft entdeckt man auch Leguane.

Middle Caicos bietet mit dem Middle Caicos Reserve and Trail System (16 km) die besten Wandermöglichkeiten. Es führt an der Nordküste an Plantagen aus der Kolonialzeit und Lagunen mit Flamingos vorbei. Reichlich Wasser und Insektenschutzmittel sind ein Muss. Information gibt der **Turks and Caicos National Trust**.

Reiten

Zwar streifen auf einigen Inseln wilde Pferde umher, dennoch sind die Möglichkeiten zum Reiten begrenzt. Der Veranstalter **Provo Ponies** bietet Ausritte am Long Bay Beach an. Auf Grand Turk offeriert **Chukka** »Horseback Ride 'n' Swim«.

Golf

Auf Providenciales gibt es nur den **Provo Golf Club**. Der 18-Loch-Platz wurde von dem Platzdesigner Karl Litten entworfen und gilt als einer der besten Plätze in der Karibik. In der zerklüfteten Anlage führen die Fairways durch Kalksteinformationen, vorbei an Karibischen Pinien und von Palmen beschatteten Teichen. Golfspaß für die ganze Familie bietet in Long Bay der 18-Loch-Platz des **Turks and Caicos Miniature Golf Club**. Im Club-Restaurant kann man bei kühlen Drinks und Snacks eine Pause machen.

Tennis

Die meisten Ferienhotels auf Providenciales verfügen über Tennisplätze, die meistens auch von Personen benutzt werden dürfen, die nicht Gäste des Hotels sind. Auch auf den zwei Plätzen des Provo Golf Club kann man mit Reservierung spielen. Der Club Med Turkoise bietet seinen Gästen schöne Anlagen (vier Hartplätze) und Trainer. Auf den anderen Inseln gibt es kaum Möglichkeiten.

Höhlenwanderungen

In den zahlreichen Kalksteinformationen der Turks und Caicos Islands gibt es jede Menge Höhlen. Diese sind jedoch selten begehbar und stehen oft unter Wasser. Das größte, für Besichtigungen offene Höhlensystem liegt im Conch Bar Caves National Park auf Middle Caicos *(siehe S. 121)*. Führer lotsen die Besucher durch das Labyrinth aus Stalagmiten und Stalaktiten zu präkolumbischen Felsbildern. In der nahe gelegenen kleineren Indian Cave wuchern die Wurzeln von Würgefeigen. Die Führer erzählen gerne die vielen Geschichten, die sich um die Höhle ranken.

Ausritt mit einheimischem Führer, Grand Turk

Die Schiffe im Hafen von Providenciales sind bereit für Angeltouren

Angeln

Das flache Wasser der knapp 5180 Quadratkilometer großen Caicos Banks ist der Lebensraum des kämpferischen Grätenfischs *(siehe S. 121)*. Er ist der Härtetest für jeden Angler. In den Mangrovenlagunen erwarten einen Tarpune. Auf allen Inseln findet man einheimische Führer, die die besten Angelstellen im klaren Wasser kennen. Seriöse Anbieter für Grätenfischtrips sind etwa **Bonefish Unlimited** und **Silver Deep**. Auf den meisten Inseln steht man schnell inmitten von Fischen, wenn man am Strand vor dem Hotel einfach in das flache Wasser watet.

Die Strömungen zwischen den Saumriffen der Inseln sind die Schnellstraßen der Fächerfische, Thunfische, Wahoos und Marline. Die beste Zeit für Marline sind die Sommermonate, die besten Stellen und Möglichkeiten zum Hochseeangeln findet man bei Providenciales und Grand Turk. Silver Deep bietet auch Halb- und Ganztagesfahrten an. Die Preise richten sich nach der Größe der Gruppe. Ausrüstung, Angelschein, Essen und Getränke sind in den Paketen der meisten Anbieter von Angeltouren auf den Inseln enthalten.

Wassersport

Die meisten Hotels bieten ihren Gästen kostenlos Windsurfen und Tretbootfahren. Grace Bay Beach zählt zu den wenigen Strände auf Providenciales mit Wassersportangeboten und Möglichkeiten zum Kitesurfen. Die Konzessionsinhaber von Privatstränden, wie **Dive Provo** und Sail Provo, verleihen Kajaks, Surfbretter und Hobie Cats. Informationen geben **Big Blue Unlimited** und, zum Schnorcheln, **Ocean Vibes**. Mit **Captain Marvin's** sieht man die Inseln per Parasailing aus der Luft. Snuba, ein Mix aus Gerätetauchen und Schnorcheln, bietet **Snuba Turks & Caicos**.

Kinder fahren Aquabike im seichten Wasser

Auf einen Blick

Wellness

Oceanscapes Spa
(649) 232 6201.
oceanscapesspa.com

Bootsausflüge

Sail Provo
(649) 946 4783.
sailprovo.com

Sun Charters
(649) 231 0624.
suncharters.tc

Walbeobachtung

Oasis Divers
(649) 946 1128.
oasisdivers.com

Salt Cay Divers
(649) 241 1009.
saltcaydivers.tc

Hiking

Turks and Caicos National Trust
(649) 941 5710.
tcnationaltrust.org

Reiten

Chukka
1-877-424-8552.
chukka.com

Provo Ponies
(649) 241 6350.
provoponies.com

Golf

Provo Golf Club
1-877-218-9124.
provogolfclub.com

Turks and Caicos Miniature Golf Club
(649) 941 4653.

Angeln

Bonefish Unlimited
(649) 431 1393.
bonefishunlimitedturksandcaicos.com

Silver Deep
(649) 946 5612.
silverdeep.com

Wassersport

Big Blue Unlimited
(649) 946 5034.
bigblueunlimited.com

Captain Marvin's
1-345-945-6975.
captainmarvins.com

Dive Provo
1-954-351-9771.
diveprovo.com

Ocean Vibes
(649) 941 8605.
oceanvibes.com

Snuba Turks & Caicos
(649) 333 7333.
snubaturksandcaicos.com

Hotelauswahl

GRAND TURK:
Bohio Dive Resort $$
Strandresort
Pillory Beach
(649) 946 2135
bohioresort.com
Das elegante kleine Resort am Strand bietet 16 komfortable Zimmer mit Meerblick, ein Restaurant und einen Tauchershop.

GRAND TURK: Manta House $$
Boutique
Duke Street
(649) 243 2666
grandturk-mantahouse.com
Das reizende familienbetriebene B&B hat sich auf Tauchurlauber spezialisiert. Zur Wahl stehen nett eingerichtete Zimmer und Bungalows für Selbstversorger.

GRAND TURK: Salt Raker Inn $$
Historisch
Duke Street
(649) 946 2260
saltrakerinn.com
Freundliche Leute betreiben das Gästehaus aus dem 19. Jahrhundert. Die Zimmer sind gemütlich, die oberen bieten Meerblick. Live-Musik unterhält die Gäste.

MIDDLE CAICOS:
Blue Horizon Resort $$$
Strandresort
Mudjin Harbor
(649) 946 6141
bhresort.com
Luftige, schlicht möblierte Selbstversorgerhütten karibischen Stils, aber auch Villen für höhere Ansprüche bietet das abgeschiedene familienfreundliche Resort mit imposantem Meerespanorama.

NORTH CAICOS:
Pelican Beach Hotel $$
Strand
Whitby Beach
(649) 946 7112
pelicanbeach.tc
Von Mitte Oktober bis August bietet das heimelige Haus entspannte Unterkunft mit Zimmerservice. Statt Fernseher und Telefon gibt es Fahrräder zu leihen.

PROVIDENCIALES:
Caribbean Paradise Inn $$
Strand
Grace Bay Road, Grace Bay
(649) 946 5020
caribbeanparadiseinn.com
Kein Gästehaus an der Grace Bay ist wohl so heimelig wie dieses, das nur fünf Minuten vom Strand entfernt hübsche Zimmer und ein bejubeltes Restaurant bietet.

Interieur eines Gästepavillons im Resort Amanyara, Providenciales

Vis-à-Vis-Tipp

PROVIDENCIALES:
Amanyara $$$
Boutique
Northwest Point
(649) 941 8133
amanresorts.com
Die Architektur macht das balinesich inspirierte Luxusresort zu etwas Besonderem. Die Lage auf einer Landspitze über weißen Stränden tut ihr Übriges. Die Gästepavillons und -villen scheinen nur aus Glas zu bestehen. Das Restaurant liegt an einem künstlichen See im Zentrum der Anlage.

PROVIDENCIALES:
Blue Haven Resort $$$
Luxus
Marina Road, Leeward
(649) 946 9900
bluehaventci.com
In toller Lage am nordöstlichen Ende der Insel bietet das Resort große moderne Suiten mit Küche sowie Marina, Infinity Pool, Spa und Wassersportmöglichkeiten.

PROVIDENCIALES:
Gansevoort $$$
Luxus
Grace Bay Road, Grace Bay
(649) 941 7555
gansevoorthotelgroup.com
Glaswände und trendiges Dekor sorgen in dem Hotel für urbanen Chic. Es gibt ein hippes Strandbistro, ein Spa und Yogakurse.

PROVIDENCIALES:
Grace Bay Club $$$
Luxus
Grace Bay Road, Grace Bay
(649) 946 5050
gracebayresorts.com
Das andalusisch inspirierte Resort mit Spa und Tennisplätzen wird für sein Restaurant und für die mit glänzenden Marmorböden versehenen Zimmer sehr gelobt.

Preiskategorien
Die Preise gelten für ein Standard-Doppelzimmer pro Nacht (Hochsaison), inklusive Steuern und Service.

$	unter 100 US-Dollar
$$	100–300 US-Dollar
$$$	über 300 US-Dollar

PROVIDENCIALES:
Parrot Cay $$$
Boutique
Parrot Cay
(649) 946 7788
comohotels.com
Auch berühmte Gäste schätzen das Hotel auf eigener Insel mit traumhaftem Strand. Die luxuriösen Zimmer, Suiten und Villas zeigen edel minimalistischen Stil.

PROVIDENCIALES:
Point Grace $$$
Luxus
Grace Bay Road, Grace Bay
(649) 941 7743
pointgrace.com
Das exklusive, im klassischen Plantagenstil gestaltete Resort mit opulenten Suiten und Penthouses und tollem Restaurant weiß Gäste zu verwöhnen.

PROVIDENCIALES:
Seven Stars Resort $$$
Luxus
Grace Bay Road, Grace Bay
(649) 941 7777
sevenstarsgracebay.com
Vier sechsstöckige Gebäude im Stil einer kolonialen Plantage bergen die Suiten des Luxusresorts mit Spa, Tennisplätzen und edlem Restaurant.

PROVIDENCIALES:
The Meridian Club $$$
Boutique
Pine Cay
(649) 946 7758
meridianclub.com
Die Gästezimmer und -hütten des zwanglosen All-inclusive-Familienresorts haben Wohlfühlatmosphäre, aber weder Telefon noch Fernseher.

SALT CAY: Pirates Hideaway $$
Boutique
Victoria Street
(649) 244 1407
saltcay.tc
Von dem netten Haus mit künstlerischer Note sind es nur wenige Schritte zum Strand. Es gibt drei Gästezimmer, ein Häuschen für Familien und einen Pool.

Restaurantauswahl

GRAND TURK:
The Sandbar $
Seafood
Duke Street
(649) 243 2666 Sa
Auf der Terrasse des ungezwungenen kleinen Strandrestaurants genießen auch Inselbewohner gern Fischsandwiches, Fish 'n' Chips oder Shrimps-Quesadillas.

GRAND TURK:
Guanahani $$$
Karibisch
Pillory Beach
(649) 946 2135
Das Bohio Dive Resort birgt ein reizendes Strandrestaurant, das internationale Speisen wie Spareribs und Paella sowie karibische Klassiker wie frittierte Muscheln und Hummer serviert.

NORTH CAICOS:
Silver Palm Restaurant $$$
Karibisch
Whitby Beach
(649) 946 7113
Das gastfreundliche Strandrestaurant in Familienbesitz kocht fantastisch. Probieren Sie die hausgemachte Eiscreme. Erkundigen Sie sich telefonisch nach den Öffnungszeiten und ob ein Tisch frei ist.

PROVIDENCIALES:
Baci Ristorante $$
Italienisch
Turtle Cove Marina
(649) 941 3044
Freunde authentisch italienischer Küche schätzen Lammgerichte, Pasta oder Holzofenpizza auf der romantischen Terrasse an der Turtle Cove Marina.

PROVIDENCIALES:
Bugaloo's Conch Crawl $$
Karibisch
Five Cays Settlement, Grace Bay
(649) 941 3863
Die zwanglose Strandbar bietet zum märchenhaften Blick Spezialitäten wie Kokosnussmuscheln oder Fish Fingers und am Wochenende Live-Musik.

PROVIDENCIALES:
Somewhere Café & Lounge $$
Café
Grace Bay Road, Grace Bay
(649) 941 8260
Das lässige Café lockt eine hippe Gästeschar an. Auf der Karte stehen einfache Salate, Steak, Fischsandwiches und Texmex-Gerichte. Die Dachlounge ist der ideale Ort für einen Sundowner.

PROVIDENCIALES:
Coco Bistro $$$
Karibisch
Grace Bay Road, Grace Bay
(649) 946 5369 Mo
In dem hübschen Garten unter Palmen gibt es inseltypisches Seafood mit europäischer und asiatischer Note, z. B. Wan Tan mit Ochsenschwanz und Foie gras.

PROVIDENCIALES:
Coyaba Restaurant $$$
Karibisch
Grace Bay Road, Grace Bay
(649) 946 5186 Di
Das Angebot französisch angehauchter Inselgerichte wechselt täglich. Lassen Sie Platz für ein Dessert – der warme Schokoladenkuchen ist zum Niederknien.

PROVIDENCIALES:
Hemingway's Restaurant $$$
Karibisch
Grace Bay Road, Grace Bay
(649) 941 8408
Fackeln beleuchten die Poolterrasse, wo man großartiges Seafood genießt. Probieren Sie den würzigen Muscheleintopf. Einmal pro Woche gibt es Live-Musik.

Vis-à-Vis-Tipp

PROVIDENCIALES:
Infiniti $$$
Karibisch
Grace Bay Road, Grace Bay
(649) 946 5050
Die Terrasse des renommierten Dinnerrestaurants im Grace Bay Club streckt sich unterhalb malerischer strohgedeckter *palapas* Richtung Meer, im Lokal selbst glänzt Holz im Schein schwarzer Lüster. Die Auswahl karibischer Köstlichkeiten umfasst auch kalorienarme und vegane Gerichte, doch eigentlich sollte man hier Seafood essen. Werfen Sie sich dafür ruhig etwas in Schale.

Preiskategorien
Die Preise gelten für ein Zwei-Gänge-Menü pro Person mit einer halben Flasche Hauswein, inklusive Steuern und Service.

$	unter 15 US-Dollar
$$	15–40 US-Dollar
$$$	über 40 US-Dollar

PROVIDENCIALES:
Magnolia Wine Bar & Restaurant $$$
International
Turtle Cove, Grace Bay
(649) 941 5108 Mo
Das romantische Freiluftrestaurant mit fantastischem Ausblick serviert u. a. köstliche Frühlingsrollen und exzellenten Thunfisch in Sesamkruste.

PROVIDENCIALES:
Parallel 23 $$$
Vornehm
The Regent Palms, Grace Bay Road, Grace Bay
(649) 946 8666
Machen Sie sich chic, um hier in elegant weiß gehaltenem Ambiente fantastische, edel angerichtete Seafood-Gerichte und erlesene Weine zu genießen. Die Steaks sind ebenfalls zu empfehlen.

PROVIDENCIALES:
Seven $$$
Karibisch
Grace Bay Road, Grace Bay
(649) 339 3777
Das zwanglos elegante Restaurant des Seven Stars Resort verwöhnt Gäste z. B. mit Jakobsmuscheln oder Chateaubriand.

SALT CAY:
Porter's Island Thyme $$
Karibisch
North District
(649) 946 6977 So
In dem farbenfrohen Treff warten gute Seafood-Gerichte und internationale Klassiker. Freitags ist Pizzaabend. Von der Terrasse blickt man auf die Salinen.

Eindrucksvolle Einfahrt des Seven Stars Resort, Providenciales

Praktische Hinweise

In Providenciales wurde viel in Infrastruktur für exklusiven Fremdenverkehr investiert – günstiger ist Grand Turk, das vor allem mit seinem lässigen Charme gefällt. North, Middle, East und South Caicos verfügen nur über wenig Infrastruktur und Hotels für Urlauber, hier sollte man den Besuch im Voraus planen. Nach den Schäden, die Hurrikan Ike 2008 auf Grand Turk, South Caicos und Salt Cay verursacht hatte, wurde die Infrastruktur wieder aufgebaut.

Beste Reisezeit

Auf den Inseln weht stets eine leichte Brise, die beste Reisezeit ist jedoch von Dezember bis April, wenn fast kein Regen fällt und die Temperaturen beinahe perfekt sind. Im Hochsommer kann es unangenehm heiß werden und in der Hurrikanzeit von Juni bis November sehr schwül. Die meisten kulturellen Veranstaltungen finden in den Wintermonaten statt, doch in dieser Zeit sind auch die Preise höher.

Grand Turk International Airport bei Cockburn Town

Anreise

Aus Deutschland, Österreich und der Schweiz fliegen u. a. **Air Berlin**, **American Airlines**, **Austrian**, **British Airways**, **Delta**, **Iberia**, **Lufthansa**, **Swiss** und **United Airlines** zum Providenciales International Airport (PLS) – mit einem oder zwei Zwischenstopps. Private Charterflugzeuge verbinden Grand Turk und Providenciales mit den restlichen Inseln. Die Fluggesellschaften American Airlines und Delta fliegen von verschiedenen US-Städten nach Providenciales. Flüge zum Flughafen auf Grand Turk sind selten.

Einreise

Für bis zu 90 Tage Aufenthalt benötigt jeder – auch Kinder jeden Alters – einen gültigen Reisepass und ein Weiterreise- bzw. ein Rückflugticket. Beachten Sie bei Flügen über die USA die speziellen Einreisebedingungen für die Vereinigten Staaten, die auch für den Transitverkehr gelten *(siehe S. 22)*.

Information

Das **Turks and Caicos Islands Tourist Board** unterhält in Europa lediglich ein Büro in Großbritannien, vor Ort finden Sie Büros auf Grand Turk und Providenciales (am Flughafen und an der Turtle Cove Marina). Informationen zu Ausflügen und zu Veranstaltungen bekommt man auch in den Hotels. Die meisten Firmen bieten auf ihren Websites detaillierte Informationen an.

Sicherheit und Gesundheit

Es gibt auf jeder Insel öffentliche Kliniken sowie ein Hauptkrankenhaus auf Grand Turk, europäische Standards werden jedoch oft nicht erreicht. Zu empfehlen sind Privatkliniken, wie das **Grace Bay Medical Centre** oder das **Cockburn Town Medical Centre**. In einigen All-inclusive-Resorts ist eine Krankenschwester vor Ort. Auf Providenciales gibt es eine Überdruckkammer. Die Kriminalitätsrate auf den Inseln ist gering, trotzdem gehören Wertsachen in den Hotelsafe. Teurer Schmuck sollte nicht unterwegs getragen werden.

Eine Bank in Cockburn Town, Grand Turk

Banken und Währung

Die offizielle Währung ist der US-Dollar, die Turks und Caicos Islands geben allerdings auch einige eigene Münzen aus. Die meisten Hotels, Taxis und Restaurants auf Providenciales akzeptieren in US-Dollar ausgestellte Reiseschecks, diese kann man auch bei den Banken einlösen. Auf den anderen Inseln werden eher Bargeld oder Kreditkarten bevorzugt, da es dort nur wenige Banken gibt. Die gängigen Kreditkarten werden angenommen. Bei der Bargeldeinfuhr gelten keine Begrenzungen.

Kommunikation

Das gut funktionierende Mobilfunk- und Festnetz wird von **Digicel** und **Flow** betrieben, auf allen Inseln sind öffentliche Telefone zu finden. In vielen Läden bekommt man Prepaid-Telefonkarten. Um von den Inseln ins Ausland zu telefonieren, wählt man 011 und die entsprechende Ländervorwahl (Deutschland: 49; Österreich: 43; Schweiz: 41). Wer aus Europa auf den Turks und Caicos Islands anruft, wählt 001, dann die Inselvorwahl 649 und die siebenstellige Rufnummer. Für Telefongespräche auf den Inseln selbst genügt es, die siebenstellige Rufnummer zu wählen. Die meisten Hotels und Restaurants stellen ihren Gästen einen WLAN-Zugang zur Verfügung, zudem gibt es auf den Inseln ein paar Internet-Cafés.

Verkehrsmittel

Besucher aus Deutschland, Österreich und der Schweiz, die einen Wagen ausleihen möchten, benötigen einen internationalen Führerschein. Verlässliche Autovermieter sind **Avis** und **Hertz**, auch die Hotels organisieren einen Mietwagen. Motorroller kann man sich u. a. bei **Tony's Car Rental** auf Grand Turk und bei **Grace Bay Car Rentals** ausleihen. Es ist ratsam, stets einen Helm zu tragen.

Auf allen Inseln fahren Bustaxis, die man auch für Rundfahrten mieten kann. Die Mietpreise können beträchtlich sein, deshalb sollte man die Gebühren stets vorab aushandeln. Das Personal im Hotel hilft gerne bei der Suche nach einem Taxi.

Shopping

In den meisten Hotels gibt es Boutiquen, die Strandkleidung, Zigarren, Rum und Kunsthandwerk wie Muschelschmuck und Stoffpuppen verkaufen. Einige Läden, so am Flughafen und in den Einkaufszentren in den Orten, verkaufen zollfrei Kameras, Porzellan, Alkoholika und Parfums – auf den Inseln gibt es keine Mehrwertsteuer. Für Objekte aus der Muschel der Fechterschnecke benötigt man eine Quittung. Die Turks und Caicos Islands erlauben – mit Einschränkungen – als eines der wenigen Länder ihren Kauf und Export.

Farbenfrohe Souvenirläden in Grand Turk

Zeit

Die Turks und Caicos Islands befinden sich in der Zeitzone der Eastern Standard Time (EST). Diese liegt sechs Stunden hinter der Mitteleuropäischen Zeit (MEZ) zurück. Auf den Inseln gilt vom ersten Sonntag im März bis zum ersten Sonntag im November ebenfalls die Sommerzeit.

Sprache

Die offizielle Landessprache der Turks und Caicos Islands ist Englisch, viele Einheimische sprechen allerdings Dialekt, einige auch eine Variante des Patois. Auf den Inseln arbeiten viele Haitianer, die ein französisches Kreol-Patois sprechen.

Strom

Die Stromspannung beträgt 110 Volt/60 Hertz, benutzt werden US-amerikanische Stecker. Für europäische Geräte benötigt man einen passenden Adapter.

Heiraten

Um zu heiraten, muss man mindestens seit 48 Stunden auf den Inseln sein und persönlich gegen Gebühr eine Heiratserlaubnis beim **Registrar of Marriages** beantragen. Dazu benötigt man Reisepass, Geburtsurkunde und einen Nachweis, dass man ledig ist. Das **Registrar Office** in Provo stellt die Erlaubnis aus.

Auf einen Blick

Anreise

Air Berlin
W **airberlin.com**

American Airlines
W **aa.com**

Austrian
W **austrian.com**

British Airways
W **britishairways.com**

Delta
W **delta.com**

Iberia
W **iberia.com**

Lufthansa
W **lufthansa.com**

Swiss
W **swiss.com**

United Airlines
W **united.com**

Information

Turks and Caicos Islands Tourist Board
T (649) 946 4970 (Providenciales), (649) 946 2321 (Grand Turk).
W **turksandcaicostourism.com**
W **turksandcaicoshta.com**
W **visittci.com**

Sicherheit und Gesundheit

Notfälle
T 911.

Polizei
T (649) 941 5891 (Providenciales), (649) 946 2299 (Grand Turk).

Cockburn Town Medical Centre
Cockburn Town, Grand Turk.
T (649) 941 2900.

Grace Bay Medical Centre
Neptune Plaza, Providenciales.
T (649) 941 5252.

Kommunikation

Digicel
W **digiceltci.com**

Flow
W **discoverflow.co**

Verkehrsmittel

Avis
T (649) 946 4705.
W **avis.com**

Grace Bay Car Rentals
T (649) 941 8500.
W **gracebaycarrentals.com**

Hertz
T (649) 941 3910.
W **hertztci.com**

Tony's Car Rental
T (649) 231 1806.
W **tonyscarrental.com**

Heiraten

Registrar Office
Providenciales.
T (649) 946 2800.

Registrar of Marriages
Front Street, Grand Turk.
T (649) 946 2801.

Ein Porträt Jamaikas

Wer an die Karibik denkt, denkt dabei oft automatisch an Jamaika. Herrliche Natur, weiße Sandstrände, rauschende Wasserfälle und die in Nebel gehüllten Blue Mountains mit ihren legendären Kaffeeplantagen – Jamaika ist wahrlich ein karibischer Traum. Darüber hinaus ist die Insel wegen ihrer faszinierenden Musikszene in der ganzen Welt berühmt.

Jamaika glänzt mit einer enorm reichen Natur, die Kolonisten aus aller Herren Länder anzog. Als erste Siedler wanderten Indianer vom südamerikanischen Festland ein. Sie lebten auf Jamaika als Bauern und Fischer, bis Christoph Kolumbus 1494 die Insel erreichte und sie für Spanien in Besitz nahm. Kolumbus förderte die Plantagenwirtschaft, die unter britischer Herrschaft an Leistungsfähigkeit gewann. Als die Engländer 1655 Jamaika eroberten, ließen die Spanier ihre Sklaven frei und statteten sie mit Waffen aus. Ein prekäres »Abschiedsgeschenk«, denn die »Maroons« genannten ehemaligen Sklaven zogen sich in das unerforschte Gebiet des Cockpit Country zurück und leisteten den Plantagenbesitzern massiven Widerstand. Sie führten zwei Guerillakriege gegen die Engländer. Erst ein Friedensvertrag beendete die Auseinandersetzungen. Noch heute bestehen Maroon-Dörfer als separate Enklaven auf der Insel. Für die restlichen Afrikaner auf Jamaika blieb das Leben unvorstellbar hart. Ihre Aufstände wurden brutal unterdrückt. Ihre Lage verbesserte sich erst mit dem 1833 von der britischen Regierung erlassenen Emancipation Act.

Politik

Nach Jamaikas Unabhängigkeit 1962 dominierten zwei Parteien die Politik der Insel: die rechtsgerichtete Jamaica Labour Party (JLP) und die linksorientierte People's National Party (PNP). Die JLP stellte die erste Regierung. Während der unruhigen 1970er Jahre kam die PNP unter ihrem

Am Strand von Ocho Rios, im Hintergrund ein Kreuzfahrtschiff

Ein Rastafari verkauft Kunsthandwerk, Ocho Rios

radikalen Führer Michael Manley an die Macht. In jener Zeit lieferten sich die Anhänger beider Parteien gewaltsame Auseinandersetzungen. Die 1980er Jahre dominierte wieder die JLP. Von 1992 bis 2007 stellte die PNP dann mit Percival J. Patterson den ersten schwarzen Premierminister. Dessen Ära wurde kurz durch die erste weibliche Premierministerin, Portia Simpson Miller, unterbrochen. Seit 2016 befindet sich wieder die JLP unter der Führung von Andrew Holness in der Regierungsverantwortung.

Wirtschaft

Anfang des 20. Jahrhunderts erlebte die Wirtschaft durch den Bananenanbau und den beginnenden Fremdenverkehr einen Aufschwung. Heute werden in der Landwirtschaft nur noch sechs Prozent des Bruttoinlandsprodukts erwirtschaftet.
Die Schlüsselprodukte sind Zucker und Bananen. Die Zuckerproduktion nimmt aber stetig ab, da sie der Konkurrenz aus Südamerika mit ihren industriellen Anbaumethoden kaum gewachsen ist.
Der Bananenanbau kam praktisch zum Erliegen, als die Welthandelsorganisation (WTO) den Vorzugshandel mit der Europäischen Union kippte. Heute erzielt der Bananenexport rund 20 Millionen US-Dollar. Ein weiteres wichtiges Exportprodukt ist Kaffee: Jährlich werden für ungefähr 20 Millionen US-Dollar Kaffeebohnen exportiert. Etwa 85 Prozent gehen nach Japan, der Rest nach Großbritannien, in die USA und andere Länder, wo für das Pfund 40 US-Dollar oder mehr erzielt werden. Haupteinnahmequelle ist jedoch unangefochten der Fremdenverkehr: Im Jahr 2014 lagen die Einnahmen bei zwei Milliarden US-Dollar. Er konzentriert sich vor allem an der Nordküste, wo mit Montego Bay, Negril und Ocho Rios die drei größten Urlauberzentren liegen.

Jamaika heute

Die Hauptstadt Kingston ist ein Spiegelbild der jamaikanischen Gesellschaft. In den Gettos der Armen ist das Leben hart, doch findet man hier auch hervorragende Restaurants, ein buntes Nachtleben und eine spannende Musikszene, die neben der Legende Bob Marley viele internationale Stars der Dancehall- und Reggae-Szene hervorgebracht hat. Besonders stolz ist man auf die jamaikanischen Leichtathletikstars. Bei den Olympischen Spielen 2008 in Beijing, 2012 in London und 2016 in Rio de Janeiro gewann der Sprinter Usain Bolt im 100-Meter- und im 200-Meter-Wettbewerb sowie mit der jamaikanischen 4-x-100-Meter-Staffel jeweils die Goldmedaille.

Kaffeeplantagen an den Hängen der Blue Mountains

Überblick: Jamaika

Die Insel Jamaika ist relativ groß und deshalb von verschiedenen Landschaften geprägt. Im Westen liegen die weiten Strände und Kalksteinklippen von Negril. Kreuzfahrtschiffe laufen Montego Bay und Ocho Rios an, die Zentren des Nachtlebens. Port Antonio im Osten verströmt altmodischen Charme. Das »wahre« Jamaika erlebt man in Kingston. Hinter der faszinierenden Stadt ragen die Blue Mountains auf, in denen man gut wandern kann.

Sehenswürdigkeiten auf einen Blick

1. Montego Bay
2. Rocklands Bird Sanctuary
3. Animal Farm
4. Rose Hall und Greenwood
5. Negril
6. Great Morass und Royal Palm Reserve
7. Östlich von Negril
8. Nordöstlich von Negril
9. Black River
10. Treasure Beach
11. St. Elizabeth
12. Mandeville
13. *Kingston S. 142*
14. Hellshire
15. Port Royal
16. *Blue-Mountains-Tour S. 144f*
17. Port Antonio
18. Frenchman's Cove und Blue Lagoon
19. Winnifred Beach
20. Long Bay
21. Reach Falls
22. Firefly
23. Oracabessa
24. Ocho Rios
25. Dolphin Cove und Dunn's River Falls
26. Cranbrook Flower Forest
27. Runaway Bay und Discovery Bay
28. Green Grotto Caves
29. Bob Marley Centre & Mausoleum
30. Cockpit Country

Auf einen Blick

Politik: Parlamentarische Monarchie, Staatsoberhaupt ist die englische Königin, vertreten durch einen Gouverneur.
Sprache: Englisch, umgangssprachlich Patois.
Währung: Jamaika-Dollar (J$)
Mobilfunk: GSM/GPRS 900/1800 MHz (wie in D, A, CH), 850/1900 MHz, UMTS 2100 MHz (wie in D, A, CH), 850 MHz.
Strom: 110 V/50 Hz, Adapter: ja.

Weitere Zeichenerklärungen *siehe hintere Umschlagklappe*

Boote am Rand einer Lagune in Ocho Rios

Legende

- Autobahn
- Hauptstraße
- Nebenstraße
- Eisenbahn

Blue Mountains
In den schroffen, kühlen und oft in Nebel gehüllten Bergen der Blue Mountains wird eine der edelsten Kaffeesorten der Welt angebaut.

Kingston
Wem Kingstons reiches Kultur- und Nachtleben nicht genügt, kann Ausflüge zur ehemaligen Hauptstadt der Piraten, Port Royal, unternehmen und am Hellshire Beach frischen Fisch genießen.

Auf Jamaika unterwegs

Die meisten Flüge landen in Montego Bay, von dort erreicht man schnell Negril und Ocho Rios. Für die Reiseziele Port Antonio oder Treasure Beach fliegt man besser nach Kingston. Inlandsflüge werden von Charterfirmen zwischen Montego Bay, Kingston und Negril angeboten. Über die Schnellstraße an der Nordküste gelangt man von Montego Bay rasch nach Ocho Rios oder Negril. Am besten mietet man sich ein Auto oder engagiert einen einheimischen Fahrer, um die Insel zu erkunden. Das bisweilen chaotische Bussystem funktioniert ohne feste Fahrpläne.

Typisch jamaikanische Holzschnitzereien an einem Straßenstand

❶ Montego Bay

Nordwestküste. 110 000. 18 Queens Drive, (876) 952 4425.
montego-bay-jamaica.com

Montego Bay ist vor allem für seine herrlichen Strände bekannt. Wunderschön ist auch der Blick von den Hügeln der Umgebung auf die Westküste. Montego Bay ist Ziel der meisten internationalen Flüge und vieler Kreuzfahrtschiffe. Die Gloucester Avenue, das Vergnügungszentrum der Stadt, verläuft in Nord-Süd-Richtung. Der interessante Punkt an diesem »Hip Strip« ist der bei Einheimischen beliebte **Aquasol Beach** (auch Walter Fletcher Beach genannt) mit Gokart-Bahn, guten Wassersportmöglichkeiten und Tennisplätzen.

Bars, Restaurants und Souvenirläden säumen den Boulevard vom Aquasol bis zum einzigen kleinen Park am Strip. Von dort hat man einen schönen Blick auf die Küste. Nach den Bars Margaritaville und Blue Beat erreicht man den Zugang zum weißen Strand und glasklaren Wasser des berühmten **Doctor's Cave Beach**. 200 Meter dahinter erstreckt sich der Cornwall Beach.

Wo die Gloucester Avenue zur Kent Avenue wird, wird der Strip ruhiger, der Blick öffnet sich wieder aufs Meer. Vor dem schönen Strand kann man gut schnorcheln. Die Innenstadt ist ein angenehmer Gegenpol zur kitschigen Gloucester Avenue. Auch wenn nicht viele Urlauber über den Südteil der Straße hinauskommen, gibt es hier einiges zu sehen. Am Ende des Strip führt die Fort Street durch den hektischen Obst- und Gemüsemarkt Gully zum Brunnen auf dem Sam Sharpe Square. Der Platz ist nach einem Nationalhelden Jamaikas benannt. In der Nordwestecke steht neben dem Steinkäfig, in dem die Briten entlaufene Sklaven zur Schau stellten, eine Skulptur von Sam Sharpe, der zu seinen Anhängern predigt. Um die Ecke steht das **Montego Bay Cultural Centre** mit Museum, Kunstgalerie, Café und Souvenirshop.

Wimpelschwanz, Rocklands Bird Sanctuary

Aquasol Beach
Gloucester Av. (876) 979 9447. tägl.; Zeiten variieren.

Doctor's Cave Beach
Gloucester Av. (876) 952 2566. tägl. 8.30 Uhr bis Sonnenuntergang. **doctorscave bathingclub.com**

Montego Bay Cultural Centre
Sam Sharpe Square. (876) 971 3920. Mo–Sa 10–18 Uhr.

Segelspaß in den klaren Gewässern vor Montego Bay

❷ Rocklands Bird Sanctuary

Anchovy, 8 km südwestl. von Montego Bay. (876) 952 2009. tägl. 10–17 Uhr.

Am Highway B8 liegt hinter der Abzweigung nach Lethe bei Anchovy das Rocklands Bird Sanctuary. Hier finden Vogelliebhaber ihr unvergessliches Jamaika-Erlebnis. Vor dem Haus der 2000 verstorbenen Ornithologin Lisa Salmon erscheinen jeden Tag Vögel aller Art, um sich dort von Besuchern füttern zu lassen. Die Busse von Montego Bay nach Savanna-la-Mar halten an der nahen Landstraße, doch der Weg zum Sanctuary ist steil und schwierig. Da keine Sammeltaxis direkt nach Rocklands fahren, sollte man sich ein Taxi in Montego Bay mieten.

Bei der Ankunft erhalten Besucher ein Fläschchen mit Zuckerwasser. Damit locken sie zuverlässig die Vögel an, Kolibris wie den Wimpelschwanz, die sich auf der Hand niederlassen und mit schwirrenden Flügeln trinken. Neben verschiedensten Kolibris erspäht man auch andere Vogelarten, u. a. Zuckervögel, Rotsteiß-Gimpelfinke und prächtige Blaurücken-Waldsänger. Den scheuen und wunderschönen Tieren auf diese Weise nahe zu kommen, ist ein unglaubliches Erlebnis. Das Eintrittsgeld beinhaltet auch einen interessanten Naturlehrpfad durch die dichte Vegetation.

❸ Animal Farm

Bei Lethe, 16 km südwestl. von Montego Bay. (876) 899 0040. tägl. 10–17 Uhr.
animalfarmjamaica.com

Die umweltbewusst geführte Animal Farm ist ein Schutzgebiet in den Montpelier Hills, das sich vorwiegend der Vogelzucht verschrieben hat. Hier leben über 70 exotische Arten, u. a. auch Vögel, die wegen ihres an Dreadlocks erinnern-

Hotels und Restaurants auf Jamaika *siehe Seiten 156–159 und 160f*

Sam Sharpe und der Sklavenaufstand

Der Weihnachtsaufstand im Dezember 1831 war wohl die bedeutendste Erhebung afrikanischer Sklaven auf Jamaika. Obwohl der Sklavenhandel seit 1807 verboten war, schufteten auf den Plantagen Jamaikas weiterhin Tausende Afrikaner in den Zuckerrohrfeldern, ohne etwas von der neuen Gesetzgebung zu wissen. Die Plantagenbesitzer hatten kein Interesse an Veränderungen und versuchten die unvermeidliche Befreiung so lange wie möglich hinauszuzögern. Sam Sharpe war ein Sklave aus Montego Bay, der sich selbst Lesen und Schreiben beigebracht hatte und Prediger in einer Baptistenkirche wurde. Er erfuhr von den Aktivitäten der Sklavereigegner in Großbritannien und predigte, dass die Freiheit nahe sei. Die Nachricht verbreitete sich wie ein Lauffeuer. Vor Weihnachten 1831 sprach man immer deutlicher über einen Aufstand. Am 27. Dezember wurde aus gewaltlosen Protesten eine ausgewachsene Rebellion. Westjamaika stand in Flammen, 160 Plantagen wurden niedergebrannt. Die Antwort der Briten war brutal. Tausend Sklaven wurden erschossen und 300 weitere, darunter auch Sam Sharpe, gehenkt. Doch der Aufstand war der Anfang vom Ende der Sklaverei, die 1838 abgeschafft wurde.

Sam Sharpes Denkmal in Montego Bay

Antikes Klavier im Greenwood Great House

Bambusfloß auf dem Great River vor Lethe

den Federkleids »Rasta Fowl« genannt werden. Auf der Farm gibt es auch Schweine, Hamster, Kaninchen, Meerschweinchen, Schafe und einen Esel.

Die hier angebotenen Vogelbeobachtungstouren werden von Experten geführt. Besucher können die Tiere im begehbaren Vogelhaus aus der Hand füttern. Man kann auch an Wanderungen durch das umliegende Tal und an Touren mit dem Bambusfloß auf dem Great River teilnehmen.

Die weitläufige Anlage besitzt auch einen schönen Kräutergarten, einen Streichelzoo und einen Kinderspielplatz.

❹ Rose Hall und Greenwood

Rose Hall 16 km östl. von Montego Bay. (876) 953 2323. tägl. 9–18 Uhr. **rosehall.com**

Greenwood 19 km östl. von Montego Bay. (876) 953 1077. tägl. 9–18 Uhr. **greenwoodgreathouse.com**

Um seine koloniale Vergangenheit macht Jamaika nicht viel Aufhebens. Doch östlich von Montego Bay rückt die Zeit der Plantagensklaverei wieder in das Bewusstsein, und zwar in Form von zwei palastartigen Häusern, die in Sehenswürdigkeiten umgewandelt wurden. Beide Herrenhäuser sind an der Küstenstraße ausgeschildert. Die Busse auf der Küstenstraße halten am Eingang von Rose Hall und Greenwood.

Das Rose Hall Great House liegt näher bei Montego Bay. Es war das Herrenhaus der »Weißen Hexe« Annie Palmer. Sie kam als Ehefrau des Besitzers John Rose Palmer nach Rose Hall und entfaltete bald ein Terrorregiment, über das sich die Führer breit auslassen. Angeblich spukt es in diesem mit Möbeln und Antiquitäten im Stil der damaligen Zeit eingerichteten Haus. Die Tour beginnt am Andenkenladen, der auch alte Fotografien anbietet.

Mehr Atmosphäre hat das Greenwood Great House. Es ist schöner, original ausgestattet und mit Antiquitäten möbliert. Der Blick auf die Küste ist grandios. Das Haus gehörte einst Verwandten der britischen Dichterin Elizabeth Barrett Browning. Neben einer Bibliothek ist eine Sammlung seltener Musikinstrumente zu sehen.

Die düstere Fassade des berüchtigten Rose Hall Great House

Hotels und Restaurants säumen den Strand des beliebten Urlaubsorts Negril

❺ Negril

83 km südwestl. von Montego Bay. 6000. von Montego Bay über Norman Manley Boulevard, von Savanna-la-Mar über Sheffield Road. Negril Chamber of Commerce, Vendors Plaza, West End Road, (876) 957 4067. **negril.com**

Der wohl beliebteste der drei großen Urlaubsorte Jamaikas liegt zwischen dem elf Kilometer langen weißen Sandstrand am Norman Manley Boulevard und den Kalksteinklippen der Inselwestspitze. Klippen und Strand sind von Hotels und Restaurants gesäumt. In der Hochsaison vergeht kaum ein Wochenende, an dem nicht irgendwo eine Show stattfindet. An den meisten Abenden unter der Woche kann man im Sand zu Live-Reggae tanzen.

Von einem Riff geschützt, erstreckt sich das klare und ruhige Meer vor einem der besten Strände der Karibik. Diese Traumumgebung lockt Urlauber in Scharen und damit leider auch viele Strandverkäufer an, die von Haargummis über Fahrten mit Glasbodenbooten bis zu Ganja (Cannabis) alles anbieten. Hotels, auch viele Bars und Restaurants, stellen für ihre Gäste Liegen und Sonnenschirme am Strand auf.

Wer mehr Ruhe sucht, geht am besten den Strand entlang nach Osten zum Long-Bay-Strandbad. Dort werden die Häuser und der Trubel weniger.

Eine völlig andere Welt als der Strand eröffnet sich südlich des Zentrums von Negril. Am **West End** ragen zerklüftete Kalksteinklippen aus vier Meter tiefem, kristallklarem Wasser mit schönen Korallen auf. In dieser ruhigeren Zone stehen Hotels der gehobenen Preiskategorie und zahlreiche Unterkünfte für Reisende mit kleinerem Geldbeutel. Von den Restaurants und Hotels steigt man über Treppen die Klippen hinab und über Leitern ins Meer. Bei bewegter See ist das Schwimmen hier allerdings anstrengend.

Das West End ist auch der ideale Ort, um den Sonnenuntergang zu genießen. Zum Angebot der Bars gehören Happy Hour und Live-Musik. Völlig entspannt man kann hier den Klippenspringern zusehen, die sich aus höchster Höhe halsbrecherisch in das Meer hinabstürzen.

❻ Great Morass und Royal Palm Reserve

Sheffield Road, 5 km östl. von Negril. (876) 364 7407. tägl. 9–18 Uhr.

Der Great Morass, mit 24 Quadratkilometer Fläche Jamaikas zweitgrößtes Feuchtgebiet, erstreckt sich vom Norman Manley Boulevard landeinwärts. Man erreicht es mit dem Bus oder dem Linientaxi von Negril nach Savanna-la-Mar. Da die nächste Haltestelle weit entfernt liegt, nimmt man sich am besten ein Taxi.

Der Great Morass, eine torfige, mit Riedgras bedeckte Ebene, bietet Lebensraum für

Plankenweg durch das Feuchtgebiet im Royal Palm Reserve

Hotels und Restaurants auf Jamaika *siehe Seiten 156–159 und 160f*

seltene Tiere und Pflanzen, darunter auch die Bäume, für die das Royal Palm Reserve eingerichtet wurde. Hölzerne Plankenwege führen weit in den Sumpf, dessen Luft vom Zirpen der Grillen und Zikaden und vom Quaken der Frösche erfüllt ist. Hier kann man herrlich spazieren und Vögel beobachten. Im Schutzgebiet stehen Beobachtungstürme, von denen sich über 50 Arten entdecken lassen. Besucher können hier auch angeln.

7 Östlich von Negril

Vom Kreisverkehr in Negril verläuft die Sheffield Road durch den staubigen Marktort Savanna-la-Mar Richtung Inland. In »Sav« selbst gibt es nicht viel zu sehen, am besten verlässt man schon davor die Hauptstraße und folgt den Schildern zum **Roaring River Park** beim Dörfchen Petersfield. Im Park auf einer ehemaligen Plantage kann man tiefe Kalksteinhöhlen erkunden.

Nach weiteren fünf Fahrminuten erreicht man die eigentliche Sehenswürdigkeit: **Blue Hole Mineral Spring**, den tiefblauen, beschatteten Teich einer Quelle. Hier kann man herrlich schwimmen.

Ausritt auf der Rhodes Hall Plantation nordöstlich von Negril

Roaring River Park
8 km nördl. von Savanna-la-Mar.
Hinweis Buchen Sie eine geführte Tour ab Negril; nichtoffizielle Führer sollte man unbedingt ignorieren.

Blue Mineral Spring
8 km nördl. von Savanna-la-Mar.
(876) 860 8805. tägl. 10–18 Uhr.

8 Nordöstlich von Negril

An der Küstenstraße liegen zwei Ausflugsziele. Das erste ist die **Rhodes Hall Plantation**, eine 220 Hektar große Kokos- und Gemüseplantage mit angeschlossenem Krokodil- und Vogelreservat. Hier kann man im Gelände und am Strand ausreiten, schnorcheln oder in den Pool mit Quellwasser springen. Im neun Hektar großen **Dolphin Cove Negril** kann man mit Delfinen schwimmen, Stachelrochen streicheln oder Haie bei spannenden Shows beobachten. Zu beiden Zielen gelangt man mit dem Bus oder einem Sammeltaxi.

Weiter in Richtung Landesinneres befindet sich im Herzen der Dolphin Head Mountains ein weiteres Ausflugsziel: die **Mayfield Falls**. Über 22 kleine Kaskaden rauscht hier ein Fluss durch wucherndes Grün. Es lohnt sich, an einer geführten Tour teilzunehmen. Am Fluss kann man in einigen tiefen Gumpen schwimmen, man kann aber auch ein Picknick machen oder gleich am Ausgangspunkt ins kühle Nass springen. Das Ende der Tour führt durch Weiden, die von Obstbäumen und Bambusdickicht eingefasst sind. Die Fälle sind nicht einfach zu finden, doch die Taxifahrer kennen den Weg.

Rhodes Hall Plantation
13 km nordöstl. von Negril.
(876) 957 6883.
rhodeshallplantation.net

Dolphin Cove Negril
Point, Lucea. (876) 974 5335.
tägl. 8–17 Uhr.
dolphincoveja.com

Mayfield Falls
Glenbrook, 24 km nordöstl. von Negril. (876) 792 2074.

Partyhochburg Negril

In den 1970er Jahren wurde Negril von Hippies »entdeckt«, die von Ganja (Marihuana) benebelt an den Stränden das Leben genossen. Noch immer lockt viele der Ruf der Zügellosigkeit nach Negril – eines der größten Hotels vor Ort wirbt mit freizügigen Poolpartys und hüllenlosem Baden unter Sternenhimmel. Der Ort ist für seine Ausschweifungen bekannt. Viele Urlauber kommen nur wegen der wilden Feste. Auch heute noch gehören Drogen zu diesem Bild. Tees aus »Magic Mushrooms« sind in einigen Restaurants die Spezialität auf der Speisekarte. Oft durchzieht Marihuana-Duft die Nachtluft. Doch heute steht das Nachtleben im Mittelpunkt der Vergnügungen. In den vielen Bars am Strand kann man an jedem Abend im Sand tanzen.

Party in einem Hotel in Negril

Ein Spitzkrokodil sonnt sich am Ufer des Black River

9 Black River

73 km südl. von Montego Bay. 4300. zwischen Savanna-la-Mar und Treasure Beach. Fr, Sa.

Die wettergegerbte Hauptstadt von St. Elizabeth mag der größte Ort im Landkreis sein, doch so etwas bedeutet in dieser idyllischen Landschaft nicht viel. Abgewandt von der Küste zentriert sich alles um den geschäftigen Markt und die Hauptgeschäftsstraße. Black River ist wahrlich kein Besuchermagnet, auch wenn hier am Ufer einige interessante Gebäude stehen. Bemerkenswert ist das kunstvolle Invercauld, das 1894 erbaut wurde, als Black River während seiner Blütezeit einer der wichtigsten Häfen der Insel war.

Besucher kommen vor allem wegen der Bootssafaris auf dem Black River Great Morass. Dieses Feuchtgebiet wird von Spitzkrokodilen bevölkert. Die Boote legen zu beiden Seiten der Hauptbrücke ab und arbeiten sich den mit Wasserhyazinthen bedeckten Strom hinauf. Unterwegs passieren sie Mangrovengehölze, in denen Vögel und Meerestiere leben. Die Krokodile sind an die Besucher gewöhnt. Viele der Tiere haben von den Bootsführern Namen bekommen. Die Agentur **Black River Safari** bietet Krokodilbeobachtungen vom Black River an.

Im **Font Hill Beach Park** westlich von Black River gibt es einen schönen weißen Sandstrand in Privatbesitz.

Black River Safari
1 Crane Road, Black River.
(876) 965 2513.
Mo–Sa 9–16 Uhr.

Font Hill Beach Park
Main Road, 3 km westl. von Black River. (876) 462 9011.
tägl. 9–17 Uhr.

Bunte Fischerboote am Strand von Treasure Beach

10 Treasure Beach

90 km südl. von Montego Bay. von Mandeville und Black River. Hotels organisieren den Transfer mit Taxis von den Flughäfen Montego Bay und Kingston. **treasurebeach.net**

Die idyllischen Fischerdörfer am ruhigen Treasure Beach bilden den Kontrast zur Glitzer- und Betonwelt der Nordküste. Hier kann man das authentische Jamaika jenseits der Urlaubshochburgen entdecken. Die Dörfer profitieren von einer nachhaltigen Tourismusentwicklung. So gehören nicht nur die meisten Hotels und Restaurants hier tatsächlich den Einheimischen, die Dörfer gründeten auch die Stiftung BREDS. Das gemeinnützige Unternehmen finanziert sich weitgehend aus Zuwendungen der Urlauber und hat u. a. eine medizinische Notfallambulanz eingerichtet und einen Krankenwagen gekauft. Sie stattete auch die Schulen mit Computern und die Fischer mit Funkgeräten aus.

Mittelpunkt der Gemeinde ist die wunderschöne Calabash Bay zwischen dem Meer und der trockenen Ebene unterhalb der Santa Cruz Mountains. Im schicken Jakes Hotel *(siehe S. 159)* konzentrieren sich fast alle Aktivitäten. In seiner Nähe stehen weitere Lokale und Unterkünfte. Nördlich davon kann man in der Frenchman's Bay gut schwimmen, bodysurfen und am Strand sonnenbaden. Hier findet man weitere Unterkünfte und Lokale. Südlich von Calabash und Frenchman's Bay, und von beiden durch Weideland und den Great Pedro Pond getrennt, liegt die Great Bay mit schönem Strand und vielen Fischerbooten. Der Sand ist hier zwar eher braun als weiß, aber das Wasser ist sehr sauber. Die vereinzelten Wellen sind eine erfrischende Abwechslung zum spiegelglatten Wasser der Nordküste.

Hier kann man durchaus den gesamten Urlaub verbringen. Trotzdem sollte man eine Bootsfahrt an der Küste entlang zur **Floyd's Pelican Bar** unternehmen. Die aus Holz erbaute und mit Stroh gedeckte Bar steht auf Pfählen auf einer Sandbank vor der Küste am Parottee Point, in der Nähe von Black River. Die Gäste paddeln im seichten Wasser, schnorcheln oder sitzen einfach bei einem Essen oder einem Bier an der Bar und genießen den Sonnenuntergang, der hier besonders farbenprächtig ist.

⓫ St. Elizabeth

100 km südl. von Montego Bay.

Die charakteristische, bauxitreiche roten Erde und die Viehweiden machen dies zu einem der schönsten Landkreise Jamaikas. Hier findet man zwar nur wenige Sehenswürdigkeiten, dennoch lohnt ein Ausflug von Treasure Beach hierher.

Von Black River führt die ausgeschilderte Straße nach Norden und eröffnet schöne Ausblicke über die Ebene zu den Santa Cruz Mountains. Nach etwa 20 Kilometern erreicht man das Dorf **Middle Quarters**, in dem Frauen Tüten mit den würzigen Pfeffergarnelen verkaufen, für die die Gegend bekannt ist. Kurz darauf führt die ausgeschilderte Straße linker Hand zur YS, einer riesigen Rinderfarm mit saftigen Weiden und von Urwald bedeckten Hügeln. Nach einer kurzen Fahrt auf dem Anhänger eines Traktors erreicht man die wunderschönen **YS Falls**. Hier rauscht das Wasser über sieben unterschiedlich große Stufen in zum Teil tiefe Becken hinab, die zwar sehr felsig sind, aber sich trotzdem gut zum Schwimmen eignen. Der Swimmingpool neben der Imbissbude wird von einer Quelle gespeist und ist für Kinder ideal. Wenn es der Wasserstand erlaubt, kann man auch auf Reifenschläuchen den Fluss hinabfahren. Über drei Ziplines können die Besucher zudem durch die Baumkronen und über den Fluss gleiten.

Nach der YS-Farm wird die Straße noch schmaler. Hat man die winzige Gemeinde Maggotty passiert, geht es auf dem Highway B6 zum **Appleton Rum Estate**, das von endlosen Zuckerrohrfeldern umgeben ist. Appleton ist der älteste Rumproduzent auf Jamaika. Das Gut stammt von 1655, die Destillerie von 1749. Viele halten diesen Rum für den besten der Insel. Die Führung durch die Destillerie erklärt den gesamten Produktionsprozess, von der Zuckerrohrauslese bis zur Abfüllung in die Flaschen. Am Ende darf man einige Sorten verkosten, daher ist es gut, dass der Betrieb auch den Transport der Besucher von und zu den Hotels anbietet.

Der malerische Rückweg folgt dem Highway B6 an Maggotty vorbei in Richtung Süden und führt bei Lacovia nach rechts auf die **Bamboo Avenue**. Hier formen die hohen, gebogenen Bambusbüsche einen veritablen Tunnel. Kurz danach erreicht man wieder Middle Quarters.

Der Bambustunnel der Bamboo Avenue, St. Elizabeth

Die sieben Kaskaden der YS Falls, St. Elizabeth

YS Falls
5 km nördl. von Middle Quarters. (876) 997 6360. Di–So 9.30–15.30 Uhr. Schlauchreifenfahrt und Zipline gegen Gebühr. **ysfalls.com**

Appleton Rum Estate
13 km nordöstl. von Middle Quarters. (876) 963 9215. Mo–Sa 9–16 Uhr. **appletonestate.com**

⓬ Mandeville

104 km südöstl. von Montego Bay. 50 000. von Montego Bay. tägl.

Mandeville liegt von Hügeln und Vegetation umgeben auf rund 600 Metern Höhe und ist einer der schönsten Orte Jamaikas. Die Hauptstadt von Manchester wurde 1816 vom Duke of Manchester, seinerzeit Gouverneur von Jamaika, gegründet und nach dessen Sohn, dem Viscount Mandeville, benannt. Das Mandeville Court House von 1820 besitzt einen Portikus mit dorischen Säulen. Sehenswert sind auch die Manchester Parish Church, das Mandeville Jail and Workhouse (heute das Polizeirevier) und das Mandeville Hotel.

Besucher genießen Eiscreme im Devon House, Kingston

⓭ Kingston

190 km südöstl. von Montego Bay. 937 000. Jamaica Tourist Board, 64 Knutsford Boulevard, Mo–Fr 9–16.30 Uhr, (876) 929 9200. Kingston on the Edge Urban Art Festival (Juni).

Jamaikas Wirtschafts- und Kulturzentrum erstreckt sich vom großen Naturhafen nach Norden hin bis zu den Blue Mountains. Das Stadtgebiet lässt sich grob in Downtown und New Kingston unterteilen. Im Herzen von New Kingston führt der Knutsford Boulevard südwärts bis zum **Emancipation Park** mit Brunnen, Joggingwegen und Laura Facey-Coopers Skulptur *Redemption Song*. Fast parallel zum Knutsford führt die Hope Road an klassischen Sehenswürdigkeiten Kingstons vorbei. In einem Park steht das **Devon House** des ersten schwarzen Millionärs der Insel. Heute gibt es dort Eis und Snacks, man kann an einer Führung teilnehmen oder auf einer Parkbank den Tag genießen. Etwas weiter erkennt man das **Bob Marley Museum** an den Wandgemälden und Rasta-Flaggen. Das Museum in Marleys ehemaligem Haus ist ein überraschend lahmer Tribut an den berühmtesten Sohn Jamaikas. Zu sehen sind Gold- und Platinplatten, Bühnenkleidung und eine Wand mit Zeitungsmeldungen, die von seinen Erfolgen berichten. Küche und Schlafzimmer blieben so, wie er sie verlassen hat. In einem rückwärtigen Raum zeugen Einschusslöcher vom fehlgeschlagenen Attentat von 1976. Am Nordende der Hope Road lohnt der Besuch der **Hope Botanical Gardens** in einer ehemaligen Zuckerplantage.

In Downtown residieren Banken und Verwaltungen, in den Randzonen befinden sich einige der schlimmsten Gettos des Landes. Die **National Gallery** hinter den Palmen des Ocean Boulevard besitzt die beste Sammlung jamaikanischer Kunst auf der Insel.

Devon House
26 Hope Road. (876) 929 6602.
Mo–Sa 9.30–17 Uhr.
nur Park.
devonhousejamaica.com

Bob Marley Museum
56 Hope Road. (876) 630 1588.
Mo–Sa 9.30–16 Uhr.
bobmarleymuseum.com

Hope Botanical Gardens
Hope Road. (876) 970 3505.
tägl. 6–18 Uhr.

National Gallery
12 Ocean Boulevard.
(876) 922 1561. Di–Do 10–16.30 Uhr, Fr 10–16 Uhr, Sa 10–15 Uhr.
natgalja.org.jm

Zentrum von Kingston

① Emancipation Park
② Devon House
③ Bob Marley Museum

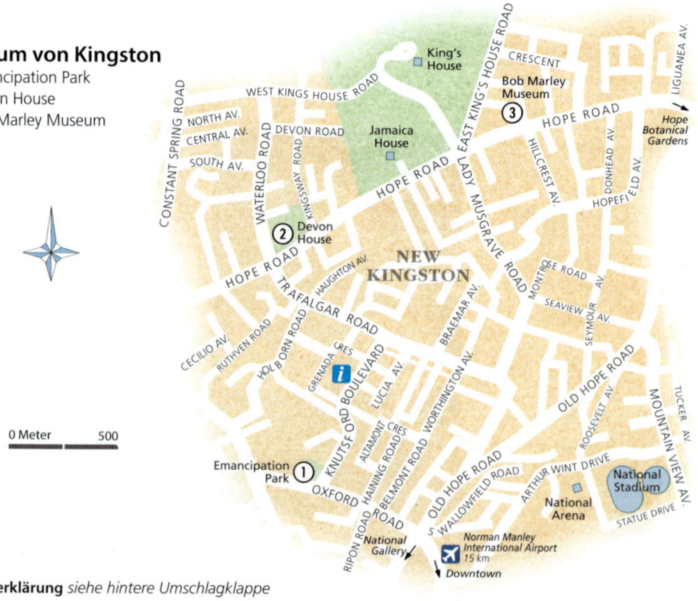

Zeichenerklärung *siehe hintere Umschlagklappe*

⓮ Hellshire

16 km südwestl. von New Kingston. 85 000.

Auf der anderen Seite von Kingstons Hafen führt die mautpflichtige Schnellstraße T1 in die Vorstadt Portmore. Dahinter liegen die Hellshire Hills, ein trockenes, kakteenbestandenes Gebiet, das bis zum Karibischen Meer reicht. Kingstoner wie Urlauber fahren an den weißen Sandstrand **Fort Clarence Beach**, um zu baden und zu essen: Das benachbarte Fischerdorf Hellshire ist landesweit für seine exzellente Fischküche bekannt. Baufällige Fischlokale verkaufen gebratenen Fisch mit Pfeffersauce und *bammy* (Maniokbrot) oder frittiertem Maisbrot. Am Wochenende dröhnt aus riesigen Lautsprechern Reggae. Die Familien vertreiben sich die Zeit am Strand.

Hinter Hellshire befinden sich die tiefen Kalksteinhöhlen der **Two Sisters Caves**, sie sind über Plankenwege und Treppen zugänglich. Führer erklären die Geschichte der Höhlen und zeigen indianische Felsenritzungen an den Wänden.

Fort Clarence Beach
Main Road, Hellshire. Mo–Fr 10–18 Uhr, Sa, So 9–18 Uhr.
Hinweis Duschen und Umkleidekabinen sind vorhanden.

Two Sisters Caves
Main Road, Hellshire. (876) 656 8031. nur für Reisegruppen.
udcja.com

Innenraum eines Restaurants mit bunten Wandmalereien, Hellshire

Kanonen im Hof von Fort Charles

⓯ Port Royal

8 km südwestl. von New Kingston. 4300.

Die Palisadoes, eine Kette von verbundenen Inselchen, bilden einen Wellenbrecher für den Hafen von Kingston. Eine Straße führt über die Palisadoes nach Port Royal. Das stimmungsvolle Fischerdorf war in der zweiten Hälfte des 17. Jahrhunderts ein wichtiger englischer Kriegs- und Piratenhafen. Im Jahr 1692 wurde es durch ein Erdbeben zerstört. Ein Großteil der Stadt versank im Meer, Tausende Menschen starben, ihre Rolle als Handelszentrum war für immer beendet.

Noch heute sind einige der originalen englischen Festungen zu sehen. Die größte, **Fort Charles**, wurde als erste von fünf Bastionen aus den Ballastziegeln der Segelschiffe erbaut. Das Maritime Museum im Hof besitzt eine kleine, aber interessante Sammlung von Objekten aus den Ruinen der alten Stadt.

Auf der anderen Seite des Hauptplatzes lohnt der Friedhof von St. Peter's Church einen Besuch. Hier liegt auch Lewis Galdy begraben, der bei dem Beben von der Erde verschluckt und Sekunden später wie durch ein Wunder wieder ausgespuckt wurde. Von hier aus gelangt man per Boot zur Lime Cay, einer winzigen Insel mit Sandstrand und klarem Wasser.

Fort Charles
(876) 967 8438.
tägl. 9–16.45 Uhr.
Karfreitag, 25. Dez.

Piraten in Port Royal

1655 eroberten die Engländer Jamaika von den Spaniern und bauten an der Spitze der Halbinsel von Port Royal eine Festung. Um Jamaika trotz ihrer wenigen Soldaten verteidigen zu können, setzten sie auf die Dienste von Piraten. Diese raubten die mit Schätzen beladenen spanischen Schiffe auf ihrem Weg zwischen Europa und den Kolonien der Neuen Welt aus. Durch ihre Beute wurde Port Royal zu einem florierenden Hafen, den die Kirche als »sündhafteste Stadt der Christenheit« verdammte. Die Tage der Piraten endeten, als England und Spanien 1670 Frieden schlossen. Sir Henry Morgan, der durch die Plünderung der spanischen Kolonie Panama im Auftrag des englischen Königs berühmt geworden war, wurde 1674 Vizegouverneur und sollte seine früheren Genossen überreden, die Piraterie aufzugeben. Wer sich weigerte, wurde verfolgt. 1720 wurden der berühmt-berüchtigte »Calico« Jack Rackham und dessen Komplizinnen Mary Read und Ann Bonney gefasst. Rackham wurde hingerichtet, der Körper in einen Käfig gepackt und als Warnung an andere am Kai von Port Royal aufgestellt.

Henry Morgan (1635–1688), Pirat und Vizegouverneur

Hotels und Restaurants auf Jamaika *siehe Seiten 156–159 und 160f*

⑯ Tour: Blue Mountains

Jamaikatrupial, Vertreter der reichen Vogelwelt der Blue Mountains

Das größte Gebirge Jamaikas verläuft 45 Kilometer in Ost-West-Richtung. Der höchste Gipfel ragt 2256 Meter auf. An den unteren Hängen wachsen Seifenbäume, Hartriegel und karibische Zedern, dazwischen liegen Kaffeeplantagen. Niederer Bergregenwald bedeckt die höheren Lagen. Bei Papine und Kingston beginnen zwei große Routen. Die Straße teilt sich bei The Cooperage. Eine Route führt durch den Holywell Recreational Park und an Kaffeeplantagen und einem Hotel vorbei, die andere nach Gordon Town und Mavis Bank. Von dort kann man per Jeep zum Anfang des Wanderpfads auf den Blue Mountain Peak fahren.

① **The Cooperage**
Die Kreuzung wurde nach den irischen Küfern benannt, die im 19. Jahrhundert hier Rumfässer herstellten.

② **Irish Town**
Hier steht das Strawberry Hill Hotel, in dem sich Bob Marley nach dem Attentat von 1976 erholte.

③ **Craighton Coffee Estate**
Die Kaffeeplantage um das hübsche Great House ist heute in japanischem Besitz. Es werden informative Führungen angeboten.

④ **Newcastle**
Die frühere britische Militärbasis aus der Kolonialzeit wird vom jamaikanischen Militär benutzt und ist für Besucher gesperrt.

Routeninfos

Start: Papine.
Länge: Ein ganzer Tagesausflug, um die Holywell- sowie die Mavis-Bank-Seite zu sehen.
Fahrtipps: Fahren Sie langsam, hupen Sie vor Serpentinen, und meiden Sie die Berge, wenn es regnet, da Erdrutsche relativ häufig vorkommen.

⑤ **Holywell Recreational Park**
Hier steht das Besucherzentrum des Blue and John Crow Mountains National Park. Es gibt markierte Wege durch den Nebelwald, Hütten zum Übernachten und den Blick auf Kingston.

⑨ **Abbey Green**
Die Eukalyptusbäume bei Abbey Green sind meist in Dunst gehüllt. Hier beginnt der Weg auf den Blue Mountain Peak. Hütten dienen als Basislager für den Gipfelsturm.

⑧ **Mavis Bank**
In dem winzigen Bergdorf kann man die Blue Mountain Coffee Processing Plant besichtigen.

⑦ **Clydesdale und Cinchona**
An der ehemaligen Kaffeeplantage von Clydesdale fängt die Wanderung zum ungepflegten, aber schönen botanischen Garten von Cinchona an.

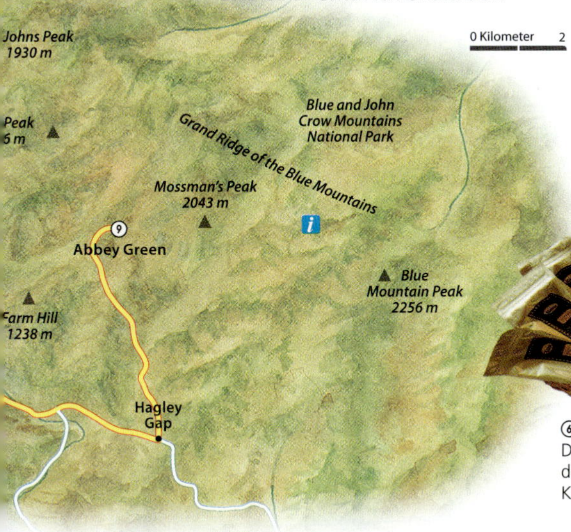

Legende
▲ Gipfel
Route 1
Route 2
Andere Straße

⑥ **Old Tavern Coffee Estate**
Das ist die einzige Plantage in den Bergen, die ihren eigenen Kaffee röstet.

Ernte der Beeren

Sortieren der Beeren

Trocknen der Bohnen

Rösten der Bohnen

Blue Mountain Coffee

Der Blue Mountain Coffee gilt unter vielen Kennern als der beste Kaffee der Welt. Die Beeren mit den delikaten Bohnen wachsen in 600 bis 1500 Meter Höhe in einem einzigartigen Klima auf fettem Boden, werden von Hand gepflückt und in der Kaffeefabrik von Mavis Bank verarbeitet. Zuerst werden die minderwertigen Beeren ausgeschwemmt, dann Fruchthaut und Pulpe entfernt und die Bohnen gewaschen. Anschließend trocknen diese an der Luft oder – bei Regen – in Trommeln. Nach zehn Wochen Lagerung werden sie enthülst, nach Qualität sortiert, geröstet und verpackt.

Weitere Zeichenerklärungen *siehe hintere Umschlagklappe*

⑰ Port Antonio

98 km nordöstl. von Kingston.
13 000. Port Antonio International Marlin Tournament (Okt).

Das ruhige Port Antonio wuchs rund um seine Zwillingshäfen. Zu einem Wallfahrtsort wurde die Stadt durch Hollywoodstar Errol Flynn (1909–1959). Flynn strandete hier mit seiner Privatyacht, war von der Gegend begeistert und kaufte sich Navy Island dicht vor der Küste sowie ein Hotel auf der Halbinsel Titchfield an der Westspitze des Osthafens von Port Antonio. In den 1950er Jahren lud er viele gefeierte Stars wie Bette Davis und Ginger Rogers nach Jamaika ein und unternahm mit ihnen auf dem Rio Grande Flussfahrten.

Spuren aus dieser Zeit findet man heute kaum noch, nur die palastartigen Hotels östlich von Port Antonio zehren von verblichenem Glanz. Dennoch verströmt der Ort reichlich Charme. An der Hauptstraße stehen einige Häuser mit den typischen Veranden der Kolonialzeit. Es gibt einen geschäftigen Obst- und Gemüsemarkt. Das große georgianische Gerichtsgebäude erstrahlt heute wieder in einstiger Pracht.

Gegenüber von Navy Island liegt die Errol Flynn Marina, wie die hervorragend ausgestattete Marina von Port Antonio heute heißt. Zur Anlage gehören eine Uferpromenade, gepflegter Rasen, ein weißer Sandstrand und ein exklusives Restaurant. Navy Island ist für Besucher offiziell gesperrt, die einheimischen Fischer fahren Zahlungswillige allerdings gerne zum Schwimmen und Schnorcheln an die schönen Strände der Insel.

Frenchman's Cove ist einer der schönsten Strände auf Jamaika

⑱ Frenchman's Cove und Blue Lagoon

8 km östl. von Port Antonio.
Frenchman's Cove Resort (876) 993 7270. **frenchmanscove.com**

Die Küste östlich von Port Antonio zählt zu den schönsten der Insel. Die Wolken bleiben hier an den Blue Mountains hängen, weshalb es oft regnet. An den Hängen wächst ein dschungelartiges Dickicht aus Farn, Blumen und Palmen bis hinunter zur Küstenstraße. Das türkisfarbene Wasser ist schlicht atemberaubend, komplettiert wird die Szenerie durch die mit Palmen bewachsene Insel. Die einheimischen Hoteliers versuchten lange aus der schönen Natur des Portland-Gebiets Kapital zu schlagen und es als Feriengebiet zu entwickeln. Doch in Ermangelung ausgebauter Straßen ist es noch immer relativ unberührt. Hier gibt es nur wenige Hotels, wie das Trident Castle, und ein paar Pensionen.

Kurz nach Port Antonio verweist ein ziemlich verwittertes Schild auf die Zufahrt zur Frenchman's Cove mit einem der schönsten Strände Jamaikas. Das perfekte Hufeisen aus Sand ist von mit Dschungel bedeckten Hügeln umgeben. Ein Fluss mit erfrischend kühlem Wasser mündet in die Bucht.

Etwas weiter die Hauptstraße entlang nach Osten, vorbei am San San Beach, ist die Ab-

Der Zwillingshafen von Port Antonio an der Nordostküste

Hotels und Restaurants auf Jamaika *siehe Seiten 156–159 und 160f*

fahrt zur Blue Lagoon ausgeschildert. Sie wurde durch den Film *Die blaue Lagune* (1980) mit Brooke Shields und Christopher Atkins bekannt. Die Tiefe des fast runden Beckens kennt niemand. Kaltes Quellwasser vermischt sich hier mit dem warmen Meerwasser – der Effekt ist fantastisch. Ein Bad in der hübschen Lagune oder eine Schnorchelrunde sind schier unvergessliche Erlebnisse, auch wenn einige einheimische »Guides« versuchen, von den Gästen ein »Eintrittsgeld« zu kassieren. Dieses Areal kann man auch im Rahmen einer Floßtour von Frenchman's Cove aus besuchen.

Das ruhige Meer dünt sanft an den Winnifred Beach

⑲ Winnifred Beach

8 km östl. von Port Antonio bei Fairy Hill.

Der Winnifred Beach ist eine Rarität auf Jamaika. Die wunderschöne Bucht wurde bisher kein Opfer des Tourismus und hat sich ihre Ursprünglichkeit bewahrt. Noch begrenzen nur bewaldete Klippen den Bogen aus feinstem Sand.

Gegenüber dem Jamaica Crest Resort kann man von der Hauptstraße zum Strand hinuntergehen. Außer den Bretterbuden, an denen Essen und Getränke verkauft werden, stören nur noch die unpraktischen Umkleidekabinen die Aussicht. Ein kleines Riff ist ideal zum Schnorcheln, die Ausrüstung kann man am Strand ausleihen.

Der schöne Strand ist bei Einheimischen und Urlaubern beliebt. Seit Längerem wird die Regierung heftig kritisiert, deren Entwicklungspläne den Charakter von Winnifred Beach unwiederbringlich zu zerstören drohen.

Der Wasserfall und das klare Becken der Reach Falls

⑳ Long Bay

19 km östl. von Port Antonio.

Am breiten, zwei Kilometer langen Sandstrand von Long Bay brechen sich krachend die Wellen. Hier stehen kaum Hotels und Restaurants am Wasser, der Tourismus entwickelte sich über die Jahre nur langsam. Zuerst kamen junge Surfer aus Europa, denn solche Wellen gibt es nur aan wenigen Stränden von Jamaika. Auch wenn es in der Regel sicher ist, können die Strömungen gefährlich werden. Fragen Sie die Einheimischen, bevor Sie schwimmen gehen.

Kiteboarding-Enthusiasten lieben die guten Bedingungen an diesem Abschnitt. Besucher können mit den Fischern, die hier ihre Boote an Land bringen, gegen Bezahlung Ausflüge aufs Meer vereinbaren.

㉑ Reach Falls

9 km südwestl. von Long Bay. (876) 993 6606. Mi–So 8.30–16.30 Uhr.
udcja.com

Hinter Long Bay verläuft die Küstenstraße zwischen eindrucksvollen Felswänden und der ruhigen Manchioneal Bay, bevor sie wieder ins Landesinnere abbiegt. Eine Straße führt nach rechts durch den Regenwald hinauf zu den schönen Reach Falls des Drivers River. Die grünen Becken mit dem kristallklaren Wasser unterhalb des Wasserfalls sind über einen Meter tief.

In der Nähe wurden Umkleidekabinen, ein informatives Besucherzentrum und Erfrischungsstände gebaut. Durch diese Maßnahmen haben die Wasserfälle leider gelitten und etwas von ihrer einstigen Unberührtheit verloren. Doch das große, tiefe Becken ist noch immer herrlich. Wer dem Fluss stromaufwärts folgt, kann einige unterirdische Höhlen und weitere schöne Stellen zum Schwimmen entdecken.

Palmen und herrliches Meer an der Long Bay

㉒ Firefly

69 km nordwestl. von Kingston.
(876) 725 0920.
Mo–Do, Sa 9–17 Uhr.
firefly-jamaica.com

Firefly liegt herrlich oberhalb des Dorfs Port Maria. Hier lebten der englische Dramatiker, Schauspieler und Songwriter Noël Coward (1899–1973) und sein Lebensgefährte Graham Payn (1918–2005) bis zum Tode Cowards. Sie zogen in das Haus aus den 1950er Jahren, als sie in ihrem ersten Haus auf Jamaika, Blue Harbour, von Gästen überrannt wurden. Heutige Besucher finden Firefly unverändert vor. Fotografien zeigen berühmte Besucher: von Sophia Loren und Audrey Hepburn bis zu Queen Elizabeth II. Coward wurde als Komponist und Texter von urenglischen Liedern bekannt, er schrieb aber auch Theaterstücke, einige davon in diesem Haus. Hauptattraktion von Firefly ist der sagenhafte Blick auf die darunterliegende Küste mit Cabarita Island.

Statue des Schriftstellers und Komponisten Noël Coward in Firefly

㉓ Oracabessa

95 km nordwestl. von Kingston.
4300. **oracabessa.com**

Das unscheinbare Städtchen war bis Anfang des 20. Jahrhunderts das Zentrum des Bananenexports. Bekannt wurde Oracabessa jedoch, als sich der Schriftsteller Ian Fleming hier ein Haus baute, in dem er die meisten James-Bond-Romane

Der private James Bond Beach, Oracabessa

schrieb. Heute gehört das Haus zum exklusiven Hotel Goldeneye *(siehe S. 158)* und ist nur Hotelgästen zugänglich. Für die Verbindung zu 007 ist jetzt der **James Bond Beach** zuständig. Er wurde Mitte der 1990er Jahre von dem auf Jamaika geborenen Musikproduzenten Chris Blackwell eröffnet, der die meisten Alben von Bob Marley produzierte und hier an der Küste Land besitzt.

James Bond Beach
Old Wharf Road.
Di–So 9–18 Uhr.
Hinweis Umkleidekabinen, Toiletten, Wassersportangebot.

㉔ Ocho Rios

86 km nördl. von Kingston.
16 300. TPDCO Information Office, Ocean Village Plaza, Main Street, (876) 974 2582.
ochorios.com

Der traditionsreiche Urlaubsort ist mit dem Tourismus gewachsen. Der größte Teil der Einnahmen wird mit den riesigen Kreuzfahrtschiffen erzielt, die fast jeden Tag im Hafen liegen. Ocho Rios liegt an einer breiten Bucht, deren Strand von Hotels gesäumt wird. Seine Sehenswürdigkeiten hat man in einem halben Tag gesehen, weshalb Ocho Rios der perfek-

007 auf Jamaika

Oracabessa wirkt auf heutige Besucher wohl kaum inspirierend. Ian Fleming sah das anders. Er verliebte sich 1943 bei einer Jamaikareise in den Ort: Hier schuf er eine faszinierende Welt voller Spione, Schurken und fantastischer Erfindungen. Im Gefolge seines Freundes Noël Coward, der etwas weiter an der Küste zwei Häuser baute, flüchtete Fleming vor dem trüben englischen Winter nach Goldeneye. Freunde wie Truman Capote, Graham Greene und Evelyn Waugh besuchten ihn und gaben sich der wohligen Routine aus Sundownern und Schnorcheln hin. Als seine Ehefrau 1952 schwanger wurde, ließ sich Fleming hier endgültig zum Schreiben nieder. Seinem Helden gab er den Namen des Autors eines Buchs über die Vögel der Karibik. Jamaika ist in Buch und Film der Schauplatz von *James Bond jagt Dr. No* und *Der Mann mit dem goldenen Colt*. Fleming liebte Jamaika: »Wären diese Bücher entstanden, wenn ich nicht in dieser wunderbaren Leere der Tage auf Jamaika leben würde? Ich glaube nicht.«

Ian Flemings Haus gehört heute zum Hotel Goldeneye

te Ort für einen Ausflug der Kreuzfahrtpassagiere ist. Am Terminal an der Main Street verkehren Busse und Minibusse, auch Taxis gibt es reichlich.

Die Hauptattraktion ist das Island Village am Westende der Main Street: schicke Läden, Restaurants und Bars, ein Privatstrand und **Margaritaville**, ein Restaurant mit Bar, das tagsüber vor allem bei Familien beliebt ist – auf dem Dach gibt es einen Whirlpool, außerdem sind eine zweistöckige Wasserrutsche und ein Süßwasserpool mit schwimmender Bar vorhanden. Wenn es dunkel wird, wird Margaritaville zum Club mit afrokubanischen Klängen.

Außer dem **Ocho Rios Bay Beach** (auch Turtle Beach genannt) befinden sich die weiteren Sehenswürdigkeiten auf dem Murphy Hill oberhalb des Orts. Die **Shaw Park Botanical Gardens** liegen 167 Meter hoch. Von diesem erholsamen Park mit seltenen Pflanzen und einem Wasserfall hat man einen herrlichen Blick auf Ocho Rios. Weiter unten an der Straße bietet auch der kleinere **Coyaba River Garden** eine wunderbare Aussicht. Seine gewundenen Wege führen zu Gumpen und Bächen, unter einem Wasserfall kann man eine Dusche nehmen. Das kleine Museum bietet einen Einblick in die Stadtgeschichte.

Margaritaville
Island Village. (876) 675 8800.
margaritavillecaribbean.com

Ocho Rios Bay Beach
Main Street. tägl. 8.40–16 Uhr.
Hinweis Umkleidekabinen, Strandwache, Wassersportangebot.

Shaw Park Botanical Gardens
Shaw Park Road. (876) 974 2723. tägl. 8–17 Uhr.

Coyaba River Garden
Shaw Park Road. (876) 383 1281. tägl. 8–17 Uhr.

㉕ Dolphin Cove und Dunn's River Falls

Dolphin Cove 3 km westl. von Ocho Rios. (876) 974 5335. tägl. 8.30–17.30 Uhr. für Dolphin Cove. teilweise.
Dunn's River Falls (876) 974 2857. tägl. 8.30–16 Uhr. teilweise.
dolphincoveja.com
dunnsriverfallsja.com

An der Küstenstraße westlich von Ocho Rios liegen die Dunn's River Falls und gegenüber die Dolphin Cove. Die kleine Dolphin Cove ist eine Art Themenpark. Hier hat man die Gelgenheit, mit Delfinen und Stachelrochen (deren Stachel allerdings entfernt wurde) zu schwimmen. Man kann sogar Haie streicheln.

Besucher können in der Dolphin Cove mit Delfinen schwimmen

Im Eintrittspreis ist eine Führung durch die Anlage enthalten. Unter Aufsicht von Betreuern kommt man dicht heran an Aras, Schlangen, Leguane und Ziegen. Außerdem darf man in der Bucht schnorcheln und in Kajaks mit Glasboden paddeln. Den ganzen Tag stehen Veranstaltungen mit Delfinen, Haien und Stachelrochen auf dem Programm.

Ein Stück weiter die Straße hinauf stürzen sich die Dunn's River Falls zwischen üppigen Farnen in das Meer. Führer lotsen die Besucher auf einer erfrischenden Klettertour im Wasser die Fälle hinauf. Auch wenn die Umgebung mit Unmengen von Beton »erschlossen« wurde, sind die Fälle noch immer sehr beeindruckend, genauso wie der weiße Sandstrand in der Tiefe. Nahe der Küste erstreckt sich ein Riff, Schnorchelausrüstung kann man sich ausleihen. Wenn Kreuzfahrtschiffe in Ocho Rios liegen, wird es an beiden Orten ziemlich voll.

Weiter östlich führt eine Straße hinauf zu dem Abenteuerpark **Mystic Mountain**, der jede Menge Nervenkitzel bietet.

Mystic Mountain
(876) 974 3990.
tägl. 7.30–17 Uhr.
rainforestadventure.com

Tropische Traumlandschaft in den Shaw Park Botanical Gardens, Ocho Rios

Eine Fußgängerbrücke führt in den grünen Cranbrook Flower Forest

㉖ Cranbrook Flower Forest

29 km westl. von Ocho Rios.
(876) 770 8071. tägl.
9–17 Uhr.

Der Cranbrook Flower Forest ist das absolute Gegenstück zu Ocho Rios. Durch das 53 Hektar große Gelände mit herrlichem Landschaftsgarten und einem üppig wuchernden Wald führen zahlreiche Wege. Neben Schatten spendenden Palmen wachsen alle Arten von tropischen Blumen: von Helikonien, Philodendren, Strelitzien, Hibiskus und Begonien bis hin zu Orchideen. Der Blumengarten ist entzückend.

Eine weitere Besonderheit ist die River Head Adventure Tour, die am Parkeingang beginnt. Der Weg führt am Little River entlang durch tropischen Wald bis zur Flussquelle. Diese fließt in ein sechs Meter breites, natürliches Becken mit blauem Wasser. Besucher können Buntbarsche fischen, auf dem Rasen beim Hauptgebäude, einer renovierten Zuckermühle, picknicken, in der Umgebung Vögel beobachten oder eine aufregende Tour durch die Baumwipfel unternehmen.

Der üppig grüne Ort ist ein beliebter Platz für Hochzeiten. Man kann nur die Örtlichkeiten mieten oder aber ein Gesamtpaket bei Cranbrook bestellen. Am Eingang stehen ein kleiner Andenkenladen und ein Imbissstand.

㉗ Runaway Bay und Discovery Bay

40 km westl. von Ocho Rios.

Anders als Ocho Rios oder Montego Bay bestehen die Nachbarorte Runaway Bay und Discovery Bay vor allem aus riesigen All-inclusive-Hotels, die in einer Reihe die Küste säumen. Dazwischen liegen einige Restaurants und gute Strände. Der weiße Cardiff Hall Public Beach in der Runaway Bay ist bei Einheimischen sehr beliebt. Es wird kein Eintritt verlangt, dafür gibt es auch kaum Einrichtungen außer einer kleinen Bar und einem Imbissstand. **Puerto Seco Beach** in der Discovery Bay bietet neben weißem Sand auch alle wesentlichen Einrichtungen. Wochentags ist er beinahe menschenleer.

Puerto Seco Beach
Main Road, Discovery Bay.
tägl. 9–17 Uhr.
Hinweis Rettungsschwimmer und Umkleidekabinen vorhanden.

㉘ Green Grotto Caves

35 km westl. von Ocho Rios.
(876) 973 2841.
tägl. 9–16 Uhr.
greengrottocavesja.com

An der Straße zwischen Runaway und Discovery Bay liegen diese weitverzweigten Kalksteinhöhlen mit unterirdischem See, Stalaktiten und Stalagmiten. Bei einer Führung erfährt man u. a., dass die Höhlen von den Taíno als Kultstätte und später von spanischen Truppen als Versteck genutzt wurden.

Auch wenn die halbstündige Führung durchaus ein Erlebnis ist – die Höhe des Eintrittspreises ist überzogen. Am Teich davor dürfen die Besucher Buntbarsche angeln.

Eine der Kalksteinhöhlen der riesigen Green Grotto Caves

Hotels und Restaurants auf Jamaika *siehe Seiten 156–159 und 160f*

In Rastafarben bemalter Meditationsstein im Bob Marley Mausoleum in Nine Mile

㉙ Bob Marley Centre & Mausoleum

40 km südwestl. von Ocho Rios. (876) 843 0498. Überlandbusse fahren selten nach Nine Mile. tägl. 9–16 Uhr.

Hoch oben in den Bergen von St. Ann, in reizender Landschaft mit fruchtbarer roter Erde und Rinderweiden, liegt das Dörfchen Nine Mile mit dem Bob Marley Mausoleum. Bob Marley verbrachte in seinem Geburtsort Nine Mile seine frühe Kindheit, bevor er nach Kingston zog. Die winzige Bretterbude, in der die Marleys lebten, ist von einem hohen Zaun umgeben. Flaggen in den Rastafarben Rot, Gelb und Grün wehen im Wind. Hier lebte der spätere Weltstar vom siebten bis zum 13. Lebensjahr. Das Mausoleum selbst ist ein einfaches weiß getünchtes Gebäude, in dem der Marmorsarg von Bob Marley steht. Weihrauch und das Licht der Buntglasfenster schaffen eine bewegende Stimmung.

Zur Anlage gehören ein Restaurant, ein Andenkenladen, der CDs und Marley-Souvenirs verkauft, und der in Rastafarben bemalte »Meditationsstein«, auf den Bob Marley seinen Kopf legte, wenn er nachdachte.

Chukka Caribbean Adventures *(siehe S. 155)* fährt Besucher in altmodischen Bussen oder Jeeps zum Mausoleum. An Bob Marleys Geburtstag am 6. Februar findet alljährlich im Dorf ein Reggae-Konzert zu Ehren von Jamaikas berühmtestem Musiker statt.

Bob Marley bei einem Konzert

Bob Marley

Bob Marley, weltweit verehrter »König des Reggae«, wurde am 6. Februar 1945 als Sohn der 17-jährigen Bauerstochter Cedella Malcom und des 51-jährigen Offiziers Norval Marley, eines weißen Jamaikaners, geboren. Als die Ehe zerbrach, zog Cedella Malcom mit ihrem Sohn nach Kingston in ein Armenviertel, in dem Marley Peter Tosh und Bunny Livingston kennenlernte. Zusammen gründeten sie The Wailers. Chris Blackwell von Island Records wurde auf die Band aufmerksam und machte sie weltbekannt. Ihr erstes Album für Island, *Catch a Fire*, wurde sofort ein Erfolg. Elf weitere Alben folgten. Doch Livingston und Tosh waren von Blackwell und der Dominanz Marleys in der Band zunehmend enttäuscht. Daher verließen sie die Band und verfolgten ihre Solo-Karrieren. 1980 wurde bei Marley Krebs diagnostiziert. Am 11. Mai 1981 starb er in Miami. Seine Musik lebt in seinen Söhnen Damian »Junior Gong«, Ziggy, Ky-Mani, Stephen und Julian Marley weiter.

㉚ Cockpit Country

60 km südöstl. von Montego Bay. Minibusse fahren nach Windsor, aber nur sehr selten. Southern Trelawny Environmental Agency, (876) 393 6584. **stea.net**

Das weitgehend unbewohnte Cockpit Country gehört zu den ökologisch wichtigsten Gebieten Jamaikas. Die 1294 Quadratkilometer große Wildnis ist die Heimat von vielen seltenen Pflanzen und Tieren. Ihre charakteristische, bizarre Karst-Topografie ist von konischen Hügeln und tiefen Trichtern im Kalkstein geprägt. Die idyllische Abgeschiedenheit dieser Landschaft genießt man am besten in **Windsor**, einem kleinen Weiler am Nordrand des Gebiets.

Von Albert Town, etwa 16 Kilometer südlich von Windsor, führen Wanderwege in die Randgebiete von Cockpit Country. Die Southern Trelawny Enviromental Agency bietet hier Höhlen- und Wandertouren an.

Ein guter Ausgangspunkt für die Erkundung der Region ist Good Hope, ein Haus aus dem 18. Jahrhundert. Es hat eine fantastische Lage und bietet Aussicht über die Umgebung. Chukka Caribbean Adventures *(siehe S. 155)* organisiert Besichtigungen.

Ruinen eines Wohngebäudes, Cockpit Country

Sport und Aktivurlaub

Der Inselstaat verfügt über eine exzellente touristische Infrastruktur und bietet seinen Besuchern eine breite Palette an Aktivitäten. Neben den »Klassikern«, wie exzellenten Golfplätzen, fantastischen Stränden, Spas und Wassersportmöglichkeiten, stehen auch ungewöhnliche Angebote zur Auswahl. Viele Aktivitäten sind speziell auf Kreuzfahrtpassagiere zugeschnitten – ein wesentlicher Vorteil gegenüber den konkurrierenden Nachbarinseln. Neben Bootsausflügen, Fahrten mit dem Jetski, Reiten und Wandern kann man auch Flussfahrten auf Bambusflößen, Touren durch Baumwipfel und sogar Hundeschlittenfahrten unternehmen.

Karibischer Badespaß am Mahogany Beach, Ocho Rios

Strände

Die besten Strände Jamaikas liegen an der Nordküste. Sie sind durch Riffe geschützt und warten mit feinem, weißem Sand auf. Diese herrlichen Strände bieten einen wahren Karibiktraum – die allerschönsten wurden jedoch von Investoren in Beschlag genommen und gehören zu Hotels, sodass nur noch zahlende Gäste Zutritt haben. Oder sie sind in Privatbesitz, und man bezahlt Eintritt für Duschen und Umkleidekabinen.

An der Südküste, an der einst Vulkane aktiv waren, findet man überwiegend Strände mit braunem und manchmal sogar eindeutig schwarzem Sand, dagegen nur wenige mit weißem Sand. In Ufernähe sieht das Wasser durch den dunklen Sand etwas trübe aus, etwas vom Ufer entfernt ist das Wasser jedoch wie gewohnt vollkommen klar, blau und hervorragend zum Schwimmen geeignet.

Tauchen und Schnorcheln

Die Riffe vor Jamaika sind nicht die schönsten der Karibik. Sie wurden und werden durch Stürme, unbedachtes Ankern und Umweltverschmutzung geschädigt. Doch man findet noch immer schöne Stellen zum Schnorcheln und Tauchen, die besten an der Nordküste zwischen Negril und Ocho Rios. Die Sicht ist dort am besten, die Riffe verlaufen fast durchgehend entlang der Küste. Bei Ausflügen zu den Riffen sieht man Feuer-, Elchgeweih- und Hirnkorallen sowie viele bunte Meerestiere, bisweilen auch Wracks sowie so manches abgestürzte Flugzeug, das zum Drogenschmuggel verwendet wurde. Tauchreviere liegen bei allen großen Ferienorten, dort kann man sich bei den Tauchzentren oder den Wassersportläden an den Stränden Ausrüstungen leihen. Große Veranstalter sind **Negril Scuba Centre**, **Resort Divers** und **Lady G'Diver**.

Rafting

Eine einzigartige Weise der Inselerkundung sind Floßfahrten auf stillen Flüssen durch den dichten Urwald. Populär wurden diese Flussfahrten durch Errol Flynn *(siehe S. 146)*. Er beobachtete, wie Bauern ihre Produkte auf Bambusflößen den Rio Grande hinuntertransportierten, und fand es reizvoll, eine solche Fahrt selbst zu unternehmen. In Port Antonio werden die Floßfahrten nicht von spezialisierten Veranstaltern, sondern von Flößern angeboten. Der Martha Brae River östlich von Montego Bay eignet sich hierfür am besten. Zwar fehlt hier die Bergszenerie des Rio Grande, doch die Fahrt durch die grüne Landschaft von Trelawny ist wun-

Floßfahrt auf dem Martha Brae River

Abkühlung beim Ausritt an der Chukka Cove bei Ocho Rios

derschön. **Rafting on the Martha Brae** bietet Touren auf neun Meter langen Bambusflößen an. Wildwasserfahrten sind auf dem Great River möglich, wenn es der Wasserstand erlaubt. Die Floßfahrten organisiert das **Great River Adventure Center**.

Bootsausflüge

Boote legen in Negril, Ocho Rios und Montego Bay zu Tagesausflügen entlang der Küste ab. Meist sind dies Katamarane (mit Toilette und Bar) mit Netzen zwischen den Rümpfen zum Sonnenbaden. Meist wird ein Halt zum Schnorcheln eingelegt. Angeboten werden zudem Fahrten in den Sonnenuntergang oder Nachtfahrten mit Abendessen. Dabei kann es sich aber auch um regelrechte Sauftouren handeln, erkundigen Sie sich vor der Buchung. Anbieter sind **Cool Runnings Catamarans**, **Wild Thing Watersports** und **Dreamer Catamarans**.

Wassersport

An den großen Strände von Ocho Rios, Montego Bay und Negril bieten Sportläden einfach alles an, sei es der Verleih von Kajaks und Tauchausrüstungen oder Segeltouren in Sunfish-Booten. Wer den Motorenlärm liebt, kann zwischen Jetski, Fahrten mit Banana- oder Glasbodenbooten wählen oder Parasailing ausprobieren. Die **Garfield Diving Station** bietet Jetskis sowie Fahrten mit einem Glasbodenboot an.

Reiten

Neben Ausritten durch die Landschaft im Hinterland bieten die Reitställe auf Jamaika auch Strandritte an. Man reitet kurz durch den Busch an das Meeresufer, sattelt das Pferd ab, zieht sich die Badehose an und steigt wieder auf, um durch das Meer zu traben. Die Pferde von Chukka Caribbean Adventures *(siehe S. 155)* und **Hooves** scheuen auch tiefes Wasser nicht. Das **Half Moon Equestrian Centre** geht noch einen Schritt weiter und ermöglicht eine außergewöhnliche Erfahrung: Hier kann man mit den Pferden schwimmen. Der Stall bietet außerdem Reitstunden an.

Wandern

Viele Wanderwege führen durch die wunderbaren dichten Wälder der Insel. Die schönsten Wanderungen führen durch die nebelverhangenen Blue Mountains *(siehe S. 144f)*. Dort kann man auf einfachen Wegen im Holywell Recreational Park schlendern oder sich anspruchsvolle Routen aussuchen, etwa die Wanderung zu den Cinchona Botanical Gardens. Besonders eindrucksvoll ist die sechsstündige Wanderung auf dem Blue Mountains Peak Trail durch den Bergregenwald und, in höheren Lagen, niederen Nebelwald mit Farnen, Orchideen und Epiphyten.

Vogelbeobachtung

Auf Jamaika, vor allem in den Blue Mountains, in Cockpit Country *(siehe S. 151)*, im Royal Palm Reserve bei Negril *(siehe S. 138)* und am Black River *(siehe S. 140)*, kann man sehr gut Vögel beobachten. Von den etwa 280 bekannten Arten der Insel gibt es 21 nur hier – auf keiner anderen karibischen Insel gibt es so viele endemische Vogelarten. Im Rocklands Bird Sanctuary in St. James *(siehe S. 136)* kommt man den wunderschönen Kolibris ganz nahe. Hier kann man den Wimpelschwanz, den Nationalvogel Jamaikas, den Jamaikaspecht und den fünf Zentimeter langen Zwergkolibri, den zweitkleinsten Vogel der Welt, erspähen. Veranstalter wie **Sun Venture Tours** organisieren Vogelsafaris. Manche Hotels wie Mockingbird Hill *(siehe S. 159)* haben entsprechende Pauschalangebote.

Wandern in den beeindruckenden Wäldern der Blue Mountains

Höhlenwanderungen

In den weichen Kalkstein, der Jamaika großteils bedeckt, hat das Wasser in Millionen Jahren Tausende Höhlen gegraben. Viele kann man besichtigen, etwa die Roaring River Cave und die Two Sisters. Sie sind beleuchtet und mit Plankenwegen ausgestattet. Die meisten Höhlen ließ man allerdings unberührt. Von diesen ist die Windsor Cave im Cockpit Country *(siehe S. 151)* am einfachsten zugänglich. Im Cockpit Country befinden sich auch die tiefsten Karsttrichter der Insel – Schlunde mit steilen Flanken, an denen man über Seile hinabsteigt. Führungen bieten u. a. die Veranstalter **Cockpit Country Adventure Tours** und **Jamaican Caves Organisation**.

Golfplatz im Half Moon Club, Montego Bay

Golf

Der Inselstaat bietet zwölf Golfplätze, auf denen zu jeder Jahreszeit nationale wie internationale Turniere stattfinden. Die Links von Jamaika zählen zu den besten der Welt. Einige bekannte Platzdesigner haben erstklassige Plätze in bester Lage am Meer gestaltet. Allein im Gebiet um Montego Bay befinden sich fünf hochklassige Plätze, fast ebenso gut ist die Situation in Ocho Rios und Umgebung. Kleinere Plätze findet man in Negril und Kingston. Weitere Informationen erhält man bei der **Jamaica Golf Association**.

Wellness

Kein Spitzenhotel in Jamaika kommt ohne Wellness-Angebot aus. Auch kleinere Häuser bieten Wellness-Einrichtungen. Viele Spas sind schön gelegen. Sie haben Massageräume direkt am Wasser, kühlende Meeresbrise inklusive. Neben Massagen offerieren die großen Spas die gesamte Palette an Schönheits-, Körper- und Gesichtsbehandlungen sowie Maniküre und Pediküre, darunter etwa **Oasis Spa**, Aveda Concept Spa im Hotel The Caves *(siehe S. 158)*, Fern Tree Spa im Hotel Half Moon *(siehe S. 157)* und Driftwood Spa im Jakes Hotel *(siehe S. 159)*.

Auf einen Blick

Tauchen und Schnorcheln

Lady G'Diver
Port Antonio, Portland.
(876) 995 0246.
ladygdiver.com

Negril Scuba Centre
Negril Escape Resort & Spa, West End Road, Negril.
(876) 957 9641.

Resort Divers
Ocho Rios & Runaway Bay. (876) 881 5760.
resortdivers.com

Rafting

Great River Adventure Center
Lethe.
(876) 573 2922.

Rafting on the Martha Brae
Gloucester Avenue, Montego Bay.
(876) 940 6398.
jamaicarafting.com

Bootsausflüge

Cool Runnings Catamarans
1 Marvins Park, Ocho Rios.
(876) 974 2446.
coolrunnings catamarans.com

Dreamer Catamarans
Montego Bay.
(876) 979 0102.
dreamercatamarans.com

Wild Thing Watersports
Norman Manley Boulevard, Negril.
(876) 957 9930.

Wassersport

Garfield Diving Station
Ocho Rios Bay Beach, Ocho Rios.
(876) 544 4354.
garfielddiving.com

Reiten

Half Moon Equestrian Centre
Half Moon Hotel, Ironshore, Montego Bay.
(876) 953 2286.
horsebackriding jamaica.com

Hooves
61 Windsor Road, St Ann's Bay.
(876) 972 0905.
hooves-jamaica.com

Vogelbeobachtung

Sun Venture Tours
Kingston 8.
(876) 960 6685.
sunventuretours.com

Höhlenwanderungen

Cockpit Country Adventure Tours
Albert Town, Trelawny.
(876) 610 0818.
stea.net

Jamaican Caves Organisation
(876) 397 7488.
jamaicancaves.org

Golf

Jamaica Golf Association
7 Courtney Walsh Drive, Kingston 10.
(876) 755 3593.
thejgatour.com

Wellness

Oasis Spa
Couples Sans Souci Hotel, Ocho Rios.
(876) 994 1206.
couples.com

»Sanfte« Abenteuertouren

Jamaika bietet reichlich Alternativen zu faulen Tagen am Strand. Unterhaltsame, dabei aber sichere Abenteuer reichen von Flussfahrten auf Reifenschläuchen bis zu Ausritten am Meer. Bei ungewöhnlicheren Touren gleitet man angeschirrt an Ziplines durch die Baumwipfel der Regenwälder, rast eine Sommerbobbahn hinab, schwebt in offenen Gondeln auf Berge oder fährt mit dem Hundeschlitten. An der Nordküste ist das Angebot am größten. Die Touren bei Montego Bay, Ocho Rios und Negril beeinhalten den Hoteltransfer.

Touren zu Lande

Sehr beliebt sind Ausflüge in zebragestreiften, offenen Jeeps oder altmodischen Bussen in Jamaikas zerklüftetes Landesinnere oder hinauf zum Bob Marley Centre. Einige Veranstalter bieten auch Downhill-Mountainbike-Touren an.

Hundeschlittenfahrten unternimmt man in leichten Wagen, die zumeist von einem ausgelassenen Rettungshundeteam gezogen werden.

Touren durch die Baumwipfel sind ein aufregendes, unvergessliches Abenteuer. Von einer Reihe von Plattformen aus, die in das Blätterdach des Regenwalds gebaut wurden, gleitet man angeschirrt an Seilen (Ziplines) durch die Bäume.

Bei Quad-Safaris bekommt man vorab eine Einführung in diese stabilen Quads oder ATVs (All-Terrain-Vehicles). Danach geht es ab durch das Gelände, durch Wasserläufe und über Hügel.

Sea Trek ist eine faszinierende Art, die Riffe zu erkunden. Man atmet in einem Hightech-Helm und geht auf dem Meeresboden.

Touren auf dem Wasser

Auf Jamaika ist das Meer nie weit entfernt. Auch beim Reiten gehört hier ein Ausflug ans Meer dazu. Fahrten auf den Flüssen dauern einen halben Tag. Bei Meersafaris in Schlauchbooten fährt man die Küste entlang und schwimmt oder schnorchelt.

Mit Schläuchen und Kajaks kann man sehr schön die Flüsse erkunden. Man paddelt in einem Gummiring oder arbeitet sich in einem Kajak durch leichtes Wildwasser. Kleine Stromschnellen machen es spannend.

Veranstalter

Chukka Caribbean Adventures
Montego Bay.
(876) 979 8500.
chukka.com

Rainforest Adventures
Ocho Rios.
(876) 974 3990.
rainforestadventure.com

Hotelauswahl

BLACK RIVER:
Ashton Great House & Hotel $
Historisch
Luana
(876) 478 1798
Das große Landhaus verströmt Charme und Gemütsruhe. Es birgt gewachste Holzböden und -treppen und zweckmäßig möblierte Gästezimmer.

Vis-à-Vis-Tipp

BLUE MOUNTAINS:
Strawberry Hill $$$
Luxus
Irish Town
(876) 944 8400
strawberryhillhotel.com
Eines der besten Hotels Jamaikas, eine herrliche Oase in den Bergen, lockt mit traumhaften Holzhäuschen, die jeglichen Komfort und Veranden mit grandiosem Blick bieten. Zudem gibt es einen idyllischen Infinity Pool, ein Spa, eine Sauna und ein Top-Restaurant.

FALMOUTH:
Retreat Guesthouse $$
B&B
6 New Court Avenue, Retreat Heights
(876) 282 0622
retreatguesthousejamaica.com
Das große luxuriöse Anwesen auf einem Hügel bietet neun moderne und geräumige Zimmer mit Berg- oder Meerblick. Es gibt einen Pool und WLAN.

KINGSTON: Mikuzi $
Boutique
5 Upper Montrose Road, Kingston 5
(876) 978 4859
Das reizende alte Haus bietet preiswerte Unterkunft. Das Angebot reicht vom einfachen Zimmer bis zum Luxusapartment.

KINGSTON: Altamont Court $$
Business
1 Altamont Terrace, Kingston 5
(876) 929 4498
altamontcourt.com
Im Herzen Kingstons, nahe vielen Restaurants und Clubs, liegt dieses nette, schmucke Hotel mit Pool, Jacuzzi und Sonnenterrasse.

KINGSTON: Courtleigh $$
Business
85 Knutsford Boulevard, Kingston 5
(876) 936 3570
courtleigh.com
Alle Zimmer des noblen Hauses in Familienhand – vom Doppelzimmer bis zur Luxussuite – verfügen über Mahagonimobiliar und reizvollen Ausblick.

KINGSTON:
Knutsford Court Hotel $$
Business
16 Chelsea Avenue, Kingston 5
(876) 929 1000
knutsfordcourt.com
Das gut geführte, elegant georgianisch gestaltete Haus mit Pool und Fitnessraum spricht Urlaubsreisende und Geschäftsleute an.

KINGSTON:
The Spanish Court $$
Boutique
1 St. Lucia Avenue, Kingston 5
(876) 926 0000
spanishcourthotel.com
Schicker Retro-Look kennzeichnet das gehobene Hotel im Zentrum der Stadt.

KINGSTON: Terra Nova All-Suite Hotel $$
Luxus
17 Waterloo Road, Kingston 10
(876) 926 2211
terranovajamaica.com
Nicht nur Geschäftsreisende schätzen das ehrwürdige Stadthotel edwardianischen Stils, das mehrere edle Restaurants birgt.

Preiskategorien
Die Preise gelten für ein Standard-Doppelzimmer pro Nacht (Hochsaison), inklusive Steuern und Service.

$	unter 100 US-Dollar
$$	100 – 300 US-Dollar
$$$	über 300 US-Dollar

KINGSTON: Pegasus $$$
Luxus
81 Knutsford Boulevard, Kingston 5
(876) 926 3961
jamaicapegasus.com
Zum breiten Angebot des hoch aufragenden Businesshotels zählen ein Tennisplatz, eine Joggingstrecke und ein wettkampftauglicher Pool.

MONTEGO BAY:
Altamont West Hotel $
Boutique
33 Gloucester Avenue
(876) 952 9087
altamontwesthotel.com
Die hübsch im Plantagenstil eingerichteten Zimmer des schicken kleinen Hotels sind klimatisiert. In der Lobby gibt es WLAN.

MONTEGO BAY:
Coyaba Beach Resort $$
Luxus
Main Road, Ironshore
(876) 953 9150
coyabaresortjamaica.com
Das elegante, familiengeführte Haus ist für exzellenten Service bekannt. Es verfügt über geschmackvoll gestaltete Zimmer und einen Privatstrand.

MONTEGO BAY:
Doctor's Cave Beach Hotel $$
Strand
Gloucester Avenue
(876) 952 4355
doctorscave.com
Freundliches Personal sowie Pool, Jacuzzi und Freizeitraum machen das Hotel mit einfach gestalteten Zimmern zum beliebten Ziel.

Luxuriöse Gästehäuschen in traumhafter Lage – das Hotel Strawberry Hill in den Blue Mountains

MONTEGO BAY:
El Greco Resort $$
Strand
11 Queen's Drive
(876) 940 6116
elgrecojamaica.com
Ein Lift bringt Gäste des friedlichen Hotels zum Strand hinunter. Die Villa-Apartments mit Küche sind ideal für Familien.

Vis-à-Vis-Tipp

MONTEGO BAY:
Half Moon $$$
Resort
Main Road, Rose Hall
1-800-438-7241
halfmoon.com
Ein Hauch der guten alten Zeit umweht das herrlich gelegene Luxusresort. Gäste wohnen in Standardzimmern oder Villen und vergnügen sich bei Wassersport oder Tennis, beim Golfspiel auf dem renommierten Platz oder bei ausgedehnten Spaziergängen.

MONTEGO BAY:
Round Hill Hotel & Villas $$$
Luxus
John Pringle Drive
(876) 956 7050
roundhill.com
Ralph Lauren gestaltete die Zimmer des exklusiven Boutiquehotels auf dem Hügel, zu dem auch ein Strandclub gehört. Beim Dinner gilt ein Dresscode.

MONTEGO BAY:
Sandals Montego Bay $$$
Resort
Kent Avenue
(876) 952 5510
sandals.com
Das All-inclusive-Resort mit gut ausgestatteten Zimmern, Privatstrand, großem Freizeitangebot und Abendunterhaltung ist ganz auf Pärchen ausgerichtet.

MONTEGO BAY:
Secrets Saint James $$$
Resort
Freeport
(876) 953 6600
secretsresorts.com
Zu den unzähligen Annehmlichkeiten des superschicken Resorts im eleganten Plantagenstil gehören neun Gourmetrestaurants.

NEGRIL: The Yellow Bird $
Strand
Norman Manley Boulevard
(876) 957 4252
theyellowbird.com
Die reizvoll eingerichteten Strandhütten und Zimmer sind einfach und preiswert.

NEGRIL: Charela Inn $$
Strand
Norman Manley Boulevard
(876) 957 4277
charela.com
Tolle Lage, geschmackvolle Einrichtung und tadelloser Service sorgen stets für zufriedene Gäste.

NEGRIL: Citronella $$
Resort
West End Road
(876) 460 8369
citronellajamaica.com
Die strohgedeckten Hütten inmitten hübscher Gartenanlagen bieten zwei oder drei Schlafzimmer und viel Komfort. Ein Terrassenrestaurant blickt aufs Meer.

NEGRIL: Country Country $$
Strand
Norman Manley Boulevard
(876) 957 4273
ountrynegril.com
Die Ausstattung der geräumigen pastellfarbenen Hütten umfasst Kühlschrank, Wasserkocher und Föhn. Am Strand wartet ein romantisches Restaurant mit Bar.

NEGRIL: Idle Awhile $$
Strand
Norman Manley Boulevard
(876) 957 3302
idleawhile.com
Einrichtung und Komfort entsprechen dem gehobenen Standard des Hotels mit Strandrestaurant. Alle Zimmer haben eine Veranda, die Suiten auch Küche.

NEGRIL: Jackie's on the Reef $$
Strand
West End Road
(876) 957 4997
jackiesonthereef.com
Das aus Korallengestein erbaute Wellnesshotel auf der Klippe ist für seine Yogastunden bekannt. Die Zimmer sind nett und luftig.

NEGRIL:
Negril Tree House Resort $$
Resort
Norman Manley Boulevard
(876) 957 4287
negriltreehouse.com
Das Spa-Resort bietet tropisch gestaltete Zimmer in Bungalows und zweistöckigen Gebäuden, eine Strandbar und Wassersport.

NEGRIL:
Nirvana on the Beach $$
Resort
Norman Manley Boulevard
1 941 708 0203
nirvananegril.com
Die reizenden Gästehütten liegen in friedlichen, mit Hängematten bestückten Gärten. Die Bewohner werden persönlich bekocht.

Eleganter Sitzbereich im Half Moon, Montego Bay

Vis-à-Vis-Tipp

NEGRIL: Rockhouse $$
Boutique
West End Road
(876) 957 4373
rockhouse.com
Üppige Gärten umgeben das reizvolle Hotel auf der Klippe, dessen Restaurant tollen Blick gewährt. Von den mit Stroh gedeckten, individuell gestalteten Hütten führen Leitern ins Meer. Infinity Pool und Spa sorgen für zusätzlichen Luxus.

NEGRIL: Rondel Village $$
Resort
Norman Manley Boulevard
(876) 957 4413
rondelvillage.com
Achteckige Villen in prächtigen Gärten bieten Selbstversorgern ansprechende Unterkunft. Auf der Anlage gibt es zwei Pools, mehrere Jacuzzis und ein Spa.

NEGRIL: Samsara Cliff Resort $$
Resort
West End Road
(876) 957 4395
negrilhotels.com
Bunte Holzpavillons, ein Restaurant mit exzellenter italienisch-jamaikanischer Küche und ein Süßwasserpool warten im Samsara auf Gäste.

NEGRIL: Tensing Pen $$
Boutique
West End Road
(876) 957 0387
tensingpen.com
Das von Pfaden durchkreuzte Gelände dieser Oase auf den Klippen birgt geräumige Gästehäuschen und Hütten, die höchsten Ansprüchen gerecht werden.

Die charmante Bizot Bar im Hotel Goldeneye, Oracabessa

NEGRIL: Beaches $$$
Luxus
Norman Manley Boulevard
1-888-232-2437
beaches.com
Das familienfreundliche All-inclusive-Resort wartet mit jeglichem Komfort auf. Die Zimmer zeigen Eleganz im Plantagenstil.

NEGRIL: The Caves $$$
Boutique
West End Road
(876) 957 0270
islandoutpost.com
Auch Prominente schätzen das elegante Haus für die romantischen, individuell gestalteten Zimmer, das Aveda Spa und das Restaurant am Rand der Klippe.

NEGRIL: Couples Negril $$$
Strandresort
Norman Manley Boulevard
1-877-793-1913
couples.com
Die hellen Zimmer des All-inclusive-Paarhotels sind mit Werken heimischer Künstler versehen. Für Zeitvertreib sorgen Wassersport, ein Spa und viel Unterhaltung.

NEGRIL: Sandals Negril Beach Resort & Spa $$$
Luxus
Norman Manley Boulevard
(876) 957 5216
sandals.com
Das überaus elegante Resort bietet eine ganze Reihe an Restaurants, Aktivitäten, Unterhaltung und Wassersportmöglichkeiten – allerdings nur für Paare.

OCHO RIOS: Hibiscus Lodge $$
Boutique
83 Main Street
(876) 974 2676
hibiscusjamaica.com
In dem von ruhigen Gärten mit Pool umgebenen Hotel auf der Klippe steht eine Palette gemütlicher Zimmer zur Wahl – auch mit Balkon und Meerblick.

Vis-à-Vis-Tipp

OCHO RIOS: High Hope Estate $$
Bergresort
16 Top Road, St. Ann's Bay
(876) 972 2277
highhopeestate.com
Hoch in den Hügeln findet sich dieses schöne altehrwürdige Haus. Die eleganten, mit edlen Antiquitäten bestückten Zimmer bieten herrlichen Blick. Das Restaurant serviert köstliche Seafood- und Fleischgerichte jamaikanischer Art.

OCHO RIOS: Shaw Park Beach Hotel & Spa $$
Strand
Cutlass Bay
(876) 974 2552
shawparkbeachhotel.com
Das reizende Hotel bei den Shaw Park Botanical Gardens lockt mit großen Zimmern und Suiten und fantastischem Blick. Im Restaurant Palm Room genießt man internationale Gourmetküche.

OCHO RIOS: Beaches Ocho Rios Resort $$$
Strandresort
Boscobel, St. Ann
1-888-232-2437
beaches.com
Kinder lieben das schicke All-inclusive-Familienresort für seinen Piraten-Wasserpark, doch auch für die Unterhaltung aller anderer Altersgruppen ist gesorgt.

OCHO RIOS: Couples San Souci $$$
Luxus
Sans Souci
1-877-793-1913
couples.com
Allein die Lage an der eigenen Bucht sorgt in dem noblen All-inclusive-Paarhotel für Romantik. Cocktailpartys, Aktivitäten und Unterhaltung tun das Übrige.

OCHO RIOS: Couples Tower Isle $$$
Strandresort
Tower Isle
1-877-793-1913
couples.com
Das elegante, Paaren vorbehaltene Resort mit reizvoll moderner Note bietet seinen Gästen mehrere Restaurants und eine große Auswahl an Aktivitäten.

OCHO RIOS: Jamaica Inn $$$
Historisch
Main Street
(876) 974 2514
jamaicainn.com
Eines der nobelsten Hotels auf Jamaika – eine stilvolle Anlage im Plantagenstil mit Zimmern voller Luxus – besitzt einen eigenen Strand und einen Krocketrasen.

OCHO RIOS: The Jewel Dunn's River Beach Resort & Spa $$$
Strandresort
Mammee Bay
(876) 972 7400
jewelresorts.com
In dem ausgedehnten All-inclusive-Paarhotel bergen mehrstöckige Gebäude komfortable Gästezimmer im Plantagenstil. Es gibt ein Spa und ein Fitnesscenter.

OCHO RIOS: Sandals Ochi Beach Resort $$$
Strandresort
Main Street
(876) 974 5691
sandals.com
16 Restaurants stehen in dem All-inclusive-Golfresort für Paare zur Wahl. Die Gemeinschaftsbereiche zeigen klassischen, die Zimmer edwardianischen Stil.

OCHO RIOS: Sandals Royal Plantation $$$
Strandresort
Main Street
(876) 974 5601
sandals.com
Gäste des behaglichen All-inclusive-Resorts mit Alte-Welt-Eleganz und vortrefflichem Turniergolfplatz werden rund um die Uhr von einem Butler betreut.

ORACABESSA: Goldeneye $$$
Boutique
Main Street
(876) 622 9007
goldeneye.com
Das exklusive Resort entstand rund um den jamaikanischen Wohnsitz des Schriftstellers Ian Fleming *(siehe S. 148)* und lockt Prominenz an. Geboten sind individuell gestaltete Villen und Hütten, ein Spa und Aktivitäten wie Yoga und Wassersport.

Preiskategorien *siehe Seite 156*

PORT ANTONIO: Mikuzi $
Boutique
Winnifred Beach, Fairy Hill
(876) 480 9827
mikuzijamaica.com/portland
Hier stehen bescheidene Zimmer und Häuschen mit Küche zur Wahl. Im Garten laden Hängematten zum Entspannen ein.

PORT ANTONIO: Goblin Hill Villas $$
Resort
San San
(876) 993 7443
goblinhill.com
In den Villen mit ein oder zwei Zimmern sorgen Haushälter für Ordnung und warmes Essen. Es gibt einen Pool und Tennisplätze.

Vis-à-Vis-Tipp

PORT ANTONIO: Great Huts $$
Resort
Boston Bay
(876) 993 8888
greathuts.com
Naturfreunde werden das einzigartige Anwesen am Strand lieben. Es gibt Hütten in afrikanischem Stil, Baumhäuser, drei Restaurants, einen Pool, einen Privatstrand und üppige Gärten.

PORT ANTONIO: Geejam $$$
Boutique
San San
(876) 993 7000
geejamhotel.com
Ein Aufnahmestudio lockt Musiker aus aller Welt in das Hotel, wo tropische Gärten am Strand Villen und Luxushütten bergen.

PORT ANTONIO: Hotel Mockingbird Hill $$$
Boutique
Main Road, Drapers
(876) 993 7134
hotelmockingbirdhill.com
Die umweltbewussten Inhaber des schönen Hotels kümmern sich gut um ihre Gäste. Die Zimmer sind geschmackvoll elegant.

ROSE HALL: Hilton Rose Hall Resort & Spa $$$
Luxus
Main Road
(876) 953 2650
rosehallresort.com
Die elegante Gestaltung in Weiß und Schokoladenbraun sorgt für Chic in dem gehobenen All-inclusive-Resort mit Jamaikas größtem Wasserpark.

ROSE HALL: Hyatt Ziva Rose Hall $$$
Luxus
Main Road
(876) 618 1234
rosehall.ziva.hyatt.com
Opulent ausgestattete Suiten, sieben Restaurants und alle erdenklichen Annehmlichkeiten sorgen für das Luxusgefühl. Es gibt in der Nähe drei Turniergolfplätze.

ROSE HALL: Iberostar Grand Hotel Rose Hall $$$
Strandresort
Main Road
1-888-774-0040
thegrandcollection.com
In dem großen Fünf-Sterne-All-inclusive-Hotel – ein dreistöckiger Komplex mit zentralem Pool – warten Zimmer und riesige Suiten auf Gäste ohne Kinder.

RUNAWAY BAY: Royal Decameron Club Caribbean $$
Strand
Main Road
(876) 973 4805
decameron.com
Zimmer im Landhausstil und achteckige Bunglows bieten viel Komfort und Annehmlichkeiten.

RUNAWAY BAY: Franklyn D. Resort $$$
Strandresort
Runaway Bay
(876) 973 4124
fdrholidays.com
Kindern und Jugendlichen wird in diesem Familienresort kaum langweilig. Damit auch Eltern entspannen, steht jeder Familie eine Nanny zur Seite. Die Suiten haben bis zu drei Schlafzimmer.

Gästehütten im Hotel Geejam mit Blick aufs Meer vor Port Antonio

RUNAWAY BAY: Itopia $$$
Boutique
Runaway Bay
(876) 965 3000
jakeshotel.com
Das Landhaus aus dem 17. Jahrhundert, das in einem großen Garten abgeschieden auf dem Hügel ruht, vereint Alte-Welt-Charme mit modernen Reizen. Die Restaurantterrasse ist schön.

SANDY BAY: Tryall Club $$$
Luxus
Sandy Bay
(876) 956 5660
tryallclub.com
Das Resort auf dem Hügel ist der Inbegriff von Luxus: großartiger Blick, Villen samt Servicepersonal, erlesene Annehmlichkeiten und ein Turniergolfplatz.

TREASURE BEACH: Marblue Villa Suites $$
Boutique
Old Wharf, Calabash Bay
(876) 965 3408
marblue.com
Die offen gestalteten Villen und Suiten verraten Liebe zum Detail. Sie blicken gemeinsam mit einem Pool und einem preisgekrönten Bar-Restaurant aufs Meer.

TREASURE BEACH: Treasure Beach Hotel $$
Strandresort
Frenchman's Bay
(876) 965 0110
jamaicatreasurebeachhotel.com
In weitläufigen Gärten versteckt sich das einzige Resort der Gegend. Das Gefühl der Abgeschiedenheit trägt viel zum Charme des Hauses bei.

TREASURE BEACH: Jakes Hotel $$$
Boutique
Calabash Bay
(876) 965 3000
jakeshotel.com
Nicht selten trifft man in dem Hotel mit Salzwasserpool, tollem Restaurant und geselliger Bar auf Prominente. Diverse Zimmer und Häuschen stehen hier zur Wahl.

WHITEHOUSE: Sandals Whitehouse European Village & Spa $$$
Strandresort
Whitehouse
(876) 640 3000
sandals.com
Das All-inclusive-Resort, Teil eines Naturreservats, zeigt den für Sandals typischen edwardianischen Stil. Aktive Gäste können u. a. tauchen und Squash spielen.

Restaurantauswahl

FALMOUTH: Club Nazz Restaurant $
Jamaikanisch
23 Market Street
(876) 617 5175
Das legere Restaurant mit freundlicher Atmosphäre serviert jamaikanisches Jerk Chicken und andere Klassiker. Wer auf der Terrasse Platz nimmt, kann beim Essen Leute und Schiffe beobachten.

KINGSTON: Ashanti Oasis $
Vegetarisch
12 Braemar Avenue, New Kingston
(876) 946 2401
Der freundliche Besitzer des bezaubernden Restaurants versorgt Gäste u. a. mit Curry-Bohnen, Falafel und Ackee-Wraps.

KINGSTON: Devon House I Scream $
Eis
26 Hope Road
(876) 929 7086
In der beliebten Eisdiele in einem Garten am historischen Devon House gibt es über 25 verführerische Eissorten aus natürlichen Zutaten.

KINGSTON: Gloria's $
Seafood
5 Queen Street, Port Royal
(876) 967 8066
Wo sich Tische bis auf den Gehsteig drängen, werden Seafood-Gelüste z. B. mit Shrimp-Curry befriedigt. Das dauert mitunter, ist das Warten aber wert.

Vis-à-Vis-Tipp

KINGSTON: Redbones Blues Café $$
Jamaikanisch, modern
1 Argyle Road, New Kingston
(876) 978 8262 ● So
Das ungebrochen angesagte Restaurant serviert drinnen und draußen im begrünten Hof, wo oft Jazz- und Blueskonzerte geboten sind. Genießen Sie Vorspeisen wie Callaloo Strudel mit Frischkäse und Hauptgerichte vom gegrillten Schweinekotelett in Ingwersauce bis zu Coconut Curry Shrimp.

KINGSTON: Usain Bolt's Tracks & Records $$
Jamaikanisch
67 Constant Spring Road
(876) 906 3903
Das Angebot jamaikanischer und amerikanischer Pubgerichte umfasst z. B. Jerk Chicken Quesadilla und sanft gegartes Seafood-Curry. Die Theke der großen stilvollen Sportsbar erinnert an eine Laufbahn.

KINGSTON: Strawberry Hill $$$
Jamaikanisch, modern
Irish Town, Blue Mountains
(876) 944 8400
Das zwanglos elegante Restaurant im gleichnamigen Resort bietet zum reizvollen Blick über Kingston außergewöhnliche Grillgerichte und Currys. Der Sonntagsbrunch ist zu empfehlen.

MONTEGO BAY: Far Out Fish Hut $
Seafood
Greenwood
(876) 954 7155
Frischen Fisch – gedünstet, gegrillt oder *escovitch* (mariniert) – bezahlt man an dem kleinen Straßenstand nach Gewicht.

MONTEGO BAY: Pork Pit $
Jamaikanisch
Gloucester Avenue
(876) 940 3008
Einheimische holen sich an dem Straßenstand gern Jerk Chicken und Jerk Pork mit Kartoffeln oder Yam (eine Art Süßkartoffel). Es gibt auch ein paar Tische.

MONTEGO BAY: Marguerite's $$
Seafood
Gloucester Avenue
(876) 952 4777
Das lebhafte Bar-Restaurant am »Hip Strip« ist ein ausgezeichneter Ort, um bei Sonnenuntergang Seafood, Steak, Pasta oder moderne jamaikanische Kreationen zu genießen.

Preiskategorien
Die Preise gelten für ein Zwei-Gänge-Menü pro Person mit einer halben Flasche Hauswein, inklusive Steuern und Service.

$	unter 15 US-Dollar
$$	15–40 US-Dollar
$$$	über 40 US-Dollar

MONTEGO BAY: Mystic India $$
Indisch
Whitter Village, Ironshore
(876) 953 9460
Wer gern indisch isst, wird das romantische Lokal lieben. Die Gerichte, u. a. Butter Chicken, Knoblauch-Hummer, Fischcurry und Shrimp-Vindaloo, sind erstklassig.

MONTEGO BAY: The Houseboat Grill $$$
Jamaikanisch, modern
Freeport Peninsula, Bogue Lagoon
(876) 979 8845
Auf dem restaurierten Hausboot genießen Gäste Gerichte wie Datteln mit Mandeln in Schinken, Shrimps mit Oliven-Sardellen-Tapenade und göttliche Desserts.

MONTEGO BAY: Seagrape Terrace $$$
Vornehm
Rose Hall
(876) 953 2211
Das Restaurant am Meer serviert Gerichte aus Jamaika und aller Welt, z. B. Räuchermarlin-Tatar und geschmorte Rinderrippchen. Beim Dinner gilt ein Dresscode.

NEGRIL: Just Natural $
Jamaikanisch
Hylton Avenue
(876) 957 0235
Die bunte Bretterbude bietet mit die besten vegetarischen Gerichte der karibischen Küche in ganz Negril. Das Seafood ist ebenfalls sehr gut. Im hübschen Garten kann man auch gut frühstücken.

Elegante Terrasse des Stawberry Hill, Blue Mountains

Bushbar, Port Antonio – vor schöner Kulisse speisen und Billard spielen

NEGRIL: Kuyaba $$
Seafood
Norman Manley Boulevard
(876) 957 4318
Gegrillte Riesengarnelen, Knoblauch-Hummer, Muschelpasta und Live-Musik locken abends Gäste in das großartige Hotelrestaurant, das auch zum Frühstück einlädt.

NEGRIL: Rockhouse Restaurant $$
Jamaikanisch, modern
West End Road
(876) 957 4373
Das wunderschöne Hotelrestaurant bietet neben leckeren Gerichten wie Krabben-Quesadillas mit schwarzen Bohnen und Papaya-Salsa auch Weine aus aller Welt und jede Menge Cocktails.

NEGRIL: Three Dives $$
Jamaikanisch
West End Road
(876) 782 9990
Das romantische Restaurant in einem Garten voller Bäume serviert vorwiegend Jerk-Gerichte, aber auch Hummer. Eine Tafel weist auf Tagesspezialitäten hin. Nachts brennt ein Lagerfeuer.

NEGRIL: The Lobster House at Sunrise Club $$$
Italienisch
Norman Manley Boulevard
(876) 957 4293
Im Hotel Sunrise Club speist man auf einer von Fackeln erleuchteten Terrasse, wo u. a. tolle Holzofenpizza serviert wird. Ein Espresso rundet den Genuss ab.

OCHO RIOS: Scotchie's $
Jamaikanisch
Main Road, Drax Hall
(876) 794 9457
Nehmen Sie an den rohen Picknicktischen unter dem Blechdach Platz, um sich an guter jamaikanischer Kost – von Jerk Chicken bis Kalbsbries – satt zu essen.

OCHO RIOS: Christopher's $$
Karibisch
Hermosa Lane, Hermosa Cove Resort
(876) 974 3699
Hier kann man im Freien nicht nur den Sonnenuntergang genießen, auch die großartigen Gerichte nach Rezepten der karibischen Küche. So manche Zutat stammt aus den Gärten des Resorts.

OCHO RIOS: Evita's $$$
Italienisch / Jamaikanisch
Eden Bower Road
(876) 974 2333
In den Hügeln über der Stadt genießen auch Einheimische gern italienisch-jamaikanische Küche, herrlichen Blick, Cocktails und Musik. Für einen Platz auf dem Balkon muss man früh da sein.

OCHO RIOS: Jamaica Inn's Restaurant $$$
Jamaikanisch
Main Street, Jamaica Inn
(876) 974 2514
Die Gerichte der täglich wechselnden Karte genießt man mit einem guten Wein romantisch im Freien. Im Hintergrund spielt leise Live-Musik.

OCHO RIOS: Le Papillon $$$
Jamaikanisch, modern
Sandals Royal Plantation, Main Street
(876) 974 5601
Die einzige Champagner-und-Kaviar-Bar der Karibik, grenzenlose Eleganz und stilvoller Service warten in diesem Restaurant, das karibische Zutaten mit französischen Saucen verfeinert.

PORT ANTONIO: Woody's $
Jamaikanisch
Drapers, Frenchman's Cove
(876) 993 7888
Die rustikale Grillbude an der Straße bietet neben viel Charme und nettem Service leckere vegetarische Gerichte wie den Bananen-Paprika-Burger.

PORT ANTONIO: Dickie's Best-Kept Secret $$
Jamaikanisch
Main Road, Bryan's Bay
(876) 809 6276
Angemeldete Gäste werden in der privaten Hütte am Klippenrand warm empfangen und mit einem köstlichen, inseltypischen Drei-Gänge-Dinner verwöhnt – ein außergewöhnliches Erlebnis.

PORT ANTONIO: Bushbar $$$
Jamaikanisch, modern
San San
(876) 993 7000
In der schicken Freiluftbar des Geejam Hotel genießt man jamaikanische und asiatisch inspirierte Gerichte von Bananenpfannkuchen bis Hummer-Pasta.

PORT ANTONIO: Mille Fleurs $$$
Jamaikanisch, modern
Hotel Mockingbird Hill, Drapers
(876) 993 7267
Auf der Karte des wunderbaren Restaurants stehen Spezialitäten wie Jerk Snapper mit hauchdünnen Kartoffelscheiben. Hier zu essen, ist immer ein Genuss.

TREASURE BEACH: Jack Sprat Pizza and Seafood Restaurant $
International
Calabash Bay
(876) 965 3583
Das reizende Strandrestaurant im Jakes Hotel ist für seine riesigen Pizzas bekannt, bietet aber auch Seafood, Suppen und gutes Eis.

TREASURE BEACH: Jakes Country Cuisine $$$
Jamaikanisch / Seafood
Calabash Bay
(876) 965 3000
Lichter und Laternen schmücken die Bäume rund um das legere Gourmetrestaurant, das Seafood und neujamaikanische Kreationen wie Ziegencurry serviert.

Hübsch angerichtete Gambaspieße im Mille Fleurs, Port Antonio

Praktische Hinweise

Dank seiner exzellenten Infrastruktur ist Jamaika ein bevorzugtes Reiseziel. In den Ferienorten gibt es zahllose Lokale, Bars, Unterkünfte, Läden und Wechselstuben, auch in abgelegenen Orten findet man meist ein Hotel. Das öffentliche Verkehrssystem funktioniert eher nach Bedarf und ist außer in Kingston in privater Hand. Busse und Minibusse sind sehr preiswert, Taxis und Mietwagenfirmen gibt es reichlich.

Urlauber erklimmen die Dunn's River Falls bei Ocho Rios

Beste Reisezeit

Von Mitte September bis Mitte April fällt weniger Regen als im restlichen Jahr, und es ist dank der kühlen Passatwinde nicht so heiß. Die Hurrikansaison dauert von Juni bis November, am unsichersten ist der September. Im Sommer kann die Hitze unerträglich werden.

Anreise

Aus Deutschland, Österreich und der Schweiz fliegen u. a. **Air Berlin**, **American Airlines**, **Austrian**, **British Airways**, **Delta**, **Lufthansa**, **Swiss** und **United Airlines** mit einem oder zwei Zwischenstopps zum Donald Sangster International Airport (MBJ) in Montego Bay oder zum Norman Manley International Airport (KIN) in Kingston. Die Fluggesellschaft **Condor** bietet Direktflüge von Frankfurt am Main nach Montego Bay an.

Einreise

Staatsbürger aus Deutschland, Österreich und der Schweiz – auch Kinder jeden Alters – benötigen für einen touristischen Aufenthalt von bis zu 90 Tagen einen Reisepass, der noch sechs Monate über den beabsichtigten Aufenthalt hinaus Gültigkeit haben muss.

Aufenthaltsverlängerungen bearbeitet die zuständige Einwanderungsbehörde.

Information

Das **Jamaica Tourist Board** betreibt eine Website, Büros in Montego Bay und Kingston sowie Schalter an den Kreuzfahrt- und Flughäfen.

Sicherheit und Gesundheit

In gesundheitlicher Hinsicht ist Jamaika unproblematisch. Statt Leitungswasser sollte man Mineralwasser aus Flaschen trinken und verschreibungspflichtige Medikamente am besten mitbringen. Das Auswärtige Amt empfiehlt Impfschutz gegen Tetanus, Diphtherie und Hepatitis A, bei Langzeitaufenthalt auch gegen Hepatitis B.

Die Kriminalitätsrate in Jamaika ist vergleichsweise hoch, vor allem in der Hauptstadt Kingston. Diebstähle sind an der Tagesordnung. Halten Sie sich auf den Hauptstraßen, und vermeiden Sie einsame Gegenden. Spazieren Sie spätnachts nicht alleine in den Städten oder am Strand. Weibliche Reisende müssen mit anzüglichen Kommentaren rechnen. Viele junge Männer dienen sich als Begleiter für alleinreisende (und bezahlende) Urlauberinnen an.

Drogen sind leicht erhältlich, doch Konsum und Besitz werden hart bestraft. Besser lässt man die Finger davon.

Polizeiauto auf Jamaika

Banken und Währung

Die jamaikanische Währung ist der Jamaika-Dollar (J$). Banknoten gibt es im Wert von 50, 100, 500 und 1000 Jamaika-Dollar. Wechselstuben sind in den Ferienorten weitverbreitet und bieten in der Regel bessere Kurse als die Banken. Geldautomaten gibt es bei allen Banken und in den großen Ferienorten. Dort bekommt man an den Automaten häufig nur US-Dollar und kein einheimisches Geld.

Gängige Kreditkarten wie American Express, Diners Club, MasterCard und Visa werden häufig akzeptiert. Die girocard (mit Maestro-, nicht mit V-Pay-Logo) funktioniert an vielen Geldautomaten.

Kommunikation

Supermärkte und kleine Läden verkaufen Telefonkarten für die öffentlichen Telefone, auch für günstige Auslandsgespräche. Um von Jamaika ins Ausland zu telefonieren, wählt man 011 und die entsprechende Ländervorwahl (Deutschland: 49; Österreich: 43; Schweiz: 41). Wer aus Europa auf Jamaika anruft, wählt 001, dann die Inselvorwahl 876 und die siebenstellige Rufnummer. Für Gespräche auf Jamaika selbst genügt die siebenstellige Rufnummer.

Lokale Prepaid-SIM-Karten für das Handy gibt es überall. Der regionale Mobilfunkanbieter Digicel nutzt die in Europa üblichen Frequenzen und hat Roaming-Verträge mit allen deutschen Mobilfunkbetreibern. Erkundigen Sie sich bei Ihrem Anbieter nach den Roaming-Gebühren.

Verkehrsmittel

Außer in Kingston, wo die Stadtbusse unter staatlicher Leitung und sehr zuverlässig fahren, liegt der gesamte öffentliche Verkehr – dazu gehören Busse und Minibusse – in privater Hand. Die Strecken sind an der Front oder an der Seite der Busse ausgewiesen. Knutsford Express bietet eine regelmäßige Busverbindung von Kingston nach Montego Bay, Negril und Ocho Rios.

Linientaxis eignen sich für Kurzausflüge. Taxis gibt es in allen Ferienorten. Der nationale Verband heißt **JUTA**.

Mit Mietwagen kommt man am besten voran. Firmen gibt es in allen Ferienorten. Die großen Anbieter sind **Avis** und **Island Car Rental**.

Die Palette der Tourenveranstalter reicht von Ein-Mann-Firmen bis zu Unternehmen mit eigenen Busflotten, die Besucher zu den großen Attraktionen befördern. Bekannte Firmen sind **Barrett Adventures**, **Caribic Vacations**, **Sun Venture** und **Treasure Tours**.

Shopping

In den meisten Urlaubszentren verkaufen Kunsthandwerksläden Souvenirs, etwa Holzschnitzereien, Schmuck und Skulpturen. Handeln ist dort üblich. Spezialisierte Läden verkaufen Kunst, Rum, Zigarren und jamaikanische Flaggen. Rasta-Fans bekommen auf den meisten Märkten auch T-Shirts, CDs und rot-gelb-grüne Quasten fürs Auto. Jerk-Sauce und Guavengelee bekommt man in jedem Supermarkt. Auch der auf der ganzen Insel verkaufte Blue Mountain Coffee ist ein gutes Souvenir. Die an der Nordküste angebotenen Produkte aus Korallen und Schildplatt sind illegal und dürfen nicht ausgeführt werden.

Die meisten Läden sind montags bis freitags von 8 bis 17.30 Uhr geöffnet, samstags von 8 bis 17 Uhr. Supermärkte haben sehr lange geöffnet, sogar sonntags.

Sprache

Die Amtssprache ist Englisch, doch spricht auch jeder die stark akzentuierte, mit Slang-Ausdrücken durchsetzte Patois-Variante.

Strom

Die Stromspannung beträgt 110 Volt/50 Hertz, in einigen Hotels 220 Volt mit 60 Hertz. Man benötigt einen Adapter für US-amerikanische Dosen.

Zeit

Die Eastern Standard Time (EST) liegt sechs Stunden hinter der Mitteleuropäischen Zeit (MEZ) und sieben Stunden hinter der Mitteleuropäischen Sommerzeit (MESZ) zurück.

Heiraten

Wer in Jamaika heiraten möchte, muss mindestens seit 24 Stunden auf der Insel sein (Wochenenden zählen nicht). Erst dann kann man eine Heiratsbewilligung beantragen. Erforderlich sind Reisepass und Geburtsurkunde (evtl. auch weitere Belege). Firmen wie **Tropical Weddings Jamaica** erledigen die Formalitäten.

Romantisch: Hochzeit am Strand, Negril, Jamaika

Auf einen Blick

Anreise

Air Berlin
W airberlin.com

American Airlines
W aa.com

Austrian
W austrian.com

British Airways
W britishairways.com

Condor
W condor.com

Delta
W delta.com

Lufthansa
W lufthansa.com

Swiss
W swiss.com

United Airlines
W united.com

Information

Jamaica Tourist Board
Kingston. T (876) 929 9200.
für D, A, CH:
c/o fastforward-marketing.
T 0049 2104 832 974.
W visitjamaica.com

Sicherheit und Gesundheit

Feuerwehr / Notarzt
T 110.

Polizei
T 119.

Verkehrsmittel

Avis
W avis.com.jm

Barrett Adventures
Montego Bay.
T (876) 382 6384.
W barrettadventures.com

Caribic Vacations
T (876) 953 9878.
W caribicvacations.com

Island Car Rental
W islandcarrentals.com

JUTA
T (876) 952 0813.
W jutatoursltd.com

Sun Venture
T (876) 960 6685.
W sunventuretours.com

Treasure Tours
W treasuretoursjamaica.com

Heiraten

Tropical Weddings Jamaica
W tropicalweddingsjamaica.com

Ein Porträt der Dominikanischen Republik

Herrliche Strände, üppig grüne Täler, eine artenreiche Tier- und Pflanzenwelt sowie die höchsten Berge der Region zeichnen die wunderschöne Dominikanische Republik aus. In der Hauptstadt Santo Domingo säumen prachtvolle Bauten aus der Kolonialzeit die mehr als 500 Jahre alten Straßen. Hier stehen die älteste Kathedrale und die erste europäische Festung der Neuen Welt.

Ein großer Teil der Dominikanischen Republik ist von Gebirge bedeckt. Dies gilt besonders für den Westen, wo die Cordillera Central die Landschaft prägt und der höchste Berg der Karibik, der nebelverhüllte Pico Duarte, 3098 Meter aufragt. Viele endemische Vogelarten leben in den Wäldern an den Hängen der Cordillera sowie – weiter im Süden – in der Sierra de Neiba und der Sierra de Baoruco. Zwischen den Sierras liegt in einem semiariden, kakteenbewachsenen Tal der Lago Enriquillo am tiefsten Punkt der Karibik, 39 Meter unter dem Meeresspiegel. Der Salzsee ist Heimat von über 60 Vogelarten. In der Dämmerung versammeln sich große Flamingoschwärme. Spitzkrokodile und die gefährdeten Wirtelschwanzleguane haben hier ihren Lebensraum. Die reiche Pflanzen- und Tierwelt des Landes bewahren 30 Nationalparks und andere Schutzgebiete.

Am Strand von Bayahibe bieten kleine Stände heimisches Kunsthandwerk an

Geschichte

Die wechselhafte Geschichte des Landes reicht bis in die Zeit vor Kolumbus zurück. Noch heute kann man hier die umfangreichsten Höhlenmalereien der Karibik bewundern, die einst von den Taíno geschaffen wurden. Das koloniale Erbe ist das älteste in der Neuen Welt. 1492 landete Christoph Kolumbus auf der Insel Hispaniola, auf der heute die Dominikanische Republik und Haiti liegen. 1494 läutete die Gründung der ersten dauerhaften europäischen Siedlung, La Isabela, die Ära der spanischen Herrschaft ein. 1498 wurde die Hauptstadt Santo Domingo gegründet. Das Goldene Zeitalter der Spanier endete 1586 mit der Plünderung von Santo Domingo durch den englischen Freibeuter Francis Drake. Im 17. Jahrhundert drangen Franzosen auf der Insel vor. In der Folge wurde Hispaniola im Frieden von Rijswijk (1697) in das französische Saint-Domingue im Westen und das spanische Santo Domingo im Osten aufgeteilt. Die französische Kolonie florierte, bis Ende des 18. Jahrhunderts im Zuge der französischen Revolution ein Bürgerkrieg ausbrach, in dessen Verlauf revoltierende Sklaven die Franzosen vertrieben und 1804 die Unabhängigkeit Haitis

Kolumbus-Statue in Santo Domingo

Weißer Traumstrand am glasklaren Meer auf Cayo Levantado, Samaná

erklärten. Andauernde Feindseligkeiten zwischen Haiti und Santo Domingo führten zum Krieg. Im Jahr 1822 besetzte Haiti den spanischen Osten. 1844 konnte jedoch nach einem Aufstand unter Führung von Juan Pablo Duarte die unabhängige Dominikanische Republik gegründet werden. Von 1916 bis 1924 besetzten die Vereinigten Staaten das von Unruhen erschütterte Land, 1930 kam der brutale Dikator Rafael Trujillo an die Macht, der 1961 ermordet wurde.

Heutige Republik

Heute ist die Republik eine stabile, moderne Demokratie. An Santo Domingos Uferfront glitzern die Lichter der Hotels und Casinos. Auch die meisten anderen Städte sind kosmopolitisch und im 21. Jahrhundert angekommen.

Das Land lebt vor allem vom Fremdenverkehr – an der Punta Cana und der Atlantikküste reihen sich luxuriöse All-inclusive-Hotels. An der Südwestküste verzeichnet der Ökotourismus steigende Zahlen. Im Hinterland werden in der Region Cibao Kaffee und Zucker sowie Tabak für die florierende Zigarrenindustrie angebaut. Zwar hat sich inzwischen eine Mittelschicht gebildet, dennoch sind die meisten Menschen arm. Viele Familien leben in Hütten. Die Löhne liegen in den Städten oft unter dem Existenzminimum.

Kultur

Die offizielle Landessprache ist Spanisch. Die typischen Musikstile sind der schnelle Merengue und die Bachata. Die Kultur des Landes prägen neben spanischen auch Taíno- und afrikanische Einflüsse – deshalb ist in dieser katholischen Nation auch der Glaube an Geister und andere übersinnliche Phänomene weitverbreitet.

Bäuerliche Landschaften mit grünen Feldern und strohgedeckten Häusern sind typisch für die Dominikanische Republik

Überblick: Dominikanische Republik

Die Dominikanische Republik umfasst zwei Drittel der Fläche von Hispaniola und liegt im Osten der Insel, im Westen liegt Haiti. Schroffe Gebirge im Westen, die am Pico Duarte 3098 Meter aufragen, lassen einen Großteil des semiariden Südwestens im Regenschatten liegen. Nach Osten hin wird die Landmasse schmaler. Die Kornkammer der Republik ist die fruchtbare Ebene des Cibao. Fast ein Drittel der über zehn Millionen Einwohner lebt in Santo Domingo. Dessen koloniale Altstadt ist die älteste in Amerika.

Zur Orientierung

Punta Rucia
Der weiche Sand und das türkisfarbene Wasser machen den Strand zu einem beliebten Ziel für Tagesausflügler von Puerto Plata.

Pico Duarte
Der Weg auf den höchsten Berg der Karibik ist leicht, aber lang. Drei Tage dauert die Wanderung vom Bergdörfchen La Ciénaga.

Parque Nacional Sierra de Bahoruco
Rund 70 Vogelarten leben in dem abgelegenen Nationalpark.

Mutter-Statue in der Galería de Arte Cándido Bidó

Weitere Zeichenerklärungen *siehe hintere Umschlagklappe*

Sehenswürdigkeiten auf einen Blick

1 *Santo Domingo S. 168–171*
2 Boca Chica
3 La Romana
5 Playa Bayahibe
6 Punta Cana (Ostküste)
8 Parque Nacional los Haitises
9 Península de Samaná
10 Cabarete
11 Sosúa
12 Puerto Plata
13 Ocean World Adventure Park
14 Punta Rucia
15 La Vega
16 Santiago de los Caballeros
17 Jarabacoa
18 Parques Nacionales J. Armando Bermúdez y José del Carmén Ramírez
19 Constanza
21 San Cristóbal
22 Barahona
23 Parque Nacional Jaragua
24 Parque Nacional Sierra de Bahoruco
25 Parque Nacional Lago Enriquillo y Isla Cabritos
26 San Juan de la Maguana

Hotels

4 Casa de Campo
7 Puntacana Resort & Club
20 Complejo Ecoturístico Río Blanco

Auf einen Blick

Politik: Präsidialrepublik.
Sprache: Spanisch, Englisch ist weitverbreitet.
Währung: Dominikanischer Peso (RD$).
Mobilfunk: GSM/GPRS 900 MHz (wie in D, A, CH), 850/1900 MHz, UMTS 850/900 MHz.
Strom: 110 V/60 Hz, Adapter: ja.

In der Dominikanischen Republik unterwegs

Santo Domingos Zona Colonial erkundet man bequem zu Fuß, die übrigen Stadtteile erreicht man am besten mit dem Taxi. Für Ausflüge aufs Land empfehlen sich organisierte Touren. Trotz des guten Straßennetzes ist Autofahren riskant. Zwischen Samaná und Sabana de la Mar verkehren Fähren (50 Minuten), zwischen Puerto Plata, Punta Cana, Santo Domingo und weiteren Städten Flugzeuge.

Palmenstrand an der Punta Cana an der Ostküste der Dominikanischen Republik

❶ Santo Domingo

Santo Domingos Hauptattraktionen konzentrieren sich in der Zona Colonial. In der früher von einer Mauer umgebenen Altstadt stehen an Kopfsteinpflasterstraßen und schattigen Plazas einige der ältesten Kolonialgebäude der Neuen Welt. Durch die Calle Las Damas stapften schon die ersten spanischen *conquistadores*, die sich von Santo Domingo zur Eroberung Lateinamerikas aufmachten. Die Altstadt ist ein lebhaftes Wohnviertel. In vielen Kolonialbauten residieren heute Hotels, Restaurants und Clubs. Jenseits der Zona Colonial erstreckt sich die moderne Drei-Millionen-Metropole Richtung Inland.

Das elegante Hostal Nicolás de Ovando

Plaza España

Nordende der Calle Las Damas. **Museo de las Casas Reales** Calle Damas Ecke Calle Mercedes. 809 682 4202. Di–So 9–17 Uhr. **Museo Alcázar de Colón** Plaza de España. 809 682 4750. Di–Sa 9–17 Uhr, So 9–16 Uhr. **Museo Mundo de Ambar** Calle Arzobispo Meriño 452. 809 682 3309. Mo–Sa 9–18 Uhr, So 9–14 Uhr. **amberworldmuseum.com**

An der breiten fast baumlosen Plaza stehen zwei herausragende Museen. Das **Museo de las Casas Reales** im Renaissance-Bau des früheren Königlichen Gerichts präsentiert koloniale Artefakte, wie Waffen und Rüstungen, und Exponate zu den Fahrten von Christoph Kolumbus. Vor dem Eingang befindet sich die große Reloj del Sol (Sonnenuhr) von 1753.

Das ehemalige, schön restaurierte Haus von Kolumbus' Sohn Diego, ein zweigeschossiges Gebäude im Mudéjar-Stil von 1517, ist heute das **Museo Alcázar de Colón**. Es zeigt mit vielerlei Originalstücken, etwa mit Teppichen, Silberobjekten und Mahagonimöbeln, wie die Familie Kolumbus einst hier lebte.

Abends erwacht die Plaza zum Leben, wenn die Gäste in die zahlreichen Bars und Restaurants strömen.

Zwei Blocks weiter westlich finden in den imposanten Ruinen des 1508 errichteten Monasterio de San Francisco gelegentlich Konzerte statt. Das nahe **Museo Mundo de Ambar** präsentiert herrliche Bernsteinobjekte.

Hostal Nicolás de Ovando

Calle Las Damas. 809 685 9955. **accorhotels.com**

Das Luxushotel in der Zona Colonial residiert im ehemaligen Haus von Nicolás de Ovando, der die Stadt 1502 gründete. Das edle Interieur kombiniert moderne Eleganz und eine komfortable Ausstattung mit den abgenutzten Original-Steinböden und -mauern. Ein exzellentes Restaurant, eine Zigarrenlounge sowie Pool, Fitnesscenter, Konferenzräume und kostenloses WLAN sind weitere Pluspunkte des stimmungsvollen Hotels, einer UNESCO-Welterbestätte.

Calle Las Damas

Zwischen Fortaleza Ozama und Plaza España. **Panteón de la Patria** Calle Las Damas und Plazoleta de María Toledo. 809 689 6010. Di–So 9–17 Uhr. **Museo Infantil Trampolín** Calle Las Damas. 809 685 5551. Di–Fr 9–17 Uhr, Sa, So 10–18 Uhr. **trampolin.org.do**

Der Name der ersten kolonialen Kopfsteinpflasterstraße der Neuen Welt erinnert an Doña María de Toledo, die Gattin von Diego Kolumbus, und andere adelige Damen. Hier stehen historische Gebäude, darunter der **Panteón de la Patria**. Die 1743 vollendete klassizistische Jesuitenkirche wurde in zeitweise als Tabaklager und Theater genutzt. Heute ist sie ein düsteres, von einem uniformierten Soldaten bewachtes Mausoleum der Nationalhelden. Die Kuppel ist aus Stein, der extravagante Kronleuchter beeindruckt auf seine Weise.

Kindern gefällt das **Museo Infantil Trampolín**, wo sie mit viel Spaß verschiedene Wissensbereiche kennenlernen.

Fortaleza Ozama

Calle Las Damas. 809 686 0222. Mo–Sa 9.30–18 Uhr, So 9–16 Uhr.

Die ab 1502 errichtete Festung an der Mündung des Río Ozama ist das älteste koloniale Militärbauwerk in Amerika. Im

Teilansicht der Fortaleza Ozama

Hotels und Restaurants in der Dominikanischen Republik *siehe Seiten 186–189 und 190f*

Statue von Christoph Kolumbus am Parque Colón

Zentrum der Anlage steht die Torre del Homenaje (»Huldigungsturm«) auf einer Grünfläche. Der einstige Wachturm diente später als Gefängnis. Rostige Kanonen stehen auf der Mauer an der Flussseite, weitere Waffen sieht man auf der Esplanade. Dort steht auch die Statue des 1557 verstorbenen spanischen Befehlshabers Gonzalo Fernández de Oviedo.

Parque Colón

Calle El Conde und Calle Arzobispo Meriño. **Museo de Larimar** Calle Isabel la Católica 54. 809 682 3309. tägl. 10–18 Uhr. **larimarmuseum.com**

Der breite, baumbestandene Platz ist nach Christoph Kolumbus benannt, der hier mit einer überlebensgroßen Statue geehrt wird. Rund um die stark belebte Plaza stehen koloniale Bauten und Häuser (19. Jh.). Die Catedral Primada de América an der Südseite des Parque Colón ist ein Blickfang.

Ein Stück weiter südlich informiert das **Museo de Larimar** über den blauen Halbedelstein Larimar, der nur in der Dominikanischen Republik abgebaut wird. Der klassizistische Antiguo Palacio Consistorial an der Nordwestecke der Plaza diente früher als Rathaus.

Die nahe Plazoleta Padre Billini wurde nach einem Priester benannt, der im 19. Jahrhundert ein Armenhospital gründete. Im Gebäude zeigt das Museo de la Familia Dominicana del Siglo XIX einen typischen Mittelschicht-Haushalt des 19. Jahrhunderts. Im Norden des Platzes kann man sich in vielen Souvenir- und Zigarrenläden eindecken.

Catedral Primada de América

Siehe S. 171.

Parque Duarte

Calle Padre Billini und Calle Hostos.

Die stimmungsvollste koloniale Plaza Santo Domingos wird von *Flamboyán*-Bäumen beschattet. Sie ist ein Treffpunkt der Anwohner, die hier zu Füßen der Statue des Nationalhelden Juan Pablo Duarte plaudern. An der Ostseite ist in der Kapelle der Iglesia y Convento de los Padres Dominicos ein Zodiak aus Stein sehenswert. Das **Museo Memorial de la Resistencia Dominicana** gedenkt des Widerstands gegen die Diktatur Trujillos.

Infobox

Information

Südküste der Dominikanischen Republik. 3 Mio.

Plaza Colón, Calle Isabel la Católica 103, 809 686 3858.

Mercado Modelo, Mo–Sa.

Karneval (Feb), Merengue Festival (Juli).

Anfahrt

Zentrum von Santo Domingo

① Plaza España
② Hostal Nicolás de Ovando
③ Calle Las Damas
④ Fortaleza Ozama
⑤ Parque Colón
⑥ Catedral Primada de América
⑦ Parque Duarte
⑧ Parque Independencia

Zeichenerklärung *siehe hintere Umschlagklappe*

Den Nationalhelden gewidmet: Altar de la Patria

Parque Independencia

Calle Palo Hincado und Av. Bolívar.

Die Plaza am Westrand der Zona Colonial ist mit ihren schön angelegten Grünflächen und vielen Brunnen ein stark frequentierter Treffpunkt. Der Haupteingang ist die Puerta del Conde. Auf diesem Tor wurde 1844 erstmals die dominikanische Flagge gehisst. Die drei Nationalhelden des Landes – Juan Pablo Duarte, Francisco del Rosario Sánchez und Ramón Matías Mella – sind im **Altar de la Patria** bestattet. In dem Marmormausoleum, das von einem Soldaten bewacht wird, brennt ihnen zu Ehre eine ewige Flamme.

Palacio Nacional

Calle Dr. Delgado Báez.
809 695 8000. Mo, Mi, Fr nach Vereinbarung.
Galería de Arte Cándido Bidó
Calle Dr. Báez 5. 809 685 5310.
Mo–Fr 9–18 Uhr.
Museo Bellapart Edificio Honda, Av. John F. Kennedy.
809 541 7721 (Durchwahl 296).
Mo–Fr 9–18 Uhr, Sa 9–12 Uhr.
museobellapart.com

Der 1947 vollendete Palacio Nacional wurde als pompöser Palast für den Diktator Rafael Trujillo errichtet. Der klassizistische Bau aus Samaná-Marmor wurde von dem italienischen Architekten Guido D'Alessandro mit Kuppeldach und Prachttreppe entworfen. Wer die opulenten Innenräume mit glänzendem Mahagoni-Mobiliar, Kristalllüstern und vergoldeten Spiegeln besichtigen möchte, muss sich vorab anmelden. Besonders sehenswert ist der Salón de las Cariátides, dessen Wände 44 elegante Karyatiden (Frauenfiguren) säumen. Im Salón residieren heute Regierungsdienststellen. Besucher müssen ordentlich gekleidet sein (Hemd oder Bluse mit langen Ärmeln), Shorts, Sandalen, Turnschuhe sind nicht erlaubt.

Vom Palacio Nacional führt ein kurzer Spaziergang Richtung Südwesten zur **Galería de Arte Cándido Bidó** in einem vornehmen Haus aus den 1950er Jahren. Hier sind im Atelier und Wohnhaus des berühmten, 2011 verstorbenen Künstlers dessen farbenfrohe Werke zu sehen. Das beste Kunstmuseum der Stadt, das **Museo Bellapart**, zeigt eine großartige Privatsammlung mit Bildern und Skulpturen von führenden Künstlern des Landes ab Mitte des 19. Jahrhunderts.

Faro a Colón

Av. Estados Unidos, Parque Mirador del Este. 809 591 1492.
Di–So 9–17.30 Uhr.
Acuario Nacional Av. España 75.
809 766 1709.
Di–So 9.30–17.30 Uhr.

Das riesige Monument für Christoph Kolumbus wurde schon 1929 begonnen und erst 1992 zu den Feiern zum 500. Jahrestag von Kolumbus' Landung vollendet. Der Kolumbus-Leuchtturm (Faro a Colón) wurde von dem britischen Architekten Joseph Lea Gleave in der Form eines Kreuzes entworfen. Das zehngeschossige, gestufte Betonbauwerk ragt über dem Parque Mirador del Este auf und ist 207 Meter lang. Das Grabmal von Kolumbus im Inneren wurde von dem spanischen Bildhauer Pere Carbonell i Huguet im gotischen Stil geschaffen.

Das Grab wird von einem Soldaten in Uniform und Bronzelöwen bewacht. Es enthält eine Bronzeurne mit der mutmaßlichen Asche von Kolumbus, die von der Catedral Primada de América hierher verbracht wurde. An Festtagen projizieren Hochleistungsscheinwerfer ein Lichtkreuz an den Nachthimmel.

Der waldige Parque Mirador del Este am Río Ozama ist mit seinen Sportanlagen das größte Erholungsgebiet der Stadt. Die Cueva Los Tres Ojos (Drei-Augen-Höhle) an seinem Ostrand heißt nach den dortigen drei Kalksteintrichtern, die mit Wasser gefüllt sind. Am Wochenende sind sie ein beliebtes Ziel für Familienausflüge.

Im **Acuario Nacional** am Atlantischen Ozean kann man Meerestiere bestaunen, etwa Haie, Rochen und Aale. Gegenüber dem Aquarium bietet der Wasserpark Agua Splash nicht nur Kindern Spaß.

Die klassizistische Fassade des imposanten Palacio Nacional

Catedral Primada de América

Den Grundstein für diese älteste Kathedrale der Neuen Welt legte Diego Kolumbus im Jahr 1514. Sie wurde von dem Architekten Alonso de Rodríguez nach dem Vorbild der Kathedrale in Sevilla entworfen, von Luis de Moya und Rodrigo de Liendo modifiziert und im Jahr 1541 vollendet. Im 18. Jahrhundert wurde die Kathedrale erweitert. Papst Benedikt XV. erhob sie 1920 zur Basílica Menor de la Virgen de la Anunciación. Besucher sollten die Kirche keinesfalls mit nackten Schultern, in Shorts oder kurzem Rock besichtigen.

Infobox

Information
Parque Colón, Calle Arzobispo Nouel und Arzobispo Meriño.
tägl. 9–16 Uhr.

Rippengewölbe
Das von 14 Stützen getragene Gewölbe erhebt sich über einen Marmorboden mit schwarz-weißem Schachbrettmuster.

Glockenturm
Die Kathedrale vereint platereske, barocke und gotische Stilelemente. Der Glockenturm aus roten Ziegeln wurde im Jahr 1625 angebaut, nachdem der Architekt mit den Originalplänen nach Mexiko gesegelt war.

Das Buntglasfenster wurde 1586 von Francis Drakes Piraten zerstört.

Hauptfassade
Die platereske Westfassade besteht aus Kalkstein, die gotischen Fenster in den romanischen Torbogen sind einmalig in Amerika. Die flankierenden Pfeiler sind ebenfalls platteresk.

Doppelköpfiger Adler
Der Adler hält das Wappen des spanischen Reichs.

Die Doppelpfeiler mit spitzen Türmchen sind kunstvoll verziert.

Belebte Straße mit Bars und Restaurants in Boca Chica

❷ Boca Chica

32 km östl. von Santo Domingo.

Das trotz der Probleme mit Prostitution beliebte kompakte Strandgebiet, 30 Fahrminuten von Santo Domingo entfernt, ist an Wochenenden und Feiertagen überfüllt, wenn die Menschen aus den Bars in die engen Straßen strömen. Der Palmenstrand liegt an blauen, seichten, von einem Riff geschützten Gewässern, in denen man gut schnorcheln kann. Wer zur Isla La Matica oder Isla Los Pinos watet, sieht in den Mangroven viele Vögel.

Umgebung: Der **Parque Nacional Submarino La Caleta** bietet 28 herrliche Tauchgebiete, u. a. die Schiffswracks *Hickory*, *El Limón* und *Captain Alsina*.

Mamajuana

Mamajuana

Die hausgemachte Medizin aus Rum, Rotwein und Honig, Kräutern, Rinden und Geheimzutaten muss wochenlang ziehen und kuriert angeblich sämtliche Leiden. Eine Variante wird aus Rum und Meeresfrüchten gebraut, ein absolut gültiges Rezept gibt es jedoch nicht. Mamajuana gilt als Aphrodisiakum und wird in den Bars aus Schnapsgläsern getrunken.

Parque Nacional Submarino La Caleta
8 km westl. von Boca Chica.
Treasure Divers, 809 523 5320.

❸ La Romana

129 km östl. von Santo Domingo.
250 000. Av. Libertad 7, 809 550 6922.

Die moderne Hafenstadt ist das Zentrum der Zuckerindustrie des Landes. Hier findet man auch viele Kolonialgebäude, vor allem am Parque Central, dessen Wege im Schatten der Iglesia Santa Rosa de Lima Skulpturen säumen. Die Geschichte des Landes ist auf dem El Obelisco an der Kreuzung Avenida Libertad und Calle Francisco del Castillo verewigt. Die Hauptattraktion ist Altos de Chavón, ein in den 1970er Jahren entstandener Nachbau eines toskanischen Bergdorfes komplett mit römischem Amphitheater, das der Casa de Campo als Musikbühne dient. Die **Stanislaus-Kirche** heißt nach Polens Nationalheiligem, dessen Asche Johannes Paul II. beim Besuch 1979 mitbrachte. Das Regionale Archäologiemuseum zeigt präkolumbische Artefakte der Taíno.

Umgebung: Rund acht Kilometer südwestlich von La Romana bietet die kleine Isla Catalina schöne Strände. An der Hauptstraße zwischen La Romana und San Pedro de Macorís können in der **Cueva de las Maravillas**, einer Höhle inklusive Museum, Tropfsteine und über 500 Höhlenzeichnungen bewundert werden.

Cueva de las Maravillas
Di–So 9–17 Uhr.

❹ Casa de Campo

130 km östl. von Santo Domingo. 809 523 3333.
casadecampo.com.do

Die Zimmer und Ferienhäuser der exklusiven Anlage wurden von Modedesigner Oscar de la Renta im Plantagenstil gestaltet. Hier entspannen US-Prominente und Hollywoodstars.

❺ Playa Bayahibe

142 km südöstl. von Santo Domingo.

Das Gebiet mit endlosen weißen Sandstränden wie der Playa Dominicus und der Playa Bayahibe gilt als eines der besten Tauchreviere des Landes. Das ursprüngliche Fischerdorf verschwindet langsam zwischen den All-inclusive-Anlagen. Regionale Veranstalter bieten Bootsfahrten zur Isla Saona. Dort gibt es Strände und einen See mit Flamingos.

Umgebung: Nicht weit von Bayahibe schützt der **Parque Nacional del Este** die Isla Saona und ein seltenes Trockenwaldgebiet, das auf einem Kalksteinplateau mit zahllosen *cenotes* (Karsttrichtern) und Höhlen liegt. Man erreicht es gut von dem Fischerdorf Boca

Stanislaus-Kirche, La Romana

Hotels und Restaurants in der Dominikanischen Republik *siehe Seiten 186–189 und 190f*

de Yuma. Die nahe gelegene, befestigte **Casa Ponce de León** von 1505 ist im Stil der frühen Kolonialzeit möbliert. Ein Wachmann öffnet das ansonsten verschlossene Haus auf Nachfrage für Besucher.

Parque Nacional del Este
Guaragua, 5 km südl. von Bayahibe.
809 833 0022.
tägl. 8–17 Uhr.

Casa Ponce de León
Calle los Jobitos, San Rafael del Yuma. Di–So 9–17 Uhr.

6 Punta Cana (Ostküste)

241 km östl. von Santo Domingo.

An der Punta Cana befinden sich die meisten All-inclusive-Anlagen und die schönsten Strände des Landes. Sie sind schneeweiß bis golden und säumen eine Bilderbuchküste mit Kokospalmen. Die Hotels konzentrieren sich um Punta Cana und Playa Bávaro, weiter im Norden im Gebiet um Uvero Alto. Im Norden kann man an den unberührten Stränden Playa Lavacama und Playa Los Muertos den Massen entfliehen. Abwechslung bieten Jeep-Safaris und Themenparks wie der **Manatí Park**.

Palmenstrand Playa Bávaro mit Hotels im Hintergrund, Punta Cana

Umgebung: Nur wenig entfernt liegt die Provinzhauptstadt Higüey. Sehenswert ist dort die **Basílica de Nuestra Señora de la Altagracia**. Sie wurde im Jahr 1950 von den französischen Architekten André Dunoyer de Segonzac und Pierre Dupré entworfen.

Manatí Park
809 221 9444. tägl. 9–18 Uhr. **manatipark.com**

Basílica de Nuestra Señora de la Altagracia
tägl. 7–19 Uhr. **Hinweis** Kein Zutritt mit Shorts oder unbedeckten Schultern.

7 Puntacana Resort & Club

3 km südl. vom Flughafen Punta Cana. 809 959 2222. **puntacana.com**

Punta Canas erste Urlaubsanlage hat sich seit der Eröffnung im Jahr 1971 zu einem Luxusresort mit mehreren All-inclusive-Hotels, luxuriösen Villen, erstklassigen Einrichtungen, zwei Golfplätzen, einer Marina und einem kleinen Shopping-Dorf gemausert. Unter den sechs Restaurants befinden sich zwei Spitzenlokale. Im Naturpark der Anlage kann man an Wanderungen und Vogelbeobachtungstouren teilnehmen.

8 Parque Nacional los Haitises

75 km nordöstl. von Santo Domingo. tägl. 8–17 Uhr. über regionale Tourenveranstalter.

Der Nationalpark schützt ein zerklüftetes Kalksteingebiet mit *mogotes* *(siehe S. 83)* und Höhlen. In den dichten Wäldern leben mindestens 112 Vogelarten, zudem sieht man Meeresvögel auf der Isla de los Pájaros nisten und Schwalbenschwärme in der Cueva de las Golondrinas. Am besten erkundet man den Park auf von **Paraíso Caño Hondo** organisierten Bootsfahrten. Dort gibt es auch Unterkünfte.

Paraíso Caño Hondo
11 km westl. von Sabana de la Mar.
809 248 5995.
paraisocanohondo.com

Weitere Zeichenerklärungen *siehe hintere Umschlagklappe*

❾ Península de Samaná

177 km nordöstl. von Santo Domingo. Calle Santa Barbara 4, 809 538 2332. Día de Santa Bárbara (4. Dez).

Die schmale Halbinsel im Atlantik bietet an der Nord- und Ostküste weiße Sandstrände. An der Südküste stürzen Bäche über Kaskaden von einem mit dichtem Wald bewachsenen Bergrücken hinunter zur Bahía de Samaná.

Die Provinzhauptstadt Santa Bárbara de Samaná verfügt über gute Restaurants und ist ein exzellenter Ausgangspunkt für Ausflüge, etwa mit dem Boot zum Cayo Levantado. Rund elf Kilometer nördlich der Stadt rauscht der wunderschöne Wasserfall **El Salto de Limón**. Er ist ein beliebtes Ziel für Tagesausritte. Die **Samana Zipline Tour** umfasst auch einen Safari-Ausflug.

Bekannter als die All-inclusive-Hotels der Halbinsel sind die Boutiquehotels in den beiden kleinen Strandorten Las Terrenas an der Nordküste und Las Galeras im Osten. Las Terrenas bietet ein reges Nachtleben, Las Galeras herrliche lange Strände.

Samana Zipline Tour
El Valle. 829 542 3005.
samanazipline.com

Bars und Restaurants neben dem Strand in Cabarete

❿ Cabarete

190 km nordwestl. von Santo Domingo. Calle Principal, 809 571 0962. Kitesurf World Championship (Juni), Jazz Festival (Nov).

Cabarete ist mit seinem turbulenten Nachtleben die Partyhochburg des Landes und zugleich ein Wassersport-Mekka. Fast nirgendwo in der Karibik kann man so gut windsurfen und kiteboarden wie an den windigen Stränden des Badeorts, an denen sich Hotels sowie Restaurants und Bars reihen. Der Wassersport konzentriert sich am endlosen Kite Beach.

Umgebung: Nur fünf Kilometer östlich von Cabarete liegt ein Eingang zum **Parque Nacional El Choco** mit Wanderwegen, Höhlen und einer Lagune mit Wasserfall. Ein beliebter Ausflug führt von Cabarete zu den drei Kilometer südlich gelegenen **27 Charcos del Río Damajagua**. Hier spaziert man an einem Fluss entlang zu 27 Kaskaden und natürlichen Wasserrutschen.

Parque Nacional El Choco
Callejón de la Loma, Cabarete.
tägl. 9–16.30 Uhr.

27 Charcos del Río Damajagua
Imbert. tägl. 8–15 Uhr.
27charcos.com

Der 40 Meter hohe Wasserfall El Salto de Limón, Península de Samaná

⓫ Sosúa

175 km nordwestl. von Santo Domingo. 70 000. Calle Duarte 1, 809 571 3433.

Der Ort liegt zu beiden Seiten der langen Playa Sosúa. Der Strand bietet Wassersport, den sandigen Strandweg säumen Lokale und Souvenirläden. Sosúa besteht aus zwei Ortsteilen: Los Charamicos im Westen und El Batey im Osten. Dort siedelten sich in den 1940er Jahren aus Deutschland und Österreich geflüchtete Juden an. Sehenswert sind die schönen Holzhäuser, die hölzerne Synagoge und daneben das **Museo Judío Sosúa**. An einem nahen Korallenriff kann man herrlich tauchen. Tauchausflüge führen beispielsweise zum Wrack der 1993 gesunkenen *Zingara*.

Museo Judío Sosúa
Calle Dr. Alejo Martínez.
809 571 1386.
Öffnungszeiten tel. erfragen.

Hotels und Restaurants in der Dominikanischen Republik *siehe Seiten 186–189 und 190f*

⓬ Puerto Plata

233 km nordwestl. von Santo Domingo. 280 000. Calle José del Carmen Arizo 45, 809 586 5059. Fiesta Patronal de San Felipe (3. Mai), Merengue Festival (Okt), International Film Festival (Nov).

In der lebhaften, 1502 gegründeten Hafenstadt stehen viele historische Gebäude. Eine Besonderheit sind die im viktorianischen Stil erbauten Holzhäuser (19. Jh.) in der Zona Victoriana. Am zentralen Parque Independencia steht an der Südseite die Catedral San Felipe Apóstol mit zwei Türmen. Weiter östlich zeigt das beliebte **Museo del Ambar** in einer 1919 erbauten Villa mit Holzgalerien Exponate rund ums Thema Bernstein. Sehenswert ist auch die **Fortaleza San Felipe**. Die älteste koloniale Festung Amerikas wurde 1557 fertig und hat vier Höfe. Der drei Kilometer lange Malecón Boulevard verläuft parallel zum Stadtstrand Playa Long Beach.

Jenseits des historischen Kerns ist die Stadt nicht sonderlich attraktiv. Westlich und östlich von Puerto Plata liegen schöne Strände. Über ein Dutzend All-inclusive- und Boutiquehotels stehen am goldsandigen Palmenstrand der Playa Dorada, wo ein Golfplatz und Wassersportangebote locken. Die Einheimischen zieht es zur legeren Playa Cofresí. Dort gibt es Wassersportmöglichkeiten und Restaurants. Auf dem kühlen, 780 Meter hohen **Monte Isabel de Torres** kann man einen Wald auf mehreren Wegen erkunden. In der Seilbahn, die von der Avenida Teleférico westlich der Stadt zum Gipfel fährt, hat man einen fantastische Aussicht.

Monument, San Felipe, Puerto Plata

Bernstein

Der Schmuckstein ist eigentlich das rund 40 Millionen Jahre alte, fossile Harz der ausgestorbenen Baumart *Hymenaea protera*. Bernstein ist transluzent, sein Farbenspektrum reicht von golden bis violett und blau – diese bläulichen Varianten findet man aber nur in der Cordillera Septentrional südlich von Puerto Plata. Der Bernstein aus der Dominikanischen Republik ist reich an Einschlüssen (»Inklusen«), beispielsweise von fossilen Insekten, die im Harz gefangen waren. Die Ausfuhr von Bernstein mit Inklusen ist genehmigungspflichtig.

Bernstein mit Insekt, Museo del Ambar

Museo del Ambar
Calle Duarte 61. 809 586 2848.
Mo–Sa 9–18 Uhr.
ambermuseum.com

Fortaleza San Felipe
Av. Gregorio Luperón.
tägl. 9–17 Uhr.

Monte Isabel de Torres
Av. Manuel Tavárez Justo. 809 970 0501. tägl. 8.30–17 Uhr.
telefericopuertoplata.com

⓭ Ocean World Adventure Park

5 km westl. von Puerto Plata.
809 291 1000.
tägl. 9–18 Uhr.
oceanworld.net

Der interaktive Meeresthemenpark in dem kleinen Urlaubsort Cofresí ist ein erstklassiges Ausflugsziel für Kinder und Erwachsene. Als besondere Attraktion können Besucher mit Delfinen schwimmen. Auch die Delfin- und Seelöwenshows sind sehenswert. In einem Riffaquarium mit exotischen Fischen, Haien und Rochen kann man schnorcheln. In einer Voliere fliegen tropische Vögel frei umher.

Eines der vielen traditionellen Häuser in Puerto Plata

⓮ Punta Rucia

32 km westl. von Puerto Plata.

Der abgelegene, weiche Sandstrand am türkisfarbenen Meer ist ein beliebtes Ziel für Tagesausflügler, die mit dem Boot von Puerto Plata kommen. Geboten werden Banana-Boat-Fahrten und anderer Wassersport. Die Touren beinhalten meist einen Ausflug zum Cayo Paraíso, eine idyllische, hufeisenförmige Insel mit pudrigem Sand und exotisch bunten Fischen im glasklaren Wasser.

Umgebung: Eine Piste führt von der Playa Rucia zum Refugio de Manatís Estero Hondo. Es schützt eine mangrovengesäumte Lagune, in der *manatís* (Seekühe) schwimmen. Weiter östlich bewahrt der **Parque Nacional La Isabela** die spärlichen Ruinen der ersten kolonialen Siedlung in der Neuen Welt. Sie wurde 1492 von Christoph Kolumbus gegründet.

Parque Nacional La Isabela
El Castillo. tägl. 9–17.30 Uhr.

⑮ La Vega

113 km nordwest. von Santo Domingo. 240 000. Calle Mella Ecke Durangé, 809 242 3231. Karneval (Feb).
godominicanrepublic.com

Die ausufernde, chaotische Stadt am Río Camú im Zentrum des Valle El Cibao wurde 1562 gegründet. Attraktionen sind der turbulente Karneval und die Catedral de la Concepción de la Vega. Das umstrittene, postmoderne Bauwerk im industriellen Stil muss man entweder lieben oder hassen. Das mit neugotischen Elementen auffällig gestaltete Äußere ist ein greller Kontrast zum kargen Innenraum mit dem schlichten Altar. Sehenswert sind auch die Gebäude am Hauptplatz, darunter der klassizistische Palacio Municipal und der Palacio de Justicia.

Nordöstlich von La Vega soll sich auf dem steilen Santo Cerro ein Wunder ereignet haben. Deshalb findet immer am 24. September eine Wallfahrt zur schlichten Kirche Iglesia Las Mercedes auf dem »Heiligen Hügel« statt. Die nahe Siedlung La Concepción de la Vega wurde 1494 als Stützpunkt für den Goldabbau gegründet und 1562 durch ein Erdbeben zerstört. Ihre Ruinen schützt der **Parque Nacional Arqueológico Histórico La Vega Vieja**.

Parque Nacional Arqueológico Histórico La Vega Vieja
Carretera Moca, Santo Cerro.
Mo–Fr 8–15 Uhr, Sa 9–16 Uhr.

⑯ Santiago de los Caballeros

138 km nordwestl. von Santo Domingo. 700 000. Gobernación, Parque Duarte und Calle del Sol; 809 582 5885. Karneval (Feb).

In der zweitgrößten Stadt des Landes im Zentrum des Valle de Cibao tobt das Leben ebenso wie der Verkehr. Die wohlhabende Stadt ist nach Santo Domingo das wichtigste Agrar- und Handelszentrum und war-

Catedral Santiago Apóstol, Santiago de los Caballeros

tet mit einigen Attraktionen auf. Dazu zählen der koloniale Altstadtkern, den man zu Fuß erkunden kann, und viele Monumente, die an den Tabak-Boom erinnern. Die Zigarrenproduktion ist noch heute der wichtigste Industriezweig. In der Fábrica de Cigarros La Aurora kann man sehen, wie geschickte Hände Zigarren drehen. Sie ist Teil des Centro León, zu dem auch ein anthropologisches und ein Museum für moderne Kunst gehören.

Am besten beginnt man die Stadttour am Parque Duarte mit kolonialen Bauwerken wie der **Catedral Santiago Apóstol**. Präkolumbische Artefakte sind in der restaurierten Fortaleza San Luís ausgestellt. Das Monumento a los Héroes de la Restauración mit der 70 Meter hohen Säule ließ 1940 der Diktator Rafael Trujillo (1891–1961) errichten. Das Museo Folklórico Don Tomás Morel informiert über den faszinierenden Karneval der Stadt.

Umgebung: 70 Kilometer östlich führen in der **Reserva Científica Quita Espuela** Wege durch den Bergregenwald mit Blaukronenamazonen und anderen endemischen Vögeln. In der heutigen **Casa Museo Hermanas Mirabal** in Salcedo, rund 50 Kilometer östlich von Santiago, wuchsen María Teresa, Minerva und Patria Mirabal auf. Die Schwestern wurden 1960 als Oppositionelle unter Diktator Trujillo ermordet.

Centro León
Av. 27 de Febrero 146. 809 582 2315. Di–So 10–19 Uhr.
centroleon.org.do

Reserva Científica Quita Espuela
809 588 4156. Mo–Fr 8–17 Uhr. **Hinweis** Führungen und Besuche am Sa und So vorab telefonisch reservieren.

Casa Museo Hermanas Mirabal
Conuco Salcedo. 809 587 8530. tägl. 9.30–17 Uhr. obligatorisch.

⑰ Jarabacoa

154 km nordwestl. von Santo Domingo. 155 000. Plaza Ramírez, Calle Mario Nelsón Galán, zwischen Duarte und Calle del Carmen, 809 574 7287.

Die wohlhabende Agrarstadt liegt von Wäldern umgeben auf 529 Metern Höhe tief in der Cordillera Central. Hier kann man in der angenehmen Kühle der Berge die Atmosphäre des Ortes genießen. Besonders einladend ist der kleine Stadtplatz Parque Mario Nelsón Galán.

Holzbrücke auf dem Weg zum Pico Duarte

Hotels und Restaurants in der Dominikanischen Republik *siehe Seiten 186–189 und 190f*

Jarabacoa liegt im Tal des Río Yaque del Norte und ist ein guter Ausgangspunkt für Raftingtouren sowie für Ausritte und Wanderungen etwa zu drei Wasserfällen in der Umgebung: dem Salto de Baiguate, dem **Salto de Jimenoa**, fünf Kilometer südöstlich von Jarabacoa, und dem Salto de Jimenoa Alto. Der Weg zu den Wasserfällen beginnt an der Straße nach Constanza. Besucher können unterwegs an einer kleinen Hütte den Eintritt bezahlen und einen Führer anheuern. Jarabacoa ist zudem das Tor zum höchsten Berg der Karibik, dem Pico Duarte.

Salto de Jimenoa
Sabanete. tägl. 8–17 Uhr.

⑱ Parques Nacionales J. Armando Bermúdez y José del Carmén Ramírez

26 km nordwestl. von Jarabacoa.
809 472 4204.
Gebühr, Asociación de Guías de Montaña, La Ciénaga.
godominicanrepublic.com

Den höchsten Gipfel der Cordillera Central, den Pico Duarte (3098 m), erreicht man ab dem Dorf La Ciénaga. Auf das Massiv führt eine beliebte, anstrengende dreitägige Rundwanderung. Wer den Gipfel erreicht, sieht die dominikanische Flagge über einer Büste des »Vaters des Vaterlandes«, Juan Pablo Duarte (1813–1873), flattern. Diese »Dominikanische Alpen« genannte Bergregion mit ihren schmalen Graten und tiefen Schluchten wird durch die Nationalparks Armando Bermúdez und José del Carmen Ramírez geschützt. In den tieferen Lagen wächst Regenwald, weiter oben führt der Weg durch Nebel- und schließlich Kiefernwald. Unterwegs erblickt man viele Vögel.

Büste von Juan Duarte, Pico Duarte

Weite Felder umgeben die Agrarstadt Constanza

⑲ Constanza

26 km nordwestl. von Santo Domingo. 90 000. Calle Matilda Viña 18, Ecke Miguel Andrés Abreu, 809 539 2900.

Das von Bergen umrahmte Constanza liegt traumhaft in rund 1200 Metern Höhe in einem extrem fruchtbaren Hochtal. Auf den hiesigen Feldern werden Obst, Gemüse und Blumen angebaut. Die Stadt ist wenig touristisch, doch dank der herrlichen Landschaft und kühlen Bergluft ein guter Ausgangsort für Wanderungen und eindrucksvolle Jeep-Touren in die Berge. Am Nordrand von Constanza wurde die kleine Colonia Japonesa in den 1950er Jahren von japanischen Bauern gegründet, die von Diktator Trujillo angeworben worden waren. Hier stehen einige Häuser im traditionellen japanischen Stil.

Umgebung: Eine unglaublich schöne, aber sehr schwierige Fahrt führt südlich von Constanza zum **Salto de Aguas Blancas**. Am höchsten frei fallenden Wasserfall der Karibik stürzt das kühle Wasser 87 Meter tief in ein Becken. Rund um den Wasserfall wachsen hübsche Farne und andere Pflanzen an den Felswänden der Schluchten.

⑳ Complejo Ecoturístico Río Blanco

17 km südwestl. von Bonao.
809 296 8208.
coeturb.com

Das im Bergland südwestlich von Bonao, am Ufer des Río Yamu gelegene Areal ist ein idealer Urlaubsort für Naturliebhaber. In der Umgebung des Complejo werden u. a. Reitausflüge, geführte Wanderungen zu nahe gelegenen Kaffee- und Kakaopflanzungen und ein Besuch bei einem Hersteller von Bambusmöbeln angeboten. Neun schön möblierte Hütten stehen zur Verfügung, darüber hinaus gibt es einen Schlafsaal sowie einen Zeltplatz.

Gesichtslose Puppen

Im Valle de Cibao werden vor allem in Moca die *muñecas sin rostros* produziert. Die Keramikpuppen haben kein Gesicht, um keine Gruppe der multiethnischen Bevölkerung zu bevorzugen bzw. zu diskriminieren. Die Püppchen stellen in der Regel Frauen vom Land mit Kopftuch oder Strohhut dar, die Blumen oder *tinajones* (Tonkrüge) in Händen halten.

Gesichtslose Puppen aus Cibao

㉑ San Cristóbal

27 km westl. von Santo Domingo. 280 000. Gobernación, Av. Constitución 25, 809 528 1844. Fiesta Patronal (Mitte Juni).

Die historisch bedeutende Hauptstadt der gleichnamigen Provinz wurde im späten 16. Jahrhundert gegründet. Die ausufernde, geschäftige Stadt war die Heimatstadt des im Jahr 1961 erschossenen Diktators Rafael Leonidas Trujillo. Trujillo ließ sich selbst zu Ehren in San Cristóbal Monumente und Bauwerke errichten, u. a. die senffarbene **Catedral de Nuestra Señora de la Consolación**. In dieser Kirche wollte Trujillo bestattet werden, tatsächlich liegt er jedoch in Paris begraben. Den Innenraum der Kirche zieren Wandgemälde des spanischen Künstlers José Vela Zanetti, der auch Trujillos am Berg gelegene Villa, Castillo del Cerro, mit Blattgold und Wandmalereien verschönerte. Die Villa ist heute eine Polizeischule und der Öffentlichkeit nicht zugänglich. Sehenswert sind zudem die **Casa de la Cultura** an der Südseite des Hauptplatzes, Parque Colón, die Ausstellungen mit Werken regionaler Künstler ausrichtet. Die hübsche Iglesia Parroquial am Parque Duarte wurde 1946 zu Ehren von Trujillos Heimatstadt erbaut.

Drei Kilometer nordwestlich der Stadt schützt die Reserva Antropológica El Pomier elf der 54 Höhlen mit präkolumbischen Felsbildern. Über 6500 dieser Malereien und Ritzzeichnungen konnten bislang bestimmt werden. Meist stellen sie sakrale Symbole und Tiere dar. Gepflasterte Wege führen durch die Haupthöhlen, die von harmlosen Fledermäusen bevölkert werden. Im Reservat finden Besucher einen Museumsladen und ein Café.

Catedral de Nuestra Señora de la Consolación
Av. Constitución. tägl. 8–17 Uhr.

Casa de la Cultura
Calle Mella.
Mo–Fr 9–12 Uhr.

Malerischer Küstenabschnitt bei Barahona

㉒ Barahona

193 km südwestl. von Santo Domingo. 34 000. Oficina de Turismo, Av. Enriquillo, 809 524 3650. Carnival Cimarrón (Ostern).

Die Hafenstadt an der Bahía de Neiba wurde 1802 vom haitianischen General Toussaint L'Ouverture gegründet und entwickelte sich im 20. Jahrhundert zu einem Zentrum der Zuckerindustrie. Barahona ist das Tor zu einer wunderschönen, wenig besuchten Naturregion. Diese entdeckt man auf einer faszinierenden Fahrt auf der malerischen Vía Panorámica, die parallel zum türkisfarbenen Ozean und zu Palmenstränden verläuft.

Umgebung: Die Playa San Rafael 20 Kilometer südlich der Stadt ist besonders wegen der Meeresbecken beliebt, in die kühles Quellwasser läuft. Rund 40 Kilometer westlich von Barahona bietet der Polo Magnético eine spannende optische Täuschung: Hier scheinen Autos im Leerlauf nach oben zu rollen. 20 Kilometer nordwestlich der Stadt kann man in der **Reserva Científica Laguna de Cabral** von Plankenwegen aus Wasser- und Watvögel beobachten.

Reserva Científica Laguna de Cabral
Cabral. tägl. 8–18 Uhr.

㉓ Parque Nacional Jaragua

200 km südwestl. von Santo Domingo. Grupo Jaragua, 809 472 1036.
grupojaragua.org.do

In der semiariden Landschaft des im äußersten Südwesten gelegenen größten Nationalparks des Landes kann man Wildtiere sehen. Es ist jedoch nur ein Teil des Gebiets für Besucher zugänglich. In dem Park, den man auf Wegen ab Fondo Paradí erkundet, leben gefährdete Ricord- und Nashornleguane sowie Rosalöffler und Flamingos an der Laguna

Flamingos in der Laguna Oviedo, Parque Nacional Jaragua

Oviedo, wo ein Aussichtsturm steht. In der Bahía de las Águilas legen Meeresschildkröten ihre Eier. Man erreicht die Bucht per Boot oder Jeep.

㉔ Parque Nacional Sierra de Bahoruco

186 km südwestl. von Santo Domingo. Di–So 9–16.40 Uhr. Grupo Jaragua, 809 472 1036.

Das abgelegene, schroffe Gebiet ist wenig besucht – aber ein Muss für Vogelliebhaber. In dem großen Areal mit Trockenwäldern im Tiefland sowie Nebel- und Kiefernwäldern in den höheren Lagen leben rund 150 Vogelarten. Hier sieht man dominikanische Habichte, Weißnackenkrähen und Schmalschnabeltodis an der Laguna La Charca und entlang den Wegen, die am Besucherzentrum in Hoyo Pelempito beginnen. Im Park gibt es auch 166 Orchideenarten zu sehen. Die Zufahrt erfolgt über die malerische Vía Panorámica El Aceitillar.

Gefährdet: Nashornleguan auf der Isla Cabritos

㉕ Parque Nacional Lago Enriquillo y Isla Cabritos

180 km westl. von Santo Domingo. Asociación de Guías del Lago Enriquillo, 809 816 7441. tägl. 7–17 Uhr. Bootsfahrten 7.30–13 Uhr.

Der von Bergen umgebene, salzige Lago Enriquillo ist der größte See der Karibik und zugleich deren tiefster Punkt: Er liegt 43 Meter unter dem Meeresspiegel. Der See ist ein Rest des Karibischen Meeres, das hier durch tektonische Aktivitäten vom Land eingeschlossen wurde. Rund 5000 Spitzkrokodile bevölkern den See, besonders gut sieht man sie auf der Isla Cabritos. Am Wasser leben zudem Flamingos, Rosalöffler und rund 60 andere Vogelarten. Nashornleguane sieht man bei der Rangerstation in La Azufrada, wo Boote zu geführten Touren ablegen.

Trockenes Gestrüpp auf der sandigen Isla Cabritos im Lago Enriquillo

Umgebung: Beim nahen Dorf Postrer Río stellen an den Felsen in **Las Caritas** präkolumbische Petroglyphen menschliche Gesichter dar. Westlich des Lago Enriquillo findet man im Städtchen Jimaní an der Grenze zu Haiti einen lebhaften Markt und bunte *tap-taps* (haitianische Busse).

㉖ San Juan de la Maguana

225 km westl. von Santo Domingo. 130 000. Festival de Espíritu Santo (Juni), El Día de San Juan (24. Juni).

In der 1508 gegründeten, heutigen Hauptstadt der Provinz San Juan wurden viele Häuser aus der frühen Kolonialzeit während der haitianischen Invasionen im 19. Jahrhundert zerstört. Einige schöne Gebäude stehen noch rund um den Parque Central. Die Catedral San Juan Bautista von 1958 ist mit Barock- und Rokoko-Elementen verziert. Eine Wendeltreppe aus Metall führt außen auf die Kuppel. Am Parque Duarte im Ostteil der Stadt stehen der klassizistische Palacio Ayuntamiento und der moderne Palacio de Justicia.

Sechs Kilometer nördlich der Stadt kann man in der präkolumbischen Stätte El Corral de los Indios einen *bateye* (zeremoniellen Ballspielplatz) sehen.

Umgebung: Vor der imposanten Kulisse der Cordillera Central liegt der Stausee **Presa de Sabana Yegua**, ein Angelrevier für Barsche und Buntbarsche. Aufgrund von Trockenperioden ist der Pegelstand sehr niedrig.

Presa de Sabana Yegua
24 km östl. von San Juan de la Maguana. **Hinweis** Beim Militärposten Zutritt erbitten.

Präkolumbische Petroglyphen in Las Caritas

Sport und Aktivurlaub

Keine Region der Karibik bietet landschaftlich eine größere Vielfalt als die Dominikanische Republik, entsprechend breit ist das Angebot an Aktivitäten zu Wasser und zu Land. Wildwasser-Rafting ist in der Karibik nur hier, in der Cordillera Central, möglich. Cabarete gilt als das größte Wassersportzentrum der Region. Hinzu kommen exzellente Tauchreviere mit faszinierenden Wracks in Küstennähe. Das Land ist außerdem das karibische Mekka der Golfer, darüber hinaus kann man aufregende Jeep-Safaris, Quad-Touren und Ausritte unternehmen, in den vielen Nationalparks auf Vogelpirsch gehen oder den mit 3098 Metern höchsten Berg der Karibik, den Pico Duarte, bezwingen.

Kiteboarder im azurblauen Meer vor der Dominikanischen Republik

Strände

Die herrlichen Strände der Dominikanischen Republik bieten in ihrer Vielfalt Spaß für jedermann. Wer der Menge entkommen will, packt seine Campingausrüstung und fährt auf die Bahía de las Águilas im Südwesten der Insel. An der Südküste liegen auch Punta Cana und Playa Bayahibe *(siehe S. 172)*, wo sich die All-inclusive-Hotels an schneeweißen Sandstränden reihen. An den windigen Kite Beach von Cabarete an der Nordküste zieht es die Kitesurfer, die nahe gelegene Playa Rincón ist eine gute Taucherbasis. An der Playa Dorada bei Puerto Plata findet man nicht nur All-inclusive-Hotels, sondern auch einen Golfplatz. Cayo Levantado, Playa Rincón, Las Terrenas und Cosón sind die Attraktionen der Halbinsel Samaná.

Vogel- und Wildtierbeobachtung

In der Dominikanischen Republik leben ca. 300 Vogelarten, davon kommen 30 nur hier vor. Die größte Artenvielfalt findet man im Parque Nacional Sierra de Bahoruco *(siehe S. 179)* und in der Cordillera Central, die man auf guten Wanderwegen erkunden kann. **Tody Tours** organisiert Vogelwanderungen in der Sierra de Bahoruco. Wer sich für See- und Wasservögel interessiert, sollte mit **Paraíso Caño Hondo** in den Parque Nacional Jaragua und den Parque Nacional los Haitises *(siehe S. 173)* fahren. Am Lago Enriquillo sieht man neben Flamingos auch Spitzkrokodile und Leguane. Im Refugio de Manatís Estero Hondo erspäht man Manatis.

Das schönste Erlebnis mit Tieren bietet die Dominikanische Republik im Winter, wenn man in der Bahía de Samaná Buckelwale aus der Nähe beobachten kann. **Whale Samana** bietet Fahrten zu den Walen an. **Tour Samana with Terry** organisiert Öko-Touren auf die Halbinsel Samaná.

Tauchen

Für Taucher hat die Dominikanische Republik faszinierende Tauchgründe und Wracks zu bieten. Nur 30 Minuten von Santo Domingo entfernt findet man im Parque Nacional Submarino La Caleta drei Wracks. In der Bucht von Bayahibe liegen das Wrack der *St. George* und das Unterwassermuseum 1724 Guadalupe Underwater Archaeological Preserve. Das berühmte Wrack der *Zingara* lockt Taucher nach Sosúa (auch bekannt für seine »Airport Wall«), ans Cabo Cabrón und zu den Islas las Ballenas in Samaná. Im äußersten Nordwesten bietet Monte Cristi Korallenformationen und ein Wrack. Tauchfahrten kann man bei **Scubafun** in Bayahibe, im **Turtle Dive Center** in Samaná und bei **Northern Coast Diving** in Puerto Plata buchen.

Ein Taucher bewundert eine farbenprächtige Schwammkolonie

Golf in der Dominikanischen Republik

In der Dominikanischen Republik gibt es über 26 Turniergolfplätze – eine Stärke der Insel. Derzeit werden weitere Plätze von den besten Platzdesignern angelegt. In allen großen Ferienorten kann man golfen. In Casa de Campo etwa liegen drei Top-Plätze, im Gebiet von Punta Cana / Playa Bávaro sogar sechs erstklassige Greens. Auf vielen Plätzen finden internationale Turniere statt.

Der Playa Dorada Golf Course wurde von Robert Trent Jones entworfen und bietet außergewöhnliche Greens. Er gehört zum Playa Dorada Resort in Puerto Plata.

Zur Orientierung

Kartenausschnitt

Legende

Hauptstraße

Nebenstraße

Der Cocotal Golf & Country Club hat einen 18-Loch-Championship-Platz und einen Neun-Loch-Platz. Er wurde vom sechsfachen spanischen Meister José Gancedo entworfen.

Der Corales Golf Course ist ein klassischer Golfplatz am Meer.

Top-Golfplätze

Casa de Campo
W casadecampo.com.do

Cocotal Golf & Country Club
W cocotalgolf.com

Corales Golf Course
W puntacana.com

Playa Dorada Golf Course
W playadoradagolf.com

Der Teeth of the Dog Golf Course wurde zum besten Platz in der Karibik gewählt. Er gehört zu den drei weltbekannten Plätzen von Casa de Campo.

Ein Windsurfer nimmt vor einem Strand Fahrt auf

Kiteboarden und Windsurfen

Cabarete ist in der Karibik das Nonplusultra für Kiteboarder und Windsurfer. Hier herrschen ideale Bedingungen für Anfänger und Fortgeschrittene. Die Strände von Cabarete liegen direkt im Passatwind des Atlantiks, der für die Surfer Wellen auftürmt und die Kiteboarder nach oben zieht.

Die Ausrüster **Kitexcite** und **Laser Training Center** bieten auch Kurse an. Surfer bekommen Leihboards und Unterricht im **Cabarete Surf Camp**. Bei **Laurel Eastman Kiteboarding** gibt es Kurse für Kiteboarder. Wer möchte, kann dort Ausrüstung aber auch mieten und kaufen.

Angeln

Die tiefen Gewässer vor der Nordküste sowie die Mona-Passage zwischen Hispaniola und Puerto Rico sind ideal zum Sportfischen. Fischereizentren sind **Casa de Campo Marina**, Punta Cana und Puerto Plata. Halbtägige Chartertouren für bis zu vier Personen kosten rund 375 US-Dollar und werden etwa von **Espada Fishing Charter** in Punta Cana und **High Z's Fishing Tour** in Puerto Plata angeboten. In Seen kann man Barsche angeln, eine Angellizenz ist hierfür nicht notwendig.

Bootsausflüge

Vom Wasser aus sieht man die Küste in ihrer ganzen Pracht. In allen Ferienorten bieten Veranstalter Tagesausflüge auf Katamaranen und Yachten oder Fahrten in den Sonnenuntergang – meist mit Party und kostenlosen Rum-Cocktails. Auf Glasbodenbooten entdeckt man die Schönheit der Unterwasserwelt, bei den Speedboat-Fahrten von **Bávaro Splash** darf man selbst ans Steuer. **Coco Tours** bietet Speedboatfahrten nach Cayo Paraíso an, der einzigen Koralleninsel des Landes.

Wassersport

Urlauber in den großen Ferienorten haben die Qual der Wahl zwischen allen erdenklichen Wassersportarten, darunter Fahrten mit Hobie Cats, Banana Boat und Jetski. Besonders beliebt sind Speedboat-Safaris. Die All-inclusive-Hotels versorgen ihre Gäste kostenlos mit Ausrüstung für unmotorisierten Wassersport, wer auf Pferdestärken nicht verzichten möchte, muss sich zumeist an einen der vielen Privatveranstalter wenden.

Rafter kämpfen sich durch die Stromschnellen im Wildwasser

Rafting

Der reißende Río Yaque del Norte in der Cordillera Central ist ein Garant für jede Menge Aufregung bei den Wildwasserfahrten des Veranstalters **Rancho Baiguate**. Ausgangspunkt ist die Bergstadt Jarabacoa.

Tennis

Zu den meisten Hotels gehören Tennisplätze. Auf ihnen darf man gegen Gebühr meist auch spielen, wenn man kein Hotelgast ist. In Casa de Campo *(siehe S. 172)* gibt es eine große, moderne Tennisschule.

Reiten

Reiten kann man an allen Stränden, doch den Ritt an den Wasserfall El Salto de Limón sollte man nicht verpassen. Man kann ihn bei **Santi Limón Excursiones** buchen. Die Einrichtungen des **Casa de Campo Equestrian Center** und **Sea Horse Ranch Equestrian Center** sind eindrucksvoll.

Yachten und Motorboote in der Marina von Casa de Campo

Mountainbiking

Die zum Teil sehr schroffe Landschaft der Dominikanischen Republik ist für Radfahrer, die die Anstrengung nicht scheuen, nahezu perfekt. In vielen Ferienorten bieten Veranstalter Mountainbike-Touren für Anfänger und Hardcore-Fahrer an, so etwa **Iguana Mama** in Cabarete. In vielen der größeren Städte gibt es Mountainbiker-Clubs, die jede Woche verschiedene Fahrten organisieren.

Mountainbiker bei Cabarete

Quad- und Jeep-Touren

In den Strandresorts zählen Quad- und Jeep-Touren zu den beliebtesten Aktivitäten. Bei Jeep-Touren ist der »Jeep« oft ein Lastwagen ohne Dach, auf dem Passagiere bequem sitzen. Bei einigen Veranstaltern kann man selbst einen Jeep im Konvoi durch Zuckerrohrfelder, Regenwälder und Dörfer steuern. **Bávaro Runners** und **Outback Adventures** bieten Fahrten von Punta Cana und den Hotels der Nordküste an, **Tauro Tours** Quad-Touren in Las Terrenas auf Samaná.

Wandern

Für Wanderer ist die größte Herausforderung der Insel die Besteigung des 3098 Meter hohen Pico Duarte, des höchsten Berggipfels der Karibik. In La Ciénaga *(siehe S. 177)* beginnen geführte Drei-Tages-Touren. Der Complejo Ecoturístico Río Blanco *(siehe S. 177)* ist ein idealer Ausgangspunkt für Touren. Einfachere Wanderungen sind in der Reserva Científica Quita Espuela *(siehe S. 176)* sowie im **Parque Nacional del Este** möglich.

Wanderer am Pico Duarte, dem höchsten Berg der Karibik

Auf einen Blick

Vogel- und Wildtierbeobachtung

Paraíso Caño Hondo
☎ 809 248 5995.
W paraisocanohondo.com

Tody Tours
☎ 809 686 0882.
W todytours.com

Tour Samana with Terry
☎ 809 538 3179.
W toursamanawithterry.com

Whale Samana
Calle Mella, La Marina, Samaná.
☎ 809 538 2494.
W whalesamana.com

Tauchen

Northern Coast Diving
Calle Pedro Clisante 8, Sosúa.
☎ 809 571 1028.
W northerncoastdiving.com

Scubafun
Calle Principal, Bayahibe.
☎ 809 833 0003.
W scubafun.info

Turtle Dive Center
Calle Principale, Las Terrenas.
☎ 829 903 0659.
W turtledivecenter.com

Kiteboarden und Windsurfen

Cabarete Surf Camp
Calle Bahia 11, Cabarete. ☎ 829 548 6655.
W cabaretesurfcamp.com

Kitexcite
Kite Beach Hotel, Cabarete. ☎ 829 962 4556.
W kitexcite.com

Laser Training Center
Calle Principal, Cabarete.
☎ 809 571 0640.
W caribwind.com

Laurel Eastman Kiteboarding
☎ 809 571 0564.
W laureleastman.com

Angeln

Casa de Campo Marina
☎ 809 523 8646.
W marinacasadecampo.com.do

Espada Fishing Charter
Cap Cana Marina, Punta Cana. ☎ 829 774 2190.

High Z's Fishing Tour
Puerto Plata.
☎ 809 299 6336.

Bootsausflüge

Bávaro Splash
☎ 809 390 7418.
W oceanadventures-puntacana.com

Coco Tours
☎ 809 586 1311.
W cocotours.com

Rafting

Rancho Baiguate
☎ 809 574 6890.
W ranchobaiguate.com

Reiten

Casa de Campo Equestrian Center
☎ 809 523 3333.
W casadecampo.com.do

Santi Limón Excursiones
El Limón, Samaná.
☎ 829 342 9976.
W cascadalimonsamana.com

Sea Horse Ranch Equestrian Center
☎ 809 571 4462.
W sea-horse-ranch.com

Mountainbiking

Iguana Mama
☎ 809 571 0908.
W iguanamama.com

Quad- und Jeep-Touren

Bávaro Runners
☎ 809 455 1135.
W runnersadventures.com

Outback Adventures
☎ 809 320 2525.
W outbackadventuresdr.com

Tauro Tours
☎ 849 658 8997.
W taurotours-excursionsamana.com

Wandern

Parque Nacional del Este
Zwischen Bayahibe und Boca de Yuma.

Der Wasserfall El Salto de Limón in der Nähe von Samaná *(siehe S. 174)* ▶

Hotelauswahl

BARAHONA:
Playazul Hotel-Restaurante $
Strandresort
Carretera Barahona-Paraíso km 7, Punta Prieta
809 204 8010
Das zauberhafte minimalistische Hotel thront auf seiner Klippe über einem rosafarbenen Strand. Es birgt helle Zimmer in Pastelltönen und ein Freiluftrestaurant.

BARAHONA:
Casa Bonita Tropical Lodge $$
Boutique
Carretera de la Costa km 17
809 476 5059
casabonitadr.com
Die Hanglage der umweltbewusst geführten Lodge erlaubt großartige Ausblicke, Designermöbel und Gourmetrestaurant sorgen für Chic und Luxusgefühl.

CABARETE:
Agualina Kite Resort $
Strandresort
Carretera Principal, Kite Beach
809 571 0787
agualina.com
Nette Zimmer mit schönem Blick, ein zwangloses Restaurant und eine Kiteboarding-Schule locken Aktivurlauber in das preiswerte kleine, gut geführte Strandhotel.

CABARETE: Kite Beach Hotel $
Strand
Carretera Principal, Punta Goleta
809 571 0878
kitebeachhotel.com
Das beliebte Haus bietet Apartments mit ein oder zwei Schlafzimmern und Penthousesuiten, eine strohgedeckte Lobby und ein exzellentes Freiluftrestaurant.

CABARETE:
Sereno de la Montaña $
Öko-Lodge
Los Bueyes, 30 km südl. von Cabarete
829 424 7070
ecosereno.com
In der Berglodge wohnt man umweltverträglich in rustikalen Hütten, für warmes Wasser sorgt die Sonne. Hier kann man wandern, reiten und Kajak fahren.

CABARETE:
Velero Beach Resort $
Strandresort
Calle la Punta Cabarete
809 571 9727
Auch wenn das Dekor nicht sehr modern ist, bietet das Apartmenthotel an einem kleinen Riff doch tadellose Unterkunft.

CABARETE:
Millennium Resort & Spa $$
Strandresort
Carretera Sosúa-Cabarete
809 571 0407
cabaretemillennium.com
Gäste des schicken, mit viel Glas gestalteten Hotels erwarten Zimmer, Suiten und Drei-Zimmer-Apartments, zudem ein Spa und eine Kiteboarding-Schule.

CABARETE:
Natura Cabana $$
Strandresort
Paseo del Sol 5, Perla Marina
809 571 1507
naturacabana.com
Schöne strohgedeckte, rustikal möblierte Bungalows – auch mit Küche – geben dem umweltbewussten Resort Charme. Entspannung bieten Spa und Yogakurse.

CABARETE:
Viva Wyndham Tangerine $$
Strandresort
Carretera Sosúa-Cabarete
809 571 0402
wyndham.com
Das ungezwungene, familienfreundliche All-inclusive-Resort bietet Planschbecken und Kids' Club, aber auch viele Aktivitäten für Erwachsene. Die Zimmer sind wunderschön möbliert.

JARABACOA:
Hotel Gran Jimenoa $
Resort
Av. La Confluencia
809 574 6304
granjimenoahotel.com
In einem Wald am Río Yaque finden sich schnörkellose Zimmer, ein Restaurant am Fluss und Reitgelegenheit.

LA ROMANA:
Casa de Campo $$$
Luxus
Casa de Campo
809 523 8698
casadecampo.com.do
Das superexklusive Country Club Resort präsentiert prächtig möblierte Zimmer und Villen sowie Aktivitäten, die auch Polo und Sportschießen umfassen.

PLAYA BAYAHIBE:
Hotel Bayahibe $
Strand
Bayahibe
809 833 0159
hotelbayahibe.net
Eine freundliche Familie führt das unspektakulär gestaltete, aber einladende Strandhotel mit schattiger Restaurantterrasse.

Preiskategorien
Die Preise gelten für ein Standard-Doppelzimmer pro Nacht (Hochsaison), inklusive Steuern und Service.

$	**unter 100 US-Dollar**
$$	**100–300 US-Dollar**
$$$	**über 300 US-Dollar**

Lobby des Iberostar Hacienda Dominicus, Playa Bayahibe

PLAYA BAYAHIBE: Iberostar Hacienda Dominicus $$
Strandresort
Playa Dominicus, 5 km südl. von Bayahibe
809 688 3600
iberostar.com
Vier Restaurants, ein Kids' Club und Tauchgelegenheit warten in diesem All-inclusive-Resort im Stil einer spanischen Hazienda.

PUERTO PLATA:
Iberostar Costa Dorada $$
Strandresort
Carretera Luperón km 4, Costa Dorada
809 320 1000
iberostar.com
Das All-inclusive-Hotel bietet mit bunten Korbmöbeln bestückte Zimmer, dazu ein Tauchzentrum und einen großen Pool.

PUERTO PLATA:
BlueBay Villas Doradas $$$
Strandresort
Playa Dorada
809 320 3000
bluebayresorts.com
Hier können ausschließlich Erwachsene in Suiten mit Whirlpool wohnen. Es gibt vier Restaurants.

PUERTO PLATA:
Casa Colonial Beach & Spa $$$
Boutique
Playa Dorada
809 320 3232
casacolonialhotel.com
Gäste des luxuriösen Hauses im Kolonialstil freuen sich an behaglichen Zimmern, einem Pool und dem schönen Spa auf dem Dach.

PUNTA CANA: Four Points by Sheraton $
Modern
Boulevard 1ero de Noviembre
809 959 4444
fourpointspuntacanavillage.com
Mit komfortablen Zimmern samt iPod-Station und LCD-Fernseher zielt das Hotel in Flughafennähe vor allem auf Geschäftsreisende.

PUNTA CANA: Barceló Dominican Beach $$
Strandresort
Playa Cortecito
809 221 0714
barcelo.com
Dieses Vier-Sterne-Hotel teilt sich Einrichtungen – u. a. die Restaurants – mit anderen Häusern des Barceló Bávaro Beach Resort.

PUNTA CANA: Catalonia Royal Bávaro $$
Strandresort
Playa Bávaro
809 412 0000
cataloniacaribbean.com
Die Suiten und Pools des prachtvollen modernen Resorts stehen nur Gästen ohne Kinder zur Verfügung.

PUNTA CANA: Hotel Riu Palace Bávaro $$
Strandresort
Playa Arena Gorda
809 221 2290
riu.com
Neun Arten moderner Zimmer stehen in dem riesigen All-inclusive-Hotel zur Wahl. Zu den vielen Annehmlichkeiten zählt auch ein Casino.

PUNTA CANA: Iberostar Bávaro Suites $$
Strandresort
Playa Arena Gorda
809 221 6500
iberostar.com
In dem vornehmen Hotel am Strand wohnt man in geschmackvollen, flott gestalteten Suiten.

PUNTA CANA: NH Punta Cana $$
Strandresort
Carretera El Cortecito, Playa Bávaro
809 285 6500
nh-hotels.com
Das stilvolle All-inclusive-Resort überzeugt mit schönem Design, erstklassigen Einrichtungen, farbenfrohen Zimmern, Kinderprogramm und viel Unterhaltung.

PUNTA CANA: Paradisus Punta Cana $$
Strandresort
Playa Bávaro
809 687 9923
melia.com
Fünf Erwachsenenpools und zwei Kinderbecken, neun Restaurants und Zugang zu einem Golfplatz machen das Resort zum beliebten Familienziel. Die Suiten zeigen farbenfrohen Kolonialstil.

PUNTA CANA: Barceló Bávaro Beach $$$
Strandresort
Playa Bávaro
809 686 5797
barcelo.com
Das gehobene Strandresort für Erwachsene bietet elegante geräumige Zimmer, Theater, Casino, Spa und einen Golfplatz.

Vis-à-Vis-Tipp

PUNTA CANA: Eden Roc at Cap Cana $$$
Luxus
Cap Cana
809 469 7469
edenroccapcana.com
Das wunderbare Resort am Meer steht für Ruhe und Entspannung. Die ultraluxuriösen Suiten verfügen über hohe Decken, riesige Fenster und eigenen Pool, für den perfekten Schlaf stehen verschiedene Kopfkissen zur Wahl. Weitere Annehmlichkeiten sind Gourmetrestaurants, ein Spa, drei Golfplätze und eine Marina.

Terrasse einer Junior Suite im Hotel Tortuga Bay, Punta Cana

PUNTA CANA: Excellence Punta Cana $$$
Luxus
Playa de Uvero Alto
809 685 9880
excellence-resorts.com
In Sachen Luxus legt das Erwachsenen vorbehaltene Resort die Latte hoch: edles koloniales Dekor, exzellenter Service und erstklassige Einrichtungen, darunter mehrere Pools, ein Spa und ein Entspannungszentrum.

PUNTA CANA: Grand Palladium Palace Resort, Spa & Casino $$$
Luxus
Playa Bávaro
809 221 0719
palladiumhotelgroup.com
Das familienfreundliche Resort in klassizistischer Eleganz teilt sich elf Restaurants und weitere Einrichtungen mit benachbarten Schwesterhotels.

PUNTA CANA: Hard Rock Hotel & Casino $$$
Strandresort
Boulevard Turistico del Este, Playa Macao
809 687 0000
hardrockhotelpuntacana.com
Zu den erstklassigen Einrichtungen des ausgedehnten Resorts zählen neun Restaurants, ein Casino und ein Club. Die Zimmer sind ganz Rock 'n' Roll.

PUNTA CANA: Sanctuary Cap Cana Golf & Spa $$$
Luxus
Cap Cana
809 562 9191
sanctuarycapcana.com
Was aus der Ferne wie ein charmantes kleines Dorf wirkt, ist in Wahrheit ein opulentes Suitenhotel mit Turniergolfplatz und mehreren Gourmetrestaurants.

PUNTA CANA: Secrets Royal Beach $$$
Luxus
Av. Alemania, Bávaro
809 285 6517
secretsresorts.com
Das schicke Resort weiß mit elegantem, von orientalischen Motiven inspiriertem Dekor und mehreren Feinschmeckerrestaurants zu beeindrucken.

PUNTA CANA: Tortuga Bay $$$
Luxus
Higüey
809 959 8229
puntacana.com
Die nachgebildete Plantage, eine romantische Enklave im großen Puntacana Resort, birgt in eleganten Villen Luxussuiten verschiedener Größe.

RÍO SAN JUAN: Grand Bahía Principe San Juan $$
Strandresort
8 km westl. von Río San Juan
809 226 1590
bahia-principe.com
Korbmöbel und bunte Textilien zieren die Zimmer des familienfreundlichen Strandhotels, das Gästen viel zu bieten hat.

RÍO SAN JUAN: Hotel La Catalina $$
Boutique
5 km westl. von Cabrera
809 589 7700
lacatalina.com
Das Hotel am Hang mit schönem Küstenblick bietet Zimmer und Apartments, deren Balkon mit Bougainvilleen geschmückt sind.

SAMANÁ, PENÍNSULA DE: Albachiara Hotel $$
Strandresort
Calle 27 de Febrero, Camino Playa de Popy
809 240 5240
albachiarahotel.com
Der plantagenartige Komplex birgt Apartments für Selbstversorger. Zu Restaurants und zum Strand ist es nicht weit.

SAMANÁ, PENÍNSULA DE: Alisei Hotel & Spa $$
Strandresort
Calle Francisco Caamaño Deño, Las Terrenas
809 240 5555
aliseihotelspa.com
Das behagliche Boutiquehotel mit prachtvollem Pool bietet schicke, mit Mahagonimobiliar versehene Selbstversorger-Apartments und ein Gourmetrestaurant.

SAMANÁ, PENÍNSULA DE: Casa Coson $$
Strandresort
Playa Cosón, Las Terrenas
809 853 8470
casacoson.com
Franzosen führen das romantische Hotel im Plantagenstil, das Zimmer im Haupthaus wie auch individuell gestaltete Bungalows bietet. Im großen Garten kann man unter Palmen entspannen.

SAMANÁ, PENÍNSULA DE: Grand Bahía Principe Cayacoa $$
Strandresort
Loma Puerto Escondido
809 538 3131
bahia-principe.com
Das All-inclusive-Resort in sensationeller Klippenlage präsentiert Interieur im Stil einer eleganten viktorianischen Plantage. Ein Aufzug bringt Gäste zum Strand.

SAMANÁ, PENÍNSULA DE: Luxury Bahía Principe Cayo Levantado $$
Strandresort
Cayo Levantado
809 538 3232
bahia-principe.com
Per Barkasse gelangt man zu der hübschen kleinen Insel mit dem schicken All-inclusive-Resort für Erwachsene. Die luxuriös ausgestatteten Zimmer bieten schönen Meerblick.

SAMANÁ, PENÍNSULA DE: Villa Eva Luna $$
Boutique
Calle Marico, Las Terrenas
809 978 5611
villa-evaluna.com
Auf Selbstversorger warten hier moderne Villen mit Doppelbetten und eigener Terrasse sowie Yogakurse und Babysitterservice.

SAMANÁ, PENÍNSULA DE: Villa Serena $$
Boutique
Las Galeras
809 538 0000
villaserena.com
Das familiengeführte Juwel an einer sandigen Bucht sorgt mit individuellen, teils mit Himmelbetten bestückten Zimmern, romantischem Restaurant und Yoga fürs Wohl der Gäste.

Reizvolle Anlage des Hotels The Peninsula House, Península de Samaná

SAMANÁ, PENÍNSULA DE: Xëliter Vista Mare $$
Strandresort
Carretera Samaná-Las Galeras, km 12
809 562 6725
xeliter.com
In der ausgedehnten Hotelanlage auf der Klippe stehen komfortable Apartments mit ein bis vier Zimmern zur Wahl. Die meisten verfügen über herrlichen Meerblick.

SAMANÁ, PENÍNSULA DE: The Bannister Hotel $$$
Luxus
Carretera Sánchez-Samaná, km 5
809 503 6363
thebannisterhotel.com
Das gehobene, edel minimalistisch gestaltete Resort über der Marina von Samaná wartet mit Gourmetrestaurant, beleuchtetem Pool und schicken Zimmern mit eigenem Balkon auf.

SAMANÁ, PENÍNSULA DE: The Peninsula House $$$
Luxus
Calle Cosón, Las Terrenas
809 962 7447
thepeninsulahouse.com
Eine viktorianische Villa mit großartigem Meerblick birgt das exklusive Hotel mit dem Flair eines englischen Landhauses. Das Restaurant liegt direkt am Strand.

SANTIAGO DE LOS CABALLEROS: Hodelpa Gran Almirante $$
Business
Av. Salvador Estrella Sadhala
809 583 6666
hodelpa.com
Edles Hartholz, weißes Leinen und Sitzmöbel aus hellem Leder geben dem Haus Stil, für weitere Klasse sorgen Casino, Zigarrenlounge und Club.

SANTO DOMINGO: Casa Naemie $
Boutique
Calle Isabel la Católica 11
809 868 7556
casanaemie.com
Im Herzen der Zona Colonial befindet sich dieses gemütliche, französisch geführte B & B mit elegantem Mobiliar und nettem Service.

SANTO DOMINGO: Boutique Hotel Palacio $$
Historisch
Calle Duarte 106
809 682 4730
hotel-palacio.com
Die ehemalige Präsidentenresidenz begrüßt heute Reisende in ihren eleganten Räumen.

Preiskategorien *siehe Seite 186*

SANTO DOMINGO: Hilton Santo Domingo $$
Business
Avenida George Washington 500
☎ 809 685 0000
W hilton.com
In dem hohen, futuristisch und farbenfroh gestalteten Hotel mit Pool und Fitnessraum empfiehlt sich ein Zimmer mit Meerblick.

Vis-à-Vis-Tipp

SANTO DOMINGO: Hostal Nicolas de Ovando $$
Historisch
Calle Las Damas
☎ 809 685 9955
W accorhotels.com
Drei Villen aus der frühen Kolonialzeit – ein UNESCO-Welterbe – bilden das französisch geführte Luxushotel, dessen Restaurant zu den besten der Stadt zählt. Aus eleganten, mit Antiquitäten bestückten Zimmern blickt man in reizende Innenhöfe, die abends stimmungsvoll beleuchtet sind.

SANTO DOMINGO: Hotel Conde de Peñalba $$
Boutique
Calle El Conde & Arzobispo Meriño
☎ 809 688 7121
W condepenalba.com
Gegenüber dem Parque Colón liegt dieses Haus mit einfachen Zimmern im Kolonialstil und lebhaftem Freiluftrestaurant.

SANTO DOMINGO: Hotel Crowne Plaza Santo Domingo $$
Business
Av. George Washington 218
☎ 809 221 0000
W crowneplaza.com
Der hohe Bau am Meer bietet geräumige Zimmer und edlen Komfort vom Gourmetrestaurant bis zum breiten Freizeitangebot.

SANTO DOMINGO: Hotel Doña Elvira $$
Boutique
Padre Billini 207
☎ 809 221 7415
W dona-elvira.com
Das umgestaltete Stadthaus (16. Jh.) birgt ein zauberhaftes, in Pastelltönen gehaltenes B & B mit behaglichen Zimmern und idyllischem Innenhof.

SANTO DOMINGO: Hotel El Beaterio $$
Historisch
Calle Duarte 8
☎ 809 687 8657
W elbeaterio.com
Mit hübschen Stilmöbeln beschwört das romantische Hotel in einem ehemaligen Kloster die Kolonialzeit herauf. Die lauschigen Zimmer säumen einen bezaubernden Innenhof.

Frühstück in hübschem Ambiente im Hotel El Beaterio, Santo Domingo

SANTO DOMINGO: Hotel Frances $$
Historisch
Calle Las Mercedes & Arzobispo Meriño
☎ 809 685 9331
W mgallery.com
Nicht nur die Ziegelmauern erinnern ans koloniale Erbe des französisch geführten Boutiquehotels, auch das Interieur zeigt sich zeitgemäß. Das Restaurant ist besonders stimmungsvoll.

SANTO DOMINGO: Hotel Villa Colonial $$
B & B
Calle Sánchez 157
☎ 809 221 1049
W villacolonial.net
Das Art-déco-Haus in der Zona Colonial bietet moderne komfortable Zimmer, WLAN, leckeres Frühstück und einen Pool.

SANTO DOMINGO: Radisson Hotel Santo Domingo $$
Business
Calle Presidente González 10
☎ 809 541 6226
W radisson.com
Das moderne zwölfstöckige Haus bietet schöne, edel minimalistische Zimmer und Luxus wie Fitnesscenter und Spa.

SANTO DOMINGO: Renaissance Jaragua Hotel & Casino $$
Modern
Avenida George Washington 367
☎ 809 221 2222
W marriott.com
Das Businesshotel, das sich über dem Malecón erhebt, verfügt über einen riesigen Swimmingpool, Casino, Fitnesscenter und üppige Gärten. Die Zimmer sind geräumig und geschmackvoll eingerichtet.

UVERO ALTO: Riu Palace Macao $$$
Strandresort
Playa Arena Gorda
☎ 809 221 7171
W riu.com
Das Dekor des ansehnlichen All-inclusive-Resorts für Erwachsene vereint kolonialen und modernen Stil. Das Freizeit- und Unterhaltungsangebot ist groß.

UVERO ALTO: Sivory Punta Cana $$$
Boutique
Playa Uvero Alto
☎ 809 333 0500
W sivorypuntacana.com
Drei Spitzenrestaurants und ein herausragendes Spa sind nur ein Teil der erstklassigen Annehmlichkeiten, die das lässig elegante Suitenhotel zu bieten hat.

UVERO ALTO: Zoëtry Agua Punta Cana $$$
Boutique
Playa Uvero Alto
☎ 809 468 0000
W zoetryresorts.com
Schicke und doch gemütliche Zimmer, ein Spa und Jeep-Ausflüge zählen zu den Reizen des vom traditionellen Taíno-Baustil inspirierten Luxusresorts.

Schöner Poolbereich des Sivory Punta Cana, Uvero Alto

Restaurantauswahl

BOCA CHICA:
Restaurante Boca Marina $$
International
Calle Duarte 12A
809 688 6810
Die Speisekarte des trendigen ufernahen Freiluftrestaurants umspannt die Welt: von Sushi über Pasta bis zu Steaks und Seafood.

CABARETE: Kite Club Café $
Café
Calle Principal
829 644 8404
Das Strandcafé des Kite-Clubs bietet feine Sandwiches, Burger, Wraps, Tacos und diverse Smoothies bei kühlender Meeresbrise.

CABARETE: Blue Moon $$
Indisch
Moca Highway, Los Brazos
809 757 0614
Im reizvollen Familienlokal in den Hügeln über Cabarete sitzt man auf Kissen, um sich z. B. gute (und scharfe) Currys schmecken zu lassen – reservieren Sie vorab.

CABARETE:
Pomodoro Pizzeria $$
Italienisch
Pasillo Don Chiche
809 571 0085
Hausgemachte Pasta und leckere Pizzas – drinnen oder draußen serviert – sind die Renner in dem schlichten netten Restaurant in Familienhand. Donnerstags wird dazu Live-Jazz geboten.

CABARETE:
Bliss $$$
Italienisch / Mediterran
Callejón de la Loma
809 571 9721 ● Mi
Das schicke Lounge-Restaurant am Pool lockt mit wunderbaren Gaumenfreuden. Kosten Sie die Shrimps in Maracujasauce.

La Yola in Punta Cana liegt traumhaft auf einem Pier

CABARETE:
La Casita de Papi $$$
Seafood
Calle Principal
809 986 3750 ● Mo
Franzosen führen das Restaurant in dem großartig gelegenen Strandhaus, das für seine überaus schmackhaften, frisch bereiteten Seafood-Gerichte – z. B. Krebse in Kokos-Anis-Sauce – weithin bekannt ist.

CONSTANZA:
Dilenia $$
Dominikanisch
Calle Gaston F. Feligne 7
809 539 2213 ● Mo
Zu den dominikanischen Gerichten, die in dem reizenden Restaurant in rustikalem Ambiente serviert werden, zählen Kaninchen, Perlhuhn und in Rotwein geschmorte Ziege.

LA ROMANA:
La Piazzetta $$$
Italienisch
Altos de Chavón
809 523 3333 ● Di – Do
Italienische Genüsse wie Steinpilz-Risotto oder mit Käse gefüllte Gnocchi sowie authentisches Dekor sorgen in dem schönen Lokal dafür, dass man sich beinahe in der Toskana wähnt.

PUERTO PLATA:
Le Petit Francois $
Karibisch
Plaza El Pueblito Playa Dorada
809 320 9612
Einheimische Familien schätzen das schlichte, farbenfroh gestaltete Strandrestaurant für seinen freundlichen Service, den frischen Hummer und *poutine*.

PUERTO PLATA:
Sam's Bar & Grill $
Amerikanisch
Loase Retreat, Playa Real 21
809 837 6845
Nicht nur US-Bürger schätzen hier Pfannkuchen, mexikanisches Rührei und Steak mit Eiern. Das unkonventionelle Lokal serviert aber auch guten Thunfischsalat und leckeren Hackbraten.

PUERTO PLATA:
Le Papillon $$
International
Villas Cofresí
809 970 7640 ● Mo
Das schlichte, von Aquarien flankierte bunte Restaurant in deutscher Hand bietet internationale Speisen, darunter sehr gutes Filet mignon und toller Hummer.

Preiskategorien
Die Preise gelten für ein Zwei-Gänge-Menü pro Person mit einer halben Flasche Hauswein, inklusive Steuern und Service.

$	**unter 15 US-Dollar**
$$	**15 – 40 US-Dollar**
$$$	**über 40 US-Dollar**

PUNTA CANA:
Captain Cook $$$
Seafood
Playa El Cortesito
809 552 0645
In dem Strandrestaurant wird hochwertiges Seafood frisch auf Bestellung zubereitet. Zu den Spezialitäten zählen Flusskrebse, Shrimps, Calamari – und Paella.

PUNTA CANA: Jellyfish $$$
Mediterran
Playa Bávaro
809 840 7684
Der Schwerpunkt der mediterran inspirierten Speisekarte liegt auf Seafood. Eindrucksvolle Architektur und tiefe Sofas bestimmen das Ambiente.

PUNTA CANA:
La Palapa by Eden Roc $$$
Seafood
Caletón Beach Club, Cap Cana
809 469 7593
Unter dem Strohdach des exklusiven Strandclubs wird sowohl Sushi als auch Seafood auf italienische Art zubereitet. Besonders zu empfehlen sind Garnelen und Krabben in Tomatensauce.

Vis-à-Vis-Tipp

PUNTA CANA: La Yola $$$
Seafood
Punta Cana Marina, Puntacana Resort & Club
809 959 2262
Der Reiz des Puntacana Resort & Club *(siehe S. 173)* ist das stilvolle strohgedeckte Restaurant am Pier. Zu den köstlichen Kreationen karibischer und mediterraner Küche zählen Tintenfisch nach galicischer Art, Krabben-Hummer-Risotto und Meeresfrüchte-Kebab. Reservierung ist erforderlich.

PUNTA CANA: Passion $$$
Spanisch
Paradisus Palma Real Resort, Playa de Bávaro, Av. Alemanio
809 688 5000
Nur Gäste des Resorts können hier ein romantisches Essen genießen – z. B. das unvergessliche, von edlen Weinen begleitete achtgängige Degustationsmenü.

Gedeckte Tische im Innern einer Höhle warten in El Mesón de la Cava, Santo Domingo

SAMANÁ, PENÍNSULA DE: The Beach Restaurant $$
Seafood
The Peninsula House, Playa Coson, Las Terrenas
809 847 3288
Romantik und Chic verspricht das nur mittags geöffnete Restaurant am Strand. Gäste wählen Seafood und Fisch nach Wunsch frisch aus.

SAMANÁ, PENÍNSULA DE: Paco Cabana $$
Seafood
Calle Libertad 1, Las Terrenas
809 240 5301
Gäste des eleganten Restaurants in toller Strandlage lassen sich in den tiefen Polstern balinesischer Betten nieder, um sich Burger, leichte Gerichte wie Sardinen mit Paprika oder Carpaccio mit Maracuja und feine Cocktails schmecken zu lassen.

SAMANÁ, PENÍNSULA DE: La Cave à Vin $$$
Tapas
Paseo de la Costanera, Las Terrenas
829 305 8263
Die schicke Weinbar in einem Einkaufszentrum bietet zur großen Weinauswahl eine kleine, aber exzellente Palette Tapas und eignet sich gut fürs Mittagessen. Hier ist Rauchen erlaubt.

SAMANÁ, PENÍNSULA DE: Restaurante Mi Corazón $$$
Französisch
Calle Duarte 7, Las Terrenas
809 240 5329 Mo
In diesem von Schweizern geführten romantischen Restaurant kann man im Innenhof unter Freien Himmel edel speisen. Die Menüs bestehen aus Gerichten aus Zutaten der Region. Dazu gibt es den passenden Wein.

SANTIAGO DE LOS CABALLEROS: Pez Dorado $$
International
Calle del Sol 43
809 582 2518
Die Speisekarte des bodega-artigen Lokals im Herzen der Stadt umfasst heimische, chinesische und internationale Klassiker. Die Weinauswahl ist exzellent.

SANTO DOMINGO: Pastelería La Cuchara de Madera $
Bäckerei
José Amado Soler 63
809 683 6544
Lassen Sie sich bei Kaffee oder Smoothie verführen – von Pasteten und anderem Backwerk oder von *empanadas* und Burritos.

SANTO DOMINGO: El Mesón de la Cava $$
Karibisch
Av. Mirador del Sur 1
809 533 2818
Eine wacklige Treppe führt zu dem malerischen Restaurant, das inmitten imposanter Höhlen großartige Steaks, Lammkoteletts und Seafood-Gerichte serviert.

SANTO DOMINGO: Falafel $$$
Mediterran
Calle Padre Billini 352
809 688 9714
Das Lokal nimmt drei Stockwerke eines Kolonialhauses ein und verwöhnt Gäste – auch Veganer – mit nahöstlichen und mediterranen Köstlichkeiten.

SANTO DOMINGO: Mesón D' Bari $$$
Dominikanisch
Calle Hostos 302
809 687 4091
Kunstwerke berühmter Gäste zieren das unkonventionelle Kolonialhaus, in dem man kreolische Gerichte wie köstlichen *cangrejo guisado* (Krabbeneintopf) genießen kann. Reservieren ist ratsam.

SANTO DOMINGO: Mitre $$$
International
Av. Lincoln & Calle Gustavo Mejia Ricart
809 472 1787
Gourmets zieht es in das todschicke Lokal, das Speisen von Burgern und Pasta bis zu Fisch-Carpaccio und Lende mongolischer Art bietet. Nach dem Essen lockt die Wine & Cigar-Lounge.

SANTO DOMINGO: Pat'e Palo $$$
Mediterran
Calle La Atarazana 25
809 687 8089
Freundliche Piraten servieren in dem reizvollen Restaurant an der Plaza España Gerichte wie sautierte Shrimps in Kokos-Curry-Sauce oder Wolfsbarsch in Weißweinsauce.

SANTO DOMINGO: Sophia's Bar & Grill $$$
International
Paseo de los Locutores 9
809 620 1001
Das stilvolle Retro-Restaurant mit fröhlicher Musik wird von Einheimischen für seine breite Auswahl geschätzt, die neben karibischen Klassikern auch Sushi umfasst. Gönnen Sie sich zum Schluss den warmen Guava Cheesecake.

SANTO DOMINGO: Vesuvio Malecón $$$
Italienisch
Av. George Washington 521
809 221 1954
In dem eleganten italienischen Restaurant mit Terrasse erwarten Sie Seafood-Köstlichkeiten wie Knoblauch-Krebse und Steinpilz-Sepia-Risotto.

Praktische Hinweise

Die touristische Infrastruktur des Landes konzentriert sich im Gebiet von Punta Cana / Playa Bávaro, wo an der Ostküste immer mehr luxuriöse All-inclusive-Hotels entstehen. Auch Samaná wird immer beliebter, hat sich jedoch seinen entspannten Charme erhalten. Informationsbüros mit hilfsbereiten Mitarbeitern gibt es im ganzen Land, die Hauptbüros befinden sich in Santo Domingo. Denken Sie daran, dass die Mühlen hier oft langsamer mahlen und man etwas mehr Zeit benötigt.

Punta Cana International Airport

Beste Reisezeit

In der Trockenzeit von November bis April sind die Temperaturen in der Dominikanischen Republik angenehm gemäßigt. Im Sommer kann es sehr heiß werden. In der Cordillera Central ist es das ganze Jahr über wunderbar kühl. Die Kulturveranstaltungen sind über das Jahr verteilt. Zur Semana Santa (Ostern) steht das Land still.

Anreise

Der Aeropuerto Internacional Las Américas (SDQ) in Santo Domingo ist der Hauptflughafen, doch die meisten internationalen Ferienflieger kommen am Aeropuerto Internacional de Punta Cana (PUJ) an. Einige landen auch auf regionalen Flughäfen wie dem Aeropuerto Internacional Gregorio Luperón (POP) in Puerto Plata. Aus Deutschland, Österreich und der Schweiz fliegen u. a. **Air Europa**, **Air France**, **American Airlines**, **Austrian**, **British Airways**, **Condor**, **Iberia**, **Swiss**, **Lufthansa** und **United Airlines** meist mit Zwischenstopp. **Condor** hat zu allen drei Flughäfen Direktflüge ab Frankfurt am Main im Programm.

Einreise

Bei der Einreise müssen – auch von Kindern jeden Alters – Reisepass und Rückflugticket vorgelegt werden, dann wird für 10 US-Dollar eine Touristenkarte *(tarjeta de turista)* für 30 Tage ausgestellt. Die Karte kann vorab bei der **Dirección General de Impuestos Internos** auch online erworben werden. Für die Verlängerung bei der **Dirección General de Migración** ist erneut eine Gebühr zu entrichten. Bei der Ausreise ist eine Flughafensteuer in Höhe von 20 US-Dollar fällig. Bei einigen Fluggesellschaften ist diese Steuer bereits im Flugpreis enthalten.

Information

Die Hauptbüros des **Ministerio de Turismo** befinden sich im Parque Colón in Santo Domingo, in Bávaro und in Puerto Plata. Es gibt auch eine Vertretung in Deutschland. Das Ministerium gibt für die wichtigsten Regionen Broschüren heraus. Auch Hotels und Reiseveranstalter informieren über organisierte Ausflüge und andere Aktivitäten.

Sicherheit und Gesundheit

Die meisten Ziele in der Dominikanischen Republik sind sicher. Von den Tropenkrankheiten kommen Denguefieber und Malaria gelegentlich vor, größere Gefahren drohen durch Sonnenbrand, Dehydrierung und Rippströmungen – fragen Sie die Einheimischen, bevor Sie ins Meer springen. In jedem Ort gibt es private Ärzte und Kliniken, in den meisten Orten auch staatliche *centros de salud* (Gesundheitszentren). **Hospiten** betreibt in den wichtigen Urlaubsorten Kliniken und Ambulanzen. Achten Sie auf Taschendiebe, Kriminalität ist in den Urlaubsregionen verbreitet. Lassen Sie Wertsachen im Hotelsafe, wenn Sie zu Fuß unterwegs sind. Seien Sie sehr vorsichtig, wenn Sie nachts über abgelegene, schlecht beleuchtete Landstraßen fahren.

Banken und Währung

Landeswährung ist der Dominikanische Peso (RD$), man kann aber auch überall mit US-Dollar bezahlen. Euro muss man bei Banken oder Wechselstuben tauschen. Die meisten Läden akzeptieren die gängigen Kreditkarten. Die meisten Banken verfügen über Geldautomaten, an denen man mit der Kreditkarte, an manchen auch mit der girocard (mit Maestro-, nicht mit V-Pay-Logo) Bargeld abheben kann.

Kommunikation

Öffentliche Telefone findet man in der Dominikanischen Republik nur noch selten, da Einheimische meist mobil telefonieren. Besucher können bei Mobilfunkanbietern wie **Claro**, **Orange**, **Tricom** und **Viva** Prepaid-Karten kaufen. Telefonate aus dem Hotel sind teurer. Um von der Dominikanischen Republik ins Ausland zu telefonieren, wählt man 011 und die entsprechende Ländervorwahl (Deutschland: 49; Österreich: 43; Schweiz: 41). Wer aus Europa in der Dominikani-

Ein Polizist auf Streife am Strand in Punta Cana

Stände mit farbenfroher Kunst aus Haiti, Punta Cana

schen Republik anruft, wählt 001, dann die Inselvorwahl (809, 829 oder 849) und die siebenstellige Rufnummer. Bei Inlandstelefonaten müssen die dreistellige Inselvorwahl und die siebenstellige Rufnummer gewählt werden. Telefoniert man aus Santo Domingo hinaus, muss man 1 vorwählen. Die meisten Hotels bieten WLAN-Internet.

Verkehrsmittel

In den Städten benutzt man am besten Taxis. Die Einheimischen fahren mit den *carros públicos*, privaten Sammeltaxis ohne Taxameter. Die Fahrer verlangen jedoch gerne etwas mehr. Außerhalb von Santo Domingo fahren Einheimische vor allem mit *motoconchos* (Motorradtaxis), die man am besten meidet. Klimatisierte Busse verbinden die meisten Gegenden des Landes.

Shopping

Das Land fabriziert sehr schönen Schmuck aus Bernstein und Larimar, den es nur hier gibt. Das Museo del Ambar *(siehe S. 175)* und **Harrison's Fine Caribbean Jewelers** betreiben in den Urlaubsorten Filialen. Kunst aus Haiti findet man überall. Galerien in Santo Domingo verkaufen auch zeitgenössische Kunst. An allen Stränden findet man Souvenirstände und Märkte mit Kunsthandwerk. Auch die meisten großen Hotels bieten Läden. Darüber hinaus kann man hervorragende Zigarren kaufen.

Sprache

Die offizielle Landessprache ist Spanisch. Viele Einheimische sprechen auch Englisch, vor allem, wenn sie im Fremdenverkehr arbeiten.

Strom

Die Stromspannung beträgt 110 Volt/60 Hertz, in einigen Hotels 220 Volt mit 60 Hertz. Man benötigt einen Adapter für US-amerikanische Dosen.

Zeit

Die Atlantic Standard Time (AST) in der Dominikanischen Republik liegt fünf Stunden hinter der Mitteleuropäischen Zeit (MEZ) und sechs Stunden hinter der Mitteleuropäischen Sommerzeit (MESZ).

Heiraten

Heiraten kann man in diesem Land einfach und schnell. Wenn Sie in einem Ferienhotel wohnen, lassen Sie einfach alles vom Hotel arrangieren. Benötigt werden Reisepässe, Geburtsurkunden und eine ins Spanische übersetzte eidesstattliche Versicherung, dass beide ledig sind, die von einem Konsulat der Dominikanischen Republik beglaubigt sein muss.

Den Hochzeitsantrag stellt man beim *oficialia del estado civil*, einem Beamten der Stadtverwaltung.

Auf einen Blick

Anreise

Air Europa
W aireuropa.com

Air France
W airfrance.com

American Airlines
W aa.com

Austrian
W austrian.com

British Airways
W britishairways.com

Condor
W condor.com

Iberia
W iberia.com

Lufthansa
W lufthansa.com

Swiss
W swiss.com

United Airlines
W united.com

Einreise

Dirección General de Impuestos Internos
W dgii.gov.do

Dirección General de Migración
Av. 30 de Mayo, Ecke Héroes de Luperón.
T 809 508 2555.

Information

Ministerio de Turismo
T 809 221 4660.
für D, A, CH:
T 0049 69 9139 7878.
W godominicanrepublic.com

Sicherheit und Gesundheit

Hospiten
T 809 541 3000.
W hospiten.com

Polizei, Feuerwehr, Ambulanz
T 911.

Bank

BanReservas
T 809 472 5000.
W banreservas.com

Kommunikation

Claro
T 809 220 1111.
W claro.com.do

Orange
T 809 859 6555.
W orange.com.do

Tricom
T 809 476 6000.
W tricom.net

Viva
T 809 503 7500.
W viva.com.do

Shopping

Harrison's Fine Caribbean Jewelers
T 809 586 3933.
W harrisons.com

Ein Porträt Puerto Ricos

Latein- und US-amerikanische Kultur und Lebensart verschmelzen auf der kleinsten und östlichsten Insel der Großen Antillen. Als US-amerikanisches Außengebiet ist das in weiten Teilen gebirgige Puerto Rico die wohlhabendste Insel der Karibik. Sie ist landschaftlich sehr reizvoll und bietet außerdem erstklassige Urlaubsaktivitäten sowie exzellente Hotels und Ferienorte.

Die einst hier lebenden Taíno nannten die Insel zwischen Hispaniola im Westen und den Virgin Islands im Osten »Borinquén«, Land des kühnen Herrn. Puerto Rico ist außer an den Küsten sehr gebirgig. Seine dichten Wälder erstrecken sich entlang einem schroffen Gebirgsrücken vom Atlantik bis zum Karibischen Meer. In den herrlichen Gewässern rund um die Insel liegen Korallenriffe und Eilande mit feinen Stränden. Vor der Ostküste findet man die beiden Inseln Vieques und Culebra. In der politischen und kulturellen Hauptstadt, San Juan, leben zwei Drittel der »Puertorriqueños«. Die moderne Stadt hat ihr koloniales Zentrum gut erhalten.

Geschichte

Als Christoph Kolumbus im November 1493 auf der Insel landete, fand er eine intakte Taíno-Kultur vor. Wie auf anderen Karibikinseln wurden die Einheimischen durch die Spanier rasch dezimiert. Der Konquistador Juan Ponce de León, der die Insel als ihr erster Gouverneur Puerto Rico (Reicher Hafen) taufte, gründete 1508 die erste europäische Siedlung. 1521 wurde San Juan gegründet und zur Hauptstadt erhoben. Ihre tiefe Hafenbucht wurde durch Festungen gut geschützt. Trotzdem konnten die Briten unter dem Befehl des Earl of Cumberland die Stadt erobern und plündern. 1598 floh die Besatzungsarmee wieder, weil eine Seuche wütete. Nach einer kurzer Invasion durch die Holländer im Jahr Im Jahr 1625 sicherte sich Spanien Puerto Rico schließlich dauerhaft. Im 18. Jahrhundert erlebte die Insel einen Kaffeeboom, viele Orte wurden in jener Zeit

Renovierte Häuser aus der Kolonialzeit in der Altstadt von San Juan

Farbenfrohe Kostüme beim Dreikönigsfest in Ponce

gegründet. Im Jahr 1897 stand Spanien Puerto Rico Autonomie zu, doch die USA eroberten die Insel im Spanisch-Amerikanischen Krieg 1898 und behielten sie als Protektorat.

Politischer Status

Der assoziierte Freistaat Puerto Rico ist ein sich selbst verwaltendes Territorium der USA – dieser seltsame Status geht auf das Jahr 1898 zurück. Seitdem fordert eine Minderheit die Unabhängigkeit, eine andere hofft, ein Bundesstaat der USA zu werden. Die Mehrheit ist mit dem gegenwärtigen, seit 1952 gültigen Status zufrieden. Mit dem Inkrafttreten des Jones-Shafroth Act im Jahr 1917 erhielten die Puerto Ricaner die US-Staatsbürgerschaft, was zu einer Massenauswanderung auf das Festland führte. Heute leben dort mehr Menschen mit puerto-ricanischen Wurzeln als auf der Insel selbst. Puerto Rico ist allerdings nicht im US-Kongress vertreten, und die Insulaner dürfen auch nicht an den US-Präsidentschaftswahlen teilnehmen. Bei den parteiinternen Vorwahlen von Republikanern und Demokraten haben jedoch auch die Puerto Ricaner die Möglichkeit, über die Präsidentschaftskandidaten abzustimmen.

Wirtschaft

Unter den karibischen Inseln ist Puerto Rico am meisten industrialisiert und mit Abstand am wohlhabendsten – nicht zuletzt wegen der hohen Subventionen der USA. Unter drei Prozent der Bevölkerung arbeiten in der Landwirtschaft. Die Pharmaindustrie und der Fremdenverkehr sind gut entwickelt. Insgesamt befindet sich Puerto Ricos Wirtschaft allerdings seit 2006 auf Talfahrt. Dazu kam 2014 eine schwere Schuldenkrise, von der sich die Insel noch lange nicht erholt haben wird.

Kultur und Lebensart

Die knapp vier Millionen, vorwiegend spanischsprachigen Puerto Ricaner sind stolz auf ihr buntes kulturelles Erbe, das auf spanischen, afrikanischen und – durch die Taíno – indianischen Wurzeln basiert. Die mehr als 100-jährige Zugehörigkeit zu den USA hat in dieser Kultur tiefe Spuren hinterlassen und prägt heute den Alltag. Diese moderne Entwicklung war so gründlich, dass der *jíbaro* (Kleinbauer aus den Bergen) heute der Vergangenheit angehört. Die Volksmusik wurde durch Salsa und Merengue abgelöst.

Üppige Grünpflanzen und blühende Bromelien im Regenwald von Puerto Rico

Überblick: Puerto Rico

Die lang gestreckte Insel mit ihren Bergen und Stränden ist der Inbegriff der Karibik. In San Juans Altstadt erstrahlen renovierte Kolonialgebäude in neuem Glanz, während sich die modernen Stadtviertel geschäftig geben. Das gebirgige Hinterland erkundet man am besten auf der Ruta Panorámica mit historischen Ortschaften am Weg. Die Farbe der Strände reicht von cremeweiß bis schwarz, die schönsten liegen auf Vieques und Culebra. Bei Rincón kann man ausgezeichnet surfen, den besten Golfplatz findet man in Playa Dorado.

Zur Orientierung

Souvenirladen beim Parque Ceremonial Indígena Caguana

Auf Puerto Rico unterwegs

Am besten mietet man ein Auto oder stellt verschiedene Touren zusammen – etwa Ausflüge mit dem Taxi, Tagesausflüge von Veranstaltern, Wanderungen und Höhlenerkundungen oder sogar Segeltörns. Vieques und Culebra sind durch Inlandsflüge mit San Juan verbunden, schöner gelangt man jedoch von Fajardo aus mit der Fähre auf diese vorgelagerten Inseln. Das dauert etwa eine Stunde. Zwischen den Orten fahren überfüllte öffentliche Minibusse. Autofahren in Puerto Rico ist mitunter eine Herausforderung, und natürlich gibt es auch hier Staus.

Weitere Zeichenerklärungen *siehe hintere Umschlagklappe*

Legende
- Autobahn
- Hauptstraße
- Nebenstraße
- Fährlinie

Kurvenreicher Abschnitt der Carretera 143, La Ruta Panorámica

Vieques
Die Insel Vieques liegt östlich von Puerto Rico. Hier locken Boutiquehotels und herrliche weiße Sandstrände Besucher an.

El Yunque National Forest
Der Caribbean National Forest schützt den einzigen tropischen Regenwald, der vom US Forest Service verwaltet wird.

0 Kilometer 20

Auf einen Blick

Politik: US-Außengebiet.
Sprache: Spanisch, Englisch.
Währung: US-Dollar (US$).
Mobilfunk: GSM/GPRS 1900 MHz, UMTS 850/1900 MHz.
Strom: 110 V/60 Hz, Adapter: ja.

Sehenswürdigkeiten auf einen Blick

1. *San Juan S. 198–201*
2. Dorado
3. Arecibo Observatory
4. Parque Las Cavernas del Río Camuy
5. Parque Ceremonial Indígena Caguana
6. Playa Jobos
7. Rincón
9. Mayagüez
10. Boquerón
11. San Germán
12. *La Ruta Panorámica S. 204f*
13. Ponce
14. Centro Ceremonial Indígena de Tibes
15. Hacienda Buena Vista
17. Playa Piñones
18. Luquillo
19. El Yunque National Forest
20. Fajardo
22. Vieques
23. Culebra

Hotels

8. Horned Dorset Primavera
16. Copamarina Beach Resort
21. El Conquistador Resort

❶ San Juan

San Juan wurde 1521 auf einer Landzunge gegründet, die eine tiefe Bucht schützt. Das gitterförmige Netz der Gassen des San Juan Viejo (Alt-San Juan) genannten historischen Stadtkerns säumen schön renovierte, pastellfarbene Häuser aus dem 17. und 18. Jahrhundert. Sie wurden teilweise in Boutiquehotels umgewandelt. Zwei Festungen bewachen die koloniale Stadt und den alten Hafen, in dem Kreuzfahrtschiffe anlegen. Einen starken Kontrast zur Altstadt bietet das weiter landeinwärts gelegene moderne San Juan *(siehe S. 201)*.

Innenhof des Museo de San Juan

Plaza del Quinto Centenario

Calle Norzagaray und Calle del Cristo. **Museo de Las Américas** Calle del Morro. 787 724 5052. Di–Fr 9–12, 13–16 Uhr, Sa 10–17 Uhr, So 12–17 Uhr. **museolasamericas.org**
Casa Blanca Calle San Sebastián 1. 787 725 1454. Mi–So 8–16.30 Uhr.

Der Platz wurde 1992 anlässlich des 500. Jahrestags der Ankunft von Christoph Kolumbus angelegt. Die zentrale Granitstele Totem Telúrico repräsentiert die Menschen der Insel. In der Ballajá-Kaserne widmet sich das **Museo de Las Américas** in Dauer- und Wechselausstellungen den Kulturen Amerikas. Der Convento de los Dominicos stammt aus dem 16. Jahrhundert. Im benachbarten Parque de Beneficencia stellt das klassizistische Instituto de Cultura Puertorriqueña historische Kunst und Sakralobjekte aus. Die 1521 gebaute **Casa Blanca** dient als Museum der frühen Kolonialzeit.

Plaza de San José

Calle del Cristo und Calle San Sebastián. **Museo de Pablo Casals** Calle San Sebastián 101. 787 723 9185. Di–Sa 9.30–16.30 Uhr.

Auf dem kleinen alten Platz steht eine Bronzestatue des Konquistadoren Ponce de León (1474–1521), dem ersten Gouverneur der Insel. Die Kolonialgebäude an der Calle San Sebastián mit vielen Bars und Lokalen erwachen in der Nacht zum Leben. An der Plaza de San José sind die Decke der Iglesia San José und das **Museo de Pablo Casals** sehenswert. Der spanische Cellist Pablo Casals (1876–1973) verbrachte hier seine letzten 20 Lebensjahre. In der Calle Norzagaray zeigt das **Museo de San Juan** eine exzellente Kunstsammlung und interessante Exponate zur Stadtgeschichte.

Ausstellung im Museo de San Juan

Hotel El Convento

Calle del Cristo 100. 787 723 9020. **elconvento.com**

Das im Jahr 1651 errichtete Kloster wurde umgebaut und ist heute ein reizendes, mit Stilmöbeln ausgestattetes Boutiquehotel *(siehe S. 215)* mit einem exzellenten Restaurant und einer Tapas-Bar.

Calle del Cristo

Zwischen Calle Norzagaray und Calle Tetuán.

Von der Plaza de San José verläuft die mit blauen Fliesen gepflasterte Calle del Cristo den Hügel hinab. Zu beiden Seiten stehen sehr hübsche zweistöckige Häuser mit Holzbalustraden, in denen Boutiquen, Kunstgalerien und Cafés auf Gäste warten. Am besten kommt man am ersten Dienstag des Monats, wenn die Galerien zur Noche de Galerías länger geöffnet haben. Die klassizistische Catedral de San Juan Bautista wurde im Jahr 1852 an der Stelle errichtet, an der einst die erste Kathedrale stand. Im Inneren sind eine Trompe-l'Œil-Decke und das Marmormausoleum von Ponce de León zu bewundern. Die Straße endet an der winzigen Capilla del Cristo neben dem Parque de las Palomas, der nach den hiesigen Taubenscharen benannt wurde.

Fenster in der Catedral de San Juan Bautista

Plaza de Armas

Calle San José und Calle San Francisco.

Der zentrale Altstadtplatz wurde im 16. Jahrhundert als Paradeplatz angelegt und später zum Verwaltungszentrum. Durch die Fast-Food-Lokale hat er zwar viel von seinem Charme verloren, doch beeindrucken noch immer die Alcaldía (Rathaus) aus dem Jahr 1789, die klassizistische Diputación (Provinzparlament) und die Intendencia mit den Büros des State Department.

Zentrale der Puerto Rico Tourism Company

Paseo de la Princesa

Zwischen Calle La Marina und Landzunge El Morro. Puerto Rico Tourism Company, 800 866 7827. Sa, So.

Die Uferpromenade führt von den Docks an der Stadtmauer entlang nach Westen bis unterhalb der Fortaleza San Felipe del Morro an der Spitze der Landzunge. Den 2,4 Kilometer langen Paseo de la Princesa beleuchten nachts gusseiserne Straßenlaternen. An der Plaza del Inmigrante stehen sehenswerte Gebäude. Die Nordseite nimmt das Art-déco-Gebäude der Banco Popular ein. Richtung Westen kommt man am ehemaligen Gefängnis La Princesa vorbei, heute Sitz der Zentrale der **Puerto Rico Tourism Company**.

Plazuela de la Rogativa

Caleta de las Monjas und Calle Recinto del Oeste.

Auf diesem winzigen Platz erinnert ein Denkmal an das Ende der britischen Belagerung San Juans im Jahr 1797. Die modernistische Bronzestatue zeigt einen Bischof, der eine Fackelprozession anführt. Die Invasoren hielten die mit Fackeln bestückten Zivilisten für eine große Garnison spanischer Truppen.

Nach Süden hat man einen schönen Blick auf La Fortaleza. Sie ist seit ihrem im Jahr 1533 begonnenen Bau die offizielle Residenz des Gouverneurs. Aus dem gleichen Jahr stammt die Puerta de San Juan, am Ende des Paseo de la Princesa. In diesem früheren Haupttor der Stadtmauer hängen noch immer die schweren Holztore.

Infobox

Information

Nordküste von Puerto Rico. 400 000. La Casita, 500 Calle Tanca, 800 866 7827. Festival Casals (Feb–März), Heineken Jazzfest (Mai).
seepuertorico.com

Anfahrt

San Juan–Cataño.

Fortaleza San Felipe del Morro

Calle del Morro. 787 729 6960. tägl. 9–18 Uhr. **nps.gov/saju**

Die Festung, die die Hafeneinfahrt schützen sollte, wurde ab 1539 erbaut und 1786 vollendet. Von einem Leuchtturm reicht der schöne Blick auf die Burg und bis zum Campo del Morro.

Eindrucksvolle Festungsmauern der Fortaleza San Felipe del Morro

Zentrum von San Juan

1. Plaza del Quinto Centenario
2. Plaza de San José
3. Hotel El Convento
4. Calle del Cristo
5. Plaza de Armas
6. Paseo de la Princesa
7. Plazuela de la Rogativa

Zeichenerklärung *siehe hintere Umschlagklappe*

Castillo San Cristóbal

Das eindrucksvolle Castillo San Cristóbal an der Felsenküste im Osten von San Juan Viejo sollte vor Landangriffen schützen. Es entstand 1634–1783 nach den Entwürfen der Militärbaumeister Tornis O'Daly und Juan Mestre. Noch 1898 wurde es von US-Kriegsschiffen beschossen, danach wurde es bis 1961 vom US-Militär genutzt. Heute wird das UNESCO-Welterbe vom US National Park Service verwaltet.

Infobox

Information
Calle Norzagaray.
i San Juan National Historic Site, 787 729 6777.
tägl. 9–18 Uhr. 10 und 14 Uhr (auf Englisch). W **nps.gov/saju**

Cañón Ordóñez
Dieses Geschütz an der Nordseite feuerte am 12. Mai 1898 die erste Salve im Spanisch-Amerikanischen Krieg in Puerto Rico.

La Garita del Diablo
Das einsame Wachhäuschen ist der älteste bestehende Teil San Cristóbals. Die Wachen riefen sich regelmäßig »¡Alerta!« (alarmbereit) zu, um sich nachts wach zu halten.

Der große Graben sollte die feindlichen Truppen in ein Kreuzfeuer locken.

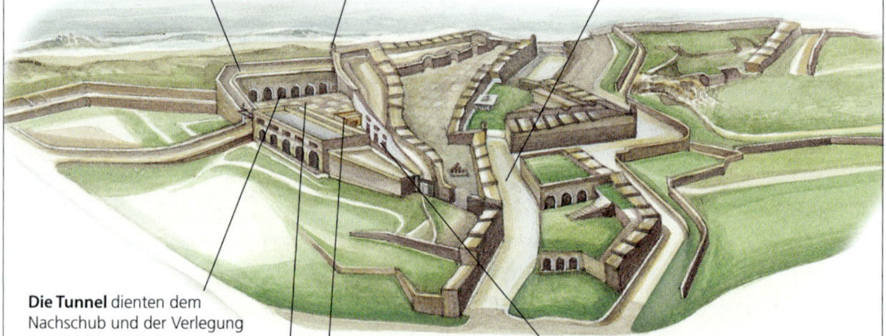

Die Tunnel dienten dem Nachschub und der Verlegung von Soldaten. Sie konnten gesprengt werden, um ein Vordringen des Feinds zu verhindern.

Die Kapelle birgt ein Bild der heiligen Barbara, der Schutzheiligen der Artilleristen.

Die Plaza de Armas ist der Paradeplatz, darunter befinden sich große Zisternen.

Die mächtigen Mauern des Castillo San Cristóbal

Kaserne
Die Kaserne hat auf zwei Stockwerken acht Gewölberäume. Jener an der Plaza de Armas ist wie vor 200 Jahren eingerichtet.

San Juan heute

Die moderne Stadt entwickelte sich um den historischen Stadtkern San Juan Viejo. Das Gebiet umfasst die gehobenen Wohnviertel Condado, Ocean Park und Isla Verde mit vielen modernistischen und Art-déco-Häusern. Weiter südlich trennt der Marin-Peña-Kanal die Gewerbegebiete Santurce und Hato Rey, wo sich die Universität und viele Kultureinrichtungen befinden. In die sich immer weiter ausdehnenden Wohnvororte und Industriezonen Carolina, Trujillo Alto, Guaynabo, Cataño und Bayamón, wo die Zentrale von Bacardi auf Puerto Rico steht, führen verkehrsreiche Ausfallstraßen.

Arbeiten einheimischer Künstler, Museo de Arte de Puerto Rico

Condado

Puerto Ricos erster Ferienort wurde schon in den 1950er Jahren gebaut, größere Anziehungskraft übte er aber erst ab den 1980er Jahren aus. In dem gehobenen Stadtteil auf dem schmalen Isthmus zwischen dem Atlantik und der Laguna Condado stehen Hotels und Hochhäuser.

Die Hauptverkehrsachse Avenida Ashford ist eine bei Einheimischen und Besuchern beliebte Einkaufsmeile. Nur drei Kilometer von der Avenida Ashford entfernt liegt der weiße Sandstrand Condado Beach, zu dem es an den Wochenenden die Einheimischen zieht – auch, um das Nachtleben zu genießen. Hier öffnen die vielen Bars und Restaurants nach Sonnenuntergang.

Östlich von Condado liegt das schicke Wohnviertel Ocean Park. Dort am Strand werden Parasailing und andere Wassersportarten angeboten. Die guten Strände ziehen sich nach Osten bis Isla Verde, wo die besten Hotels der Stadt stehen *(siehe S. 215f)*.

Santurce

Museo de Arte de Puerto Rico
Av. de Diego 229. 787 977 6277. Di, Do–Sa 10–17 Uhr, Mi 10–20 Uhr, So 11–18 Uhr. **mapr.org**

Fundación Luis Muñoz Marín
Carretera Estatal 877, km 0,4. 787 755 4506. Mo–Fr 10–14 Uhr, Sa, So 10.30–13 Uhr. **luismunozmarin.net**

Das Zentrum der Stadt liegt hinter Condado zu beiden Seiten der Avenida Ponce de León weiter im Inland. Die frühere Nobelgegend hat in den letzten Jahrzehnten an Glanz verloren, erholt sich jedoch wieder seit Eröffnung des Centro de Bellas Artes, der wichtigsten Bühne der Stadt, und des **Museo de Arte de Puerto Rico**, das puerto-ricanische Kunst aus den letzten drei Jahrhunderten präsentiert. Der Markt an der Plaza del Mercado de Santurce residiert in einem 1909 im Stil der Renaissance errichteten Gebäude. Im Westen grenzt Santurce an Miramar, die beste Wohnadresse der Stadt. Puerto Ricos führende Universität, Universidad de Puerto Rico, steht in Hato Rey südwestlich von Santurce. Zur Universität gehört auch das Museo de Historia, Antropología y Arte mit der größten präkolumbische Sammlung des Landes. Die **Fundación Luis Muñoz Marín** nebenan ist dem Politiker und »Vater« des modernen Puerto Rico gewidmet.

Casa Bacardi

Carretera 165, km 2,6, Cataño. 787 788 8400. Mo–Sa 9–16.30 Uhr, So 10–16.30 Uhr. obligatorisch. **visitcasabacardi.com**

Parque de las Ciencias Luis A. Ferré
Carretera 167, Plaza del Sol, Bayamón. 787 740 6868. Mi–Fr 9–16 Uhr, Sa, So 10–18 Uhr.

Die größte Rum-Destillerie der Welt steht in einem großen Park und produziert jeden Tag etwa 380 000 Liter Spirituosen. Besucher erfahren bei der Führung viel über die Firmengeschichte und die Rum-Destillation – die Erzeugnisse dürfen sie verkosten. Zum benachbarten **Parque de las Ciencias Luis A. Ferré** gehören ein exzellenter Zoo, ein Planetarium und ein Museum, das sich der Luft- und Raumfahrt widmet.

Die weltberühmte Rum-Destillerie der Firma Bacardi

Das Observatorium in Arecibo ist das drittgrößte Radioteleskop der Welt

❷ Dorado

24 km westl. von San Juan.
35 000.

Die goldenen Sandstrände an der palmenbestandenen, von Luxushotels gesäumten Atlantikküste locken nicht nur Familien aus San Juan. Dorado stieg in den 1950er Jahren zu einem exklusiven Ferienort auf, als im Dorado Beach Hotel die Kennedys und andere Prominente abstiegen. Zu den besten öffentlichen Stränden gehören der Cerro Gordo und die Playa Sardinera. Dorados Zentrum ist die Plaza de Recreo. Das stadtgeschichtliche **Museo La Casa del Rey** wurde 1823 als Parador erbaut und beherbergte später spanische Soldaten.

Umgebung: Westlich von Dorado findet man den tropischen Regenwald des **Guajataca Forest Reserve** und den Lago Guajataca mit Picknick- und Angelplätzen.

Museo La Casa del Rey
Calle Méndez Vigo 292. 787 796 5740. Mo–Fr 8–16.30 Uhr.

❸ Arecibo Observatory

88 km westl. von San Juan.
787 878 2612.
tägl. 9–16 Uhr. **naic.edu**

Das Radioteleskop mit einer einzigen Reflektorschüssel mit einem Durchmesser von 305 Metern ist in einer Senke zwischen den hohen *mogotes* der Gaurionex-Berge fest installiert. Es wurde 1963 als National Astronomy and Ionosphere Center eröffnet. Die National Science Foundation wollte damit die obere Atmosphäre und das Weltall mithilfe von Radiowellen erforschen. Die Anlage ist auch am Projekt Search for Extraterrestrial Intelligence (SETI) beteiligt. Die Ausstellungen im Angel Ramos Foundation Visitor Center sind etwas in die Jahre gekommen, aber noch immer exzellent.

❹ Parque Las Cavernas del Río Camuy

92 km südwestl. von San Juan.
787 898 3100.
Mi–So 8.30–17 Uhr.
gegen Gebühr.

Die mehr als 220 Höhlen bilden das drittgrößte Höhlensystem der Welt und das größte auf Puerto Rico. Nur 16 Höhlen sind im Rahmen einer Führung zugänglich. Zuerst geht es bei einer Lorenfahrt steil bergab zur Cueva Clara de Enpalma, dann folgt eine einstündige Wanderung auf Betonwegen, die sich durch die kühle, bis zu 52 Meter hohe Höhle schlängeln. Tropfsteinformationen werden mit Scheinwerfern angestrahlt, Fledermäuse schwirren über den Köpfen. Eine blinde, endemische Fischart schwimmt im schwarzen unterirdischen Fluss. Anschließend fährt man mit einer Bahn zu dem 122 Meter tiefen Karsttrichter Tres Pueblos, an dessen Grund ein Fluss von einer Höhle in eine andere fließt.

❺ Parque Ceremonial Indígena Caguana

105 km westl. von San Juan.
787 894 7325.
tägl. 9–16.30 Uhr.
Hinweis Bei Regen können die Wege unbefahrbar werden.

Der von grünen Bergwäldern umgebene Parque Ceremonial Indígena Caguana gewährt einen Einblick in die alte Kultur der Taíno. Die im Jahr 1915 ausgegrabene Fundstätte umfasst zehn *bateyes* (Ballspielplätze), die einst zeremoniellen Zwecken dienten. Die Plätze sind von riesigen Granitplatten begrenzt, auf denen menschliche Figuren eingeritzt sind. Besonders bemerkenswert ist die Fruchtbarkeitsfigur Mujer de Caguana, die eine gebärende Frau darstellt. Ein kleines Museum zeigt die Funde, ein Souvenirladen verkauft *cemi* (religiöse Figuren).

Stalaktiten in den Höhlen der Cavernas del Río Camuy

Hotels und Restaurants auf Puerto Rico *siehe Seiten 214–216 und 217–219*

6 Playa Jobos

132 km westl. von San Juan.

Surfer begeistern sich an den Atlantikbrechern, die gegen den langen Strand anrollen. Den Sand am Ufer, der wie Silberlamé in der Sonne scheint, hat der Wind zu Dünen aufgetürmt. Bars, Restaurants und Hotels säumen die Buchten zu beiden Seiten einer schroffen Landzunge aus Korallenkalkstein, in der das Blowhole El Pozo de Jacinto viele Neugierige anlockt.

Umgebung: Südwestlich der Playa Jobos bietet **Punta Borinquen** fantastische Strände – etwa die bei Surfern beliebte Playa Crash Boat, vor deren Küste schöne Tauchreviere liegen. Früher war hier ein Stützpunkt der US-Luftwaffe, auf dessen altem Golfplatz Base Ramey man noch immer eine Runde spielen kann. In der Nähe von Aguadilla betrat Christoph Kolumbus zum ersten Mal die Insel. Heute befindet sich dort der **Parque Acuático Las Cascadas**, der größte Wasserpark der Karibik.

Ocean Front Restaurant, Playa Jobos

Parque Acuático Las Cascadas
Carretera 126, km 2, Aguadilla.
787 819 0950. März–Sep: tägl. 10–17 Uhr.

7 Rincón

Carretera 115, 140 km westl. von San Juan. 17 000. Aeropuerto Rafael Hernández, Aquadilla, 8 km. Whale Festival (März).

Der Strand gilt als bester Surfspot von Puerto Rico. Der Ferienort im Norden der Westküste vereint eine raue Schönheit mit lässigem Flair und lebhaftem Nachtleben. Auf der spitzen Halbinsel Punta Higuero liegen außer Rincón noch mehrere ländliche Gemeinden und Strände, an denen man in Felsbecken baden und im geschützten Wasser der Riffe großartig schnorcheln kann. Im offenen Meer liegen einige gute Tauchreviere. Die vom Wind aufgepeitschten Wellen werden bis zu zwölf Meter hoch und locken Surfer auf der Suche nach der perfekten Welle an. Die Sonnenuntergänge sind ein faszinierendes Farbenspiel. Im Winter sieht man vom Ufer aus oft Buckelwale auf ihrem Weg durch die Mona-Passage.

Umgebung: Rincón liegt an der Mona-Passage, wo auf der felsigen **Isla Mona** ausschließlich Vögel, Leguane und Meeresschildkröten leben. Für den Besuch der Insel benötigt man eine Genehmigung des Departamento de Recursos Naturales *(siehe S. 212)*. In **Moca** wird *mundillo* (Spitze) hergestellt. Das Festival del Mundillo findet im November statt.

Frühstück am Strand im Horned Dorset Primavera

8 Horned Dorset Primavera

Carretera 429, km 3, Rincón.
787 823 4030.
für Nichtgäste 19–21.30 Uhr.
horneddorset.com

Das Horned Dorset Primavera ist nach einer aus der englischen Grafschaft Dorsetshire stammenden Schafrasse benannt. Unterhalb des im Stil einer spanischen Hazienda gestalteten Hotels liegt der kleine hoteleigene Strand, an dem man Kajaks ausleihen kann. Das Hotelrestaurant *(siehe S. 214)* wird für seine Gourmetküche so sehr gelobt, dass sogar Gäste aus dem fernen San Juan zum Essen kommen. Auch die Bar hat einen guten Ruf. Die geräumigen Suiten des Hotels sind opulent mit schönen Antiquitäten von den Plantagen eingerichtet. Abends gilt eine Kleiderordnung. Im Horned Dorset Primavera sind Kinder willkommen und auch Haustiere erlaubt.

Karst

Der Karst ist eine eindrucksvolle, malerische Kalksteinlandschaft aus Karsttrichtern, Höhlen, Schluchten und einzelnen Kegelhügeln, den *mogotes*. Sie sind die Reste eines Kalksteinplateaus, das sich vor 160 Millionen Jahren aus dem Meer erhob. Regen und unterirdische Flüsse erodierten den Kalkstein und formten Höhlen, die irgendwann zusammenbrachen und frei stehende Hügel zurückließen.

Die faszinierende Karstregion im nördlichen Puerto Rico

9 Mayagüez

150 km südwestl. von San Juan. 90 000. Karneval (Mai), Festival de la Cocolia (Juli).

Mayagüez wurde zwar schon 1760 gegrüpndet, doch nach mehreren schweren Bränden ist hier nur wenig historische Architektur erhalten. Einige schöne alte Gebäude stehen jedoch an der weiten Plaza Colón, darunter das klassizistische Rathaus und dahinter das Teatro Yagüez. Den Platz zieren zudem 16 Bronzestatuen und eine Statue von Christoph Kolumbus. Im Schatten der Jakarandabäume spielen hier Einheimische Domino.

Blick auf die Plaza Colón und die Fassade des Rathauses, Mayagüez

Kinder lieben den **Parque Zoológico Dr. Juan A. Rivero**. In diesem größten Zoo der Insel werden viele Tiere aus aller Welt gehalten, darunter Gorillas, Elefanten, Löwen und Bengalische Tiger.

Mayagüez hat eine bedeutende Fischindustrie, in der Thunfische verarbeitet werden, zudem ist es Ausgangshafen für Sportangler.

Parque Zoológico Dr. Juan A. Rivero
Carretera 108, Barrio Miradero.
787 834 8110.
Mi–So 8.30–17 Uhr.

Typisches Schindelhaus in Boquerón

10 Boquerón

24 km südl. von Mayagüez.

Die Einheimischen lieben ihren wenig ausgebauten Küstenort Boquerón. Hier liegt hinter den Schindelhäusern ein hübscher Strand mit Restaurants und Bars. Die heimische Spezialität sind frische Austern, die an Straßenständen verkauft werden. Der tropische Trocken- und Mangrovenwald des Bosque Estatal de Boquerón ist ein Mekka für Vogelbeobachter, ebenso der benachbarte **Refugio de Aves de Boquerón**. Dort kann man mit

12 La Ruta Panorámica

Die Strecke mit dem offiziellen Namen Ruta Panorámica Luis Muñoz Marin verläuft von Yabucoa bis Mayagüez durch das gebirgige Inland der Insel über 40 verschiedene, gut ausgeschilderte, gepflegte Landstraßen. Die Ruta führt zu Puerto Ricos höchstem Berg, dem Cerro de Punta, und durch zahlreiche dichte Bergwälder. Man sollte für die Tour mindestens eine Übernachtung in einem Parador einplanen.

Zur Orientierung
Kartenausschnitt

⑧ **Cerro de Punta**
Eine schmale Nebenstraße windet sich zum 1338 Meter hohen Gipfel des höchsten Bergs Puerto Ricos hinauf.

⑦ **Jayuya**
Hier präsentiert das Museo El Cemi die Kultur der indigenen Völker. Es ist wie eine gigantische *cemi*, die Darstellung einer Taíno-Gottheit, gebaut.

⑨ **Maricao**
Der Ort ist ein Zentrum des Kaffeeanbaus. Von hier führt die Straße hinab nach Mayagüez.

ein wenig Glück Wasservögeln und Manatis (Seekühen) ganz nahe kommen.

Umgebung: Im Süden liegt die **Península Cabo Rojo**. Die malerische Landzunge mit dem verlassenen Leuchtturm hat ihren Namen von ihren roten Felsen erhalten. In den einfachen Hotels an der benachbarten **Playa El Combate** mieten sich vor allem heimische Familien für einen Strandurlaub ein. Eine Autostunde östlich von Boquerón befindet sich der ziemlich turbulente Urlaubsort **La Parguera**. In der von Mangroven eingerahmten, dicht bebauten Bucht dröhnen tagsüber unaufhörlich die Jetskis. Von den Kais legen Ausflugsboote zur Isla Magueyes und in Richtung **Phosphorescent Bay** ab.

Refugio de Aves de Boquerón
Carretera 301, km 5,1. 787 851 4795. tägl. 7.30–16 Uhr.

⑪ San Germán

48 km südöstl. von Mayagüez. 38 000. Fiesta Patronal (Juli).

Der malerische 1512 gegründete Ort in den Bergen wartet mit dem am besten erhaltenen kolonialen Ortskern außerhalb von San Juan Viejo auf. Die Häuser an den schattigen Plazas zeugen von dem Reichtum, den der Kaffeeboom im 19. Jahrhundert schuf: Im National Register of Historic Places sind 249 Gebäude gelistet. In der Iglesia Porta Coeli von 1606 zeigt das Museo de Arte Religioso sakrale und *Santos*-Figuren (Heiligenfiguren). Die Kirche überragt die Plaza Santo Domingo mit der viktorianischen Casa Morales. Weiter westlich steht an der Plaza Francisco Mariano Quiñones die klassizistische Iglesia de San Germán de Auxerre. Sie wurde 1737 nach einem Erdbeben wieder aufgebaut.

Historische Gebäude im Zentrum von San Germán

① **Carite Forest Reserve**
Üppiges Grün säumt den Straßenrand, darunter auch Palmen und Bambus.

② **Aibonito**
Der höchste Ort der Insel liegt in einer malerischen Berglandschaft. Hier herrscht stets ein gemäßigtes Klima.

Routeninfos

Start: Yabucoa.
Länge: 267 km.
Rasten: In Guavate schmecken in den *lechonerías* an der Straße Schweinefleischspieße. Übernachten: Hacienda Gripiñas.

③ **Barranquitas**
Aus dem Ort stammen die Politiker und Vater und Sohn Luis Muñoz Rivera und Luis Muñoz Marín (oben: Außendetail ihres Hauses).

④ **Orocovis**
In dem Ort werden berühmte Heiligenfiguren gefertigt.

⑥ **Hacienda Gripiñas**
Das historische Hotel ist eine perfekte Unterkunft *(siehe S. 214)*.

⑤ **Toro Negro Forest Reserve**
In dem regenreichen, 28 Quadratkilometer großen Reservat rauschen Wasserfälle.

Legende
Routenempfehlung
Andere Straße

Beeindruckende Fassade des Castillo Serrallés, Ponce

⓭ Ponce

125 km südl. von San Juan. 187 000. Plaza Las Delicias, 787 841 8044. Karneval (Jan). **visitponce.com**

Das 1692 gegründete Ponce ist eine wichtige Hafenstadt. Kulturelle Einrichtungen spiegeln ihre historische Bedeutung als Stadt der Künstler und politischen Denker wider. Die Architektur der Altstadt unterscheidet sich erheblich von San Juans historischem Stadtkern und erinnert an New Orleans – besonders, wenn im Karneval Tänzer mit *Vejigante*-Masken durch die Straßen ziehen. Die Stadt war in der frühen Kolonialzeit ein großer Hafen des Sklavenhandels. Die afrikanischen Einflüsse sind in der regionalen Kultur tief verankert.

Im 20. Jahrhundert sank der Stern der Stadt stetig, doch seit Mitte der 1980er Jahre verhilft das Projekt »Ponce en marcha« den historischen Gebäuden der Stadt wieder zu altem Glanz. Mit den Urlauberbussen kann man die Altstadt bequem besichtigen.

Die weitläufige Plaza Las Delicias hat noch andere Namen, z. B. Plaza Central. Eigentlich besteht sie aus der Plaza Luis Muñoz Rivera im Norden und der Plaza Frederico Degetau im Süden der Catedral Nuestra Señora de la Guadalupe und des schwarz-rot gestreiften **Parque de Bombas**. In dieser eigentümlichen Feuerwache sind ein alter Feuerwehrwagen und Oldtimer ausgestellt. Auf dem Doppelplatz stehen Statuen und die Fuente de los Leones (Löwenbrunnen), die auf der Weltausstellung 1939 in New York gekauft wurde. Die Gebäude am Platz zeigen eine wilde Mischung aus Architekturstilen der letzten drei Jahrhunderte – vom spanischen Kolonialstil über Klassizismus bis zum Art déco. Das besonders auffällige klassizistische Teatro La Perla dient seit 1941 als Bühne. In den Straßen der Umgebung, vor allem in der Calle Cristina, stehen hübsche Häuser mit Gittern aus Schmiedeeisen. Neben dem Theater steht das **Museo de la Historia de Ponce**, das beste historische Museum der Insel. Ein Stück weiter östlich,

Oldtimer in der Feuerwache Parque de Bombas, Ponce

in der Jugendstilvilla Casa Serrallés, widmet sich das **Museo de la Música Puertorriqueña** der Geschichte der puerto-ricanischen Musik.

Im Norden der Stadt ragt auf der Loma Vigía (Wächterhügel) die Cruceta de Vigía auf. Das riesige Betonkreuz besteht aus einem Turm und einer horizontalen Aussichtsplattform. Zu seinen Füßen steht das **Castillo Serrallés**, das der Rumproduzent Don Juan Serrallés 1926 erbauen ließ. In der Villa im neokolonialen Stil präsentiert heute das Museum of Sugar & Rum unter anderem prächtige Möbel aus der Kolonialzeit und einen schönen Garten.

Im **Museo de Arte de Ponce** sind Werke von Gainsborough, Diego Rivera, Delacroix und einigen puerto-ricanischen Avantgarde-Künstlern zu sehen. Das modernistische Gebäude wurde von Edward Durell Stone entworfen.

Parque de Bombas
Plaza Las Delicias. 787 284 3338. Mi–Mo 9–18 Uhr.

Museo de la Historia de Ponce
Calle Isabel 53. 787 844 7071. Di–So 8–16 Uhr.

Museo de la Música Puertorriqueña
Calle Isabel 45. 787 848 7016. Di–So 8.30–16.30 Uhr.

Castillo Serrallés
Cruzeta El Vigía 17. 787 259 1774. Di–So 9.30–17.30 Uhr. **museocastilloserralles.com**

Museo de Arte de Ponce
Av. Las Américas 2325. 787 840 1510. Mi–Mo 10–17 Uhr (So ab 12 Uhr). Feiertage. **museoarteponce.org**

⓮ Centro Ceremonial Indígena de Tibes

3 km nördl. von Ponce. 787 840 2255. Di–So 9–16.30 Uhr. obligatorisch.

Die präkolumbische Stätte Centro Ceremonial Indígena de Tibes wurde 1975 nach dem Hurrikan Eloise gefunden und wird weiter ausgegraben. Zwei Hektar mit neun *bateyes* *(siehe S. 202)* und einige Gräber wurden bisher freigelegt. Sie sind von Granitsteinen mit Petroglyphen eingefasst. In der ungewöhnlichen Stätte sind Reste zweier Kulturen zu sehen: von den Igneri, die die Insel um 300 n. Chr. besiedelten, und den Taíno, die sie um 1000 eroberten. Ein kleines Museum zeigt die bemerkenswerten Funde – Töpfereien, Axtköpfe und *cemi (siehe S. 204)* – sowie das Skelett eines Erwachsenen in einer fetalen Haltung. Die Rekonstruktion eines traditionellen Taíno-Dorfs zeigt dem Besucher, wie die Menschen gelebt haben. Man darf die Stätte nur bei einer Führung besichtigen. Es ist ratsam, sich im Voraus anzumelden.

Souvenirmaske

Herrenhaus der Hacienda Buena Vista

⓯ Hacienda Buena Vista

11 km nördl. von Ponce. ☎ 787 722 5882. zweistündige Führungen: Fr–So 8.30, 10.30, 13.30 Uhr (auf Englisch) und 15.30 Uhr; Reservierung erforderlich.

Die tief in den Bergen nördlich von Ponce gelegene Plantage wurde 1833 gegründet. Neben dem Hauptprodukt Kaffee wurden auch Reis und Mais angebaut. Das Wasserrad und die alte Mühle funktionieren noch. Ein Führer zeigt, wie damit früher der Mais gemahlen wurde. Zu besichtigen sind auch das elegante zweistöckige, original möblierte Wohnhaus, die Lager und Sklavenquartiere. Die Plantage wird vom Conservation Trust of Puerto Rico verwaltet, der sie als lebendes Museum und pädagogisches Zentrum betreibt.

⓰ Copamarina Beach Resort

Carretera 333, km 6,5, Guánica. ☎ 787 821 0505.
copamarina.com

Der Rasen vor dem hübschen Hotelflachbau grenzt an einen korallenfarbenen Strand mit Liegen im Schatten. Alle Gästezimmer und Suiten haben Meerblick. Zur Auswahl stehen zahlreiche Wassersportarten, u. a. Parasailing und Tauchen, zur Anlage gehören zudem Tennisplätze. Der Wellness-Bereich lockt mit Massagen und Kosmetikanwendungen. Das Restaurant im Freien *(siehe S. 217)* und die Bar stehen auch Tagesgästen offen.

Umgebung: Nördlich des Copamarina Beach Resort kann man im **Bosque Estatal de Guánica**, einem Naturschutzgebiet mit Trockenwald und vielen Kakteen, hervorragend wandern. Von Guánica aus lockt ein Tagesausflug zum kleinen **Gilligan's Island** (spanisch: Cayo Aurora), wo man am türkisfarbenen Wasser am feinen Sandstrand picknickt. Taucher lassen sich von den Korallen am **The Wall** *(siehe S. 211)* begeistern. Das beste Tauchrevier der Insel zieht sich über 32 Kilometer an der Südküste entlang.

Weitläufige Grünanlagen und Sandstrand im Copamarina Beach Resort

Auf dem Paseo Piñones Recreational Trail

⑰ Playa Piñones

30 km östl. von San Juan.

Der Goldstrand an der Carretera 187 ist bei den Einheimischen sehr beliebt. Am Wochenende picknicken Familien unter den Palmen, der Verkehr staut sich auf den Zubringerstraßen – besser kommt man unter der Woche. Die Restaurants am Straßenrand bieten gegrillten Fisch an. Den **Paseo Piñones Recreational Trail** am Strand bevölkern Radfahrer, Jogger und Spaziergänger.

Umgebung: Im Osten schließt sich die **Playa Vacia Talega** mit ihrem schmalen, aber lang gestreckten Strand an. Landeinwärts schützt der **Bosque Estatal Piñones** ein wertvolles Feuchtgebiet, das Lebensraum für Wasser- und Watvögel bietet. In der Ebene östlich von Playa Vacia Talega ist der relativ einfache Ort **Loíza Aldea** ein Zentrum für afrikanische Kultur. Hier steigt jedes Jahr Ende Juli eine Woche lang die Fiesta de Santiago Apóstol, der beste Karneval Puerto Ricos.

⑱ Luquillo

72 km östl. von San Juan.

Zwischen den Orten Río Grande und Luquillo an der Nordostküste erstrecken sich weißgoldene Strände. Perfekt wird die schöne Kulisse durch die Sierra Luqillo im Hintergrund. Das warme, von Riffen geschützte, tiefblaue Wasser eignet sich bestens zum Schnorcheln und Baden. Die Playa Luquillo ist durch einige gehobenere Ferienhotels erschlossen, die Playa Río Mar weiter im Westen ist relativ leer, obwohl sich hier das riesige Wyndham Grand Río Mar Beach Resort & Spa *(siehe S. 215)* und der Río Mar Country Club befinden. Die Playa Azul und die Playa La Selva östlich der Playa Luquillo machen mit ihrer Brandung Surfer glücklich.

⑲ El Yunque National Forest

40 km südöstl. von San Juan. 787 888 1880. tägl. 7.30–18 Uhr. nur für El Portal Visitor Center. Sa–Mo 9–17 Uhr (stündl.). El Portal Visitor Center und einige Wege. **fs.usda.gov/elyunque**

Der 114 Quadratkilometer große El Yunque National Forest, früher Caribbean National Forest, ist der einzige tropische Regenwald unter der Verwaltung des US Forest Service. Das niederschlagsreiche Gebiet erstreckt sich von neun Meter über dem Meer bis 1077 Meter am Gipfel des Cerro El Toro. Seinen Namen verdankt er dem Tafelberg »Der Amboss«. Zu den Ökosystemen innerhalb des Parks gehören auch alpine Nebelwälder und Bergwälder mit Zwergwuchs. Das El Portal Visitor Center informiert in einer Ausstellung über Geologie, Geografie und Ökosysteme. Mehrere unterschiedlich anspruchsvolle Wanderwege *(siehe S. 213)* führen durch Schluchten und zu Wasserfällen. Wanderer finden hier ausgezeichnete Möglichkeiten, Vögel und Wildtiere zu sehen.

⑳ Fajardo

58 km südöstl. von San Juan. 40 000. Fiesta Patronal (Juli).

Der ausufernde Küstenort Fajardo ist mit seiner Puerto del Rey Marina ein bedeutendes Zentrum für Sportfischer für Segel-Chartertouren. Hier fahren regelmäßig Fähren nach Vieques und Culebra.

Umgebung: Im Norden von Fajardo erstreckt sich das 128 Hektar große **Las Cabezas de San Juan Nature Reserve**. Es schützt Mangrovenwald und Süßwasserlagunen, in denen Manatis schwimmen

Wanderer erkunden den El Yunque National Forest

Rathaus in Isabel Segunda, Vieques

und zahlreiche Wasservögel zu entdecken sind. Der Leuchtturm (El Faro) wurde 1882 erbaut und ist gut erhalten. An der nahen **Playa Seven Seas** eignet sich das vom Riff geschützte Gebiet gut zum Schnorcheln.

Las Cabezas de San Juan Nature Reserve
Carretera 987. 787 722 5882. im Eintritt inbegriffen; Mi–So 8.30, 9.30, 10, 10.30 und 14 Uhr (auf Englisch). **Hinweis** Reservierung erforderlich.

㉑ El Conquistador Resort

1000 Av. El Conquistador, Fajardo. 787 863 1000.
elconresort.com

Auf einem Hügel, von dem man den Vieques Sound überblickt, liegt das größte Ferienhotel Puerto Ricos. Es verfügt über einen erstklassigen Golfplatz, einen Wasserpark für Kinder, einen Wellness-Bereich sowie über nicht weniger als 23 Restaurants *(siehe S. 217)* und Bars. Neun verschiedene Zimmertypen sowie Bungalows bieten sämtliche erdenklichen Komfortmerkmale.

Zum Hotel gehört auch das wunderschöne Inselchen Isla Palominos im ruhigen Meer vor Fajardo. Die Gäste fahren mit einer Seilbahn zur Marina und von dort mit Shuttlebooten zur Insel, die einen weißen Sandstrand und Wassersportmöglichkeiten bietet.

㉒ Vieques

32 km südöstl. von Fajardo. 9500.
Festival de Cultura (Apr).

Vieques ist wesentlich ruhiger als Puerto Rico 13 Kilometer östlich. Die meisten Bewohner leben in Isabel Segunda, einem kleinen Ort fast ohne Verkehr, der sich seinen alten Charme bewahrt hat. Ab dem Zweiten Weltkrieg nutzte die US Navy die Insel 50 Jahre lang als Übungsplatz, was Fremdenverkehr unmöglich machte. Erst als die Navy 2003 abgezogen war, konnte die Insel erschlossen werden. Inzwischen ist Vieques ein schicker Ort für Besucher, die im Urlaub den Rummel fliehen und lieber im Vieques National Wildlife Refuge Hirsche, Manatis und vier Meeresschildkrötenarten beobachten. Die Insel säumen die feinen Sandstrände Playa Sombé, Playa Media Luna, Green Beach und Blue Beach. Unterkunft findet man in kleinen, schicken Hotels hauptsächlich an der traumhaften Bucht des verschlafenen Dorfes Esperanza. Die nahe Bioluminescent Bay erwacht nachts im wahrsten Sinne des Wortes zum Leben. Dort leuchten biolumineszente Mikroorganismen auf, sobald sie gestört werden: Wer hier nachts Kajak fährt, wird von einem steten Leuchten begleitet. In den Küstenlagunen leben Manatis, zudem ist Vieques ein wichtiger Nistplatz der Meeresschildkröten. Im früheren Fort Conde Mirasol befindet sich das **Vieques Art and History Museum**.

Vieques Art and History Museum
El Fortín Conde de Mirasol, Isabel Segunda. 787 741 1717.
Mi–So 10–16 Uhr.

㉓ Culebra

43 km östl. von Fajardo. 2000.
Fiesta Patronal (Juli).

Vieques' kleine Schwester ist noch stiller und berühmt für ihre Strände. Hier liegt der wohl schönste Strand Puerto Ricos, die Playa Flamenco. Der breite, rein weiße Sandbogen und das fantastische Wasser sind am Wochenende von Tagesausflüglern aus Puerto Rico bevölkert. Vor der nahen Playa Carlos Rosario liegt nahe am Ufer ein Korallenriff. Die Strände Playa Resaca, Brava und Flamenco gehören zum Culebra National Wildlife Refuge, das die Nistplätze der Schildkröten schützt.

Der feine weiße Sandstrand der Playa Flamenco auf der Insel Culebra

Sport und Aktivurlaub

In den abwechslungsreichen Landschaften und Ökosysteme Puerto Ricos, so in den Trockenwälder des Tieflands, in den Nebelwälder der Berge sowie in den Mangrovenwälder der Küste, kann man hervorragend wandern. Die Möglichkeiten zum Tauchen und Schnorcheln sind schier überwältigend, genauso wie zum Surfen und zu anderen Wassersportarten wie Sportangeln, Windsurfen, Parasailing und Kajakfahren. Höhlenwanderer haben die Qual der Wahl. Golfern stehen einige der besten Plätze der ganzen Karibik zur Verfügung.

Wassersportenthusiast am Ocean Park Beach

Strände

Playa Condado, Ocean Park und Isla Verde – wer die Strände Puerto Ricos genießen möchte, muss San Juan nicht verlassen. An den beliebten Treffpunkten wird auch Parasailing angeboten. An den Wochenenden entfliehen viele *sanjuaneros* dem Hexenkessel der Stadt und verursachen bei ihrer Fahrt zur Playa Piñones und Playa Luquillo Staus.

Bei Surfern sind die Playa Jobos und Playa Crash Boat bei Aguadillas im Nordwesten beliebt, am höchsten im Kurs steht jedoch Rincón, wo sich an der Playa Barrero, dem Sandy Beach und anderen Stränden die Brandung bricht.

An der Südküste liegen nur wenige nette Strände, etwa die Playa El Combate und Playa Caña Gorda. Die meisten weißen Sandstrände findet man an der Ostküste Puerto Ricos, u. a. einen auf der Isla Palominos, nur eine Stunde von Fajardo entfernt. Die schönsten Strände liegen auf den Inseln östlich von Puerto Rico. Vieques bietet die preisgekrönten Playa Sombé, Playa Media Luna, Playa Navío, Red Beach, Green Beach und Blue Beach, am bezauberndsten ist jedoch die Playa Flamenco.

Vogel- und Wildtierbeobachtung

Die vielfältigen Ökosysteme Puerto Ricos sind der Lebensraum vieler farbenprächtiger Tiere, darunter 270 Vogelarten. Man entdeckt sie leicht auf den Wanderungen durch die verschiedenen Wälder. Der El Yunque National Forest *(siehe S. 208)* ist die Heimat der Puerto-Rico-Amazone.

Ein fantastisches Erlebnis: Wale beobachten

Zahllose Wat- und Wasservögel umschwirren den Besucher auf den Plankenwegen und Unterständen des Bosque Estatal de Boquerón und des Las Cabezas de San Juan Nature Reserve. In den lichten Laubwäldern des Bosque Estatal de Guánica findet man sogar gefährdete endemische Arten wie die Puerto-Rico-Nachtschwalbe.

Im Vieques National Wildlife Refuge und Culebra National Wildlife Refuge beobachtet man Meeresschildkröten beim Eierlegen. Dort und in der Reserva Natural Laguna Tortuguero sieht man auch Manatis. Im Winter kann man in Rincón Wale in der Mona-Passage beobachten, etwa vom Aussichtspunkt im El Faro Lighthouse Park. **Taíno Divers** bietet Walfahrten an. Vogelfahrten in verschiedene Gebiete organisiert **Adven Tours**.

Höhlenwanderungen

Puerto Rico ist von Höhlen durchsetzt, deren Erforschung nur für Erfahrene geeignet ist und immer in Gruppen durchgeführt werden sollte. Das interessanteste Höhlensystem liegt im Parque Las Cavernas del Río Camuy. **Aventuras Tierra Adentro** bietet Touren in das Angels Sinkhole an.

Surfen

Puerto Rico bietet einige der besten Surfreviere der Karibik, vor allem um Rincón. Die **Rincón Surf School** veranstaltet Kurse, der **El Rincón Surf Shop** verleiht und verkauft Boards. Weitere gute Surfplätze sind die Boca de Cangrejos bei San Juan, die Playa Jobos und die Playa Crash Boat im Nordwesten und La Pared bei Luquillo.

Tauchen

Puerto Rico ist ein Taucherparadies. Fast drei Viertel der Insel sind von Korallenriffen umgeben, die Wassertemperatur reicht von 20 °C im Winter bis etwa

Taucher erkunden die faszinierende Unterwasserwelt vor Puerto Rico

29 °C im Sommer. Im Winter taucht man am besten an der Südküste, an der Nordküste ist die See sehr rau. Ganzkörpernassanzüge sind Pflicht. Zu den beinahe 300 Fischarten gehören Zackenbarsche, Haie und große Rochen. Auch Meeresschildkröten sieht man oft. Bei der Isla Desecheo vor Aguada liegt das Wrack eines Patrouillen-Torpedoboots aus dem Zweiten Weltkrieg. The Wall erstreckt sich 32 Kilometer lang parallel zur Südküste. Am einfachsten erreicht man sie vom Copamarina Beach Resort *(siehe S. 207)* und von Guánica. Fajardo eignet sich vor allem für Anfänger, ebenso die Saumriffe von Vieques und Culebra, zu deren Wracks auch ein Schleppschiff gehört. **Sea Ventures Dive Centers** unterhält zwei Filialen in Fajardo und Palmas Del Mar. Auf den beiden Inseln östlich von Puerto Rico bringt **Culebra Divers** Urlauber zu den besten Tauchrevieren.

Angeln

Vor San Juan, Mayagüez und den meisten Urlaubsorten, etwa Fajardo, kann man hervorragend hochseeangeln. Die Nordküste wird zwar oft Blue Marlin Alley genannt, doch fischt man hier auch Wahoos sowie Fächer- und Thunfische, während man in den Küstengewässern nach Tarpunen und Grätenfischen angelt. Auf der Insel wurden schon diverse Weltrekorde aufgestellt. Der Höhepunkt der vielen Angelwettkämpfe ist im September das **San Juan International Billfish Tournament**. Die beste Saison zum Hochseeangeln ist der Winter, obwohl die Blauen Marline im Sommer zahlreicher sind. Gute Ausstatter sind u. a. **Extreme Fishing Puerto Rico**, **Puerto Rico Fishing Charters** und **Magic Tarpon**. In den Bergseen angelt man meist nach Buntbarschen, eines der besten Reviere ist der Lago Guajataca. Interessierte erhalten im **Departamento de Recursos Naturales** Informationen und einen Angelschein.

Bootsausflüge

Romantik pur bieten Segeltörns in den Sonnenuntergang. Tages- und Abendausflüge auf Yachten und Katamaranen stehen auf dem Programm von einigen Veranstaltern. Die meisten segeln von Fajardo zu den Inselchen des Archipels La Cordillera und halten unterwegs zum Schnorcheln. Bekannte Veranstalter sind **Erin Go Bragh Charters** mit Fahrten auf einem 15-Meter-Kutter, **Spread Eagle II** mit Katamaranfahrten und **Ventajero Sailing Charters**. **Katarina Sail Charters** veranstaltet Törns in den Sonnenuntergang.

Wandern

Mit über einem Dutzend Waldschutzgebieten ist Puerto Rico ein Paradies für Wanderer. Die vielfältigen Landschaften der Insel bieten reichlich Abwechslung: So kann man an einem Tag durch den Nebelwald des El Yunque *(siehe S. 213)*, am nächsten auf den Küstenpfaden des Bosque Estatal de Guánica spazieren. Eindrucksvollere Landschaften sieht man auf den Wegen des Bosque Estatal de Cambalache und des Bosque Estatal de Guajataca, die an hohen *mogotes (siehe S. 203)* vorbeiführen. Zur Auswahl stehen noch viele andere Bergschutzgebiete. Auf der Insel Vieques verlaufen einfache Wanderwege durch den Refugio de Vida Silvestre de Vieques, wo man herrlich auf das Meer blicken und viele Tiere sehen kann.

Nähere Informationen zu Wanderungen in den einzelnen Schutzgebieten gibt das **Departamento de Recreación y Deportes**. Aventuras Tierra Adentro organisiert auch Gruppenwanderungen.

Bevor man losgeht, sollte man einiges beachten: Da es unterwegs in der Regel keine Wasserstellen gibt, ist es unbedingt notwendig, ausreichend Trinkwasser mitzunehmen. Zudem empfiehlt es sich, reichlich Insektenschutzmittel aufzutragen.

Wanderer auf dem Big Tree Trail, El Yunque

Kajakfahren im Copamarina Beach Resort, Guánica

Wassersport

In den Urlaubsorten ist das Wassersportangebot schier unüberschaubar: Dort kann man u. a. windsurfen, Parasailing betreiben, Jetski fahren und, wo das Meer ruhig ist, auch Wasserski fahren. Große Hotels bieten unmotorisierte Ausrüstung kostenlos an. Wer etwas Motorisiertes benötigt, muss sich an entsprechende Firmen wenden, die an den beliebten Stränden Filialen haben. Kajak fahren kann man in Rincón, im Copamarina Beach Resort und an der Playa Jobos sowie in Vieques' Bioluminescent Bay, wo **Island Adventures Biobay Eco-tours** Nachttouren ins leuchtende Wasser organisiert. **Kayaking Puerto Rico** bietet geführte Ausflüge an.

Golf

Puerto Rico eines der besten Golfziele in der Karibik, es gibt rund 20 erstklassige Plätze bekannter Designer. Top-Clubs sind etwa diejenigen im Wyndham Grand Rio Mar Beach Resort & Spa *(siehe S. 215)* sowie das El Conquistador Resort *(siehe S. 209)*. Auf der alten US Air Force Ramey Base im Nordwesten liegt der **Punta Borinquen Golf Club**. Über Turniere informiert die **Puerto Rico Golf Association**.

Tennis

Tennisplätze sind in den meisten großen Ferienhotels zu finden, im Wyndham Grand Rio Mar Beach Resort & Spa sind es sogar 13 Tennisplätze, im El Conquistador Resort immerhin noch sieben. Informationen zu Vereinen und Tenniseinrichtungen vor Ort erteilt die **Puerto Rico Tennis Association**.

Gepflegte Tennisplätze im El Conquistador Resort

Auf einen Blick

Vogel- und Wildtierbeobachtung

Adven Tours
Main Office, 1102 Uroyan, Alturas de Mayagüez. ☎ 787 530 8311.
W adventourspr.com

Taíno Divers
Black Eagle Marina, Rincón.
☎ 787 823 6429.
W tainodivers.com

Höhlenwanderungen

Aventuras Tierra Adentro
Av. Jesús Piñero 268A, San Juan.
☎ 787 766 0470.
W aventuraspr.com

Surfen

El Rincón Surf Shop
703 Belt Road, Aguadilla.
☎ 787 890 3108.
W elrinconsurfshop.com

Rincón Surf School
Barrio Puntas, Rincón.
☎ 787 823 0610.
W rinconsurfschool.com

Tauchen

Culebra Divers
Calle Pedro Marquez 4.
☎ 787 742 0803.
W culebradivers.com

Sea Ventures Dive Centers
Marina Puerto Del Rey, Fajardo.
☎ 787 863 3483.
W divepuertorico.com

Angeln

Departamento de Recursos Naturales
☎ 787 999 2200.
W drna.gobierno.pr

Extreme Fishing Puerto Rico
☎ 787 528 0715.
W extremefishingpr.com

Magic Tarpon
Cangrejos Yacht Club, San Juan.
☎ 787 644 1444.
W magictarpon.com

Puerto Rico Fishing Charters
☎ 787 382 4698.
W puertoricofishingcharters.com

San Juan International Billfish Tournament
Club Náutico de San Juan, Av. Fernández Juncos 482, San Juan.
☎ 787 722 0177.
W sanjuaninternational.com

Bootsausflüge

Erin Go Bragh Charters
☎ 787 860 4401.
W egbc.net

Katarina Sail Charters
Rincón.
☎ 787 823 7245.
W sailrinconpuertorico.com

Spread Eagle II
Villa Marina, Fajardo.
☎ 787 887 8821.
W snorkelpr.com

Ventajero Sailing Charters
Marina Puerto del Rey, Fajardo.
☎ 787 863 1871.
W sailpuertorico.com

Wandern

Departamento de Recreación y Deportes
☎ 787 721 2800.
W drdpuertorico.com

Wassersport

Island Adventures Biobay Eco-tours
Route 996, Puerto Real Sector, Vieques.
☎ 787 741 0720.
W biobay.com

Kayaking Puerto Rico
Fajardo.
☎ 787 435 1665.
W kayakingpuertorico.com

Golf

Puerto Rico Golf Association
Av. Matadero 264, San Juan. ☎ 787 793 3444.
W prga.org

Punta Borinquen Golf Club
Calle Golf Ramey, Aguadilla.
☎ 787 890 2987.
W puntaborinquengolf.com

Tennis

Puerto Rico Tennis Association
Calle Germán Moyer 406A, San Juan.
☎ 787 726 8782.
W caribbean.usta.com

Wandern auf Puerto Rico

Puerto Ricos Waldschutzgebiete und Berge locken Wanderer an. Die meisten zieht es in den El Yunque National Forest *(siehe S. 208)*. Allein durch dieses abwechslungsreiche Schutzgebiet führen 23 Wanderwege. Gebiete wie Toro Negro Forest Reserve, Bosque Estatal de Maricao oder Bosque Estatal de Guánica bieten ebenfalls markierte Wege. Diese sind zwar meistens kurz und führen zu einem Punkt und wieder zurück. Oft jedoch kreuzen sie andere Wege, sodass man große Schleifen gehen kann. Einige Wege sind anstrengend und rutschig. Wasserfeste Kleidung und gutes Schuhwerk sind zu empfehlen.

Wanderwege im El Yunque

Der El Yunque National Forest ist mit seinem 60 Kilometer langen Wegenetz das beliebteste Wanderziel Puerto Ricos. Im Wald verlaufen der El Yunque Trail, der Baño de Oro Trail und der Los Picachos Trail. Der El Toro Trail führt durch vier verschiedene Landschaften. Der mäßig schwierige Big Tree Trail wirkt zugleich am gepflegtesten.

Der La Mina Trail führt am Río Mina eine Stunde bergab und endet am schönen Wasserfall La Mina.

Der Mount Britton Trail führt zwischen die Sierra-Palmen des Regenwalds und durch einen Nebelwald zu einem Observatorium auf dem Berg.

Die Puerto-Rico-Amazone gehört zu den 50 Vogelarten der heimischen Wälder. Außer Vögeln entdeckt man vielleicht auch noch viele Eidechsen und Krabben.

Weitere Wanderwege

Puerto Rico besitzt neben El Yunque noch 14 andere Waldschutzgebiete. Besonders gut kann man im Bosque Estatal de Guánica, im Toro Negro Forest Reserve und im Bosque Estatal de Maricao wandern.

Der Bosque Estatal de Maricao liegt bei Maricao an der Ruta Panorámica *(siehe S. 204f)*. Die Wege führen durch einen schönen Nebelwald und Plantagen.

Im Bosque Estatal de Guánica findet man gefährdete Bufo-Lemur-Kröten, Vögel und 700 Pflanzenarten. Markierte Wege führen durch den Wald.

Im Toro Negro Forest Reserve an der Ruta Panorámica verlaufen fünf Wege. Einer führt zu einem Beobachtungsturm mit schönem Ausblick. Im Park liegen der Lago El Guineo, Lago de Matrullas und die Quellen einiger Flüsse.

Hotelauswahl

CEIBA: Ceiba Country Inn $
B&B
Carretera 977 km 1,2
787 885 0471
ceibacountryinn.com
Das B&B am Hang dient Wanderern und Vogelbeobachtern als ideale Unterkunft. Helle behagliche Zimmer bieten Meerblick.

CULEBRA: Casa Ensenada Waterfront Guesthouse $$
B&B
Calle Escudero 142
787 241 4441
casaensenada.com
Die freundlichen Wirte der Boutique-Pension am Wasser kümmern sich gut um ihre Gäste. Es gibt drei nette einfache Zimmer. Auch Haustiere sind erlaubt.

CULEBRA: Club Seabourne $$
Resort
Fulladoza Bay
787 742 3169
clubseabourne.com
Viel Grün umgibt das friedliche Hotel auf dem Hügel, das neben Zimmern, Hütten und Villen im Kolonialstil auch Bibliothek, Sonnenterrasse und Kajaks bietet.

FAJARDO: El Conquistador Resort $$
Strandresort
Av. El Conquistador 1000, Fajardo
787 863 1000
elconresort.com
Puerto Ricos größtes Resort verfügt über einen Turniergolfplatz, einen Wasserpark für Kinder und 23 Restaurants, Bars und Cafés in sensationeller Hügellage.

GUÁNICA: Copamarina Beach Resort $$
Strandresort
Carretera 333 km 6,5
787 821 0505
copamarina.com
In der reizvollen Anlage warten elegante Zimmer mit Meerblick, von Palmen beschattete Grünflächen und Sportmöglichkeiten wie Parasailing und Tauchen.

JAYUYA: Hacienda Gripiñas $$
Historisch
Carretera 527 km 2,5
787 828 1718
haciendagripinas.tripod.com
Die ehemalige Kaffeeplantage aus dem 19. Jahrhundert verströmt Alte-Welt-Charme. Die einfachen Zimmer sind ein gutes Basislager für Wanderer.

PATILLAS: Caribe Playa Beach Resort $$
Strandresort
Carretera 3 km 112,1
787 839 6339
caribeplaya.com
Palmen umgeben das Resort aus den 1960er Jahren mit geräumigen klimatisierten Zimmern, WLAN in der Lobby und einem gemütlichen Restaurant.

PONCE: Hotel Bélgica $
Historisch
Calle Villa 122
787 844 3255
hotelbelgica.com
In der Altstadt von Ponce trifft man auf das klassizistische Hotel aus dem 19. Jahrhundert, das Gästen geschmackvolle schlichte Zimmer und Frühstück bietet.

Hotel Horned Dorset Primavera, Rincón

Preiskategorien
Die Preise gelten für ein Standard-Doppelzimmer pro Nacht (Hochsaison), inklusive Steuern und Service.

$	**unter 100 US-Dollar**
$$	**100 – 300 US-Dollar**
$$$	**über 300 US-Dollar**

PONCE: Hilton Ponce Golf & Casino Resort $$
Resort
Av. Caribe 1150
787 259 7676
hilton.com
Die frisch und modern gestalteten Zimmer des riesigen Resorts blicken auf Strand und Meer. Spa, Tennisplätze und Casino sind nur ein kleiner Teil des Angebots.

PONCE: Meliá Century Hotel $$
Historisch
Calle Cristina 75
787 842 0260
meliacenturyhotel.com
Das familiengeführte Art-déco-Hotel aus dem späten 19. Jahrhundert bietet stilvolle Zimmer, eine hübsche holzgetäfelte Lounge und eine Dachterrasse.

RINCÓN: Lazy Parrot $$
Strandresort
Carretera 413 km 4,1
787 823 5654
lazyparrot.com
Nett und preiswert wohnt man in den Zimmern des einfachen Hotels mit Freiluftrestaurant.

RINCÓN: Rincón Beach Resort $$
Strandresort
Carretera 115 km 5,8, Añasco
787 589 9000
rinconbeach.com
Das chic renovierte Hotel im spanischen Kolonialstil verfügt über einen Infinity Pool und bietet auch Villen für Familien.

Vis-à-Vis-Tipp

RINCÓN: Horned Dorset Primavera $$$
Boutique
Carretera 429 km 3
787 823 4030
horneddorset.com
Das umgebaute Horned Dorset Primavera bietet 16 luxuriöse Suiten mit marokkanischem Touch. In jeder gibt es ein Schlafzimmer, ein Wohnzimmer, eine kleine Küche, einen kleinen Pool und ein top ausgestattetes Bad. Gäste haben die Möglichkeit, in vornehmem oder lockerem Ambiente zu speisen.

Historische Mauern beheimaten das Hotel El Convento in San Juan

RÍO BLANCO: Casa Cubuy Ecolodge $$
B&B
Río Blanco
787 874 6221
casacubuy.com
Naturfreunde schätzen die einfache B&B-Lodge beim El Yunque National Forest für das Wanderangebot und die großen, sparsam möblierten Zimmer.

RÍO GRANDE: Gran Meliá Puerto Rico Golf Resort $$
Luxus
Coco Beach Blvd. 200, Highway 955-I
787 809 1770
melia.com
Die Suiten des eleganten Resorts mit Golfplatz, Whirlpools und großem Lagunenpool befinden sich in zweistöckigen Bungalows.

RÍO GRANDE: Wyndham Grand Río Mar Beach Resort & Spa $$
Strandresort
Río Mar Boulevard 6000
787 888 6000
wyndhamriomar.com
Eine einstige Kokosplantage birgt das riesige Strand- und Golfresort mit neun Restaurants und Zimmern mit herrlichem Ausblick.

RÍO GRANDE: The St. Regis Bahia Beach Resort $$$
Luxus
Carretera 187 km 4,2
787 809 8000
stregisbahiabeach.com
Hightech-Komfort in reich ausgestatteten Zimmern und ein Turniergolfplatz sind Teil des hier gebotenen Luxus.

SAN JUAN: Acacia Boutique Hotel $$
Boutique
Calle Taft 8, Condado
1-877-725-0668
acaciaboutiquehotel.com
Die liebevoll restaurierte spanische Villa aus den 1920er Jahren lockt mit romantischen Zimmern mit Terrakottaböden, schickem Bar-Restaurant und Jacuzzi.

SAN JUAN: At Wind Chimes Inn $$
Boutique
Calle McLeary 1750, Condado
787 727 4153
atwindchimesinn.com
Auch schwule Reisende wohnen gern in den hohen, wunderschön gestalteten Zimmern des zauberhaften Gästehauses mit großem Pool und Sonnenterrasse.

SAN JUAN: El Canario Boutique Hotel $$
B&B
Av. Ashford 1317
787 722 3861
canarioboutiquehotel.com
Das gut gelegene gemütliche B&B bietet Zimmer mit Holzdielen und Rattanmöbeln.

SAN JUAN: El Canario by the Lagoon $$
Strand
Calle Clemenceau 4, Condado
787 722 5058
canariohotels.com
Reisende mit kleinem Budget sind in dem schnörkellosen, zwei Blocks vom Strand entfernten Hotel gut aufgehoben.

SAN JUAN: Caribe Hilton $$
Strandresort
Calle San Gerónimo 1
787 721 0303
caribehilton.com
Die riesige Hotelanlage aus den 1950er Jahren bietet schön gestaltete Studios und Luxusvillen mit modernstem Komfort.

SAN JUAN: CasaBlanca Hotel $$
Boutique
Calle Fortaleza 316
787 725 3436
hotelcasablancapr.com
Das mit Kunstwerken bestückte Haus mit nettem nordafrikanischen Flair und Dachlounge liegt in Gehweite guter Restaurants.

SAN JUAN: Cervantes $$
Boutique
Calle Recinto Sur 329, San Juan Viejo
787 724 7722
cervantespr.com
Wer geschmackvollen Stil und Komfort sucht, ist in dem dreistöckigen Stadthaus richtig, wo Gäste europäisches Frühstück und kostenloses WLAN genießen.

SAN JUAN: The Condado Plaza Hilton $$
Strandresort
Av. Ashford 999, Condado
787 721 1000
hilton.com
Das hoch aufragende Hotel verfügt über minimalistischen Chic, Privatstrand, Tennisplätze und ein Casino im Dauerbetrieb.

SAN JUAN: Da House Hotel $$
Boutique
Calle San Francisco 312
787 977 1180
dahousehotel.com
In dem Hotel mit künstlerischer Note mischt sich modernes und elegantes Retro-Dekor. Das umgebaute Stadthaus birgt auch einen berühmten Club.

SAN JUAN: Gallery Inn $$
Boutique
Calle Norzagaray 204–206
787 722 1808
thegalleryinn.com
Das entzückend schrullige, von unkonventionellen Wirtsleuten geführte Haus ist etwas für kontaktfreudige Reisende.

SAN JUAN: Hotel El Convento $$
Boutique
Calle del Cristo 100
787 723 9020
elconvento.com
In dem Kloster aus dem Jahr 1651 ist ein reizendes Hotel mit zeitgenössisch gestalteten Zimmern, tollem Restaurant und Tapas-Bar untergebracht.

SAN JUAN: Hotel Milano $$
Boutique
Calle Fortaleza 307
787 729 9050
hotelmilanopr.com
Im Herzen von San Juan Viejo bietet ein umgestaltetes Lagerhaus aus dem 19. Jahrhundert heute geräumige moderne Zimmer, gutes Frühstück und ein Dachrestaurant, von dem aus man einen schönen Blick aufs Wasser hat.

Der große Pool mit Meerblick der Hacienda Tamarindo in Vieques

SAN JUAN: Numero Uno Guest House $$
Strandresort
Calle Santa Ana 1, Ocean Park
787 726 5010
numero1guesthouse.com
Das Haus am Strand bietet einen kleinen Pool, eine Bar und ein gutes Restaurant und heißt auch Haustiere willkommen.

SAN JUAN: Renaissance La Concha Resort $$
Luxus
Av. Ashford 1077
787 721 7500
laconcharesort.com
Die imposante Architektur findet bei trendigen jungen Gästen ebenso viel Anklang, wie das Casino und die flotte Lounge-Bar.

SAN JUAN: La Terraza $$
Boutique
Calle del Sol 262
787 722 2014
laterrazahotelsanjuan.com
Mit individuell gestalteten Zimmern, Frühstück und abendlichen Tapas lockt das freundliche Haus weltmännische Gäste an.

SAN JUAN: Verdanza Hotel $$
Luxus
Calle Jose M. Tartak 8020, Isla Verde
787 253 9000
verdanzahotel.com
Hinter der schlichten Fassade verbirgt sich ein mondänes Hotel mit effektvoller Wendeltreppe und edlen Zimmern. Am Pool gibt es erfrischende Duschen.

SAN JUAN: InterContinental San Juan $$$
Luxus
Av. Isla Verde 5961
787 791 6100
icsanjuanresort.com
Eleganter Retro-Stil ist das Highlight dieses Luxushotels mit Spa, Casino, mehreren edlen Restaurants und 24-Stunden-Zimmerservice.

SAN JUAN: Olive Boutique Hotel $$$
Boutique
Calle Aguadilla 55, Condado
787 705 9994
oliveboutiquehotel.com
Nostalgische Schlittenbetten und gläserne Duschen sind Beispiele für das wunderschöne und einzigartige Design des schicken Hotels mit toller Dachbar.

SAN JUAN: The Ritz-Carlton, San Juan $$$
Luxus
Av. Los Gobernadores 6961, Isla Verde
787 253 1700
ritzcarlton.com
San Juans führendes Hotel bietet luxuriöse Annehmlichkeiten – u. a. ein eindrucksvolles Casino und ein prächtiges Spa.

SAN JUAN: El San Juan Resort & Casino $$$
Luxus
Av. Isla Verde 6063
787 791 1000
hilton.com
Das klassische Strandresort präsentiert eine prächtige Lobby, drei Pools, Spa, Casino, zehn Restaurants und moderne, in Weiß gehaltene Gästezimmer.

SAN JUAN: San Juan Water Beach Club Hotel $$$
Boutique
Calle Jose M. Tartak 2, Isla Verde
787 728 3666
waterbeachhotel.com
Das coole Luxushotel in minimalistischem Stil bietet Fensterwände für den fantastischen Blick aufs Meer, zwei Gourmetrestaurants und eine angesagte Bar.

Zwanglose Bar im Casa Grande Mountain Retreat, Utuado

UTUADO: Casa Grande Mountain Retreat $$
Öko-Lodge
Calle 612 km 0,3
787 894 3939
hotelcasagrande.com
Auf der von Wald umgebenen einstigen Kaffeeplantage birgt nun ein üppiger Garten einfach möblierte Holzhäuschen.

VIEQUES: Bananas Guesthouse $
Strandresort
Calle Flamboyán 142
787 741 8700
bananasvieques.com
Das schlichte Haus bietet spartanische Zimmer mit Lamellenfenstern und Deckenventilatoren. Das Freiluftrestaurant ist recht beliebt.

VIEQUES: Blue Horizon Boutique Resort $$
Boutique
Carretera 996 km 4,2
787 741 3318
bluehorizonboutiqueresort.com
Die spektakuläre Hanglage sorgt für tollen Meerblick, nette mediterran gestaltete Villen ohne Telefon und Fernseher für Erholung.

VIEQUES: Bravo Beach Hotel $$
Boutique
North Shore Road 1
787 741 1128
bravobeachhotel.com
Die strahlend weißen Gästezimmer sind mit feinen Laken, iPod-Station und Balkon oder Terrasse ausgestattet. Für Familien stehen Villen mit zwei Zimmern bereit.

VIEQUES: Hacienda Tamarindo $$
Strandresort
Carretera 996 km 4,5
787 741 8525
haciendatamarindo.com
Schickes Mobiliar karibischen Stils ziert die hellen luftigen Zimmer der zauberhaften spanischen Hazienda in Familienhand.

VIEQUES: Hix Island House $$$
Boutique
Carretera 995 km 1,5
787 435 4590
hixislandhouse.com
Ein imposanter postmoderner Bau birgt das umweltbewusst geführte Hotel mit großen Lofts, Spa-Anwendungen und Yoga.

VIEQUES: W Retreat & Spa $$$
Luxus
Carretera 200 km 3,2
787 741 4100
wvieques.com
Das noble Strandhotel eint moderne Ästhetik mit dem edlen Dekor einer spanischen Villa.

Preiskategorien *siehe Seite 214*

Restaurantauswahl

CULEBRA: Homeless Dog Café $
Puerto-ricanisch
Calle Feliciano 26
☎ 939 452 9563 ● Di
Zu den puerto-ricanischen Inselgerichten, die das Café serviert, zählen Schweinebraten, panierter Fisch, Maisbrot, Krautsalat und köstliche Desserts wie Schokoladen-Erdnussbutter-Kuchen.

CULEBRA: Susie's Restaurant $$
Puerto-ricanisch
Carretera 250
☎ 787 340 7058 ● Mo
Inhaberin Susie ergänzt Hummer, Mahi Mahi und andere regionale Spezialitäten mit internationalen Akzenten und zaubert so durchweg leckere Gerichte.

DORADO: El Ladrillo $$
Surf'n'Turf
Calle Mendez Vigo 334
☎ 787 796 2120
Backsteinwände geben dem reizenden Lokal Flair, fürs leibliche Wohl sorgen Steaks vom Angus-Rind, Filet mignon und frisches Seafood wie Hummer.

DORADO: Grappa $$
Italienisch
Calle Mendez Vigo 247
☎ 787 796 2674 ● Mo, Di
Aus der Küche des gemütlichen kleinen Familienbetriebs kommen fantastische Risottos, tolle frische Pasta, köstliches Brot und leckere Eiscreme.

FAJARDO: Blossoms $$$
Asiatisch
1000 Av. El Conquistador
☎ 787 863 1000
Die Speisekarte des edlen chinesischen Restaurants im El Conquistador Resort würdigt Provinzen von Hunan bis Sichuan.

FAJARDO: La Piccola Fontana $$$
Italienisch
1000 Av. El Conquistador
☎ 787 863 1000
Ein weiteres elegantes Restaurant im El Conquistador Resort lockt mit einer romantischen Terrasse. Hier ist Reservieren erforderlich.

GUÁNICA: Alexandra $$$
Karibisch
Carretera 333 km 6,5
☎ 787 821 0505
Das Restaurant im Copamarina Beach Resort ist für gute Steaks, Seafood und kreative Lieblingsgerichte wie Schweinekotelett mit Ananas-Chutney bekannt.

HUMACAO: Chez Daniel $$$
Französisch
Marina Palmas del Mar, km 86,4
☎ 787 850 3838
In dem legeren Freiluftrestaurant am Wasser lässt man sich Bouillabaisse, Zwiebelsuppe, Coq au Vin oder Schnecken schmecken.

LUQUILLO: The Brass Cactus $$
Texmex
Condominio Complejo Turistico
☎ 787 889 5735
Burger und Spareribs, eine Jukebox, die Sportbar und die häufigen Live-Gigs lassen u. a. die Herzen nordamerikanischer Gäste höherschlagen.

PONCE: Lola $$
Karibisch
Plaza de Ponce, Calle Union
☎ 787 813 5033
Im Innenhof eines Hotels serviert das mittags beliebte Restaurant wunderbares Seafood und kreative Martinis.

PONCE: La Terraza $$
Karibisch
1150 Av. Caribe
☎ 787 259 7676
Im Atrium des Hilton Ponce Golf & Casino Resort kann man entspannt regionale und internationale Gerichte à la carte oder vom Büfett genießen.

PONCE: La Cava $$$
Nouvelle Continental
1150 Av. Caribe
☎ 787 259 7676 ● Mo
Das schicke Restaurant im Hilton Ponce Golf & Casino Resort serviert saisonal wechselnde Kreationen der neuen europäischen Küche und bietet dazu erlesene Weine.

Preiskategorien
Die Preise gelten für ein Zwei-Gänge-Menü pro Person mit einer halben Flasche Hauswein, inklusive Steuern und Service.

$	**unter 15 US-Dollar**
$$	**15–40 US-Dollar**
$$$	**über 40 US-Dollar**

RINCÓN: La Copa Llena $$
Karibisch
Black Eagle Marina
☎ 787 823 0896
Aus frischen Zutaten der Region entstehen in dem legeren Lokal Gerichte von puerto-ricanisch bis spanisch, die man entspannt zum atemberaubenden Blick auf den Sonnenuntergang genießen kann.

RINCÓN: The English Rose $$
Café
Carretera Interior 413, km 2
☎ 787 823 4032 ● Mo, Di
Auf der Terrasse des netten B&B werden zum Blick aufs Meer hervorragende Würstchen, Croissants, Eggs Benedict, *huevos rancheros* und andere Spezialitäten serviert – jedoch nur als Frühstück. Es gibt auch eine eigene Karte für Kinder.

RINCÓN: Francisco's $$
Karibisch
Carretera 413 km 4,1
☎ 787 823 0101
Das Restaurant im Lazy Parrot mit offenem Pavillon und tropischem Garten führt auf seiner Karte beliebte Gerichte wie Mahi Mahi oder Rib-Eye-Steak vom Grill.

Eindrucksvolle Kunst ziert die Wände des Restaurants El Ladrillo, Dorado

Vis-à-Vis-Tipp

RINCÓN: Restaurant Aaron $$$
Französisch
Carretera 429 km 3
☎ 787 823 4030 ● Apr–Nov
Bis von San Juan kommen die Gäste ins Restaurant des Horned Dorset Primavera am Meer, wo schwarz-weißer Marmor im Kerzenlicht schimmert. Der Inhaber sorgt persönlich für das täglich wechselnde Fünf-Gänge-Menü und das neungängige Probiermenü aus Köstlichkeiten der Fusionsküche. Der strenge Dresscode ist dem unvergesslichen Genuss nur angemessen.

SAN JUAN: Al Dente $$
Italienisch
Calle Recinto Sur 309
☎ 787 723 7303 ● So
Die Besitzer des einladenden Lokals verwöhnen Gäste mit Klassikern wie Ossobuco oder Calamares mit Polenta und nettem zweisprachigen Service.

SAN JUAN: Ali Baba $$
Türkisch
Av. Ashford 1214, Condado
☎ 787 722 1176 ● Mo
Zu den Köstlichkeiten des orientalisch gestalteten, freundlichen Restaurants in türkischer Hand zählen *baba ghanoush*, Kebabs, vegetarische Aufläufe und mehr.

SAN JUAN: Amadeus Bistro $$
Puerto-ricanisch, modern
Calle Chardon 350, Hato Rey
☎ 787 641 7450 ● So
Das moderne Restaurant lockt mit großen Tischen, mit Vorspeisen wie Thunfischtatar und einer großen Auswahl an Gerichten wie köstlichen Coconut Shrimps.

Elegantes Ambiente im 331 Trois Cent Onze, San Juan

Gäste im beliebten Restaurant Aguaviva, San Juan

SAN JUAN: Cafetería Mallorca $$
Diner
Calle San Francisco 300
☎ 787 724 4607
Morgens wie mittags bevölkern Einheimische dieses Diner, um sich die Hausspezialitäten wie *mallorca con jamón y queso* mit *salsa criolla* oder mit Puderzucker bestäubtes Backwerk schmecken zu lassen.

SAN JUAN: La Casita Blanca $$
Puerto-ricanisch
351 Calle Tapia, Villa Palmeras
☎ 787 726 5501
Für den Genuss kreolischer Landküche – freundlich serviert – stehen auch Einheimische gern an. Besonders lecker sind Kabeljau-*ceviche* und Kanincheneintopf.

SAN JUAN: Che's $$
Argentinisch
Calle Caoba 35, Punta Las Marías
☎ 787 726 7202
In dem traditionellen argentinischen Steakhaus mit tollem Service gibt es neben saftigen *Churrasco*-Gerichten auch Seafood.

SAN JUAN: Cocina Abierta $$
Tapas & Weinbar
Calle Caribe 58, Condado
☎ 787 946 1333
Das schicke Restaurant serviert eindrucksvolle Tapas-Platten und extrem gute Nachspeisen. Auch die Weinkarte überzeugt.

SAN JUAN: Dragonfly $$
Asiatisch
Calle Fortaleza 364
☎ 787 977 3886
Das blutrote Dekor lässt an ein Bordell oder eine Opiumhöhle denken, doch in Severo Durans Restaurant werden lediglich riesige Portionen lateinamerikanisch-asiatischer Gerichte serviert.

SAN JUAN: Pamela's Caribbean Cuisine $$
Karibisch
Calle Santa Ana 1, Ocean Park
☎ 787 726 5010
Die täglich wechselnden Fusionsgerichte mit karibischem Touch im strandnahen Numero Uno Guest House umfassen u. a. Tapas und Knoblauch-Calamares.

SAN JUAN: The Parrot Club $$
Puerto-ricanisch, modern
Calle Fortaleza 363
☎ 787 725 7370
Nackte Wände, starke Cocktails und laute Musik kennzeichnen das lebhafte Bar-Restaurant. Die Nuevo Crab Cakes und der gebratene Thunfisch mit Rumsauce sind zu Recht berühmt.

SAN JUAN: Pelayo's $$
Spanisch
Calle Luisa 71
☎ 787 724 0999
Die freundliche, legere Atmosphäre und die Tische im Freien machen das Pelayo's zum beliebten Mittagslokal. Wraps und Sangría sind zu empfehlen.

SAN JUAN: St. Germain Bistro & Café $$
Bistro
Calle del Sol 156
☎ 787 725 5830 ● Mo
Das kleine französische Bistro im kolonialen Stadtkern San Juans bietet gesunde Kost: frische Salate, leckere Sandwiches und diverse vegetarische Gerichte.

SAN JUAN: 1919 $$$
Karibisch
Av. Ashford 1055
☎ 787 724 1919 ● So, Mo
Für Gerichte wie Thunfischtatar mit Wachtelei und Lachsconfit finden in der Küche des trendigen Restaurants nur frischeste biologische Zutaten Verwendung.

SAN JUAN: 311 Trois Cent Onze $$$
Französisch
Calle Fortaleza 311
☎ 787 725 7959 ● So, Mo
In dem eleganten Altstadtlokal wird das Essen kunstvoll präsentiert. Die große Weinauswahl erkundet man am besten an einem der Verkostungsabende.

SAN JUAN: Aguaviva $$$
Seafood
Calle Fortaleza 364
☎ 787 722 0665
Das angesagte Restaurant serviert modernes Seafood wie die köstliche Spezialität *torre del mar*, bei der sich Austern, Garnelen und mehr auf dem Teller türmen.

Preiskategorien *siehe Seite 217*

Das Restaurant Lemongrass in San Juan beeindruckt bereits von außen

SAN JUAN: Il Nuovo Perugino Enoteca $$$
Italienisch
Av. Ponce de Leon 208
☎ 787 722 5481 ● So
Gaumenfreuden wie Ravioli mit Hühnerleber, Spinat und Trüffeln oder Entrecôte vom Kalb warten in dem reizenden, nostalgisch eleganten Restaurant.

SAN JUAN: Lemongrass $$$
Asiatisch
Caribe Hilton, Calle San Gerónimo 1
☎ 787 724 5888
Der schicke postmoderne Bau bildet den perfekten Rahmen für panasiatisch-lateinamerikanische Gerichte wie Spareribs in Hoisin-Tamarinden-Sauce oder Sushi.

SAN JUAN: Marmalade $$$
Karibisch
317 Calle Fortaleza
☎ 787 724 3969
Zu den kreativen Köstlichkeiten, die hier in umwerfendem minimalistischen Ambiente gereicht werden, zählt Lamm-Tajine mit Granatapfel und Minzjoghurt.

SAN JUAN: Palio $$$
Italienisch
Calle Brumbaugh 100
☎ 787 289 1944
Das toskanische Grillrestaurant bietet zu schönem Hafenblick exzellente Kalbskoteletts und tolles Filet mignon mit Rum-Pfeffer-Glasur, aber auch gute Lasagne.

SAN JUAN: Perla $$$
Seafood
Renaissance La Concha Resort, Av. Ashford 1077
☎ 787 977 3285
Das Gourmet-Seafood des Hotelrestaurants ist so bemerkenswert wie die Architektur des Hauses. Die Suppe aus Schwarzen Trüffeln ist dafür nur ein Beispiel.

SAN JUAN: Pikayo $$$
Puerto-ricanisch
The Condado Plaza Hilton, Av. Ashford 999
☎ 787 721 1000
Extrem minimalistisches Design eint sich mit kunstvollen, von der Cajun-Küche inspirierten Fusionsgerichten wie *mofongo* (Kochbananenkloß) mit Safran-Garnelen.

SAN JUAN: Santaella $$$
Puerto-ricanisch
Calle Canals 219, Santurce
☎ 787 725 1611 ● So, Mo
In dem lässig modernen Restaurant ergänzen herrliche Tapas das Angebot an innovativen Gerichten wie Ziegenkäse-Quesadilla mit Rucola.

SAN JUAN: Zest $$$
Puerto-ricanisch
Calle Jose M. Tartak 2, Isla Verde
☎ 787 728 3666
Für die fantastischen Fusionsgerichte des flotten Lokals mit Wasserfallwand kommen nur nachhaltig erzeugte Zutaten zum Einsatz.

VIEQUES: Bananas Bar & Grill $
Amerikanisch
Calle Flamboyán 142
☎ 787 741 8700
An den Betontischen des schnörkellosen Bar-Restaurants am Wasser genießt man köstliche Babybackribs und Burger wie auch regionale Spezialitäten.

VIEQUES: Chez Shack $
Puerto-ricanisch
Carretera 995 km 1,8
☎ 787 741 2175 ● Sa, So
Die unkonventionelle Bretterbude überrascht mit bekömmlichen Speisen wie Fischfilets, Krebse, Hühnchen und Steaks. Montags finden sich Reggae-Musiker ein.

VIEQUES: Isla Nena Café $
Puerto-ricanisch
Vieques Airport Terminal
☎ 787 435 6331
Direkt am Flughafen sind in diesem gemütlichen Café heimische Speisen wie Conch Fritters, Pulled Pork Sandwiches und Wraps mit Bohnen und Mango zu genießen.

VIEQUES: Carambola $$
Karibisch
Carretera 996 km 4,2
☎ 787 741 3318 ● Mo
Das Restaurant im Blue Horizon Boutique Resort bietet neben kreativen Gerichten aus regionalen Zutaten auch Tapas – großartigen Meerblick gibt es dazu.

VIEQUES: Next Course $$
Karibisch
Carretera 201
☎ 787 741 1028 ● Mi, Do
Das familienfreundliche Restaurant serviert an seinen Tischen auf der Terrasse kreative, schön angerichtete Gerichte mit regionalem Touch. Die Cocktails sind ebenfalls seht gut.

Ansprechendes Interieur des Restaurants Carambola, Vieques

Praktische Hinweise

Puerto Rico, ein modernes Land mit hervorragender Infrastruktur, teilt sich viele Institutionen mit dem Festland der USA, z. B. die Post. Die Ferienhotels konzentrieren sich auf bestimmte Strände. An großen Abschnitten der Küste sowie in der Cordillera Central sind nur wenige vorhanden. Auf der dicht besiedelten Insel hat fast jeder Ort ein enormes Verkehrsproblem. Viele der bei den Einheimischen beliebten Ferienorte sind leider oft überfüllt.

Beste Reisezeit

Wie fast überall in der Karibik herrscht das beste Wetter von Dezember bis April. Die anderen Monate sind regnerischer oder heißer, wobei jedoch immer wieder frische Brisen wehen. Der Südwesten liegt teilweise im Regenschatten mit wenig Wind. Im Sommer sind die Hotelpreise niedriger, Kulturveranstaltungen finden zu jeder Jahreszeit statt.

Anreise

Die meisten internationalen Flüge landen in San Juan auf dem Aeropuerto Internacional Luis Muñoz Marín (SJU). Einige steuern auch die Regionalflughäfen Ponce und Mayagüez oder den Aeropuerto Isla Grande (SIG) in San Juan an. Aus Deutschland, Österreich und der Schweiz fliegen u. a. **American Airlines**, **Austrian**, **British Airways**, **Finnair**, **Iberia**, **Lufthansa**, **Swiss** und **United Airlines** mit einem oder zwei Zwischenstopps nach Puerto Rico.

Air Flamenco, regionaler Partner von American Airlines, übernimmt Zubringerflüge zu den Flughäfen innerhalb von Puerto Rico, ebenso nach Vieques und Culebra, die man außerdem mit der Fähre von Fajardo erreicht.

Einreise

Deutsche, österreichische und Schweizer Staatsangehörige nehmen am Visa Waiver Program (VWP) der USA teil und können bis zu einer Dauer von 90 Tagen ohne Visum nach Puerto Rico reisen. Spätestens 72 Stunden vor der Reise muss im Internet eine gebührenpflichtige elektronische Einreiseerlaubnis (Electronic System for Travel Authorization; **ESTA**) beantragt werden *(siehe S. 22)*.

Information

Die **Puerto Rico Tourism Company** betreibt in Europa lediglich in Spanien ein Informationsbüro. Vertretungen in Puerto Rico findet man in San Juan auf dem Paseo de la Princesa und am Hafen. Auch die Hotels informieren über organisierte Ausflüge und andere Aktivitäten.

Sicherheit und Gesundheit

In Puerto Rico gibt es keine Tropenkrankheiten. Gewaltverbrechen gegen Urlauber sind selten, doch Diebstähle kommen in San Juan vor. Tragen Sie in der Öffentlichkeit keinen Schmuck, schließen Sie Wertsachen in den Hotelsafe. Verkehrsregeln werden kaum beachtet, fahren Sie also vorsichtig. Informieren Sie sich über Strömungen, wenn Sie schwimmen gehen. Privatkliniken wie die **Clínica Las Américas** gibt es überall. Alle größeren Orte haben Krankenhäuser. Die Hotels rufen im Notfall einen Arzt.

Kleinflugzeug für Inlandsflüge, Flughafen von Vieques

Banken und Währung

Die offizielle und einzige Währung auf Puerto Rico ist der US-Dollar, der von den Einheimischen oft »Peso« oder »Billetes« genannt wird. Mit den gängigen Kreditkarten wie American Express, Diners Club, MasterCard und Visa kann man in größeren Hotels und Restaurants bezahlen. In fast jedem Ort gibt es Banken mit Geldautomaten.

Geldautomat im Stadtzentrum von Fajardo

Kommunikation

Puerto Ricos Mobilfunknetz ist modern. Regionaler Anbieter ist **Claro**, US-Anbieter wie AT&T, Sprint und T-Mobile US sind ebenfalls vertreten. In vielen Läden kann man Prepaid-Karten kaufen. Es gibt auch noch öffentliche Telefone.

Für Auslandsgespräche wählt man 011 und die Ländervorwahl (Deutschland: 49; Österreich: 43; Schweiz: 41). Wer aus Europa in Puerto Rico anruft wählt 001, die Inselvorwahl 787 oder 939 und die siebenstellige Rufnummer. Bei Telefonaten innerhalb Puerto Ricos sind Inselvorwahl und siebenstellige Rufnummer zu wählen.

Die meisten Hotels, Restaurants und Cafés bieten WLAN gratis oder gegen Gebühr.

Taxis an der Plaza de Armas, San Juan Viejo

Verkehrsmittel

Das Straßennetz ist gut ausgebaut, doch der Verkehr ist dicht. Verkehrsregeln werden kaum beachtet, was das Fahren etwas riskant macht. Die meisten großen internationalen Mietwagenfirmen wie **Avis**, **Hertz** und **Budget** haben Niederlassungen. Auf Vieques und Culebra sind Motorroller eine gute Alternative – aber nur mit Helm.

Mit Taxis kommt man in San Juan gut voran. Sie warten vor den meisten Urlauberhotels. Der Concierge ruft Ihnen gerne eines. Zwischen den Orten fahren die Einheimischen mit *públicos*, privaten Minivans, die Taxidienste anbieten. Die Puerto Rico Tourism Company gibt Auskunft über seriöse Taxifirmen.

Shopping

In der Altstadt von San Juan verkaufen zahlreiche Läden Kunsthandwerk, beispielsweise die typischen *santos* (Heiligenfiguren) sowie Zigarren, Rum und Kleidung. Auch in den Urlaubshotels werden kunsthandwerkliche Erzeugnisse verkauft. Gute Boutiquen findet man etwa in der Avenida Ashford im Stadtteil Condado und in der Las Américas Mall von San Juan. Kaffee und Spitze sind gute Souvenirs, auch Kunsthandwerk, z. B. *Vejigante*-Masken, *santos* und andere Holzschnitzereien, die man direkt in den Ateliers von Orocovis und Utuado kaufen kann. Bei der Weiterreise auf das Festland der USA ist kein Zoll fällig.

Masken in einem Laden in der Calle de la Fortaleza, San Juan

Sprache

Englisch und Spanisch sind die offiziellen Landessprachen in Puerto Rico. Für über 90 Prozent der Bevölkerung ist Spanisch die Muttersprache. In der Tourismusbranche sprechen viele Englisch.

Strom

Die Stromspannung in Puerto Rico beträgt 110 Volt mit 60 Hertz. Für europäische Elektrogeräte benötigt man einen Adapter, den man am besten vorab kauft.

Zeit

Die Atlantic Standard Time (AST) in Puerto Rico liegt fünf Stunden hinter der Mitteleuropäischen Zeit (MEZ) und sechs Stunden hinter der Mitteleuropäischen Sommerzeit (MESZ).

Heiraten

Heiratswillige, die ihre Hochzeit in Puerto Rico begehen möchten, müssen mindestens zwei Monate vorausplanen. Die Brautleute benötigten die Reisepässe und originalen Geburtsurkunden. Wer geschieden ist, muss zusätzlich die Scheidungsurkunde, wer verwitwet ist, den Totenschein des verstorbenen Partners vorlegen. Außerdem ist ein Bluttest zwei Wochen sowie eine ärztliche Untersuchung zehn Tage vor der Hochzeit vorgeschrieben. Jedes Paar muss auf dem Marriage License Bureau des **Registro Demográfico** erscheinen. Ein Dienstleister in diesem Bereich ist **Wed Affair**.

Auf einen Blick

Fluglinien

American Airlines
W aa.com

Austrian
W austrian.com

British Airways
W britishairways.com

Finnair
W finnair.com

Iberia
W iberia.com

Lufthansa
W lufthansa.com

Swiss
W swiss.com

United Airlines
W united.com

Einreise

ESTA
https://esta.cbp.dhs.gov

Information

Puerto Rico Tourism Company
T 1-800-866-7827.
W seepuertorico.com

Sicherheit und Gesundheit

Polizei, Feuerwehr, Ambulanz
T 911.

Clínica Las Américas
T 787 765 1919.

Kommunikation

Claro
T 787 775 0000.
W claropr.com

Verkehrsmittel

Avis
T 787 253 5926.
W avis.com

Budget
T 787 791 0600.
W budget.com

Hertz
T 787 791 0840.
W hertz.com

Heiraten

Registro Demográfico
171 Calle Quisqueya, Hato Rey, San Juan.
T 787 767 9120.

Wed Affair
T 787 775 9500.
W wedaffair.com

NÖRDLICHE INSELN ÜBER DEM WINDE UND FRZ. ANTILLEN

Überblick: Nördliche Inseln über dem Winde und Französische Antillen

Die nördlichen Inseln über dem Winde umfassen die Virgin Islands, Anguilla, Antigua und Barbuda, Saba und St. Eustatius sowie St. Kitts und Nevis. Sie gehören wie die Französischen Antillen (St. Martin / Sint Maarten, St. Barthélemy, Guadeloupe und Martinique) und die südlichen Inseln über dem Winde *(siehe S. 376–453)* zu den Kleinen Antillen. Die Bezeichnung »über dem Winde« verweist auf den Einfluss des Nordost-Passatwindes in dieser Region.

Zur Orientierung

Die Virgin Islands mit ihren Traumstränden, dem türkisfarbenen Meer, den Korallenriffen und der fantastischen Flora lassen keinen Besucher kalt. Die »Jungferninseln« sind bei Erlebnisurlaubern beliebt, die hier schnorcheln, wandern und segeln.

St. Martin / Sint Maarten gehört halb zu Frankreich und halb den Niederlanden. Sint Maarten ist touristischer als das beschauliche und ruhigere St. Martin.

Saba mit dem charakteristischen, steil aufragenden Vulkangipfel bietet seinen Besuchern vor allem Ruhe und Beschaulichkeit. Ökohotels, naturnahe Wanderwege, saubere Strände und Tauchspots wie die von Saba sind in der Karibik einzigartig.

◀ **Schnorchler in The Baths, Virgin Gorda, British Virgin Islands** *(siehe S. 240)*

Antigua und Barbuda bieten lange, gewundene Küstenlinien und azurblaues Meer. Beide Inseln sind mit ihrer gelassenen Atmosphäre ideal zum Entspannen. Antigua lockt mit zahllosen Aktivitäten wie Tauchen, Segeln und Schnorcheln rund um alte Schiffswracks und wunderschöne Korallenriffe. Die kleine Insel Barbuda ist ein Paradies für Ökotouristen und Vogelfreunde.

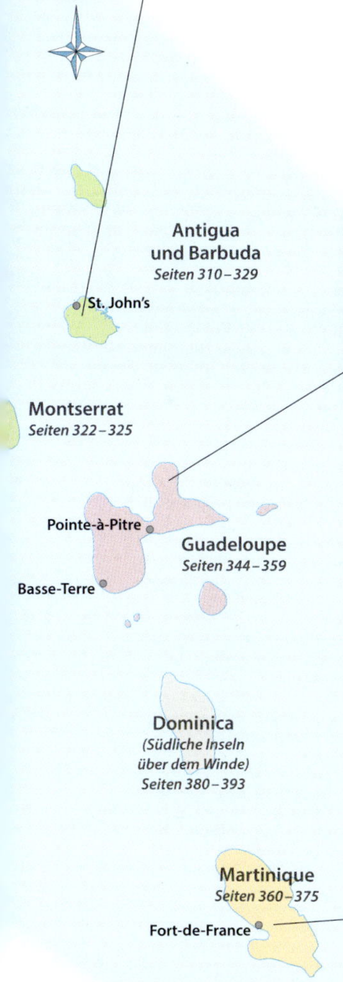

Guadeloupe ist ein französisches Überseedépartement. Der dicht besiedelte Archipel mit seinen dichten Regenwäldern ist teilweise stark zerklüftet. Der aktive Vulkan La Soufrière ist der höchste Gipfel der Kleinen Antillen.

Martinique ist von Zuckerrohrfeldern geprägt – der wichtigsten Anbaupflanze der Insel. Dichter, grüner Wald bedeckt ein Drittel der Insel.

Überblick: Virgin Islands (USVI und BVI)

Die US Virgin Islands (USVI) und die British Virgin Islands (BVI) haben trotz unterschiedlicher Flaggen vieles gemeinsam. Hier kann man schwimmen, schnorcheln, segeln und wandern sowie shoppen und entspannen. St. Croix (USVI) im Süden ist größer und flacher als die Inseln im Norden. Mit Ausnahme von Anegada ragen die BVI hoch aus dem klaren Wasser. Anegada am Ostende der BVI-Kette ist ein Korallenatoll mit weißem Sandstrand.

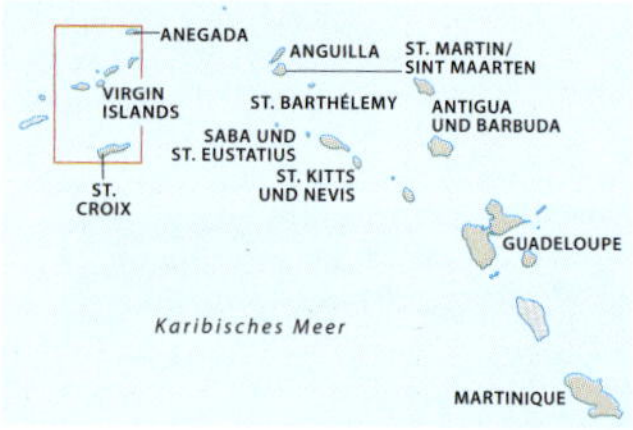

Zur Orientierung

Auf den Virgin Islands unterwegs

Auf St. Thomas, St. Croix, Tortola und Virgin Gorda gibt es Flughäfen, ansonsten kann man mit der Fähre von Insel zu Insel fahren. Wasserflugzeuge, Kleinflugzeuge und eine Fähre verbinden St. Thomas und St. Croix. St. John und St. Thomas sind per Fähre verbunden. Von Charlotte Amalie und Cruz Bay gibt es eine Fähre nach Tortola. Virgin Gorda erreicht man per Fähre ab St. Thomas, St. John und Tortola. Außerdem legen von Tortola Fähren nach Jost Van Dyke und Anegada ab.

Legende

- Hauptstraße
- Nebenstraße
- Fährlinie
- Staatsgrenze
- Gipfel

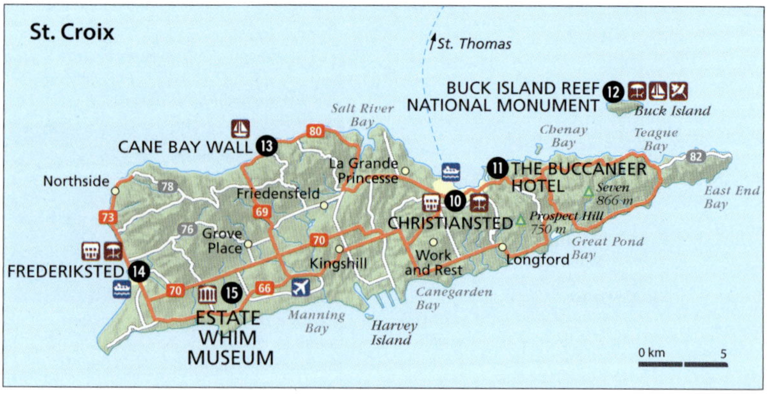

Weitere Zeichenerklärungen *siehe hintere Umschlagklappe*

Auf einen Blick

Politik: **USVI** US-Außengebiet; **BVI** Britisches Überseegebiet (kein EU-Gebiet).
Sprache: Englisch.
Währung: US-Dollar (US$).
Mobilfunk: **USVI** GSM/GPRS 1900 MHz, UMTS 850 MHz; **BVI** GSM/GPRS 900/1800 MHz (wie in D, A, CH), 850/1900 MHz, UMTS 850 MHz.
Strom: 110 V/60 Hz, Adapter: ja.

Sehenswürdigkeiten auf einen Blick

1 *Charlotte Amalie S. 228*
2 Havensight
4 Magens Bay
5 Coral World Ocean Park
6 Cruz Bay
7 Virgin Islands National Park
8 Coral Bay
9 Strände auf St. John
10 Christiansted
12 Buck Island Reef National Monument
13 Cane Bay Wall
14 Frederiksted
15 *Estate Whim Museum S. 232f*
16 Road Town
17 J. R. O'Neal Botanic Gardens
18 Sage Mountain National Park
19 North Shore
20 Cane Garden Bay
21 Marina Cay
22 The Valley
23 The Baths
24 Rundfahrt auf Virgin Gorda
25 Gorda Peak National Park
26 RMS *Rhone* Marine Park
27 Foxy's Bar

Hotels

3 Marriott Frenchman's Reef & Morning Star Beach Resort
11 The Buccaneer Hotel

Üppige Vegetation in den J. R. O'Neal Botanic Gardens

St. Thomas

St. Thomas ist eine beschauliche Insel, bietet aber auch Wassersport- und Shopping-Möglichkeiten, exzellente Restaurants und ein wenig Nachtleben. Die Szenerie mit ihren grünen Bergen, die hinter türkisen, von weißen Sandstränden gesäumten Buchten aufragen, ist umwerfend. Wie auch St. John und St. Croix unterstand die Insel jahrhundertelang Dänemark, was besonders in der quirligen Stadt Charlotte Amalie an den roten Dächern und den dänischen Straßennamen erkennbar ist.

❶ Charlotte Amalie

Südwestküste von St. Thomas.
19000.
Karneval (Apr).

Charlotte Amalie hat weit mehr zu bieten als nur sein geschäftiges Zentrum mit vielen Läden, die alles von T-Shirts bis Kunsthandwerk und Luxusartikeln verkaufen. An die Geschichte der Insel erinnern die Läden, die einst als Lagerhäuser oder Kaufmannshäuser dienten, aber auch das gut zu Fuß erreichbare **Fort Christian**. Der Grundstein des Militärgebäudes wurde 1672 von den Dänen gelegt. Sie kontrollierten damals die Insel. Heute dient es als Museum zu Kultur und Geschichte der Insel.

Das prächtige Fort Christian in Charlotte Amalie

Vom Fort Christian gelangt man über den Veterans Drive zur **Legislature**. Das große grüne Gebäude war Schauplatz der Übergabe der drei Inseln von Dänemark an die USA am 31. März 1917. Die amerikanische Regierung bezahlte dafür 25 Millionen US-Dollar. Jedes Jahr wird im Garten der Legislature dieses Ereignisses feierlich gedacht.

Neben Ausflügen in die Geschichte bietet das Städtchen exzellente Einkaufsmöglichkeiten. In der **Vendor's Plaza** kann man das eine oder andere Schnäppchen machen. Kunstgalerien sind im **Shopping District** zu finden.

Von der Main Street im Shopping District zwei Parallelstraßen landeinwärts steht die **St. Thomas Synagogue**. Sie ist seit 1833 das Zentrum der jüdischen Gemeinde der Insel. Auch alte Kirchen gibt es in Charlotte Amalie. Das klassizistische weiße Gebäude oberhalb des Shopping District ist der Verwaltungssitz der Kommunalregierung und Amtssitz des Gouverneurs.

Zu Mittag essen kann man guten Gewissens in fast jedem der zahlreichen Restaurants am Ort. Sie reichen von einfachen Sandwich-Bars bis zu feineren Lokalen an der Main Street. Man findet sie in den Straßen und Gassen, die die Main Street mit der Küste und mit den weiter landeinwärts gelegenen Straßen verbinden.

Zentrum von Charlotte Amalie

① Fort Christian
② Legislature
③ Vendor's Plaza
④ Shopping District
⑤ St. Thomas Synagogue

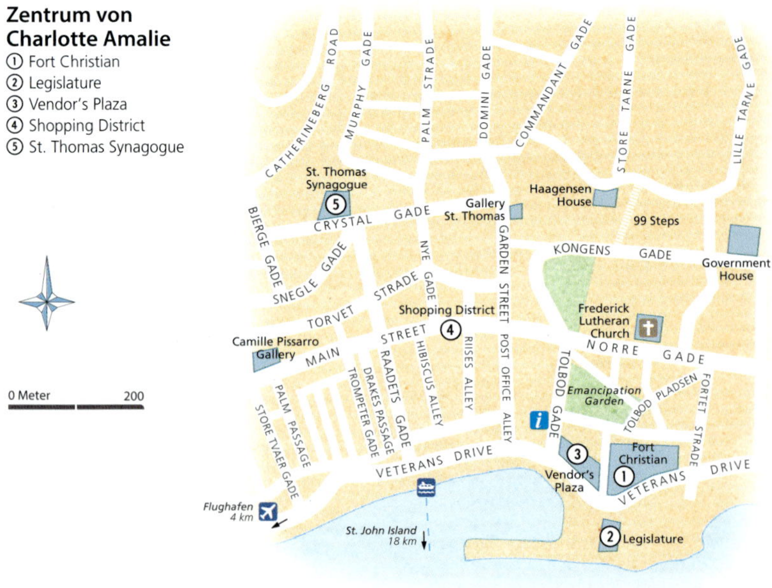

Zeichenerklärung *siehe hintere Umschlagklappe*

Einkaufsbummel in der Havensight Mall

❷ Havensight

3 km südöstl. von Charlotte Amalie. Havensight Mall, (340) 774 1780; Department of Tourism, (340) 774 8784. **wico-vi.com**

Havensight besitzt den größten Hafen für Kreuzfahrtschiffe der Insel und sprudelt vor Leben. Wer mit einem Kreuzfahrtschiff herkommt, kann hier segeln, tauchen und Ausflüge unternehmen. Viele schlendern lieber durch das große Einkaufsviertel von Havensight. Es reicht von der **Havensight Mall** bis zur Port of Sale Mall und um die Ecke am Schnellrestaurant Wendy's vorbei bis zur Yacht Haven Grande Mall. Viele Läden aus der Innenstadt von Charlotte Amalie haben hier eine Filiale, es gibt aber noch Dutzende andere. Besonders Alkoholika sind hier viel billiger als anderswo.

Die zahlreichen Restaurants in der Gegend sorgen dafür, dass kein Passagier hungrig an Bord gehen muss.

❸ Marriott Frenchman's Reef & Morning Star Beach Resort

Rt 315, 5 Estate Bakkeroe. (340) 776 8500. **marriott.com**

Das riesige Frenchman's Reef & Morning Star Marriott Beach Resort bietet sich für einen längeren Aufenthalt an. Trotzdem sind auch Tagesausflügler dort immer willkommen.

Am besten erreicht man das Resort per Taxi, Mietwagen oder Reefer, einem kleinen Boot, das Gäste von Charlotte Amalie zum Resort bringt.

Der weiße Sandstrand ist zu Recht einer der beliebtesten auf der Insel. Vom Kai aus starten Segel- und Schnorcheltrips, zudem kann man PS-starke Jetski mieten. Die Hotelrestaurants sind sowohl mittags als auch abends empfehlenswert.

Im Wellness-Bereich des Hotels kann man sich nach Termin massieren und maniküren lassen oder trainieren.

❹ Magens Bay

Rt 35. (340) 777 6300. **magensbayauthority.com**

Der beliebte Strand von Magens Bay säumt eine u-förmige Bucht mit Snackbar, Ständen mit Schnorchelausrüstung und kleinen Bootsverleihen, Bademodenladen, Duschen und Toiletten. Legen Kreuzfahrtschiffe an, wird es am Strand voll. An Wochenenden und Feiertagen feiern zudem die Einheimischen gern mit lauter Musik. Etwas mehr Einsamkeit abseits der Massen findet man zu beiden Enden des Strands.

Landeinwärts liegt das Magens Bay Arboretum, ein wunderschöner botanischer Garten mit einheimischen und importierten Pflanzen.

❺ Coral World Ocean Park

6 km nordöstl. von Charlotte Amalie. (340) 775 1555. tägl. 9–16 Uhr. **coralworldvi.com**

Der bei Familien beliebte Coral World Ocean Park spricht alle an, die sich für Meeresbiologie interessieren. Das Unterwasserobservatorium fünf Meter tief in einem Korallenriff erreicht man über eine 30-Meter-Brücke – liegt. Durch riesige Fenster blickt man auf eine bunte Fischwelt. Auf dem Naturpfad mit 21 Aquarien sind diverse Meereslebewesen zu sehen. Die Stachelrochen darf man sogar füttern.

Der zwei Hektar große Park bietet Führungen, darunter auch die Möglichkeit, im Seelöwenbecken sowie im Hai- und Schildkrötenbecken zu schwimmen oder am Tauchabenteuer Sea Trek teilzunehmen. Diese Angebote werden allerdings extra berechnet.

Unterwasserobservatorium, Coral World Ocean Park

Hotels und Restaurants auf den US Virgin Islands *siehe Seiten 248–250 und 252f*

St. John

St. John mit dem Virgin Islands National Park in seinem Zentrum ist ein echtes Juwel. Die Insel bietet diverse Unterkünfte für Besucher, auf die weiße Sandstrände, Wanderwege durch die grünen Hügel sowie zahlreiche Restaurants und Läden warten. Ein Großteil der Insel ist dank des Nationalparks unberührt. Nur der westliche und östliche Rand dienen als Urlaubsregionen. In der quirligen Stadt Cruz Bay kommen die meisten Inselbesucher an.

Cruz Bay Park: Attraktion für Jung und Alt

❻ Cruz Bay

Westküste von St. John. 2900. i Henry Samuel Street, (340) 776 6450. W **visitusvi.com**

Die meisten Urlauber erreichen St. John über Cruz Bay, den Hauptort der Insel. Hier legen die Fähren von St. Thomas und von den British Virgin Islands an, hier gibt es die größte Restaurant- und Ladenauswahl, von hier starten viele Wassersport-Aktivitäten. Im Cruz Bay Park nahe dem Fährkai stehen Taxis für Besucher bereit. Überall im Park kann man auf Bänken entspannen. Wharfside Village mit seinen Läden und Restaurants liegt am Strand nahe dem Fährhafen. Dort, wo die North Shore Road ansteigt und Cruz Bay verlässt, befindet sich das Mongoose Junction Shopping Center.

Cruz Bay besitzt einige historische Stätten. Die Battery mit ihrem roten Dach steht an der Nordseite des Hafens. Sie stammt von 1825 und ist derzeit Sitz der Territorialverwaltung. Etwas weiter außerhalb in Tamarind Court residiert die Elaine Ione Sprauve Library in einem renovierten Plantagenhaus von 1757.

❼ Virgin Islands National Park

6 km östlich von Cruz Bay. i Cruz Bay Visitors' Center, Cruz Bay, (340) 776 6201. tägl. 24 Std. W **nps.gov/viis**

Der Virgin Islands National Park nimmt 2900 Hektar Land und 2300 Hektar Wasserfläche ein und belegt zwei Drittel der Insel St. John. Seiner Einrichtung 1956 ging eine Landschenkung von Laurance S. Rockefeller voraus. Das Besucherzentrum in Cruz Bay zeigt Exponate und verkauft Bücher. Die Ranger geben Auskünfte und halten Broschüren zu den Stränden, Wassersport- und Wandermöglichkeiten bereit. Im Park werden zudem Führungen sowie Strandwanderungen und vogelkundliche Ausflüge angeboten.

❽ Coral Bay

10 km östlich von Cruz Bay.

Vor 200 Jahren war Coral Bay der einzige größere Ort auf St. John. Heute findet man an der Hauptstraße ein paar Läden und Restaurants. Dazu kommen der Bar- und Restaurantkomplex Skinny Legs *(siehe S. 252)* und das Shopping-Center Cocoloba im Süden. Die Emmaus Moravian Church ist historisch bedeutend. Die Gemeinde wurde im Jahr 1756 gegründet. Nach dem Wirbelsturm von 1916 wurde die Kirche neu gebaut.

Besucherzentrum des Virgin Islands National Park nahe Cruz Bay

Trunk Bay mit türkisblauem Wasser und weißem Sandstrand

❾ Strände auf St. John

Wer mehr als den Hotelstrand sehen möchte, findet unzählige Traumstrände mit und ohne Infrastruktur auf St. John. Viele davon liegen an der Nordküste und sind per Auto über die North Shore Road erreichbar. Es lohnt sich auch, zur Südküste zu fahren. Dort kann man den Strandaufenthalt mit einer Wanderung verbinden.

Nordöstlich von Cruz Bay liegt vor dem gehobenen Caneel Bay Resort die Caneel Bay. Den zum Hotel gehörenden Strand dürfen auch Nichtgäste nutzen. An seinem östlichen Ende findet sich ein gutes Gebiet zum Schnorcheln. Die Hawksnest Bay nahe der Caneel Bay ist bei Einheimischen beliebt. Hier kann man am Riff tauchen. Die kleine Jumbie Bay nördlich von Hawksnest hat tolle Schnorchelspots. Jumbie heißt zu Deutsch »Geist«. Viele Spukgeschichten ranken sich um den Strand. Man erreicht ihn über eine Treppe von der Straße aus.

Wegen der Kreuzfahrtpassagiere kann es an der **Trunk Bay** voll werden. Am Rand gibt es jedoch noch ruhige Stellen. Man kann auch frühmorgens oder spätnachmittags kommen und über dem mit Schildern ausgewiesenen Unterwasserpfad schnorcheln. Trunk Bay hat eine Snackbar, Souvenirladen und Picknickplätze.

Auch die **Cinnamon Bay** an der North Shore Road ist ein gutes Ausflugsziel. Im Winter kann es am weißen Sandstrand windig sein. Toiletten und ein kleiner Lebensmittelladen sind vorhanden, ein Wassersportzentrum mit Schnorchel- und Kajakverleih auch. Der Cinnamon Nature Trail beginnt auf der anderen Straßenseite und führt durch Ruinen aus der Plantagenzeit. Die traumhafte Maho Bay liegt wenige Autominuten entfernt. Am Strand fehlen Toiletten.

An der Südküste gibt es ebenfalls wunderbare Strände. Salt Pond Bay ist ein sichelförmiger Sandstrand mit besten Schnorchelbedingungen. Hier beginnen u. a. der Drunk Bay Trail und der Weg zum Ram's Head. Nach 15 Minuten Fahrtzeit entlang einer nur teilweise geteerten Straße gelangt man zum kleinen Sandstrand der abgelegenen Lameshur Bay. Dort kann man schnorcheln und zum Yawzi Point spazieren. Toiletten gibt es auch.

Kajakfahrt im warmen Wasser der Cinnamon Bay

Weitere Zeichenerklärungen *siehe hintere Umschlagklappe*

St. Croix

Die facettenreiche Insel bietet Plantagenruinen neben Vorstadtsiedlungen und einer Ölraffinerie. Im Hauptort Christiansted findet man Läden und Restaurants sowie Überreste aus der Zeit, als St. Croix, St. John und St. Thomas noch dänisch waren. Das ruhige Frederiksted ist zuweilen Station bei Kreuzfahrten. Hübsche Strände säumen die Küste. Auch hier gibt es Hotels und Ferienanlagen.

⑩ Christiansted

Nordküste von St. Croix. 3000. Government House, King Street, (340) 773 1404.
visitusvi.com

Der bezaubernde Ort mit der Christiansted National Historic Site und dem wuchtigen Fort Christiansvaern ist Ausgangspunkt für Fahrten zum Buck Island Reef National Monument. Die Rangers im Fort informieren über die Highlights der Stätte. Christiansted wurde im 18. Jahrhundert errichtet, fast alle Teile stammen aus jener Zeit. Die renovierten Gebäude dienen als Läden und Restaurants. Das Informationsbüro im Government House des 18. Jahrhunderts bietet Broschüren und Karten zu St. Croix. Auch Führungen durch den historischen Bau werden angeboten. Ein dänischer Kaufmann ließ ihn 1747 errichten.

Das alte dänische Zollhaus in Christiansted

Besucher können den Christiansted Boardwalk entlangschlendern. Er führt am Hafen und an Fort Christiansvaern vorbei. Von den Bänken hat man herrliche Sicht auf den Hafen. Im Ort gibt es ein paar kleine Hotels. Der nächstgelegene Strand ist am Hotel on the Cay *(siehe S. 248)* mitten in Christiansted Harbor.

⑪ The Buccaneer Hotel

Rt 82, Shoys.
(340) 712 2100.
thebuccaneer.com

Eines der ältesten Hotels in St. Croix wurde um eine alte Zuckermühle herumgebaut. Bereits 1653 stand hier ein Gebäude, das als Viehfarm diente. Seit der Eröffnung 1947 beherbergte das Hotel so manchen berühmten Gast. Es bietet eine Reihe von Aktivitäten und Sportmöglichkeiten an.

⑮ Estate Whim Museum

Das historische Wahrzeichen ist eine der ältesten Plantagen auf St. Croix. Seine Geschichte reicht bis 1743 zurück. Damals diente es als Baumwollplantage, in der westafrikanische Sklaven arbeiteten. Danach wurde bis 1942 Zuckerrohr angebaut. Das Museum umfasst das renovierte Hauptgebäude, die Ruinen der Zuckerfabrik, Mühlen, Zuckerrohrfelder und Gärten.

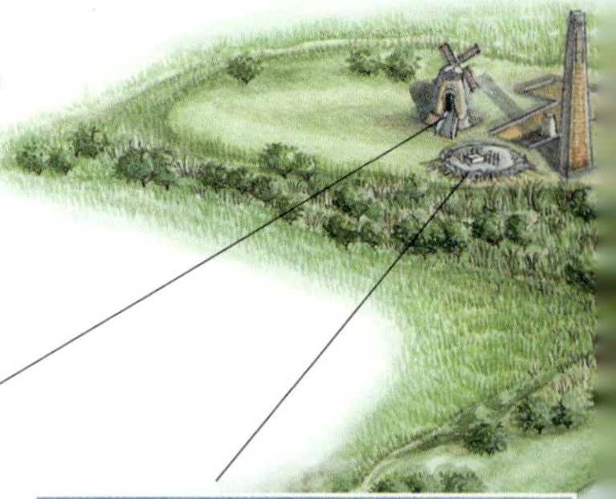

Windmühle
Die Windmühle wurde Ende des 18. Jahrhunderts gebaut und war bis in die 1880er Jahre in Betrieb. Der aus Zuckerrohr gewonnene Saft wurde von Sklaven in Walzen geleitet, die von der Windmühle angetrieben wurden.

Animal Mill
Die von Zugtieren angetriebenen Mühlen dienten in der Fabrik zur Verarbeitung des Rohrs.

⑫ Buck Island Reef National Monument

1,6 km nordöstl. von Christiansted. ☎ (340) 773 1460. ⛴ 🕐 bei Tageslicht. Ⓦ nps.gov/buis

Segel- und Rennboote fahren von Christiansted und Green Cay Marina in den 70 Quadratkilometer großen Nationalpark. Die bunten Riffe des Unterwasser-Trails an der Ostseite des Monuments bieten gute Schnorchelbedingungen. Nach einem Schnorchelaufenthalt ankern die meisten Boote vor dem traumhaften Sandstrand am Westende. Besucher können auch auf den mit 99 Metern höchsten Punkt der Insel hinaufwandern.

⑬ Cane Bay Wall

12 km westl. von Christiansted. Ⓣ

Die berühmte Cane Bay Wall an der Nordseite von St. Croix lockt Taucher aus der ganzen Welt an. Die meisten begeben sich mit Tauchführern auf das Meer. Man kann die Wand aber auch vom Cane Bay Beach und anderen Stellen der Nordküste aus erreichen – sie befindet sich nur 30 bis 60 Meter vor der Küste. 610 bis 920 Meter tiefe Wasserschluchten geben Tauchanfängern wie Tauchprofis Einblicke in die Welt der Korallen (darunter auch die seltene schwarze Koralle), der Schwämme und Fische. Haie gibt es hier auch.

Fort Frederik in Frederiksted

⑭ Frederiksted

19 km südwestl. von Christiansted. 👥 3800. ⛴ Ⓣ ℹ King Street, (340) 772 0357.

Das verschlafene Städtchen ist für die Insel vor allem von historischer Bedeutung. Am 3. Juli 1848 marschierten in Frederiksted etwa 8000 Sklaven aus dem angrenzenden Estate LaGrange zum Fort Frederik, um ihre Freilassung zu fordern. Aus einer Kutsche vor der Festung erklärte der dänische Gouverneur-General Peter von Scholten, dass sie frei seien. Dänemark berief von Scholten in die Heimat ab, während die ehemaligen Sklaven weiterhin auf den Plantagen arbeiteten. Später war Frederiksted erneut Schauplatz eines Aufstands, diesmal von Arbeitern.

Der Ort bietet ein Paar Läden und Restaurants sowie ein kleines Hotel in seinem Zentrum. Gleichzeitig laufen hier viele Kreuzfahrtschiffe ein. Nördlich von Fort Frederik liegt ein herrlicher weißer Sandstrand.

Dampfmaschinen dienten zum Brechen von Zuckerrohr.

Die Research Library and Archives besitzt eine große Sammlung vom Geschichtsbüchern und Fotos.

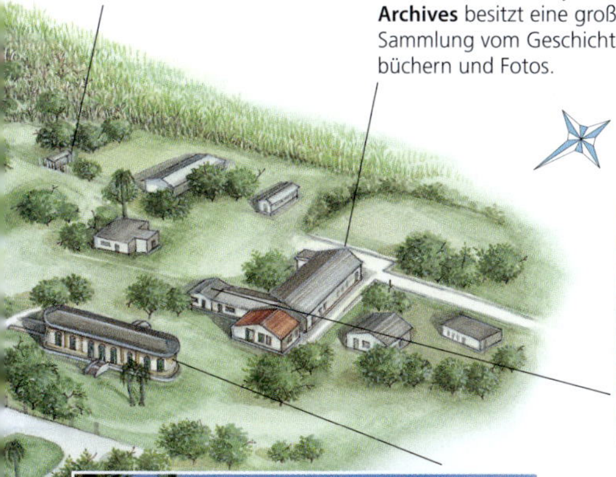

Infobox

Information
Centerline Rd, Rt 76.
☎ (340) 772 0598. 🕐 Mi–Sa 10–15 Uhr (auch an Tagen mit Kreuzfahrtschiffen im Hafen).
♿ Ⓦ stcroixlandmarks.com

Cookhouse
Das Kochhaus stammt von 1766. Der erhöhte Herd verhinderte übermäßige Raumhitze.

Great House
Im ovalen Hauptgebäude wird mit zahlreichen Antiquitäten die Lebensweise der Pflanzer veranschaulicht. Im Winter finden hier Konzerte statt.

Sport und Aktivurlaub

Aktivitäten auf den US Virgin Islands finden überwiegend im Freien statt und haben meist in irgendeiner Weise mit dem Meer zu tun, egal ob man nun an den unberührten Stränden entspannt oder aber schnorchelt, taucht, fischt, mit dem Kajak fährt oder sich auf einen Segeltörn begibt. Viele Besucher kommen allerdings auch nach St. John, um im Virgin Islands National Park zu wandern, oder nach St. Thomas und St. Croix, um Golf zu spielen. Firmen, die Ausrüstungen verleihen, sind ebenso zahlreich vertreten wie Touranbieter.

Auf St. Thomas gibt es sehr beliebte Strände

Strände

Wer die US Virgin Islands besucht, landet sicher auch einmal am Strand. Viele Hotels haben eigene Strände, die wenige Schritte von den Zimmern entfernt liegen, andere stehen immerhin nahe zu öffentlichen Stränden. Da die Inseln klein sind, ist es nie weit zum nächsten Sandstrand. Manche Strände haben eine umfassende Infrastruktur, während andere außer herrlich weißem Sand und klarem blauen Meer nichts bieten. Aus Sicherheitsgründen sollte man sich an die frequentierteren Strände auf St. Thomas und St. Croix halten.

St. Johns beste Strände liegen an der Nordküste. Der beliebteste in der Trunk Bay *(siehe S. 231)* ist gut ausgestattet.

Magens Bay *(siehe S. 229)* ist der wohl schönste Strand von St. Thomas, der bestausgestattete der US Virgin Islands und in der Regel sehr gut besucht.

Brewer's Bay ist bei den Einheimischen beliebt. Sie liegt an der Route 30 nahe der Universität. Oft stehen am Straßenrand Imbisswagen, die Sandwiches und anderes verkaufen. Die meisten anderen Traumstrände von St. Thomas liegen vor den Hotels.

Nördlich und südlich vom kleinen Frederiksted findet man die schönen Strände von St. Croix. Nahe den Restaurants zwischen Frederiksted und Sprat Hall oder nahe Sandcastle on the Beach südlich von Frederiksted sind sie sehr sicher.

Tauchen und Schnorcheln

Auf einem Schnorchelausflug kann man auf Tuchfühlung mit zahlreichen Meereslebewesen gehen. Die gesamte hierfür benötigte Ausrüstung inklusive Taucherbrille, Schnorchel und Flossen kann man bei Wassersportgeschäften in den meisten Hotels oder bei anderen Firmen in der Gegend mieten. Zu den bekannteren Anbietern zählen **Aqua Action Dive Center**, **Coki Dive Center** und **Cruz Bay Watersports**.

Tauchen ist etwas aufwendiger. Grundkenntnisse können Besucher sich bei einem Einführungskurs in den meisten Wassersportgeschäften aneignen. Der Lehrer stellt dabei das Equipment und zeigt

Schnorcheln im kristallklaren Meer vor den US Virgin Islands

Golfer auf dem luxuriösen Mahogany Run Golf Course, St. Thomas

Anfängern, wie sie unter Aufsicht tauchen. Besucher können aber auch den bereits erworbenen Tauchschein vorlegen. Einige Wassersportzentren wie **Cane Bay Dive Shop**, **St. Croix Ultimate Bluewater Adventures**, **Low Key Watersports** und **Dive Experience** verleihen Zubehör an Inhaber eines Tauchscheins und fahren mit ihnen zu den besten Tauchspots.

Tagestörns

Charterboote für mehrere Personen segeln von verschiedenen Standorten auf den Inseln los. Nach einigen Stunden Fahrt wirft der Skipper den Anker. Dann hat man Gelegenheit zu schnorcheln. Danach wird selbst gekocht und unter einem Sonnensegel gegessen.

Die Ausflugssegelboote von St. John starten in der Cruz Bay und vor den Hotels zu Rundfahrten oder steuern die vorgelagerten Inselchen an. Informationen erteilt der **St. John Concierge Service**. In St. Thomas legen Segelboote vor den Hotels sowie in Red Hook und in Charlotte Amalie ab und segeln zum Buck Island Reef National Monument *(siehe S. 233)* südlich von St. Thomas oder zu Inseln vor St. John. Das **Charter Boat Center** unternimmt ebenfalls Tagestörns.

Ausflugssegler von St. Croix fahren von Christiansted oder Green Cay zum Buck Island Reef National Monument. Anbieter sind **Big Beard's Adventure Tours** und **Buck Island Charters**.

Golf

Der **Mahogany Run Golf Course** auf St. Thomas wurde von den Designern George und Tom Fazio konzipiert. Er enthält das berüchtigte Devil's Triangle, dessen drei Löcher sich direkt am Meer befinden.

Der **Buccaneer Golf Course** auf St. Croix konkurriert mit dem **Carambola Golf Club** um den Status des besten Platzes der Insel. Beides sind exquisite 18-Loch-Plätze. Der **Reef Golf Course** ist ein lohnenswerter Neun-Loch-Platz.

St. John besitzt nur einen 18-Loch-Minigolfplatz in Pastory. Er ist bei Familien besonders beliebt.

Wandern

Auf St. John kann man gut wandern. Sehr beliebt ist der Reef Bay Trail *(siehe S. 237)*. Auch der Virgin Islands National Park *(siehe S. 230)* hat viele Wanderwege. Folgt man dem Lind Point Trail zwei Kilometer zum Lind Point, wird man mit herrlichem Blick auf Cruz Bay belohnt. Zum Cinnamon Bay Trail fährt man mit dem Taxi. Er führt bergab zum Cinnamon Bay Campground. Der Johnny Horn Trail ist knapp drei Kilometer lang und führt von der Emmaus Moravian Church in Coral Bay zur abgelegenen Brown Bay. Einige Wege wie Ram's Head Trail und Salt Pond Trail beginnen an der Süd_ küste. Außerdem kann man durch alte Plantagen wie die Annaberg Plantation spazieren.

Wandern auf dem Reef Bay Trail, St. John

Amerikanischer Yachthafen in Red Hook, St. Thomas

Angeln
Die meisten Fischer fahren von Red Hook auf St. Thomas und Christiansted auf St. Croix aufs Meer. Man kann Ganz- und Halbtagsausflüge machen. Hauptanbieter sind **Caribbean Sea Adventures**, **Gone Ketchin**, **Capt. Byron Oliver**, **Abigail III** und **Marlin Prince**.

Kajakfahren
Es ist vor den Küsten vieler Inseln möglich, Kajak zu fahren, doch als beste Adresse gilt Salt River in St. Croix. In diesem Gebiet kann man zwischen Mangroven, über Riffe und bis auf das offene Meer hinausfahren. Die Anbieter vor Ort heißen **Caribbean Adventure Tours** und **Virgin Kayak Tours**. Von St. John aus kann man die vorgelagerten Inselchen ansteuern. **Arawak Expeditions** und **Crabby's Watersports** sind dafür gute Anbieter. Auf St. Thomas hat man die Möglichkeit, durch Buchten zu paddeln. Hierbei kann man Vögel und andere Küstenbewohner bestaunen. **V. I. Ecotours** ist hier aktiv.

Auf einen Blick

Tauchen und Schnorcheln

Aqua Action Dive Center
Secret Harbor Beach Resort, an der Rt 332, St. Thomas.
(340) 775 6285.
aadivers.com

Cane Bay Dive Shop
Rt 80, Cane Bay, St. Croix.
(340) 718 9913.
canebayscuba.com

Coki Dive Center
Coki Beach, Rt 388, St. Thomas.
(340) 775 4220.
cokidive.com

Cruz Bay Watersports
Westin Resort, Cruz Bay, St. John.
1-800-491-4228.
divestjohn.com

Dive Experience
1000 King Street, Christiansted, St. Croix.
(340) 773 3307.
divexp.com

Low Key Watersports
Cruz Bay, St. John.
(340) 693 8999.
divelowkey.com

St. Croix Ultimate Bluewater Adventures
1104 Strand Street, Christiansted, St. Croix.
(340) 773 5994.
stcroixscuba.com

Tagestörns

Big Beard's Adventure Tours
Christiansted Waterfront, St. Croix.
(340) 773 4482.
bigbeards.com

Buck Island Charters
Green Cay Marina, St. Croix.
(340) 718 3161.

The Charter Boat Center
Red Hook, Rt 38, St. Thomas.
(340) 775 7990.
piratespenny.com

St. John Concierge Service
Cruz Bay, St. John.
(340) 514 5262.
stjohnconcierge service.com

Golf

The Buccaneer Golf Course
Rt 82, Shoys, St. Croix.
(340) 712 2144.
thebuccaneer.com

Carambola Golf Club
Rt 80, Davis Bay, St. Croix.
(340) 778 5638.
golfcarambola.com

Mahogany Run Golf Course
Rt 42, Mahogany Run, St. Thomas.
(340) 777 6250.
mahoganyrungolf. com

The Reef Golf Course
Teague Bay, St. Croix.
(340) 773 8844.

Angeln

Abigail III
Sapphire Beach Marina, Rt 38, St. Thomas.
(340) 775 6024.
visportfish.com

Capt. Byron Oliver
St. John.
(340) 693 8339.

Caribbean Sea Adventures
59 Kings Wharf, Christiansted, St. Croix.
(340) 773 2628.
caribbeansea adventures.com

Gone Ketchin
St. Croix.
(340) 713 1175.
goneketchin.com

Marlin Prince
6100 Red Hook Quarters 2, St. Thomas.
(340) 693 5929.
marlinprince.com

Kajakfahren

Arawak Expeditions
Wharfside Village, Cruz Bay, St. John.
(340) 693 8312.
arawakexp.com

Caribbean Adventure Tours
Rt 80, Salt River Marina, St. Croix.
(340) 778 1522.
stcroixkayak.com

Crabby's Watersports
Rt 107, South Coral Bay, St. John.
(340) 714 2415.
crabbyswatersports. com

V.I. Ecotours
Mangrove Lagoon, Rt 32, St. Thomas.
(340) 779 2155.
viecotours.com

Virgin Kayak Tours
Rt 80, Cane Bay, St. Croix.
(340) 514 0062 oder (340) 626 7775.
virginkayaktours. com

Wandern auf St. John

St. John ist das beliebteste Wandergebiet der US Virgin Islands. Erfahrene Wanderer kommen ebenso gern hierher wie anspruchslose Spaziergänger. Die geführte Wanderung durch Reef Bay ist das größte Highlight. Startpunkt ist mehrmals pro Woche das Besucherzentrum des Virgin Islands National Park. Andere Wanderrouten der Inseln sind der historische Weg durch die Annaberg Plantation und der Ram's Head Trail an der Südküste. Die Broschüre des Besucherzentrums beschreibt mehr als 20 verschiedene Routen im Detail.

Reef Bay Trail

Der drei Kilometer lange Reef Bay Trail beginnt an der Centerline Road und führt bergab zu einem Sandstrand. Dort wartet ein Boot, das die Wanderer wieder nach Cruz Bay zurückbringt.

Das Reef-Bay-Hauptgebäude ist eine Ruine und erinnert an vergangene Zeiten, als es auf St. John noch viele Plantagen gab.

Die Ruinen der Zuckerfabrik Reef Bay und der Strand markieren das Ende des Reef Bay Trail. Die alte Mühle wurde teilweise renoviert. Das Grab des ehemaligen Besitzers Will Marsh liegt im Gebüsch.

Die antiken Steinzeichnungen am Rand von einigen Felsbecken stammen von Taínos.

Kurzwanderungen

St. John hat einige relativ anspruchslose Wanderwege, die durch flaches Gelände führen. Viele, wie auch der Salt Pond Trail und der Francis Bay Trail, sind nur zwei Kilometer lang.

Der Annaberg-Plantation-Pfad führt Besucher durch eine 209 Hektar große Zuckerplantage. Die inzwischen verfallene Mühle, die Fabrik und die Küche stammen aus dem 18. Jahrhundert.

Der Ram's Head Trail beginnt in der Salt Pond Bay und führt über einen felsigen Strand hinauf zu einem Aussichtspunkt mit fantastischer Sicht auf das Karibische Meer.

Der Salt Pond Trail bietet eine angenehme Wanderung durch karge Vegetation zur hübschen Salt Pond Bay. Sie dauert kaum 20 Minuten.

Tortola

Tortola steckt voller Kontraste. Im Hauptort Road Town tummeln sich shoppende Besucher und Arbeiter auf dem Weg zur und von der Arbeit. Aber nur fünf Autominuten außerhalb zeigen sich die ländlichen Wurzeln der Insel. Besonders deutlich wird das an der Nordküste: Hier muss man schon mal warten, bis eine Ziegen- oder Schafherde die Straße überquert hat. An der Südküste hat man Aussicht auf Segelboote, die die Drake's Passage ansteuern.

Kreuzfahrtschiff im Hafen von Road Town

⓰ Road Town

Südküste von Tortola. 12 600.
AKARA Building, de Castro Street, (284) 494 3134.
August Festival (Aug).
bvitourism.com

Wenn Kreuzfahrtschiffe in Road Town einlaufen, herrscht hier Hochbetrieb. Aber auch wenn keines im Hafen liegt, ist die Hauptstadt des britischen Teils der British Virgin Islands (BVI) sehr belebt. Road Town, das Wirtschaftszentrum der BVI, beheimatet ein der Küste vorgelagertes Bankenzentrum sowie Regierungsbehörden, Läden und Restaurants. Fähren von Virgin Gorda und St. Thomas auf den US Virgin Islands legen am Fährhafen von Road Town an. Dass hier nicht nur Urlaub gemacht wird, zeigt sich mittags in den vielen Restaurants an der ausgewogenen Mischung aus Einheimischen und Besuchern. Road Town liegt am Waterfront Highway. Der Stadtkern reicht vom Ufer bis zur schmalen Main Street.

Im Osten auf dem Wickham's Cay I befinden sich Restaurants, Läden, Banken und die Yachthäfen. Noch weiter östlich liegt Wickham's Cay II mit der großen Yachtcharterfirma Moorings.

⓱ J. R. O'Neal Botanic Gardens

Road Town, nahe der Main Street.
(284) 494 2069. Mo–Sa 8.30–16.30 Uhr. **bvinpt.org**

Road Towns Botanischer Garten bietet angenehme Ruhe vom Treiben der Stadt. Man erreicht ihn zu Fuß vom Stadtzentrum aus. An heißen Tagen empfiehlt es sich jedoch, ein Taxi zu nehmen. Die Anlage hat den Rang eines Nationalparks. Sie ist ein Hektar groß und zeigt unterschiedliche Pflanzenlebensräume mit exotischen Arten und einer riesigen Palmensammlung. Im Pavillon blühen Orchideen, im Teich schwimmen Lilien, und Kakteen gedeihen in der Sonne. Überall im Garten findet man schattige Bänke.

⓲ Sage Mountain National Park

5 km südwestl. von Road Town.
(284) 494 2069.
bvinpt.org

Der 1964 gegründete Sage Mountain National Park ist der erste Nationalpark der BVI. Finanziert wurde er durch großzügige Zuwendungen von Laurance S. Rockefeller. Der 35 Hektar große Park liegt teilweise 523 Meter hoch und ist damit der höchste Punkt der gesamten Virgin Islands. Der Sage Mountain ist ein Regenmacher: warme, feuchte Luft steigt im Osten und Süden hoch, kühlt über dem Berg ab und fällt als Regen auf die Nordseite des Parks hinab.

Der Nationalpark bietet von seinen Wanderwegen aus herrliche Panoramaausblicke. Er beherbergt viele einheimische und eingeführte Baum- und Pflanzenarten, darunter Mahagoni, Lebensbäume und Mammiapfel-Bäume. Es gibt ein Dutzend Wanderwege, u. a. den beliebten Mahogany Forest Trail und den Rainforest Trail. Mit etwas Glück sieht man dort Bergtauben und Drosseln. Aufgrund der vor der Parkgründung stattgefundenen Rodungsaktivitäten der Bauern ist ein Großteil der Vegetation Durchwuchs, also neu angepflanzt.

Vegetation im Sage Mountain National Park

Hotels und Restaurants auf den British Virgin Islands *siehe Seiten 250f und 253*

Farbenfrohes Kunstgewerbe in Apple Bay, North Shore

⑲ North Shore

Den Tag auf Tortola kann man teilweise damit verbringen, die North Coast Road entlangzufahren. Sie bietet fantastische Aussichten und vermittelt Eindrücke des Insellebens.

Streckenweise ist die Fahrt auf den schmalen, kurvigen Straßen mit ihren steilen Steigungen recht anspruchsvoll. Es herrscht Linksverkehr, außerdem muss man auf Viehherden achten. Ein guter Startpunkt ist die Kreuzung Zion Hill und North Coast Road mit dem Hotel Sebastian's on the Beach *(siehe S. 250)*. Westwärts geht es in den Long Bay Beach Club *(siehe S. 251)*, wo man mittags einheimische Küche serviert. Hinter dem Hotel schlängelt sich eine Straße hinunter zum zauberhaften Smuggler's Cove Beach. Der Strand hat keine Infrastruktur, weshalb man Snacks, Wasser, Sonnenschutz usw. dabeihaben sollte.

Auf dem Rückweg kann man im Strandrestaurant *(siehe S. 253)* des Hotels Sebastian's Station machen oder am weißen Traumstrand von **Apple Bay** Zeit verbringen. Ein Stück die Straße hinunter befindet sich Bomba's Shack. Die Strandhütte ist Schauplatz legendärer Vollmondpartys und ähnlicher Events. Vor dem Sugar Mill Hotel *(siehe S. 251)* befindet sich ebenfalls ein sehr beliebter Strand von Apple Bay Beach. Noch weiter vorne liegt Carrot Bay mit kleinen Restaurants und Stränden. Die Fahrt endet in der Cane Garden Bay.

⑳ Cane Garden Bay

6 km nordwestl. von Road Town.
BVI Music Fest (Mai).

Die teilweise an der North Coast Road gelegene Cane Garden Bay ist ein beliebtes Urlaubsziel. Hier kann man in gelassener, ländlicher Atmosphäre entspannen und barfuß zum Strand, in Restaurants und Bars gehen. Die Unterkünfte sind meist kleine Hotels und Apartments. Die Bucht mit ihrem weißen Sandstrand bietet ideale Bedingungen zum Baden. Die Strandrestaurants laden zum Mittagessen oder auch nur zu einem Drink ein.

Auch viele Segler legen auf ihren einwöchigen Törns um die British Virgin Islands hier an *(siehe S. 244f)*.

Besonders am Strand vor dem beliebten Hotel Myett's *(siehe S. 251)* wird es sehr voll. Aber sobald die Kreuzfahrtpassagiere nach einem oder zwei Drinks wieder abziehen, kehrt am Strand die gewohnte Ruhe wieder ein. Im Mai findet ein Wochenende lang das BVI Music Fest statt und lockt Tausende von Gästen an, die hier bei toller Musik Spaß haben.

㉑ Marina Cay

Vor der Nordostküste von Tortola.
(284) 494 2174.

Das drei Hektar große Marina Cay mit dem Hotel Pusser's Marina Cay und einem beliebten Bootssteg ist ein lohnenswerter Tagesausflug auf Tortola. Robb und Rodie White bauten sich hier im Jahr 1937 ein Haus und verbrachten dort drei Jahre. In seinem 1985 erschienenen Roman *Two on the Isle* erzählt Robb White die Geschichte ihrer Abenteuer. Heute gehört das Haus zum Hotel. Gäste können auf dem Gelände spazieren gehen, vom Sandstrand aus ins Meer springen und es sich in Bar und Restaurant gut gehen lassen. Außerdem kann man wenige Meter vor der Küste über den Riffen schnorcheln. Wem der Sinn nach Abenteuer steht, der kann vom Strand oder von einem Boot aus einen Tauchgang unternehmen.

Yachten im Hafen von Marina Cay

Virgin Gorda und Outer Islands

Die Insel, die Kolumbus wegen ihrer Form »Die dicke Jungfrau« nannte, lockt mit ihren weißen Traumstränden und den vorgelagerten Inseln vor allem Besucher, die hier bei guter Lektüre und kühlen Getränken entspannen möchten. Es gibt auf Virgin Gorda eine Handvoll Restaurants, etwas Nachtleben und ein paar Läden, doch die Hauptattraktion ist der Strand. Hier beobachtet man entspannt fantastische Sonnenauf- und -untergänge. Auf den Inselchen geht es ähnlich entspannt zu, manche besitzen eine Ferienanlage und Yachtstege.

Gepflegte hölzerne Strandhäuser, The Valley

22 The Valley

Südwestküste von Virgin Gorda. 2000. Virgin Gorda Yacht Harbour, (284) 495 5181. **bvitourism.com**

Das auch »Spanish Town« genannte The Valley auf Virgin Gorda ist zugleich der Hauptort der Insel. Die Aktivitäten in diesem dörflichen Ort konzentrieren sich auf den kleinen Virgin Gorda Yacht Harbour und auf das Einkaufsviertel. An der Hauptstraße liegen ein paar Restaurants. Im Bucks Food Market im Yachthafen kann man Lebensmittel einkaufen. Das Informationsbüro im selben Gebäude hält für Urlauber Landkarten und Broschüren bereit. Fähren mit Besuchern vor allem von den US Virgin Islands legen wenige Meter entfernt an.

23 The Baths

Südspitze von Virgin Gorda. (284) 494 2069. **bvinpt.org**

Ein absolutes Muss für Besucher von Virgin Gorda ist The Baths National Park. Er besteht aus mehreren riesigen Granitfelsen, die wunderbare Becken bilden. Einige der Felsen haben zwölf Meter Durchmesser. Sie entstanden, als geschmolzenes Gestein in vulkanische Schichten sickerte. Durch Erosion wurden sie freigelegt. Wind und Wasser rundeten die Kanten ab. Ähnliche Felsen gibt es auch in anderen Gebieten bei Baths. Sehr beliebt sind Bootstouren durch diese Gewässer.

Vom Parkplatz aus muss man eine Weile gehen. Belohnt wird man mit weißen Sandstränden und besten Schnorchelspots. Zwei Restaurants und ein paar Läden nahe dem Parkplatz bieten Speisen und Getränken sowie allerlei Souvenirs.

24 Rundfahrt auf Virgin Gorda

Besucher von Virgin Gorda sollten für die Erkundung einen Wagen mieten. Über die 21 Quadratkilometer große Insel führt eine zehn Kilometer lange Straße von The Baths am Südwestende bis zum North Sound im Nordosten. Zudem gibt es ein paar Nebenstraßen. Sich zu verfahren, ist hier kaum möglich. Karten hält das Informationsbüro im Yachthafen von Virgin Gorda bereit.

Folgt man der Lee Road von The Valley westwärts, geht links eine Nebenstraße zum Coppermine Point ab. Minenarbeiter aus Cornwall errichteten das Bauwerk – heute eine Ruine – im 19. Jahrhundert. Auf der Lee Road geht es wei-

Große Felsbrocken im klaren Wasser von The Baths

Hotels und Restaurants auf den British Virgin Islands *siehe Seiten 250f und 253*

Ruinen einer Kupfermine in Coppermine Point, Virgin Gorda

ter nach The Baths. Der kurz vor The Baths am Meer gelegene Spring Bay National Park ist weit weniger gut besucht und daher ideal, um nach dem Schnorcheln in The Baths ein paar Stunden zu entspannen. Wenige Autominuten östlich von The Valley führt ein Schotterweg zu der traumhaften Savannah Bay, in der man sonnenbaden und schwimmen kann. Wieder auf der Hauptstraße, geht es zum Gorda Peak National Park, wo man gut wandern kann. Der hügelige Park bietet herrliche Aussichten. Die Inselverwaltung hat dort Aussichtspunkte eingerichtet. Am Gunn Creek endet die Rundfahrt. Hier legen Fähren zum North Sound ab. Kleine Lokale servieren einheimische Speisen.

㉕ Gorda Peak National Park

North Sound Road, Virgin Gorda. **☎** (284) 494 2069. **W** **bvinpt.org**

Der 105 Hektar große Gorda Peak National Park ist eines der letzten Gebiete mit karibischem Trockenwald in der Region. Hier findet man einige bedrohte Pflanzenarten sowie den Virgin Gorda Gecko – die kleinste Eidechse der Welt. Zwei Wege führen auf den Gorda Peak, den mit 417 Metern höchsten Punkt von Virgin Gorda. Die Aussicht auf die anderen Virgin Islands ist einmalig schön. An klaren Tagen sieht man im Nordosten Anegada. An der Stelle, an der die beiden Wege aufeinandertreffen, steht im Schatten eines Mangobaums ein Picknicktisch, an dem man wunderbar Rast machen kann. Je höher es hinaufgeht, desto feuchter wird es. Die Vegetation verändert sich entsprechend. In tieferen Lagen wachsen an Trockenheit gewöhnte Pflanzen, weiter oben findet man Feuchtigkeit liebende Gewächse.

Schild des National Parks Trust, BVI

㉖ RMS Rhone Marine Park

Vor Salt Island. **☎** (284) 494 3904. **W** **bvinpt.org**

Der königliche Postdampfer *Rhone* sank 1867 in einem Wirbelsturm. Sein Wrack ist das beliebteste Tauchgebiet der British Virgin Islands. Das 95 Meter lange Schiff liegt in zwei Teilen in einer Tiefe von sechs bis 25 Metern. Es ist weitgehend intakt, sodass die Schiffsschraube und andere Teile noch gut erkennbar sind.

Die *Rhone* ist komplett überwachsen und birgt viele Meereslebewesen. Tauchausflüge starten meist von Tortola sowie von den beiden US Virgin Islands St. Thomas und St. John. Wer am Wrack tauchen möchte, benötigt die Erlaubnis des National Parks Trust.

㉗ Foxy's Bar

Great Bay, Jost Van Dyke. **☎** (284) 495 9258. **W** **foxysbar.com**

Der legendäre Foxy Callwood sorgt in seiner Bar für die Gäste. Sie ist das mit Abstand beliebteste Lokal auf Jost Van Dyke. Segel- und Motorboote sowie Fähren aus West End auf Tortola legen hier regelmäßig an. Tagesausflügler können zu Mittag essen, nachmittags Foxys karibische Musik genießen und dazu im warmen Wasser der Great Bay baden. Die letzte Fähre nach West End legt am frühen Abend ab. Wer abendessen oder Barbecue-Abende an Freitagen und Samstagen mitmachen möchte, muss also über Nacht bleiben oder vor der Küste ankern.

Taucher im Wrack der RMS *Rhone*

Sport und Aktivurlaub

Ein Urlaub auf den British Virgin Islands ist untrennbar mit dem Meer verknüpft. Natürlich kann man sich auch nur am Strand sonnen, doch die meisten Gäste wollen in kleinen Booten segeln lernen oder ein- bis mehrtägige Törns durch die Inselkette unternehmen. An fast allen Ankerplätzen kann man über farbenprächtigen Riffs oder Schiffswracks schnorcheln, auch Taucher, ob Anfänger oder Fortgeschrittene, kommen hier auf ihre Kosten. Mindestens genauso beliebt sind Wanderungen auf den Wegen in den wunderbaren Nationalparks der Inseln.

Bootsverleih in Cane Garden Bay, Tortola

Eine der vielen Strandbars auf Tortola

Strände

Die Strände der British Virgin Islands haben unterschiedliche Formen und Größen. Das Angebot reicht von kleinen Sandinselchen bis zu großen Inseln mit langen Traumstränden wie Savannah Bay auf Virgin Gorda. Viele Strände haben kaum Infrastruktur, Rettungsschwimmer gibt es nirgends. An manchen Stränden findet man Restaurants und Bars, während andere nur weißen Sand und kristallklares Wasser bieten. Wer mehr Komfort wünscht, sollte sich in einem Strandhotel einquartieren.

Die schönsten Strände sind auf Anegada zu finden. Feinster Pulversand säumt die Insel.

Auch Virgin Gorda fehlt es nicht an Stränden. Neben Savannah Bay sind die Strände in der Gegend um The Baths sehr einladend. Auch die Resorts der Insel haben ihre eigenen weißen Sandstrände.

Jost Van Dykes Strandatmosphäre lockt all jene an, die ihren Strandaufenthalt gern mit Gleichgesinnten an der Bar beschließen.

Tortolas schönste Strände liegen an der Nordküste, so auch die beliebte Cane Garden Bay *(siehe S. 239)*. Allerdings ist dort die See mitunter sehr rau, insbesondere im Winter, wenn Stürme das Meer aufwühlen. Sollte dies der Fall sein, begibt man sich besser nach Beef Island vor Tortolas Ostküste. Hier findet man neben der wundervollen Long Bay auch den Inselflughafen. Die Website des BVI Tourism liefert nähere Details dazu *(siehe S. 255)*.

Segeln

Die vielen kleinen Inseln und Felsen vor Tortola und Virgin Gorda sind ideale Ankerplätze bei Tagestörns und leicht zu umschiffen. Wer nicht gern segelt, hat die Möglichkeit, sich auf eines der vielen motorisierten Boote zu begeben, die dieselben Strecken bedienen.

Besonders auf Tortola stehen zahllose Segel- und Motorboote bereit, die in Road Town, West End, Nanny Cay und anderen Orten ablegen. Wer von Virgin Gorda aus auf Tagestour geht, kommt sogar bis nach Anegada.

Einige Fachbegriffe helfen bei der Wahl des passenden Bootes – Monohulls haben nur einen Schiffskörper, Katamarane haben zwei und Trimarane drei. Boote mit mehr als einem Rumpf segeln meist stabiler. Motorboote sorgen dagegen für die glattere Fahrt.

Bei den meisten Tagestörns und Motorbootfahrten sind Mittagessen, Schnorchelausrüstung und Unterweisung im Schnorcheln inbegriffen. Unterwegs wird mehrmals geankert, um zu schnorcheln oder zu baden. Die beliebtesten Anbieter für Tagestörns *(day-sails)* sind **Aristocat Charters** und **White Squall II**. Nähere Informationen zu Bootsverleihen erhalten Sie bei **King Charters**.

Neben Tagestörns gibt es die Möglichkeit zu längeren Törns um die Inseln. Namhafte Anbieter sind **BVI Yacht Charters**,

Katamaran auf einem Törn

Surfer in der Apple Bay in Tortola

The Moorings, **Regency Yacht Vacations**, **Sunsail**, **Catamaran Charters** und **Voyages**.

Sonstige Aktivitäten

Bei gutem Wetter eröffnen die Inseln unzählige Wassersportmöglichkeiten. Taucherbrille, Schnorchel und Flossen kann man in Hotels und Wassersportgeschäften leihen. Besucher, die tauchen möchten, aber keinen der offiziellen Tauchscheine von Agenturen wie NAUI oder PADI besitzen, können Tauchkurse besuchen. Wer wirklich tolle Taucherlebnisse rund um die Inseln haben möchte, sollte an einer Fahrt zum Wrack der *Rhone* nahe Salt Island teilnehmen. Wichtige Tauch- und Schnorchelanbieter sind **Blue Water Divers**, **Jost Van Dyke Scuba**, **Dive BVI** und **Sunchaser Scuba**. Fischerboote legen von verschiedenen Orten auf Tortola, Virgin Gorda und Anegada ab. **Caribbean Fly Fishing Outfitters** bieten Angelfahrten inklusive Ausrüstung an. Auf allen Inseln weht eine steife Brise. Trellis Bay vor Tortola ist der beste Spot für Windsurfer. Surfbretter kann man mieten, darüber hinaus bieten einige Wassersportgeschäfte in Trellis Bay und anderen Orten auch Kurse an. Hauptanbieter sind **Boardsailing BVI**, **HIHO** und der **Bitter End Yacht Club**.

Gemächlich wandern kann man im Sage Mountain National Park *(siehe S. 238)* auf Tortola oder im Gorda Peak National Park *(siehe S. 241)* auf Virgin Gorda. Dort gibt es aber keine Führungen. Die Insel Prickly Pear im North Sound von Virgin Gorda hat zwar Wanderwege, ist jedoch nur per Boot erreichbar. In Road Town, Tortola, laden die J. R. O'Neal Botanic Gardens *(siehe S. 238)* zum Spazieren ein.

Blick auf den Wanderweg von Gorda Peak, Virgin Gorda

Auf einen Blick

Segeln

Aristocat Charters
Soper's Hole, Tortola.
(284) 499 1249.
aristocatcharters.com

BVI Yacht Charters
Road Town, Tortola.
(284) 494 4289.
bviyachtcharters.com

Catamaran Charters
Hodges Creek Marina, Tortola.
(284) 494 6661.
catamarans.com

King Charters
Nanny Cay Marina, Tortola.
(284) 494 5820.
kingcharters.com

The Moorings
Wickham's Cay II, Tortola.
(284) 494 2322.
moorings.com

Regency Yacht Vacations
Wickham's Cay I, Tortola. (284) 495 1970.
regencyvacations.com

Sunsail
Wickham's Cay II, Tortola.
(284) 495 4740.
sunsail.com

Voyages
(284) 494 0740.
voyagecharters.com

White Squall II
Village Cay Marina, Tortola.
(284) 494 2564.

Sonstige Aktivitäten

Bitter End Yacht Club
North Sound, Virgin Gorda.
(284) 494 2746.
beyc.com

Blue Water Divers
Nanny Cay und Soper's Hole, Tortola.
(284) 494 2847.
bluewaterdiversbvi.com

Boardsailing BVI
Trellis Bay, Tortola.
(284) 495 2447.

Caribbean Fly Fishing Outfitters
Nanny Cay, Tortola.
(284) 494 4797.
caribflyfishing.com

Dive BVI
Virgin Gorda Yacht Harbor und Leverick Bay Resort & Marina, Virgin Gorda; Scrub Island, Little Dix Bay.
(284) 495 5513.
divebvi.com

HIHO
Trellis Bay, Tortola.
(284) 494 0337.
go-hiho.com

Jost Van Dyke Scuba
Great Harbour, Jost Van Dyke.
(284) 495 0271.
jostvandykescuba.com

Sunchaser Scuba
North Sound, Virgin Gorda.
(284) 495 9638.
sunchaserscuba.com

Segeln um die British Virgin Islands

Die Virgin Islands sind ein beliebtes Segelgebiet. Die Liegeplätze sind nicht weit voneinander entfernt und reichen von einsamen Inselchen bis zu betriebsamen Buchten, in denen ein nettes Miteinander herrscht. Man kann Boote ohne Skipper mieten oder mit ganzer Crew. Die meisten Bootsverleihe befinden sich auf Tortola, einige Charteranbieter sind aber auch auf den US Virgin Islands St. Thomas und St. John ansässig. Sowohl auf St. Thomas als auch auf Tortola gibt es große Lebensmittelläden, in denen Segler sich mit allen nötigen Vorräten für den Segeltörn versorgen können.

Boote in Wickham's Cay, Tortola

Die Cane Garden Bay ist ein guter Ankerplatz an der Nordseite von Tortola. Die Bucht ist eine Partyzone mit einer Handvoll Bars und Restaurants, in denen man wunderbar einige Stunden zubringen kann. Vorräte auffüllen kann man in einigen kleinen Märkten an der Hauptstraße, der North Coast Road.

Jost Van Dyke hat mehrere Ankerplätze. Wer von den US Virgin Islands anreist, passiert im Great Harbour die Zollkontrolle. Urlauber können bei einem Bier im Foxy's entspannen, den Anker lichten und mit dem Außenborder durch die White Bay schippern.

West End auf Tortola ist ein sehr belebter Yachthafen. Tagsüber legen ständig Fähren an und ab. Segler von den US Virgin Islands müssen hier durch die Zollkontrolle. Mit den Beibooten gelangen die Passagiere gegenüber dem Hafen an Land und können dort dann auf ausgedehnte Shopping-Tour gehen.

Weitere Zeichenerklärungen *siehe hintere Umschlagklappe*

In Marina Cay steht Pusser's Bar and Restaurant. Die Rumdrinks, die man hier mixt, locken Seeleute von überall her an. Im kleinen Hotelladen gibt es Bücher, Souvenirs und anderes.

North Sound hat in puncto Lage und Ausstattung exzellente Segelbedingungen. Die wenigen Restaurants, Bars und Resorts sind fast alle auf Segler ausgerichtet. Wassersportgeschäfte bieten unzählige Aktivitäten an.

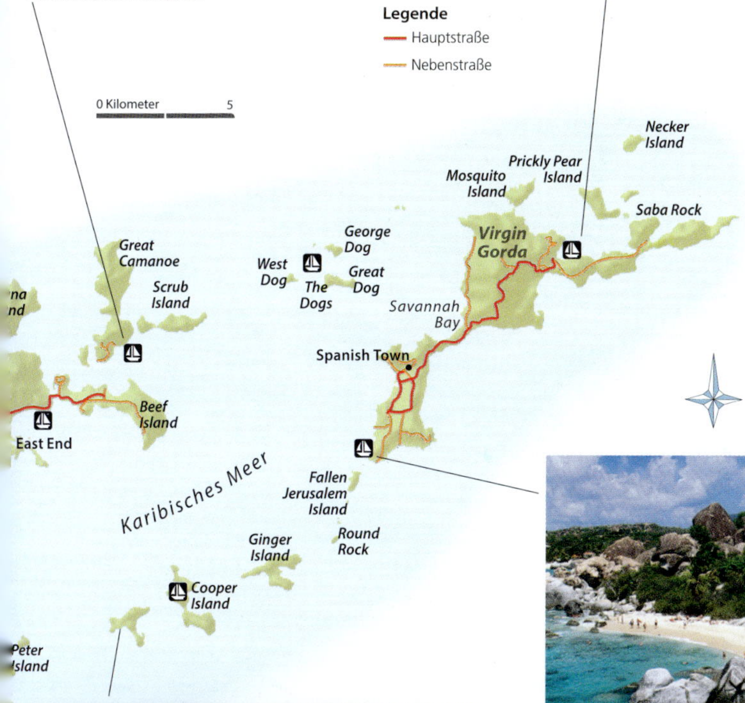

The Baths auf Virgin Gorda steht bei fast allen Besuchern oben auf der Liste. Man kann wunderbar zwischen den glatten Felsen schnorcheln. Ein kleiner Weg führt hinauf zu einem Einkaufsgebiet, wo man Vorräte bekommt und im Top of the Baths Mittag essen kann.

Salt Island bietet herrliche Tauchspots wie den an der RMS *Rhone*. Cooper Island ist der ideale Ort zum Mittagessen für alle, die die kleinen Inseln südlich von Tortola absegeln. Peter Island bietet feine Restaurants, während Norman Island für seine schönen Wasserhöhlen bekannt ist.

The Baths auf Virgin Gorda, British Virgin Islands ***(siehe S. 240)*** ▶

Hotelauswahl

US Virgin Islands

ST. CROIX: Carringtons Inn $
B&B
4001 Estate Hermon Hill
(340) 713 0508
carringtonsinn.com
Das Inn bietet um einen Pool angeordente Zimmer, schöne Ausblicke, einen freundlichen Gastgeber und köstliches Frühstück. Zimmer werden nur an Erwachsene vermietet.

ST. CROIX: Chenay Bay Beach Resort $
Modern
Route 82, Green Cay
(340) 718 2918
chenaybay.com
Das kleine Resort ist für Familien ideal, die sich auf lange Ferien in einfachen, aber attraktiven Cottages mit Küche freuen.

ST. CROIX: Hotel Caravelle $
Modern
Queen Cross Street, Christiansted
(340) 773 06874
hotelcaravelle.com
Das Caravelle bietet einfache Zimmer mit Meerblick, ein Restaurant, Parkplätze und die Nähe zu Läden, weiteren Lokalen und historischen Stätten.

ST. CROIX: Hotel on the Cay $
Strandresort
Protestant Cay, Christiansted Harbor
(340) 773 2035
hotelonthecay.com
Eine kurze Fahrt mit der Fähre ab Christiansted bringt die Gäste zu diesem kleinen Resort. Am Strand kann man sonnenbaden und schwimmen. Läden und Restaurants sind in der Nähe.

ST. CROIX: Sandcastle on the Beach $
Strandresort
Route 71, Frederiksted
(340) 772 1205
sandcastleonthebeach.com
Die große Auswahl an verschiedenen Unterkünften, u. a. Studios, Suiten und Villen, bietet den vorwiegend schwulen und lesbischen Gäste viele Optionen. Der Strand ist super.

ST. CROIX: Waves at Cane Bay $
Meerblick
Route 80, Cane Bay
(340) 718 1815
thewavescanebay.com
Genießen Sie in diesem kleinen Hotel direkt am Wasser den Blick aufs Meer. Die Straße hinunter befindet sich der Sandstrand Cane Bay Beach. In den freundlichen, bequemen Zimmern gibt es Gratis-WLAN.

Vis-à-Vis-Tipp

ST. CROIX: The Buccaneer Hotel $$
Strandresort
Route 82, Shoys
(340) 712 2100
thebuccaneer.com
Das Mitglied der Historic Hotels of America bietet sowohl die Nähe zum Strand als auch die Nähe zu den Läden, Restaurants und historischen Attraktionen von Christiansted. Neben verschiedenen reizenden Zimmern in diversen Preiskategorien ist auch ein Strandhaus verfügbar. Aktive können Wassersport treiben und Golf oder Tennis spielen, man kann aber auch herrlich faulenzen. Das Hotelrestaurant ist edel.

ST. CROIX: Hibiscus Beach Resort $$
Strandresort
An der Route 752, La Grande Princesse
(340) 718 4042
hibiscusbeachresort.com
Der Sandstrand beginnt direkt vor der Tür dieses einfach ausgestatteten Resorts. Zum Anwesen gehört auch ein Strandrestaurant. Die Zimmer sind komfortabel und mit tropischen Dekorationen versehen. Der Strand ist jedoch die Hauptattraktion.

ST. CROIX: The Palms at Pelican Cove $$
Strandresort
An der Route 752, La Grande Princesse
(340) 718 8920
palmsatpelicancove.com
Das kleine Resort mit Restaurant und Strand besitzt nette tropisch gestylte Zimmer. Die Läden und Restaurants von Christiansted sind zehn Minuten entfernt.

ST. CROIX: Sugar Beach $$
Strandresort
Route 752, Golden Rock
(340) 718 5345
sugarbeachstcroix.com
Komplett ausgestattete Küchen, Meerblick und Strand machen aus diesem Wohnungskomplex einen guten Ort für Ferien in den Tropen. Die Apartments haben verschiedene Eigentümer und sind unterschiedlich eingerichtet.

Preiskategorien
Die Preise gelten für ein Standard-Doppelzimmer pro Nacht (Hochsaison), inklusive Steuern und Service.

$	unter 200 US-Dollar
$$	200–500 US-Dollar
$$$	über 500 US-Dollar

ST. CROIX: Villa Madeleine $$
Resort
An der Route 82, Teague Bay
(340) 718 0361
villamadeleine-stcroix.com
Zu jeder Wohnung gehört eine Küche und ein Pool. Die Aussicht ist großartig. Auf dem Grundstück sind Tennisplätze, Lebensmittelläden sind mit dem Auto zehn Minuten entfernt.

ST. CROIX: Villa Margarita $$
Strandresort
An der Route 80, Salt River
(340) 692 1408
villamargarita.com
Die kleine Anlage befindet sich in einem Wohnviertel am Meer. Für Selbstversorger gibt es Unterkünfte mit Küche. Wer schwimmen möchte – der Sandstrand ist zu Fuß nicht weit entfernt.

ST. CROIX: Divi Carina Bay Resort $$$
Strandresort
Route 60, Turner Hole
(340) 773 9700
diviresorts.com
Das attraktive Strandresort besitzt schicke, gut ausgestattete Zimmer mit schöner Aussicht und ein Casino. Für Urlauber, die aktiv sein möchten, gibt es eine Minigolfanlage, Tennisplätze und ein Wassersport-Center.

Eingang des Divi Carina Bay Resort, St. Croix

ST. CROIX: Renaissance St. Croix Carambola Beach Resort **$$$**
Strandresort
Route 80, Davis Bay
(340) 778 3800
marriott.com
Das Strandresort mit prächtigen Zimmern und einem wunderschönen Strand bietet zahlreiche Aktivitäten und eine entspannte Atmosphäre.

ST. JOHN: Cinnamon Bay **$**
Camping
Route 20, Cinnamon Bay
(340) 776 6330
cinnamonbay.com
Die Hütten, Zelte und Stellplätze für Camper sind preisgünstig. Am Strand werden Wassersportarten angeboten.

ST. JOHN: Coconut Coast Villas **$$**
Boutique
Nahe Frank Bay, Cruz Bay
(340) 693 9100
coconutcoast.com
Die Villen stehen in einem ruhigen Wohnviertel in Gehweite zu den Läden und Restaurants von Cruz Bay. Zu jeder Unterkünft gehört eine Küche.

Vis-à-Vis-Tipp

ST. JOHN: Concordia Eco-Resort **$$**
Öko-Resort
An der Route 107, Concordia
(340) 693 5855
concordiaeco-resort.com
Ob Wohnung mit Küche oder Miniküche oder Zelt, Solardusche und Komposttoilette – wer umweltbewusst reisen, aber nicht auf Komfort verzichten möchte, ist hier richtig. Ein Souvenirshop ist vor Ort.

ST. JOHN: Estate Lindholm **$$**
B&B
Route 20, Cruz Bay
(340) 776 6121
estatelindholm.com
Wer sich von dem wundervoll begrünten Inn mit 14 hellen Zimmern zu Fuß in die Stadt begibt, muss einen steilen Rückweg in Kauf nehmen. Der Blick auf Cruz Bay ist fantastisch.

ST. JOHN: Estate Zootenvaal **$$**
Meerblick
Route 10, Zootenvaal
(340) 776 6321
estatezootenvaal.com
Hier gibt es einen Strand und Zimmer mit Küche. Wer frische Lebensmittel benötigt – nach Coral Bay sind es zu Fuß nur fünf Minuten.

Schöner Pool mit Blick auf den Berg, Westin Resort and Villas, St. John

ST. JOHN: Garden by the Sea **$$**
B&B
Nahe Small Pond, Cruz Bay
(340) 779 4731
gardenbythesea.com
Das Frühstück ist großartig, ebenso die Umgebung. Die Läden und Restaurants von Cruz Bay sind bequem zu Fuß erreichbar.

ST. JOHN: St. John Inn **$$**
Inn
An der Route 104, Cruz Bay
(340) 693 8688
stjohninn.com
Das gesellige Inn bietet einfache, aber sehr bequeme Zimmer. Läden und Restaurants sind in Gehweite.

ST. JOHN: Caneel Bay Resort **$$$**
Strandresort
Route 20, Caneel Bay
(340) 776 6111
caneelbay.com
Familien schätzen den Komfort, die Restaurants, die Tennisplätze sowie das Angebot an Wassersportmöglichkeiten und Aktivitäten für Kinder.

ST. JOHN: Gallows Point Resort **$$$**
Luxus
Bay Road, Cruz Bay
(340) 776 6434
gallowspointresort.com
Die reizenden Unterkünfte mit Küche sind fünf Minuten von den Restaurants und Läden von Cruz Bay entfernt. Es gibt einen Whirlpool am Meer und einen kleinen Strand für Schnorchler.

ST. JOHN: Grande Bay Resort **$$$**
Meerblick
Bay Street, Cruz Bay
(340) 693 4668
grandebayresort.com
Hafenblick, schicke wohnungsähnliche Unterkünfte, Pool, Spa, Parkplätze – das bietet dieser Komplex unweit der Restaurants, Bars und Läden von Cruz Bay.

ST. JOHN: Sea Shore Allure **$$$**
Luxus
Pond Mouth Road, Cruz Bay
(340) 779 2800
seashoreallure.com
Die erstklassig ausgestatteten, edlen Wohnungen sind um einen großen Pool herum angeordnet. Cruz Bay ist zu Fuß bequem erreichbar.

ST. JOHN: Westin Resort and Villas **$$$**
Strandresort
Route 104, Great Cruz Bay
866 716 8108
westinresortstjohn.com
Ein großes Wassersportangebot, ein weitläufiger Strand, ein Pool und diverse Restaurants machen das Resort zu einem beliebten Ziel für auf Komfort bedachte Familien. Es gibt Zimmer und Villen.

ST. THOMAS: Crystal Palace **$**
B&B
Crystal Gade, Charlotte Amalie
(340) 777 2277
crystalpalaceusvi.com
Der Eigentümer, ein geschätzter Hobbyhistoriker, ließ die Zimmer des Crystal Palace zum Teil mit Antiquitäten ausstatten. Der Aufenthalt hier ist wie eine Reise in vergangene Zeiten.

ST. THOMAS: Best Western Emerald Beach Resort **$$**
Strandresort
Route 30, Lindbergh Bay
(340) 777 8800
emeraldbeach.com
Der weiche Sandstrand beginnt direkt vor der Tür dieses kleinen, in Flughafennähe gelegenen Resorts im Motel-Stil. Vor Ort gibt es ein Restaurant, eine Bar und Möglichkeiten, Wassersport zu treiben. Spa, Friseur und Gratis-WLAN sind ebenfalls verfügbar.

Vis-à-Vis-Tipp

ST. THOMAS: Bolongo Bay $$
Strandresort
Route 30, Bolongo
(340) 775 1800
bolongobay.com
Das Resort an einem weißen Sandstrand verfügt über große Zimmer. In der türkisfarbenen Bucht kann man Wassersport treiben, segeln, schnorcheln und tauchen. Es gibt auch ein hoteleigenes Wasserfahrzeug. Iggie's Beach Bar and Grill ist ein beliebter Treffpunkt.

ST. THOMAS: Frenchman's Reef & Morning Star Marriott Beach Resort $$
Strandresort
Route 315, Bakkeroe
(340) 776 8500
marriott.com
Neben luxuriösen Zimmern in verschiedenen Stilen und Größen bietet das Resort Restaurants, Strände und viel Wassersport.

ST. THOMAS: Pavilions and Pools $$
Strandresort
An der Route 38, Smith Bay
(340) 775 6110
pavilionsandpools.com
Hier sind ausschließlich Villen mit Pool, kompletter Küche sowie Meer- und Bergblick vorhanden.

ST. THOMAS: Sapphire Beach Resort $$
Strandresort
An der Route 32, Smith Bay
1-800-524-2025
antillesresorts.com
Der Wohnungskomplex mit einfachen, aber komfortablen Unterkünfte liegt an einem fabelhaften weißen Sandstrand. Der Ausblick ist prächtig.

ST. THOMAS: Secret Harbour $$$
Strandresort
An der Route 322, Nazareth
(340) 775 6550
secretharbourvi.com
Die einfachen, apartmentähnlichen Zimmer liegen direkt am Sandstrand oder bieten den Blick darauf.

ST. THOMAS: Sugar Bay Resort and Spa $$$
Strandresort
Route 38, Smith Bay
(340) 777 7100
dreamsresorts.com/sugar-bay
Das All-inclusive-Resort mit reizenden Zimmern, Meerblick und herrlichem Strand bietet reichlich Aktivitäten an.

Luxuriöse Junior Suite im Peter Island Resort & Spa, Peter Island

British Virgin Islands

ANEGADA: Neptune's Treasure $
Meerblick
Anegada
(284) 495 9439
neptunestreasure.com
Das Hotel in Familienbesitz verfügt über einfache Zimmer in herrlicher Strandlage. Das Restaurant im Haus serviert frische Langusten.

COOPER ISLAND: Cooper Island Beach Club $$
Inselresort
Cooper Island
(284) 495 9084
cooperislandbeachclub.com
Freundliche Zimmer mit schöner Aussicht, ein großartiges Restaurant, Wassersport und eine lebhafte Atmosphäre zeichen das Resort aus.

Vis-à-Vis-Tipp

GUANA ISLAND: Guana Island Resort $$$
Inselresort
Guana Island
800 544 8262
guana.com
Das einzige Resort auf dieser kleinen Privatinsel bietet einfache, aber komfortable Zimmer und fabelhafte Strände. Die Küche serviert erstklassige Gerichte und hervorragenden Wein. Das Wassersportangebot ist abwechslungsreich. Die Anreise erfolgt vom Flughafen auf Beef Island oder per Wassertaxi ab St. Thomas.

JOST VAN DYKE: Ivan's Stress Free Guesthouses $$
Gästehaus
White Bay, Jost Van Dyke
(284) 495 9358
ivanswhitebay.com
Die Gästehäuser bieten Abgeschiedenheit und großartigen Blick auf die White Bay. Wer sparen möchte, kann eine Hütte mieten oder am Strand zelten. Cocktails und BBQ sind großartig.

JOST VAN DYKE: Sandcastle Hotel $$
Strandresort
Jost Van Dyke
(284) 495 9888
soggydollar.com
Der Strand ist die Hauptattraktion des kleinen Resorts, doch viele Gäste kommen auch wegen der Soggy Dollar Bar. Auf den Zimmern gibt es weder TV noch Telefon. Im Garten oder am Strand sind ein paar Cottages verfügbar.

PETER ISLAND: Peter Island Resort & Spa $$$
Inselresort
Peter Island
(284) 495 2000
peterisland.com
Eine Fähre holt die Gäste aus Tortola ab. Es gibt schöne Zimmer, elegante Speisen, prächtige Strände und viel Wassersport.

TORTOLA: Fort Burt Hotel $
Historisch
Waterfront Drive, Road Town
(284) 494 2587
fortburt.com
Das Hotel in der Nähe der Läden und Restaurants von Road Town bietet unterschiedlich gestaltete Zimmer mit Meerblick. Es gibt kaum Parkplätze.

TORTOLA: Maria's by the Sea Hotel $
Modern
Waterfront Drive, Road Town
(284) 494 2595
mariasbythesea.com
Es gibt einfache saubere Zimmer und Parkplätze. Läden, Restaurants und Bars sind in der Nähe.

TORTOLA: Sebastian's on the Beach $
Strandresort
Long Bay Road, Apple Bay
(284) 495 4212
sebastiansbvi.com
Bars und Restaurants kann man von dem kleinen Resort am Strand aus zu Fuß erreichen.

Preiskategorien *siehe Seite 248*

TORTOLA: Fort Recovery Beachfront Villas and Suites Hotel $$
Strandresort
Waterfront Drive, Pockwood Pond
1-855-349-3355
fortrecoverytortola.com
Die großen Suiten mit Küche eignen sich für Aufenthalte von ein, zwei Wochen. Der Strand ist klein, das Panorama jedoch sehr schön.

TORTOLA: Frenchman's $$
Strandresort
Am Sir Francis Drake Hwy, Soper's Hole
(284) 494 8811
frenchmansbvi.com
Jede Unterkunft, von einem Einheimischen designt, bietet eine gut ausgestattete Küche und schöne Aussicht. Strand, Tennisplätze und ein Restaurant sind vor Ort.

TORTOLA: Long Bay Beach Club $$
Strandresort
Long Bay Road, Long Bay
866 237 3491
longbay.com
Das Resort bietet Strände, einen Swimmingpool, Wassersport, Tennis, Läden und Restaurants sowie Zimmer in verschiedenen Kategorien.

TORTOLA: The Mariner Inn Hotel $$
Modern
Wickham's Cay II, Road Town
(284) 494 2333
moorings.com
Hier landen viele Gäste, die eine Woche auf Bootstour gehen. Für »Landratten« bietet das Hotel zahlreiche Aktivitäten und große Zimmer.

TORTOLA: Myett's $$
Öko-Resort
Cane Garden Bay
(284) 495 9649
myetts.com
Die Zimmer des umweltfreundlichen Strandhotels sind einfach. Die Bars und Restaurants von Cane Bay sind nicht weit entfernt.

TORTOLA: Pusser's Marina Cay Resort $$
Inselresort
Marina Cay
(284) 340 5678
pussers.com/t-marina-cay.aspx
Das winzige Resort mit einfachen Zimmern und Villen sowie der Pusser's Bar ist bei Bootsbesitzern beliebt. Ein Zubringerboot startet in der Trellis Bay.

TORTOLA: Sugar Mill Hotel $$
Strandresort
North Coast Road, Apple Bay
(284) 495 4355
sugarmillhotel.com
Mittelpunkt der reizenden Zimmer an einem Hügel ist das Sugar Mill Restaurant. Auf der anderen Straßenseite beginnt ein Strand.

TORTOLA: Scrub Island $$$
Inselresort
Scrub Island
(284) 394 3440
scrubisland.com
Edler Zimmer, ein großartiger Pool, diverse Restaurants, viele Aktivitäten und ein abgelegener Strand sind die Resort-Highlights.

Vis-à-Vis-Tipp

TORTOLA: Surfsong Villa Resort $$$
Luxus
An der Beef Island Road, Beef Island
(284) 495 1864
surfsong.net
Sieben Villen in diversen Größen in ruhiger Umgebung sowie der kleine Strand, der von Bäumen beschattete Hof und versteckte Nischen ermöglichen Entspannung pur. Bis zur Hauptstraße zum Flughafen ist es mit dem Auto nicht weit.

VIRGIN GORDA: Fischer's Cove Beach Hotel $
Strandresort
Lee Road, The Valley
(284) 495 5252
fischerscove.com
Die Zimmer sind einfach, doch die Strandlage, das gute Restaurant und die Nähe zu Spanish Town machen dies wett.

Farbenfroh eingerichtete Suite des Sebastian's on the Beach, Tortola

VIRGIN GORDA: Leverick Bay $
Meerblick
Leverick Bay Road, Leverick Bay
(284) 495 7421
leverickbay.com
Der Apartmentkomplex neben einer verkehrsreichen Marina bietet einfache Zimmer mit Küche, einen kleinen Strand, einen Pool sowie Tennis und Wassersport.

VIRGIN GORDA: Guavaberry Spring Bay $$
Strandresort
Tower Road, Spring Bay
(284) 495 5227
guavaberryspringbay.com
Die Zimmer mit Küche befinden sich auf beiden Seiten der Straße nach The Baths. Familien schätzen den Zugang zum Strand.

VIRGIN GORDA: Mango Bay Resort $$
Strandresort
Nail Bay Road, Mahoe Bay
(284) 495 5672
mangobayresort.com
Der reizende Strand ist ein paar Schritte von den Strand- und Gartenvillen entfernt. Die Unterkünfte bieten keinen besonderen Chic, dafür aber Küchen.

VIRGIN GORDA: Nail Bay Resort $$
Strandresort
An der Nail Bay Road, Nail Bay
(284) 494 8000
nailbay.com
Ob Studio oder De-luxe-Villa – alle Unterkünfte des Resorts auf einem Hügel über dem Strand sind mit Kochgelegenheiten versehen. Es gibt auch eine schwimmende Bar.

VIRGIN GORDA: Bitter End Yacht Club $$$
Strandresort
North Sound
(284) 494 2746
beyc.com
Hier dreht sich alles um Segeln und Wassersport, doch auch die kleinen Strände locken Gäste. Die Zimmer in diversen Größen sind unterschiedlich dekoriert. Es gibt einen Zubringerservice.

VIRGIN GORDA: Rosewood Little Dix Bay $$$
Strandresort
An der North Sound Road, The Valley
(284) 495 5555
littledixbay.com
Luxus und aufwendige Gärten sind die Kennzeichen dieses Resorts. Schöne Strände, gute Restaurants, ein großen Wassersportangebot, Tennis und ein Top-Spa gehören ebenfalls dazu.

Restaurantauswahl

US Virgin Islands

ST. CROIX: Avocado Pitt $
Café
Christiansted Boardwalk
(340) 773 9843 ● abends
Das Lokal bietet Tische im Freien und am Tresen. Zum Frühstück ist der hausgemachte Haferbrei, mittags das Thunfisch-Sandwich zu empfehlen.

ST. CROIX: Turtles Deli $
Deli
38 Strand Street Ecke Prince Street, Frederiksted
(340) 772 3676 ● So
Die Sandwiches sind üppig mit Truthahn oder Rindfleisch belegt. Es gibt auch aromatischen Käse und Gemüseburger.

ST. CROIX: Blue Moon $$
Bistro
7 Strand Street, Frederiksted
(340) 772 2222 ● Mo
Der Küchenchef bedient sich für seine Gerichte aus Kochtraditionen von der Cajun- bis zur Karibik-Küche. Gelegentlich gibt es Live-Musik.

Vis-à-Vis-Tipp

ST. CROIX: Eat @ Cane Bay $$
International
Route 80, Cane Bay
(340) 718 0360 ● Di
Auf der Straßenseite gegenüber dem betriebsamen Cane Bay Beach serviert das Freiluftlokal mit das beste Essen der Insel. Sehr zu empfehlen sind die »Build-it-yourself-Burger« und der Reggae-Brunch. Der Rumkuchen ist ein absoluter Traum.

ST. CROIX: Rum Runners $$$
International
Christiansted Boardwalk, Christiansted
(340) 773 6585
Das stets volle Freiluftlokal serviert alles von Rippchen bis Languste. Hier kann man auch gut Leute beobachten.

ST. JOHN: Sam and Jack's Deli $
International
Marketplace Shopping Center, Route 104, Cruz Bay
(340) 714 3354
Das Deli hat nur wenige Tische im Freien. Es ist deshalb oft besser, etwas zum Mitnehmen zu ordern. Die Gäste stehen Schlange, auch weil die Zubereitung, z. B. von Ravioli mit Trüffel und Pilzen, nur wenige Minuten dauert.

ST. JOHN: Skinny Legs Bar and Grill $
International
Route 10, Coral Bay
(340) 779 4982
Einheimische und Urlauber schätzen dieses Lokal gleichermaßen. Burger und Chips sind die Hausspezialität. Auf dem Großbild-TV läuft jeden Tag Sport.

ST. JOHN: Vie's Snack Shack $
Karibisch
Route 10, Hansen Bay
(340) 693 5033 ● So, Mo
Frittierte Muscheln und Knoblauchhühnchen sind die Renner des Straßenimbisses an einem Sandstrand. Auch die hausgemachten Kuchen sind sehr gut.

ST. JOHN: Lime Inn $$
Seafood
Lemon Tree Mall, King Street, Cruz Bay
(340) 776 6425 ● So
Mittwochs trifft man sich in diesem Freiluftrestaurant zu »Shrimps satt«. Wer diesen Termin verpasst: Auch die anderen Gerichte der Speisekarte, etwa mit Seafood, Hühnchen oder Rind, sind zu empfehlen.

ST. JOHN: Sun Dog Café $$
Café
Mongoose Junction Shopping Center, Cruz Bay
(340) 693 8340
Mittags und abends werden Snacks und gehaltvollere Gerichte serviert. Besonders zu empfehlen sind die Spinat-Quesadilla und das Jerk-Chicken-Sandwich.

Im Sweet Plantains in St. John kann man unter freiem Himmel essen

Preiskategorien
Die Preise gelten für ein Zwei-Gänge-Menü pro Person mit einer halben Flasche Hauswein, inklusive Steuern und Service.

$	unter 30 US-Dollar
$$	30–55 US-Dollar
$$$	über 55 US-Dollar

ST. JOHN: Asolare $$$
Asiatisch/Fusion
Route 20, Lind Point, Cruz Bay
(340) 779 4747
Die Karte richtet sich nach der Saison. Schweinerippchen werden mit schwarzen Bohnen, geräuchertes Entenconfit mit rotem Thai-Curry und Kimchi serviert.

ST. JOHN: Fish Trap Restaurant $$$
Seafood
Bay Street & Strand Street, Cruz Bay
(340) 693 9994 ● Mo
Das Freiluftrestaurant bereitet Langusten auf verschiedene Arten zu, ebenso Zackenbarsche, Goldmakrelen und Jakobsmuscheln. Gegen den kleinen Hunger hilft eine Schüssel Chowder.

Vis-à-Vis-Tipp

ST. JOHN: Sweet Plantains $$$
Karibisch
Route 107, Coral Bay
(340) 777 4653 ● Di
Karibische Klassiker werden hier »modernisiert« und z. B. Zackenbarschfilet mit einer würzigen Kokosnuss-Tomaten-Sauce serviert. Gäste können beste karibische Rumsorten probieren. Von den Tischen im Freien kann man über die Straße hinweg aufs Meer blicken.

ST. THOMAS: Bill's Texas Pit BBQ $
Amerikanisch
Red Hook Plaza, Route 32, Red Hook
(340) 776 9579 ● So
An der Promenade und beim Krankenhaus gibt es Grillspezialitäten mit Kartoffelsalat, Krautsalat oder Reis zum Mitnehmen.

ST. THOMAS: Cup-N-Kettle Tea Room $
Café
Paradise Cove Oceanfront Villas & Suites, 2GA Ridge Road, Nazareth
(340) 998 7405
Das Café serviert edlen Tee, Smoothies und Gebäck. Probieren Sie die Scones mit Zitronenquark und genießen Sie den Blick aus dem Pavillon.

ST. THOMAS: Greenhouse Restaurant and Bar $$
International
Waterfront Drive, Charlotte Amalie
(340) 774 7998
Pasta, Burger, Wraps, Seafood, Sandwiches und Steaks sind hier der Renner. Dies ist auch einer der besten Nightspot der Insel.

ST. THOMAS: Virgilio's $$$
Italienisch
An der Main Street, Charlotte Amalie
(340) 776 4920 So
Edle italienische Küche lockt die Schickeria der Insel hierher. Zu empfehlen sind die hausgemachte Pasta mit köstlichen Saucen, Ossobuco und Tiramisu.

British Virgin Islands

Vis-à-Vis-Tipp

JOST VAN DYKE: Foxy's Tamarind Restaurant $$
International
Great Harbour
(284) 495 9258
Foxy's ist bekannt wegen Foxy Callwood und seiner Spontanauftritte mit der Gitarre. Passagiere der Charterboote und Fähren sorgen in dem Freiluftlokal für voll besetzte Tische. Am Wochenende steht ein All-You-Can-Eat-Barbecue auf dem Programm.

TORTOLA: Capriccio di Mare $
Italienisch
Waterfront Drive, Road Town
(284) 494 5369 So
Mittags und nachmittags kann man hier einen kleinen Snack im Freien genießen, z. B. knusprige Pizza oder Mozzarella mit Basilikum. Der Espresso ist perfekt.

TORTOLA: The Dove $$
International
67 Main Street, Road Town
(284) 494 0313 So, Mo
Das Lokal kocht kreativ, z. B. Angus-Steak-Burger mit Räucherspeck und Zwiebelmarmelade. Für Vegetarier gibt es knusprige Aubergine und Zucchinikuchen.

TORTOLA: Myett's Garden and Grille $$
International
Cane Garden Bay
(284) 495 9649
Sandwiches, Seafood, Pasta und Steaks locken Urlauber in Scharen an. Chowder und frittierte Muscheln sind die Hausspezialität.

Farbenfroher Eingang des Top of the Baths auf Virgin Gorda

TORTOLA: Pusser's Landing $$
International
Frenchman's Cay Road, Soper's Hole
(284) 495 4554
Beginnen Sie mit einem »Pusser's Rum Drink«. Unten im Lokal gibt es Snacks und Pizza, oben Fisch und Steak zum Dinner.

TORTOLA: Sebastian's Seaside Grille $$
International
Long Bay Road, Apple Bay
(284) 495 4212
Unweit vom Strand serviert das Restaurant Seafood, Pasta, Hähnchen und Rind. Probieren Sie *roti*, einen Burrito mit Hähnchen, Muscheln oder Gemüse.

TORTOLA: Brandywine Estate $$$
Französisches Bistro
Am Blackburn Hwy, Brandywine Bay
(284) 495 2301 Di
Sowohl das Essen als auch der Meerblick sind großartig. Mittags gibt es u. a. Salat mit Ziegenkäse oder Tatar, abends Jakobsmuscheln in Blätterteig und Schokoladenkuchen mit hausgemachtem Vanilleeis. Die Weinkarte ist umfangreich.

TORTOLA: Sugar Mill Restaurant $$$
Vornehm
North Coast Road, Apple Bay
(284) 495 4355
Hier speist man in einer alten Zuckermühle. Probieren Sie Austern-Gratin mit Räucherspeck, Guinness-Hollandaise und Wildpilz-Empanadas. Die Karte wechselt täglich.

VIRGIN GORDA: Bath and Turtle $$
International
Yacht Harbour, Spanish Town
(284) 495 5329
Einheimische und Kapitäne der Boote in der benachbarten Marina lieben hier Pizza, Burger, Hähnchen und Seafood.

VIRGIN GORDA: Fischer's Cove Restaurant $$
Karibisch
Fischer's Cove Hotel, Tower Road, The Valley
(284) 495 5252
Mittags werden Salate und Sandwiches, abends Seafood aus der Region serviert. Von der Terrasse fällt der Blick auf den Strand.

VIRGIN GORDA: Top of the Baths $$
International
Tower Road, The Valley
(284) 495 5497
Sandwiches, Steaks, Burger und Seafood sind hier ebenso beliebt wie das sonntägliche Barbecue. Die Hauptsehenswürdigkeit der Insel ist sehr schön zu sehen.

VIRGIN GORDA: Chez Bamboo $$$
Vornehm
Lee Road, Spanish Town
(284) 495 5752
Auf der Speisekarte steht immer etwas mit Languste, z. B die empfehlenswerte Pasta Alfredo mit Languste und Zitronengras. Die Tapas sind ebenfalls sehr gut.

VIRGIN GORDA: The Rock Café $$$
Café
Tower Road, The Valley
(284) 495 5482
Zwischen großen Steinen werden Seafood-Gerichte und italienische Klassiker wie Gnocchi mit Knoblauch und Basilikum oder Lachs mit Olivenkruste serviert.

VIRGIN GORDA: Sugarcane $$$
Vornehm
Nail Bay Resort, Nail Bay Road, Nail Bay
(284) 852 6107
Ob Burger, Sandwiches oder das puerto-ricanische *Churrasco*-Steak – hier schmeckt alles. Versuchen Sie den Limettenkuchen. Es gibt auch eine Bar im Pool.

Praktische Hinweise

Die Virgin Islands sind touristisch gut erschlossen. Die einzelnen Inseln sind ziemlich klein – auf der größten Insel St. Croix dauert es kaum eine Stunde, sie zu durchqueren. Entsprechend schmal und kurvenreich sind die Straßen. Die Fahrer bleiben oft stehen, um ein Schwätzchen mit Passanten zu halten, während man dahintersteht und wartet. Fähren und Flugzeuge verbinden die Inseln.

Beste Reisezeit

Das Wetter ist auf den Virgin Islands das ganze Jahr über gut. Die Wirbelsturmsaison dauert von Juni bis November und erreicht ihren Höhepunkt im September. In dieser Zeit sind Hotels günstiger. Manche Häuser schließen im August und im September.

Anreise

Aus Deutschland, Österreich und der Schweiz fliegen **Air Berlin**, **American Airlines**, **Austrian**, **British Airways**, **Iberia**, **Lufthansa**, **Swiss** und **United Airlines** mit einem, zwei oder sogar drei Zwischenstopps nach St. Croix und St. Thomas. Flüge nach Tortola bieten neben American Airlines und British Airways u. a. auch **Air France**, **KLM** und **Virgin Atlantic** an. Von den USA kann man per Schiff nach St. John, St. Thomas, Jost Van Dyke, Anegada, Tortola und Virgin Gorda fahren.

Einreise

EU-Bürger und Schweizer benötigen für die Einreise auf die British Virgin Islands und einen Aufenthalt von bis zu vier Wochen einen noch mindestens sechs Monate gültigen Reisepass. Für die Anreise über die USA und zu den US Virgin Islands gelten die US-Visaregeln *(siehe S. 22)*. Auch Kinder jeden Alters benötigen eigene Reisedokumente.

Information

Informationen, Broschüren und Karten bieten die diversen Besucherzentren auf den Inseln. Sie sind meist von 9 bis 17 Uhr geöffnet. Infos zu Hotels, Restaurants, Aktivitäten usw. erteilen die Büros von **USVI Tourism** und **BVI Tourism**.

Sicherheit und Gesundheit

Auf den Hauptinseln gibt es die Krankenhäuser **Juan F. Luis Hospital**, **Myrah Keating Smith Community Health Center**, **Roy L. Schneider Hospital**, **Peebles Hospital** und **Virgin Gorda Government Health Clinic**.

Treffen Sie die üblichen Sicherheitsvorkehrungen, und meiden Sie dunkle Gassen und menschenleere Strände.

Fährhafen und Pier des Great Harbour, Jost Van Dyke

Banken und Währung

Die offizielle Währung auf den gesamten Virgin Islands ist der US-Dollar. Banken gibt es auf St. Thomas, St. John, St. Croix, Tortola und Virgin Gorda. Fast alle Banken haben Automaten, an denen man mit der Kreditkarte Geld abheben kann. Die meisten Hotels und Restaurants akzeptieren die gängigen Kreditkarten.

Öffentliches Telefon in Tortola

Kommunikation

Um von den Virgin Islands ins Ausland zu telefonieren, wählt man 011 und die Ländervorwahl (Deutschland: 49; Österreich: 43; Schweiz: 41). Wer aus Europa auf den Virgin Islands anruft, wählt 001, dann die Inselvorwahl 340 (USVI) bzw. 284 (BVI) und die siebenstellige Rufnummer. Bei Telefonaten zwischen Teilnehmern mit derselben Inselvorwahl genügt die siebenstellige Rufnummer.

Das dichteste Mobilfunknetz auf den US Virgin Islands ist das von **AT&T**. Auf den British Virgin Islands ist das Netz lückenhaft. Telefonkarten erhält man in Apotheken und Läden. Informieren Sie sich bei Ihrem Mobilfunkanbieter über die Roaming-Gebühren. Manche Hotels bieten Internet-Zugang. In den größeren Orten gibt es auch Internet-Cafés.

Verkehrsmittel

An den Flug- und Fährhäfen der Virgin Islands bieten Mietwagenfirmen ihre Dienste an. **Achtung**: Auch auf den US Virgin Islands herrscht Linksverkehr! Neben einigen internationalen Mietwagenfirmen wie **Avis** und **Hertz** gibt es auch einheimische Unternehmen auf St. Croix, St. Thomas, Tortola und Virgin Gorda.

In der Hauptsaison sollte man rechtzeitig reservieren. Die Tarife sind sehr hoch. Das

Benzin ist keineswegs so günstig wie in den USA.

Taxis findet man vor größeren Hotels sowie an Flug- und Fährhäfen. Auf den wichtigsten US Virgin Islands verkehren Buslinien, nicht dagegen auf den British Virgin Islands.

Marktschild, Spanish Town auf Virgin Gorda

Shopping

Duty-free-Shops verkaufen auf St. Thomas Schmuck, Gewürze und Kunsthandwerk. Auf den British Virgin Islands findet man viele Läden. Die üblichen Öffnungszeiten (9–17 Uhr) verlängern sich, wenn Kreuzfahrtschiffe angelegt haben.

Sprache

Die Amtssprache der Virgin Islands ist Englisch.

Strom

Die Stromspannung auf Virgin Islands beträgt 110 Volt mit 60 Hertz. Europäische Elektrogeräte benötigen einen Adapter.

Zeit

Die Atlantic Standard Time (AST) der Virgin Islands liegt fünf Stunden hinter der Mitteleuropäischen Zeit (MEZ) und sechs Stunden hinter der Mitteleuropäischen Sommerzeit (MESZ).

Heiraten

Auf den British Virgin Islands muss man Heiratsurkunden im **Attorney General's Office** persönlich beantragen und abholen. Auf den US Virgin Islands stellt man den Antrag bei Ämtern des **Superior Court** auf St. Thomas und St. Croix. Dies muss nicht persönlich erfolgen, die Abholung des Dokuments hingegen schon. Hochzeitsveranstalter wie **Anne Marie Weddings** oder **Weddings the Island Way** helfen bei der Bürokratie.

Ferienhäuser

Die verfügbaren Ferienhäuser *(villas)* reichen von kleinen Häuschen mit nur einem Schlafzimmer bis zu großen Anwesen. Allein auf St. John werden etwa 400 Ferienhäuser über Firmen wie **Catered To Vacation Homes**, **Vacation Vistas**, **Caribbean Villas** und **Island Getaways** angeboten.

Weitere Agenturen sind **Villa Dawn**, **Smiths Gore**, **McLaughlin Anderson**, **Vacation St. Croix**, **Areana Villas** und **Virgin Gorda Villa Rentals**.

Auf einen Blick

Anreise

Air Berlin
W airberlin.com

Air France
W airfrance.com

American Airlines
W aa.com

Austrian
W austrian.com

British Airways
W britishairways.com

Iberia
W iberia.com

KLM
W klm.com

Lufthansa
W lufthansa.com

Swiss
W swiss.com

United Airlines
W united.com

Virgin Atlantic
W virgin-atlantic.com

Einreise

US Department of State
W travel.state.gov
https://esta.cbp.dhs.gov

Information

BVI Tourism
W bvitourism.com

USVI Tourism
W visitusvi.com

Sicherheit und Gesundheit

Juan F. Luis Hospital
St. Croix.
☎ (340) 778 6311.

Myrah Keating Smith Community Health Center
St. John.
☎ (340) 693 8900.

Peebles Hospital
Tortola.
☎ (284) 494 3497.

Polizei, Feuerwehr, Ambulanz
US Virgin Islands
☎ 911.
British Virgin Islands
☎ 999.

Roy L. Schneider Hospital
St. Thomas.
☎ (340) 776 8311.

Virgin Gorda Government Health Clinic
Virgin Gorda.
☎ (284) 495 5337.

Kommunikation

AT&T
W att.com

Verkehrsmittel

Avis
W avis.com

Hertz
W hertz.com

Heiraten

Anne Marie Weddings
W stjohnweddings.com

Attorney General's Office
Road Town, Tortola.
☎ (284) 468 3701.

Superior Court
W visuperiorcourt.org

Weddings the Island Way
W weddingstheislandway.com

Ferienhäuser

Areana Villas
W areanavillas.com

Caribbean Villas
W caribbeanvilla.com

Catered To Vacation Homes
W cateredto.com

Island Getaways
W island-getaways.net

McLaughlin Anderson
W mclaughlinanderson.com

Smiths Gore
W smithsgore.com

Vacation St. Croix
W vacationstcroix.com

Vacation Vistas
W vacationvistas.com

Villa Dawn
W villadawn.com

Virgin Gorda Villa Rentals
W virgingordabvi.com

Überblick: Anguilla

Das kleine bezaubernde britische Überseegebiet ist flach und mit trockener Vegetation überzogen. Aufgrund des Korallenkalkbodens besitzt die Insel fantastischen weißen Sand und knallblaues Meer, das von Korallenbänken und Inselchen (Cays) durchzogen ist. Das Eiland ist außerordentlich modern: Es bietet luxuriöse Unterkünfte und ähnlich wie St. Barthélemy einige der eindrucksvollsten Ferienhäuser und Resorts in der Karibik.

Zur Orientierung

Halbmondbucht von Sandy Ground

Sehenswürdigkeiten auf einen Blick

1. The Valley
2. Sandy Ground
3. West End
4. Island Harbor und East End

Auf einen Blick

Politik: Britisches Überseegebiet (kein EU-Gebiet).
Sprache: Englisch.
Währung: East Caribbean Dollar (EC$).
Mobilfunk: GSM/GPRS 900 MHz (wie in D, A, CH), 850/1900 MHz.
Strom: 110 V/60 Hz, Adapter: ja.

Weitere Zeichenerklärungen *siehe hintere Umschlagklappe*

Fischerboote in Island Harbor

Scrub Island
Diese unbewohnte Insel ist wegen des klaren Wassers und der weißen Sandstrände bei Besuchern beliebt.

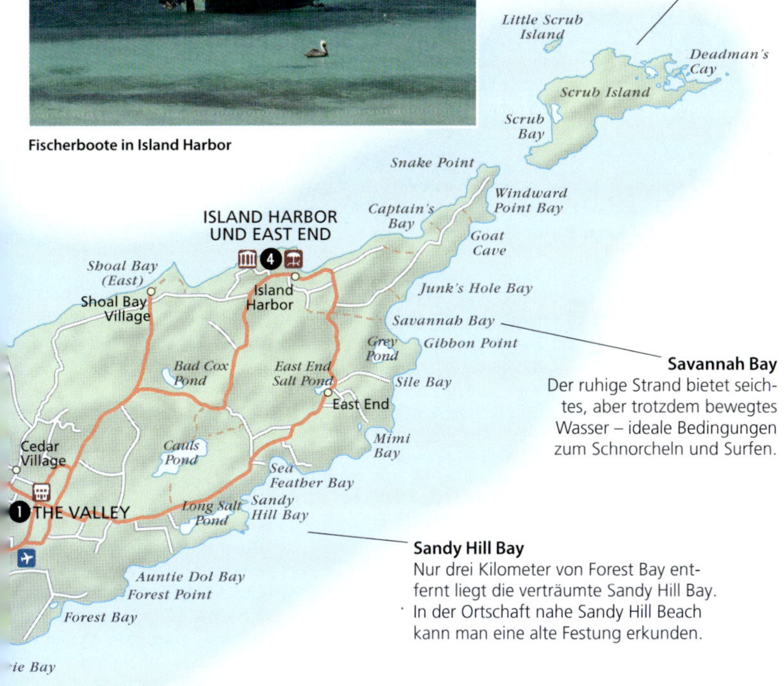

Savannah Bay
Der ruhige Strand bietet seichtes, aber trotzdem bewegtes Wasser – ideale Bedingungen zum Schnorcheln und Surfen.

Sandy Hill Bay
Nur drei Kilometer von Forest Bay entfernt liegt die verträumte Sandy Hill Bay. In der Ortschaft nahe Sandy Hill Beach kann man eine alte Festung erkunden.

Legende
- Hauptstraße
- Nebenstraße
- Piste
- Fährlinie

Auf Anguilla unterwegs

Unweit der Inselhauptstadt The Valley liegt der kleine Inselflugplatz. Da es kein öffentliches Verkehrssystem auf Anguilla gibt, benutzt man Taxis oder Mietwagen. Beides vermittelt die Hotelrezeption. Inselrundfahrten nehmen höchstens ein paar Stunden in Anspruch.

Katholische Kirche St. Gerard, The Valley

Wallblake House, eines der ältesten Gebäude der Insel

❶ The Valley

Zentrum von Anguilla. 2035. Anguilla Tourist Board, Coronation Av., Mo–Sa 8–17 Uhr, (264) 497 2759. People's Market (Mo–Sa). Anguilla Summer Festival (Aug). **ivisitanguilla.com**

The Valley, die Hauptstadt von Anguilla, ist so klein, dass man kaum von einer Stadt sprechen kann. In der breiten Queen Elizabeth Avenue stehen Amtsgebäude, darunter die Regierungsbehörden, das Postamt, die Telefongesellschaft und ein paar Einkaufszentren. Auf dem People's Market an der Straße bekommt man wochentags Obst und Gemüse.

Der älteste Ortsteil liegt in der Coronation Avenue, die nördlich hinter dem Tourist Board vorbei und bergauf Richtung Crocus Bay verläuft. Nach einer leichten Steigung kommt man zu einigen alten Steinhäusern, zu denen auch der Warden's Place zählt – in der ehemalige Residenz eines Plantagenbesitzers befindet sich eine vorzügliche Bäckerei.

In der Queen Elizabeth Avenue, die Richtung Flugplatz führt, steht die interessante St. Gerard's Catholic Church mit ihren drei mit Muscheln verzierten Bogen. Das angrenzende **Wallblake House** ist eines der ältesten Gebäude von Anguilla. Das 1787 erbaute Plantagenhaus wurde restauriert. Es besitzt ein Steinfundament und ist im oberen Teil mit Schindeln verkleidet. Die Küchen, Ställe und Arbeiterquartiere sind noch intakt. Das Haus wurde 1959 der katholischen Kirche vermacht, erwies sich aber als zu klein, um dort Gottesdienste abzuhalten.

Wallblake House
Wallblake Road. (264) 497 6613. Mo, Mi, Fr 10–14 Uhr.
wallblake.ai

❷ Sandy Ground

3 km westl. von The Valley.

Road Bay ist Anguillas Tiefseehafen. Trotzdem gibt es hier wunderbare Sandstrände. Der in einer Felsenbucht gelegene, nach Westen hin offene Hafen und der Ort Sandy Ground sind bestens geschützt. Den herrlichen langen Sandstrand säumen Strandrestaurants, Bars und Wohnhäuser. Am Kai legen Boote an. In der Bucht ankern Fischer- und Freizeitboote. Segeln wird hier großgeschrieben. Rund um die Lagune sind bis heute die kleinen Wälle sichtbar, die bei der Salzgewinnung als Begrenzung der Verdunstungsbecken dienten. Die Wirtschaft von Anguilla profitierte lange vom Salz, das bis in die 1980er Jahre in Mengen exportiert wurde. Die Heritage Tour des **Anguilla National Trust** führt Besucher zu Kultur- und Naturdenkmälern. Die Führungen dauern zwischen 20 Minuten und vier Stunden und berücksichtigen die Wünsche der Teilnehmer.

Anguilla National Trust
The Valley. (264) 497 5297. Mo–Fr 8–16 Uhr (nach Vereinbarung). **axanationaltrust.com**

❸ West End

13 km westl. von The Valley.

Anguilla bietet herrliche Sandstrände, die schönsten sind jedoch am West End zu finden. Dementsprechend gibt es dort viele Hotels. Das West End ist über die Hauptstraße der Insel erreichbar. Unterwegs gibt es Shops, Kunstgalerien und Mini-Märkte. Ein interessanter Ort in der Hauptstraße von West End ist **Cheddie's Carving Studio**. Dort macht ein einheimischer Künstler Kunstwerke aus Treibholz. Meads Bay und Barnes Bay sind fantastische Strände an der Nordseite.

Anguilla hat keinen eigenen Baustil, aber in den letzten

West End ist einer der verlockendsten Orte der Karibik

Hotels und Restaurants auf Anguilla *siehe Seiten 262 und 263*

Das Covecastles Resort am Strand der Shoal Bay, West End, ist architektonisch eine Augenweide

20 Jahren sind dort einige bemerkenswerte Ferienhäuser und Hotels entstanden. Besonders originell sind die hochmodernen Covecastles an der Shoal Bay (West) nahe der Westspitze der Insel. Sie stammen vom Architekten Myron Goldfinger und erinnern an weiße Köpfe, die bis zum Hals im Sand stecken und nach Süden auf St. Martin starren.

Im Nachbarort Altamer hat Goldfinger seine weiße Betonbauweise noch weiter geführt: dreieckige Dächer in Anlehnung an anguillianische Yachten. Inzwischen haben The Villas at Long Bay Estate einen fast geometrischen Stil eingeführt. Er besteht aus Säulen, Würfeln und Staffelgiebeln aus weißem Beton. In Cap Juluca *(siehe S. 262)* stehen 18 Villen nebeneinander an der Maunday's Bay. Sie sind ein Mix aus maurischen Bogen und Kuppeln, deren Weiß sich vom Blau des Himmels und des Meeres stark abhebt. Die Villen zählen mit Sicherheit zu den schönsten Domizilen, die in der ganzen Karibik überhaupt zu haben sind.

Cheddie's Carving Studio
The Cove. (264) 497 6027.
Mo–Fr 9–17 Uhr, Sa 10–15 Uhr.
cheddie.ai

❹ Island Harbor und East End

10 km östl. von The Valley.

Das East End der Insel, mit Häusern, Kirchen und Schulen in kleinen Ansiedlungen, ist etwas typischer für Anguilla als das West End.

Zwei Straßen umrunden das East End. Sie beginnen in The Valley und treffen in Island Harbor, der einzigen weiteren Ortschaft von nennenswerter Größe, aufeinander. Die nördliche Straße führt über Shoal Bay (Osten), den meistbesuchten Strand der Insel, der bei Individualreisenden sehr beliebt ist. Die südliche Straße verläuft durch kleine Ortschaften nach East End. Gegenüber der East End Lagoon, in der Zugvögel Station machen, steht das **Heritage Collection Museum** mit einer ausgefallenen Sammlung. Sie illustriert die Geschichte Anguillas in all ihren Aspekten bis heute. Zu sehen sind Keramiken, Münzen, alte Grammophone und viele Fotografien. Auch Geologie und Naturgeschichte der Insel werden beleuchtet. Ein Stückchen weiter befindet sich der Fischerort Island Harbor, in dessen Bucht Fischerboote auf dem Wasser tanzen. Der Anguilla National Trust *(siehe S. 261)* bietet Wanderungen zu den archäologischen Stätten der Gegend. Hinter dem Ort Richtung Küste gibt es abgelegene Strände wie Captain's Bay und Savannah Bay.

Heritage Collection Museum
Liberty Road, East End.
(264) 497 4092.
Mo–Sa 10–17 Uhr.

Bunte Boote in der Bucht von Island Harbor

Anguillas Geschichte

Shoal Bay (West)

Anguillas frühe Geschichte liegt weitgehend im Dunkeln und ist von Mythen bestimmt. Besser verbürgt sind Spuren von spärlicher Besiedlung und Piraterie. Ursprünglich hieß das Eiland Malliouhana, was angeblich Seeschlange bedeutet. Seinen späteren Namen erhielt es von spanischen Kolonisten wegen der lang gezogenen Form (*anguila* ist spanisch für »Aal«). Plantagenanbau wollte hier nicht recht gedeihen, vielmehr ermutigte man die Sklaven, selbst etwas anzubauen. Irgendwann verlegten sich die Inselbewohner auf Handel und Seefahrt. Ihre Nachfahren findet man überall in der Karibik, so zum Beispiel viel in der Dominikanischen Republik. Einige von ihnen wollen wegen des wirtschaftlichen Fortschritts nach Anguilla zurückkehren.

Sport und Aktivurlaub

Aktivitäten auf Anguilla konzentrieren sich meist auf das Meer und die herrlichen Strände der Insel. Wassersport wie Schnorcheln, Tauchen und Segeln ist natürlich am beliebtesten und wird entsprechend oft angeboten. Aber auch Wanderungen, Radtouren und Ausritte zu Pferd erfreuen sich großer Beliebtheit. Anguilla verfügt zudem über einige schöne Golfplätze. In vielen Hotels finden die Gäste gepflegte Tennisplätze und Wellness-Einrichtungen.

Villa an der Shoal Bay mit herrlichem Blick auf den Atlantischen Ozean

Strände

Anguillas Strände mit ihrem feinen, nachts glitzernden Pulversand zählen zu den schönsten der Karibik. An unberührten Stränden mangelt es nicht, eher an Schatten spendenden Bäumen. Hotels und Strandbars bieten Sonnenschirme und überdachte Bars.

Shoal Bay (East), der beliebteste Strand, ist sonntags am vollsten. Er bietet mehrere Strandbars, ein fantastisches Riff zum Schnorcheln und viel Wassersport. Sandy Ground wird sonntags ebenfalls sehr lebhaft. Weitere Strände mit herrlichem Sand und leichtem Zugang sind Meads Bay, Cove Bay und Barnes Bay. Etwas abgeschiedener liegen Little Bay, Captain's Bay und die vorgelagerten Sandy Island und Prickly Pear Cays.

Anguillas Strandbars sind ein Markenzeichen der Insel. Sie reichen von klassisch karibischen Hütten bis zu gehobenen Restaurants und eignen sich bestens als Stützpunkt für den Tag am Strand (oder einen Tagesausflug zu den vorgelagerten Inseln). In Shoal Bay (East) gibt es berühmte Bars und Restaurants wie Uncle Ernie's, Madeariman Reef, Elodia's und Gwen's Reggae Grill. In Sandy Ground steht das beliebte Johnno's.

Klassische karibische Bars säumen die endlosen Sandstrände. Smokey's ist das bekannteste Lokal in der Cove Bay. Dune Preserve in der Rendezvous Bay ist eine Institution. Die Trattoria Tramonto in Shoal Bay (West) serviert wunderbare italienische Gerichte. Scilly Cay in Island Harbor bereitet Seafood nach karibischer Art zu.

Der farbenfrohe Bretterverschlag von Johnno's, Sandy Ground

Segeln

Das ultimative Karibik-Feeling liefert ein Tagestörn mit dem Segelboot. Anguilla hat in dieser Hinsicht ein reichhaltiges Angebot. Segel- und Motorboote steuern regelmäßig die vorgelagerten Inseln Sandy Island und Prickly Pear Cays an. Sie sind kaum mehr als Sandbänke mit ein paar Palmen und herrlichem Strand. Das Mittagessen besteht meist aus Hummer mit Salat und ist im Ausflugspreis inbegriffen. Die Bootsfahrten werden vom Hotel, von Konzessionären wie **Shoal Bay Scuba**, **Sandy Island Enterprises** oder aber von unabhängigen Katamaranfirmen wie **Chocolat Sail** organisiert. Wer nicht den ganzen Tag auf dem Segelboot zubringen will, für den ist die **Gorgeous Scilly Cay** eine Option, ein Eiland vor Island Harbor. Es werden auch Fahrten im Glasbodenboot angeboten. Das Shopping-Paradies St. Martin/Sint Maarten *(siehe S. 266–279)* erreicht man von Blowing Point mit der Fähre in nur 20 Minuten. Die französisch-niederländische Insel ist von Anguilla aus ein ideales Tagesziel. Die letzte Fähre nach Anguilla fährt um 19 Uhr ab, Wassertaxis sind auch später noch unterwegs.

Hochseeangeln

Die Hochseefischerei ist auf Anguilla ein beliebter Sport. In Booten geht es in die tieferen Gewässer jenseits der kleinen Inseln im Norden und Nordosten. Mit Schleppnetzen werden u. a. Wahoo, Fuchshaie und Thunfische gefangen. **Gotcha Sea Tours** ist der bekannteste Anbieter der Insel. Auch Shoal Bay Scuba und Sandy Island Enterprises bieten Hochseefischerei an.

Wassersport

Anguilla bietet vor seinen schönen Stränden reichliche Möglichkeiten, Wassersport zu treiben. Die geschützte Crocus Bay ist ideal für Wassersport geeignet. Viele Hotels verleihen Ausrüstung zum Schnorcheln, Kajakfahren, Surfen und Segeln. Wer sich gern unabhängig aufmachen möchte, kann die nötige Ausrüstung dafür bei Shoal Bay Scuba oder bei **Vigilant Divers** ausleihen.

Tauchen

Wegen des klaren Wassers und der fantastischen Riffe ist Tauchen um Anguilla wirklich lohnenswert. Da wenig Abwasser ins Meer geleitet wird, gibt es hier gesunde Korallenriffe mit vielen Fischen, darunter zuweilen auch größere. Hauptattraktion sind aber die fünf Wracks. Sie wurden hier versenkt, um als interessante Tauchspots zu dienen. Tauchausflüge bucht man z. B. bei Vigilant Divers und Shoal Bay Scuba.

Schnorcheln

Das Wort »Shoal« bedeutet Riff. Dass die Insel zwei Shoal Bays besitzt, spricht dafür, dass man hier gut schnorcheln kann. Die besten Riffe sind in Shoal Bay (East), wo Schnorchelstrecken markiert sind, und in Little Bay, einer kleinen Felsenbucht nahe The Valley an der Nordküste. Auch in Road Bay, Maunday's Bay und Barnes Bay kann man sehr gut schnorcheln. Das notwendige Equipment kann man an fast allen der beliebten Strände ausleihen.

Wandern

Am Ostende von Anguilla gibt es einige überraschend abgelegene Gegenden, in denen man wunderschön wandern kann. Der **Anguilla National Trust** organisiert Wanderungen zu archäologischen Stätten um Island Harbor.

Reiten und Radfahren

Ausritte über das Land und entlang den Stränden kann man mit Pferden von **Seaside Stables** unternehmen. Da das Land relativ flach ist, lässt sich das Hinterland der Insel außerdem wunderbar mit dem Fahrrad erkunden. Leihräder gibt es u. a. bei **Bryans Car Rental**, dessen Inhaber der Radsportler Ronnie Bryan ist.

Golfer auf dem weitläufigen Golfplatz, CuisinArt Golf Club

Golf

Der 18-Loch-Golfclub (Par 72) CuisinArt wurde von dem Golfprofi und Platzdesigner Greg Norman entworfen. Der erste Golfclub in Anguilla wurde 2006 in Merrywing eröffnet. Er erstreckt sich über sechs Kilometer satten Grüns und dahinfließender Bäche und bietet eine umwerfende Aussicht auf das Meer sowie auf St. Martin/Sint Maarten.

Wellness

Es gibt zwei exzellente Spas, die zum Malliouhana Hotel und zum CuisinArt Resort & Spa *(siehe S. 262)* gehören. Das Malliouhana Spa steht oberhalb der Meads Bay und hat drei Behandlungsräume, darunter die »his and hers«-Suite und einen Fitnessraum. Das Venus Spa im CuisinArt Resort wurde modernisiert und bietet Hydrotherapie und Fitnessraum.

Tauchen und schnorcheln in Sandy Ground

Auf einen Blick

Segeln

Chocolat Sail
Sandy Ground.
(264) 497 3394.

Gorgeous Scilly Cay
(264) 497 5123.

Sandy Island Enterprises
Sandy Ground.
(264) 476 6534.

Shoal Bay Scuba
Shoal Bay (East).
(264) 235 1482.
W shoalbayscuba.com

Hochseeangeln

Gotcha Sea Tours
(264) 235 7902.
W gotcha-garfields-sea-tours-anguilla.com

Wassersport

Vigilant Divers
The Valley.
(264) 235 4096.
W vigilant.webeden.co.uk

Wandern

Anguilla National Trust
Albert Lake Drive, The Valley.
(264) 497 5297.
W axanationaltrust.com

Reiten und Radfahren

Bryans Car Rental
Blowing Point.
(264) 497 6407.
W bryanscarrental.com

Seaside Stables
(264) 235 3667.
W seaside-stables-anguilla.com

Hotelauswahl

EAST END: Milly's Inn $
Modern
Shoal Bay East
(264) 581 5398
millysinn.ai
Das kleine Inn an einem Hang bietet Unterkünfte mit einem Schlafzimmer, kompletter Küche, Schlafsofas und Veranda mit Blick auf den Shoal Bay Beach.

EAST END: Serenity Cottages $$
Modern
Shoal Bay East
(264) 497 3328
serenity.ai
Die Cottages am Strand gibt es mit einem oder zwei Schlafzimmern, TV und kompletter Küche. Es werden auch Studios mit Minikühlschrank angeboten.

MEADS BAY: Patsy's Seaside Villas $
Strand
Blowing Point Beach
(264) 476 7419
patsy-seaside-villa.com
Die Villen am Strand mit einem oder zwei Schlafzimmern und Küche sind besonders für Familien eine preiswerte Option. Die Aussicht ist großartig.

MEADS BAY: Anacaona Boutique Hotel $$
Strandresort
Meads Bay
(264) 497 6827
anacaonahotel.com
Das Hotel in mediterranem Stil ist eine komfortable, stylishe Alternative zu den teureren Hotels in der Nähe. Ein kurzer Spaziergang führt zum Strand.

MEADS BAY: Yacht Club Villas at Callaloo $$
Strand
Cul de Sac, Blowing Point
(264) 498 8600
callalooclub.com
Die Villen und Apartments mit zwei bis 15 Schlafzimmern sind klimatisiert. Die meisten Villen bieten einen Pool und Meerblick. WLAN ist verfügbar.

MEADS BAY: Carimar Beach Club $$$
Strandresort
Meads Bay
(264) 497 6881
carimar.com
Gästen stehen direkt am Meads Bay Beach Unterkünfte mit einem oder zwei Schlafzimmern, Küche, Wohn- und Esszimmer zur Verfügung. WLAN ist gratis.

Golfplatz mit Meerblick: CuisinArt Golf Resort & Spa, Meads Bay

Vis-à-Vis-Tipp

MEADS BAY: CuisinArt Golf Resort & Spa $$$
Strandresort
Rendezvous Bay
(264) 498 2000
cuisinartresort.com
Als das Resort den von Greg Norman designten 18-Loch-Golfplatz erwarb, wurde die Debatte um das beste Hotel der Insel neu belebt. Die Zimmer sind geräumig und gut ausgestattet. Es gibt fünf sehr gute Restaurants, die manche Zutaten von der Hydrokulturfarm des Resorts erhalten.

SANDY GROUND: Sydans Apartments $
Strand
Sandy Ground
(264) 497 3180
inns.ai/sydans
Die einfach möblierten Apartments mit Küche liegen gegenüber dem Sandy Ground Beach.

SANDY GROUND: Ambia Boutique Hotel $$
B&B
South Hill
(264) 461 8686
anguillabnb.com
Von den Terrassen der asiatisch gestylten Suiten blickt man auf Sandy Ground. Frühstück wird auf Wunsch im Zimmer serviert. Es gibt einen Pool und WLAN.

SANDY GROUND: Villa Nirvana $$$
Modern
Shannon Hill, Sandy Ground
1-888-712-3224
gobeach.com/anguilla/nirvana.htm
Die mit vier Schlafzimmern versehene Villa hoch über der Küste bietet luxuriöse indonesische Möbel und viele Extras. Der Panoramablick ist umwerfend.

Preiskategorien
Die Preise gelten für ein Standard-Doppelzimmer pro Nacht (Hochsaison), inklusive Steuern und Service.

$	**unter 200 US-Dollar**
$$	**200 – 500 US-Dollar**
$$$	**über 500 US-Dollar**

THE VALLEY: Lloyd's Bed & Breakfast $
Historisch
Crocus Bay, The Valley
(264) 497 2351
lloyds.ai
Namen, Dekor und Kunstwerke machen jedes der Zimmer des kleinen Inns einzigartig. Dazu gibt es Klimaanlagen, Deckenventilatoren und Fernseher.

THE VALLEY: Las EsQuinas Boutique Bed & Breakfast $$
B&B
Little Harbour
(264) 476 3351
lasesquinas.com
Die umgestaltete Villa am Strand bietet Suiten in mexikanischem, mediterranem, balinesischem und marokkanischem Stil.

WEST END: West End Bay Holiday Suites $$
Modern
Shoal Bay West
(264) 498 2525
westendbay.com
Selbstversorger erhalten hier Unterkünfte mit einem oder zwei Schlafzimmern. Shoal Bay West Beach, Restaurants und Läden sind in der Nähe. WLAN ist gratis.

WEST END: Cap Juluca $$$
Strandresort
Maunday's Bay
(264) 497 6666
capjuluca.com
Das luxuriöseste Hotel der Insel steht an einem sichelförmigen weißen Sandstrand. Alle Zimmer bieten Meerblick. Neben vielen Annehmlichkeiten werden auch Tennis, Wassersport und Volleyball angeboten.

WEST END: Caribella Beach Resort $$$
Luxus
Meads Bay
800 969 8002
lambertventures.com
Die Villen und Apartments mit spanischem Touch stehen am Strand. Die Apartments bieten zwei Schlafzimmer und Küche.

Restaurantauswahl

CUL DE SAC: The Ferryboat Inn Restaurant and Bar **$$**
Amerikanisch
Blowing Point Village
(264) 497 6613 ● So
Das beliebte Strandrestaurant ist bekannt für exzellente Burger und leckeren Rumpunsch.

EAST END: On Da Rocks Seafood Grill & Bar **$$**
Karibisch
Island Harbour
(264) 772 3017 ● Mo
Das Restaurant am Meer serviert am Wochenende preisgünstig Langusten. Es gibt Seafood vom Grill, Suppen, Wraps und Burger.

EAST END: Serenity Restaurant **$$$**
Europäisch
Shoal Bay East
(264) 497 3328
Das Restaurant mit Bar am Strand bietet Pasta, Seafood, Grillgerichte und einen schönen Ausblick.

LONG BAY: Blanchards Beach Shack **$$**
Amerikanisch
Meads Bay
(264) 498 6100 ● So
Neben erstklassigen Burgern, Sandwiches, Wraps und Salaten zu vernünftigen Preisen gibt es hier auch Tacos und Reisgerichte.

LONG BAY: Fire Fly Restaurant & Bar **$$$**
Karibisch
Meads Bay
(264) 497 6827
Das Restaurant interpretiert karibische Küche neu. Dienstagabends gibt es ein chinesisches Festpreismenü. Anguillan Culture Night (Do) und Latin Night (Fr) stehen auch auf dem Programm.

LONG BAY: Oliver's Seaside Grill **$$$**
Europäisch
Long Bay
(264) 497 8780
Für Grill-Seafood, Fleisch- und Pastagerichte sowie die Hausspezialität Rock Oven Baked Whole Chicken sollte man reservieren.

SANDY GROUND: Roy's Bayside Grill **$$**
Europäisch
Sandy Ground Village
(264) 497 2470
Gäste genießen Fleisch und Fisch vom Grill, Vor- und Nachspeisen sowie die wahrscheinlich besten Fish 'n' Chips der Insel.

SANDY GROUND: Dolce Vita Italian Beach Restaurant **$$$**
Italienisch
Sandy Ground Village
(264) 497 8668
● Sa mittags, So
Italienische Küche mit Anguilla-Note wird an Tischen im Freien mit Blick auf den Sonnenuntergang serviert. Reservierung wird empfohlen.

SANDY GROUND: E's Oven Restaurant & Bar **$$$**
Europäisch
South Hill
(264) 498 8258 ● Di
Einer der berühmtesten Köche der Karibik bereitet karibische Klassiker zu, u. a. auch Fisch- und Fleischgerichte vom Grill.

Vis-à-Vis-Tipp

SANDY GROUND: Veya Restaurant **$$$**
International
Sandy Ground
(264) 498 8392 ● So
Die »Küche der Sonne« zaubert aus Aromen aus Marokko, Vietnam, Indien und China – so sagen viele Gäste – die besten Gerichte von Anguilla, ja sogar der ganzen Karibik. Die Ergebnisse dieser Kochkunst werden in einem traumhaften Garten mit Koi-Teich und Wasserfällen serviert.

THE VALLEY: Fat Cat Gourmet to Go **$**
Deli
Stoney Ground
(264) 497 2307 ● So
Die Auswahl zum Mitnehmen ist groß, u. a. gibt es Lasagne, Quiches, Ziegencurry, Bœuf bourguignon, Hauptgerichte aus dem Ofen, Salate und Desserts.

Preiskategorien
Die Preise gelten für ein Zwei-Gänge-Menü pro Person mit einer halben Flasche Hauswein, inklusive Steuern und Service.

$	unter 30 US-Dollar
$$	30 – 60 US-Dollar
$$$	über 60 US-Dollar

THE VALLEY: Da'Vida Restaurant **$$$**
Karibisch / Asiatisch
Crocus Bay
(264) 498 5433
Das Da'Vida hat sich der Zubereitung von Seafood verschrieben – mit Gewürzen aus Asien oder von der Insel. Die Tapas sind ebenfalls zu empfehlen.

WEST END: Picante Restaurant **$$**
Mexikanisch
West End
(264) 498 1616 ● Di
Mexikanische Klassiker sowie eine große Auswahl an Margaritas werden an Tischen im Freien serviert.

WEST END: Smokey's at the Cove **$$**
Karibisch
Cove Bay
(264) 497 6582
Auf der Speisekarte der gehobenen Strandbar stehen Seafood, Salate, Wraps, Rippchen und Spezialitäten wie Creole Lobster Cake und Fisch-Carpaccio.

WEST END: Mango's Seaside Grill **$$$**
Seafood
Barnes Bay
(264) 497 6479 ● Di
Fisch und Langusten, die hier auf den Grill oder in die Pfanne kommen, stammen aus der Region. Die Desserts schmecken mit Blick in den Sonnenuntergang noch einmal so gut.

E's Oven Restaurant & Bar, Sandy Ground

Praktische Hinweise

Anguilla ist eines der exklusivsten und teuersten Urlaubsziele in der Karibik. In den vergangenen Jahren hat die Insel einen unvergleichlichen Bauboom erlebt, ihren entspannten Charakter und die hohen Standards konnte sie sich erfreulicherweise bewahren. Die Hotels und Ferienhäuser sind erstklassig, die Restaurants genießen weltweit einen ausgezeichneten Ruf. Im Juli und August finden auf Anguilla mehrere interessante Festivals statt.

Fähre beim Verlassen des Blowing Point Terminal

Beste Reisezeit

Im Jahresdurchschnitt liegt die Temperatur auf Anguilla bei 27 °C. Am wärmsten wird es während der Wirbelsturmsaison zwischen Juli und Oktober. Am wenigsten regnet es zwischen Februar und April, am meisten von August bis November. Mildes Wetter herrscht auf der Insel von Dezember bis April.

Anreise

Austrian, **British Airways**, **Lufthansa**, **Virgin Atlantic** und **Swiss** fliegen aus Deutschland, Österreich und der Schweiz mit meist zwei Zwischenstopps zum Clayton J. Lloyd International Airport (AXA) auf Anguilla. **LIAT** verbindet Anguilla mit mehreren karibischen Inseln. Von St. Martin/Sint Maarten fliegen **Trans Anguilla Airways** und **Winair** nach Anguilla. Wer mit **American Airlines** nach Puerto Rico fliegt, kommt von dort mit dem regionalen Partner Seaborne Airlines weiter. Von St. Martin/Sint Maarten kann man auch per Fähre oder mit dem Wassertaxibetreiber **Link** nach Anguilla übersetzen.

Einreise

Anguilla ist britisches Überseegebiet, deshalb gelten für die Insel die Einreisebestimmungen für Großbritannien. Zur Einreise nach Anguilla benötigen Reisende – auch Kinder jeden Alters – einen noch mindestens sechs Monate gültigen Reisepass sowie ein Rück- oder Weiterflugticket. EU-Bürger und Schweizer benötigen für einen Aufenthalt von bis zu 90 Tagen kein Visum.

Bei der Abreise sind die Ausreisesteuer sowie Flughafensicherheitsgebühren zu entrichten.

Information

Das **Anguilla Tourist Board** betreibt sein Hauptbüro in The Valley. Am Clayton J. Lloyd International Airport befindet sich ein Informationsstand. Dort erhalten Besucher nützliche Karten, Broschüren und Magazine.

Sicherheit und Gesundheit

Anguilla ist eine sehr sichere Insel. In Fragen der persönlichen Sicherheit gibt es eigentlich keinerlei Probleme, auch Diebstahl ist extrem selten. Trotzdem sollte man Wertsachen nicht offen herumliegen lassen. Das größte Gesundheitsrisiko ist die Sonne. Auch Mücken können nach Regengüssen lästig werden. Impfungen sind nicht erforderlich. Das **Princess Alexandra Hospital** betreibt eine Notambulanz.

Banken und Währung

Anguillas offizielle Währung ist der East Caribbean Dollar (EC$), es werden jedoch meist auch US-Dollar akzeptiert. Die üblichen Geschäftszeiten der Banken sind montags bis donnerstags 8–15 Uhr, freitags bis 17 Uhr. Man kann fast überall außer in kleinen Läden und Lokalen mit den gängigen Kreditkarten bezahlen. Geldautomaten findet man in Banken und in einigen Einkaufsstraßen. Sie sind mit East Caribbean Dollar und US-Dollar bestückt.

Kommunikation

Um von Anguilla ins Ausland zu telefonieren, wählt man 011 und die entsprechende Ländervorwahl (Deutschland: 49; Österreich: 43; Schweiz: 41). Wer aus Europa auf Anguilla anruft, wählt 001, dann die Inselvorwahl 264 und die siebenstellige Rufnummer. Für Gespräche auf Anguilla selbst genügt die siebenstellige Rufnummer. Auf der ganzen

Büro des Anguilla Tourist Board, The Valley

Insel gibt es Handyempfang. Informieren Sie sich bei Ihrem Mobilfunkanbieter über die Roaming-Gebühren. Handys und SIM-Karten mit einheimischer Nummer bekommen Sie in den Filialen von **Digicel** und **Flow**. Fast alle Hotels und Villen verfügen über WLAN-Internet-Zugang.

Verkehrsmittel

Autovermietungen dürfen offiziell nicht direkt am Flug- oder Fährhafen operieren. Daher bringen sie die Kunden in ihre Büros, um dort die Formalitäten zu erledigen. Die Mitarbeiter setzen Sie gern an Ihrem Hotel oder Ferienhaus ab. Auf Anguilla herrscht Linksverkehr. Neben einem gültigen Führerschein benötigen Sie eine vorläufige Fahrerlaubnis für Anguilla. Diese können Sie bei Autovermietungen wie **Avis**, **Island Car Rentals** und **High-Way Rent-A-Car** erwerben. Taxistände gibt es an den Flugplätzen und Fährhäfen. Meist gelten Pauschalpreise für zwei Personen plus zwei Gepäckstücke. Busse verkehren auf Anguilla nicht. Autostopp ist möglich, aber wie überall unkalkulierbar.

Shopping

Anguilla hat nicht unbedingt den Ruf eines Shopping-Paradieses, besitzt aber eine Reihe von Kunstgalerien mit Kunsthandwerk, Malerei und Skulpturen von einheimischen Künstlern sowie mit Werken internationaler Künstler. Die **Loblolly Art Gallery** und die **Savannah Gallery** in The Valley zeigen karibische Kunst, während die **Devonish Art Gallery** die Holz-, Stein- und Tonkreationen des international bekannten Künstlers Courtney Devonish ausstellt. **Le Petite Galerie** zeigt Bilder von Susan Graff. **Albert's Market Place** ist der größte Supermarkt in The Valley. Bei **Irie Life** bekommt man bunte Strandkleidung und Accessoires.

Sprache

Die Amtssprache von Anguilla ist Englisch. Das Englisch der Anguillaner klingt ein wenig irisch.

Strom

Die Stromspannung auf Anguilla beträgt 110 Volt mit 60 Hertz. Für europäische Elektrogeräte wird ein Adapter benötigt.

Zeitgenössische karibische Kunst in der Savannah Gallery

Zeit

Die Atlantic Standard Time (AST) auf Anguilla liegt fünf Stunden hinter der Mitteleuropäischen Zeit (MEZ) und sechs Stunden hinter der Mitteleuropäischen Sommerzeit (MESZ).

Heiraten

Sobald sich ein Paar 48 Stunden auf der Insel befindet, kann es eine Heiratsurkunde erhalten. Dazu benötigt man Ausweis und eventuell Scheidungsurkunden oder den Totenschein eines verstorbenen Ehepartners. Mit der Organisation der Hochzeit kann man Hotels und Reiseveranstalter wie **Malliouhana Travel and Tours** beauftragen.

Auf einen Blick

Anreise

American Airlines
W aa.com

Austrian
W austrian.com

British Airways
W britishairways.com

LIAT
W liatairline.com

Link
W link.ai

Lufthansa
W lufthansa.com

Swiss
W swiss.com

Trans Anguilla Airways
W transanguilla.com

Virgin Atlantic
W virgin-atlantic.com

Winair
W fly-winair.sx

Information

Anguilla Tourist Board
T (264) 497 2759 (The Valley).
W ivisitanguilla.com

Sicherheit und Gesundheit

Polizei, Feuerwehr, Ambulanz
T 911.

Princess Alexandra Hospital
Stoney Ground.
T (264) 497 2551.

Kommunikation

Digicel
Babrow Building, The Valley.
T (264) 498 7500.
W digicelanguilla.com

Flow
The Valley.
T 1-800-804-2994.
W discoverflow.co

Verkehrsmittel

Avis
The Quarter, The Valley.
T (264) 497 2642.

High-Way Rent-A-Car
George Hill.
T (264) 497 2183.
W rentalcars.ai

Island Car Rentals
Airport Road, The Valley.
T (264) 497 2723.
W islandcar.ai

Shopping

Albert's Market Place
Stoney Ground Road, The Valley.
T (264) 497 2240.

Devonish Art Gallery
T (264) 497 2949.
W devonishart.com

Irie Life
Back Street, South Hill.
T (264) 497 6526.
W irielife.com

Le Petite Galerie
T (264) 497 6068.

Loblolly Art Gallery
T (264) 497 6006.

Savannah Gallery
T (264) 497 2263.
W savannahgallery.com

Heiraten

Malliouhana Travel and Tours
T (264) 497 2431.

Überblick: St. Martin / Sint Maarten

St. Martin / Sint Maarten ist das kleinste von zwei Nationen verwaltete Stück Land der Welt. Die 96 Quadratkilometer große Insel ist zwischen Frankreich und den Niederlanden aufgeteilt und eines der vielseitigsten Urlaubsziele der Karibik. Das niederländische Sint Maarten ist für Casinos, Luxushotels und das Unterhaltungsangebot rund um die Uhr bekannt. Das französische St. Martin präsentiert sich mit seinen Gourmet-Bistros, FKK-Stränden, schicken Boutiquen und Hotels wesentlich ruhiger. Jede Seite hat ihren eigenen Charakter. Als Urlauber kann man beide genießen, zumal der Grenzübertritt problemlos ist.

Zur Orientierung

0 Kilometer 2

Marigot
St. Martins zauberhafte Hauptstadt ist von kreolischen Häusern, Boutiquen und Bistros am überschaubaren Yachthafen geprägt.

Simpson Bay
Die Gegend um Simpson Bay mit ihren Läden, Restaurants und Resorts ist das touristische Zentrum der niederländischen Inselseite.

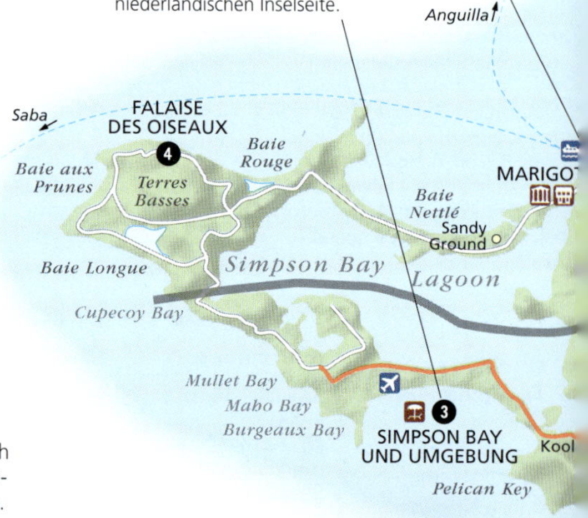

Auf St. Martin / Sint Maarten unterwegs

Am besten nimmt man auf der Insel ein Mietauto. Der zweispurige Highway führt an der Küste entlang. Die Nebenstraßen sind in gutem Zustand. Der öffentliche Verkehr beschränkt sich auf kleine Busse, die täglich zwischen Philipsburg, Marigot und Grand Case pendeln. Taxis findet man am Flughafen, am Hafen und in den Hauptstädten. Große Flugzeuge landen auf der holländischen Seite. Kleinflugzeuge zu den Nachbarinseln starten am Aéroport de Grand-Case Espérance auf der französischen Seite. Inselhopping ist mit der Schnellfähre nach St. Barthélemy und mit dem Katamaran nach Anguilla und Saba möglich.

Kreuzfahrtschiff vor Philipsburg, Sint Maarten

Weitere Zeichenerklärungen *siehe hintere Umschlagklappe*

Auf einen Blick: St. Martin

Politik: Französisches Überseegebiet (Teil der EU, aber nicht des Schengen-Raums).
Sprache: Französisch, Englisch ist weitverbreitet.
Währung: Euro (€).
Mobilfunk: GSM/GPRS 900/1800 MHz (wie in D, A, CH), UMTS 2100 MHz (wie in D, A, CH).
Strom: 220 V/60 Hz, Adapter: nein.

Auf einen Blick: Sint Maarten

Politik: Autonomer Landesteil der Niederlande (kein EU-Gebiet).
Sprache: Niederländisch, Englisch ist weitverbreitet.
Währung: Antillen-Gulden (ANG).
Mobilfunk: GSM/GPRS 900 (wie in D, A, CH), UMTS 2100 MHz (wie in D, A, CH).
Strom: 110 V/60 Hz, Adapter: ja.

Grand Case
Grand Case gilt wegen der vielen Cafés in der Hauptstraße als »gastronomische Hauptstadt der Karibik«.

Oldtimer vor Läden in Philipsburg

Philipsburg
Der niederländische Hauptort Philipsburg liegt an der Great Bay. Hier legen viele Kreuzfahrtschiffe an.

Sehenswürdigkeiten auf einen Blick

1. Philipsburg
2. Sint Maarten Park & Zoo
3. Simpson Bay und Umgebung
4. Falaise des Oiseaux
5. Marigot
6. Colombier
7. Pic du Paradis
8. Grand Case
9. Butterfly Farm
10. Old House
11. Baie Orientale
12. Îlet Pinel und Île Tintamarre

Legende
- Hauptstraße
- Nebenstraße
- Fährlinie
- Staatsgrenze
- Gipfel

❶ Philipsburg

Südküste Sint Maartens. 18 000. Vineyard Office Park, WG Buncamper Rd. Karneval (Apr–Mai). **st-maarten.com**

Der Hauptort des niederländischen Sint Maarten liegt auf einem zwei Kilometer langen, schmalen Streifen Land zwischen dem Meer und einem sumpfigen Binnensee. Vier Straßen durchqueren die Stadt. Die beliebte Front Street hat Strandcafés, glitzernde Casinos und Duty-free-Shops. Zur Stadtverschönerung wurden der brüchige Ziegelbelag der Gehwege entfernt, neue Wege mit Palmen angelegt und dekorative Laternen aufgestellt. Auf dem Great Bay Beach, den mittlerweile eine Strandpromenade säumt, wurde Sand aufgeschüttet.

Am Cyrus Wathey Square in der Front Street, gegenüber dem Captain Hodge Pier, steht ein beeindruckendes weißes Gerichtsgebäude. Es wurde 1792 vom holländischen Kommandeur Willem Hendrik Rink gebaut. Der Platz, an dem sich das Informationsbüro befindet, markiert zugleich die Grenze zum Einkaufsviertel. Die Fußgängerzonen Old Street und die Sea Street sind mit Blumen und Palmen geschmückt.

Das Haus des **Guavaberry Emporium** stammt aus dem späten 18. Jahrhundert und diente einst als Gouverneursresidenz. Hier werden Liköre aus der einheimischen Guavenbeere verkauft sowie diverse andere Erzeugnisse von der Insel. Das in einem zweistöckigen Haus aus dem 19. Jahrhundert untergebrachte **Sint Maarten Museum** zeigt historische Artefakte wie die Nachbildung einer typischen Arawak-*pirogue* (Kanu) am Eingang, eine Fotoausstellung des Insellebens zu Anfang des 20. Jahrhunderts und Gegenstände aus der im Jahr 1801 vor Fort Amsterdam gesunkenen Fregatte HMS *Proselyte*.

Am Stadtrand, dem Head of Town, findet man in Bobby's Marina und Great Bay Marina Autovermietungen und einen Tauchladen.

Guavaberry Emporium
8–10 Front Street. (721) 542 2965. tägl. 10–18 Uhr.
guavaberry.com

Sint Maarten Museum
7 Front Street. (721) 542 4917. Mo–Fr 10–16 Uhr.

❷ Sint Maarten Park & Zoo

1 km nördl. von Philipsburg, Sint Maarten. (721) 543 2030. tägl. 9–17 Uhr.
stmaartenzoo.com

Tierfreunde und Kinder sind von den über 200 Tierarten im Sint Maarten Park & Zoo im Wohngebiet Madame Estate begeistert. Über 100 Papageien hocken auf den Bäumen inmitten von Tropenpflanzen und blicken auf die Schildkröten und Leguane hinab. Faszinierend ist das goldgelbe Löwenäffchen mit langem Schwanz und Löwenmähne.

Goldgelbe Löwenäffchen im Sint Maarten Park & Zoo

❸ Simpson Bay und Umgebung

3 km westl. von Philipsburg, Sint Maarten.

Die Simpson Bay umfasst die Meeresbucht und den Strand an der Südküste der Insel, die an den Princess Juliana International Airport grenzen, sowie die mit 29 Quadratkilometern größte Lagune der Ostkaribik, die Simpson Bay Lagoon. Ein schmaler Landstreifen trennt sie vom offenen Meer. Einige der beliebtesten Hotels und Restaurants sind hier zu finden. Die unsichtbare niederländisch-französische Grenze verläuft mitten durch die Lagune. Das gesamte Südufer, also Maho Bay, Mullet

Blick auf Philipsburg, mit den Stränden von Great Bay und Little Bay

Hotels und Restaurants auf St. Martin / Sint Maarten *siehe Seiten 276 und 277*

Bay und Cupecoy Bay und deren Strände, ist niederländisch. An der französischen Nordseite grenzt Marigot an die Lagune und den schicken Hafen Port La Royale an.

Historischer Treffpunkt: Oyster Pond

Die große Teilung

Zwischen 1648, als Franzosen und Holländer den Vertrag von Concordia unterzeichneten, und der Grenzziehung zwischen St. Martin und Sint Maarten im Jahr 1817 gab es auf der Insel 16 Regierungswechsel. Angeblich beschlossen die französischen und niederländischen Siedler die Teilung während eines Marschs. Ein Franzose ging von der Nordküste nach Süden, während ein Holländer sich von der Südküste nordwärts aufmachte. Unterwegs feuerten die Bürger ihre Vertreter mit Gin und Wein an. Der träge Niederländer machte unterwegs Rast, während der Franzose weitertrottete. Als sie sich bei Oyster Pond trafen, hatten die Franzosen zehn Quadratkilometer mehr.

❹ Falaise des Oiseaux

11 km nordwestl. von Philipsburg, St. Martin.

Der Klippenhöhenzug im Norden der Terres Basses (Tiefebene) mit Blick über den Atlantik bis nach Anguilla heißt Falaise des Oiseaux (Vogelklippe). Einheimische Vogelarten und Zugvögel nisten in den Höhlen der Klippen. Vogelfreunde können hier Graureiher, Fischadler, Goldwaldsänger und Gimpel beobachten. Zahlreiche hübsche Häuser und Villen sind an der *falaise* zwischen Baie Rouge (Rote Bucht) und Baie aux Prunes (Pflaumenbucht) verstreut.

❺ Marigot

16 km nordwestl. von Philipsburg, St. Martin. 12 700. Route de Sandy Ground, 0590 875 721. Karnbeval (Feb–März). **st-martin.org**

Marigot, der Hauptort von St. Martin, ist eine zauberhafte Stadt an einer sandigen Halbmondbucht voller Segelboote. Moderne Läden residieren in den Kolonialbauten und kreolischen Häusern. Hier mischt sich Neues auf angenehme Weise mit dem alten Stadtkern. Auf dem idyllischen Stadtplatz nahe dem Hafen ist täglich Markt. Die größeren Märkte haben mittwochs und samstags geöffnet, wobei man am besten vormittags hingeht.

Das nahe gelegene Fort Saint-Louis blickt auf das Meer. Es wurde zwischen 1767 und 1789 von den Franzosen erbaut. Von 1794 bis 1796 war es in britischer Hand. Die Festung auf dem Hügel bietet den Panoramablick auf Marigot und die Westküste der Insel. **Sur les Traces des Arawaks** (Auf den Spuren der Arawak) ist ein kleines historisch-archäologisches Museum, das unter anderem Werkzeug, Keramik und Schmuck des indigenen Volks zeigt, das bereits um 1800 v. Chr. auf der Insel lebte. Wissenschaftler haben die Stücke mit denen der südamerikanischen Ureinwohner verglichen und verorten den Ursprung der Arawak in Südamerika. Sie zeichneten sogar deren Wanderung vom Orinoco-Becken in Venezuela bis hierher nach.

Die in der Simpson Bay Lagoon gelegene Hafenanlage Port La Royale ist von reizenden Boutiquen und kleinen Restaurants gesäumt, die an jene der französischen Riviera erinnern. In der Hauptsaison unterhält hier allabendlich ein karnevalartiges Programm die Urlauber.

Sur les Traces des Arawaks
7 Rue Fichot. 0690 567 892. Mo–Fr 9–17 Uhr. Feiertage.

Kühe grasen auf den üppigen Wiesen von Colombier

❻ Colombier

5 km östl. von Marigot, St. Martin.

Das Hinterland der Baie de Friar reicht bis zum Fuß des Pic du Paradis (Paradiesgipfel, *siehe S. 270*). In dieser fruchtbaren Landschaft wächst Obst und Gemüse für den Markt in Marigot. Früher wurden auch Zuckerrohr, Mango und Kaffee angebaut. Wo einst die großen Plantagen lagen, grasen heute Ziegen zwischen verfallenen kreolischen Häusern.

Bunte Waren auf dem Markt am Boulevard de France, Marigot

Der Hochseilgarten Fly Zone in der Loterie Farm, Pic du Paradis

7 Pic du Paradis

6 km östl. von Marigot, St. Martin.
Loterie Farm, 0590 878 616.
Di–So 9–15.30 Uhr.
loteriefarm.net

Der Aufstieg auf den mit 427 Metern höchsten Punkt der Insel lohnt sich wegen der herrlichen Aussicht auf die Baie Orientale und die Nachbarinseln. Eine steile Nebenstraße mit tiefen Spurrillen geht vom Küstenhighway nach Colombier landeinwärts ab und führt auf die Westseite des Bergs. Allerdings bewältigt man diese Strecke nur mit einem Fahrzeug mit Allradantrieb.

Ausflüge beginnen an der fünf Kilometer östlich von Marigot gelegenen Loterie Farm, einem 61 Hektar großen privaten Naturpark am Fuß des Pic du Paradis. Die Wanderwege führen in den tropischen Wald. Hunderte Pflanzenarten bieten Lebensraum für zahlreiche Vögel und andere Tiere. Einzelpersonen oder kleine Gruppen können mit Führern Naturspaziergänge und einfache bis anspruchsvolle Wanderungen unternehmen, darunter den einstündigen Aufstieg auf den Pic du Paradis. **Fly Zone** ist eine beliebte Attraktion. Besucher können dort gut gesichert an Stahlseilen über die Baumwipfel sausen. Strickleitern und Hängebrücken gehören zum Abenteuer. Der Gästeraum des Hidden Forest Café ist in einer Zuckermühle aus dem 18. Jahrhundert untergebracht. Die Speisezutaten stammen großteils aus dem eigenen Bio-Garten.

8 Grand Case

6 km nördl. von Marigot, St. Martin.
2500. Harmony Nights Street Fest (Jan–Apr).
grandcase.com

Die beschauliche Kleinstadt Grand Case gilt als kulinarische Kapitale der Karibik. Sie besitzt einen schönen Strand, vor allem aber viele exzellente Restaurants, die von in Europa ausgebildeten Köchen geführt werden. Die Gourmetrestaurants residieren nebeneinander in urigen kreolischen Häusern. Man kann von einem zum anderen schlendern und die Speisekarten vergleichen. Darüber hinaus servieren einheimische Köche regionale Spezialitäten in offenen Lokalen, die in derselben Straße zu finden sind. Frische Meeresfrüchte und Fleisch werden dort über alten Ölfässern gegrillt, während die Stammgäste an Picknicktischen warten.

Neben kulinarischen Genüssen hat Grand Case aber auch einen zwei Kilometer langen Sandstrand zu bieten. Das Meer läuft hier in sanften Wellen aus und eignet sich gut zum Schwimmen und Schnorcheln. In der Bucht hat man eine fantastische Aussicht auf Anguilla und Creole Rock.

Im Winter veranstaltet die Stadt dienstags abends das Harmony Nights Street Festival. Einheimische Bands spielen auf selbst gebauten Trommeln und Blasinstrumenten. Dazu werden Kunsthandwerk und inseltypische Kost angeboten.

Umgebung: Die Parfümerie **Tijon** in Grand Case hat sich auf exquisite, in Handarbeit kreierte Düfte spezialisiert. Besucher können viel über die Kunst der Parfumherstellung lernen und im Tijon-Labor aus mehr als 300 Ölen einen eigenen Duft komponieren. Stöbern Sie im europäisch gestylten Laden. Das kleine Museum zur Geschichte des Parfums ist ebenfalls einen Besuch wert.

Tijon
1 L'Espérance Road, Grand Case, St. Martin. 0690 227 470.
Mo–Fr 9.30–17 Uhr.
tijon.com

9 Butterfly Farm

8 km nördöstl. von Marigot, St. Martin. 0590 873 121.
tägl. 9–15.30 Uhr.
9–15 Uhr.
thebutterflyfarm.com

Hunderte Schmetterlinge aus über 40 Arten flattern auf dieser Farm herum. Die Butterfly

Der Strand von Grand Case ist bei Schnorchlern beliebt

Hotels und Restaurants auf St. Martin / Sint Maarten *siehe Seiten 276 und 277*

Der Strand der Baie Orientale bietet viele Wassersportmöglichkeiten

Farm verfügt über Teiche und Wasserfälle. Die beste Besuchszeit ist morgens, wenn die Schmetterlinge aus ihren Kokons schlüpfen. Eine Ausstellung illustriert die Entwicklungsstadien vom Ei über die Raupe zur Puppe.

Der Geschenkeladen verkauft Ungewöhnliches. Kunst, Bücher, Schmuck – alles hier dreht sich hier um das Thema Schmetterlinge. Die Eintrittskarte ist länger gültig, sodass man öfter herkommen kann.

⑩ Old House

8 km nordöstl. von Marigot, St. Martin. 0590 873 267. Di–So 10–16 Uhr.

Die im kreolischen Stil erbaute, einstige Plantagenresidenz besitzt alte Maschinen und Werkzeuge für den Zuckerrohranbau und die Rumherstellung. Das Herrenhaus thront auf einem Hügel mit Aussicht auf das Spring Estate, das bis heute im Besitz der Familie Beauperthuy ist. Im originalgetreu restaurierten Wohnzimmer und im Schlafzimmer befinden sich Kostbarkeiten, die seit sechs Generationen gehütet werden. In den Räumen sind Fotografien, seltene Lithografien und antike Landkarten zu sehen, die Möbel stammen vom Anfang des 18. Jahrhunderts. Damals waren Zucker und Rum auf der Insel die Säulen der Wirtschaft. Auf dem Grundstück befindet sich auch ein Rum-Kaffee-Museum.

⑪ Baie Orientale

6 km nordöstl. von Marigot, St. Martin.

Wassersportanbieter, Bars und Restaurants säumen den beliebten, sechs Kilometer langen Strand dieser bebauten Bucht. Ruhiges Wasser und das schützende Riff schaffen ideale Voraussetzungen zum Baden und Schnorcheln, Segeln und Bootfahren.

⑫ Îlet Pinel und Île Tintamarre

Îlet Pinel 1 km nördl. von Baie Orientale, St. Martin. French Cul de Sac (nördl. von Baie Orientale). **Île Tintamarre** 2 km nordöstl. von Îlet Pinel, St. Martin. eintägige Segeltörns von Grand Case nach Tintamarre. Tagesausflüge.

Die unerschlossenen Inseln im Schutzgebiet vor St. Martin besitzen meist menschenleere Strände. Bei starkem Wind sind sie schwer zu erreichen, bei schönem Wetter jedoch ein herrliches Ausflugsziel. Pinel ist per Boot leichter zugänglich und meist stärker besucht, wobei seine von hohen Wellen umspülte Nordküste recht isoliert ist. Wassertaxis bringen Besucher regelmäßig vom Strand des nördlich der Baie Orientale gelegenen French Cul de Sac zur Îlet Pinel. Die Strände der Südküste sind St. Martin zugewandt und haben Imbissbuden sowie Verleihe für Wassersport. Die Wellen sind hier niedrig.

Tintamarre ist weniger frequentiert. Doch die Insel ist wegen seiner Unterwasserwelt ein beliebter Schnorchel-Zwischenhalt bei Tagestörns. Weiße Sandstrände flankieren die 81 Hektar große Insel mit dem Spitznamen Flat Island. Da ihr weicher Schlamm Heilkräfte besitzen soll, sieht man am Strand häufig Menschen, die sich damit einreiben.

Hübsche Häuser an der Baie Orientale

Sport und Aktivurlaub

Die meisten Urlauber wollen auf St. Martin / Sint Maarten einfach nur am Strand relaxen. Gleichwohl gibt es jede Menge Möglichkeiten für all jene, die auf etwas mehr Abenteuer aus sind. Dabei liegt der Schwerpunkt naturgemäß auf Wassersport von Schnorcheln bis Kitesurfen. Auch an Land sind einige Aktivitäten wie Vogelbeobachtung und Mountainbiken möglich. Es gibt mehrere Veranstalter, die Abenteueraktivitäten sowohl an Land als auch auf dem Meer anbieten, und es gibt solche, die nur auf eine Freizeitaktivität spezialisiert sind.

Sonnenbaden am Dawn Beach, Sint Maarten

Strände

St. Martin/Sint Maarten besitzt 36 Strände, meist mit weißem, pulvrigem Sand. Die schönsten sind in der Regel sehr gut ausgebaut, sodass dort gute Stimmung und viel Betrieb herrschen. Es gibt aber auch noch einsame Strände, jedenfalls auf der französischen Seite. Die Strände an der Atlantikküste haben größere Wellen, mehr Wind und stärkere Strömungen, weswegen Wassersportfans sie bevorzugen. Die ruhigere karibische Küste ist bei Badegästen, Schnorchlern und Familien mit Kindern beliebter. Alle Strände sind öffentlich, nur Ferienanlagen reservieren Bereiche für ihre Gäste.

Einen weißen Traumstrand gibt es in der Great Bay in Philipsburg. Sein Sand wurde vom Meeresboden herausgeschaufelt, um das Hafenbecken für große Kreuzfahrtschiffe zu vertiefen. Wenn gerade eines angelegt hat, wird es hier sehr voll, aber es herrscht eine festliche Stimmung. Westlich der Stadt liegen wundervolle Strände auf dem Landstreifen zwischen Karibischem Meer und Simpson Bay Lagoon. Am Maho Bay Beach warnt ein Schild vor tief fliegenden Flugzeugen, trotzdem herrscht Hochbetrieb. Badegäste winken Jumbojets beim Landeanflug zu. Die Hotels, Casinos und Restaurants in Maho sind die beliebtesten der Insel.

Der kleine, zerklüftete Cupecoy Bay Beach am westlichen Ende der holländischen Seite verfügt über einen FKK-Bereich. Dahinter türmen sich Klippen auf. Die Wellen formen ständig neue Sandformationen, sodass es hier jeden Tag anders aussieht. Das Meer wird abrupt sehr tief, die Wellen sind oft über einen halben Meter hoch.

Boot für Sportangler in Marigot

Die Terres Basses auf der französischen Seite der Westküste werden fast durchgehend von weißem Sand flankiert. Die Baie Longue ist ruhig, ihr Wasser türkisfarben. Die Baie aux Prunes ist bei Seegang bei Surfern beliebt. An der Baie Rouge stehen Imbissbuden und Hütten mit Sonnenschirm- und Strandliegenverleih. Grand Case *(siehe S. 270)* hat einen Strand zum Joggen, Sonnen, Baden und Schnorcheln. Das Wasser ist ruhig und der Strand weiß.

An der Baie Orientale *(siehe S. 271)* im Osten steht der Club Orient für FKK. Die beeindruckende, drei Kilometer lange Bucht hat fünf Strände. Es gibt Boutiquen, Bars, Restaurants, Massagestände, Wassersportshops und Live-Musik.

Am holländischen Dawn Beach beobachten Frühaufsteher den Sonnenaufgang. Ein großes Riff hält dort die Wellen ab – ideal für Schwimmer und Schnorchler.

Angeln

Marlin, Wahoo, Thunfisch und Schnapper tummeln sich um St. Martin/Sint Maarten. Hier finden Turniere wie das Blue Marlin Tournament im Juni und das Anglers Big Fishing Tournament im März statt.

Besucher können Boote mit Kapitän einen halben oder ganzen Tag chartern. Die Route wird auf die Wünsche der Gruppe abgestimmt. Köder, Ausrüstung und Erfrischungen sind inklusive. Die meisten Wahoos und Thunfische tummeln sich in der Baie Longue. Sie ernähren sich von Fischen, die in einer Tiefe von 60 Metern leben.

Im Proselyte Reef vor der Great Bay tummeln sich alle Arten von Rifffischen in 2,40 bis 3,60 Metern Tiefe. Beliebte Touranbieter sind **Lee's Deep Sea Fishing**, **Taylor Made Charters and Deep Sea Fishing** und **Rudy's Deep Sea Fishing**.

Casinos auf Sint Maarten

Das niederländische Sint Maarten weist über ein Dutzend Casinos auf, die meisten stehen in oder bei Philipsburg. Urlauber und Kreuzfahrtpassagiere kommen hierher, um etwas zu trinken oder um an Spielautomaten und Spieltischen ihr Glück zu versuchen. Außerhalb der Hauptstadt sind das Casino Royale in Maho Bay, das Princess Casino in Port de Plaisance und das Atlantis World in Cupecoy die größten Casinos mit viel Unterhaltung und Glamour. Die kleineren sind einfacher und leger. Man spielt an Automaten und trinkt Rumpunsch. Mittelgroße Casinos bieten Live-Musik und Sportsendungen auf Großbild-TV.

Ins Casino Royale geht man gut gekleidet und sieht sich die opulenten Darbietungen im Showroom Royale an. Getanzt wird im Q-Club und gezockt an 200 Automaten und Spieltischen.

Das Westin Dawn Beach Resort Casino ist ein Casino im Vegas-Stil. Es bietet Spiele wie Blackjack, aber auch Spielautomaten.

Der Croupier dreht das Rad und wirft die Kugel entgegen der Drehrichtung auf die Scheibe.

Roulette ist in den meisten Casinos das mit Abstand beliebteste Spiel.

Princess Casino
Das größte Casino der Insel steht in Port de Plaisance. Es ist ein schillerndes zweistöckiges Etablissement mit Roulette, Automaten, Separees für hohe Einsätze und abendlicher Unterhaltung.

Das Diamond Casino ist sehr populär. Es bietet eine große Auswahl an Tisch- und Kartenspielen wie Tropical Stud, Roulette, Blackjack und Baccarat sowie zahlreiche Spielautomaten.

Casinos

Casino Royale
W playmaho.com

Diamond Casino
W diamondcasinosxm.com

Jump Up Casino
W jumpupcasino.com

Princess Casino
W worldofprincess.com

Westin Dawn Beach Resort Casino
W westinstmaarten.com

Im Jump Up Casino gibt es täglich glitzernde Paraden, die dem Karneval von Sint Maarten mit bunten Kostümen und traditioneller karibischer Musik huldigen.

Tauchkurse für Kinder vor Sint Maarten

Tauchen und Schnorcheln

Ein Großteil der Gewässer um die Insel steht unter dem Schutz von Umweltschutzbehörden wie der Dutch Nature Foundation und der French Réserve Naturelle. Die Bestände von Korallenriffen und Meereslebewesen sind hier stabil bzw. erholen sich. Zu den Meeresbewohnern in den Riffen zählen Gebänderte Scherengarnele, Blaukrabbe, Große Fechterschnecke und Vielborster. Grüne Muräne, Gelbe Meerbarbe, Signal-Papageienfisch, Barrakuda und Ammenhai sind einige der heimischen Fischarten. Die Sichtweite beträgt um die 30 bis 45 Meter. Tauchen und schnorcheln kann man besonders gut vor dem Dawn Beach, da dort das Riff parallel zur Küste verläuft, oder in der Baie de Friar, wo die Korallen auf dem Fels wachsen und ein flaches Riff etwa 30 Meter hinaus ins Meer reicht. Die besten Gebiete sind vor Îlet Pinel, Île Tintamarre, Caye Verte und Anse Marcel.

Die meisten Resorts und Marinas arbeiten mit Tauchläden wie **Scuba Fun**, **The Scuba Shop** und **Dive Safaris** zusammen. Bei ihnen kann man Ausrüstung mieten, Kurse belegen, den Tauchschein machen und Tauchgänge buchen.

Filialen von **Blue Bubbles** bieten Snuba an – beim Tauchen ohne Sauerstoffgerät atmet man durch einen langen Schlauch. Diese Art Tauchen ist für Kinder und Erwachsene ohne Tauchschein erlaubt.

Bootfahren und Segeln

Alljährlich finden viele internationale Regatten vor der Insel statt, die größte ist die dreitägige Heineken-Regatta, an der über 200 Boote aus rund 25 Ländern in 20 Kategorien teilnehmen. Die **Sint Maarten 12-Metre Challenge** ist ein Mini-Rennen von 12-Meter-Yachten, an dem auch Urlauber teilnehmen. Gesegelt wird täglich, wobei alle Passagiere zur Crew zählen und Know-how erwerben oder beweisen dürfen. Wer lieber mit dem Motorboot fährt, findet in den Yachthäfen der Insel entsprechende Anbieter. Charterfirmen wie **The Moorings**, **Captain Alan's Boat Charters** und **Captain Morgan** bieten Segelferien mit Mannschaft an, Buchungsbüros vermitteln Halb- und Ganztagstörns, Wassersportläden am Strand verleihen kleine Boote. **Atlantis Submarines** bietet aufregende Fahrten mit dem *Seaworld Explorer*, einem 15 Meter langen Halb-Unterseeboot, das täglich von Grand Case eine Unterwasserfahrt durch die Riffs und um den Creole Rock unternimmt.

Wassersport

Es gibt mehrere Wassersportanbieter wie **Aqua Mania** und **Tropical Wave and Chez Pat**. In den Resorts ist die Benutzung der erforderlichen nichtmotorisierten Ausrüstung meist kostenlos. Bunte Hobie Cats, Jetskis, Bananenboote, Kajaks und Speedboote bevölkern Baie Orientale, Great Bay und Simpson Bay Lagoon. Kiteboarden und Windsurfen sind am Le Galion Beach beliebt, Wakeboarden in Simpson Bay Lagoon, Nettle Bay und Grand Case Bay. Boardsurfen kann man besonders gut ab November bis Ende März an der Nord- und Westküste der Insel und von Juli bis November an der Ostküste.

Wandern

Die Wanderwege des Pic du Paradis *(siehe S. 270)* sind sehr beliebt, weil es dort kühl und die Sicht ausgesprochen gut ist. Die **Loterie Farm** am Fuß des Berges bietet geführte Wanderungen, aber die Wege sind auch von Nebenstraßen zwischen Baie de Friar und der Westseite des Pic du Paradis zugänglich. Die **National Heritage Foundation** organisiert unterschiedlich schwierige Wanderungen in anderen Teile der Insel. **Tri-Sport** in Simpson Bay und **Authentic French Tours** in Marigot arrangieren Gruppen- und Einzelwanderungen mit einheimischen Führern.

Windsurfer vor Le Galion Beach, St. Martin

Radfahren in der Küstenregion, Mullet Bay, St. Martin

Radfahren

Mountainbiken und Geländefahrten sind wunderbar geeignet, um Land und Küstenregionen zu erkunden. Viele Radrouten führen an Wanderwegen entlang, andere über nur selten benutzte Nebenstraßen. Tri-Sport und Authentic French Tours verleihen Räder und arrangieren Radtouren.

Reiten

Professionelle Pferdeführer leiten Ausritte in allen Schwierigkeitsgraden. Sie führen über Land und an Stränden entlang. **Lucky Stables** nimmt seine Reiter mit an die Cape Bay, der **Bayside Riding Club** hat einen Ponyclub für Kinder eingerichtet und vermietet Ferienpferde.

Golf

Der **Mullet Bay Golf Course** (18-Loch) hat unter Golfern nach wie vor einen guten Ruf, obwohl das Mullet Bay Resort nach den Verwüstungen des Hurrikan Luis 1995 im Jahr 2011 schließlich abgerissen wurde. Die Preise, inklusive Leihgebühr für Golfschläger, richten sich danach, ob man über neun oder 18 Löcher spielt.

Tennis

Viele große Ferienresorts wie **Sonesta Maho Beach Resort**, **Simpson Bay Resort** und Divi Little Bay Beach Resort *(siehe S. 276)* haben Tennisplätze, die jedermann gegen Gebühr benutzen darf. Die **American Tennis Academy** gibt Erwachsenen und Kindern Unterricht. Für Privatspieler müssen die Plätze 24 Stunden im Voraus reserviert werden.

Auf einen Blick

Angeln

Lee's Deep Sea Fishing
84 Welfare Road, Cole Bay, Sint Maarten.
☎ (721) 544 4233.
W leesfish.com

Rudy's Deep Sea Fishing
Airport Road, Simpson Bay, Sint Maarten.
☎ (721) 545 2177.
W rudysdeepseafishing.com

Taylor Made Charters and Deep Sea Fishing
Simpson Bay Lagoon, Sint Maarten.
☎ (721) 524 7510.
W taylormade-charters.com

Tauchen und Schnorcheln

Blue Bubbles
153 Front Street, Philipsburg, Sint Maarten.
☎ (721) 556 8484.
W bluebubblessxm.com

Dive Safaris
Simpson Bay, Sint Maarten.
☎ (721) 545 2401.
W divestmaarten.com

Scuba Fun
Great Bay Marina, Philipsburg, Sint Maarten.
☎ (721) 542 3966.
W scubafundivecenter.com

The Scuba Shop
☎ (721) 588 0423 (Oyster Pond, St. Martin), (721) 545 3213 (Simpson Bay, Sint Maarten).
W thescubashop.net

Bootfahren und Segeln

Atlantis Submarines
15 Walter Nisbeth Road, Philipsburg, Sint Maarten.
☎ (721) 542 4078.
W atlantissubmarines.com/stmaarten

Captain Alan's Boat Charters
Oyster Pond, Sint Maarten.
☎ (721) 524 1386.
W captainalan.com

Captain Morgan
Great Bay Marina, Philipsburg, Sint Maarten.
☎ (721) 586 6627.
W captainmorgan-daycharters.com

The Moorings
Captain Oliver's Marina, Oyster Pond, St. Martin.
☎ 0590 873 255.
W moorings.com

Sint Maarten 12-Metre Challenge
Bobby's Marina, Philipsburg, Sint Maarten.
☎ (721) 542 0045.
W 12metre.com

Wassersport

Aqua Mania
Pelican Marina, Simpson Bay.
☎ (721) 544 2640.
W stmaarten-activities.com

Tropical Wave and Chez Pat
Le Galion Beach, St. Martin.
☎ 0590 873 725.
W sxm-orientbeach.com/chezpat

Wandern

Authentic French Tours
Rue de Hollande, Marigot, St. Martin.
☎ 0590 870 511.

Loterie Farm
Route Pic du Paradis, St. Martin.
☎ 0590 878 616.
W loteriefarm.net

National Heritage Foundation
Sint Maarten Museum, 7 Front Street, Philipsburg, Sint Maarten.
☎ (721) 542 4917.
W museumsintmaarten.org

Tri-Sport
14B Airport Boulevard, Simpson Bay, Sint Maarten.
☎ (721) 545 4384.
W trisportsxm.com

Reiten

Bayside Riding Club
Le Galion Beach, St. Martin.
☎ 0690 623 618.

Lucky Stables
2 Traybay Drive, Cay Bay, Sint Maarten.
☎ (721) 544 5255.

Golf

Mullet Bay Golf Course
Mullet Bay, Sint Maarten.
☎ (721) 545 3069.
W thetowersatmulletbay.com

Tennis

American Tennis Academy
Cul de Sac, St. Martin.
☎ 0690 382 217.
W tennisstmartin.com

Simpson Bay Resort
Simpson Bay, Sint Maarten.
☎ 1-954-736-5807.
W simpsonbayresort.com

Sonesta Maho Beach Resort
Maho Bay, Sint Maarten.
☎ (721) 545 2115.
W sonesta.com/mahobeach

Hotelauswahl

St. Martin

Vis-à-Vis-Tipp

ANSE MARCEL: Hotel Riu Palace €€€
Strandresort
Anse Marcel
☎ 0590 876 700
W riu.com
Das Luxushotel steht in seinem eigenen kleinen Dorf abseits des Trubels. Moderne europäisch-karibische Möbel, das Renova Spa, der hoteleigene Strand und der große, von Cabanas umgebene Infinity Pool sorgen für einen Aufenthalt mit maximaler Entspannung.

GRAND CASE: Hotel L'Esplanade €€€
Luxus
Grand Case
☎ 0590 870 655
W lesplanade.com
Das Hotel in europäischem Stil auf einem Hügel über der Stadt bietet Lofts mit dunkler Holzverkleidung. Restaurants und Läden sind bequem zu Fuß erreichbar.

GRAND CASE / ANSE MARCEL: The Dove's Nest €
Strand
Petit Plage, Grand Case
☎ 0590 874 946
W st-martin-vacation.com
Die kleine Oase über dem Petit Plage Beach steht unweit guter Restaurants und Läden. Alle Unterkünfte haben eine Küche.

GRAND CASE / ANSE MARCEL: Le Domaine de Lonvilliers €€€
Luxus
Anse Marcel
☎ 0590 523 535
W hotel-le-domaine.com
Das elegante, abgeschiedene Resort bietet Lounges und einen eigenen Strand mit Cabanas. Es gibt auch ein Restaurant, eine Strandbar und ein Thalasso-Spa.

MARIGOT: Fantastic Guest House €
Gästehaus
40 Lowtown, St. James
☎ 0590 877 109
Vom Gästehaus in zentraler Lage mit Pool und Terrasse blickt man auf die Simpson Bay Lagoon.

MARIGOT: Le Beach Hôtel €€
Strandresort
Marigot
☎ 0590 878 700
W lebeachboutiquehotel.com
Das moderne Hotel befindet sich an einem Strand außerhalb der Stadt und ist bei Schnorchlern beliebt.

MARIGOT: La Samanna €€€
Luxus
Baie Longue
☎ 0590 876 400
W lasamanna.com
Privatvillen, prächtige Suiten und ein großes Spa machen dies zu einem der besten Luxushotels der Karibik.

ORIENT BAY: Club Orient €€
Strandresort
Orient Bay
☎ 0590 873 385
W cluborient.com
Das einzige FKK-Resort der Insel liegt direkt am Strand und besitzt ein Restaurant und ein Wellness-Center.

ORIENT BAY: L'Hoste Hotel €€
Strandresort
Orient Bay
☎ 0590 874 208
W hostehotel.com
Das Hotel an einem beliebten Strand bietet Suiten mit einem Schlafzimmer. Gäste erhalten in den fünf Strandrestaurants Vergünstigungen. WLAN ist gratis.

Stylisher Lounge-Bereich in einer der Villen von La Samanna, Marigot

Preiskategorien
Die Preise gelten für ein Standard-Doppelzimmer pro Nacht (Hochsaison), inklusive Steuern und Service.

€	unter 180 Euro
€€	180 – 350 Euro
€€€	über 350 Euro

OYSTER POND: Colombus Hotel €€
Modern
30 Rue de l'Escale, Oyster Pond
☎ 0590 874 252
W colombus-hotel.com
Alle Zimmer des kleinen Juwels am Dawn Beach haben Küchen sowie Sitz- und Essbereiche.

Sint Maarten

DAWN BEACH: Coral Beach Club €€
Strandresort
Dawn Beach
☎ (721) 543 6306
W coralbeach-club.com
Das Strandresort bietet gut ausgestattete Villen, Reihenhäuschen und Apartments mit Küche.

PHILIPSBURG: L'Espérance €
Modern
4 Tiger Road, Cay Hill
☎ (721) 542 5355
W lesperancehotel.com
In den Suiten des kleinen Hotels gibt es ein oder zwei Schlafzimmer, Küchen und Gratis-WLAN.

PHILIPSBURG: Divi Little Bay €€
Strandresort
Little Bay
☎ (721) 542 2333
W divilittlebay.com
Die besten Zimmer des Resorts für Selbstversorger auf einer Halbinsel zwischen zwei Buchten sind die luxuriösen Casita Suites.

SIMPSON BAY: Turquoise Shell Inn €
Strand
34 Simpson Bay Road
☎ (721) 545 2875
W tshellinn.com
In dem gemütlichen Hotel in der Nähe mehrerer Strände gibt es Suiten mit einem Schlafzimmer.

SIMPSON BAY: Royal Palm Beach Resort €€€
Strandresort
115 Welfare Road, Cole Bay
☎ 1-800-438-2929
W royalpalmbeachresort.com
Alle Suiten – ob mit einem, zwei oder drei Schlafzimmern – haben Meerblick.

Restaurantauswahl

St. Martin

ANSE MARCEL:
Le Ti' Bouchon €€€
Französisch
110 Route de Cul de Sac
0690 648 464 So
Das gemütliche französische Café in einem umgestalteten kreolischen Häuschen richtet sein Angebot nach den jeweils verfügbaren Zutaten. Das Personal ist freundlich und zuvorkommend.

BAIE ORIENTALE:
Le Piment €
Italienisch / Französisch
Village de la Baie Orientale
0590 524 312 Mo
Pizza, Pasta und Salate werden in farbenfroher dörflicher Umgebung serviert. Es gibt Live-Musik sowie mittwochs, freitags und sonntags Themenabende. Das Preis-Leistungs-Verhältnis ist gut.

GRAND CASE: Le Pressoir €€€
Französisch
32 Boulevard de Grand Case
0590 877 662
Nebensaison: So
Das beliebte Lokal befindet sich am Strand in einem kreolischen Haus von 1871. Auf der Speisekarte stehen französische Klassiker mit karibischer Note. Die Weinauswahl ist beeindruckend.

GRAND CASE: Spiga €€€
Italienisch
4 L'Espérance Road
0590 524 783 Mai–Dez: So
Das Restaurant steht für kreative italienische Küche und eine gute Weinauswahl abseits des Trubels in Grand Case.

GRAND CASE:
La Villa Restaurant €€€
Französisch
93 Boulevard de Grand Case
0590 523 659
Das beliebte idyllische Restaurant serviert traditionelle Gerichte mit karibischer Note. Es gibt ein Drei-Gänge-Festpreismenü, ein Kindermenü und eine große Auswahl französischer Weine.

MARIGOT: Mario's Bistro €€€
Französisch
Rue de Sandy Ground
0590 870 636
Aug–Sep: So
Das Bistro serviert traditionelle Gerichte mit karibischen, spanischen, italienischen und asiatischen Zutaten und Gewürzen. Reservierung ist erforderlich.

MARIGOT: Le Marrakech €€€
Marokkanisch
169 Rue de Hollande
0590 275 448 So
Das Restaurant legt viel Wert darauf, nordafrikanische Speisen wie Couscous und Tajines authentisch zu präsentieren. Die Portionen sind sehr großzügig. Die Vorspeisenplatte ist ebenfalls zu empfehlen.

Sint Maarten

DAWN BEACH: Daniel's by the Sea €€
Europäisch
Dawn Beach
(721) 543 6828
Klassiker wie Kalbs-Piccata, Filet mignon, Scampi und Shrimps werden hier am Meer serviert. Tagsüber heißt das Lokal Mr. Busby's Beach Bar.

DAWN BEACH: Canoa at Oyster Bay €€€
Karibisch
Emerald Merit #14, Oyster Pond
(721) 543 6442
Das Lokal trägt den Namen seiner Spezialität, eines Rindfleischgerichts im Bananen-»Kanu«. Auf der Karte stehen auch karibisches Gumbo, »Muscheln St. Martin« sowie Fleisch-, Hühnchen- und Pastagerichte.

PHILIPSBURG: Hard Rock Café €
Amerikanisch
65 Front Street, Boardwalk
(721) 542 7014
Die Filiale unterscheidet sich nicht von den anderen dieser Kette: Sandwiches, Salate und Hauptgerichte in klimatisierten Räumen mit Erinnerungsstücken.

PHILIPSBURG: Chesterfield's Waterfront Restaurant & Bar €€
International
Great Bay Marina
(721) 542 3484
An der Uferpromenade serviert das Restaurant mit Blick auf Philipsburg Seafood-Gerichte, Steaks und Pasta. Mittags, wenn die Kreuzfahrtschiffe anlegen, wird es voll.

SIMPSON BAY: Crave €
Mediterran
101 Welfare Road
(721) 586 0467
Die Auswahl an Speisen mit iranischen Gewürzen wird von Kennern gelobt. Es gibt auch Kebabs, Eintöpfe und Burger.

Preiskategorien
Die Preise gelten für ein Zwei-Gänge-Menü pro Person mit einer halben Flasche Hauswein, inklusive Steuern und Service.

€	**unter 35 Euro**
€€	**35–50 Euro**
€€€	**über 50 Euro**

Außen leuchtend bunt: Le Pressoir, Grand Case

SIMPSON BAY:
FIG Restaurant €€
Europäisch
130 Rhine Road, Cupecoy Bay
(721) 545 1041
Zu vernünftigen Preisen gibt es Fleisch, Fisch und Seafood vom Grill mit Saucen wie Chimichurri, Erdnusssauce oder Pesto.

SIMPSON BAY: Jimbo's Rock & Blues Café €€
Texmex
Simpson Bay Marina
(721) 544 3600
Bunte Drinks, mexikanische Gerichte, Burger und gemischte Platten werden in entspannter Atmosphäre serviert. Es gibt auch einen Swimmingpool.

Vis-à-Vis-Tipp

SIMPSON BAY:
Temptation €€€
Karibisch / Fusion
Cupecoy Beach, Atlantis Casino
(721) 545 2254 So
Im Simpson Bay Resort servieren das Temptation und dessen Schwesterrestaurant Rare in hippen, stylishen Räumen trendige Gerichte wie Tempura mit Fisch, Thunfisch-Sashimi, Hummer-Paella, Ossobuco und diverse Kreationen mit Angus-Rind. Die Desserts reichen von einfach bis aufwendig gestaltet und verziert.

Praktische Hinweise

Sowohl die französische als auch die niederländische Seite der Insel ist bestens auf Urlauber eingestellt und wird den Ansprüchen internationaler Feriengäste mehr als gerecht. Die Palette der Unterkünfte, Restaurants und Freizeitangebote ist groß, genügt aber hohen Ansprüchen. Die Tourismusbehörden betreiben Büros in Philipsburg und Marigot und auch in Europa. Ihre Websites bieten Links zu Firmen aus der Tourismusbranche. Karten und Broschüren gibt es bei Autovermietungen, Hotels und Freizeitveranstaltern.

Besucher auf der Strandpromenade von Philipsburg, Sint Maarten

Beste Reisezeit

Die beste Zeit für Besuche auf St. Martin/Sint Maarten ist die Hauptsaison von Dezember bis Mai. In dieser Zeit findet der zweiwöchige Karneval statt. Ab Mai beginnt es, sehr feucht zu werden, was bis November andauert. Zwischen Juni und November gibt es nicht selten heftige Wirbelstürme.

Anreise

Aus Deutschland, Österreich und der Schweiz fliegen **Air Berlin**, **Air France**, **Alitalia**, **American Airlines**, **Austrian**, **British Airways**, **Condor**, **Delta**, **Finnair**, **Iberia**, **KLM**, **Lufthansa**, **Swiss**, **United Airlines** und **Virgin Atlantic** mit ein, zwei Zwischenstopps zum Princess Juliana International Airport (SXM) in Sint Maarten. Air France, Lufthansa und Swiss steuern – in der Regel mit zwei Zwischenstopps – auch den Aéroport de Grand-Case Espérance (SFG) von St. Martin an.

Einreise

Bei der Einreise nach St. Martin und Sint Maarten müssen Bürger der EU und der Schweiz – auch Kinder jeden Alters – einen gültigen Reisepass oder Personalausweis sowie ein gültiges Rück- oder Weiterreiseticket vorlegen. Ohne Visum sind bis zu 90 Tage Aufenthalt möglich.

Information

Informationsstände gibt es an den Flug-, Yacht- und Kreuzfahrthäfen. Das **Sint Maarten Tourist Bureau** hat sein Büro in Philipsburg, das **Office du Tourisme de Saint-Martin** eine Zweigstelle in Marigot. Kostenlose Veranstaltungsmagazine sind auf der gesamten Insel erhältlich.

Flugpassagiere am internationalen Flughafen Princess Juliana

Sicherheit und Gesundheit

Das Problem mit Diebstählen wird auf der Insel durch den schlechten Informationsfluss zwischen französischer und niederländischer Polizei noch verschärft. Hauptziel von Dieben sind Mietwagen, in denen Wertsachen liegen. Abgelegene Strände und Wanderwege sind weitere Risikogebiete. Melden Sie Diebstähle der Polizei, und lassen Sie sich eine Kopie des Protokolls geben.

Banken und Währung

Die beiden offiziellen Währungen der Insel sind der Euro auf der französischen Seite und der Antillen-Gulden (ANG) auf der niederländischen Seite. Beiderseits werden meist auch US-Dollar akzeptiert. Banken und Geldautomaten finden Sie auf der ganzen Insel, die meisten in Hauptorten und großen Ferienresorts. Hotels, Resorts, Restaurants und Läden akzeptieren gängige Kreditkarten, manche auch Debitkarten.

Kommunikation

St. Martins Telefonnummern haben zehn Stellen und beginnen mit 0590 (mobil 0690). Bei Telefonaten innerhalb von St. Martin sowie nach St. Barthélemy und Guadeloupe genügt die zehnstellige Nummer. Wer aus Europa in St. Martin anruft, wählt 0059 und die zehnstellige Rufnummer. Um ins Ausland zu telefonieren, wählt man 00 und die Ländervorwahl (Deutschland: 49; Österreich: 43; Schweiz: 41).

Um von Sint Maarten ins Ausland zu telefonieren, wählt man 011 und die entsprechende Ländervorwahl (Deutschland: 49; Österreich: 43; Schweiz: 41). Wer aus Europa in Sint Maarten anruft, wählt 001, dann die Inselvorwahl 721 und die siebenstellige Rufnummer. Für Gespräche innerhalb von Sint Maarten genügt die siebenstellige Rufnummer. Bei Telefonaten zwischen St. Martin und Sint Maarten handelt es sich um Auslandsgespräche.

Informieren Sie sich über die Roaming-Gebühren, bevor Sie Ihr Mobiltelefon benutzen. Fragen Sie an der Hotelrezeption nach Handy-Verleihen vor Ort. Telefonkarten gibt es in großen Postfilialen. Viele Resorts und Lokale bieten ihren Gästen WLAN. Auf der ganzen Insel gibt es WLAN-Hotspots.

Hinweisschilder in Philipsburg

Verkehrsmittel

Mietwagen gibt es an Flughäfen und in großen Resorts bei internationalen Anbietern wie **Avis** und **Hertz** sowie bei einheimischen Unternehmen wie **Paradise**. Für die Hauptsaison sollte man frühzeitig buchen. Die gesetzlich geregelten Tarife der Taxis steigen gegen Abend. Bei mehr als drei Passagieren und Zusatzgepäck werden Aufschläge berechnet.

Shopping

Philipsburg rangiert in Sachen Duty-free-Shopping gleich hinter Charlotte Amalie auf den Virgin Islands. Die Läden in Marigot bieten französische Markenprodukte zu teils niedrigeren Preisen als in Europa.

Besucher sollten sich vorher über die Zollbestimmungen erkundigen, insbesondere hinsichtlich der Menge an Waren, die sie zollfrei mit nach Hause nehmen dürfen. Informationen dazu erhalten sie in Reisebüros und auf den Websites der örtlichen Behörden.

Läden auf der niederländischen Seite haben meist montags bis samstags von 9 bis 18 Uhr, auf der französischen Seite montags bis samstags von 8.30 bis 12.30 und 14 bis 19 Uhr geöffnet. Oft verlängern sich die Öffnungszeiten, wenn Kreuzfahrtschiffe in den Häfen anlegen.

Beliebte Souvenirs sind Edelsteine, Kunsthandwerk, Porzellanwaren und -figuren, Kristall, Uhren sowie einheimische Liköre und karibischer Rum.

Sprache

Die Amtssprache in St. Martin ist Französisch, in Sint Maarten Niederländisch, doch auch Englisch ist auf der Insel weitverbreitet. Untereinander sprechen die Einheimischen teilweise Papiamentu (kreolisches Spanisch) oder Patois.

Strom

Adapter werden nur für die 110 Volt/60 Hertz im niederländischen Teil der Insel benötigt. Für die 220 Volt/60 Hertz im französischen Teil ist kein Adapter notwendig.

Zeit

Die Atlantic Standard Time (AST) auf der Insel liegt fünf Stunden hinter der Mitteleuropäischen Zeit (MEZ) und sechs Stunden hinter der Mitteleuropäischen Sommerzeit (MESZ).

Heiraten

Wer auf Sint Maarten heiraten möchte, muss zwei Monate Vorlauf für Vorbereitung und Beschaffung der Papiere einplanen. **Tropical Wedding and Honeymoon** helfen dabei, Zeit zu sparen und Verwirrungen zu vermeiden. In St. Martin ist das Heiraten für Reisende komplizierter, doch man kann den offiziellen Teil auf der niederländischen Seite erledigen, um dann im französischen Teil zu feiern. Viele Resorts bieten besondere Arrangements für Frischvermählte an.

Auf einen Blick

Anreise

Air Berlin
W airberlin.com

Air France
W airfrance.com

Alitalia
W alitalia.com

American Airlines
W aa.com

Austrian
W austrian.com

British Airways
W britishairways.com

Condor
W condor.com

Delta
W delta.com

Finnair
W finnair.com

Iberia
W iberia.com

KLM
W klm.com

Lufthansa
W lufthansa.com

Swiss
W swiss.com

United Airlines
W united.com

Virgin Atlantic
W virgin-atlantic.com

Information

Office du Tourisme de Saint-Martin
T 0590 875 721.
W st-martin.org

Sint Maarten Tourist Bureau
T (721) 542 2337.
W st-maarten.com

Sicherheit und Gesundheit

Polizei, Feuerwehr, Ambulanz (Sint Maarten)
T 911.

Polizei (St. Martin)
T 17.

Feuerwehr (St. Martin)
T 18.

Ambulanz (St. Martin)
T 15.

Verkehrsmittel

Avis
T (721) 545 2847.
W avis.com

Hertz
T (721) 545 4541.
W hertz.sxmrentacar.com

Paradise
T (721) 545 3737.
W paradisecarrentalsxm.com

Heiraten

Tropical Wedding and Honeymoon
T (721) 520 7986.
W tropicalweddingsxm.com

Überblick: Saba und St. Eustatius

Viele haben von den kleinen Vulkaninseln nie gehört. Das nur 13 Quadratkilometer große Saba hat eine zerklüftete Küste mit wenigen natürlichen Häfen. Das Inselinnere ist hügelig und wird vom erloschenen Vulkan Mount Scenery beherrscht. St. Eustatius oder Statia ist etwas größer. Im Krater von The Quill, einem erloschenen Vulkan, gedeiht Regenwald. Die Insulaner bemühen sich nachdrücklich um den Erhalt ihrer Geschichte. Die beiden Eilande sind eine echte Alternative fernab des Trubels anderer Karibikinseln.

Zur Orientierung

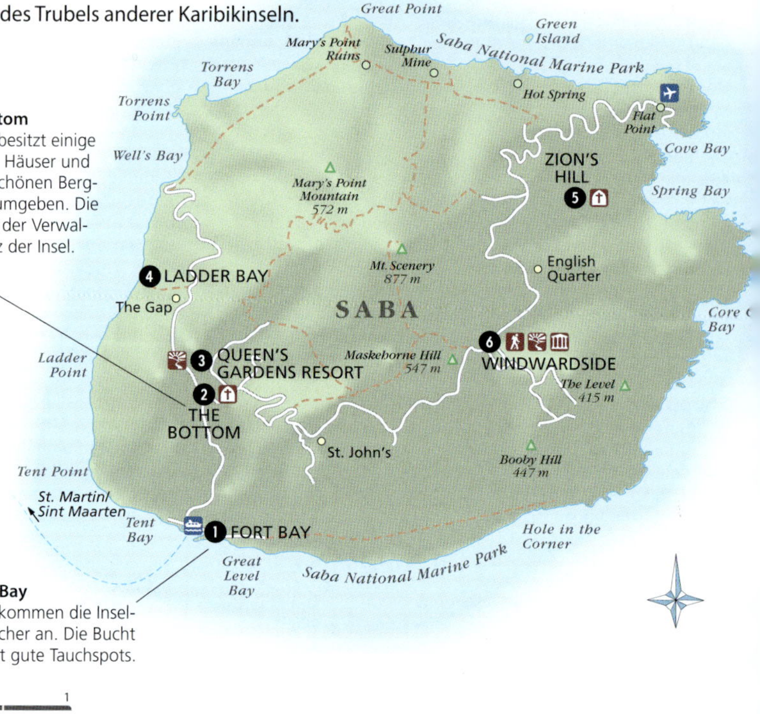

The Bottom
Der Ort besitzt einige hübsche Häuser und ist von schönen Berggipfeln umgeben. Die Stadt ist der Verwaltungssitz der Insel.

Fort Bay
Hier kommen die Inselbesucher an. Die Bucht bietet gute Tauchspots.

Sehenswürdigkeiten auf einen Blick

1. Fort Bay
2. The Bottom
4. Ladder Bay
5. Zion's Hill
6. Windwardside
7. Oranjested
9. National Park Visitors' Center
10. Lynch Plantation Museum
11. Miriam Schmidt Botanical Gardens

Hotels

3. Queen's Gardens Resort
8. The Old Gin House

Taucher an den bunten Riffen vor der Küste von Saba

Weitere Zeichenerklärungen *siehe hintere Umschlagklappe*

Der kleine Ort The Bottom am Fuß eines erloschenen Vulkans, Saba

Auf Saba und St. Eustatius unterwegs

Saba und St. Eustatius erreicht man ausschließlich über Sint Maarten. Täglich gibt es mehrere Flüge vom Princess Juliana International Airport (SXM) zu den Inseln. Außerdem verkehren Fähren zwischen Saba und St. Martin/Sint Maarten. Auf den Inseln selbst sind Taxis und Mietwagen zu empfehlen. Da es auf Saba nur eine Hauptstraße und auf St. Eustatius nur wenige Straßen gibt, findet man sich leicht zurecht. Da Taxis manchmal knapp sind, setzt man sich am besten mit einem Informationsbüro in Verbindung und arrangiert Fahrten vorab.

Legende

Straße

Piste

Fährlinie

Gipfel

0 Kilometer 1

Zeelandia Bay
An diesem Strand nistet die vom Aussterben bedrohte Meeresschildkröte.

The Quill (Mount Mazinga)
ist ein 600 Meter hoher Vulkankegel mit einem tiefen Krater. The Quill beherrscht die Topografie von St. Eustatius.

Auf einen Blick

Politik: Besondere Gemeinden der Niederlande (kein EU-Gebiet).
Sprache: Niederländisch, Englisch ist weitverbreitet.
Währung: US-Dollar (US$).
Mobilfunk: GSM/GPRS 900/1800 MHz (wie in D, A, CH), UMTS 2100 MHz (wie in D, A, CH).
Strom: 110 V/60 Hz, Adapter: ja.

❶ Fort Bay

Südwestküste von Saba.

Sabas Haupthafen Fort Bay ist auch Ausgangspunkt von Tauchexkursionen. Die Küste ist schroff: Sie hat weder Sandstrände noch geeignete natürliche Häfen. Wegen ihrer Unzugänglichkeit baute die niederländische Regierung 1972 ein 84 Meter tiefes Hafenbecken in Fort Bay. Dieses erleichterte Frachtern und Fähren das An- und Ablegen. Die einzige Tankstelle der Insel steht hier ebenso wie das Büro von Saba Deep Dive Center sowie das Besucherzentrum und die Überdruckkammer des Saba Marine Park *(siehe S. 284f)*.

Im Café In Two Deep und im Pop's Place kann man entspannt eines der großartigen Sandwiches genießen, während man aufs Meer blickt.

❷ The Bottom

1,6 km nördl. von Fort Bay, Saba. 600. Summer Festival

Der erste Ort an der kurvenreichen Straßen von Fort Bay aus ist The Bottom – die größte Ortschaft und Verwaltungssitz der Insel. Vor dem Bau von The Road mussten Waren und Güter 200 Stufen von Fort Bay oder 800 Stufen von Ladder Bay hinauf- und dann weiter 900 Stufen nach Windwardside geschleppt werden.

Gitterwerk der Saba Foundation

Die meisten Häuser sind im typischen Baustil von Saba errichtet: weiße Giebelhäuser mit rotem Dach und gepflegtem Rasen. Die Highlights des Ortes sind die Sakristei der **Sacred Heart Church** mit Originalmalereien der einheimischen Künstlerin Heleen Cornet und die **Saba Artisan Foundation**, in der Spitzen und andere Kunstgewerbeartikel verkauft werden. Beide sind vom Zentrum aus zu Fuß erreichbar. Bemerkenswert sind auch das vornehme Gouverneurshaus und die Saba University School of Medicine.

Heleen Cornets Wandbild in Sacred Heart

Saba Artisan Foundation
The Bottom. (599) 416 3260.
Mo–Fr 8–12, 14.30–17 Uhr.

❸ Queen's Gardens Resort

Troy Hill, Drive 1, Saba. (599) 416 3494. **queensaba.com**

Hoch auf dem Hügel über The Bottom thront »die Queen« in all ihrer Pracht. Das Luxushotelresort inmitten der Bergflora mit ihren hundertjährigen Mangobäumen und Blick auf das Karibische Meer liegt fernab vom Trubel der Stadt. Es bietet geräumige Suiten mit einem oder zwei Schlafzimmern, Küche sowie Ess- und Wohnbereich und eigenem Jacuzzi mit Meerblick. Es gibt für Gäste, die höchsten Wert auf Privatsphäre legen, auch eine Villa mit drei Schlafzimmern. Auf der Hauptterrasse unterhalb der Zimmer befinden sich ein Restaurant, eine Bar und das größte Schwimmbad Sabas mit fantastischer Aussicht. Nach The Bottom ist es nur ein kurzer Spaziergang den hübschen Hügel hinab.

Das luxuriöse Queen's Gardens Resort auf Troy Hill

❹ Ladder Bay

1,6 km nordwestl. von The Bottom, Saba. tägl. von Sonnenaufgang bis Sonnenuntergang. Wandergebühr. Saba Conservation Foundation. **sabapark.org**

Sabas ältester Hafen Ladder Bay war bis zum Bau des Piers in Fort Bay 1972 der einzige Zugang zur Insel. Mehr als 800 Stufen führen von Ladder Bay nach The Bottom hinauf. Bis in die 1970er Jahre waren sie der Haupttransportweg der Insulaner für jedwede Güter.

Heute gehen Besucher den Ladder Trail hinunter zur Ladder Bay. Er beginnt unweit von The Bottom. Als einziger Zugang zur Bucht führt der Weg durch ein Wohngebiet, an dessen Ende dann die Stufen abgehen. Die Aussicht von der Treppe auf das Meer ist beeindruckend, aber der Abstieg ist mühsam und dauert etwa 40 Minuten. Man sollte immer auf dem Weg bleiben, da alles rundherum Privatgrund ist. Das Highlight der Strecke ist die Ruine des alten Zollhauses. In der Bucht gibt es mehrere ideale Stellen zum Tauchen, darunter Ladder Bay Deep, ein geschwungenes Riff, das an eine steile Bergspitze erinnert und 33 Meter in die Tiefe hinabreicht. Hier hat man eine gute Chance, Atlantische Ammenhaie und Barrakudaschwärme zu sehen.

Hotels und Restaurants auf Saba und St. Eustatius *siehe Seiten 290 und 291*

5 Zion's Hill

3 km nordöstl. von The Bottom, Saba. 100.

Das auf dem Zion's Hill gelegene Hell's Gate ist eine kleine Ortschaft in der Nähe des Juancho E. Yrausquin Airport. Man erreicht sie nur über The Road, eine kurvenreiche schmale Straße, die sich bis auf 609 Höhenmeter hinaufschlängelt. Vielen Einwohnern missfällt die negative Konnotation des Namens, deshalb nennen sie den Ort auch Zion's Hill (Zionsberg).

Die Holy Rosary Church im Ort ähnelt einem mittelalterlichem Bau, entstand aber tatsächlich im Jahr 1962. In der **Saba Lace Boutique** hinter der Kirche zeigen und verkaufen die besten Klöppler der Insel ihre filigranen Werke aus Spitze. Bekannt ist auch der hiesige Gewürzrum namens Saba Rum.

Zion's Hill liegt in der Nähe des Saba National Marine Park *(siehe S. 285)* und der stillgelegten Schwefelminen.

Saba Lace Boutique
Zion's Hill.
Mo–Fr 9–12, 14.30–17 Uhr.

»Bau nicht möglich« – The Road

Bis in die 1930er Jahre gab es auf Saba keine Straße, was Alltägliches wie Einkaufen erschwerte. Waren mussten aus dem Hafen über steile Stufen in die Orte transportiert werden. Als die Insulaner die niederländische Regierung in den 1930er Jahren aufforderten, eine Straße zu bauen, waren sich holländische und Schweizer Ingenieure einig, dass dies aufgrund der steilen Hänge und Täler nicht möglich sei. Daraufhin nahm der Einheimische Josephus Lambert Hassell die Herausforderung an. Nach einem Fernlehrgang in Ingenieurswesen machte er sich zusammen mit einigen Einheimischen 1938 ans Werk. Der erste Abschnitt von Fort Bay nach The Bottom wurde nach fünf Jahren fertig. 1947 fuhr dort das erste Auto. Es dauerte bis 1951, die Strecke bis Windwardside und St. Johns zu bauen. Erst 1958 wurde nördlich von Zion's Hill der Weg zum Flughafen gebaut. Der Name der Straße lautet schlicht »The Road«.

Die serpentinenreiche lange »Road«

6 Windwardside

1,6 km nordöstl. von The Bottom, Saba. 600. Tourism Office, (599) 416 2231.
sabatourism.com

Hinter Zion's Hill führt The Road durch dichte Wälder, die immer wieder den Blick auf die Insel freigeben, bevor die Straße den bezaubernden Ort Windwardside erreicht. In der verschlafenen Ortschaft scheint die Zeit stehen geblieben zu sein. Neben einer altmodischen Einkaufsstraße gibt es einige Restaurants. Wirklich interessant ist aber das um den Ortskern angeordnete Wohngebiet. Die Häuser wurden im inseltypischen Stil gebaut und sind teilweise ziemlich alt. The Trail Shop am Ortsausgang bietet eine Karte an, auf der Lage und Baujahr der reizenden Häuser verzeichnet sind.

Windwardside ist auch als Basislager für Wanderer bekannt. Hinter dem Trail Shop beginnt der Aufstieg auf den Mount Scenery *(siehe S. 284)*. Weitere Highlights sind das **Harry L. Johnson Museum** in der 160 Jahre alten Behausung eines Schiffskapitäns. Die Originaleinrichtung aus viktorianischen Zeiten ist noch erhalten. Zudem sind einige indianische Artefakte zu sehen. Interessant ist auch **Jobean Glass Art Studio** am südlichen Ende des Orts Richtung Booby Hill. Hier können Besucher selbst Glasperlen herstellen und Jobean bei der Arbeit zusehen.

Glasobjekt in Jobeans Studio

Einkaufsmöglichkeiten gibt es außerdem bei El Momo Folk Art, das *molas* genannte Wandteppiche verkauft, und in The Peanut Gallery *(siehe S. 293)* für einheimische Kunst und Kunsthandwerk.

Jobean in ihrem Glass Art Studio, Windwardside

Harry L. Johnson Museum
Windwardside. (599) 416 2231.
Öffnungszeiten siehe Website.
museum-saba.com/HLJohnson/index.html

Jobean Glass Art Studio
Windwardside. (599) 416 2490.
Mo–Sa 10–17 Uhr, So 10–15 Uhr. **jobean-glass.com**

Sport und Aktivurlaub

Die Kombination aus hügeliger Topografie und vulkanischer Entstehungsgeschichte macht Saba zum beliebten Reiseziel von Wanderfreunden und Tauchern. Die lange Zeit vom Fremdenverkehr unberührte Insel ist bis heute eine wertvolle ökologische Nische, in der Besucher wahre Zauberwälder erleben können. Saba bietet seinen Gästen verwinkelte Pfade durch tropische Pflanzenpracht, Unterwasserschluchten und -gipfel sowie unzählige andere Naturschönheiten.

Wanderweg auf den erloschenen Vulkan Mount Scenery

Wandern

Die Insel Saba mit ihren vielen steilen Bergen und tiefen Tälern ist ein wahres Wanderparadies. Die Pfade, die die Insel durchziehen, dienten früher als Transportwege und sind bis heute in bestem Zustand.

Die Silhouette der Insel wird von Mount Scenery bestimmt, einem erloschenen Vulkan. Der Mount Scenery Trail beginnnt in Windwardside *(siehe S. 283)*. Um seine 1064 Stufen hinaufzusteigen, braucht man etwa zwei Stunden. In den unteren Regionen wachsen Kakteen, Redwoods, Bergfuchsien und Obstbäume. Je höher man kommt, desto mehr Palmen, Baumfarne, Elefantenohren und wilde Bananen sieht man. Ganz oben befindet man sich in einer Zauberwelt voller Farne, Bromelien, Orchideen und Bergmahagoni. Außerdem werden Wanderer mit dem Anblick von etwa 60 verschiedenen Vogelarten belohnt.

Neben anderen Wegen ist der Crispeen Track besonders gut zugänglich und bietet herrliche Ausblicke. Er führt von Windwardside nach The Bottom. Der Sandy Cruz Trail im Tal zwischen Mount Scenery und Mary's Point ist ebenfalls gut zu schaffen. Der Ladder Trail bietet eine tolle Aussicht auf die Ladder Bay *(siehe S. 282)*. Wer längere Wanderungen unternehmen möchte, sollte mit einem Führer auf dem North Coast Trail zwischen Lower Zion's Hill und Well's Bay wandern.

Der Sulphur Mine Track beginnt in Zion's Hill und schlängelt sich durch einen Wald, bevor es über eine Wiese zum Meer hinabgeht. An der Küste steigt man im Schein einer Taschenlampe in die Mine hinab. Am besten geht man mit James »Crocodile« Johnson, er kennt alle Wege. Man bucht den Führer über **Saba Conservation Foundation Trail Shop**. Wandern ist generell gebührenpflichtig.

Tauchen und Schnorcheln

Sabas Tauchspots sind noch weitgehend unerforscht, doch die Insel wird als erstklassiges Taucherziel von Jahr zu Jahr beliebter. Nur heimische Tauchboote mit Sondergenehmigung dürfen an den Tauchspots im Meerespark ankern. Dadurch sollen die Riffe geschützt und sichere Bedingungen für die Taucher geschaffen werden. **Saba Deep Dive Center**, **Saba Divers** und **Sea Saba** bieten ein kostenloses Upgrade für Nitrox. Taucher müssen im **Saba Marine Park Visitors' Center** oder über ihren Tauchveranstalter eine Gebühr entrichten. Eine Besonderheit des Tauchgebiets ist die Hyperbaric Facility der Saba Conservation Foundation. Diese Vier-Personen-Dekompressionskammer in der Fort Bay dient Tauchern von Puerto Rico bis Barbados. An der Saba University Medical School kann man sich genauer über Tauch- und Überdruckmedizin informieren.

Die Feierlichkeiten zu **Sea and Learn** finden jährlich im Oktober statt und bieten eine hervorragende Einführung zu Saba. Workshops, Vorlesungen und Projekte sollen das Umweltbewusstsein schulen.

Taucher unterwegs zum Tauchgang vor Saba

Auf einen Blick

Wandern

Saba Conservation Foundation Trail Shop
Windwardside, Saba.
(599) 416 2630.
sabapark.org

Tauchen und Schnorcheln

Saba Deep Dive Center
Fort Bay, Saba.
(599) 416 3347.
sabadeep.com

Saba Divers
Fort Bay No. 9,
Windwardside, Saba.
(599) 416 2526.
sabadivers.com

Saba Marine Park Visitors' Center
Fort Bay, Saba.
(599) 416 3295.
sabapark.org

Sea and Learn
(599) 416 2246.
seaandlearn.org

Sea Saba
Windwardside, Saba.
(599) 416 2246.
seasaba.com

Saba National Marine Park und Saba Bank

Direkt vor der Küste der kleinen Vulkaninsel verbirgt sich eine unglaubliche Unterwasserwelt voller Schluchten und Steilwände, mit 30 Meter hohen Felsspitzen und Korallenriffen. Das Gebiet steht unter dem Schutz der Saba Conservation Foundation. Das gesamte Küstengebiet wurde 1987 zwischen einer Hochwassermarke und bis zu einer Tiefe von 60 Metern zum Saba National Marine Park erklärt. Fünf Kilometer südwestlich der Insel liegt das versunkene Atoll Saba Bank, das mit seiner unvergleichlichen Artenvielfalt ebenfalls Schutz genießt.

Die farbigen Korallen sind Teil des geschützten Marine Park.

Die Pinnacles sind nur etwas für erfahrene Taucher.

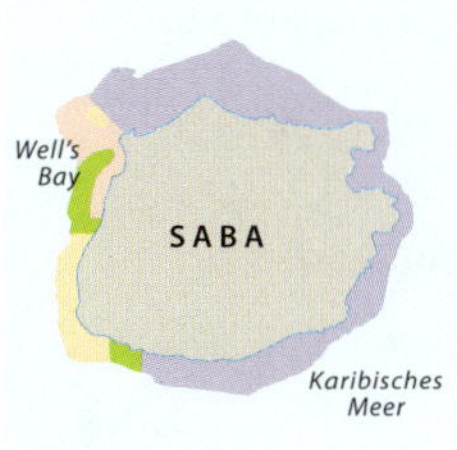

Zur Orientierung

- Ankerplätze
- Angeln und Tauchen
- Freizeittauchen
- Allzweckareal

Die Pinnacles von Saba sind Felsnadeln, die bis 30 Meter tief unter die Wasseroberfläche reichen. Sie eignen sich für fortgeschrittene Taucher.

Die Saba Bank bietet die größte Artenvielfalt im ganzen Karibischen Meer. 2006 wurden bei einer Expedition etwa 200 Fischarten dokumentiert, darunter auch zwei bis dahin noch unentdeckte Arten.

Die Tauchspots, im Marine Park sind es insgesamt 29, bieten verschiedene Tauchtiefen für jeden Schwierigkeitsgrad. Die meisten liegen im Karibischen Meer an der Westseite der Insel. Dort ist die See nicht so rau wie an der Atlantikküste.

Im Marine Park wimmelt es unter Wasser von verschiedenen Tropenfischen, Aalen und Haien. Gelegentlich kommen auch Buckelwale und Walhaie vorbei.

Ruinen der Honen Dalim Synagogue in Oranjestad

7 Oranjestad

Südwestküste von St. Eustatius. 2000. in Fort Orange, (599) 318 2433. Statia-America Day (16. Nov). **statiatourism.com**

Die Insel St. Eustatius (Statia) war in der Kolonialzeit als Golden Rock bekannt, weil sie damals eine wichtige Rolle im internationalen Handel spielte. Auf dem Höhepunkt des wirtschaftlichen Erfolgs wuchs die Bevölkerung sprunghaft auf 20000 an. Die Hauptstadt Oranjestad war ein blühender, kosmopolitischer Ort. Seit 2000 hat die St. Eustatius Historical Foundation große Anstrengungen unternommen, die Stadt zu sanieren. Ein Spaziergang durch die Upper Town ist eine Reise in die Vergangenheit. Anmutige Holz-Stein-Häuser aus dem 17. und 18. Jahrhundert säumen die Pflasterstraßen.

Wenige Schritte entfernt findet man Straßen mit Läden und Restaurants in alten Holzhäusern. Die Stadt besitzt die zweitgrößte Zahl intakter Holzhäuser aus dem 18. Jahrhundert in ganz Amerika – nur das US-amerikanische Colonial Williamsburg hat mehr. Die **St. Eustatius Historical Foundation** hat ihren Sitz im ehemaligen Wohnhaus des Kaufmanns Simon Doncker aus dem 18. Jahrhundert. Die Zimmer im Hauptgeschoss sind noch mit Originalmöbeln und Haushaltswaren aus jener Zeit eingerichtet. Die Museumsangestellten bieten Stadtführungen an. Der renovierte Steinbau des Government Guest House dient heute als Bürogebäude. Einst stand hier die Kaserne der Truppen von **Fort Oranje**, das auf einem Fels mit Blick auf die Lower Town und Gallows Bay liegt. Die 1629 von den Franzosen gebaute Festung wurde renoviert. In einem der Gebäude residiert das Informationsbüro. Eines der auffälligsten Wahrzeichen ist der Fahnenmast mit den Flaggen von St. Eustatius und den USA. Südlich der Festung liegen die Ruinen der in den 1750er Jahren erbauten **Dutch Reformed Church** und der angrenzende Friedhof. Der äußere Bereich der Hauptkirche wird gelegentlich für Hochzeiten genutzt. Vom Turm erblickt man die ganze Stadt. Die **Honen Dalim Synagogue** ist eine der ältesten Synagogen in Amerika. Mit Unterstützung des St. Eustatius Center for Archeological Research (SECAR) soll der Bau restauriert werden. Das Gotteshaus von 1739 umfasst auch einen Friedhof sowie eine Mikwe: Das rituelle Tauchbad legte man bei Ausgrabungen frei.

Ehrensäule (Detail), Fort Oranje

Interieur der Bar im Old Gin House

St. Eustatius Historical Foundation
Wilhelminaweg 3. (599) 318 2288. Mo–Fr 9–17 Uhr. **steustatiushistory.org**

Fort Oranje
Kerkweg. (599) 318 2433. tägl. Sonnenaufgang bis Sonnenuntergang. **statiatourism.com**

Dutch Reformed Church
Kerkweg. tägl. Sonnenaufgang bis Sonnenuntergang. **steustatiushistory.org**

Honen Dalim Synagogue
Breedeweg. tägl. Sonnenaufgang bis Sonnenuntergang.

8 The Old Gin House

Lower Town, Oranjestad, St. Eustatius. (599) 318 2319. **oldginhouse.com**

Die ehemalige Baumwollverarbeitungsstätte beherbergt heute das einzige Luxus-Gästehaus der Insel *(siehe S. 290)*. Im Hauptgebäude sind Lobby, Bar, Restaurant und die Zimmer untergebracht. Letztere sind mit imitieren Kolonialmöbeln eingerichtet und blicken auf die gepflegten Grünanlagen und den Pool. Auf der anderen Straßenseite betreibt das Hotel ein morgens und mittags geöffnetes Café mit Blick auf das Meer. Außerdem besitzt es eine kleine, aber gute Bar. Oranje Beach und das National Park Visitors' Center sind ganz in der Nähe, ebenso die Stufen hinauf zu Oranjestads Upper Town.

9 National Park Visitors' Center

Gallows Bay, 1 km unterhalb von Oranjestad, St. Eustatius. (599) 318 2884. Mo–Do 8–17 Uhr, Fr 8–16 Uhr. **statiapark.org**

Die St. Eustatius National Park Foundation (Stenapa) koordiniert alle ihre Projekte vom Visitors' Center in Gallows Bay aus. Es bietet einige Exponate, einen kleinen Souvenirladen,

Hotels und Restaurants auf Saba und St. Eustatius *siehe Seiten 290 und 291*

Ehrenamtliche Helfer in den Miriam Schmidt Botanical Gardens

ein Internet-Café, Duschen, Toiletten und einen Picknickplatz, zudem kann man hier Touren buchen, Taxis reservieren, Park- oder Tauchgebühren bezahlen und sogar Pflanzen kaufen.

⑩ Lynch Plantation Museum

1,6 km nördl. von Oranjestad, St. Eustatius. (599) 318 2338. auf Anfrage.

Das kleine Heimatmuseum wurde von der Familie Berkel auf ihrem Grundstück errichtet. Das 1916 erbaute Ausstellungsgebäude ist eine Nachbildung des ursprünglichen Hauses. Zu sehen sind darin Möbel, Artefakte und Werkzeug von den Plantagen. Auf dem mit Obstbäumen und einheimischer Flora bepflanzten Grundstück steht auch eine Privatschule. Der Teil, in dem eine Laube steht, wird gelegentlich für Hochzeiten und Empfänge genutzt.

Berkel Museum auf dem Gelände der Lynch Plantation

⑪ Miriam Schmidt Botanical Gardens

5 km östl. von Oranjestad, St. Eustatius. (599) 318 2884. tägl. Sonnenaufgang bis Sonnenuntergang. statiapark.org

Wie viele andere Nationalparks unter der Führung der St. Eustatius National Park Foundation (Stenapa) dient dieses Gelände der Vermittlung von Einblicken in die artenreiche Pflanzenwelt der Insel. Gleichzeitig soll auf diese Art die teilweise bedrohte Flora der Insel bewahrt werden. Die Gärten wurden 1998 angelegt. Seitdem arbeiten täglich Freiwillige an der Verbesserung der Anlage. Sensory Garden, Palm Garden, Shade House, Lookout Garden (mit Aussicht auf St. Kitts und – gelegentlich – Buckelwale) und der Jean Gemmill Bird Observation Trail sind bereits fertiggestellt. Führungen kann man über das National Park Visitors' Center in Gallows Bay buchen.

Statia in der Geschichte der USA

Der 16. November 1776 war in der Kolonialstadt St. Eustatius/Statia ein Tag wie jeder andere, als der amerikanische Kriegszweimaster *Andrew Doria* in die Gallows Bay segelte. Mit Salutschüssen feierte das Schiff die soeben erlangte Unabhängigkeit Amerikas von England. Die unter dem Kommando von Gouverneur Johannes de Graaff stehenden Truppen in Fort Oranje feuerten ihrerseits Salutschüsse ab und machten damit St. Eustatius zur ersten Nation, die die Vereinigten Staaten von Amerika anerkannte. Dieser Umstand blieb von der britischen Flotte nicht unbemerkt und provozierte deren Zorn. US-Präsident Franklin D. Roosevelt ließ später eine Dankesplakette in Statia anbringen, die an die Unterstützung der Insel für die Vereinigten Staaten erinnert. Im Gegenzug benannte Statia ihren Flughafen nach ihm. Alljährlich feiert die Insel am 16. November den Statia-America Day. Schon in der Woche zuvor beherrschen Musik und Karnevalsatmosphäre das Geschehen. Am Tag selbst werden in Fort Oranje feierlich die Flaggen gehisst.

Auf das Meer gerichtete Kanone im Fort Oranje, St. Eustatius

Sport und Aktivurlaub

St. Eustatius ist ebenso wie seine Nachbarinsel mit herrlicher Natur gesegnet, und viele Besucher werden von den unberührten Wäldern und Riffen angelockt. Aber anders als Saba kann St. Eustatius darüber hinaus mit ein paar Stränden aufwarten, die allerdings nur begrenzt nutzbar sind. Der vulkanische Ursprung der Insel sorgt für viele Wandermöglichkeiten. Die zahlreichen Relikte aus der Kolonialzeit machen St. Eustatius zu einem beliebten Reiseziel für Hobby-Archäologen.

Schnorcheln in einem Abudefduf-Schwarm vor der Küste von St. Eustatius

Strände

Die meisten Karibikinseln sind mit wunderbaren Stränden gesegnet, nicht so St. Eustatius. An den drei Stränden von Statia kann man sonnenbaden, Sandburgen bauen und Drachen steigen lassen, nicht aber baden.

Oranjestad Bay am Karibischen Meer ist der am besten zugängliche Strand, vor dem man noch am ehesten schwimmen kann. Er liegt in Oranjestad und hat hellen und dunklen Sand mit Felsen dazwischen. Das Wasser ist seicht und ruhig. Das bekannte Lokal The Old Gin House *(siehe S. 286)* steht ganz in der Nähe.

Lynch Bay ist ein brauner Sandstreifen in der Mitte der Atlantikküste der Insel. In Ufernähe ist das Wasser seicht, entwickelt aber weiter draußen einen Sog, vor dem man sich hüten muss. Da es keinerlei Anlagen gibt, müssen Strandbesucher sich rundum selbst versorgen.

Zeelandia Bay ist ein drei Kilometer langer Atlantikstrand, der zwar einladend aussieht, aber nur zum Sonnenbaden und Sandburgenbauen taugt. Im Meer kann man wegen gefährlicher Strömungen nicht baden.

Wandern

St. Eustatius bietet Wanderfreunden diverse Wege in den um die Berge Boven und The Quill gelegenen Nationalparks. 1988 wurde die Organisation Stenapa zur Verwaltung der beiden Gebiete sowie des Marine Park und des Botanischen Gartens gegründet. Sie hält die Wege instand, stellt Schilder auf, dokumentiert Tiere und Pflanzen und organisiert Führungen. Alle Wanderer entrichten im Stenapa Visitors' Center *(siehe S. 286f)* eine Gebühr.

Wegweiser am Quill Trail

Der Boven National Park umfasst fünf Hügel an der Nordspitze der Insel. Wegen ungeklärter Besitzverhältnisse sind die Wege nicht gut ausgebaut, auf vier davon – mit den Zielen Boven, Venus Bay, Gilboa Hill und Bergje – kann man trotzdem gut wandern. Die ein- bis zweistündigen Wanderungen starten am Ende der Straße von Zeelandia.

Tauchen und Schnocheln

Die meisten Besucher kommen zum Tauchen nach St. Eustatius. Der Statia National Marine Park zählt zu den führenden Tauchgebieten der Karibik. Er umfasst die ganze Küste und reicht 30 Meter tief. Es gibt 42 Ankerplätze.

Tauchgänge sind nur mit einem der drei offiziellen Anbieter erlaubt. Zudem muss man im Gallows Bay Visitors' Center eine Gebühr entrichten.

Vor St. Eustatius befinden sich rund 200 Schiffswracks sowie Korallenriffe auf erstarrten Lavaflüssen, die wie Finger aussehen und ein Canyon. Die Tauchspots heißen Hangover, Five Fingers North und South sowie Ledges.

Unter den 36 Tauchspots sind auch historische Stätten wie Double und Triple Wreck, Stingray City und Anchor Reef. Im Grand Canyon/Off the Wall, in den Coral Gardens und in Doobie's Crack kann man bis in Tiefen von 26 bis 30 Metern tauchen.

Das **Golden Rock Dive Center** verleiht Unterwasserkameras und organisiert geführte Tauchgänge. Die besten Stellen zum Schnorcheln in Oranjestad Bay bieten alles von versunkenen Mauern und Lagerhäusern bis zu alten Kais, die vom Oranje Beach oder dem Bootssteg des Golden Era Hotel aus zugänglich sind. **Scubaqua** und Golden Rock Dive Center veranstalten verschiedene Schnorchelausflüge. Das Golden Rock Dive Center ist im Besitz eines Unterwassergleiters, für den es auch Kurse anbietet. Touren mit dem Hilfsgerät werden ebenfalls angeboten. Zu manchen Buchten führt keine Straße, sie sind allerdings per Boot oder Kajak zu erreichen.

Aufstieg zum Quill

Das niederländische Wort »kuil« bedeutet Grube. Der Name The Quill rührt also von dem Bergkrater her. Die rauen Hänge des Vulkankegels reichen bis zur Kraterkante. Der Kraterboden ist eine breite Fläche. Das gesamte Gebiet gehört zum The Quill National Park. Die Vegetationszonen reichen von dornigem Waldgestrüpp an den äußeren Hängen des Vulkans bis hin zu immergrünem üppigem Wald im Krater und seltenem Tropenwald auf dem Mount Mazinga. Insgesamt zehn Wanderwege umgeben den Vulkan.

Zur Orientierung
□ Kartenausschnitt

Eine artenreiche Vogelwelt bevölkert die Gegend. Der Bird Trail ist mit informativen Hinweisschildern bestückt.

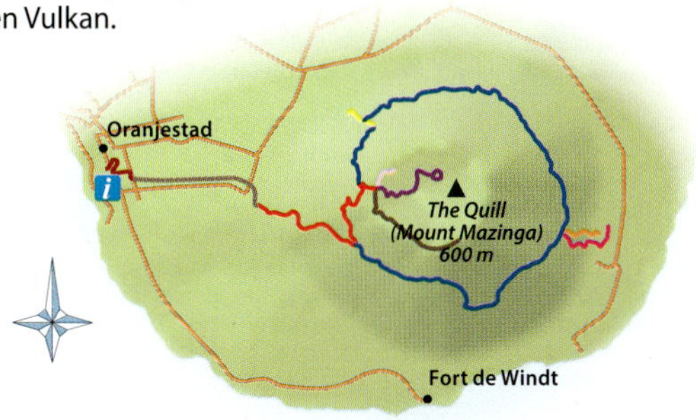

Der Quill Trail gilt als leicht begehbar und führt bis zur Kraterkante hinauf. Von der Kraterkante aus kann man die Vegetationszonen überblicken.

0 Kilometer 1

Legende
- Around the Mountain Trail
- Bird Trail
- Botanical Garden Trail
- Couchar Mountain Trail
- Crater Trail
- Mazinga Trail
- Panoramic Point Trail
- Quill Trail
- Rosemary Lane Trail
- Tompi Hill Trail

Wanderer können den leichten Bird Trail oder den schwierigen Crater Trail, den langen Around the Mountain Trail und den kurzen, steilen Panoramic Point Trail wählen.

Archäologische Stätten

Als »Pompeji der Neuen Welt« bietet St. Eustatius mehr als 600 dokumentierte archäologische Stätten mit Objekten aus der Zeit der Sklaverei.
Das **St. Eustatius Center for Archaeological Research** legt mithilfe von Studenten und Volontären die Überreste von Hausrat und Werkzeug aus den Ruinen der Sklavenhäuser, der Lagerhäuser und der privaten Wohnhäuser jener dunklen Zeit frei.

Auf einen Blick

Tauchen und Schnorcheln

Golden Rock Dive Center
Lower Town, Oranjestad.
(599) 318 2964.
goldenrockdive.com

Scubaqua Dive Center
Lower Town, Oranjestad.
(599) 318 5450.
scubaqua.com

Archäologische Stätten

St. Eustatius Center for Archaeological Research
Lampeweg, Oranjestad.
(599) 318 0066.

Weitere Zeichenerklärungen *siehe hintere Umschlagklappe*

Hotelauswahl

Das von Regenwald umgebene Queen's Garden Resort in Troy Hill auf Saba

Saba

BOOBY HILL: Spyglass $$$
Villa
Booby Hill
001-246-230-2360
sabaspyglass.com
Die Luxusvilla auf dem Gipfel eines Hügels bietet atemberaubenden Blick auf die umliegenden Inseln. Die Küche ist sehr gut und es gibt eine Cabana mit Grillplatz.

Vis-à-Vis-Tipp

TROY HILL: Queen's Garden Resort $$
Boutique
Drive 1
(599) 416 3494
queensaba.com
Das Hotel in Hanglage besitzt mit Antiquitäten und Kunst ausstaffierte Suiten, von denen jede eine ganze Etage einnimmt. Meist ist auch ein Jacuzzi vorhanden. Der Blick fällt über The Bottom aufs Meer. Es gibt ein gutes Restaurant, eine Lounge und einen Pool.

TROY HILL: Carolina Cottage $$$
Villa
Troy Hill
(599) 416 2246
carolinacottage-saba.com
Die elegant eingerichtete holländische Villa in der Nähe von Sabas Wanderwegen und Tauchrevieren bietet einen Süßwasserpool für private Tauchstunden.

TROY HILL: Haiku House $$$
Luxus
Drive 1
(599) 416 3494
sabavillas.com
In dem nach einer japanischen Villa gestalteten Haus gibt es einen Pool und einen Jacuzzi.

WINDWARDSIDE: Ecolodge Rendez-Vous $
Öko-Lodge
Crispean Track
(599) 416 7428
ecolodge-saba.com
Das kleine Hotel bietet einfache Unterkünfte in rustikalen Lodges mit umweltverträglichen Annehmlichkeiten.

WINDWARDSIDE: Cottage Club Hotel $$
Modern
Windwardside
(599) 416 2386
cottage-club.com
Die Cottages mit Schlafzimmer und Balkon und Meerblick bieten Annehmlichkeiten eines Hotels.

WINDWARDSIDE: Juliana's $$
Modern
Windwardside
(599) 416 2269
julianas-hotel.com
Eines der wenigen echten Hotels der Insel vermietet Zimmer im Hauptgebäude sowie zwei Cottages und ein Apartment.

WINDWARDSIDE: Scout's Place $$
Boutique
Windwardside
(599) 416 2740
scoutsplace.com
Eines der Wahrzeichen Sabas bietet aus allen Zimmern das Panorama des Ozeans. Das Essen ist exzellent.

WINDWARDSIDE: Selera Dunia Boutique Hotel $$
Boutique
The Level
(599) 416 5443
seleradunia-saba.com
Das Hotel auf einem Hügel bietet Suiten, deren Dekors ihre Wurzeln in den Niederlanden oder bei den Iban auf Borneo haben.

Preiskategorien
Die Preise gelten für ein Standard-Doppelzimmer pro Nacht (Hochsaison), inklusive Steuern und Service.

$	unter 100 US-Dollar
$$	100–300 US-Dollar
$$$	über 300 US-Dollar

WINDWARDSIDE: Hummingbird Villa $$$
Modern
Windwardside
001-619-567-6965
sabahomesforrent.com
Die Villa mit zwei Schlafzimmern, einem Poolhaus und einer großen Terrasse ermöglicht einen umwerfenden Blick aufs Meer.

WINDWARDSIDE: Villa Fairview $$$
Luxus
Windwardside
villasaba.nl
Die Villa auf einem Hügel mit Blick aufs Meer besitzt eine große Terrasse mit Pool und Pavillon.

St. Eustatius

CONCORDIA: Country Inn $
Inn
Concordia
(599) 318 2484
countryinn-statia.com
Aus den einfachen, komfortablen Zimmern des kleinen Hotels blickt man auf die Zeelandia Bay.

ORANJESTAD: Golden Era Hotel $$
Historisch
Oranjestad
(599) 318 2345
goldenerahotel.com
Das restaurierte Lagerhaus aus dem 18. Jahrhundert ist heute ein Hotel am Meer.

ORANJESTAD: Old Gin House $$
Historisch
Oranjestad
(599) 318 2319
oldginhouse.com
Das beste Luxushotel der Insel befindet sich in einer ehemaligen Ginfabrik. Dort gibt es auch eine nette Bar.

WHITE WALL: Statia Lodge $$
Boutique
White Wall
(599) 318 1900
statialodge.com
Familien lieben die Holzbungalows mit Meerblick, Küche und Terrasse.

Restaurantauswahl

Saba

THE BOTTOM:
Saba Coffee House **$**
Café
The Bottom
(599) 416 3636 ● Sa
Das Café serviert Kaffee der Café Luna Roastery, Gebäck, Bistro-Snacks, Eiskaffee und Smoothies.

COVE BAY:
The Seagrape Grill **$**
Café
Cove Bay
(599) 416 2661 ● Mo–Do
Oberhalb der Bucht serviert das Café Burger für den großen Hunger, Grillsandwiches und hausgemachten Hummus.

FORT BAY: Deep End Bar & Grill **$**
Saba-Küche
Fort Bay Harbour
(599) 416 3347 ● abends
Das Lokal am Saba Deep Dive Center serviert Suppen, Sandwiches und Fisch mit Hafenblick.

FORT BAY: Pop's Place **$**
Südamerikanisch
Fort Bay Harbour
(599) 416 2001 ● Mo
Die kolumbianischen Besitzer bringen *empanadas*, Sandwiches und andere Spezialitäten aus Kolumbien auf den Tisch.

WINDWARDSIDE:
Chinese Restaurant **$**
Chinesisch
Windwardside
(599) 416 2353 ● Mo
Kantonesische Klassiker, Steaks und Salate kann man mit Blick auf die Stadt genießen oder mitnehmen.

WINDWARDSIDE: Brigadoon **$$**
International
Flat Point
(599) 416 2380 ● Di
Service, Küche und gemütliche Atmosphäre sorgen für den guten Ruf. Donnerstags steht Rib-Eye-Steak, samstags Sushi auf der Karte. Reservierung ist nötig.

WINDWARDSIDE:
Swinging Doors **$$**
Amerikanisch
Windwardside
(599) 416 2506
Hier isst man Herzhaftes vom Grill. Der Fokus liegt sonntags auf Steak, dienstags und freitags auf Barbecue. Es gibt auch eine Bar. Gäste müssen bar bezahlen.

WINDWARDSIDE:
Chez Bubba Bistro **$$$**
Französisch
Lambee's Place
(599) 416 2539 ● Di
Französische Spezialitäten wie Ente, Foie gras und Vivaneau Grillé werden im idyllischen Gartenpavillon serviert. Dazu gibt es exquisite Weine.

Vis-à-Vis-Tipp

WINDWARDSIDE:
Rainforest Restaurant **$$$**
Karibisch / Indonesisch
Ecolodge Rendez-Vous
(599) 416 7012 oder (599) 416 7032 ● Mi
Wer hier essen möchte, muss einen kleinen Marsch in Kauf nehmen, doch die Gerichte und die tropische Umgebung lohnen den Weg. Die Tagesspezialitäten richten sich nach dem, was Garten und Meer hergeben. Das hausgemachte Eis ist ein Traum. Mittwochs werden Candle-Light-Dinner angeboten.

St. Eustatius

GALLOWS BAY: Blue Bead Bar & Restaurant **$$**
Französisch / Italienisch
Gallows Bay
(599) 318 2873 ● So
Das gehobene Lokal bietet gegen Barzahlung Pizzas, Tagesspezialitäten und eine gut bestückte Bar.

ORANJESTAD: Chinese Bar & Restaurant **$**
Chinesisch
HM Queen Beatrixstraat
(599) 318 2389
Klassiker aus China und Indonesien sowie vegetarische Gerichte gibt es auch zum Mitnehmen, allerdings nicht gegen Kreditkarte.

Preiskategorien
Die Preise gelten für ein Zwei-Gänge-Menü pro Person mit einer halben Flasche Hauswein, inklusive Steuern und Service.

$	**unter 40 US-Dollar**
$$	**40–60 US-Dollar**
$$$	**über 60 US-Dollar**

ORANJESTAD: Cool Corner Bar & Restaurant **$**
Asiatisch
Oranjestad
(599) 318 3386
Im Zentrum von St. Eustatius steht die in Familienbesitz befindliche älteste Bar der Insel. Die chinesischen Gerichte großzügig portioniert, aber eher zum Mitnehmen gedacht.

ORANJESTAD:
Ocean View Terrace **$**
Holländisch / Karibisch
Government Guest House
(599) 318 2934 ● So
Auf der Terrasse eines historischen Gebäudes über Fort Oranje werden lokale Spezialitäten und frisches Seafood serviert.

ORANJESTAD:
Golden Era Hotel **$$**
Karibisch / Kreolisch
Harbourside
(599) 318 2455
Gäste können im freundlichen Speisesaal oder am Pool essen. Auf der Speisekarte stehen außer West-Indies-Spezialitäten natürlich auch frische Langusten und Seafood.

ORANJESTAD: Kings Well Bar & Restaurant **$$**
International
Oranje Bay
(599) 318 2538
Das Restaurant serviert frische Salate, T-Bone-Steaks, Fisch vom Grill und Schnitzel. Die Gastgeber sind großzügig und berücksichtigen nach Möglichkeit individuelle Wünsche. Reservierung wird empfohlen.

Das Haus des Brigadoon in Windwardside auf Saba ist über 200 Jahre alt

Praktische Hinweise

Die bezaubernden Inseln waren stets eng mit den Niederlanden verbunden, sodass Erscheinungsbild, Gastlichkeit und Kultur europäisch geprägt sind. Die warmherzigen und gastfreundlichen Bewohner sind sehr stolz auf ihre Inseln. Falls man sich verirrt, erklären die Einheimischen gern den Weg. Auf den kleinen Inseln sind Taxis zu empfehlen. Spitze aus Saba ist ein schönes Mitbringsel.

Niederlassung des Saba Tourist Bureau in Windwardside

Beste Reisezeit

Auf den beiden Inseln herrscht das ganze Jahr über ein angenehmes Klima. Nachts kann es kühl werden. Im Sommer steigen die Temperaturen und die Luftfeuchtigkeit. Wirbelsturmsaison ist von Juni bis Ende Oktober. Viele Besucher kommen im Juli zum Sommerfestival nach Saba oder im Oktober zu den Sea-and-Learn-Workshops. Auf St. Eustatius wird Mitte Juli Karneval gefeiert und am 16. November der Statia-America Day begangen.

Anreise

Aus Deutschland, Österreich und der Schweiz fliegen **Air France**, **Austrian**, **KLM**, **Lufthansa**, **Swiss** und **United Airlines** mit jeweils zwei Zwischenstopps zum Juancho E. Yrausquin Airport (SAB) auf Saba und zum F. D. Roosevelt Airport (EUX) auf St. Eustatius. Der letzte Zwischenstopp wird stets in Sint Maarten eingelegt.

Fähren wie **Dawn II** und **The Edge** bedienen mehrmals in der Woche die Verbindung zwischen Saba und St. Martin/Sint Maarten, wo auch Charterboote für die Überfahrt nach St. Eustatius gebucht werden können. Eine Fährlinie nach St. Eustatius existiert derzeit nicht.

Einreise

Deutsche, österreichische und Schweizer Staatsbürger benötigen für die Einreise auf beiden Inseln lediglich einen gültigen Pass sowie ein Rück- oder Weiterflugticket. Dies gilt auch für Kinder jeden Alters. Vor dem Rückflug muss man eine Ausreisegebühr bezahlen. Die Höhe der Gebühr unterscheidet sich auf den beiden Inseln. Meistens fällt sie jedoch geringer aus, wenn als Reiseziel auf dem Flugticket eine andere Karibikinsel genannt wird. Bei Pauschalreisen ist die Gebühr in der Regel nicht abgedeckt.

Information

Informationen über Saba liefert das **Saba Tourist Bureau** in Windwardside. Auskünfte zu St. Eustatius erteilt das **St. Eustatius Tourism Office** in Fort Oranje. Beide betreiben eigene Websites. Informationsstände an den Flughäfen verteilen Karten und Broschüren und geben Transporttipps.

Sicherheit und Gesundheit

Auf Saba und St. Eustatius gibt es kaum Kriminalität. In gesundheitlichen Notfällen stehen die Krankenhäuser **A. M. Edwards Medical Center** und **Queen Beatrix Hospital** auf beiden Inseln mit einheimischen Ärzten bereit. Beide Inseln besitzen Überdruckkammern.

Banken und Währung

Offizielle Währung auf Saba und St. Eustatius ist der US-Dollar, der in beliebiger Höhe ein- und ausgeführt werden kann. Kreditkarten werden fast überall akzeptiert. Geldautomaten gibt es in den Banken auf Saba in Windwardside und The Bottom sowie auf St. Eustatius in Oranjestad.

Kommunikation

Um von Saba und St. Eustatius ins Ausland zu telefonieren, wählt man 00 und die Ländervorwahl (Deutschland: 49; Österreich: 43; Schweiz: 41). Wer aus Europa auf Saba und St. Eustatius anruft, wählt 00, dann die Inselvorwahl 599 und die siebenstellige Rufnummer, die auf Saba stets mit 416, auf St. Eustatius stets mit 318 beginnt. Für Gespräche innerhalb der Inseln genügt die siebenstellige Rufnummer.

Von den Hotelzimmern auf Saba kann man direkt ins Ausland telefonieren. Landsradio betreibt öffentliche Telefone in The Bottom und Windwardside. Telefonkarten für Auslandsgespräche sind bei der **St. Eustatius Telephone Company NV (EUTEL)** erhältlich. Informieren Sie sich über die Roaming-Gebühren, bevor Sie Ihr Handy benutzen. Internet gibt es in fast allen Hotels sowie bei **Island Communication Services**. Internet-Zugang bieten auch **Computers and More** und die **Public Library**.

Propellermaschine auf dem Juancho E. Yrausquin Airport, Saba

Verkehrsmittel
Es gibt keine öffentlichen Verkehrsmittel, Taxis sind deshalb das Fortbewegungsmittel der Wahl. Infoschalter an den Flughäfen vermitteln Fahrer, die den Fahrgästen ihre Handynummer geben, sodass man sie jederzeit anrufen kann. Auf Saba gibt es nur eine Autovermietung, **Caja's Car Rental**, auf St. Eustatius sind es mehrere, u. a. **ARC Car Rental**, **Brown's Car Rental**, **Schmidt Car Rental** und **Trep Car Rental**. Sie bieten Kleinwagen, die für die schmalen Straßen gut geeignet sind.

Shopping
Obwohl beide Inseln Duty-free-Zonen sind, gibt es auf Saba nur ein paar Läden in Windwardside, u. a. **The Peanut Gallery** und eine Geschenkeboutique. Außerdem ist an mehreren Orten Spitze aus Saba erhältlich. Auf St. Eustatius gibt es nur den **Mazinga Gift Shop** und den **Historical Society Museum Shop**.

Sprache
Die offizielle Amtssprache auf beiden Inseln ist Niederländisch, doch so gut wie alle Insulaner sprechen auch sehr gut Englisch.

Geschenkboutique auf Saba

Strom
Die Stromspannung auf beiden Inseln beträgt 110 Volt mit 60 Hertz. Für europäische Elektrogeräte ist ein Adapter nötig.

Zeit
Die Atlantic Standard Time (AST) liegt fünf Stunden hinter der Mitteleuropäischen Zeit (MEZ) und sechs Stunden hinter der Mitteleuropäischen Sommerzeit (MESZ).

Heiraten
Wer auf Saba heiraten möchte, muss einen Monat vorher schriftlich einen Heiratstermin beim im **Census Office** beantragen und die nötigen Dokumente beilegen. Wer nicht im Court Room des Government Building heiraten möchte, benötigt eine Genehmigung. In St. Eustatius muss man die Dokumente mindestens eine Woche im Voraus einreichen und auf die Bestätigung warten. Details gibt es auf den Websites von Saba Tourist und St. Eustatius Tourism.

Auf einen Blick

Anreise

Air France
W airfrance.com

Austrian
W austrian.com

British Airways
W britishairways.com

Dawn II
Fort Bay, Saba.
T (599) 416 2299.
W sabactransport.com

The Edge
Sint Maarten.
T 001-721-544-2640.

KLM
W klm.com

Lufthansa
W lufthansa.com

Swiss
W swiss.com

United Airlines
W united.com

Information

Saba Tourist Bureau
Windwardside, Saba.
W sabatourism.com

St. Eustatius Tourism Office
Fort Oranje, Oranjestad.
W statiatourism.com

Sicherheit und Gesundheit

A. M. Edwards Medical Center
The Bottom, Saba.
T (599) 416 3289/88.

Queen Beatrix Hospital
Oranjestad, St. Eustatius.
T (599) 318 2211.

Kommunikation

Computers and More
Oranjestad.
T (599) 318 2596.

Island Communication Services
Windwardside, Saba.
T (599) 416 2881.
W icssaba.com

Public Library
Fort Oranje, Oranjestad.
T (599) 318 2222.

St. Eustatius Telephone Company NV (EUTEL)
Oranjestad, St. Eustatius.
T (599) 318 2210.
W eutelnv.com

Verkehrsmittel

ARC Car Rental
St. Eustatius.
T (599) 318 2595.

Brown's Car Rental
St. Eustatius.
T (599) 318 2266.

Caja's Car Rental
Saba. T (599) 416 2388.

Schmidt Car Rental
St. Eustatius.
T (599) 318 2788.

Trep Car Rental
St. Eustatius.
T (599) 318 2626.

Shopping

Historical Society Museum Shop
Oranjestad, St. Eustatius.
T (599) 318 2856.

Mazinga Gift Shop
Oranjestad, St. Eustatius.
T (599) 318 3345.

The Peanut Gallery
Windwardside, Saba.
T (599) 416 2509.

Heiraten

Census Office
The Bottom, Saba.
T (599) 416 3497/3311/3312.
W sabagov.com

Überblick: St. Kitts und Nevis

St. Kitts ist auf natürliche Weise in zwei Hälften geteilt. Während der Norden von Bergen, hübschen Dörfern und ehemaligen Plantagen wie Romney Manor Plantation geprägt ist, wirkt der Süden als Urlaubsgebiet aktiver. Luxushotels und Hotelketten sind in der Frigate Bay angesiedelt. Auf der kleineren Insel Nevis verteilt sich das Geschehen auf ähnliche Weise, allerdings konzentriert sich das Strandleben hier auf den Norden, während die ehemaligen, zu Gasthöfen umgebauten Plantagenhäuser in der Bergregion im Süden stehen. Am besten lernt man Nevis auf einer Rundfahrt um den Nevis Peak kennen. Bei den Plantagen kann man eine kulinarische Pause einlegen.

Zur Orientierung

Frigate Bay
Die meisten Urlauber kommen in diese Bucht mit bekannten Resorts und Hotelketten.

Blick von der Brimstone Hill Fortress auf St. Kitts und St. Eustatius

Auf einen Blick

Politik: Parlamentarische Monarchie, Staatsoberhaupt ist die englische Königin, vertreten durch einen Gouverneur.
Sprache: Englisch.
Währung: East Caribbean Dollar (EC$).
Mobilfunk: GSM/GPRS 900/1800 MHz (wie D, A, CH), 850/1900 MHz, UMTS 850 MHz.
Strom: 230 V/60 Hz (in Hotels meist auch 110 V/60 Hz), Adapter: ja.

Sehenswürdigkeiten auf einen Blick

1. Basseterre
2. Romney Manor Plantation
3. Old Road
4. *Brimstone Hill Fortress S. 296f*
5. Petroglyphen der Arawak
6. Hotels in Frigate Bay
7. Südöstliche Halbinsel
8. Oualie Beach
9. Charlestown
10. Fig Tree Church
11. Botanical Gardens of Nevis
12. Plantation Inns auf Nevis

Legende
Hauptstraße
Nebenstraße
Piste
Fährlinie
Gipfel

Weitere Zeichenerklärungen *siehe hintere Umschlagklappe*

Strand in Frigate Bay South, St. Kitts

Auf St. Kitts und Nevis unterwegs

Die Inseln besitzen je einen Flugplatz, den Robert L. Bradshaw International Airport (St. Kitts) und den Vance W. Amory International Airport (Nevis). Um von der einen Insel auf die andere zu kommen, benutzen die meisten die Fähre. Es gibt Autofähren zwischen Major's Bay im Süden von St. Kitts und Cades Bay in Nevis. Die Überfahrt von Basseterre nach Charlestown dauert 45 Minuten, die Fähren verkehren acht- bis zehnmal täglich. Tagesausflügler können bei Vorankündigung ihren Mietwagen am Fährhafen abgeben und auf der anderen Insel einen neuen bekommen. Busse fahren ab den beiden Hauptorten in beiden Richtungen um die Inseln. Einen Fahrplan gibt es nicht, der Bus fährt ab, wenn er voll ist oder wenn der Fahrer das möchte. Nach Frigate Bay und auf die südöstliche Halbinsel von St. Kitts fahren keine Busse.

Ottley's
Das einzigartige Ottley's Plantation Inn liegt oberhalb von Ottley's inmitten von Tropengärten.

Nevis Plantation Inns
Nevis besitzt einige der zauberhaftesten Plantagen-Gästehäuser der Karibik, z. B. Hermitage, Old Manor, Golden Rock und Nisbet Plantation.

Berkeley Memorial Clock auf The Circus, Basseterre

❶ Basseterre

Südküste von St. Kitts. 13 000. Pelican Mall, Bay Road. Annual Music Festival (Juni). **stkittstourism.kn**

Basseterre liegt an der karibischen oder der leewärts gewandten Küste von St. Kitts – *basse-terre* ist Französisch und bedeutet »unteres Land«. Die hübsche Karibikstadt hat noch viele intakte georgianische Gebäude.

Vor hundert Jahren passierten alle Inselbesucher den Torbogen des mit Vulkansteinornamenten, weißen Rahmen und einer Kuppel verzierten Treasury Building. Im Gebäude zeigt das **National Museum of St. Kitts** Artefakte aus der vorkolumbischen Zeit, darunter Keramik und Axtklingen, sowie militärische und häusliche Gegenstände aus der Kolonialzeit, etwa Musketen, Bügeleisen sowie Karten und Drucke mit Darstellungen des Plantagenlebens. Heute kommen Besucher meist über den Schiffskai Port Zante auf die Insel. Dort warten Duty-free-Shops wie der Amina Craft Market

Basseterres vornehmer Independence Square

und die Pelican Mall. Westlich des Hafens, hinter dem Treasury Building, liegen der Kai der Fähren nach Nevis, die Bushaltestelle und das Hauptgebäude des Markts. Auf der Strandpromenade herrscht viel Betrieb. Landeinwärts hinter dem Treasury Building befindet sich The Circus mit dem Berkeley Memorial Clocktower (1883) in seiner Mitte. Das Café unweit des Uhrenturms bietet von seinem Balkon im Obergeschoss eine gute Aussicht auf das bunte Treiben. Südöstlich vom »Circus« liegt der **Independence Square**, ein eingezäunter, von großen Stein-Holz-Häusern gesäumter, grüner Park. Einst fand hier der Sklavenmarkt von Basseterre statt. Am östlichen Ende des Platzes steht die katholische Co-Cathedral of the Immaculate Conception mit gewölbtem Langhaus und schöner Fenster-

❹ Brimstone Hill Fortress

Die Festung ist eine riesige Verteidigungsanlage. Sie wurde zwischen 1690 und 1790 gebaut, als die Kriege für ein britisches Weltreich am heftigsten tobten. Brimstone Hill steht auf 243 Metern Höhe und bietet eine herrliche Aussicht auf die Insel. Der allgegenwärtige Geruch von Schwefel *(brimstone)* erinnert an St. Kitts' vulkanischen Ursprung.

Quartiere der Infanterie-Offiziere

Prince of Wales Bastion
Das Bollwerk, in dem einst das Brigade Office und die Wachen untergebracht waren, wurde als Erstes restauriert.

Die Magazine Bastion wurde mit einem gepflasterten Wassersammelbecken versehen.

Orillon Bastion
Das Orillon umfasste einst das bombensichere Waffenlager und ein Krankenhaus. Die Grabsteine auf dem Friedhof sind noch erhalten.

Hotels und Restaurants auf St. Kitts und Nevis *siehe Seiten 306 und 307*

rose. Daneben steht das Court House. In einem hübschen kreolischen Holzhaus an der Nordseite des Platzes zeigt die Spencer Cameron Art Gallery Werke karibischer Künstler.

Die anglikanische Kirche St. George's in der Cayon Street wurde 1706 von Engländern gebaut. Im Fortlands District am Westrand der Stadt stehen Luxushäuser und das Hotel Ocean Terrace Inn *(siehe S. 306)*. Freitagabends findet dort ein Straßengrill statt. In den nördlichen Vororten findet man Supermärkte. Das 2007 für den Cricket World Cup gebaute Warner Park Stadium in der Wellington Road ist Schauplatz des alljährlichen Musikfestivals.

National Museum of St. Kitts
Old Treasury Building. (869) 465 5584. Mo–Fr 9–17.30 Uhr.
stkittsheritage.com

Gepflegte Gartenanlage der Romney Manor Plantation

❷ Romney Manor Plantation

6 km nordwestl. von Basseterre, St. Kitts. (869) 465 6253. Mo–Fr 9–17 Uhr.

Das Romney Manor mit seinem weitläufigen Garten ist ein renoviertes Plantagenanwesen. Ursprünglich gehörte es einem Vorfahren von Thomas Jefferson, dem dritten Präsidenten der USA. Nach dem Erwerb durch den Grafen von Romney im 17. Jahrhundert wurde es zu Romney Manor. Im Jahr 1834 ließ die Plantage als erste auf St. Kitts ihre Sklaven frei.

❸ Old Road

9 km nordwestl. von Basseterre, St. Kitts.

Das am Fuß der Hänge von St. Kitts' Gebirgszug gelegene Old Road ist ein schlichter Ort aus Schindel-Stein-Häusern. Der im Jahr 1624 von Thomas Warner gegründete Ort war die Hauptstadt des englischen Teils von St. Kitts, als die Insel noch die »Mutterkolonie der Karibik« war. Man nannte sie so, weil sie das erste Stück Land war, das Franzosen und Engländer in der damals von Spanien dominierten Region eroberten.

Zitadelle
Die Fort George genannte zentrale Verteidigungsanlage ist eine Festung in der Festung.

Infobox

Information
16 km nordwestl. von Basseterre, St. Kitts. (869) 465 2609. tägl. 9.30–17.30 Uhr.
brimstonehillfortress.org

Anfahrt

Visitors' Center
Das im wiederaufgebauten Gebäude der Intendantur untergebrachte Besucherzentrum illustriert die Geschichte der Festung und hat einen Geschenkeladen.

Der Green Tank war die größte Zisterne der Festung.

Quartiere der Artillerie-Offiziere
Sie galten als vornehmste Residenzen der Festung und hatten eine schöne Aussicht.

Royal St. Kitts Golf Course im Frigate Bay Resort

❺ Petroglyphen der Arawak

9 km nordwestl. von Basseterre, St. Kitts.

Ehe die Europäer nach St. Kitts kamen, das damals noch Liamuiga (»fruchtbares Land«) hieß, bewohnten Arawak und später Kariben die Insel. Hinter Old Road findet man auf einer Wiese einen bescheidenes, gleichwohl berührendes Zeugnis des Lebens und der Kunst dieser indigenen Völker. Die Petroglyphen der Arawak stellen einen Mann und eine Frau dar (möglicherweise auch Fruchtbarkeitsgötter). Sie sind als grafische Darstellungen in zwei vulkanische Steinbrocken geritzt. Die eckigen Körper, wedelnden Arme und »Fühler« sind weiß angemalt.

❻ Hotels in Frigate Bay

5 km südl. von Basseterre, St. Kitts.

stkittstourism.kn

Frigate Bay, das Urlaubsgebiet auf St. Kitts schlechthin, hat eine ganz andere Atmosphäre als der Norden der Insel. Von den Bergen überblickt man ganz Frigate Bay: ein schmaler Streifen Land zwischen Atlantik und Karibischem Meer.

Frigate Bay North liegt auf der Atlantikseite. Dort säumen Ferienwohnungen und große Resorthotels den Sandstrand. Auch diverse Unterhaltung und Aktivitäten sind geboten. Hier steht das Marriott Hotel *(siehe S. 306)* mit seinem Casino und mehreren Restaurants und Bars. Etwas landeinwärts sieht man die Fairways und Bunker des Royal St. Kitts Golf Course *(siehe S. 305)*. Der Golfplatz reicht bis zur Küste. Der auflandige Wind hat zuweilen große Auswirkungen auf das Spiel.

Auf der Karibikseite liegt Frigate Bay South, auch »The Strip« genannt. Das Wasser ist hier ruhiger, die Atmosphäre umso quirliger. Anstelle von Hotels reihen sich hier Strandbars und Wassersportanbieter dicht an dicht. So herrscht hier eine unbeschwerte, partyorientierte Grundstimmung. Vor allem donnerstags und freitags nach Sonnenuntergang ist viel los. Dann werden Lagerfeuer entfacht, in manchen Bars erklingt Live-Musik. Am Wochenende verbringen die Einheimischen hier den Tag.

❼ Südöstliche Halbinsel

St. Kitts.

Während der Norden von Dörfern und in Regenwald gehüllten Vulkanbergen geprägt ist, sind die niedrigeren Hügelregionen im Süden von St. Kitts viel trockener und menschenleerer. Es lohnt sich, die Gegend zu besuchen, denn dort befinden sich die schönsten Strände der Insel. Es gibt auch einige hervorragende Strandbars. Anders als das stärker be-

Die südöstliche Halbinsel mit Blick auf das türkisblaue Karibische Meer

Hotels und Restaurants auf St. Kitts und Nevis *siehe Seiten 306 und 307*

Strandrestaurant und Bar in Oualie Beach, Nevis

baute Frigate Bay im Norden wird die südöstliche Halbinsel gerade erst erschlossen. Die Hauptstraße der Halbinsel schlängelt sich durch Frigate Bay und von dort nach Friar's Bay. Der Strand von **South Friar's Bay** ist wahrscheinlich der schönste auf der Insel. Obwohl es seit Längerem Bebauungspläne für ihn gibt, ist bisher noch nichts geschehen. Die alten Strandbars stehen weiterhin und versorgen die Besucher. Die Straße steigt und fällt, gleitet über die Hügel und erreicht schließlich die Spitze der Insel. Unterwegs nach White House Bay begegnet man zuweilen Grünmeerkatzen. An der Atlantikküste östlich von Great Salt Pond liegt die ruhige **Sand Bank Bay**.

An der Südküste gibt es Strände mit traumhafter Aussicht über die drei Kilometer breite Meerenge (The Narrows) nach Nevis. Am meisten Betrieb herrscht am **Turtle Beach**, der manchmal von Kreuzfahrtpassagieren überlaufen ist, und am Cockleshell Beach. An beiden Stränden gibt es Restaurants, Bars und Wassersportangebote sowie eine fantastische Aussicht auf Nevis. Allerdings wird in der gesamten Gegend derzeit gebaut – Hotels und eine neuer Yachthafen. Weiter südlich in **Major's Bay** legt die Autofähre nach Cades Bay auf Nevis ab. Das winzige vorgelagerte Booby Island (per Boot erreichbar) ist wegen der herrlichen Unterwasserwelt vor der Küste bei Schnorchlern und Tauchern besonders populär.

❽ Oualie Beach

Nordküste von Nevis.

Oualie ist der ursprüngliche Name von Nevis. Es wird »u-wah-li« ausgesprochen und bedeutet »schönes Wasser«. Damit sind die frischen Quellen auf Nevis gemeint. Oualie Beach ist recht belebt. Der helle Sandstreifen ist von Palmen gesäumt und bietet eine wunderbare Aussicht über die Meerenge auf St. Kitts. Die früher Mosquito Bay genannte Oualie Bay liegt sehr geschützt, sodass man dort gut baden und Wassersport treiben kann. Vor Ort gibt es ein Sportgeschäft und einen Tauchladen. Scuba Safaris Ltd. *(siehe S. 305)* bietet Unterricht im Tauchen und Schnorcheln – für Anfänger wie Fortgeschrittene. Verschiedene Bootsausflüge stehen ebenfalls auf dem Programm.

Die Bucht besitzt auch einen schmalen Bootssteg, an dem die Wassertaxis mit Besuchern von St. Kitts anlegen. Das hübsche Oualie Beach Resort *(siehe S. 306)* liegt ebenfalls an diesem Strand. Die Familie der Hotelinhaber ist seit nicht weniger als 350 Jahren auf der Insel ansässig.

Das Annual Nevis Sport Fishing Tournament, ein jährlich am Oualie Beach veranstalteter Angelwettbewerb, zieht Teilnehmer aus allen Teilen der karibischen Inselwelt an.

Umgebung: Im Norden umrundet die Straße Nevis Peak und erreicht dann Nisbet Beach. Der am Atlantik gelegene hübsche Strand voller Kokospalmen bietet Hängematten zum Entspannen.

Artenreiche Unterwasserwelt vor Oualie Bay, Nevis

Horatio Nelson und Fanny Nisbet

In den 1780er Jahren fuhr Kapitän Horatio Nelson auf der HMS *Boreas* nach Antigua. Seine undankbare Aufgabe bestand darin, für die Einhaltung der Schifffahrtsgesetze zu sorgen. Sie unterbanden den lukrativen Handel zwischen den britischen Leeward Islands und den soeben unabhängig gewordenen USA. Horatio besuchte die Insel Nevis und heiratete schließlich die Witwe Fanny Nisbet in Montpelier. Der damals ebenfalls auf Antigua weilende Prinz William Henry, der spätere König William IV, übergab sie an den Bräutigam. Die Ehe ging jedoch auseinander. Zurück in England begann Nelson eine Affäre mit Emma Hamilton, der Frau des britischen Botschafters in Neapel.

Horatio Nelson, Porträt

Das Alexander Hamilton House in Charlestown ist heute ein Museum

9 Charlestown

6,5 km südl. von Oualie Beach, Nevis. 1500.
Nevis Tourism Authority, Main Street, (869) 469 7550 Di, Sa.

Das hübsche Charlestown an der geschützten Karibikküste von Nevis ist ein typisch karibischer Strandort. In dem kleinen Hauptort der ruhigen Insel herrscht nie viel Betrieb. Man kann hier wunderbar spazieren gehen. Hinter der Strandpromenade verlaufen kleine Straßen mit hübschen Holz- und Steinhäusern, von denen viele liebevoll renoviert wurden.

Am Fährhafen am Südende der Promenade kann man seinen Stadtrundgang starten. Landeinwärts liegt die Cotton Ginnery, wo heute einheimisches Kunstgewerbe verkauft wird. Im von einem Blechgiebeldach geschützten Charlestown Market gibt es Obst und Gemüse aus der Region.

Die Main Street ist das Ortszentrum mit Banken, Läden und dem Informationsbüro der Nevis Tourism Authority. Sie verläuft nach Süden hin diagonal landeinwärts und schafft dadurch zwei dreieckige Plätze, die von den schönsten Holz- und Steinhäusern der Stadt gesäumt sind. Am kleineren Platz, der D. R. Walwyn Plaza, erinnert das winzige Nevis Sports Museum mit Exponaten an die berühmtesten Kricketspieler, Athleten und andere Sportler der Insel. An den Platz schließen der Memorial Square, ein kleines Kriegsdenkmal und ein Glockenturm an. Die Inselbusse fahren von diesen beiden benachbarten Plätzen ab.

Weiter nördlich steht zwischen Promenade und Main Street ein hübsches Steinhaus namens Alexander Hamilton House. Alexander Hamilton gilt als einer der drei Väter der Verfassung der USA, sein Porträt ziert den Zehn-Dollar-Schein. Hamilton wurde 1757 hier geboren. Er starb 1804 nach einem Duell. Im Alexander Hamilton House tagt vier- bis fünfmal jährlich die Nevis Assembly, das fünfköpfige Parlament von Nevis. Auch das **Museum of Nevis History** befindet sich hier. Es zeigt Exponate zur Geschichte von Nevis, u. a. indianische Keramik und Porzellan aus der Kolonialzeit. Von hier führt die Straße nach Norden stadtauswärts zum palmengesäumten Pinney's Beach. Dessen gepflegtester Teil gehört zum Four Seasons Resort *(siehe S. 306)*, der Rest ist über Wege zugänglich.

Am Südende der Stadt verläuft die Straße Richtung Bath Hotel. Der große Steinbau war Ende des 18. Jahrhunderts der Stolz der Insel und eines der ersten Hotels in der Karibik. Viele europäische Urlauber kamen hierher, um in den nahe gelegenen vulkanischen heißen Quellen diverse Leiden zu lindern. Heute benutzt die Regierung von Nevis das Gebäude. Das **Horatio Nelson Museum** nahe dem Bath Hotel ist dem berühmten britischen Admiral *(siehe S. 299)* gewidmet. Zu sehen sind dort Karten und Schiffsmodelle sowie die weltweit größte Sammlung von Nelson-Andenken. Sie umfasst Porträts, Meerschaumpfeifen, Figuren sowie Porzellanstücke vom Hochzeitsbankett von Nelson und Fanny Nisbet.

Museum of Nevis History
Alexander Hamilton House.
(869) 469 5786. Mo–Fr 9–16 Uhr, Sa 9–12 Uhr.
nevis-nhcs.org

Horatio Nelson Museum
Belle Vue. (869) 469 5786.
Mo–Fr 9–16 Uhr, Sa 9–12 Uhr.

Charlestowns Architektur

Die bezaubernden alten Häuser dieser Kleinstadt sind weltweit herausragende Beispiele der Kolonialarchitektur des 18. und 19. Jahrhunderts. Mehrere Straßen von Charlestown (Nevis) und viele von Basseterre (St. Kitts) weisen noch Häuser auf, die mit Holzverzierungen, dem »gingerbread trim«, versehen sind. Die meisten dieser Gebäude sind aus dem dunklen Vulkanstein der Insel errichtet. Die Häuser haben in der Regel ein breites Fundament mit bis zu 120 Zentimeter dicken Mauern, der Boden ist mit Kies bedeckt. Das ebenfalls verbreitete »Skirt-and-blouse«-Design besteht aus einem steinernen Erdgeschoss und einem leichten Obergeschoss aus Holz. Damit sind die Häuser sturm- und erdbebensicher.

Typischer »Zuckerbäckerstil« in Charlestown

⑩ Fig Tree Church

3 km östl. von Charlestown, Nevis.

Die Insel-Ringstraße steigt von Charlestown landeinwärts an und passiert die Fig Tree Church. Dort heirateten 1787 Horatio Nelson und Fanny Nisbet *(siehe S. 299)*. Die Originalkirche entstand in den 1680er Jahren, der heutige Bau stammt von 1838. Das Steingebäude besitzt einen Glockenturm und ein rotes Blechdach. In der Kirche befindet sich eine Kopie der Heiratsurkunde. Die Hochzeitsfeier fand auf der Montpelier Plantation statt. Dort erinnert eine Tafel am Tor an das Ereignis.

⑪ Botanical Gardens of Nevis

5 km südöstl. von Charlestown, Nevis. (869) 469 3509.
Mo–Sa 9–16 Uhr.
Feiertage.
botanicalgardennevis.com

Pflanzen aus der gesamten tropischen Welt sind auf drei Hektar in verschiedene Bereiche nach Lebensräumen aufgeteilt, darunter der Tropical Vine Garden, die Orchid Terrace, der Rose Garden und das Rainforest Conservatory mit nachempfundenen Maya-Tempelruinen sowie einigen Wasserfällen. Obstbäume, Kakteen, blühende Büsche und Bäume ergänzen diesen Garten Eden. In einem kreolischen Bau befinden sich das Café und ein Souvenirladen.

Das vornehme alte Hermitage Plantation Inn, Nevis

⑫ Plantation Inns auf Nevis

Nevis kann einige der schönsten Plantagen-Gästehäuser der Karibik aufweisen. Sie bieten nicht nur exzellente Unterkünfte, sondern auch die Möglichkeit, dort einzukehren, sei es zum Essen oder nur zum Tee. Zu den schönsten Holzhäusern der Karibik gehört das Ende des 17. Jahrhunderts gebaute, im charakteristischen »Gingerbread«-Stil verzierte Wohnhaus des **Hermitage Plantation Inn** *(siehe S. 306)* mit Schindelwänden und rotem Blechdach. Das Montpelier Plantation Inn wurde in den 1960er Jahren restauriert. Es lohnt sich, hier zu Mittag oder Abend zu essen. Weitere Plantation Inns sind das schon von Weitem am alten Schornstein und der Zuckerstoßanlage erkennbare **Old Manor** in Gingerland und das Golden Rock mit seiner fantastischen Aussicht auf die Küste. Das einzige Plantation Inn in bevorzugter Strandlage ist die Nisbet Plantation. Von ihrem Hauptgebäude aus kann man zwischen hohen Palmen hindurch auf das strahlend blaue Meer blicken.

Old Manor
Gingerland. (869) 469 3445.
oldmanornevis.com

Gepflegte Blumenbeete im Botanischen Garten von Nevis, dahinter Nevis Peak

Sport und Aktivurlaub

St. Kitts und Nevis besitzen herrliche Strände. Urlauber können hier ausgiebig baden und schnorcheln oder sich beim Segeln und Hochseefischen versuchen. Auf beiden Inseln gibt es außerdem hervorragende Golfplätze und schöne Wanderwege in den Regenwäldern der Berge. Nevis bietet hervorragende Bedingungen für Sportler und Mountainbiker. Darüber hinaus haben beide Inseln eine spannende Geschichte aufzuweisen. Diese können Besucher auf Führungen zu hübschen kreolischen Häusern, vornehmen Plantagenhäusern und alten Ruinen kennenlernen.

Ausritt in der Half Moon Bay, St. Kitts

Wandern

Trotz ihrer geringen Größe bieten St. Kitts und Nevis herrliche Landschaften sowie Wanderwege aller Schwierigkeitsgrade. Besonders auf Nevis stehen viele Ruinen alter Plantagenhäuser, manche davon inmitten grüner Regenwälder. Für an der Geschichte und der Natur von Nevis interessierte Urlauber organisieren mehrere Anbieter überaus informative Wanderungen, u. a. **Sunrise Tours** und **Earla's Eco Tours**. Touren durch die Inselwildnis werden individuell auf die Teilnehmer abgestimmt. Man kann den Regenwald erkunden, Vögel beobachten, alte Dörfer und Plantagen entdecken sowie den 985 Meter hohen Nevis Peak erklimmen.

Auch auf St. Kitts werden verschiedene Führungen angeboten. Earl Vanlow von **The Duke of Earl Adventures** führt Urlauber meist oberhalb der Romney Manor Plantation *(siehe S. 297)* durch alte Zuckerrohrfelder, an verfallenen Plantagenhäusern vorbei, in den Regenwald. Andere Touren haben Mount Liamuiga zum Ziel. **Greg's Safaris** in Basseterre bietet Wandertouren und Rundfahrten an.

Mountainbiking

Windsurf 'N' Mountainbike Nevis bietet Mountainbike-Touren aller Schwierigkeitsstufen an. Der Betreiber Winston Crooke fährt mit den Teilnehmern die alte Upper Round Road entlang. Sie verband einst die Zuckerplantagen. Crooke bietet außerdem Triathlontraining an und veranstaltet jedes Jahr im März einen Triathlon.

Reiten

Das **Nevis Equestrian Centre** unternimmt Ausritte am Pinney's Beach und Touren in die Berge. Dazu gibt es Reitstunden bei den Söhnen der Inhaber Erika und John.

Regenwalddach-Touren

Das vielleicht fortschrittlichste Seilrutschensystem der Welt, professionelle Führer und atemberaubende Ausblicke sorgen bei Abenteurern für die Erfahrung ihres Lebens. An den Seilen von **Sky Safari Tours Inc.** rauscht man in 75 Meter Höhe mit bis zu 80 km/h über das Tal.

Strände

Aufgrund des vulkanischen Ursprungs der Inseln gibt es auf St. Kitts und Nevis weiße, braune und schwarze Strände. Viele sind sehr schön und mit klassischen Strandbars und Wassersportanbietern bestückt. Auch die Einheimischen besuchen sie gern. Der vollste Strand auf St. Kitts ist Frigate Bay South mit Bars wie Jam Rock Real Jerk *(siehe S. 307)* sowie Sportanbietern. Die exzellente Reggae Beach Bar liegt in der Cockleshell Bay.

Die Strände im Norden der Insel haben eher dunklen Sand, schöner wird er auf der südöstlichen Halbinsel *(siehe S. 298f)*, wo auch die Buchten weniger verbaut sind. Wie Robinson Crusoe können sich Besucher an manchen menschenleeren Strände fühlen. Solche Stellen findet man in der South Friar's Bay, die inzwischen immerhin die Shipwreck Beach Bar bieten kann. Major's Bay und Sand Bank Bay & Grill sind ebenfalls abgelegene Buchten.

Schilder vor der Shipwreck Beach Bar

Die Strände auf Nevis haben bräunlichen bis hellen Sand. Der Oualie Beach *(siehe S. 299)* mit Aussicht auf St. Kitts ist am belebtesten und bietet diverse Wassersportmöglichkeiten. Der sechs Kilometer lange, goldene Sandstrand Pinney's Beach ist traumhaft. Er bietet perfekte Badebedingungen und eine herrliche Aussicht auf den Nevis Peak. Außerdem gibt es dort Hotels und Bars wie Sunshine's und Chevy's. Lover's Beach am Nordende der Insel ist zwar schwer zu erreichen und manchmal ziemlich windig, bietet aber Abgeschiedenheit und wunderbaren Sand.

Wandern auf St. Kitts und Nevis

St. Kitts und Nevis sind exzellente Wandergebiete. Neben unberührter Landschaft gibt es eine sehr vielseitige Fauna und Flora sowie malerische Plantagenruinen zu entdecken. Der Vulkan Mount Liamuiga ist mit 1156 Metern Höhe einer der anspruchsvollsten Berge der Karibik. Man kann zunächst zu Pferd von der Belmont-Plantage starten und dann den schweißtreibenden Aufstieg zum Gipfel absolvieren. Auch Nevis Peak ist recht herausfordernd und sollte ebenfalls nur mit einem erfahrenen Bergführer bestiegen werden. Die Hotels empfehlen Führer und Veranstalter, die mit Besuchern auf die Vulkane wandern.

Naturwanderungen

St. Kitts und Nevis besitzen beide sehr abwechslungsreiche Landschaften. Trockene Küstenwälder wachsen die außergewöhnlich fruchtbaren Hänge hinauf. Am eindrucksvollsten sind jedoch die Regenwälder mit uralten Pfaden, die sich durch Schluchten und entlang den Hängen schlängeln.

Informative Führungen vermitteln faszinierende botanische und historische Fakten.

Viele Waldpflanzen haben einen medizinischen Nutzen. Manche werden bei *obeah*, schwarzer Magie, genutzt.

Vulkanbesteigungen sind auf beiden Inseln beliebt. Um den Nevis zu besteigen, muss man steil hinaufklettern. In den Krater des inaktiven Mount Liamuiga auf St. Kitts kann man hinabsteigen.

Wanderungen mit Vogelbeobachtung sind sehr beliebt. In diversen Lebensräumen der Insel findet man viele Arten, darunter auch Schreitvögel, wie etwa in den abgelegenen Lagunen der südöstlichen Halbinsel von St. Kitts.

Ausflüge in die Historie

In der Blütezeit wurde auf St. Kitts und Nevis Zuckerrohr bis in 305 Metern Höhe angebaut. Die überwucherten Ruinen der Plantagenhäuser sind malerische Ausflugsziele bei geführten Wanderungen.

Plantagenruinen bestehen aus den Überresten von Kochhäusern, Lagerräumen, Stallungen, Schlafsälen und sogar Krankenhäusern. Das meisten Anlagen entstanden im 18. Jahrhundert.

Die konischen Mauern alter Zuckermühlen sind auf St. Kitts und Nevis noch hier und da zu sehen. Viele Mühlen besitzen noch ihre Mahlvorrichtung, also massive Metallrollen, zwischen denen das Zuckerrohr zermalmt wurde. Sie erinnern symbolisch auch an all jene Sklaven, die hier jahrelang unterjocht wurden.

Yacht vor Pinney's Beach, Nevis

Segeln

The Narrows bezeichnet die Meerenge zwischen St. Kitts und Nevis. Dort kann man wunderbar einen ganzen Tag auf dem Segelboot verbringen und die Gegend erkunden. Charterfahrten starten von beiden Inseln aus und steuern meist die abgelegenen Buchten der südöstlichen Halbinsel von St. Kitts an. Dort kann man gut schnorcheln, bevor es weiter durch The Narrows geht. Getränke und Mittagessen – meist Barbecue am Strand – sind im Preis inbegriffen. Der Anbieter **Leeward Islands Charters** operiert auf beiden Inseln, **Blue Water Safaris** auf St. Kitts und **Nevis Yacht Charters** auf Nevis.

Tauchen

Obwohl St. Kitts und Nevis nicht in erster Linie für ihre Tauchgebiete bekannt sind, gibt es dort doch einige erstklassige Tauchspots, für die sich eine Verlängerung des Inselaufenthalts lohnt. Sie befinden sich vorwiegend in The Narrows und an der südöstlichen Halbinsel von St. Kitts (von Nevis oder Basseterre problemlos erreichbar), sodass es keine Rolle spielt, auf welcher Insel man Quartier bezieht. Taucher erwartet hier der Anblick schöner Riffs, Steinsäulen, Schluchten sowie Riff- und Ozeanfische. Im Nordwesten an der Karibikküste von St. Kitts gibt es einige lohnende Riffs und Wracks. Auf den Inseln gehören **Pro Divers St. Kitts** in Nevis und **Kenneth's Dive Centre** in St. Kitts zu den bekanntesten Tauchanbietern.

Schnorcheln

St. Kitts und Nevis sind nicht nur für Taucher interessant, sondern auch für Schnorchler. Von vielen Strandhotels aus gelangt man zu Riffs, die besten liegen allerdings in den unberührten Buchten der südöstlichen Halbinsel von St. Kitts. Dorthin segeln täglich Charterboote. Auf Nevis bietet **Scuba Safaris Ltd.** das ganze Jahr über Tauch- und Schnorchelausflüge (auch mit Unterricht) an. Bei diesen Touren wird auch für das leibliche Wohl der Teilnehmer gesorgt.

Wassersport

Sowohl St. Kitts als auch Nevis bieten Urlaubern vielfältige Möglichkeiten, Wassersport zu treiben. Von St. Kitts aus macht man sich am besten auf nach Frigate Bay South. Dort verleihen Anbieter wie **Mr X's Watersports** Ausrüstungen für diverse Wassersportarten. Sie bekommen dort Kajaks, Windsurfbedarf, Katamarane und Jetskis.

Auf Nevis vermieten Firmen wie Windsurf 'N' Mountainbike Equipment. Die großen Hotels wie das Four Seasons Resort in Nevis *(siehe S. 306)* haben diverse Wassersportaktivitäten im Angebot.

Wassersportzentrum am Oualie Beach, Nevis

Hochseeangeln

Hochseefischen kann man mit einigen Kapitänen auf deren eigenen Fischerbooten. Man chartert sie für einen halben oder ganzen Tag. Rund um St. Kitts und Nevis trifft man auf Barrakudas, Goldmakrelen und Marline. **Tropical Tours** in St. Kitts organisiert Hochseefischerei-Touren. Imbisse sind im Preis inbegriffen. Der bekannte Fischereiausstatter **Speedy 4 Charters** macht Pauschalangebote.

Golf

Auf beiden Inseln gibt es gute 18-Loch-Golfplätze. Die meisten Golfer fliegen von St. Barthélemy hinüber, um auf dem von Robert Trent Jones Jr. angelegten Four Seasons Golf Course *(siehe S. 306)* mit 6186 Metern Länge (Par 71) zu spielen. Er liegt direkt an der Karibikküste und reicht bis in die Hügel hinauf. Manche Löcher sind recht anspruchsvoll, die Aussicht auf The Narrows und das Meer ist jedoch unschlagbar. Der anspruchsvolle, 6310 Meter lange 71-Par-Kurs

Der fantastische Royal St. Kitts Golf Course, Frigate Bay

Royal St. Kitts Golf Course liegt in der Frigate Bay. Der Blick ist ebenfalls herrlich. Weitere Golfplätze sind mittlerweile auf St. Kitts, auf der südöstlichen Halbinsel und im Norden der Insel vorgesehen.

Inseltouren

Eine überaus interessante Art, St. Kitts zu erkunden, bietet **St. Kitts Scenic Railway Tour**. Die alte Schmalspureisenbahn brachte früher Zuckerrohr in die Hauptfabrik am Flughafen. Heute dient sie als Ausflugszug. Die Waggons besitzen große Glasfenster, durch die man auf der gemütlichen Fahrt entlang der Atlantikküste die atemberaubende Aussicht bewundern kann. Auch Minibusfahrten sind beliebt. Meist führen sie in den Norden der Insel zu Sehenswürdigkeiten wie der Brimstone Hill Fortress *(siehe S. 296f)* und machen Zwischenhalt in Basseterre. Auf Nevis bieten Taxifahrer Rundfahrten an. Es gibt aber auch unzählige Wandertouren *(siehe S. 303)*.

Auf einen Blick

Wandern

The Duke of Earl Adventures
St. Kitts.
(869) 663 0994.

Earla's Eco Tours
(869) 469 2833.

Greg's Safaris
Basseterre, St. Kitts.
(869) 465 4121.
gregsafaris.com

Sunrise Tours
Gingerland, Nevis.
(869) 469 2758.
nevisnaturetours.com

Mountainbiking

Windsurf 'N' Mountainbike Nevis
Oualie Beach.
(869) 664 2843.
bikenevis.com

Reiten

Nevis Equestrian Centre
Pinney's Beach, Nevis.
(869) 662 9118.
nevishorseback.com

Regenwalddach-Touren

Sky Safari Tours Inc.
Wingfield Estates, St. Kitts.
(869) 466 4259.
skysafaristkitts.com

Segeln

Blue Water Safaris
Basseterre, St. Kitts.
(869) 466 4933.
bluewatersafaris.com

Leeward Islands Charters
St. Kitts.
(869) 465 7474.
leewardislandscharters.com

Nevis Yacht Charters
Oualie Beach, Nevis.
(869) 664 9171.
sailnevis.com

Tauchen

Kenneth's Dive Centre
Basseterre, St. Kitts.
(869) 465 2670.
kennethdivecenter.com

Pro Divers St. Kitts
Basseterre, St. Kitts.
(869) 660 3483.
prodiversstkitts.com

Schnorcheln

Scuba Safaris Ltd.
Oualie Beach, Nevis.
(869) 469 9518.
divenevis.com

Wassersport

Mr X's Watersports
St. Kitts.
(869) 762 3983.
mrxshiggidyshack.net

Hochseeangeln

Speedy 4 Charters
Frigate Bay, Nevis.
(869) 662 3453.
speedy4charter.com

Tropical Tours
Basseterre, St. Kitts.
(869) 465 4167.
tropicaltours stkitts-nevis.com

Golf

Royal St. Kitts Golf Course
Frigate Bay, St. Kitts.
(869) 466 2700.
royalstkittsgolfclub.com

Inseltouren

St. Kitts Scenic Railway Tour
Basseterre, St. Kitts.
(869) 465 7263.
stkittsscenicrailway.com

Hotelauswahl

St. Kitts

BASSETERRE: Ocean Terrace Inn $$
Resort
Wigley Avenue, Fortlands
(869) 465 2754
oceanterraceinn.com
Zu dem kleinen Hotel am Stadtrand gehören üppige Gärten mit einer künstlich angelegten Lagune.

FRIGATE BAY: Timothy Beach Resort $
Strandresort
1 South Frigate Bay Beach
(869) 465 8597
timothybeach.com
Die Unterkünfte wurden an einen Hang am Strand gebaut und überblicken einen Golfplatz. Die Zimmer sind gut ausgestattet und komfortabel.

FRIGATE BAY: Half Moon Villa $$
Villa
Half Moon Bay
1-801-915-6349
halfmoonvilla.com
Die Villa auf einem Hügel oberhalb der Bucht besitzt drei Schlafzimmer, kann aber auch nur mit einem oder zwei Schlafzimmern gemietet werden.

FRIGATE BAY: St. Kitts Marriott Resort & Royal Beach Casino $$
Strandresort
858 Frigate Bay Road
(869) 466 1200
marriott.com
Das große Resort an einem Strand am Rand eines Golfplatzes bietet ein fünfstöckiges Hotel, Villen und mehrere Restaurants.

FRIGATE BAY: Sealofts $$
Strandresort
Frigate Bay North
1-888-876-0926
sealoft.com
Die dreistöckigen Wohnungen mit zwei Schlafzimmern sind jeweils in Privatbesitz und deshalb unterschiedlich ausgestattet.

NORTH END: Mule House $
Gästehaus
Brighton Plantation, Cayon
(869) 466 8086
homeaway.co.uk
Schöne Gärten umgeben das kleine Gästehaus. Die mit zwei Schlafzimmern versehenen Apartments für Selbstversorger stehen auf einer alten Plantage. Gemeinschaftswaschmaschinen sind vorhanden.

Blick auf Ottley's Plantation Inn samt Park in North End auf St. Kitts

NORTH END: Ottley's Plantation Inn $$
Boutique
Ottley's Village
(869) 465 7234
ottleys.com
Das kleine Juwel in Familienbesitz, einst eine Zuckerplantage, bietet Zimmer und Cottages – manche mit Pool und Jacuzzi.

SÜDÖSTLICHE HALBINSEL: Turtle Beach House $$$
Luxus
Turtle Beach
(869) 665 1943
turtlebeachhousestkitts.shutterfly.com
Die elegante, familienfreundliche Villa an einem Hügel in Strandnähe bietet drei klimatisierte Schlafzimmer und einen Infinity Pool.

Nevis

Vis-à-Vis-Tipp

GINGERLAND: Hermitage Plantation Inn $$
Historisch
Hermitage Road
(869) 469 3477
hermitagenevis.com
Das Inn am Rande eines Regenwalds ist wie eine Reise zurück in der Zeit. Die Cottages sind auf dem ganzen Grundstück verteilt und mit einer Mischung aus Antiquitäten und bequemen Möbeln eingerichtet. Das Restaurant zählt zu den besten der Insel. Frühstück ist inklusive.

Preiskategorien
Die Preise gelten für ein Standard-Doppelzimmer pro Nacht (Hochsaison), inklusive Steuern und Service.

$	unter 200 US-Dollar
$$	200 – 400 US-Dollar
$$$	über 400 US-Dollar

NORTH END: Ocean View Guesthouse $
B&B
Shaws Road, Newcastle
(869) 469 9580
oceanviewnevis.com
Die Besitzer des einfachen, aber komfortablen Gästehauses kümmern sich rührend um ihre Gäste.

NORTH END: Oualie Beach Resort $
Strandresort
Oualie Bay, Newcastle
(869) 469 9735
oualiebeach.com
Die Cottages dieses ruhigen Resorts stehen nah am weißen Sandstrand. Es gibt Wassersportmöglichkeiten und in der Nähe ein Mountainbiking-Center.

NORTH END: Nisbet Plantation Beach Club $$$
Luxus
St. James Parish
(869) 469 9325
nisbetplantation.com
Die Cottages des Plantation Inn am Strand stehen entlang einer langen Rasenpromenade.

PINNEY'S BEACH: Four Seasons Resort $$$
Luxus
Pinney's Beach
(869) 469 1111
fourseasons.com
Das Fünf-Sterne-Resort bietet Zimmer, Suiten und Villen sowie einen von Robert Trent Jones designten Golfplatz.

SOUTH END: Banyan Tree Bed & Breakfast $
B&B
Morningstar Village
(869) 469 3449
banyantreebandb.com
Auf einem Stück Farmland stehen Cottages oder Zimmer im Haupthaus zur Verfügung.

SOUTH END: Golden Rock Inn $$
Historisch
Charlestown
(869) 469 3346
goldenrocknevis.com
Hier stehen Cottages und Häuser (19. Jh.) in üppigen Gärten mit Meerblick. Die Suite »Sugar Mill« ist besonders romantisch.

Restaurantauswahl

St. Kitts

BASSETERRE: El Fredo's Restaurant & Bar $
Karibisch
Sandown Road & Bay Road
(869) 466 8871 ● So
Das Restaurant in Familienbesitz wird im Viertel wegen der guten Küche geschätzt. Es gibt Fleischgerichte, *rotis* und Eintöpfe. Getränke aus Früchten der Region und köstliche Desserts stehen ebenfalls auf der Karte.

Vis-à-Vis-Tipp

BASSETERRE: Nirvana Restaurant $$
Asiatisch
Boyds, Fairview Great House
(869) 465 3021
Mit dem Nirvana zog die Haute Cuisine in das restaurierte Plantagenhaus ein. Obst, Gemüse und Kräuter stammen aus der Region. Zum Angebot gehört u. a. ein eleganter Lunch, ein karibischer Nachmittagstee und der Kochkurs »Caribbean Cooks«, der Gästen lokale Kultur und Küche nahebringt, während die Köche das Abendessen bereiten.

BASSETERRE: Sprat Net Bar & Grill $$
Karibisch
Main Road, Old Road Bay
(869) 466 7535 ● Mo, Di
In der entspannten Atmosphäre einer Strandhütte werden Fisch, Rippchen, Hähnchen, Languste und Pizza im Freien serviert. Mittwochs gibt es Live-Musik.

BASSETERRE: Serendipity Restaurant & Lounge Bar $$$
International
3 Wigley Avenue, Fortsland
(869) 465 9999
● Sa mittags & So
Gäste können Steaks vom Grill, Seafood mit aromatischen Gewürzen und sündhaft gute Desserts innen oder im Freien mit Hafenblick genießen.

FRIGATE BAY: Cathy's Ocean View Bar & Grill $
Karibisch
Timothy Beach
(869) 665 0561
Das vielleicht beste Lokal für Langustengerichte serviert auch exzellentes Jerk Pork und Rippchen sowie einen guten Rumpunsch in schöner Strandlage.

FRIGATE BAY: Rituals Sushi $
Japanisch
Frigate Bay Road
(869) 466 7874
Die einzige ausgewiesene Sushi-Bar der Insel serviert Klassiker der Sushi- und Sashimi-Küche.

FRIGATE BAY: Bombay Blues Restaurant $$
Indisch
858 Zenway Boulevard, Sugar Club
(869) 662 7599 ● Mo
Die Fleisch- und vegetarischen Gerichte sind fast ebenso beliebt wie das Sonntagsbüfett.

FRIGATE BAY: Jam Rock Real Jerk $$
Karibisch
South Frigate Bay
(869) 469 1608
Die entspannte, bei Familien beliebte Strandbar serviert Jerk-Spezialitäten vom Grill, Burger, Sandwiches und Pasta.

FRIGATE BAY: Marshall's $$$
International
Horizons Villa Resort
(869) 466 8245
An einem Pool kommen Seafood, Fleisch, Geflügel sowie karibische Klassiker vom Grill und aus der Pfanne auf den Tisch.

SÜDÖSTLICHE HALBINSEL: Lion Rock Beach Bar & Grill $
Karibisch
Cockleshell Beach
(869) 663 8711
Die Strandbar ist bekannt für Gerichte vom Grill, kaltes Bier und für den Lion Rum Punch.

SÜDÖSTLICHE HALBINSEL: Spice Mill Restaurant $$
International
Cockleshell Beach
(869) 765 6706
Das Strandrestaurant mit Blick auf Nevis serviert Jerk- und Curry-Spezialitäten mit Gewürzen aus aller Welt. Es gibt auch Pizza aus dem Holzofen.

Preiskategorien
Die Preise gelten für ein Zwei-Gänge-Menü pro Person mit einer halben Flasche Hauswein, inklusive Steuern und Service.

$	unter 40 US-Dollar
$$	40–60 US-Dollar
$$$	über 60 US-Dollar

Nevis

NORTH END: Indian Summer $$
Indisch
Nelson Spring Beach Villas, Cades Bay
(869) 469 5410 ● Mo
Das Lokal wirkt spartanisch, doch die authentische Küche steht bei Gästen hoch im Kurs. Serviert werden Klassiker. Das Butter Chicken ist sehr zu empfehlen.

PINNEY'S BEACH: Coconut Grove $$$
Französisch / Karibisch
Main Island Road, Clifton's Estate
(869) 469 1020
Das Restaurant am Strand zählt zu den besten der Insel. Es bietet einen guten Weinkeller und serviert köstliche Hauptgerichte.

SOUTH END: Oasis in the Gardens $$
Thailändisch
Botanical Gardens, Montpelier Estate
(869) 469 2875 ● So
Die Gewürze für die asiatischen Spezialitäten stammen aus den Botanical Gardens. Die Lage mitten im Park ist fantastisch. Gelegentlich gibt es Weinproben.

SOUTH END: Bananas Restaurant $$$
International
Upper Hamilton Estates
(869) 469 1891
Das Bananas in einem Regenwald im Nachbau eines alten »Chattel House« bietet neben diversen Gerichten Festpreis- und Probiermenüs sowie gute Optionen für Vegetarier.

Farbenfrohes Dekor des Bananas Restaurant in South End auf Nevis

Praktische Hinweise

St. Kitts und Nevis sind touristisch noch relativ wenig erschlossen. Da es aber keine anderen nennenswerten Einnahmequellen gibt, gewinnt der Fremdenverkehr an Bedeutung, beide Inseln werden mehr und mehr bebaut. Bis jetzt ist besonders Nevis noch sehr ruhig. Hier prägt eher Charme als Tempo den Service. Hinsichtlich Finanzwesen und Kommunikation sind die Inseln aber absolut im 21. Jahrhundert angekommen. Kreditkarten werden allerorts akzeptiert, es gibt regionale SIM-Karten für Mobiltelefone sowie Internet.

Inselfluglinie, Flugplatz St. Kitts

Beste Reisezeit

Die beste Zeit für eine Reise nach St. Kitts und Nevis ist zwischen Mitte Dezember und Mitte April, wenn es kühler ist. Allerdings ist das auch die teuerste Zeit. Im August und September ist die Luftfeuchtigkeit am höchsten.

Anreise

Aus Deutschland, Österreich und der Schweiz werden keine Direktflüge angeboten. Flugzeuge von **Air France**, **American Airlines**, **Austrian**, **British Airways**, **Iberia**, **KLM**, **Lufthansa**, **Swiss** und **United Airlines** fliegen mit meist zwei Zwischenstopps zum Robert L. Bradshaw International Airport (SKB) auf St. Kitts. Maschinen von Air France, American Airlines, Austrian, British Airways, KLM und Swiss steuern, ebenfalls mit meist zwei Zwischenstopps, auch den Vance W. Amory International Airport (NEV) auf Nevis an.

St. Kitts und Nevis sind durch eine Fährlinie zwischen Basseterre und Charlestown verbunden. Man kann auch per Wassertaxi übersetzen.

Einreise

Für die Einreise benötigen Bürger der EU und der Schweiz – auch Kinder jeden Alters – einen mindestens noch sechs Monate gültigen Reisepass. Der Personalausweis reicht für die Einreise nicht aus. Ferner sollte man ein Weiter- oder Rückflugticket besitzen. Bei der Ausreise ist eine Ausreisesteuer zu entrichten.

Information

Die **St. Kitts Tourism Authority** betreibt ihr Hauptbüro auf der Insel in Basseterre. Die **Nevis Tourism Authority** hat ihren Hauptsitz mit Informationsbüro in Charlestown.

Sicherheit und Gesundheit

Die wichtigsten Krankenhäuser sind das **Joseph N France General Hospital** in Basseterre und das **Alexandra Hospital** in Charlestown. Wer aus einem Gelbfiebergebiet einreist, muss geimpft sein. Für Urlauber sind St. Kitts und besonders Nevis extrem sicher. Mit Verbrechen kommt man praktisch nie in Berührung. Diebstahl ist die Ausnahme. Trotzdem sollte man Wertsachen niemals offen herumliegen lassen.

Banken und Währung

Offizielle Währung ist der East Caribbean Dollar (EC$), man kann aber praktisch überall mit US-Dollar bezahlen. Kreditkarten werden auf den Inseln weithin akzeptiert. Geldautomaten, an denen man häufig auch mit Debitkarten abheben kann, gibt es in Basseterre und Charlestown. Die Banken sind montags bis donnerstags von 8 bis 14 Uhr, freitags bis 16 Uhr geöffnet.

Kommunikation

Um von St. Kitts und Nevis ins Ausland zu telefonieren, wählt man 011 und die Ländervorwahl (Deutschland: 49; Österreich: 43; Schweiz: 41). Wer aus Europa auf St. Kitts und Nevis anruft, wählt 001, dann die Inselvorwahl 869 und die siebenstellige Rufnummer. Für Gespräche innerhalb der Inseln genügt die siebenstellige Rufnummer. Handys und SIM-Karten kann man bei **Digicel** und **Flow** mieten. Die meisten Hotels und manche Ferienhäuser haben kabellosen Internet-Anschluss.

Verkehrsmittel

Mietwagenfirmen bringen das Auto zum Flughafen, zum Fährhafen, zu Hotels und zu Ferienhäusern. Sie stellen auch den erforderlichen einheimischen Führerschein aus. Die Anbieter sind **TDC Thrifty** (beide Inseln), **Avis** und **Delisle Walwyn** (St. Kitts) sowie **1st Choice Car Rentals** am Flug-

Kleines Internet-Café in Basseterre, St. Kitts

hafen Nevis. Taxis stehen vor allen Hotels, Flug- und Fährhäfen. Außerdem gibt es den **Circus Taxi Stand** in Basseterre und den **Charlestown Taxi Stand** in Nevis. Beide Inseln besitzen ein gutes Busliniennetz. Allerdings gibt es keine Verbindung nach Frigate Bay. Busse fahren in den Hauptorten, in Basseterre an der Küste sowie an den beiden Plätzen in Charlestown ab.

Shopping

Das Kreuzfahrtziel St. Kitts bietet am Hafen in Port Zante und Basseterre umfangreiche Einkaufsmöglichkeiten. Es gibt mehrere Duty-free-Shops und karibische Ladenketten wie **Driftwood Duty Free**, **Ashbury's** und **Brinley Gold** für einheimischen Rum. Die am Independence Square gelegene **Spencer Cameron Art Gallery** ist einen Besuch wert, ebenso

Batikartikel bei Caribelle Batik in Romney Manor, St. Kitts

Caribelle Batik, wo man Batikkleidung bekommt. **Island Fever** in Charlestown verkauft Strandbekleidung. Das Museum of Nevis History *(siehe S. 300)* bietet interessantes historisches Material wie Karten.

Sprache

Auf den Inseln wird Englisch mit karibischem Singsang gesprochen.

Strom

Die Stromspannung beträgt 230 Volt/60 Hertz, in den Hotels sind meist auch 110 Volt/60 Hertz verfügbar. Der benötigte Adapter ist oft an der Hotelrezeption erhältlich.

Zeit

Die Atlantic Standard Time (AST) liegt fünf Stunden hinter der Mitteleuropäischen Zeit (MEZ) und sechs Stunden hinter der Mitteleuropäischen Sommerzeit (MESZ).

Heiraten

Nach 48 Stunden Inselaufenthalt können Paare eine Heiratsurkunde beantragen, die binnen 24 Stunden ausgestellt wird. Sie müssen hierzu Ausweis mit Lichtbild, Geburtsurkunde (ggf. Scheidungsurkunde oder bei Verwitwung einen Totenschein) vorweisen. Viele Hotels arrangieren Hochzeiten.

Auf einen Blick

Anreise

Air France
W airfrance.com

American Airlines
W aa.com

Austrian
W austrian.com

British Airways
W britishairways.com

Iberia
W iberia.com

KLM
W klm.com

Lufthansa
W lufthansa.com

Swiss
W swiss.com

United Airlines
W united.com

Information

Nevis Tourism Authority
Main Street, Charlestown, Nevis.
T (869) 469 7550
W nevisisland.com

St. Kitts Tourism Authority
Pelican Mall, Bay Road, Basseterre, St. Kitts.
T (869) 465 4040.
W stkittstourism.kn

Sicherheit und Gesundheit

Alexandra Hospital
Charlestown, Nevis.
T (869) 465 5473.

Joseph N France General Hospital
Basseterre, St. Kitts.
T (869) 465 2551.

Kommunikation

Digicel
Cable Building, Basseterre, St. Kitts.
T (869) 762 4000.
W digicelstkittsandnevis.com

Flow
Fort Street, Basseterre, St. Kitts.
W discoverflow.co/saint-kitts

Verkehrsmittel

1st Choice Car Rental
Shaws Road, Newcastle, Nevis.
T (869) 469 1131.
W neviscarrental.com

Avis
Basseterre, St. Kitts.
T (869) 465 6507.
W avisstkitts.com

Charlestown Taxi Stand
Nevis.
T (869) 469 5621.

Circus Taxi Stand
Basseterre, St. Kitts.
T (869) 466 6999 oder (869) 465 9053.

Delisle Walwyn
Liverpool Row, Basseterre.
T (869) 465 2631.
W delislewalwyn.com

TDC Thrifty
T (869) 465 2511 (St. Kitts), (869) 469 1005 (Nevis).
W tdclimited.com

Shopping

Ashbury's
Pelican Mall, St. Kitts.
T (869) 465 8175.

Brinley Gold
Port Zante, St. Kitts.
W brinleygoldrum.com

Caribelle Batik
Romney Manor, St. Kitts.
T (869) 465 6253.
W caribellebatikstkitts.com

Driftwood Duty Free
Port Zante, St. Kitts.
T (869) 466 2432.

Island Fever
Henville's Plaza, Charlestown, Nevis.
T (869) 762 8799.

Spencer Cameron Art Gallery
Basseterre, St. Kitts.
T (869) 664 4157.

Überblick: Antigua und Barbuda

Der Inselstaat Antigua und Barbuda lockt Urlauber mit herausragendem Service, mit Unterhaltung, Traumstränden, Luxusresorts und vielen historischen Stätten an. Antigua ist für seine Segelfestivals international bekannt, Barbudas Kolonie seltener Fregattvögel ist ein Paradies für Vogelfreunde. Die vulkanische Nachbarinsel Montserrat ist ein britisches Überseegebiet, das sich ganz dem Ökotourismus verschrieben hat.

Zur Orientierung

Boote im Yachthafen Nelson's Dockyard, Antigua

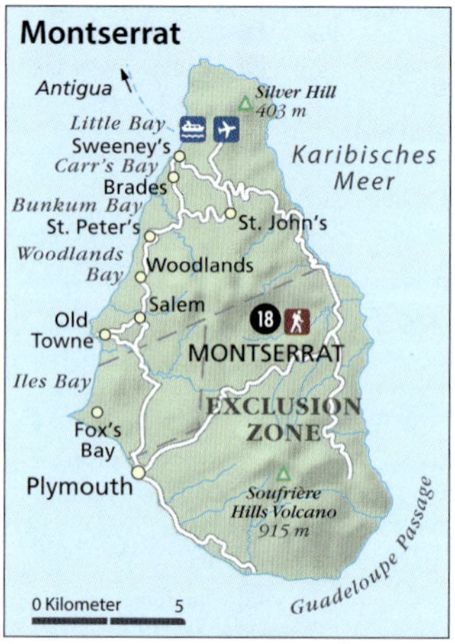

Legende

- Hauptstraße
- Nebenstraße
- Fährlinie
- Gipfel

Sehenswürdigkeiten auf einen Blick

1 St. John's
4 Betty's Hope
5 Long Bay
6 Devil's Bridge
7 Harmony Hall
8 Half Moon Bay
9 *English Harbour und Nelson's Dockyard S. 314*
10 Shirley Heights
11 Fig Tree Drive
12 Turner's Beach und Darkwood Beach
13 Jolly Harbour
14 Codrington
15 *Codrington Lagoon S. 316*
16 Martello Tower
18 Montserrat

Hotels

2 Sandals Grande Antigua
3 Jumby Bay, A Rosewood Resort
17 Lighthouse Bay Resort

Weitere Zeichenerklärungen *siehe hintere Umschlagklappe*

Kalksteinformation, Two Foot Bay National Park, Barbuda

Long Bay Beach mit Hotels im Hintergrund, Antigua

Auf Antigua und Barbuda unterwegs

Der V.C. Bird International Airport auf Antigua ist ein wichtiger Regionalflughafen, im Hafen von St. John's legen regelmäßig große Kreuzfahrtschiffe an. Zwischen Antigua und Barbuda gibt es täglich Flug- und Fährverbindungen. Antigua besitzt drei geschützte Häfen mit Marina und Einreise-Kontrollen für Yachten, die an der Küste entlang- oder nach Barbuda segeln wollen. Täglich landen Flüge aus Antigua auf dem Gerald's Airport in Montserrat. Taxis findet man auf allen drei Inseln, Mietwagen gibt es auf Antigua und Montserrat.

Auf einen Blick

Politik: Parlamentarische Monarchie, Staatsoberhaupt ist die englische Königin, vertreten durch einen Gouverneur; Montserrat ist britisches Überseegebiet (kein EU-Gebiet).
Sprache: Englisch.
Währung: East Caribbean Dollar (EC$)
Mobilfunk: GSM/GPRS 900 MHz (wie in D, A, CH), 850/1900 MHz, UMTS 850 MHz; Montserrat: GSM/GPRS 850 MHz
Strom: 220 V/60 Hz (zum Teil auch 110 V/60 Hz), Adapter: ja.

Zwillingstürme der St. John's Anglican Cathedral

❶ St. John's

Westküste von Antigua.
39 000.
Goverment Complex, Queen Elizabeth Hwy, (268) 462 0480.
Fr, Sa. Karneval (Anfang Aug). **antigua-barbuda.org**

Die historische Hafenstadt ist Antiguas Wirtschafts- und Regierungszentrum. Mittendrin am Heritage Quay liegt der Kreuzfahrthafen mit Duty-free-Shops und Restaurants. In der Vendors Mall neben dem Hafenareal kann man Souvenirs kaufen. Am Redcliffe Quay kann man ebenfalls einkaufen und auch essen. Die **St. John's Anglican Cathedral** mit den Zwillingstürmen ist eine weitere Sehenswürdigkeit. 1681 wurde hier zunächst eine Holzkirche errichtet, die nach einigen Erdbeben 1847 durch die jetzige Kathedrale ersetzt wurde. Die Schäden vom letzten großen Hurrikan wurden repariert. Einen Besuch lohnt das **Museum of Antigua und Barbuda**, ebenso der Public Market Complex in der Market Street. Dort verkaufen Bauern ihre Produkte. Da es kaum Parkplätze gibt, sollte man Taxis oder Busse nutzen.

Umgebung: Am östlichen Rand von St. John's befindet sich der legendäre, 1978 eröffnete **Antigua Recreation Ground**. Hier finden Kricketspiele statt. Etwas weiter im Osten wurde ein neues Stadion für den World Cup 2007 gebaut. Es trägt den Namen des Lokalmatadoren Sir Vivian Richards, eines ehemaligen Kapitäns des West Indies Cricket Team.

Am Ende der Fort Bay steht das Anfang des 18. Jahrhunderts erbaute **Fort James**. Es diente dem Schutz von St. John's und war unter anderem mit zehn Kanonen ausgestattet. Während die meisten Festungen der Insel abgetragen wurden, ließ man diese Kanonen intakt. Neben der Festung liegt das Restaurant Russell's in einem historischen Gebäude.

St. John's Anglican Cathedral
Newgate Street. (268) 462 0820.
wegen Renovierung.

Museum of Antigua and Barbuda
Long Street. (268) 462 4930.
Mo–Fr 8.30–16.30 Uhr, Sa 10–14 Uhr.

❷ Sandals Grande Antigua

Dickenson Bay, Antigua.
(268) 462 0267.
sandals.com

Der weitläufige, extravagante Komplex an einem der besten Strände der Insel wurde 2007 durch das Mediterranean Village erweitert. Das Resort im Resort besitzt einen Pool sowie mehrere Restaurants und Bars und ist in Suiten angelegt. Das ursprüngliche Caribbean Village hat beachtliche Ausmaße: Es bietet fünf Restaurants, fünf Schwimmbäder, ein Fitnesscenter und das Red Lane Spa.

Hochzeitspaare lieben die Rondavels, kleine runde Gebäude am Strand mit reizenden Suiten und Tauchbecken. Besonders exklusiv ist der persönliche Butlerservice für die Rondavels und für die mediterranen Penthouse-Suiten. Wem das Unterhaltungsprogramm des All-inclusive-Resorts nicht ausreicht, der kann den Rush Entertainment Komplex mit Madison's Casino und Conors Sports Bar in Runaway Bay besuchen.

❸ Jumby Bay, A Rosewood Resort

Long Island. (268) 462 6000.
rosewoodhotels.com/en/jumby-bay-antigua

Das elegante All-inclusive-Paradies ist eines der luxuriösesten Resorts der Welt. Es liegt auf einer Privatinsel vor der Nordküste von Antigua. Auf der Gästeliste finden sich Namen wie Oprah Winfrey und Paul McCartney. Hier kann man alles hinter sich lassen und gänzlich in britischen Kolonialstil eintauchen.

Neben Hotelsuiten, Pools, Restaurants, Bars und Traumstrand bietet die Insel auch große Luxusvillen zur Miete an, von denen viele einen eigenen Strand und ein kleines Tauchbecken haben.

Einer der luxuriösen Pools des Sandals Grande Antigua, Dickenson Bay

Hotels und Restaurants auf Antigua und Barbuda *siehe Seiten 326 und 327*

Ein Abschnitt des populären Long Bay Beach, Antigua

❹ Betty's Hope

7 km südöstl. von St. John's, Antigua. (268) 462 1469. Betty's Hope Visitors' Center, (268) 462 1469. Di–Sa 10–16 Uhr. **antiguamuseums.org**

Reste von Zuckerplantagen aus dem 17. und 18. Jahrhundert findet man überall in der Karibik, aber ungewöhnlich an dieser einst zum Zuckermahlen verwendeten Windmühle ist, dass sie bis heute funktioniert. Zu finden ist dieses seltene Exemplar in Betty's Hope neben einer weiteren, nicht mehr funktionstüchtigen Mühle und den Ruinen einer Plantage, die von etwa 1650 bis in die 1920er Jahre eine wirtschaftliche Stütze der Insel war. Exponate aus dieser Zeit sind im Besucherzentrum ausgestellt. Ein Ökotourismus-Projekt soll helfen, die historische Anlage zu erhalten.

Alte Plantagenwindmühle, Betty's Hope

❺ Long Bay

16 km östl. von St. John's, Antigua.

Die wichtigsten Attraktionen von Long Bay an der Nordostküste (Atlantikseite) sind die 488 Meter lange Halbmondbucht mit weißem Sandstrand und die guten Schnorchelspots über dem Barriereriff. In der Bucht steht die Hotelanlage **Grand Pineapple Resort**. Auch Bewohner der Insel kommen mit ihren Kindern hierher.

Das luxuriöse Grand Pineapple bietet Restaurants, ein Spa, Swimmingpools, Tennisplätze und Wassersportmöglichkeiten. Die hellen Zimmer sind mit Korbmöbeln und blumigen Textilien eingerichtet. Sie bieten eine wundervolle Aussicht auf den Atlantischen Ozean. Noch schöner ist der Blick vom Hügel und am Strand. Besucher des Long Bay Beach können im Beach House Restaurant zu Mittag und an Grillabenden essen. Modeschmuck und Souvenirs gibt es am Strand.

Grand Pineapple Resort
Long Bay. (268) 463 2006. **grandpineapple.com**

❻ Devil's Bridge

17 km östl. von St. John's, Antigua. Kite Festival (März–Apr).

Die natürliche Gesteinsformation an der Atlantikküste lockt viele Besucher an. Die Brücke selbst ist ein Steinbogen über dem Meer. Bei Flut spritzt die Gischt der Wellen im Wasserbecken darunter über die Brücke hinweg. Es heißt, dass jeder, der von der Brücke fällt, zwangsläufig ertrinkt. Angeblich stürzten sich zahlreiche Sklaven hier einst ins Meer, um ihrem qualvollen Dasein ein Ende zu machen. Das Gebiet ist als Nationalpark ausgewiesen und wegen des zuverlässig kräftigen Winds Schauplatz des jährlichen Drachenfestivals.

Umgebung: Angrenzend an den Devil's Bridge National Park erstreckt sich das umweltfreundliche **Verandah Resort & Spa** über zwölf Hektar. Das hübsche Hotel wurde im Jahr 2007 eröffnet und besitzt zwei wunderbare geschützte Strände, ein Spa, ein Fitnesscenter, ein Kinderzentrum, einen Tennisplatz und drei Restaurants. Die geräumigen Zimmer bieten genug Platz für Kleinfamilien. Für größere Familien können Durchgangszimmer gebucht werden. Alle Gästeräume sind mit einer Klimaanlage, einem Flachbildfernseher und einer kleine Küche ausgestattet.

Verandah Resort & Spa
Long Bay. (268) 562 6848. **verandahresortandspa.com**

Devil's Bridge am östlichen Ende von Antigua

Kunstgalerie in Harmony Hall

7 Harmony Hall

13 km südöstl. von St. John's, Antigua. (268) 460 4120. Di–So 10–18 Uhr. **harmonyhallantigua.com**

Harmony Hall ist eine zauberhafte Kunstgalerie an der Südostküste von Antigua nahe dem Dorf Freetown auf dem Areal der Brown's Bay Mill. Hier gibt es Gemälde, Fotografien, Schmuck und Keramik heimischer Künstler zu sehen. Harmony Hall veranstaltet von November bis April regelmäßig Ausstellungen. Der Komplex hat ein italienisches Restaurant auf einer Terrasse mit Aussicht auf Brown's Bay.

8 Half Moon Bay

22 km südöstl. von St. John's, Antigua.

Einer der schönsten Strände von Antigua ist Half Moon Bay. Die halbmondförmige Bucht besitzt zwei vollkommen unterschiedliche Strände: Da ist die raue See auf der Atlantikseite und das ruhige klare Wasser am Ostende.

Am Riff, das als Wellenbrecher der Bucht dient, kann man wunderbar schnorcheln. Wer hier Wassersport betreiben will, sollte wissen, dass es vor Ort keine Anbieter von Sportausrüstung gibt. Am Eingang der Bucht bietet eine kleine Bar ihren Gästen Snacks, aber am besten bringt man einen Picknickkorb mit.

9 English Harbour und Nelson's Dockyard

Das historische Juwel Antiguas liegt an der Südküste: der 38 Quadratkilometer große Nelson's Dockyard National Park und English Harbour. Teile der Hauptgebäude stammen von Ende des 18. Jahrhunderts, als die Briten die Insel beherrschten. Der Werftpark umfasst ein Museum, Restaurants und ein Gästehaus *(siehe S. 326)*. English Harbour gilt zusammen mit dem angrenzenden Falmouth Harbour als internationales Yachtzentrum.

Infobox

Information
18 km südl. von St. John's, Antigua. (268) 481 5028. tägl. 8–17 Uhr. **nationalparksantigua.com**

Anfahrt

Admiral's House Museum

Das Museum im 1855 für Admiral Horatio Nelson erbauten Haus illustriert die Militärgeschichte von English Harbour.

Legende
Straße

Nelson's Dockyard wurde im 18. Jahrhundert für die britische Marine gebaut.

English Harbour
Der geschützte Hafen war Zufluchtsort für Freibeuter und Militärflotten gleichermaßen. Heute findet hier die Antigua Sailing Week *(siehe S. 319)* statt.

Weitere Zeichenerklärungen *siehe hintere Umschlagklappe*

⑩ Shirley Heights

19 km südl. von St. John's, Antigua. (268) 728 0636/764 0389. Di–So 9–22 Uhr, Mo 9 Uhr bis Sonnenuntergang. **shirleyheightslookout.com**

Hoch auf dem Hügel über dem English Harbour befindet sich dieses renovierte historische Anwesen mit berühmter Panoramaaussicht auf das Meer. An klaren Tagen kann man bis nach Guadeloupe und Montserrat sehen. Beliebt sind hier die Sonntagabende, wenn die größte Party der Insel mit Steel- und Soca-Band steigt. Der Komplex umfasst auch ein Restaurant. Donnerstagabends spielt ebenfalls eine Band.

⑪ Fig Tree Drive

13 km südl. von St. John's, Antigua.

Die Straße schlängelt sich südlich des Dorfs Swetes durch das dicht bewaldete Gebiet von Fig Tree Hill. Kurioserweise wachsen hier gar keine Feigenbäume, sondern Bananen und Mangos. Im Fig Tree Culture Shop kann man frisches Obst, Säfte, Gelee und einheimische Lebensmittel kaufen. Beliebt ist auch der Wallings Dam, ein geschützter Park mit Picknickplatz, Wanderwegen und »Canopy Tour« *(siehe S. 320)*. Mitten im Regenwald befindet sich die Fig Tree Studio Art Gallery mit Werken der einheimischen Künstlerin Sallie Harker und Kunsthandwerk aus der Region. Die meisten Tourveranstalter und Taxifahrer bieten Rundfahrten in dieser Gegend an.

Am Fig Tree Drive in Old Road Village liegt das elegante All-inclusive-Resort **Curtain Bluff Resort** von Howard und Michelle Hulford mit 72 Zimmern und Suiten, Pool, Spa, zwei Stränden, zwei Restaurants und wunderbaren Gartenanlagen.

Der idyllische Turner's Beach an der Südwestküste Antiguas

Curtain Bluff Resort
Morris Bay. (268) 462 8400. **curtainbluff.com**

⑫ Turner's Beach und Darkwood Beach

13 km südwestl. von St. John's, Antigua.

Die beiden goldenen Sandstrände liegen an der Südwestküste Antiguas. An beiden findet man gute Restaurants und Strandbars. Sie sind perfekt für alle, die nicht in Strandresorts wohnen. Vor Turner's Beach kann man gut schnorcheln, jedoch muss man die Ausrüstung selbst mitbringen. Oft ankern Kreuzfahrtyachten hier, um die Passagiere an den Strand zu lassen. Darkwood Beach hat wunderbaren Sand und ist herrlich zum Baden.

Segelyachten, Jolly Harbour Marina

⑬ Jolly Harbour

3 km südwestl. von St. John's, Antigua. (268) 462 6042. Sailing Week (Apr–Mai). **jolly-harbour-marina.com**

Der Yachthafen nördlich von Darkwood Beach bietet einen tollen Strand, ein Einkaufszentrum, ein elegantes Casino mit Club, einen 18-Loch-Golfplatz, Tennisplätze sowie einige Restaurants und Bars. Hinzu kommen eine erstklassige Marina für Privatyachten und die alljährlich hier abgehaltene Sailing Week. Entlang dem schönen Strand erstreckt sich das Jolly Beach Resort *(siehe S. 326)*, eine der größten All-inclusive-Anlagen auf der ganzen Insel.

Fahrt entlang dem grünen Fig Tree Drive

Hotels und Restaurants auf Antigua und Barbuda *siehe Seiten 326 und 327*

⓮ Codrington

Ostrand der Lagune, Barbuda. 1800. Caribana Festival (Mai). **barbudaful.net**

Die Kleinstadt ist Barbudas Hauptort und das wirtschaftliche Zentrum der Insel. Viele Bauten aus dem 19. Jahrhundert sind noch erhalten, werden aber heute anderweitig genutzt: Die ehemalige Baumwollfabrik beherbergt heute Büros, die Stallungen des Government House wurden zu einer Schule umgebaut. Es gibt mehrere Supermärkte und Lebensmittelläden, Bars, Bäckereien und Restaurants im Ort. Mittags werden Langusten von der Küste Barbudas serviert. In den Außenbezirken findet man ein Internet-Café, eine Apotheke, eine Eisdiele, einen Souvenirshop und das Art Café der hiesigen Künstlerin Claire Frank. Besucher können sich ihre beeindruckende Sammlung handgefertigter Seidenmalereien anschauen. Überall im Ort gibt es einladende Gästehäuser, in denen man relativ günstig übernachten kann.

Wa Omonis beliebtes Restaurant, Codrington

⓯ Codrington Lagoon

Das geschützte Gewässer der Codrington Lagoon wird durch einen schmalen Landstreifen vom Ozean abgetrennt. 170 Vogelarten können hier beobachtet werden. Die Lagune dient insbesondere einer riesigen Fregattvogel-Kolonie als Lebensraum. Die unterirdischen Höhlen in den Uferfelswänden an der Nordostseite der Insel dienten den Arawak und später auch geflohenen Sklaven als Zufluchtsort.

Fregattvogel-Kolonie
Etwa 5000 Exemplare der schönen Vogelart leben hier. Die Vögel nisten bevorzugt in den Mangrovensümpfen rund um die Lagune.

Darby Cave
Dieser 55 Meter tiefe Trichter führt zu einer breiten Höhle, die in fünf Süßwasserteiche mündet.

Die Two Foot Bay ist von Höhlen durchzogen. In manchen findet man Felszeichnungen. Man sollte sie mit Führer besichtigen.

Legende
== Straße

Codrington Lagoon
Die durch einen schmalen Landstreifen vom Karibischen Meer getrennte Lagune nimmt einen Großteil der Insel ein.

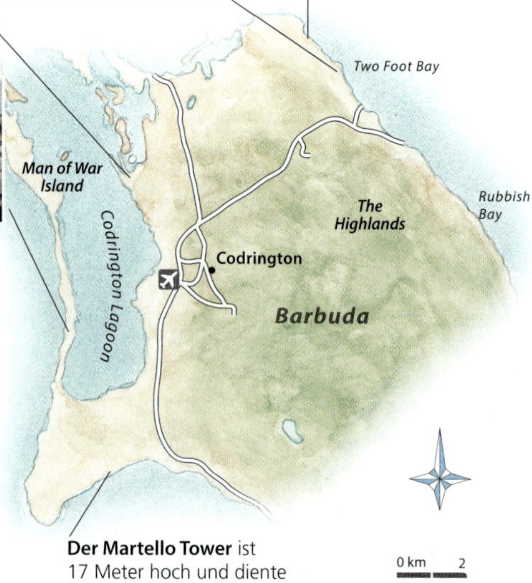

Der Martello Tower ist 17 Meter hoch und diente einst als Beobachtungsposten.

Infobox

Information
6 km westl. von Codrington, Barbuda. **barbudaful.net**

Anfahrt
Hinweis Taxifahrer arrangieren Bootsfahrten in der Lagune.

Weitere Zeichenerklärungen *siehe hintere Umschlagklappe*

Das luxuriöse Lighthouse Bay Resort am 11 Mile Beach

⑯ Martello Tower

5 km südl. von Codrington, Barbuda. tägl. 6–20 Uhr. **barbudaful.net**

Beim Versuch, sich auf Barbuda niederzulassen, stießen die Briten anfangs auf den erbitterten Widerstand der Kariben. Letztlich wurde Barbuda aber von John und Christopher Codrington kolonisiert. Die beiden kamen 1685 mit einem Pachtvertrag über 99 Jahre von Antigua herüber, um eine Vorratsstation und – so heißt es jedenfalls – eine Sklaven-»Zuchtstation« für die großen Plantagen auf Antigua aufzubauen.

Zwischen 1750 und 1800 bauten die Briten am sogenannten River eine Festung mit einem 17 Meter hohen Beobachtungsturm, dem Martello Tower. Vorbild war ein Turm am Kap Mortella auf Korsika. Die Feste war mit drei Kanonen ausgerüstet. Sie diente jedoch nicht nur der Verteidigung, sondern auch als Aussichtspunkt, von dem aus man Schiffswracks an den die Insel umgebenden Riffs erkennen konnte.

Neben dem Martello Tower befindet sich die entspannte **Pink Sand Beach Bar**, die einzige Strandbar auf Barbuda. Das einladende Restaurant serviert Fisch und Meeresfrüchte wie Languste mit einheimischen Gemüsesorten wie Kürbis, Bohnen und Paprika sowie Kaltgetränke. Mit ihrer wunderbaren Aussicht ist die Bar ideal für Strandpartys.

Pink Sand Beach Bar
River Beach.
tägl. 10–24 Uhr.

Der wehrhafte Martello Tower mit seinen dicken Mauern

⑰ Lighthouse Bay Resort

Low Bay, Barbuda.
1-877-766-6718 (Reservierung).
lighthousebayresort.com

Das im Jahr 2008 eröffnete Luxusresort belegt einen Landstreifen am Südostrand der Codrington Lagoon, den 11 Mile Beach mit rosafarbenem Sand. Hier glaubt man sich am Ende der Welt – keine andere Ferienanlage oder sonstige Bebauung trübt das Bild. Zum Anwesen gehört auch die Lighthouse Bay Bar. Der Hotelconcierge bucht auf Wunsch Unternehmungen wie Hochseefischen, Ausflüge in das Fregattvogel-Gebiet, Wasserski, Höhlentouren und Tauchen.

Langusten

Wenn in der Karibik »lobster« (Hummer) auf der Speisekarte steht, ist damit meist der hier heimische »spiny lobster«, also Languste, gemeint. Anders als der an Nordamerikas Ostküste bekannte Hummer mit seinen großen Vorderscheren hat die Languste zur Verteidigung lange, gerade, spitze – und leider ungenießbare – Tentakeln am Kopf. Sonst ist das Fleisch der Languste äußerst schmackhaft. Die Fischer um Barbuda fangen täglich große Mengen. Besucher können sie direkt am Hafen lebend kaufen. Wer mit dem Boot in der Region unterwegs ist, kauft frische Langusten, teilt diese in zwei Hälften, bestreicht sie mit etwas Butter und wirft sie auf den Grill – ein schnelles, einfaches, aber köstliches Mahl. An Land bieten Straßenimbisse und natürlich auch alle besseren Restaurants ebenfalls diesen Genuss.

Gegrillte Languste

Sport und Aktivurlaub

Antiguas Küstenregionen sind einzigartig: An den zahlreichen Buchten eröffnen sich den Besuchern beinahe alle Möglichkeiten, Wassersport zu treiben. Die ganze Insel ist von Riffs umgeben, in denen man herrliche Tauch- und Schnorchelspots vorfindet. Außerdem warten kleine Inseln darauf, besichtigt zu werden. Auch Antigua ist eine Insel mit Hügeln, Tälern und ganz im Süden mit Regenwald. Wandern und Radfahren durch die Hügellandschaften, Offroad- und Überlandtouren sowie Regenwalddurchquerungen, aber auch Golfplätze bieten sich auf dieser Insel Aktivurlaubern an.

Der gut besuchte Strand der Dickenson Bay, Antigua

Strände

Die Strände von Antigua bieten ganz unterschiedliche Gegebenheiten. An der Atlantikküste ist das Meer rauer, der Sand gröber, an den ruhigen Stränden der Karibikseite ist der Sand dagegen pulvrig und das Wasser klar.

Alle Strände sind öffentlich zugänglich. Manche Ferienanlagen bieten Tagespässe an, die zur Benutzung ihrer Einrichtungen berechtigen, oder auch All-inclusive-Pässe, die Essen und Trinken enthalten. An Stränden ohne Resorts verleihen Bars und Restaurants Strandliegen und teilweise Wassersportausrüstung.

Zu den besten Stränden am Atlantischen Ozean zählen Long Bay *(siehe S. 313)*, Green Island und Half Moon Bay *(siehe S. 314)*. An der Westküste sind Dickenson, Runaway, Deep, Hawksbill und Lignum Vitae beliebte Buchten. Turner's Beach und Darkwood Beach *(siehe S. 315)* sind herausragende Strände an der Südwestküste, ebenso Cades Bay und Rendezvous Bay.

Auf Barbuda ist der Strand Pink Beach sehr beliebt.

Segeln und Kajakfahren

Eine der besten Arten, die herrliche Natur von Antigua zu entdecken, ist mit einem Segelboot oder Katamaran auf dem Meer. Je nach Veranstalter haben solche Touren Partyatmosphäre oder geben den Passagieren Einblicke in die ökologischen Bemühungen, das Meeresleben zu schützen. Mit **Thriller Tours Antigua** geht es in luxuriösen Schnellbooten über das Wasser. **Adventure Antigua** gehört Eli Fuller, der 1988 mit einem Segelteam aus Antigua an der Olympiade in Seoul teilnahm. Er und seine Angestellten organisieren erstklassige Ökotouren auf traditionellen Booten. Unterwegs wird ein Zwischenstopp in **Stingray City Antigua**, einem Küstengebiet, eingelegt. Hier können Besucher zwischen Stachelrochen schwimmen.

Segelboot beim Einlaufen in Nelson's Dockyard, Antigua

Charterfahrten gibt es bei **Adventure Caribbean Yacht Charters**, Boote mit und ohne Besatzung mietet man bei **Antigua Yacht Charters Ltd.** und **Nicholson Yacht Charters**. Kajaktouren bietet **Paddles Kayak and Snorkel Eco Adventures** an. Sie führen durch interessante Küstengewässer. Weitere Anbieter sind **Miramar Sailing** und **Wadadli Cats**.

Tauchen und Schnorcheln

Die geschützten Küsten im Westen und Süden sind die wichtigsten Tauchgebiete der Insel. Die besten Spots sind das Cades Reef, die Pinnacles of Hercules, Big John's Reef und Ffryes Shoal.

Die meisten Tauchfirmen vor Ort haben ein PADI-Zertifikat, besitzen individuell zugeschnittene Tauchboote und veranstalten Kurse für alle Lernstufen. Einige vermieten Unterwasserkameras, sodass Taucher einzigartige Souvenirs ihrer Tauchgänge erhalten. Empfehlenswerte Anbieter sind **Ultramarine Caribbean**, **Dive Antigua**, **Jolly Dive** und **Indigo Divers**.

Kite- und Windsurfen

Die Nordküste von Antigua ist mit nahezu perfekten Bedingungen zum Kitesurfen gesegnet. Der Wind bläst konstant und kommt von der Seite, das Wasser bietet ausreichend Wellengang für Sprünge. Bei den Ausrüstungsverleihen bekommt man alles, was man braucht. Einer davon ist **Kitesurf Antigua**.

Windsurf- und anderes Equipment sowie Unterricht gibt es bei Windsurf Antigua an der Nordküste der Dutchman Bay.

Segeln vor Antigua

Die fast kreisrunde Insel mit zerklüfteter Küste aus tiefen Buchten und Hafenbecken liegt zwischen dem wilden, windigen Atlantik und dem ruhigeren Karibischen Meer. Kurzum: Antigua ist ein Segelparadies. Unter den vielen Angeboten der Insel sind zahlreiche internationale Segelevents. Man kann bemannte und unbemannte Boote chartern und Segelkurse besuchen. In den bunten Marinas von English Harbour, Falmouth Harbour und Jolly Harbour gibt es alles vom kleinen Segelboot und Katamaran bis zu Superyachten. Der Service dort umfasst Bootsbau, Elektronik und Segelmacher, sodass dies ein Top-Ziel für Segler ist.

Regatten und Wettfahrten

Antigua ist für Segler aus der ganzen Welt das Traumziel schlechthin. Zu den internationalen Regatten und Wettfahrten hier zählen die Classic Yacht Regatta Mitte April und die Antigua Sailing Week Ende April.

Die Antigua Sailing Week besteht aus mehreren Kategorien von großen Yachten und Einkielern bis zu Kanonenbooten. Die ganze Woche über steigen auf der Insel Partys mit Einheimischen und Besuchern.

Ondeck Ocean Racing bietet Einzelpersonen die Chance, einen Tag lang Mitglied der Crew eines Beneteau 40.7 oder einer Farr-40- oder Farr-60-Yacht zu sein. In einem Rennen kann man echtes Wettkampfflair erleben.

Events und Aktivitäten

Antigua hat vier Yachtclubs, die jährlich im Januar in einem Rennen gegeneinander antreten. English Harbour und Jolly Harbour mit ihren sprudelnden Clubs, Restaurants und Läden locken das ganze Jahr über Segler an.

Diverse Segelkurse werden von vielen Resorts und Clubs angeboten. Zu den bei Anfängern wie Fortgeschrittenen gefragtesten gehört Nonsuch Bay *(siehe S. 326)*. Auch Auffrischungskurse stehen auf dem Programm.

Charterboote kann man überall auf Antigua mieten. Manche Firmen bieten bemannte und unbemannte Boote an und sorgen auf Wunsch für Proviant und eine individuelle Reiseroute.

Herrliche Aussicht von Shirley Heights auf English Harbour, Antigua

Wandern

Antiguas Wanderwege sind zwar oft nicht sonderlich gut ausgebaut, führen aber zu interessanten historischen Stätten oder Naturwundern. Auf den Wegen um English Harbour *(siehe S. 314)* gelangt man von Nelson's Dockyard zum Fort Barrington und zu den Shirley Heights hinauf. Ein Pfad im Half Moon Bay National Park führt zu einer Landspitze mit Aussicht auf die Insel Guadeloupe. Die Wege durch das schöne Regenwaldgebiet führen von Wallings Dam zum Boggy Peak, dem höchsten Punkt der Insel, und zur Rendezvous Bay, in die keine Straße führt. Die **Environmental Awareness Group** und die **Antigua Historical and Archaeological Society** organisieren zuweilen Wanderungen in dieses Gebiet.

Fahrräder und Motorroller

Per Fahrrad oder Motorroller kann man unterwegs die frische Luft genießen. Die meisten Straßen sind flach oder führen über lang gestreckte Hügel, sodass diese Art der Fortbewegung ideal ist. **Bike Plus** in St. John's verleiht Mountainbikes und verfügt auch über ausreichend Ersatzteile und Ausstattung. **Paradise Boat Sales** in Jolly Harbour verleiht ebenfalls Mountainbikes, auf Wunsch mit Kindersitz. **Barbuda Bike Tours** auf Barbuda bietet geführte Radwanderungen mit Fahrradverleih an, vermietet aber auch an Einzelpersonen.

Für die motorisierte Variante ist **Cheke's Scooter Rentals** in St. John's zuständig. Motorroller mit 50–150 Kubikzentimeter Hubraum gibt es hier tageweise inklusive zweier Helme und Anleitung.

Regenwalddach-Touren

Hoch über den Baumwipfeln des Regenwalds zu spazieren ist ein beglückendes Erlebnis. **Antigua Rainforest Canopy Tour** bietet neben gut ausgebildeten Führern hochmodernes Klettergeschirr und Helme an. Das Equipment soll sicherstellen, dass man alle vier angebotenen Routen mit heiler Haut übersteht. Nach einer Tour durch die Hochseile endet das Abenteuer mit dem »Leap of Faith« (wie ein Bungee-Sprung, nur sicherer) und dem Challenge Course. Letzter Belastungstest sind die 400 Stufen zurück zur Spitze. Kinder können ab 150 Zentimeter Körpergröße teilnehmen.

Geländewagen-Touren

Das Hinterland von Antigua ist hügelig und mit Ruinen und kleinen Dörfern gesprenkelt.

Mehrere Veranstalter bieten Überlandfahrten in die recht unberührten Teile der Insel. Touranbieter wie **Tropical Adventures** verbinden Inselsafaris in offenen Jeeps mit dem Besuch der Stingray City Antigua oder mit Kajakfahrten.

Elmo's Luxury Safari benutzt klimatisierte Geländefahrzeuge und bietet seinen Gästen zudem einen leckeren Antigua-Lunch. Manche Firmen bieten auch Geländeräder. Adventure Antigua unternimmt Offroad-Touren mit dem Quad.

Jeep-Safari bei Betty's Hope, Antigua

Der weitläufige Jolly Harbour Golf Club im Jolly Beach Resort, Antigua

Golf

Es gibt zwei malerische 18-Loch-Plätze auf Antigua. Beide nutzen die ausgedehnten Hänge und die Tropenlandschaft und haben Meerblick.

Der **Cedar Valley Golf Club** im Norden der Insel ist ein Par-70-Platz mit einer 274 Meter lange Driving Range und Panoramablick auf die Karibikküste. **Jolly Harbour Golf Club** ist ein 5108 Meter langer Par-71-Platz. Er stammt vom berühmten Golfplatzarchitekten Karl Litton und liegt unmittelbar neben dem Yachthafen Jolly Harbour. Im Clubhaus sind ein Golfladen, eine Snackbar, Duschen und Schließfächer untergebracht. Beide Clubs sind öffentlich zugänglich. Viele Hotels vermitteln eine Platzbenutzung für ihre Gäste.

Auf einen Blick

Segeln und Kajakfahren

Adventure Antigua
(268) 726 6355.
adventureantigua.com

Adventure Caribbean Yacht Charters
(268) 764 0595.
adventurecaribbean.com

Antigua Yacht Charters Ltd.
(268) 463 7101.
antiguayachtcharters.com

Miramar Sailing
(268) 721 3456.
miramarsailing.com

Nicholson Yacht Charters
(268) 460 1530.
nicholsoncharters.com

Paddles Kayak and Snorkel Eco Adventures
(268) 720 4322.
antiguapaddles.com

Stingray City Antigua
(268) 562 7297.
stingraycityantigua.com

Thriller Tours Antigua
(268) 562 4518.
thrillertoursantigua.com

Wadadli Cats
(268) 462 4792.
wadadlicats.com

Tauchen und Schnorcheln

Dive Antigua
(268) 464 3483.
diveantigua.com

Indigo Divers
Jolly Harbour, Antigua.
(268) 562 3483.
indigo-divers.com

Jolly Dive
Jolly Harbour, Antigua.
(268) 462 8305.
jollydiveantigua.com

Ultramarine Caribbean
(268) 463 3483.
ultramarinecaribbean.com

Kite- und Windsurfen

Kitesurf Antigua
Jabberwock Beach, Antigua.
(268) 720 5483.
kitesurfantigua.com

Wandern

Antigua Historical and Archaeological Society
(268) 462 1469.
antiguamuseums.org

Environmental Awareness Group
(268) 462 6236.
eagantigua.org

Fahrräder und Motorroller

Barbuda Bike Tours
Barbuda.
(268) 784 5717.

Bike Plus
Independence Drive, St. John's, Antigua.
(268) 462 2453.

Cheke's Scooter Rentals
St. John's, Antigua.
(268) 562 4646.
chekesrentals.com

Paradise Boat Sales
Jolly Harbour, Antigua.
(268) 463 7125.
paradiseboats.com

Regenwalddach-Touren

Antigua Rainforest Canopy Tour
Fig Tree Drive, Antigua.
(268) 562 6363.
antiguarainforest.com

Geländewagen-Touren

Elmo's Luxury Safari
(268) 728 7060.
luxurysafariantigua.com

Tropical Adventures
St. John's, Antigua.
(268) 480 1225.
tropicalad.com

Golf

Cedar Valley Golf Club
St. John's, Antigua.
(268) 462 0161.
cvgolfantigua.com

Jolly Harbour Golf Club
Jolly Harbour, Antigua.
(268) 462 7771.
jollyharbourantigua.com/golf

⓲ Montserrat

Der Soufrière Hills Volcano brach in den 1990er Jahren aus und begrub den Hauptort Plymouth und einen Großteil der Südhälfte von Montserrat unter Asche. Im Anschluss an diese Tragödie hat sich auf der Insel eine Art »Vulkan-Tourismus« entwickelt. Besucher kommen her, um sich die Zerstörung und den schlafenden Feuerberg anzusehen. Eine erhärtete Kuppel bedeckt seinen aktiven Lavakern und hält diesen so unter Verschluss, doch nach wie vor gibt es beträchtliche seismische Aktivität sowie Austritt von Gas und Dampf. Die Insel ist in die Exclusion Zone, welche die Südhälfte umfasst, und die nördlichen Hügel geteilt, wo Brades zum neuen Regierungssitz und kulturellen Zentrum wurde.

Meterhohe Vulkanasche bedeckt Plymouth

Lava bedeckt den ehemaligen Golfclub

Exclusion Zone

Südteil von Montserrat. ◯ bei Tageslicht. **Avalon's Taxi-Tours** Brades. ☎ (664) 491 3432 oder (664) 492 1565. **Clifford »Shaw-Duck« Ryan** Brades. ☎ (664) 492 1849. **Grant Tours** Brades. ☎ (664) 491 9654. **»JIG« Tours** Brades. ☎ (664) 491 2752, (664) 492 2752 oder (664) 496 2752.

1995 brach der Soufrière Hills Volcano aus. Der Himmel verdunkelte sich 15 Minuten lang, danach war der Hauptort Plymouth unter Schlamm und Asche begraben. Ein Jahr später gab man die Stadt auf. Auch die Häuser rund um das Zentrum der Insel sowie der W. H. Bramble Airport an der Ostseite wurden mit Asche überzogen. Heute kann man sie als eine Art modernes Pompeji besichtigen. Nur wenn die vulkanische Aktivität minimal ist, dürfen Besucher kurz die Exclusion Zone betreten, um das Ausmaß der Verwüstung aus der Nähe zu erfassen – jedoch nur mit qualifizierten Führern unter strengen Sicherheitsvorkehrungen. Da man nicht bis Plymouth fahren darf, kann man alternativ Richmond und Garibaldi Hill besichtigen. Dort sind viele Gebäude zur Hälfte in Asche versunken. Exkursionen dorthin arrangiert das Montserrat Tourist Board oder ein Touranbieter.

Die Auswirkungen des Vulkanausbruchs sind sehr gut von Booten aus sichtbar. Man startet in Little Bay. Von dort aus blickt man auf Plymouth und die erstarrten Lavaströme.

An der Ostseite der Insel befinden sich die Überreste des Bramble Airport. Von einem Aussichtspunkt in Jack Boy Hill sieht man die Lavakuppel des Vulkans, den Flughafen und die stark beschädigten indianischen Grabstätten und Dörfer. Ein eigens errichtetes Gebäude besitzt eine Aussichtsplattform mit einem Teleskop, mit dem man bei wolkenlosem Himmel die Vulkankuppe gut erkennen kann. Vor dem Gebäude gibt es Picknickplätze für Besucher.

Montserrat Volcano Observatory

Flemmings, Montserrat. ☎ (664) 491 5647. ◯ Mo–Fr 8.30–16.30 Uhr. **mvo.ms**

Das für die Überwachung des Vulkans und die Ausgabe von Warnungen zuständige Montserrat Volcano Observatory bezog 2003 in Flemmings sein Hauptquartier. Plakate im Interpretation Center erläutern die Technologien zur Überwachung des Vulkans. Videofilme zeigen die jüngsten Aktivitä-

Aussicht von Jack Boy Hill auf den ehemaligen Flugplatz von Montserrat

Richmond Hill liegt in der Daytime Entry Zone und war früher ein florierender Vorort von Plymouth.

Legende

═ Straße

- - - Zonengrenze

Infobox

Information
40 km südwestl. von Antigua. 5200. Montserrat Tourist Board, Farara Plaza, Brades, (664) 491 2230/8730. St. Patrick's Day (Mitte März), Tourism Week (Ende Sep/Anfang Okt), Police, Fire, Search, & Rescue Services Community Week (Ende Okt). **visitmontserrat.com**

Anfahrt
von Antigua oder St. Martin/ Sint Maarten. von Antigua.

ten. Dazu sind dort vulkanische Felsbrocken, Asche und Artefakte zu sehen. Die Wissenschaftler vor Ort beantworten zweimal wöchentlich (Di, Do) Fragen der Besucher.

Die Website zeigt den aktuellen Status des Vulkans. Wer eine Reise auf die Insel plant, sollte sich vorher dort informieren. Interessant sind auch die wöchentlich aktualisierte Fotogalerie und das Archiv mit Fotos aus der Zeit, als die Vulkankuppe noch wuchs. Wer mehr über Vulkane im Allgemeinen erfahren möchte, findet auf der Website auch ausführliche Informationen zu vulkanspezifischen Events und den Beobachtungsmethoden. Außerdem kann man eine CD sowie ein Proben-Set erwerben, das Geologie, Geografie und Wissenschaft für Jugendliche zwischen elf und 18 Jahren verständlich macht.

Sicherheit

Im Tourist Board Office und im Observatory liegt der *Guide to Volcanic Hazards* aus. Er fasst die Geschichte des Vulkans und die Risikolage zusammen, skizziert die Exclusion Zone und die Kriterien, unter denen man sie betreten darf. Aufgelistet werden auch die geltenden Sicherheitsvorschriften (Mitführen von Atemmaske und Trinkwasser), Notrufnummern und Verhaltensregeln im Falle eines Alarms.

Aussicht vom Montserrat Volcano Observatory auf den Vulkan

Weitere Zeichenerklärungen *siehe hintere Umschlagklappe*

Montserrat: Sport und Aktivurlaub

Anders als der an eine Mondlandschaft erinnernde südliche Teil von Montserrat gleicht der nördliche Teil noch immer dem Paradies, das die ganze Insel einmal war. Die Hügel sind von saftigem Grün bedeckt, funkelnde Bäche schlängeln sich in tiefen Schluchten *(ghauts)* zum Meer hinunter, kurvenreiche Straßen führen zu zauberhaften Villen und Gästehäusern. Hier kann man wunderbar ausspannen. Hauptaktivitäten sind – neben dem staunenden Betrachten des Vulkans – Sonnenbaden, Wandern auf den vielen Pfaden durch den Regenwald der Center Hills sowie Schnorcheln und Tauchen in den vorgelagerten Riffen.

Dunkler Sandstrand der Bunkum Bay, Montserrat

Strände

Die Insel ist von vielen Stränden gesäumt. Einige davon haben aufgrund von Lavaströmen bizarre Formen. Die nur per Boot oder Wanderweg erreichbare Rendezvous Bay liegt an der Nordwestspitze der Insel. Am beliebtesten ist Little Bay Beach, etwas weiter südlich nahe Brades im Hafengebiet. Hier gibt es ein Restaurant und einige Tauchanbieter. Weiter südlich an der Karibikküste liegen Bunkum Bay und Woodlands Bay, die beide schwarzen Vulkansand haben. Bei Bunkum kann man gut schnorcheln. Außerdem gibt es dort eine Strandbar. Woodlands bietet einen überdachten Picknickplatz auf einer Felsnase mit Aussicht auf das hier etwas rauere Meer. Die Old Road Bay direkt nördlich der Exclusion Zone erstreckt sich wegen der Lavaströme so weit ins Meer hinaus, dass die Jumping Jack's Beach Bar mittlerweile ein Stück vom Meer entfernt liegt. Bei erhöhter Vulkanaktivität ist dieser Strand gesperrt.

Wandern und Vogelbeobachtung

Das Zentrum des Nordens ist von Regenwald geprägt. Er bedeckt die Center Hills und ist für seine Biodiversität berühmt. Gezählt wurden 132 Baumarten, 13 verschiedene Säugetiere und 117 Vogelarten wie der Montserrattrupial. **Scriber's Adventure Tours** unter Führung des Vogelstimmenimitators James »Scriber« Daley wird von Naturliebhabern und Forschern gleichermaßen geschätzt. Mit Daley sind die Chancen am größten, den berühmten, aber sehr scheuen Montserrattrupial zu sehen. Die Galliwasp-Echse und der gefährdete Antillen-Ochsenfrosch, der als Delikatesse gilt, leben hier ebenfalls. Das von der British Darwin Initiative finanzierte Center Hills Project ist hier angesiedelt. Es unternimmt ökologische Bestandsaufnahmen und untersucht alles, was die geschützten Arten beeinflussen könnte.

Die Wanderwege die Berge hinauf sind anspruchsvoll und daher nichts für Ungeübte. Der Blackwood Allen Trail führt über steile Anstiege und durch tiefe Täler, vorbei an einer Aussichtsplattform. Auf dem Oriole Walkway, der ebenfalls einige steile Passagen enthält, kommen Vogelfreunde auf ihre Kosten. So können sie hier seltene Arten wie Montserrat-

Runaway Ghaut

Die tiefen Schluchten oder *ghauts*, wie man sie auf Montserrat nennt, sind an den funkelnden Bächen erkennbar, die ins Meer hinunterfließen. Das Wasser hat erstaunlich gute Trinkwasserqualität und kann an einem unscheinbaren Wasserhahn am Straßenrand nahe dem Runaway Ghaut gekostet werden. Der Überlieferung nach zieht es jeden, der davon trinkt, immer wieder nach Montserrat zurück. Bitten Sie Ihren Fremdenführer, Sie dorthin zu bringen, da die Stelle leicht zu übersehen ist. Neben dem Wasserhahn führt ein kleiner Wanderweg in eine nette Picknick- und Spaziergegend.

Wegweiser zum Runaway Ghaut

Der Oriole Walkway eignet sich gut für die Vogelbeobachtung

Auf einen Blick

Wandern und Vogelbeobachtung

Montserrat National Trust
Salem Main Road, Brades.
(664) 491 3086.
montserratnationaltrust.ms

Scriber's Adventure Tours
Woodlands.
(664) 491 3412.
scribersadventures.com

Tauchen und Schnorcheln

Scuba Montserrat
Little Bay.
(664) 496 7807.
scubamontserrat.com

trupial, Schnurrbart-Erdtaube, Mangrovenkuckuck, Spottdrossel und Purpurkehlkolibri sehen. Beliebt wegen seines Zugangs zum einzigen weißen Sandstrand der Insel ist der Weg von Little Bay zu Rendezvous Bay. Der Weg von The Cot führt durch alte Bananenplantagen auf 305 Meter Höhe. Dort hat man Blick auf Meer und Exclusion Zone.

Beliebt ist hier auch die Schildkrötenbeobachtung. An den schwarzen Sandstränden leben Schildkrötenarten wie die Grüne Meeresschildkröte, die Echte Karettschildkröte und die Unechte Karettschildkröte. Der **Montserrat National Trust** organisiert in August und September Führungen.

Die Vereinigung veröffentlicht detaillierte Straßen- und Wanderkarten, die man im Oriole Complex in der Salem Main Road erhält. Dort werden auch geführte Wanderungen angeboten. Scriber's Adventure Tours organisiert Touren für Liebhaber von Fledermäusen und Schildkröten sowie Wanderungen, teils von »Scriber« selbst geführt.

Der berühmte Montserrattrupial

Tauchen und Schnorcheln

In den Gewässern vor Montserrat gibt es Riffe voller Korallen, Schwämme und Tropenfische. Aus diesem Grund gilt das Gebiet seit Langem als gutes Tauchrevier. Experten gehen aber davon aus, dass die Tauchmöglichkeiten noch sehr viel besser sein werden, sobald der Vulkan sich beruhigt hat und die Riffe vor der Südküste wieder zugänglich sind. Dort werden die durch den Vulkanismus hervorgerufenen Veränderungen der Landschaft ganz neue Bedingungen bieten. Derzeit konzentrieren sich die Tauchgebiete hauptsächlich auf die nordwestliche Küste. Dort befinden sich Carr's Bay, Lime Kiln Bay, Woodlands Bay, Rendezvous Bay und Bunkum Bay. Die Tauchspots an der Nordostseite, wie Little Redonda, die Pinnacles und Yellow Hole, sind wegen des starken Wellengangs häufig nicht zum Tauchen freigegeben.

Scuba Montserrat in Little Bay, bietet professionelle Tauchlehrgänge und Einführungskurse für Anfänger und Kinder mit der entsprechenden Ausrüstung. Außerdem unternimmt der Anbieter Angelausflüge und Bootsfahrten nach Plymouth.

Unterwassertunnel vor Montserrat

Hotelauswahl

Antigua

DICKENSON BAY: Anchorage Inn $
Strand
Anchorage Road
(268) 462 4065
antiguaanchorageinn.com
Der McKinnon's Salt Pond trennt das kleine Hotel vom Strand. Restaurants sind in der Nähe.

DICKENSON BAY: The Villas at Sunset Lane $$
Villa
Sunset Lane, McKinnon's
(268) 562 7791
villasatsunsetlane.com
Das Angebot von Suiten sowie von Villen mit zwei Schlafzimmern gilt nur für Erwachsene. Die Lage auf einem Hügel ermöglicht den Blick auf die Dickenson Bay.

DICKENSON BAY: Sandals Grande Antigua Resort & Spa $$$
Luxus
St. John's
(268) 484 0100
sandals.com
Das All-inclusive-Resort an einem sehr schönen Strand bietet ein Hochhaus mit Suiten. Am Strand stehen Rondavels.

ENGLISH HARBOUR: The Admiral's Inn $$
Historisch
Nelson's Dockyard
(268) 460 1027
admiralsantigua.com
Das wunderschön restaurierte Inn in einem historischen Park verfügt über kleine, aber komfortable Zimmer.

ENGLISH HARBOUR: Curtain Bluff Resort & Spa $$$
Luxus
Old Road, St. Mary's
(268) 462 8400
curtainbluff.com
Das All-inclusive-Resort liegt auf einer Halbinsel mit Stränden auf beiden Seiten. Alle Zimmer sind mit Meerblick.

ENGLISH HARBOUR: Keyonna Beach $$$
Strandresort
Johnson's Point
(268) 562 8880
keyonnabeach.com
Das All-inclusive-Hotel für Paare steht am einem herrlichen weißen Sandstrand. Es gibt u. a. Duschen unter freiem Himmel und Balibetten am Strand.

ENGLISH HARBOUR: The Inn at English Harbour $$$
Strandresort
Freeman's Bay
(268) 460 1014
theinnantigua.com
Die Zimmer dieses Resorts in britischem Kolonialstil bieten Blick auf die Hügel oder auf den Strand.

JOLLY HARBOUR: Jolly Beach Resort & Spa $$
Strandresort
Bolans Village
(268) 462 0061
jollybeachresort.com
Das Resort hat Aktivitäten für Familien im Programm. Man kann »all-inclusive« buchen oder nur übernachten.

JOLLY HARBOUR: Cocobay Resort $$$
Strandresort
Valley Church
(268) 562 2400
cocobayresort.com
Das entspannte, romantische All-inclusive-Resort verfügt über Cottages und Plantagenhäuser.

JOLLY HARBOUR: Hermitage Bay Resort $$$
Luxus
Hermitage Bay
(268) 562 5500
hermitagebay.com
Das elegante All-inclusive-Resort bietet Cottages mit Veranden zum Meer, manche stehen direkt am Strand.

Vis-à-Vis-Tipp

LONG BAY: Nonsuch Bay Resort $$
Strandresort
Hughes Point, St. Philips
(268) 562 8000
nonsuchbayresort.com
Das Resort ist vor allem den Freunden des Segelns zu empfehlen. Die Bucht ist ideal geeignet, segeln zu lernen, man kann aber auch an einer Regatta teilnehmen. Das Bay Restaurant verspricht romantische Abende mit Blick aufs Wasser. Der Kids' Club kümmert sich um die Kinder.

LONG BAY: Verandah Resort & Spa $$$
Strandresort
Indian Town Road, St. Philips
1-866-237-1785
verandahresortandspa.com
Das umweltbewusste All-inclusive-Resort befindet sich an der Nordostküste gleich neben Devil's Bridge. Im Kids' Club können Kinder im Planschbecken toben.

Preiskategorien
Die Preise gelten für ein Standard-Doppelzimmer pro Nacht (Hochsaison), inklusive Steuern und Service.

$	unter 200 US-Dollar
$$	200 – 500 US-Dollar
$$$	über 500 US-Dollar

Verandah Resort & Spa in Long Bay auf Antigua

Barbuda

CODRINGTON: Lighthouse Bay Resort Hotel $$$
Luxus
Codrington
1-877-766-6718
lighthousebayresort.com
Im kleinen Luxusresort zwischen der Codrington Lagoon und dem Karibischen Meer sind der Strand und die Suiten fantastisch.

Montserrat

ST. PETER'S: Gingerbread Hill $
Berge
St. Peters
(664) 491 5812
gingerbreadhill.com
Die Familie, die diesen entspannten Komplex aus Villen und Zimmern führt, organisiert Öko-Touren für ihre Gäste.

SWEENEY'S: Tropical Mansion Suites $
Boutique
Sweeney's
(664) 491 8767
tropicalmansion.com
Das derzeit einzige verfügbare Hotel im Umkreis des Hauptorts Brades besitzt einen schönen Pool.

Restaurantauswahl

Antigua

Vis-à-Vis-Tipp

EAST END: The Bay at Nonsuch $$$
Karibisch
Hughes Point, Freetown
(268) 562 8000
Mitchell Husbands wurde für seine fantastischen Kreationen mit asiatischer Note ausgezeichnet. Neben exzellentem Seafood, u. a. Krabben, Muscheln und Langusten, stehen auch Steaks und Gerichte mit Schwein oder Hähnchen auf der Karte. Von den Tischen im Freien blickt man aufs Wasser.

ENGLISH HARBOUR: Cloggy's Café $$
International
Antigua Yacht Club Marina
(268) 460 6910 ● Mo
Das beliebte Lokal bietet Blick auf Yachten sowie Pasta, Burger, Spieße und Seafood. Mittwochs ist BBQ- und Tanzabend.

ENGLISH HARBOUR: OJ's Beach Bar & Restaurant $$
Karibisch
Crabbe Hill Beach
(268) 460 0184
Das Strandrestaurant serviert Seafood, Burger, Rippchen, Steaks und ausgezeichnten Red Snapper oder Salat mit Languste.

ENGLISH HARBOUR: Ristorante Paparazzi $$
Italienisch
The Slipway
(268) 562 8136 ● Mo
Pasta, Pizza aus dem Holzofen, Angus-Filet und Langusten vom Grill kann man hier am Wasser genießen oder sich liefern lassen.

JOLLY HARBOUR: Al Porto Italian Restaurant $$$
Italienisch
Super Yacht Terminal
(268) 562 7848
Die Auswahl an Pizza und Pasta ist groß. Dienstags gibt es zwei Pizzas zum Preis von einer, donnerstags Pasta »all you can eat«.

JOLLY HARBOUR: Carmichael's $$$
Europäisch / Fusion
Sugar Ridge Resort
(268) 562 7700 ● So
Das elegante Restaurant bietet den Panoramablick auf das Karibische Meer sowie einen Infinity Pool. Auf der Karte stehen Languste, Steak, Lamm und Seafood. Es gibt ein Festpreismenü.

JOLLY HARBOUR: Sheer Rocks $$$
Mediterran
Cocobay Resort, St. Mary's
(268) 464 5283 ● Di, So
Das Open-Air-Restaurant auf einem Felsufer ermöglicht einen fantasischen Blick aufs Meer. Es gibt sogar einen Pool und Liegen, von denen man sich den Sonnenuntergang ansehen kann.

NORTH END: Le Bistro $$$
Französisch
Hodges Bay
(268) 462 3881 ● Mo
Service und Küche, vor allem die Langustengerichte, sind der Grund für den langjährigen Erfolg des Restaurants. Es gibt eine gute Auswahl an Champagner und Weinen aus Frankreich.

ST. JOHN'S: Beachlimerz $
Karibisch / Fusion
Historic Fort James Beach
(268) 562 8574
Das reizende Lokal am Meer bietet Fischbällchen, Haihäppchen, Seafood-Reis, »Soup's-On!«-Samstage, BBQ-Sonntage und am Wochenende Live-Musik.

ST. JOHN'S: Big Banana Pizzas in Paradise $
Amerikanisch
Redcliffe Quay
(268) 480 6985 ● So
Pizza und Burger werden innen und im Freien unter einem Baum serviert.

ST. JOHN'S: Hemingway's Caribbean Café $$
Karibisch
Lower St. Mary's Street
(268) 462 2763
Das alteingesessene Café besitzt im zweiten Stock eine Terrasse, von der man den Heritage Quay überblickt. Seafood, Salate und Snacks sowie die karibischen Gerichte sind hervorragend.

Preiskategorien
Die Preise gelten für ein Zwei-Gänge-Menü pro Person mit einer halben Flasche Hauswein, inklusive Steuern und Service.

$	unter 40 US-Dollar
$$	40 – 60 US-Dollar
$$$	über 60 US-Dollar

Barbuda

BARBUDA: Uncle Roddy's Beach Bar & Grill $$
Karibisch
Ocean Drive, Coral Group Bay
(268) 785 3268 ● So
Die entspannte Bar am Strand serviert – allerdings nur mit Reservierung –mittags und abends Herzhaftes vom Grill mit typischen karibischen Beilagen.

Montserrat

MONTSERRAT: Olveston House $$
Englisch / Karibisch
Olveston
(664) 491 5210
Olveston House zählt zu den besten Lokalen der Insel. Es serviert einfache herzhafte Kost. Mittwochs gibt es ein BBQ-Büfett, sonntags Braten. Freitags ist Pub-Abend.

MONTSERRAT: Ziggy's Restaurant $$
Karibisch
Mahogany Lane, Woodlands
(664) 491 8282
Das vornehme, in einem Regenwald gelegene Restaurant serviert Seafood, Steaks und das, was auf der Tageskarte steht – allerdings nur abends und ausschließlich mit Reservierung.

Sitzbereich unter freiem Himmel im The Bay at Nonsuch, East End, Antigua

Praktische Hinweise

Antigua, Barbuda und Montserrat sind die östlichsten Inseln über dem Winde. Sie bieten Besuchern den perfekten Tropenurlaub mit britischer Grundnote. Antigua ist kosmopolitisch. Es verfügt über den Flughafen mit internationaler Anbindung sowie über Einkaufsmöglichkeiten und historische Stätten in St. John's. Barbuda ist der ideale Ort, um dem hektischen Alltag zu entfliehen. Entsprechend wenig Angebote gibt es hier neben Inselrundfahrten. Abgesehen von dem verwüsteten Plymouth hat Montserrat auf der nichtvulkanischen Seite der Insel ein Urlaubszentrum mit vielen Läden und Attraktionen.

Urlauber auf dem V. C. Bird International Airport, Antigua

Beste Reisezeit

Viele Besucher kommen Ende April (Sailing Week), im August (Karneval), im November (Unabhängigkeitstag) und um Weihnachten nach Antigua. Auf Barbuda ist März (St. Patrick's Day), auf Montserrat Mai (Caribana) und Juli (Calabash) beliebt. In der Wirbelsturmsaison von Juni bis Oktober wird es stickig heiß.

Anreise

Aus Deutschland, Österreich und der Schweiz fliegen **Air France**, **Austrian**, **KLM** und **Lufthansa** mit meist zwei Zwischenstopps zum V. C. Bird International Airport (ANU). Die Fluggesellschaft **ABM Air** verbindet Antigua mit Barbuda und Montserrat. **FlyMontserrat** und **Caribbean Helicopters** sind zwischen Antigua und Montserrat unterwegs.

Zwischen Antigua und Barbuda verkehrt die Fähre von **Barbuda Express Ltd.**

Einreise

Für die Einreise nach Antigua, Barbuda und Montserrat benötigen alle Personen – auch Kinder jeden Alters – einen noch mindestens sechs Monate gültigen Reisepass, ein Rückreiseticket und die Buchungsbestätigung für eine Unterkunft. Bürger der Europäischen Union und der Schweiz benötigen für Aufenthalte bis zu 90 Tagen kein Visum.

Information

Informationen über Antigua und Barbuda erhalten Sie auf der offiziellen Website des **Antigua and Barbuda Ministry of Tourism**. Besuchen Sie den Informationsstand am Heritage Quay in St. John's und am V. C. Bird International Airport. Das Montserrat Tourist Board *(siehe S. 323)* hat seinen Hauptsitz an der Farara Plaza in Brades. Informationen erhalten Besucher auch am Gerald's Airport auf Montserrat.

Sicherheit und Gesundheit

Die Hauptklinik von Antigua und Barbuda ist das **Holberton Hospital** in St. John's. Auf Montserrat ist **Glendon Hospital** auf Notfälle vorbereitet.

Zwar sind die Inseln nicht frei von Kriminalität, bieten ihren Besuchern aber relative Sicherheit. Es gelten die üblichen Sicherheitsmaßnahmen: Lassen Sie Wertsachen nicht offen herumliegen, vermeiden Sie nachts einsame Gegenden.

Banken und Währung

Offizielle Währung auf allen drei Inseln ist der East Caribbean Dollar (EC$). Auf Antigua gibt es einige Banken, Bargeld erhält man an den meisten Geldautomaten. Kreditkarten werden auf Antigua häufig akzeptiert, außerdem an vielen Orten auch US-Dollar (nicht aber Euro). Auf Barbuda und Montserrat werden Kreditkarten nicht überall angenommen, dort wird Barzahlung in East Caribbean Dollar bevorzugt.

Kommunikation

Um von Antigua, Barbuda und Montserrat ins Ausland zu telefonieren, wählt man 011 und die Ländervorwahl (Deutschland: 49; Österreich: 43; Schweiz: 41). Wer aus Europa auf den Inseln anruft, wählt 001, dann die Inselvorwahl (268 für Antigua und Barbuda, 664 für Montserrat) und die siebenstellige Rufnummer. Für Gespräche innerhalb derselben Inselvorwahl genügt die siebenstellige Rufnummer. Für Telefonate zwischen Antigua und Barbuda und Montserrat ist vor der Inselvorwahl die 1 zu wählen.

Auf Antigua und Barbuda bieten **Digicel** und **Flow** günstige Handys mit Prepaid-Karte an. Flow ist auch auf Montserrat präsent. Auf Montserrat und Antigua gibt es ein paar Internet-Cafés, die meisten Hotels auf Antigua bieten

Bankgebäude in Brades, Montserrat

ihren Gästen Anschlüsse für Highspeed-Internet.

Verkehrsmittel

Mietwagenfirmen auf Antigua sind **Avis** und **Hertz**, auf Montserrat sind es **Neville Bradshaw Agencies** und **Equipment & Supplies Ltd.** Auf Antigua bekommt man auch Vans und Minibusse. Das öffentliche Busnetz operiert ohne Fahrplan. Auf Barbuda gibt es keine Mietwagen. Dort kann man Fahrräder leihen. Taxifahrer bieten sich auch als Fremdenführer an. Auf Montserrat arrangieren sie sogar geführte Touren in die Exclusion Zone, sofern es der Vulkan zulässt.

Shopping

Auf Antigua shoppt man im Hafengebiet von St. John's, vor allem am Heritage Quay, am Redcliffe Quay mit den Duty-free-Zonen und in der angrenzenden Vendors Mall. Mode, Bücher und Schuhe findet man in der St. Mary's Street. Delikatessen bietet der Farmer's Market in der Market Street. Weitere Supermärkte sind Epicurean in der Woods Mall und in Jolly Harbour. Barbuda ist keine Shopping-Adresse. Auf Montserrat gibt es ein paar Läden im Viertel um Brades. Souvenirs sind im Oriole Gift Shop des Montserrat National Trust oder im Laden der Montserrat Arts and Crafts Association in Brades erhältlich.

Beliebtes Einkaufsgebiet am Heritage Quay in St. John's, Antigua

Sprache

Die offizielle Amtssprache auf Antigua, Barbuda und Montserrat ist Englisch.

Strom

Die Stromspannung beträgt 220 Volt (in manchen Hotels auch 110 Volt) mit 60 Hertz. Für europäische Elektrogeräte ist ein Adapter nötig

Zeit

Die Atlantic Standard Time (AST) liegt fünf Stunden hinter der Mitteleuropäischen Zeit (MEZ) und sechs Stunden hinter der Mitteleuropäischen Sommerzeit (MESZ).

Heiraten

Das romantische Antigua ist ein beliebtes Reiseziel von Hochzeitspaaren. Paare müssen die Heiratsurkunde im **Ministry of Legal Affairs** beantragen, hierfür Pass und Dokumente (Scheidungs- oder Sterbeurkunde früherer Ehepartner) vorlegen und die Gebühren entrichten. Viele Hotels arrangieren Hochzeiten und helfen bei der Beschaffung der Unterlagen. Auf Montserrat gilt ein Mindestaufenthalt von drei Tagen. Urkunden werden im **Department of Administration** in Brades beantragt.

Auf einen Blick

Anreise

ABM Air
W antigua-flights.com

Air France
W airfrance.com

Austrian
W austrian.com

Barbuda Express Ltd.
T (268) 560 7989.
W barbudaexpress.com

Caribbean Helicopters
T (268) 460 5900.
W caribbeanhelicopters.com

FlyMontserrat
T (664) 491 3434.
W flymontserrat.com

KLM
W klm.com

Lufthansa
W lufthansa.com

Information

Antigua and Barbuda Ministry of Tourism
T (268) 468 4049.
W visitantiguabarbuda.com

Sicherheit und Gesundheit

Glendon Hospital
St. John's, Montserrat.
T (664) 491 2552.

Holberton Hospital
Queen Elizabeth Highway, St. John's, Antigua.
T (268) 462 0251.

Kommunikation

Digicel
T (268) 480 2050.
W digicelantiguaandbarbuda.com

Flow
W discoverflow.co/antigua

Verkehrsmittel

Avis
V. C. Bird International Airport, St. John's, Antigua.
T (268) 462 2840.
W avis.com

Equipment & Supplies Ltd.
Olveston, Montserrat.
T (664) 491 2402.

Hertz
Airport Road, St. John's, Antigua.
T (268) 481 4440.
W hertz.com

Neville Bradshaw Agencies
Olveston, Montserrat.
T (664) 491 5270.

Heiraten

Department of Administration
Brades, Montserrat.
T (664) 491 2365.

Ministry of Legal Affairs
Queen Elizabeth Highway, St. John's, Antigua.

Ein Porträt der Französischen Antillen

St. Barthélemy, Guadeloupe und Martinique unterscheiden sich von anderen Karibikinseln. Die französischen Spuren sind hier mehr als deutlich sichtbar, sei es in der Sprache, in der Politik oder in der Kultur. Die Bürger tragen französische Pässe, kaufen französische Waren und frönen dem französischen Lebensstil.

St. Barthélemy (auch St. Barths oder St. Bart genannt) ist ein exklusiver Tummelplatz der Reichen. Einrichtungen und Service sind zwar erstklassig, die Preise aber schockierend hoch. Das 250 Kilometer südlich gelegene Guadeloupe ist größer und ganz anders geartet. Noch mal 160 Kilometer weiter südlich liegt Martinique – ebenso mondän wie St. Barthélemy, aber weniger opulent und teuer.

Geschichte

Als Kolumbus und die ersten Entdecker im 15. Jahrhundert auf das indigene Volk der Arawak trafen, hielten sie die Inseln für unbewohnbar und kommerziell uninteressant. Das änderte sich jedoch, als sie auf die guten landwirtschaftlichen Bedingungen aufmerksam wurden. In den folgenden Jahrzehnten des Wirtschaftsbooms kämpften mehrere Kolonialmächte um die Kontrolle über die Inseln. Man verschleppte afrikanische Sklaven zur Feldarbeit hierher. Frankreich gewann, verlor und riss letztendlich wieder die Kontrolle über St. Barthélemy, Guadeloupe und Martinique an sich, während die Niederlande, England und Schweden um die Vormachtstellung kämpften. Piraten und staatlich finanzierte Freibeuter griffen Handelsschiffe an. Nach der Französischen Revolution wurde 1794 die Sklaverei abgeschafft, während der folgenden Unruhen wurden viele Landbesitzer geköpft. Sechs Jahre später führte Napoléon Bonaparte die Sklaverei wieder ein, doch die Gegner des Dekrets formierten sich. 1848 wurde die Sklaverei dank des Einflusses von Persönlichkeiten wie Victor Schoelcher endgültig abgeschafft. 1946 wurden Guadeloupe, Martinique, St. Martin und St. Barthélemy französische Überseegebiete.

Regenwaldwanderung am Fuße des Soufrière-Vulkans, Guadeloupe

Das Musée Schoelcher auf Guadeloupe gedenkt Schoelchers und dessen Einsatz gegen Sklaverei

Wirtschaft

Der Fremdenverkehr ist die Haupteinnahmequelle auf St. Barthélemy. Die Mehrheit der Bevölkerung spricht neben der Amtssprache Französisch auch französisches Kreolisch sowie Englisch. Guadeloupes Ökonomie basiert nach wie vor auf der Landwirtschaft, etwa 25 Prozent der Inselfläche werden bewirtschaftet. Hauptexportartikel sind Zucker, Rum, Bananen, Kaffee und Kakao. Etwa 60 Prozent der Erzeugnisse der Insel gehen nach Frankreich. Seit den 1980er Jahren sinken die Einkünfte aus dem Export von landwirtschaftlichen Erzeugnissen jedoch, sodass Guadeloupe von Finanzhilfe aus Frankreich abhängig ist. Auch Martinique bezieht finanzielle Leistungen von Frankreich, da die Exporte von Erdölprodukten, Rum, Zuckerrohr und Bananen auch hier zurückgehen.

Etwa sechs Prozent des Bruttoinlandsprodukts (BIP) liefert die Landwirtschaft. Der Fremdenverkehr gewinnt an Bedeutung, derzeit trägt er sieben Prozent zum BIP bei.

Lebensart und Kultur

Auf den Französischen Antillen fehlt es nicht an Anlässen für gutes Essen, für Musik und Tanz. Vor allem in der Karnevalszeit wird ausgiebig gefeiert. Es gibt Paraden, Feuerwerke, Konzerte und Partys rund um die Uhr. Zouk ist derzeit der angesagte Rhythmus, doch auch Walzer, Mazurka und Beguine sind beliebt. Zouk (kreolisch für Party) wurde in den 1980er Jahren von Jacob Desvarieux und Pierre Eduard Decimus aus Guadeloupe entwickelt. Sie gründeten die Band Kassav' mit der bekannten Sängerin Jocelyn Beroard.

Viele große Autoren kommen von den Französischen Antillen, u. a. der auf Martinique geborene Aimé Césaire (1913–2008), Literaturnobelpreisträger Alexis Léger, genannt Saint-John Perse (1887–1975), sowie die Romanautorin Maryse Condé (geb. 1937).

Trommler am Straßenrand während des Karnevals in der Fastenzeit auf Martinique

Überblick: St. Barthélemy

Das französisch geprägte St. Barthélemy ist eine der exklusivsten Karibikinseln. Das kleine Eiland besitzt eine überraschend eindrucksvolle und schöne Landschaft, die von felsigen Gipfeln bis zu malerischen Buchten und herrlichen weißen Sandstränden reicht. Exklusive Boutiquen säumen die Straßen der Hafenstadt Gustavia. Luxuriöse Resorts und Villen liegen auf der Insel verstreut. Abenteuerlustige können zu den Stränden hinunterwandern, um dem Trubel zu entfliehen. Mit französischen Köchen und Versorgung über St. Martin bietet die Insel fantastische Cuisine.

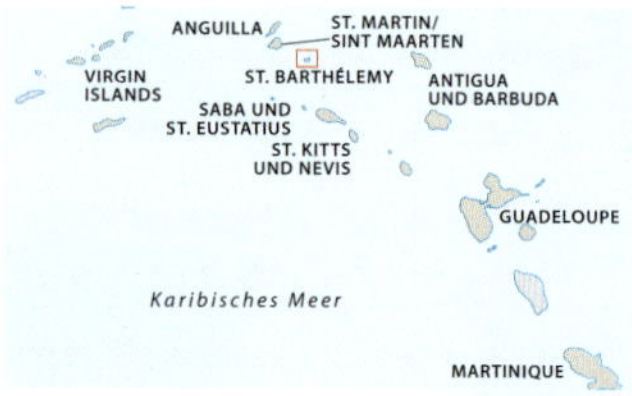

Zur Orientierung

Legende

Straße

Fährlinie

Gipfel

Corossol
Der kleine Ort ist das letzte traditionelle Dorf der Insel. Die braunen Sandstrände sind von Palmen der Art Phoenicophorium borsigianum gesäumt.

Gustavia
Die Inselhauptstadt Gustavia ist am besten ausgebaut. Hier finden sich einige herausragende schwedische Gebäude.

Blick von einer Anhöhe auf Anse de Colombier

0 Kilometer 1

Auf einen Blick

Politik: Französisches Überseegebiet (kein EU-Gebiet).
Sprache: Französisch, Englisch ist weitverbreitet.
Währung: Euro (€).
Mobilfunk: GSM/GPRS 900/1800 MHz (wie in D, A, CH), UMTS 2100 MHz (wie in D, A, CH).
Strom: 220 V/60 Hz, Adapter: nein.

Weitere Zeichenerklärungen *siehe hintere Umschlagklappe*

Das kleine Dorf Flamands an der Baie des Flamands

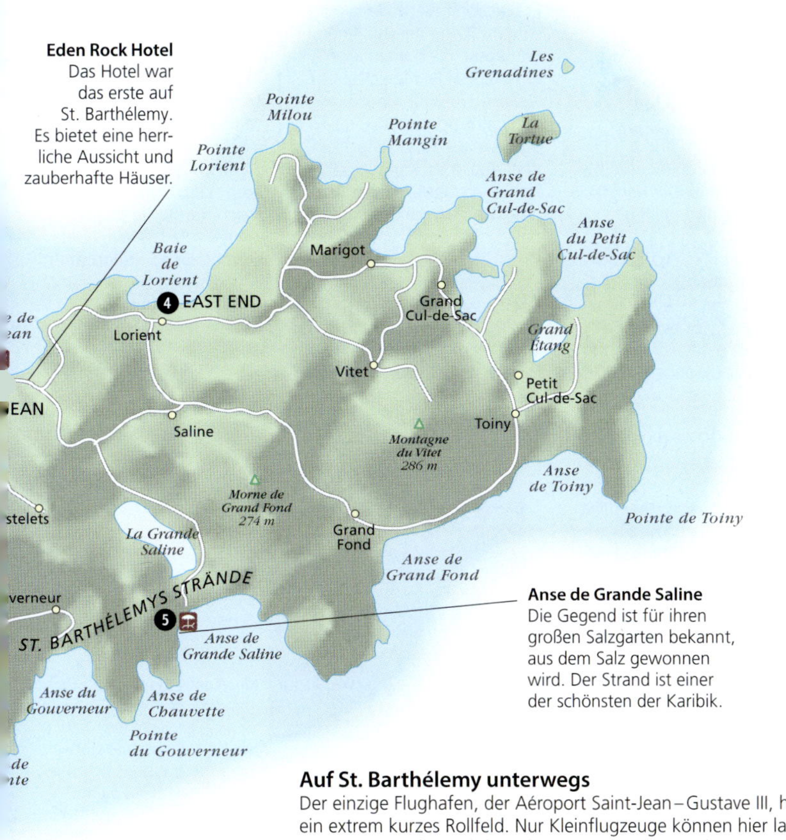

Auf St. Barthélemy unterwegs

Der einzige Flughafen, der Aéroport Saint-Jean – Gustave III, hat ein extrem kurzes Rollfeld. Nur Kleinflugzeuge können hier landen. Es gibt gelegentliche Fähren von Gustavia nach St. Martin, das nur 24 Kilometer nordöstlich liegt, allerdings herrscht in den Gewässern zwischen den Inseln zuweilen starker Seegang. Die meisten Hotels in St. Barthélemy bieten einen Transferservice bei Ankunft und Abreise. Obwohl Mietwagen hier teuer sind, entscheiden sich die meisten Besucher dafür, da es wenige Taxis und keine öffentlichen Verkehrsmittel auf St. Barthélemy gibt.

Sehenswürdigkeiten auf einen Blick

1 Gustavia
2 Corossol
3 St-Jean
4 East End
5 St. Barthélemys Strände

Blick über Gustavias rote Hausdächer auf den Hafen

❶ Gustavia

Westküste von St. Barthélemy.
3500. Quai Général de Gaulle, 0590 278 727.
St. Barts Music Festival (Jan).
stbartsmusicfestival.org

Gustavia ist eine der reizendsten Hafenstädte der Karibik. Die fast rechteckige Bucht säumen hübsche Ziegeldachhäuser. Von drei Seiten blickt man auf den Hafen. Der größte Teil des Uferbereichs ist die Strandpromenade, vor der Boote direkt bei den Restaurants und Bars anlegen können. An Weihnachten und zu Neujahr ist der Hafen von Gustavia einer der angesagtesten Orte der Welt. Luxusyachten ankern dicht an dicht an der Uferpromenade und veranstalten Partys für Prominente und Reiche.

Landeinwärts führen steile, enge, aber höchst stimmungsvolle Straßen. Rund um die Bars und Läden herrscht besonders an der Uferpromenade immer viel Betrieb. Die Ladenfassaden repräsentieren Modegrößen wie Armani, Dolce & Gabbana und Bulgari *(siehe S. 338f)*. An der Stirnseite der Strandpromenade steht die anglikanische, dahinter die katholische Kirche. Darüber ist der schwedische Glockenturm zu sehen. Man erkennt ihn an seinem Dach mit rechteckiger Grundfläche.

Am Ende der Bucht stehen unterhalb der Festung zwei bemerkenswerte Gebäude. Die Mairie de St. Barthélemy ist eine moderne Version jener Rathäuser, die man in allen Ortschaften Frankreichs sieht. Nebenan im Wall House, einem alten schwedischen Lagerhaus aus Stein, zeigt das **Wall House Museum** Artefakte, Fotos und Gemälde zur Inselgeschichte sowie Dokumente aus der schwedischen Epoche. Unter den Exponaten finden sich Modelle von traditionellen Inselhäusern – windgeschützte Flachbauten –, Haushaltswaren sowie Webwaren aus den Fasern der Latanierpalme. Ansonsten findet man nur noch slten Hinweise auf das schwedische Erbe des kleinen Orts, der immerhin nach Schwedens König Gustav III. benannt ist. Aus der Zeit der schwedischen Herrschaft stehen noch einige wenige Steinhäuser, der Rest fiel 1850 einem Wirbelsturm mit anschließender Feuersbrunst zum Opfer. Jedoch tragen noch viele Straßen schwedische Namen, etwa Prinsgatan und Kungsgatan.

Wall House Museum
La Pointe, Gustavia Harbor.
0590 297 155.
Mo–Fr 8.30–12, 14.30–18 Uhr, Sa 9–11, 14.30–17 Uhr.
st-barths.com/museum

Schwedisches Erbe auf St. Barthélemy

Der kleine schwedische Glockenturm mit dem roten Ziegeldach, Gustavia

Die Insel St. Barthélemy war 100 Jahre lang schwedisch. Ende des 18. Jahrhunderts setzte König Gustav III. von Schweden auf den weltweiten Seehandel und suchte einen Außenposten in der Karibik. In einem Tauschhandel wurde die Insel an Schweden verliehen, dafür durfte Frankreich in Göteborg präsent sein und erhielt Handelsrechte im Baltikum. St. Barthélemy wurde erfolgreicher Freihafen (Schiffen aller Länder zollfrei zugänglich), die Bevölkerung nahm rasant zu. Mitte des 19. Jahrhunderts flaute der Handel ab, die Inselorte verfielen. 1878 ließ König Oskar II. von Schweden die Inseleinwohner über ihre Nationalität abstimmen. Sie votierten für die französische. Heute erinnert auf St. Barthélemy außer dem Namen der Hauptstadt und einigen Häusern und Straßennamen nicht mehr viel an die schwedische Epoche.

Hotels und Restaurants auf St. Barthélemy *siehe Seiten 340 und 341*

❷ Corossol

2 km nördl. von Gustavia.

Das hübsche Dorf liegt in einer geschützten Bucht nördlich von Gustavia. Corossol ist eine der typischen Gegenden von St. Barthélemy. Hier leben viele »Barthéleminois«, alles wirkt etwas ursprünglicher. In Corossol haben Besucher noch die Möglichkeit, ein wenig ursprüngliches St. Barthélemy kennenzulernen und zu sehen, z. B. Fischer, die am Strand ihre Netze flicken, und Dorfbewohner, die Körbe flechten. Zu besonderen Anlässen tragen die Frauen traditionelle Trachten und Hauben. Bei Sonnenuntergang kann man am Corossol Beach, nicht weit von der Hauptstraße entfernt, tolle Fotos schießen.

❸ St-Jean

2 km nordöstl. von Gustavia.
500.

Die zweite größere Stadt von St. Barthélemy ist St-Jean an der Nordküste der Insel in der Baie de St-Jean. Nur ein Hügel trennt sie von Gustavia. St-Jean liegt an einer traumhaften blauen Bucht, an deren einem Ende mit dem passenden Namen Plaine de la Tourmente (Ebene der Qualen) der kleine Flugplatz liegt. Hier zu landen ist extrem schwierig. Der Strand ist der beliebteste der Insel. Dort stehen Hotels und Bars sowie, mittendrin, das Wahrzeichen Eden Rock Hotel *(siehe S. 340)*, das eine Landzunge einnimmt. Hinter dem Strand liegt der Ort mit seinen Läden und mehreren Restaurants und Bars. Die Straßen landeinwärts führen an Hotels vorbei zu noblen Villen.

❹ East End

3 km nordöstl. von Gustavia.

Das East End ist die am wenigsten erschlossene Gegend von St. Barthélemy. In den hinter St-Jean gelegenen Siedlungen Lorient, Grand Cul-de-Sac und Petit Cul-de-Sac an der Nordküste befinden sich luxuriöse Resorts. Der Süden der Insel ist dagegen vom Fortschritt weitgehend unberührt. Hier sieht man noch die traditionellen St.-Barthélemy-Häuser: Sie bestehen aus mehreren eckigen Gebäuden, vorwiegend mit Blechdächern.

Strandterrasse des Hotels Le Sereno in der Anse de Grand Cul-de-Sac

❺ St. Barthélemys Strände

Mitten in rauen, steilen Felsen befinden sich zwei der abgelegenen Strände von St. Barthélemy. Die unvergleichliche Anse de Grande Saline gilt als eine der schönsten Buchten der Insel. Direkt hinter ihrem herrlichen Strand liegt landeinwärts ein großes Salzbecken, aus dem früher Salz gewonnen wurde. Dort sieht Wasservögel wie den Stelzenläufer.

Ebenfalls wunderschön ist die nur über eine steile Straße erreichbare Anse du Gouverneur. Der Sandstrand wird dort von Klippen gesäumt. Wie die Anse de Grande Saline ist die Bucht unverbaut und hat eine schöne Aussicht auf die Inseln im Süden.

Die meisten Strände auf St. Barthélemy sind leicht zugänglich, nicht so der weiße Sandstrand **Anse de Colombier** im Nordwesten. Ihn erreicht man nur mit dem Boot oder über einen steilen Wanderweg. Der abgelegene Sandstreifen ist bei den Einheimischen recht beliebt. Der Blick von Colombier reicht bis in den Nordwesten zur vorgelagerten Île Fourchue, die ebenfalls einen schönen Strand in einer geschützten Bucht hat. Beide Strände erreicht man mit Charterbooten der Wassersportanbieter *(siehe S. 337)*. Ganz inselgerecht ist der Aufenthalt mit Gourmet-Picknick und gekühltem Champagner.

Abgeschiedene Buchten der malerischen Anse de Colombier

Sport und Aktivurlaub

Das kleine St. Barthélemy bietet Besuchern erstaunlich viel, um sich zu beschäftigen und aktiv zu sein. Ganz im Stil des exklusiven Eilands gibt es Modenschauen beim Mittagessen. Traumstrände, gute Tauch- und Schnorchelspots und diverse Wassersportmöglichkeiten sind geboten. Mehrere Firmen organisieren erstklassige Segeltörns. An Land ist das Angebot weniger umfangreich. Manche Hotels haben Tennisplätze. Reiten ist auf dem unwegsamen Gelände eine Herausforderung. Besuchern stehen zwei Spas zum Ausspannen zur Verfügung.

Die abgelegene Anse du Gouverneur

Strände

Viele Strände auf St. Barthélemy liegen in wundervollen, von Steilwänden umgebenen Buchten und haben weißen weichen Sand, der sanft in das seichte, oft leuchtend blaue Wasser führt. An manchen Stränden gibt es Aktivitäten wie Wassersport, andere sind abgelegen und unberührt und bieten vor allem Ruhe. »Oben ohne« zu baden ist an den Stränden von St. Barthélemy und an der Südküste üblich, Anse de Grande Saline und Anse du Gouverneur besitzen ausgewiesene FKK-Bereiche.

St-Jean ist der beliebteste Strand. Es gibt dort ein paar Hotels und Strandbars wie das berühmte Nikki Beach *(siehe S. 341)* mit seinen weißen Gardinen und Bambusmöbeln. Die Sand Bar im Eden Rock Hotel *(siehe S. 340)* ist ebenfalls sehr chic. Weniger pompös, aber oft gut besucht ist das La Plage im Tom Beach Hotel.

Die Anse de Grand Cul-de-Sac ist eine seichte Lagune, weshalb sie bei Familien und den Einheimischen beliebt ist. Auch Wassersportler kommen gern zum Wind- und Kitesurfen hierher. Cocoloba besitzt eine herrliche Aussicht über die Lagune. Der Shell Beach vor Gustavia hat schönen Sand und eine gute Strandbar: Do Brasil ist klassisch karibisch, spielt tolle Musik und bietet Aussicht auf herrliche Sonnenuntergänge.

Weniger überlaufen sind die Strände von Flamands, einem breiten Sandstreifen mit wenigen Hotels, sowie der ruhigere Lorient. Das Hotel Le Manapany *(siehe S. 340)* in Flamands ist sehr schön gelegen und bietet Zimmer und Suiten mit Strandblick.

Drei der besten Strände auf St. Barthélemy bieten wenig Ausstattung und sind deswegen ideal für alle, die Ruhe und Einsamkeit suchen. Anse de Grande Saline und Anse du Gouverneur sind relativ abgeschieden und nicht bebaut, es gibt aber ein paar zu Fuß erreichbare Restaurants. Die Anse de Colombier ist ein wunderbarer Sandstrand an der Nordwestküste, den man nur per Boot oder zu Fuß erreichen kann.

Hochseeangeln

Östlich von St. Barthélemy eignet sich der Atlantik gut zum Fischen. Dort tummeln sich Wahoo, Thunfisch, Marlin und Königsmakrele. Tages- und Halbtagstörns bucht man über Wassersportfirmen wie **Patrick Laplace** und **Nautica FWI**.

Bootsausflüge

Von St. Barthélemy aus kann man sehr schöne Tagesausflüge per Motoryacht und Segelboot unternehmen. Die Fahrten sind häufig das Highlight des Urlaubs. Die Boote steuern abgelegene Strände an, vor denen man gut schnorcheln kann, etwa die Anse de Colombier im Nordwesten. Aber sie fahren auch zu den kleineren Inseln zwischen St. Barthélemy und St. Martin/Sint Maarten. Die nächste ist die Île Fourchue mit ihrem geschützten, unbebauten Strand, aber es gibt auch direkt vor St. Martin/Sint Maarten die kleinen Inseln Pinel und Tintamarre mit fantastischen Stränden und guten Schnorchelspots. Manche Boote fahren bis zum 32 Kilometer nordwestlich gelegenen Anguilla. Man bucht

Das vornehme Eden Rock Hotel an der Baie de St-Jean

Yachten im Hafen von Gustavia

diese Fahrten in Gustavia bei Agenturen wie **Jicky Marine Service** und **Master Ski Pilou**, die auch Jetski und Wasserski anbieten.

Wandern

Wanderwege im Nordwesten von St. Barthélemy führen hinunter zum Strand der Anse de Colombier. Auf den Wegen um Toiny im Osten der Insel eröffnen sich atemberaubende Panoramen. Auch um Gustavia kann man wandern. Broschüren liegen bei der Information an der Strandpromenade aus.

Wanderweg zur Anse de Colombier

Reiten

Hoch über der Küste zwischen Anse des Cayes und Flamands im Nordwesten von St. Barthélemy liegt **Galop des Îles** in Ranch des Flamands. Der empfehlenswerte Reitstall bietet Ausritte durch die raue, felsige Umgebung und entlang dem wunderschönen Strand der Anse des Flamands.

Tauchen und Schnorcheln

Unterwasserriffe gibt es in einigen Buchten der Insel, aber die besten liegen nordwestlich von St. Barthélemy in Petite Anse und Colombier – u. a. bieten **Plongée Caraïbes**, **Carib Waterplay**, **St. Barth's Plongée**, **Splash** und **La Bulle Diving Center** Ausrüstung und Tauchgänge an. Die meisten Tauchgebiete liegen im Westen, wo man vor den Atlantikwellen geschützt ist, sowie vor den Inseln Richtung St. Martin/Sint Maarten. Ein Meeresschutzgebiet schließt Regionen westlich vor Gustavia und östlich in Richtung Atlantik ein.

Wellness

Für eine exklusive Insel wie St. Barthélemy gibt es erstaunlich wenige Spas. Das Hotel Guanahani & Spa *(siehe S. 340)* hat sechs Anwendungsräume, das Hotel Saint-Barth Isle de France in Flamands zwei. Beide bieten Massagen und Schönheitsbehandlungen an und stehen auch Nichtgästen offen. In den Hauptorten der Insel gibt es viele Selbstständige, die man über das Tourismusbüro in Gustavia kontaktieren kann.

Kitesurfen in der Anse de Grand Cul-de-Sac

Wassersport

Hotels verleihen normalerweise Wassersportausrüstung an ihre Gäste. Wer im Ferienhaus wohnt, ist auf andere Anbieter angewiesen. Diese findet man an Stränden wie St-Jean und Grand Cul-de-Sac, der für seine Wind- und Kitesurfer bekannt ist. Hauptanbieter sind **Wind Wave Power**, **Hookipa Surf Shop**, **Totem Surf Shop** und **Saint Barth Kite**.

Auf einen Blick

Bootsausflüge

Jicky Marine Service
Gustavia.
☎ 0590 277 034.

Master Ski Pilou
Gustavia.
☎ 0590 279 179.
W masterski-pilou.com

Reiten

Galop des Îles
Ranch des Flamands.
☎ 0690 398 701.

Hochseeangeln

Nautica FWI
Gustavia.
☎ 0590 275 650.

Patrick Laplace
☎ 0590 276 176.

Tauchen und Schnorcheln

La Bulle Diving Center
Gustavia.
☎ 0690 777 655.
W labullesbh.com

Carib Waterplay
St-Jean.
☎ 0690 618 381.

Plongée Caraïbes
Gustavia.
☎ 0590 275 594 oder 0690 546 614.

Splash
☎ 0690 569 024.

St. Barth's Plongée
Gustavia.
☎ 0690 419 666.

Wassersport

Hookipa Surf Shop
☎ 0590 277 131.

Saint Barth Kite
☎ 0690 692 690.
W saintbarthkite.com

Totem Surf Shop
☎ 0590 277 798.

Wind Wave Power
St-Jean Beach.
☎ 0590 278 257.

Shopping

St. Barthélemy ist die beste Karibikinsel für steuerfreies Luxus-Shopping. Unzählige Läden erfüllen die Wünsche der wohlhabenden und eleganten Klientel. Die Crème de la Crème des internationalen Designs ist mit Filialen für Haute Couture, Uhren, Schmuck und andere Luxusartikel vertreten. Zudem gibt es edelste Zigarren und hervorragende Weine. Die besten Shopping-Gegenden liegen in Gustavia mit Rue de la République und Rue du Bord de Mer sowie in St-Jean.

Designerboutique in der Rue de la République, Gustavia

Mode und Accessoires

Auf St. Barthélemy sind viele namhafte Designlabels vertreten. Verkauft werden Prêt-à-porter-Kleider, Schuhe, Dessous, Schmuck, Parfum und Lederwaren von Cartier, Hermès, Armani, La Perla, Versace, Ralph Lauren und, für Kinder, Petit Bateau.

Haute-Couture-Läden haben in Gustavia zu allen Jahreszeiten Konjunktur. Es gibt sogar einen Laden namens Vintage, der neue und gebrauchte Designerstücke verkauft.

Le Carré d'Or ist ein Einkaufszentrum in der Rue de la République. Dort sind verschiedene Modemarken mit ihren Läden präsent. Man kann hier bummeln und im Restaurant Caviar Island schlemmen.

Pati de St. Bart ist ein französischer Designer und Künstler, der seit den 1980er Jahren auf St. Barthélemy lebt. In zwei Boutiquen vertreibt er eine eigene Modekollektion für Damen, Herren und Kinder.

Lederwaren internationaler Labels wie Louis Vuitton und Hermès umfassen Handtaschen und Schuhe. Aus St. Barthélemy stammen Kollektionen von Kokon und Elysées Caraïbes.

Uhrmacher und Juweliere verkaufen die führenden Marken der Welt. Sie sind überwiegend in Gustavia nahe der Uferpromenade zu finden.

Designschmuck gibt es bei Cartier, Chopard und Donna del Sol im Carré d'Or sowie bei Bulgari und Louis Vuitton in Gustavias Einkaufszentrum Cour Vendôme.

Diverse Luxusartikel

Neben Haute Couture und Schmuck gibt es auf St. Barthélemy Möbel, Antiquitäten und andere Luxusartikel, die bei den wohlhabenden Villenbesitzern und Urlaubern gefragt sind. In Patisserien und Delikatessenläden bekommt man feinste Speisen und Wein.

Le Cellier du Gouverneur Gustavia ist ein führender Spirituosenladen, der Schnäpse und Wein aus aller Welt verkauft. Weine werden jung importiert, damit sie die Überfahrt besser überstehen.

Ligne St. Barth hat Filialen in Lorient und Gustavia. Die Boutique stellt ihre eigenen Parfums und Pflegelotionen her. Außerdem sind in den Kosmetikboutiquen der Insel auch bekannte Kosmetikmarken erhältlich.

Zigarren aus Mittelamerika und der ganzen Karibik, darunter auch die weltberühmten Zigarren aus Kuba, kann man auf St. Barthélemy vielerorts kaufen.

Balinesische Möbel sind bei betuchten Hausbesitzern sehr gefragt. Gustavias Tek and The House ist auf tropische Orientmöbel spezialisiert. Viele namhafte Franzosen haben hier gearbeitet.

Einheimische Erzeugnisse

Viele Künstler und einige geschickte Kunsthandwerker leben hier. Ihre Kreationen wie Schmuck, Malereien und traditionelle Strohflechtereien eignen sich wunderbar als Souvenirs. Erhältlich sind diese in zahlreichen Galerien und Ateliers auf der ganzen Insel.

Kunstgalerien wie die Galerie Bagdad und die Pipiri Fine Art Gallery in Gustavia präsentieren Skulpturen und Malereien von einigen talentierten Künstlern der Insel.

T-Shirts mit dem beliebten Logo »St. Bart French West Indies« von Pati de St. Bart bekommt man in der Villa Créole, einem kleinen Einkaufszentrum im Dorf St-Jean.

Typischer Hut

Strohtasche

Korb

Strohwaren einheimischer Hersteller findet man in Corossol. Das Stroh der Latanierpalme wird zur Herstellung von Hüten und Taschen verwendet. Außerdem wird aus Muscheln und Korallen Schmuck hergestellt. Auf St. Barthélemy wird allerdings vergleichsweise wenig Kunsthandwerk vertrieben.

Hotelauswahl

FLAMANDS: Auberge de Terre-Neuve €
Modern
Route de Flamands, 97133
0590 277 532
aubergedeterreneuve.com
Das kleine Inn bietet Cottages mit Blick auf Meer oder Garten. Ein Mietwagen ist inklusive.

FLAMANDS: Hôtel Baie des Anges €€
Strandresort
Flamands, 97098
0590 276 361
hotel-baie-des-anges.com
Das entspannte Strandresort bietet Unterkünfte mit zwei Schlafzimmern, im Haupthaus Zimmer mit Meerblick. Das Restaurant ist sehr gut.

FLAMANDS: Le Manapany €€€
Strandresort
Anse des Cayes, 97098
0590 276 655
lemanapany.com
Chic und Service sind die Highlights dieses luxuriösen Resorts. Zimmer und Suiten gibt es in Strand- und Hanglange.

FLAMANDS: Taïwana Hotel €€€
Strandresort
Baie des Flamands, 97133
0590 298 008
hoteltaiwana.com
Das stylishe Strandresort bietet Suiten mit bis zu drei Schlafzimmern. Manche haben einen Pool, andere einen Garten.

GRAND CUL-DE-SAC: Villa-Lodge 4 Epices €€
Modern
Grand Cul-de-Sac, 97133
0590 876 868
villalodge4epices.com
Die Villa und vier Suiten des luxuriösen Hotels an der Lagune sind elegant eingerichtet und nach Gewürzen der Karibik benannt.

GRAND CUL-DE-SAC: Hotel Guanahani & Spa €€€
Strandresort
Grand Cul-de-Sac, 97133
0590 529 000
leguanahani.com
Zum karibischen Luxus gehören der Strand an einer Lagune zum Atlantik und das Clarins Spa.

GRAND CUL-DE-SAC: Hôtel Les Ondines €€€
Strandresort
Grand Cul-de-Sac, 97133
0590 276 964
st-barths.com/hotel-les-ondines
Das reizende kleine Hotel an einem herrlichen Strand bietet Suiten mit bis zu zwei Schlafzimmern, Miniküche und Terrasse. Es gibt auch eine Villa am Hügel.

Vis-à-Vis-Tipp

GRAND CUL-DE-SAC: Hôtel Le Toiny €€€
Luxus
Anse de Toiny, 97133
0590 278 888
letoiny.com
Auf einem Felsen mit Blick auf das Karibische Meer bietet das kleine elegante Hotel Privatsphäre, die auch von Prominenten geschätzt wird. Am Strand trifft man Schnorchler und Surfer. Die Bungalows beherbergen Luxussuiten mit Pool, Garten und prächtigem Blick. Le Gaïac zählt zu den besten Restaurants der Insel.

GUSTAVIA: Sunset Hotel €
Boutique
Rue de la République, 97133
0590 277 721
st-barths.com/sunset-hotel
Die einfachen Zimmer mitten in Gustavia sind bei Geschäftsreisenden begehrt. Die Zimmer nach außen bieten einen schönen Blick, sind aber lauter.

Das Eden Rock Hotel am Meer bei St-Jean hat Kultstatus erreicht

Preiskategorien
Die Preise gelten für ein Standard-Doppelzimmer pro Nacht (Hochsaison), inklusive Steuern und Service.

€	unter 180 Euro
€€	180–450 Euro
€€€	über 450 Euro

GUSTAVIA: Hotel Carl Gustaf €€€
Luxus
Rue des Normands, 97099
0590 297 900
hotelcarlgustaf.com
Das Luxushotel mit Spa liegt am Hafen und verfügt über Suiten mit eigenem kleinen Pool.

LORIENT: Hotel Les Mouettes €€
Boutique
Quartier Lorient, 97133
0590 277 791
lesmouetteshotel.com
Die reizenden kleinen Cottages am Strand oder an einem Hang haben Miniküchen und Terrassen zum Meer.

POINTE MILOU: Christopher Hotel €€€
Boutique
Pointe Milou, 97133
0590 276 363
hotelchristopher.com
Das moderne Hotel hat viele Zimmer neu eingerichtet. In den Wohnzimmern der Panoramic Ocean Suites stehen jeweils zwei Schlafsofas – ideal für Familien.

ST-JEAN: Hotel Le Village St. Barth €€
Boutique
Colline de St-Jean, 97133
0590 276 139
villagestjeanhotel.com
Das Vier-Sterne-Hotel auf einem Hügel über dem Dorf bietet gut ausgestattete Zimmer, Suiten, Familien-Cottages und zwei Villen.

ST-JEAN: Les P'tits Julie €€
Modern
St-Jean, 97133
0590 612 002
Die beiden Cottages mit jeweils einem Schlafzimmer stehen in der Nähe des Strands von St-Jean und bieten den Blick auf die Berge oder aufs Meer.

ST-JEAN: Eden Rock Hotel €€€
Luxus
Baie de St-Jean, 97133
0590 297 999
edenrockhotel.com
Eden Rock ist ein legendäres Hotel mit thematisch eingerichteten Zimmern, Strandunterkünften, Garten-Cottages und Villen.

Restaurantauswahl

Gedämpftes Licht bestimmt die Atmosphäre im Bonito, Gustavia

FLAMANDS: Chez Rolande €€
Karibisch
Flamands, 97133
☎ 0590 275 142
● So abends; Mo
Das kleine Juwel mit Kinderspielplatz ist für karibische Eintöpfe, Gerichte mit kreolischen Aromen sowie für Burger, Sandwiches und Baguettes bekannt.

FLAMANDS: La Case de l'Isle €€€
Französisch
Baie des Flamands, 97133
☎ 0590 276 181
Der Feinschmecker-Lunch dieses Restaurants im Freien wird von Freunden der französischen Küche überaus geschätzt. Die Weinauswahl ist exzellent. Ein besonderes Highlight ist die tägliche Modenschau.

FLAMANDS: The Taïwana €€€
Mediterran
Taïwana Hotel, 97133
☎ 0590 298 008
Das Restaurant serviert eine Auswahl an Salaten und Gerichten mit Fisch und Fleisch. Abends dreht sich alles um Eleganz und Romantik, wenn die Gäste bei Kerzenschein speisen.

GRAND CUL-DE-SAC: La Gloriette €€
Französisch / Kreolisch
Grand Cul-de-Sac, 97133
☎ 0590 298 571 ● Mi
Das Café am Strand serviert Vorspeisen und Hauptgerichte der französischen und kreolischen Küche. Es gibt auch diverse Festpreismenüs, exzellente Pizzas und hervorragende Desserts.

GRAND CUL-DE-SAC: Restaurant Le Gaïac €€€
Französisch
Hôtel Le Toiny, 97133
☎ 0590 278 888
Manche Zutaten für die Gerichte der französischen Küche des Top-Restaurants aus dem Hause Relais & Châteaux stammen aus dem eigenen Bio-Gewächshaus.

GUSTAVIA: La Crêperie €€
Amerikanisch / Französisch
Rue du Roi Oscar II, 97133
☎ 0590 278 407
Die Crêperie mitten in Gustavia serviert süße und pikante Crêpes sowie Burger und Sandwiches.

GUSTAVIA: Le Bête à Z'Ailes €€€
Sushi
Gustavia Harbor, 97133
☎ 0590 297 409 ● So
Auf der Speisekarte der auch als Baz Bar bekannten Freiluft-Sushi-Bar an der Promenade stehen Sushi, Sashimi, Maki und hauseigene Kreationen.

Vis-à-Vis-Tipp

GUSTAVIA: Bonito €€€
Französisch / Lateinamerikanisch
Rue Lubin Brin, 97133
☎ 0590 279 696
Das schicke Restaurant im Strandhausstil mit Hafenblick sieht sich selbst als »Lateinamerikanischen Kompass, der nach Frankreich zeigt«. Mittelpunkt ist die ungewöhnliche *Ceviche*-Bar, in der Tatar und die peruanische Sashimi-Variante *tiradito* serviert werden. Auf der Terrasse kann man bequem sitzen und dabei Live-Musik, Cocktails und den Sonnenuntergang genießen.

Preiskategorien
Die Preise gelten für ein Zwei-Gänge-Menü pro Person mit einer halben Flasche Hauswein, inklusive Steuern und Service.

€	unter 35 Euro
€€	35 – 50 Euro
€€€	über 50 Euro

GUSTAVIA: L'Isola Ristorante €€€
Italienisch
Rue Roi Oscar II, 97133
☎ 0590 510 005
In eleganter, minimalistischer Umgebung werden italienische Gerichte serviert. Viele sagen, dies sei das beste italienische Restaurant der Insel.

LORIENT: Koya Sushi Place €€
Sushi
Lorient, 97133
☎ 0590 529 617 ● Mi
Ein Meisterkoch sorgt für perfekt zubereitetes Sushi und Sashimi, das dann im tropischen Garten serviert wird. Alle Gerichte gibt es abends auch zum Mitnehmen.

SALINE: Le Grain de Sel €€
Kreolisch
Route de Saline, 97133
☎ 0590 524 605
Die Abendkarte listet zahlreiche Seafood-Kreationen mit kreolischen und karibischen Aromen auf. Die Tische im Freien stehen am Rand eines Salzsees.

SALINE: Restaurant Le Santa Fe €€€
Französisch
Rue de Lurin, 97133
☎ 0590 276 104 ● Mi
Das schöne Open-Air-Restaurant auf einem Hügel bietet den Blick auf andere Inseln. Der Küchenchef bereitet französische Gerichte mit mediterraner Note zu.

ST-JEAN: Kiki-e Mo €€
Italienisch / Deli
St-Jean, 97133
☎ 0590 279 065
Kiki-e Mo serviert Salate, Sandwiches, Pizzas und Pasta-Variationen zu vernünftigen Preisen. Es gibt auch Gerichte zum Mitnehmen.

ST-JEAN: Nikki Beach €€€
Französisch / Sushi
St-Jean Beach, 97133
☎ 0590 276 464
Das stylishe Strandrestaurant besitzt Sonnenliegen am Strand, auf denen Gäste Sushi, Salate, Seafood und Fleischgerichte genießen können. Mittwochabends gibt es Cabaret, donnerstagabends ein Strand-BBQ.

Praktische Hinweise

St. Barthélemy ist eine französische *collectivité d'outre-mer*, d. h., in vielen Bereichen gelten dieselben Gesetze und Bestimmungen wie in Frankreich und der EU. Der Servicestandard ist im Allgemeinen gut. Die Insel ist ein erstklassiges Reiseziel, wenngleich nicht eben billig. Ist die weite Anreise nach St. Barthélemy erst einmal überstanden, erwarten den Besucher hervorragende Einrichtungen sowie das beste, gleichwohl teuerste Essen und die exklusivsten Shopping-Möglichkeiten *(siehe S. 338f)* in der Karibik.

Festgäste des Mardi Gras Festival, St. Barthélemy

Beste Reisezeit

Das Wetter auf St. Barthélemy ist das ganze Jahr über meist gut. Die Trockenzeit dauert von Dezember bis Juni, starke Regenfälle gibt es zwischen Juni und November in der Wirbelsturmsaison. Die meisten Besucher kommen im Winter, also zwischen Januar und April, wenn auch einige sportliche und kulturelle Ereignisse stattfinden.

Anreise

Aus Deutschland, Österreich und der Schweiz fliegen **Air France**, **KLM**, **Lufthansa**, **Swiss** und **United Airlines** mit jeweils zwei Zwischenstopps den Aéroport Saint-Jean–Gustave III (SBH) an. Der letzte Zwischenstopp wird meist auf dem Princess Juliana International Airport (SXM) in Sint Maarten eingelegt. Von dort fliegen auch **Air Caraïbes**, **St Barth Commuter** und **Winair** nach St. Barthélemy. Maschinen von **Tradewind Aviation** starten in San Juan, Puerto Rico.

Von St. Martin/Sint Maarten führt auch auf der Seeweg nach St. Barthélemy. Es gibt tägliche Fährverbindungen. Möglicherweise muss man dazu aber eine Nacht auf St. Martin verbringen. Die **Voyager**-Fähren verkehren täglich zwischen St. Martin, Saba und St. Barthélemy. Ein weitere Option sind Charterboote von Firmen wie **Jicky Marine Service**.

Einreise

Die Einreisebestimmungen sind dieselben wie für Frankreich, d. h., Bürger der EU und der Schweiz – auch Kinder jeden Alters – benötigen einen gültigen Reisepass oder Personalausweis. Alle Besucher müssen zusätzlich ein Rück- oder Weiterreiseticket vorlegen.

Information

An der Strandpromenade von Gustavia befindet sich das gut organisierte **Office du Tourisme**. Die deutschsprachige Website von **Atout France** informiert über St. Barthélemy. Zahlreiche Publikationen über St. Barthélemy bieten nützliche Informationen zu den Einrichtungen und Aktivitäten auf der Insel.

Sicherheit und Gesundheit

Für Reisen nach St. Barthélemy sind keine speziellen Impfungen erforderlich. Für medizinische Notfälle gibt es eine Notaufnahme im **Hôpital de Bruyn** in Gustavia. Die Ausstattung dort eignet sich aber nicht für die Behandlung komplizierter Fälle, sodass solche Patienten nach St. Martin oder nach Puerto Rico verlegt werden. St. Barthélemy ist eine äußerst sichere Insel ohne relevante Straftaten.

Banken und Währung

Die offizielle Währung auf St. Barthélemy ist der Euro. Banken findet man in Gustavia und St-Jean, Geldautomaten (Kreditkarte und girocard) sind überall auf der Insel vorhanden. Kreditkarten werden praktisch überall akzeptiert. In einigen Restaurants kann man darüber hinaus auch mit US-Dollar bezahlen.

Kommunikation

Das Telefonnetz auf St. Barthélemy wird von France Télécom betreut. Andere Anbieter wie **Orange Caraïbe** bieten zusätzlich ein gutes Mobilfunknetz und Internet. In einigen Geschäften kann man Mobiltelefone mieten. St. Barthélemys Telefonnummern haben zehn Stellen und beginnen mit 0590 (mobil 0690). Bei Telefonaten innerhalb von St. Barthélemy sowie nach

Start auf der kurzen Rollbahn des Aéroport Gustave III, St-Jean

St. Martin und Guadeloupe genügt die zehnstellige Rufnummer. Wer aus Europa auf St. Barthélemy anruft, wählt 0059 und die zehnstellige Rufnummer. Um ins Ausland zu telefonieren, wählt man 00 und die entsprechende Ländervorwahl (Deutschland: 49; Österreich: 43; Schweiz: 41).

Verkehrsmittel

Auf St. Barthélemy kommt man am besten mit einem Mietwagen voran. Das Auto wird zum Hotel gebracht und kann bei der Abreise am Flughafen abgegeben werden. Autovermietungen wie **Gumbs Car Rental**, **Europcar** und **Top Loc Car Rental** haben eigene Schalter am Flughafen.

Taxis sind besonders nach Einbruch der Dunkelheit und in der Hochsaison eher Mangelware, sodass man sie mitunter Tage im Voraus bestellen muss. Dafür bieten viele Hotels einen Shuttle-Service zum Flug- und Fährhafen. Am Flughafen sowie am städtischen Parkplatz in Gustavia befinden sich Taxistände.

Sprache

Amtssprache auf St. Barthélemy ist Französisch. Die meisten Insulaner sprechen aber auch gutes Englisch.

Die Hauptpost in Gustavia gehört zum französischen Postsystem

Strom

Auf St. Barthélemy beträgt die Stromspannung 220 Volt mit 60 Hertz. Hotels sind in der Regel mit französischen Steckdosen ausgestattet. Für in der EU zugelassene Geräte wird kein Adapter benötigt.

Zeit

Die Atlantic Standard Time (AST) auf der Insel liegt fünf Stunden hinter der Mitteleuropäischen Zeit (MEZ) und sechs Stunden hinter der Mitteleuropäischen Sommerzeit (MESZ).

Heiraten

Es ist relativ kompliziert, als Besucher auf St. Barthélemy zu heiraten. Einer der Partner muss hierfür mindestens einen Monat vor der Hochzeit auf St. Barthélemy gemeldet sein. Darüber hinaus muss eine ganze Reihe Dokumente vorgelegt werden, darunter natürlich ein Identitätsnachweis und ein Nachweis über den Familienstand. **Premium IV St Barts** und **Destination Management Services** bieten Unterstützung bei der Planung an.

Mietwagen am Aussichtspunkt von Anse de Grande Saline

Auf einen Blick

Anreise

Air Caraïbes
☎ 0820 835 835.
W aircaraibes.com

Air France
W airfrance.com

Jicky Marine Service
☎ 0590 277 034.
W jickymarine.com

KLM
W klm.com

Lufthansa
W lufthansa.com

St Barth Commuter
☎ 0590 275 454.
W stbarthcommuter.com

Swiss
W swiss.com

United Airlines
W united.com

Tradewind Aviation
W flytradewind.com

Voyager
☎ 0590 871 068.
W voy12.com

Winair
☎ 0590 276 101.
W fly-winair.sx

Information

Atout France
W rendezvousenfrance.com

Office du Tourisme
1 Quai Général de Gaulle, Gustavia.
☎ 0590 278 727.
W saintbarth-tourisme.com

Sicherheit und Gesundheit

Hôpital de Bruyn
Rue Jean-Bart, Gustavia.
☎ 0590 276 035.

Polizei, Feuerwehr, Ambulanz
☎ 18.

Kommunikation

Orange Caraïbe
Espace Neptune, St-Jean.
W orangecaraibe.com

Verkehrsmittel

Europcar
Aéroport Gustave III, St-Jean.
☎ 0590 294 186.

Gumbs Car Rental
Aéroport Gustave III, St-Jean.
☎ 0590 277 532.

Top Loc Car Rental
Aéroport Gustave III, St-Jean.
☎ 0590 290 202.

Heiraten

Destination Management Services
Rue de la Colline, Gustavia.
☎ 0590 298 454.

Premium IV St Barts
Les Galeries du Commerce, St-Jean.
☎ 0590 290 007.
W premiumiv.com

Überblick: Guadeloupe

Guadeloupe besteht aus zwei wie eine aufgeklappte Auster zusammenhängenden Inseln. Rundherum reihen sich kleinere Inseln wie Perlen im türkisen Meer. Die Osthälfte Grande-Terre ist eine Ebene mit Zuckerrohrfeldern und bunten Ortschaften. Die Westhälfte Basse-Terre prägt Gebirgswald mit Wasserfällen und Flüssen. Eine Brücke über die Rivière Salée (Salzfluss) verbindet beide Hälften. Marie-Galante ist von den vorgelagerten Inseln die am meisten erschlossene. Von den acht Les-Saintes-Inseln ist Terre-de-Bas am stärksten bebaut. La Désirade lockt mit herrlicher Natur.

Zur Orientierung

Auf Guadeloupe unterwegs

Guadeloupe besitzt ein gut ausgebautes Netz von Landstraßen, die alle Teile der Insel miteinander verbinden. Am besten gelangt man per Mietwagen von einem Punkt zum anderen. Taxis findet man an Flug- und Fährhäfen vor, diese sind aber teuer, vor allem nachts und an Feiertagen. Die Insel besitzt auch ein Busnetz. Die vorgelagerten Inseln sind per Fähre mit der Hauptinsel verbunden. Dort bewegt man sich zu Fuß oder per Fahrrad fort. Auf Marie-Galante verkehren Minibusse zwischen den Orten, die meisten Besucher machen aber Gruppenfahrten oder nehmen einen Mietwagen.

Route de la Traversée
Diese Straße durchquert Basse-Terre und führt durch Regenwald und über Berge.

Die Cascade aux Écrevisses an der Route de la Traversée, Basse-Terre

Weitere Zeichenerklärungen *siehe hintere Umschlagklappe*

Sehenswürdigkeiten auf einen Blick

1. Pointe-à-Pitre
2. Gosier
3. Strände an der Südküste
4. Morne-à-l'Eau
5. Porte d'Enfer und Pointe de la Grande Vigie
6. Route de la Traversée
7. Parc National de la Guadeloupe
8. Jacques Cousteau Underwater Reserve
9. Plantagen
10. Terre-de-Haut
11. Marie-Galante
12. La Désirade

Auf einen Blick

Politik: Französisches Überseedépartement (Teil der EU, aber nicht des Schengen-Raums).
Sprache: Französisch, Englisch ist weitverbreitet.
Währung: Euro (€).
Mobilfunk: GSM/GPRS 900 MHz (wie in D, A, CH), UMTS 2100 MHz (wie in D, A, CH).
Strom: 230 V/50 Hz, Adapter: nein.

Lagon de la Porte d'Enfer
Zwei majestätische Klippen bilden am Eingang der Lagune das »Höllentor«.

Sainte-Anne
Die hübsche Ortschaft Sainte-Anne an der Südküste bietet schöne Familienstrände wie Plage du Bourg.

Pointe-à-Pitre
Viele historische Stätten liegen im Wirtschaftszentrum von Guadeloupe.

Saint-Louis
Im einfachen Fischerdorf Saint-Louis steht Ecolambda, ein Haus in Öko-Bauweise mit Heilpflanzen und Blumen.

Einer der schroffen Felsen bei Porte d'Enfer

Musée Saint-John-Perse, Pointe-à-Pitre

❶ Pointe-à-Pitre

Westküste von Grande-Terre. 25 000. Office Départemental du Tourisme de la Guadeloupe, 5 Square de la Banque, 0590 820 930.

Grande-Terres Hauptort ist das Wirtschaftszentrum von Guadeloupe und liegt an der Ostküste von Petit Cul-de-Sac Marin und am Südende der Rivière Salée, die zwischen Grande-Terre und Basse-Terre hindurchfließt.

Pointe-à-Pitre wurde über Jahrhunderte von Feuersbrünsten und Wirbelstürmen heimgesucht, es besitzt gleichwohl viele historisch interessante Stätten. Die Place de la Victoire (Siegesplatz) ist ein schöner, von Kolonialbauten gesäumter Platz. Einst stand hier die Guillotine, mit der adelige Gegner der französischen Revolutionsregierung enthauptet wurden. Jetzt legen am einen Ende des Platzes, am Quai de La Darse, Fähren an. Straßenhändler verkaufen frisches Obst und Gemüse, duftende Gewürze und bunte Kleider. Die Place Gourbeyre wird von der klassizistischen Église Saint-Pierre et Saint-Paul dominiert. Das Kirchenschiff ist ein gutes Beispiel für die sturm- und erdbebensichere Metallrahmenbauweise, die auf Gustave Eiffel zurückgeht. Auf der anderen Seite des Platzes steht das Art-déco-Gerichtsgebäude, der Palais de Justice. Ein paar Straßen weiter südlich zeigt das **Musée Victor Schoelcher** Kunst und Andenken des Mannes, der eine Schlüsselrolle beim Ende der Sklaverei auf den Französischen Antillen spielte. Die Maison Sougues-Pagès nahe dem Museum ist ein typischer karibischer Bau des 19. Jahrhunderts. Darin erinnert das **Musée Saint-John-Perse** an den Dichter und Nobelpreisträger (1960) Alexis Léger, bekannt als Saint-John Perse.

Musée Victor Schoelcher
24 Rue Peynier. 0590 820 804.
Mo–Fr 9–17 Uhr.

Musée Saint-John-Perse
9 Rue Nozières. 0590 900 192.
Mo–Fr 9–17 Uhr, Sa 8.30–12.30 Uhr.

❷ Gosier

6 km südöstl. von Pointe-à-Pitre, Grande-Terre. 25 500.

Gosier war einst ein wichtiger Verteidigungsposten der Insel. Die Ruinen des Fort Louis stehen auf einem Hügel an jenem Gewässer, das die beiden Teile Guadeloupes trennt. Die 1695 errichtete Festung wurde in der Französischen Revolution in Fort l'Union umbenannt. Fort Fleur d'Épée, ein weiteres Bollwerk, wurde 1756 von den Briten gebaut. Unterhalb dessen Ruinen, im angesagten Viertel Bas-du-Fort, zeigt das **Musée Fort Fleur d'Épée** Objekte aus dem Siebenjährigen Krieg (18. Jh.). **L'Aquarium de la Guadeloupe** widmet sich dem Meeresleben der französischen Karibikregion mit ihren Korallen und Mangroven.

Am ortseigenen Strand bieten zahlreiche Unternehmen Bootsrundfahrten, Hochseefischerei, Segeltörns, Tauchgänge und motorisierten Wassersport an. Fliegende Händler bieten bunte Kleidung feil, während von den Cafés Wohlgerüche herüberwehen. Der schönste Strand liegt westlich der Stadt bei Pointe de la Verdure. Die vielen Shops, Hotels und Nachtclubs erfüllen die Gegend mit Leben.

Musée Fort Fleur d'Épée
Bas-du-Fort. 0590 909 461.
Mo 10–17 Uhr, Di–So 9–17 Uhr.

L'Aquarium de la Guadeloupe
Place Créole, Bas-du-Fort Marina.
0590 909 238. tägl. 9–18.30 Uhr.
aquariumdelaguadeloupe.com

❸ Strände an der Südküste

Gosier bildet das westliche Ende einer Reihe von Sandstränden an der Südküste von Grande-Terre. Diese reicht bis Saint-François und zur Halbinsel Pointe des Châteaux. Beide zählen zu den meistbesuchten Urlaubsgegenden Guadeloupes. Gut besuchte Hotels, Restaurants und Snackbars drängen sich entlang diesem Sandstreifen. Tauchshops und Wassersportzentren bieten Equipment und Ausflüge an. Der Strand von Anse-Dumant in Saint-Félix ist oft menschenleer, während Plage du Bourg

Sonniger Strand in Gosier

Hotels und Restaurants auf Guadeloupe *siehe Seiten 356 und 357*

Typisches Grab mit Rautenmuster, Morne-à-l'Eau

in Sainte-Anne voller Familien ist. Plage de la Caravelle und Plage de Bois Jolan sind Traumstrände im Osten. Die Küstenstraße zwischen Sainte-Anne und Saint-François führt durch ländliches Gebiet mit einsamen Buchten. Die Hügel oberhalb davon, Les Grands-Fonds, bieten einen herrlichen Blick auf die Küste. Die Plage des Hotels am Ende der Avenue de l'Europe ist ein breiter Sandstrand für die dortigen Resorts.

Die Küstenstraße D118 nach Pointe des Châteaux ist von herrlichen Stränden flankiert, die man erreicht, indem man sich durch das Dickicht zwischen Straße und Ufer schlägt. Anse à la Gourde ist ein bei den Einheimischen beliebter Strand an der Atlantikküste. Die bei FKK-Fans beliebte Anse Tarare ist eine geschützte Bucht mit kristallklarem Wasser und guten Schnorchelbedingungen. Pointe des Châteaux ist eine schmale Halbinsel mit riesigen Felsblöcken davor.

❹ Morne-à-l'Eau

18 km nördl. von Pointe-à-Pitre, Grande-Terre. 7800. Rathaus, Place de la Mairie, 0590 242 709. Tag der Krabben (Osterwochenende), Allerheiligen (1. Nov).

Das Fischer- und Bauerndorf war einmal führend in der Zuckerherstellung. Heute kommt man nur hierher, um den berühmten Friedhof zu besichtigen. Er liegt auf einem Hügel oberhalb der Kreuzung der Straßen N5 und N6. Auf der einzigartigen Nekropole stehen reich verzierte Schreine für die Verstorbenen. Ursprünglich wurden die Grabmäler mit gefliestem weiß-schwarzem Rautenmuster angelegt, mit der Zeit kamen andere Farben und Muster hinzu. Zu Allerheiligen kommen die Menschen, um ihre Toten zu ehren. Kerzen erleuchten dann die Gräber.

❺ Porte d'Enfer und Pointe de la Grande Vigie

21 km nördl. von Pointe-à-Pitre, Grande-Terre.

An der Nordküste von Grande-Terre befinden sich zwei besonders beeindruckende Naturstätten Guadeloupes. Die Pointe de la Grande Vigie bietet fantastische Ausblicke. Das nördliche Ende von Grande-Terre besteht aus einer Reihe schroffer Felsen, die aus dem Meer ragen. Die Klippen entlang der Küste sind bis zu 75 Meter hoch. Zwei ungewöhnliche Aussichtspunkte an der Ostküste sind Pointe du Piton und Porte d'Enfer, eine Lagune im Schutz zweier majestätischer Klippen, die das »Höllentor« bilden. Am Trou de Madame Coco ganz in der Nähe soll einst eine Dame unbekannter Herkunft verschwunden sein. Der Chemin de la Grande Falaise ist ein elf Kilometer langer Pfad entlang dem Küstengrat südwärts nach Pointe Petit-Nègre, für den man zu Fuß zwei Stunden braucht.

Beeindruckende Felsküste bei Pointe de la Grande Vigie

Porträt von Schoelcher, Musée Victor Schoelcher

Victor Schoelcher

Überall auf den Französischen Antillen stehen Statuen von Victor Schoelcher an exponierter Stelle. 1804 geboren, veröffentlichte er ab 1833 Artikel gegen die Sklaverei, gründete 1834 einen Verein gegen Sklaverei und leitete die Kommission, die 1848 die Befreiung aller Sklaven in den Französischen Antillen vornahm. Guadeloupe und Martinique verdanken ihm ihre republikanische Bewegung nach dem Ende der Sklaverei. Als ihr Vertreter saß er zwischen 1848 und 1851 im französischen Nationalrat, bis er als Gegner des Staatsstreichs von Louis Napoléon Bonaparte ins Exil gehen musste. 1871 kehrte er zurück, im Jahr 1875 wurde er Senator auf Lebenszeit. Schoelcher starb 1893.

Parc Zoologique et Botanique des Mamelles

❻ Route de la Traversée

2 km westl. von Versailles, Osten von Basse-Terre. **i** La Maison de la Forêt, Route de la Traversée, tägl. 10–17 Uhr.

Die Inselstraße D23 (Route de la Traversée) durchschneidet Basse-Terre von Osten nach Westen und führt dabei über Berge und durch Regenwälder des Parc National de la Guadeloupe. Die Fahrt ist eine angenehme Abkürzung auf dem Weg von einer Küste zur anderen, wegen der wunderbaren Sehenswürdigkeiten unterwegs aber auch lohnenswert. Die Straße beginnt im Osten an der Schnellstraße N1 nahe der Ortschaft Versailles. Nach etwa elf Kilometern zweigt eine kleine Straße südwärts ab nach Vernou und zum 14 Meter hohen Wasserfall Sault de la Lézarde. Sein Wasser ergießt sich in ein zerklüftetes Felsbecken, in dem man gut schwimmen kann. Man sollte aber Schuhe mit guter Profilsohle und Badesachen dabeihaben. Vom Parkplatz vor Vernou führt ein Wanderweg etwa 20 Minuten lang durch grüne Wiesen und Wälder und dann steil zum Wasserfall. Auf der Route etwa acht Kilometer westlich von Vernou geht es weiter zur Cascade aux Écrevisses (Krebs-Wasserfall), einer der beliebtesten Attraktionen von Basse-Terre und gleichzeitig am einfachsten erreichbar. Vom Parkplatz aus sind es zu Fuß keine 15 Minuten dorthin, weswegen sich dort immer Besucherscharen tummeln. Zwei Pfade führen zu den Wasserfällen hinauf, der linke dient auch als sechs Meter lange Rutsche in den Fluss Corossol. Im Besucherzentrum **La Maison de la Forêt** (Waldhaus) erhält man Informationen, außerdem veranstaltet es Lehrwanderungen. Danach geht es auf der Route de la Traversée weiter durch den Col des Deux Mamelles (Pass der zwei Brüste) zwischen den beiden Gipfeln Mamelle de Petit-Bourg (716 Meter) und Mamelle de Pigeon (768 Meter) hindurch und hinunter auf Meeresniveau. Die letzte sehenswerte Station auf der Strecke ist der **Parc Zoologique et Botanique des Mamelles** (Zoo und Botanischer Garten). Neben interessanter Flora und Fauna bietet er eine Hochseilbrücke mit einer Art einfachen Seilbahn durch die Wipfel.

Parc Zoologique et Botanique des Mamelles
Route de la Traversée, D23. 0590 988 352. tägl. 9–18 Uhr. **W** **zoodeguadeloupe.com**

❼ Parc National de la Guadeloupe

5 km südl. von Vernou. **i** Habitation Beausoleil, Montéran, 97120 Saint-Claude, 0590 415 555. **W** **guadeloupe-parcnational.com**

Der aktive Vulkan La Soufrière (1467 m) überragt den Tropenwald am südlichen Ende von Basse-Terre, der Guadeloupes Nationalpark bildet. 1992 wies die UNESCO 300 Quadratkilometer um den Vulkan als Biosphärenreservat aus, weil das Gebiet als vielseitiger Lebensraum für über 300 Baum- und Buscharten dient.

Meistens ist der Gipfel des höchsten Bergs der Kleinen Antillen *(siehe S. 354)* in Regenwolken gehüllt. Gute Wanderwege führen zu einigen Aussichtspunkten und zum Gipfel hinauf. In Saint-Claude dient das Büro der Parkverwaltung auch als Basislager für geführte und individuelle Touren. Besucher können dort Kartenmaterial, Tourempfehlungen, Broschüren und andere Informationen einholen, bevor es in den Park geht.

Das Biosphärenreservat geht über die Parkgrenzen hinaus. Es umfasst auch 37 Quadratkilometer mit Korallenriffen, Mangrovenwäldern, Süßwassersümpfen und Seegrasbecken in und um Grand Cul-de-Sac Marin, der nördlichen Lagune, die Grande-Terre und Basse-Terre trennt. Schildkröten, Riesenschwämme, Korallen, Seeschnecken und Fische

Picknickplatz im Parc National de la Guadeloupe

Hotels und Restaurants auf Guadeloupe *siehe Seiten 356 und 357*

Glasbodenboot über dem Jacques Cousteau Underwater Reserve

leben dort. Im Mangrovenwald sind Eisvögel, Pelikane, Meerschwalben, Reiher und andere Zugvögel sowie einheimische Vogelarten zu Hause.

8 Jacques Cousteau Underwater Reserve

Westküste von Basse-Terre.
☎ 0590 988 172. ℹ Office du Tourisme, Plage de Malendure, 0590 988 687.

Die dunklen Sandstrände von Malendure und Pigeon nördlich von Bouillante bilden den Zugang zu diesem geschützten Meerespark zu Ehren des französischen Meeresforschers. Das Gebiet erstreckt sich von der Steilküste bis zu den nahe gelegenen Îlets Pigeon. Es wimmelt von Meeresleben und birgt sogar zwei gesunkene Schiffe, die beste Tauchmöglichkeiten eröffnen. Wer nicht taucht, der kann vom Glasbodenboot aus die Tropenfische im wunderbaren Korallenriff sehen. Im Januar 2004 ehrte der Ort Bouillante den 1997 verstorbenen Meeresforscher mit einer Porträtbüste, die in zwölf Metern Tiefe im Korallengarten vor den Îlets Pigeon montiert wurde. Jacques-Yves Cousteau entwickelte den ersten Lungenautomaten. Die Westküste Guadeloupes bezeichnete er als einen der zehn besten Tauchspots der Welt.

9 Plantagen

Westküste von Basse-Terre.
W rendezvousenfrance.com

Plantagen waren für die Wirtschaft Guadeloupes bedeutend. Heute sind nur wenige als Museen, Gästehäuser oder Restaurants erhalten. In Vieux-Habitants wurden Kaffee- und Kakaobohnen sowie Vanilleschoten bereits Mitte des 18. Jahrhunderts angebaut. Dort präsentiert das **Musée du Café** einen historischen Rundgang durch die Kaffeeproduktion. Die **L'Habitation Grivelière** befindet sich in einer intakten Plantage mit Laden, Museum und Restaurant und bietet Führungen. **Le Domaine de Vanibel**, 350 Meter oberhalb von Vieux-Habitants, informiert über den nachhaltigen Anbau von Kaffee, Vanilleschoten und Bananen. Hier steht auch einer der beiden Kanonenkugelbäume von Guadeloupe. Auf dem Grundstück kann man übernachten. Schokoladenfreunde sollten die frühere Zuckerplantage **La Bonifierie** in den Hügeln von Saint-Claude besuchen. Das Herrenhaus ist eine Schokoladenfabrik mit Probierstube.

Musée du Café
Le Bouchu, 97119 Vieux-Habitants.
☎ 0590 985 496. Tägl. 9–17 Uhr. **W cafe-chaulet.com**

L'Habitation Grivelière
Vallée de Grand'Rivière, 97119 Vieux-Habitants. ☎ 0590 986 306. Tägl. 10–17 Uhr. Sep–Mitte Okt.

Le Domaine de Vanibel
Cousinière Caféière, 97119 Vieux-Habitants. ☎ 0590 984 079. Mo–Sa. Juni–Aug: tägl. 14.30 Uhr, 15.30 Uhr; Nov–Mai: tägl. 15 Uhr. Sep–Okt, Feiertage. **W vanibel.fr**

La Bonifierie
Morin, 97120 Saint-Claude. ☎ 0590 800 605. Di–So 9–16.30 Uhr.

Musée du Café in den ehemaligen Plantagenbauten

Typische Inselhäuser am Fuß eines Hügels, Terre-de-Haut

⑩ Terre-de-Haut

15 km südöstl. der Küste von Basse-Terre. 1750. Office du Tourisme, 39 Rue Jean Calot, Terre-de-Haut, 0590 995 860. Karneval (letzte Woche im Feb).

Von den acht Inseln des Archipels Les Saintes sind nur Terre-de-Haut und Terre-de-Bas bewohnt. In Terre-de-Haut locken der Hafen, die schöne Natur, die malerische Festung und die leichte Zugänglichkeit mehr Besucher an. Das flache, nur fünf Kilometer lange und drei Kilometer breite Eiland eignet es sich sehr gut für die Erkundung zu Fuß. Es werden aber auch Gruppenfahrten im Minibus ab dem Hafen angeboten.

Der Hauptort Le Bourg liegt in einer herrlichen Bucht an der Westküste etwa fünf Gehminuten vom Flugplatz entfernt. Leuchtend bunte Häuser, Restaurants und Boutiquen säumen die schmalen Straßen. In der Ortsmitte befindet sich ein alter Friedhof mit den Gräbern der ersten französischen Siedler. Der befestigte Gipfel des Morne du Chameau im Osten der Stadt – mit 309 Metern der höchste Punkt der Insel – bietet den Blick auf das Meer und die Nachbarinseln. Die Wanderung hinauf und wieder hinunter dauert etwa drei Stunden.

Das 114 Meter oberhalb von La Baie des Saintes gelegene **Fort Napoléon** mit seiner Panoramaaussicht ist die größte Attraktion der Insel. Obwohl das Fort selbst nie in einen Kampf verwickelt war oder angegriffen wurde, sind im dortigen Museum Bilder, Karten und Objekte aus den blutigen Kapiteln in der Geschichte der Karibik (17. und 18. Jh.) ausgestellt. Teile der Festung sind heute ein modernes Kunstmuseum. Es zeigt über 250 Bilder mit nichtmilitärischen Motiven. Das Fort ist von einem Kakteengarten umgeben, in dem einige sehr seltene Arten der Karibik wachsen. Gegenüber der Bucht steht auf der Îlet à Cabrit die Ruine des Fort Joséphine. Es wurde nach Napoléons Gattin benannt.

Die meisten Besucher zieht es an die Traumstrände der Insel, oder sie erkunden die Unterwasserwelt mit einem der Tauchanbieter *(siehe S. 355)*. Baie du Bourg ist UNESCO-Welterbe und gilt als eine der schönsten Buchten der Welt. Plage de Pompierre ist ein beliebter Strand mit Palmen. Er führt weiter nördlich um eine zweite Bucht herum, die über einen vier Kilometer langen Wanderweg, die Trace des Crêtes, mit Grande Anse verbunden ist. Der Strand ist schön, schwimmen ist dort aber zu gefährlich. Die Anse Crawen nahe der Südspitze der Westküste ist ein FKK-Strand. Schnorchler bevorzugen die Plage Figuier. Wassersportequipment wie Hobie Cats und Kajaks leiht man am besten an der Plage de Marigot.

Eingang des Fort Napoléon, Terre-de-Haut

Fort Napoléon
Le Chameau. 0690 610 151. Öffnungszeiten tel. erfragen. Feiertage. nur französisch.

⑪ Marie-Galante

44 km südöstl. der Küste von Grande-Terre. 13 000. Office du Tourisme de Marie-Galante, Rue du Fort, 0590 975 651. Terre de Blues (Mai). **ot-mariegalante.com**

Auf der »Insel der hundert Windmühlen« stehen nur noch 72 der Steinmühlen des 19. Jahrhunderts. Gleichwohl verleihen sie der flachen Insel einen nostalgischen Touch. Ochsenkarren – einst Hauptverkehrsmittel der Insel – sind bis heute zu sehen. An den Wochenenden zwischen Juni und März werden Wettkämpfe im Tauziehen ausgetragen. Die Zuckerproduktion ist eine wichtige Einnahmequelle, doch der Tourismus gewinnt an Bedeutung – nicht zuletzt wegen der herrlichen Strände und des altmodischen Flairs.

Eine der interessantesten historischen Stätten ist **Murat Plantation**. Einst arbeiteten über 200 Sklaven auf der riesigen Zuckerplantage. Das klassizistische Herrenhaus wurde originalgetreu restauriert und ist heute ein Museum über die Kolonialzeit. Das Gelände umfasst einen Garten, eine Windmühle und eine Zuckerraffinerie. Die **Moulin de Bézard** an

Hotels und Restaurants auf Guadeloupe *siehe Seiten 356 und 357*

der Südostküste ist eine weitere Top-Attraktion. Die bis heute funktionstüchtige Mühle wurde 1814 gebaut und 1994 restauriert. Der Laden in der ehemaligen Sklavenbehausung verkauft Produkte aus der Region. Drei Rumdestillerien bieten Führungen und Rumproben an. Die **Distillerie Bielle** ist der größte Hersteller von verschiedenen bekannten Rumgetränken, darunter der Orangen-Rum-Likör Shrubb. In der Nähe des Fischerdorfs Saint-Louis steht **Ecolambda**. Dort wachsen Heilpflanzen und Blumen. Im benachbarten Laden wird vor Ort hergestellter Z'Oliv-Rum verkauft. Das Office National des Forêts unterhält mehrere Wanderwege. An der Westküste gibt es wunderbare Strände. Am besten schwimmen kann man in den von Riffen geschützten Gewässern der Plage du Grand-Bourg und der Plage de la Feuillère in Capesterre.

Murat Plantation
Section Murat 97112, Grand-Bourg. 0590 979 441. Mo–Fr 9–12, 14.30–17.30 Uhr.

Moulin de Bézard
Section Bézard 97140, Capesterre. 0590 974 495. tägl. 10–13 Uhr.

Distillerie Bielle
Section Bielle 97112, Grand-Bourg. 0590 979 362. Mo–Sa 9.30–13 Uhr, So 10–12 Uhr (Nov–Mai). **rhumbielle.com**

Ecolambda
Section Saragot 97134, Saint- Louis. 0590 973 180. mit Reservierung.

Besucher am Haupthafen, Marie-Galante

Tagesausflüge zu den vorgelagerten Inseln

Ausflüge zu den kleinen Inseln bieten die Möglichkeit, kaum bewohnte Gebiete zu entdecken, vor unberührten Riffen zu tauchen und zu schnorcheln, in aller Ruhe zu picknicken oder mit Einheimischen zu essen. Die Unterkünfte sind einfach, aber zauberhaft. Man erreicht die Inseln von Guadeloupe aus per Flugzeug oder Boot. Gruppentouren *(siehe S. 355)* sind die beste Art, die Inseln zu besuchen. Individualreisende können über örtliche Reisebüros buchen.

⓬ La Désirade

10 km vor der Ostküste von Grande-Terre. 1700.
Office du Tourisme de La Désirade, Capitainerie, 0590 850 086.

La Désirade ist die am weitesten abgelegene Insel des Archipels Les Saintes. Die meisten Besucher widmen der elf Kilometer langen und zwei Kilometer breiten Insel allenfalls einen Tagesausflug. Es gibt dort aber durchaus zahlreiche Unterkünfte. Bewohnt ist nur die Südküste. Der Hauptort Beauséjour ist über die einzige Straße mit kleineren Siedlungen an der Küste verbunden. Am besten erkundet man die durch Korallenriffe geschützten, weißen Sandstrände mit dem Rad oder Motorroller. Seltene Tiere und eine erstaunliche Pflanzenvielfalt sind auf der Insel zu Hause. Je mehr Besucher die Traumstrände und Wandermöglichkeiten entdecken, desto mehr wird die Insel bebaut. Der Hauptort weist einen Marktplatz, einen Seefahrerfriedhof und eine kleine Kapelle auf einem Hügel auf. Die Plage de Beauséjour (Grande Anse) am Ortsrand ist ein beliebter Strand. Pfade führen zum Zentralplateau, wo Wanderer nach dem steilen Aufstieg auf die 273 Meter hohe Grande Montagne mit Panoramaaussicht belohnt werden. Reizende Strände sind auch Souffleur und Petite Rivière nahe der ehemaligen Leprakolonie Baie-Mahault. Reste der Kolonie sind noch erhalten. Besichtigen Sie die Ruine einer Baumwollfabrik und den von den Sœurs de la Charité gepflegten Seefahrerfriedhof, bevor Sie weiter zum Leuchtturm schlendern.

Postkartenansicht der Plage du Souffleur, La Désirade

Liebevoll restauriert: Moulin de Bézard, Marie-Galante

Sport und Aktivurlaub

Guadeloupe und die vorgelagerten Inseln bieten eine unglaubliche Vielfalt an Freizeitaktivitäten. Die Palette reicht von Trekking in den Regenwäldern mit ihren rauschenden Wasserfällen bis zu Tauchgängen im Meeresschutzgebiet mit Korallenriffen voller Fische in Regenbogenfarben. Wer zum ersten Mal Guadeloupe besucht, unternimmt am besten eine Orientierungsfahrt und einen Tagestörn um die Insel. Grande-Terre und Basse-Terre verfügen über ein großes Freizeitangebot, während die vorgelagerten Inseln nur wenig erschlossen sind. Wer eine ganz andere Seite von Guadeloupe sehen will, sollte sich einer Führung durch eine Destillerie anschließen.

Der von Palmen gesäumte Sandstrand Plage de Pompierre, Terre-de-Haut

Strände

Die beliebtesten Strände sind an der Südküste von Grande-Terre *(siehe S. 346f)*. Surfer auf Grande-Terre zieht es zur Plage du Moule, wo sich die Wellen an den Riffen brechen und bis zu 2,5 Meter hoch türmen. Anfänger halten sich an die Nordwestküste rund um Port-Louis, wo die Wogen weich und flach landwärts rollen. Auf Basse-Terre ist Grande Anse an der Nordküste ein schöner Strand. Im Schatten von Palmen fällt der goldene Sandstrand steil ins sanfte Meer ab. Snackbars, Wassersportanbieter und Läden sind in der Nähe. Weiter südlich bietet Anse Caraïbe einen kleinen, weniger bevölkerten Strand. Taucher tummeln sich an den Stränden neben dem Jacques Cousteau Underwater Reserve *(siehe S. 349)*. Ein Tagesausflug nach Marie-Galante führt zu den Stränden bei Capesterre: Plage de Petite Anse und Plage de la Feuillière, einem der eindrucksvollsten Strände der Karibik. Ein langer Sandstreifen und ein Korallenriff als Wellenbrecher schaffen ideale Badebedingungen. Auf Terre-de-Haut ist die Plage de Pompierre ein goldener Halbmondstrand nordöstlich von Le Bourg. Petite Rivière und Souffleur sind weiße Strände an der Südküste von La Désirade.

Bootfahren und Segeln

Das weltweit als Seglerparadies bekannte Guadeloupe lockt auch Amateure nach Saint-François, Malendure, Pointe-à-Pitre und Gourbeyre. **Corail Caraïbes**, **Antilles-Sail** und **Privilège Croisières** vermieten Motor- und Segelboote, einheimische Anbieter veranstalten Ganz- und Halbtagesfahrten sowie Abendtouren mit diversen Aktivitäten wie Sightseeing, Baden, Schnorcheln und Tauchen. Mittagessen gibt es an Bord oder in einer abgeschiedenen Bucht. Die Tagestörns legen meist gegen acht Uhr mit großen Katamaranen für bis zu 20 Passagiere ab. Sie steuern auch gern die nahe gelegenen Inseln an. Das Glasbodenboot **Le Nautilus** startet täglich in Malendure ins Jacques Cousteau Underwater Reserve und bietet den Passagieren in 1,5 Metern Tiefe eine Panoramasicht auf die Unterwasserwelt des Karibischen Meeres.

Die Mangrovenwälder besichtigt man per Kanu oder Kajak. Kajakfahrten sind im Reservat und um die Îlets Pigeon beliebt. **Caraïbe Kayak**, **Ti-Evasion** und **Rando Passion** bieten Touren an.

Surfen

Amateure wie alte Hasen finden vor der Atlantikküste nahe Le Moule besonders im Oktober, November, Februar und März exzellente Bedingungen. Passatwinde blasen das ganze Jahr über und sorgen für Wellen, die sich an den Riffen brechen. Die Gezeiten lassen die Bedingungen zum Surfen tagsüber variieren. Echte Könner stürzen sich während der Wirbelsturmsaison in die hohen Wellen. Sie dauert vom Spätsommer bis Ende Oktober. Auch in anderen Küstengegenden der Insel kann man an über 30 Spots gut surfen. **No Comply Surf School** gibt Unterricht. **Karukera Surf Club**, **POYO Surf Club** und **Arawak Surf Club** zählen zu den beliebtesten Surfclubs.

Kajakfahrt auf dem kristallblauen Atlantik, Grande-Terre

Destillerien auf Guadeloupe

Rum ist Teil der Geschichte, Wirtschaft und Kultur Guadeloupes. Pfarrer Jean-Baptiste Labat soll Ende des 17. Jahrhunderts als Missionar die Methode der Einheimischen verbessert haben, Schnäpse aus Zuckerrohr zu brennen – angeblich nach seiner wundersamen Genesung dank einer bitteren Tinktur namens *taffia*, einem fermentierten, destillierten Nebenprodukt aus Zuckerrohr. Labat entwarf Destillierapparate aus Kupfer und stellte darin angenehm schmeckenden Schnaps aus jenem Gebräu her. Heute entstehen in kleinen Familienbetrieben vier Arten *rhum agricole*. Rhum du Père Labat, Distillerie Bielle *(siehe S. 351)* und Rhum Damoiseau bieten Einblicke in die 300 Jahre alte Tradition.

Die Destillerie Reimonenq, Musée du Rhum im Norden von Basse-Terre stellt Landwirtschafts- und Destilliergeräte, eine Zuckermühle und eine Fässerwerkstatt aus.

Rumherstellung

Zuckerrohrsaft und Melasse werden fermentiert und destilliert. Daraus entsteht eine klare Flüssigkeit, die in Fässern unterschiedlich lang weiterreift, je nachdem ob heller oder dunkler Rum erwünscht ist.

Zuckerrohrfelder bedecken bis zu 25 Prozent von Guadeloupe. Das Rohr wird bis heute mit der Machete von Hand geschnitten.

Das Endprodukt ist u. a. ein 59-prozentiger Rum, der aufgrund seines einzigartigen Geschmacks und des erlesenen Aromas zu den weltweit besten Rumsorten zählt.

Destilliergeräte in Rhumeries Agricoles de Bellevue mahlen und pressen für die Herstellung von einem Liter Rum bis zu zehn Kilogramm Zuckerrohr.

Wichtige Destillerien

Distillerie Reimonenq
W musee-du-rhum.fr

Domaine de Séverin
W severinrhum.com

Rhum Damoiseau
W damoiseau.fr

Rhum du Père Labat
W rhumbielle.com

Rhumeries Agricoles de Bellevue
0590 972 650.

Domaine de Séverin bietet Fahrten durch das Gelände der Rumbrennerei. Man sieht ein Zuckerrohrfeld, das Plantagenhaus sowie Gewürz- und Rumfabriken. Danach geht es zur Rum- und Punschprobe.

Tauchen und Schnorcheln

Die faszinierende Unterwasserwelt beeindruckt Schnorchler und Taucher. In den wunderbaren Riffen der seichten Gewässer gibt es unzählige Meereslebewesen zu entdecken. Tauchschulen wie **Tropical Sub**, **La Dive Bouteille Plongées des Saintes**, **Ti'bulles** und **Pisquettes Club de Plongée des Saintes** verleihen Ausrüstungen, veranstalten Tauchgänge und geben Kurse, in denen man den Tauchschein machen kann. Einige größere Resorts bieten Einführungskurse in ihren Swimmingpools mit anschließenden Tauch- und Schnorchelgängen im offenen Meer. Tages- und Halbtagestörns machen meist Schnorchelstopps und haben Tauchausrüstungen für Teilnehmer mit Tauchschein.

Wassersport

Die Wassersporthütten an den Stränden vermieten Ausrüstung und bieten Einführungskurse an. Der **Club Nautique Sportif de Basse-Terre** veranstaltet diverse Aktivitäten für Anfänger wie für Fortgeschrittene. **Club UCPA**, **Jet l'Eponge** und **Atmosphere** vermieten Jetski, Hobie Cats und Kajaks. Die größeren Hotels betreiben meist auch Wassersportshops. Kleine Anbieter stehen mit ihrem Sortiment direkt an den Stränden der Südküste von Grande-Terre und der Westküste von Basse-Terre.

Angeln

Die Gewässer vor Guadeloupe und den vorgelagerten Inseln

Wanderung am Vulkan La Soufrière

locken Sportangler mit großem Abenteuer, atemberaubender Szenerie und vielen Fischen wie Tarpon, Scharfnasenhai und anderen karibischen Arten. Mehrere Firmen bieten Einführungen, Ausflüge zum Fliegen- und Light-Tackle-Angeln sowie ganztägige Exkursionen. Thunfisch und Bonito werden von Dezember bis Mai gefangen, Barrakuda und Königsmakrele von Januar bis Juni. Die meisten Hotels arrangieren Privatcharter und buchen Plätze auf Booten. Zubehör gibt es bei **Karaïb Fly**, **Michel Pêche au Gros** und **Deshaies Fishing**.

Wandern

Über 300 Kilometer markierte Wanderwege schlängeln sich durch den bergigen Regenwald auf Basse-Terre und die steilen Klippen von Grande-Terre. Karten und Informationen gibt es bei La Maison de la Forêt *(siehe S. 348)*. Fremdenführer vermittelt die **Organisation des Guides de Montagne de la Caraïbe** in Basse-Terre. Führungen oder auch Wanderungen als Teil einer größeren Ökotour bieten Firmen wie **Vert Intense** an. Die beliebtesten Routen befinden sich auf Basse-Terre, beispielsweise der Weg zum Gipfel von La Soufrière. Die Pfade zum Vulkan hinauf steigen zunächst sanft an, werden aber zunehmend schwieriger, sodass nur geübte Wanderer den dampfenden, schwefeligen Gipfel erreichen. Einfacher sind die Routen zur La Citerne, einem dicht eingewachsenen, mit Wasser gefüllten Krater, sowie zum Wasserfall Cascade Vauchelet. Beliebte Wanderrouten auf Grande-Terre führen entlang den Steilhängen bei Pointe des Châteaux und Porte d'Enfer.

Auf La Désirade verläuft Coulée du Grand Nord über das Zentralplateau der Insel und bietet eine fantastische Aussicht. Etwas für Wanderfans ist der einstündige Aufstieg zum Morne du Chameau *(siehe S. 350)* auf Terre-de-Haut. Einfacher ist der 40-minütige Spaziergang entlang dem Sentier des Crêtes.

Marie-Galante kann man gut zu Fuß erkunden. Guelle Grand Gouffre bietet fabelhafte Ausblicke auf Grande-Terre und den *gouffre* selbst. Das ist eine tiefe Schlucht mit einem Felsbogen, durch den das Meer nach oben schießt. Auf niedrigen Felsen geht es zur Caye Plate und Anse du Coq, zwei Kilometer weiter.

Radfahren

Jedes Jahr im August findet auf Guadeloupe eine »kleine Tour de France« statt. Das zehntägige internationale Radrennen Tour de la Guadeloupe führt über neun Etappen. Die ebenen Straßen auf Grande-Terre haben keine Radwege, weshalb Urlauber die weniger befahrenen Nebenstraßen durch kleine Dörfer bevorzugen. Der Anbieter **Eli Sport** verleiht Fahrräder und organisiert verschiedene Radtouren auf der Insel.

Wassersportzentrum an der Plage de la Verdure

Reiten

Ob flotter Ausritt am Strand oder gemächlicher Trott durch den Wald, auf Guadeloupe kann man wunderbar reiten. Reitställe wie **Le Haras de Saint-François**, **Ranch des Deux Îlets Ferme Équestre** und **La Bellencroupe** bieten Reitstunden und Ausritte für Anfänger und Fortgeschrittene, die meist auch für Kinder geeignet sind. Die schönsten Gebiete für Ausritte sind die Strände zwischen Saint-François und Pointe des Châteaux auf Grande-Terre, die Schotterwege sowie die Fluss- und Waldwege auf Basse-Terre und ganz Marie-Galante.

Golf International de Saint-François, Grande-Terre

Golf

Der **Golf International de Saint-François** ist ein wunderbarer 18-Loch-Golfplatz, der von dem bekannten Golfplatzdesigner Robert Trent Jones Jr. entworfen wurde. Golfer können hier die prachtvolle Aussicht auf den Ozean und auf Grande-Terre genießen. Der Par-71-Platz erstreckt sich über 2700 Hektar. Zur Anlage gehören ein Restaurant, ein Clubhaus, ein Laden sowie ein Verleih für Golfausrüstung. Auch Unterricht wird angeboten. Die meisten Angestellten sprechen Englisch.

Tennis

Größere Hotels haben meist mindestens einen Tennisplatz, viele sind für Spiele in der kühleren Abendluft sogar mit Flutlicht ausgestattet. Tennisclubs wie der **Marina Tennis Club** stehen auch Nichtmitgliedern offen, sofern Plätze frei sind.

Auf einen Blick

Bootfahren und Segeln

Antilles-Sail
Grande-Terre.
📞 0590 901 681.
W **locationvoilier antilles.com**

Caraïbe Kayak
Basse-Terre.
📞 0690 743 912.
W **caraibe.kayak guadeloupe.com**

Corail Caraïbes
Grande-Terre.
📞 0545 610 700.
W **corail-caraibes.com**

Le Nautilus
Basse-Terre.
📞 0590 988 908.
W **lesnautilus.com**

Privilège Croisières
Grande-Terre.
📞 0590 846 636.
W **tip-top-one.com**

Rando Passion
Basse-Terre.
📞 0590 289 873.
W **randopassion.fr**

Ti-Evasion
Grande-Terre.
📞 0590 828 706.
W **ti-evasion.com**

Surfen

Arawak Surf Club
Grande-Terre.
📞 0590 236 068.
W **arawak-surf.gp**

Karukera Surf Club
Grande-Terre.
📞 0590 236 615.

No Comply Surf School
Grande-Terre.
📞 0690 579 747.
W **guadeloupe-surf.com**

POYO Surf Club
Basse-Terre.
📞 0690 764 607.
W **poyosurfclub.com**

Tauchen und Schnorcheln

La Dive Bouteille Plongées des Saintes
Plage de la Colline, Terre-de-Haut.
📞 0590 995 425.
W **dive-bouteille.com**

Pisquettes Club de Plongée des Saintes
Le Mouillage, Terre-de-Haut.
📞 0590 998 880.
W **pisquettes.fr**

Ti'bulles
Grand Bourg, Marie-Galante.
📞 0690 677 060.
W **tibulles-plongee.com**

Tropical Sub
Basse-Terre.
📞 0590 285 267.
W **tropicalsubdiving. com**

Wassersport

Atmosphere
Sainte-Anne.
📞 0590 880 862.

Club Nautique Sportif de Basse-Terre
Basse-Terre.
📞 0590 813 996.
W **cnbt.free.fr**

Club UCPA
Baie de Marigot, Terre-de-Haut.
📞 0590 995 494.

Jet l'Eponge
Grande-Terre.
📞 0690 325 018.
W **jetlepongenew.net**

Angeln

Deshaies Fishing
Deshaies, Basse-Terre.
📞 0690 728 404.
W **deshaies-fishing.com**

Karaïb Fly
Clos des Acacias, Goyave.
📞 0590 869 573.
W **karaibfly.com**

Michel Pêche au Gros
Basse-Terre.
📞 0590 991 918.
W **michelpecheaugros. com**

Wandern

Organisation des Guides de Montagne de la Caraïbe
📞 0690 516 608.
W **ogmc-guadeloupe. org**

Vert Intense
Basse-Terre.
📞 0690 554 047.
W **vert-intense.com**

Radfahren

Eli Sport
Grande-Terre.
📞 0590 903 750.

Reiten

La Bellencroupe
Centre de Tourisme Équestre, Saint-Louis, Marie-Galante.
📞 0590 971 869.

Le Haras de Saint-François
Grande-Terre.
📞 0690 589 992.

Ranch des Deux Îlets Ferme Équestre
Basse-Terre.
📞 0590 285 193.
W **ranch-2-ilets.ffe.com**

Golf

Golf International de Saint-François
Grande-Terre.
📞 0590 884 187.
W **golf-saintfrancois.fr**

Tennis

Marina Tennis Club
Grande-Terre.
📞 0590 908 408.

Hotelauswahl

DESHAIES: Fleur des Iles €
Strandresort
Plage de Grande Anse
0590 285 444
fleursdesiles.com
Die Bungalows des kleinen Resorts am Strand Grand Anse sind mit Miniküchen ausgestattet.

DESHAIES: Langley Resort Hotel Fort Royal €
Strandresort
Petit Bas Vent
0590 687 670
fortroyal.eu
Im großen Resort für Familien gibt es einen Strand, einen Pool, Tennisplätze sowie Strand- und Gartenbungalows für Paare.

DESHAIES: Rochers Caraïbes Eco-Village €
Öko-Lodge
9 Route des Rochers, Pointe Noire
0590 943 383
rocherscaraibes.com
Zu den bunten Öko-Cottages gehört auch eine Villa mit drei Schlafzimmern und Pool.

DESHAIES: Caraib'Bay Hotel €€
Öko-Lodge
Allee du Coeur
0590 284 171
caraib-bay-hotel.com
Umweltbewusst Reisende finden hier Doppelhäuser und Villen in einem tropischen Garten vor. Frühstück ist inklusive.

GOSIER: La Creole Beach Hotel & Spa €€
Strandresort
BP 61
0590 904 646
creolebeach.com
Das große Hotel bietet vier Restaurants, Pools, ein Spa und einen Strand für Wassersportler.

GOSIER: Le Relais de l'Îlet €€
Strandresort
Rue Alexandre Lemercier
0590 836 712
lesrelaisdelilet.com
Gäste des Inns mitten in Gosier sind direkt am Meer. Es gibt zwei Apartments mit Küche. Das Meer und die Îlet du Gosier prägen das Panorama.

Vis-à-Vis-Tipp

GOSIER: Auberge de la Vieille Tour €€€
Strandresort
Montaubon
0590 842 323
auberge-vieille-tour.fr
Das malerische, elegant um eine Windmühle (18. Jh.) herum angelegte Resort hat Terrassen, von denen der Blick auf Gärten fällt, die sich bis hinunter zum Meer erstrecken. Es gibt ein gutes Restaurant, einen Pool und Tennisplätze. Die Rumprobe »Memorable Moment« ist zu empfehlen.

LES SAINTES: Lo Bleu Hotel €
Inn
Fond de Curé, Terre-de-Haut
0590 924 000
lobleuhotel.com
Das ruhige, gemütliche Inn am Strand ist eine gute Basis für die Erkundung von Les Saintes.

LES SAINTES: Chambres d'Hotes Amarelao €€€
Luxus
Rue de l'Anse Figuier, Terre-de-Haut
0590 991 958
amarelao.fr
Die geräumige Villa mit zwei wunderschönen Zimmern und einem Pool steht in der Nähe von drei Stränden.

Vom Pool des Coco Beach Resort in Marie-Galante blickt man aufs Meer

Preiskategorien
Die Preise gelten für ein Standard-Doppelzimmer pro Nacht (Hochsaison), inklusive Steuern und Service.

€	unter 180 Euro
€€	180 – 350 Euro
€€€	über 350 Euro

MARIE-GALANTE: Coco Beach Resort €
Strandresort
Les Basses, Grand Bourg
0590 971 046
cocobeachmariegalante.com
Das kleine Resort mit Strand und Pool bietet einfache Zimmer und Suiten mit Miniküche.

MARIE-GALANTE: La Rose du Brésil €
Modern
Route du Littoral, Capesterre
0590 974 739
larosedubresil.com
Das reizende Hotel in der Nähe zweier Strände verfügt über Studios, Suiten, Bungalows und eine Villa mit Hängematten und Grill.

SAINT-ANNE: Club Med La Caravelle €€€
Strandresort
Quart Carvelle
0810 810 810
clubmed.com
Das weitläufige Strandresort mit All-inclusive-Unterkünften bietet Aktivitäten für Groß und Klein.

SAINT-FRANÇOIS: Hostellerie des Châteaux €
Strandresort
Pointe des Châteaux
0590 855 408
hostellerie-des-chateaux.com
Die komfortablen Zimmer um einen Swimmingpool stehen auf einem Hügel mit Blick aufs Meer.

SAINT-FRANÇOIS: Hotel Amaudo €€
Strandresort
Anse à la Barque
0590 888 700
amaudo.fr
Das gemütliche Hotel auf einem Felsen über der Stadt bietet Zimmer mit Terrassen und Meerblick sowie auf Wunsch Frühstück.

SAINT-FRANÇOIS: Hotel La Cocoteraie €€€
Luxus
Avenue de l'Europe
0590 887 981
lacocoteraie.com
Das Hotel in einem Garten an der Plage de l'Anse Champagne bietet schöne Zimmer und Zugang zu einem 18-Loch-Golfplatz.

Restaurantauswahl

BOUILLANTE:
L'Eddy's Papillon €€€
Kreolisch
40 Abel Racon, Le Bourg
0590 998 010
Das Freiluftrestaurant serviert Seafood- und Fleischgerichte der Cajun- und kreolischen Küche sowie Pizzas in vielen Varianten. Feiertags gibt es Festpreismenüs.

Vis-à-Vis-Tipp

BOUILLANTE: La Touna €€€
Karibisch
Pigeon-Galets
0590 987 010
So abends, Mo
La Touna serviert Seafood, Steaks, Tapas sowie die Hausspezialität Muschelburger. Frische Langusten werden direkt aus dem Aquarium heraus gegrillt, in Fond geköchelt oder in einem kreolischen Frikassee gegart. Auch gegrillte Krabben sind erhältlich. Der Blick auf die Îlets Pigeon ist sehr schön.

DESHAIES: Kote Lagon €
Kreolisch
Plage de Grand Anse
0690 717 557
Das entspannte, einladende Café am Strand serviert regionale Klassiker, darunter viel Seafood. Samstags steht Live-Unterhaltung auf dem Programm.

DESHAIES: Pizzeria Peppine €
Pizzeria
Chemin Forban
0590 834 337
Die Pizzas aus dem Steinofen, ob klassisch oder einfallsreich belegt, sind sehr beliebt. Freitags wird Paella serviert. Gerichte gibt es auch zum Mitnehmen.

GOSIER: Au Petit Creux €
Bistro
11 Rue Nicolas Baller Bourg
0590 844 919 So
Das reizende kleine Bistro bietet eine große Auswahl an Pizzas, Sandwiches, Crostinis und Crêpes sowie exzellente Desserts.

GOSIER: Restaurant Hong €€
Vietnamesisch
10-4 Lot Bas du Fort
0590 909 510 So
Bei den Gerichten der Antillen- und der Vietnam-Küche handelt es sich in der Regel um Fleisch oder Seafood mit Nudeln oder Reis. Es gibt auch Drei-Gänge-Menüs zum Mitnehmen.

Der dicht bewachsene Eingang des Iguane Café in Saint-François

GOSIER: Vapor é Vous €€
International
51 Rue Becquerel, Baie-Mahault
0690 713 041 Sa, So
Die Wochenkarte des gemütlichen Restaurants richtet sich nach den spontanen Eingaben des Küchenchefs. Seafood ist jedoch immer dabei. Kreditkarten werden nicht akzeptiert.

LES SAINTES: Au Bon Vivre €€€
Französisch / Karibisch
31 Rue Jean Calot, Terre-de-Haut
0590 941 984
Mi mittags, Sa mittags
Hier gibt es Französisches mit karibischer Note, u. a. Currys und Brochettes sowie sündhaft gute Desserts wie die hausgemachte Crème brûlée.

LES SAINTES: Ti Kaz'La €€€
Französisch / Seafood
10 Rue Benoît Cassin, Terre-de-Haut
0590 995 763
Die französische Brasserie mit Blick auf den Hafen ist eine Spezialistin für Seafood. Es gibt zwei Festpreismenüs und ein Menü für Kinder.

MARIE-GALANTE: Le Reflet de l'Île €
Karibisch
3 Rue Marine, Capesterre
0590 974 130 Mo
Das einladende Restaurant serviert Gerichte der kreolischen und karibischen Küche, u. a. Langusten vom Grill und Fischspießchen. Kokosnusspudding und Maracuja-Crème-brûlée sind die Highlights unter den Desserts.

Preiskategorien
Die Preise gelten für ein Zwei-Gänge-Menü pro Person mit einer halben Flasche Hauswein, inklusive Steuern und Service.

€	unter 35 Euro
€€	35 – 50 Euro
€€€	über 50 Euro

MARIE-GALANTE:
Manman'dlo La Sirène €€€
International
La Rose du Brésil Hotel, Capesterre
0590 974 739
Das Hotelrestaurant, eines der besten der Insel, verwendet für seine Gerichte hauptsächlich Bio-Zutaten. Am schönsten isst man an den Tischen im Poolbereich.

SAINT-FRANÇOIS:
Café Wango €€€
International
St-François Marina
0590 835 041
Von den vielen Gerichten aus aller Welt, die im Café Wango auf der Karte stehen, ist die Auswahl aus Asien, u. a. mit Sushi, Wok- und japanischen Gerichten, besonders zu empfehlen. Es gibt auch Tatar, Carpaccio, Pasta, Brochettes und Salate.

SAINT-FRANÇOIS: I, Pates €€€
Italienisch
5 Rue de la République
0590 741 341 So, Di
Das Restaurant, das einst als italienischer Lebensmittelladen begann, serviert exzellente hausgemachte Pasta und Desserts wie Tiramisu, Pannacotta und Sorbets. Samstags kann man auch zu Mittag essen.

SAINT-FRANÇOIS:
Iguane Café €€€
Karibisch
Route de la Pointe des Châteaux
0590 886 137 Di
Die Kombination aus den leuchtenden Farben Afrikas und den Gewürzen aus Indien und Asien macht das Iguane zu etwas Einzigartigem. Das Café serviert u. a. ein Probiermenü und ein »Piratenmenü« mit Langusten.

SAINT-FRANÇOIS:
Restaurant L'O €€€
Französisch
12 Rue de la République
0590 831 621 Mo
Das Freiluftrestaurant an der Promenade bietet exzellente französische Gerichte à la carte oder als Drei-Gänge-Festpreismenü. Gegrillte Languste ist eine der Spezialitäten. Wer karibischen Rum mag, hat hier reichlich Auswahl.

Praktische Hinweise

Das französische Überseedépartement Guadeloupe ist ein Tropenziel mit stark französischer Prägung. Infrastruktur, Kochkunst, Kultur und nicht zuletzt auch die Sprache sind · französisch (wobei viele im Fremdenverkehr auch Englisch sprechen). Die meisten Besucher landen auf dem internationalen Flughafen in Pointe-à-Pitre auf Grand-Terre. Von dort geht es per Auto, Taxi und Fähre weiter. Es gibt zahlreiche Informationsbüros. Kunsthandwerk und Rumerzeugnisse sind beliebte Souvenirs.

Apotheke im Ortszentrum von Le Moule, Guadeloupe

Beste Reisezeit

Die Luftfeuchtigkeit variiert bei gleichbleibenden Temperaturen je nach Jahreszeit. Während es von Februar bis Juli trocken ist, nehmen die Niederschläge ab Juli zu und dauern in der Regel bis Anfang Januar. Der Karneval beginnt am Freitag nach Heilige Drei Könige und endet mit den Feiern an Mardi Gras (Faschingsdienstag). Einige Läden bleiben in den Monaten August und September geschlossen.

Anreise

Guadeloupe besitzt den internationalen Aéroport Guadeloupe-Pôle Caraïbes (PTP) in Pointe-à-Pitre auf Grande-Terre sowie Regionalflugplätze auf den Inseln Basse-Terre, Marie-Galante, Terre-de-Haut und La Désirade. Die vorgelagerten Inseln des Archipels erreicht man per Fähre. Aus Deutschland, aus Österreich und aus der Schweiz fliegen Maschinen der Fluggesellschaften **Air Canada**, **Air France**, **Austrian**, **Corsair**, **KLM**, **Lufthansa** und **Swiss** mit einem oder zwei Zwischenstopps nach Guadeloupe. **Air Caraïbes** und **LIAT** verbinden die Antillen-Inseln miteinander. Die großen Fährlinien zwischen den Inseln sind **L'Express des Îles**, **Comatrile** und **Jean's Ferry Service**.

Einreise

Bürger aus EU-Ländern und der Schweiz – auch Kinder jeden Alters – benötigen für die Einreise einen gültigen Reisepass für einen Aufenthalt von bis zu drei Monaten. Manche Zollbeamte verlangen ein gültiges Rück- oder Weiterreiseticket, einen Nachweis über ausreichend Barmittel sowie eine Hoteladresse.

Information

Informationsstände sind in den Ankunftshallen der Flughäfen und an anderen frequentierten Orten der Inseln zu finden. Büros des **Comité du Tourisme des Îles de la Guadeloupe** gibt es auf allen Inseln von Guadeloupe.

Sicherheit und Gesundheit

Kriminalität ist auf Guadeloupe und den vorgelagerten Inseln kein Thema. Man sollte Wertsachen aber nicht im Wagen lassen. Leitungswasser kann man in den Hauptorten trinken. Trinkwasser in Flaschen bekommt man überall. Es gibt mehrere moderne medizinische Einrichtungen auf den Inseln, beispielsweise das **Centre Hospitalier Universitaire de Pointe-à-Pitre**.

Banken und Währung

Offizielle Währung ist der Euro. Andere Währungen kann man an Geldautomaten und in Banken wechseln. Sie sind in den Hauptorten montags bis freitags von 8 bis 16 Uhr geöffnet. Geldautomaten kann man mit Kreditkarten und teilweise auch mit Debitkarten nutzen. Die gängigen Kreditkarten werden akzeptiert, nur nicht in kleinen Cafés, etwa auf den vorgelagerten Inseln.

Kommunikation

Die Telefonnummern auf Guadeloupe haben zehn Stellen und beginnen mit 0590 (mobil 0690). Bei Telefonaten innerhalb von Guadeloupe sowie nach St. Martin und St. Barthélemy genügt die zehnstellige Rufnummer. Wer aus Europa auf Guadeloupe anruft, wählt 0059 und die zehnstellige Rufnummer. Um ins Ausland zu telefonieren, wählt man 00 und die Ländervorwahl (Deutschland: 49; Österreich: 43; Schweiz: 41). Handys mit Prepaid-Karte kann man in den Filialen von Orange Caraïbe kaufen. In Telefonzellen benötigt man eine Telefonkarte. Hotels bieten oft Internet-Anschluss. WLAN-Hotspots sind auf der ganzen Insel vorhanden, in größeren Orten gibt es zumindest ein Internet-Café.

Informationsbüro in Pointe-à-Pitre

Verkehrsmittel

Mietwagen muss man in der Hauptsaison sehr weit im Voraus buchen. In großen Hotels ist es möglich, Autos tage- oder wochenweise zu mieten. Firmen wie **Avis**, **Europcar**, **Budget**, **Quickly** und **Voitures des Îles** haben Schalter am Flughafen. Taxis warten an Flug-, Fähr- und Kreuzfahrthäfen. Sie besitzen Taxameter und dürfen zwischen 21 und 7 Uhr sowie an Sonn- und Feiertagen Zuschläge verlangen. Die Taxifirmen heißen **Taxi Arts**, **Tele-Taxi**, **C.D.L. Taxi**, **Taxi Les Saintes Travel**, **Elie Castanet**, **Étienne Léveillé** und **Taxi: La Désirade**. Wer Busse nutzen möchte, sollte Grundkenntnisse der französischen Sprache besitzen.

Shopping

Auf den Märkten in Pointe-à-Pitre und Basse-Terre gibt es Souvenirs, Delikatessen und Kunsthandwerk. Man erhält dort Colombo-Gewürz (eine Art Currypulver), Obstpunsch mit Inselrum und Madras-Stoff (heller Karostoff der einheimischen Tracht). Die Märkte sind meist täglich außer sonntags von frühmorgens bis mittags geöffnet. In Pointe-à-Pitre gibt es den Marché Artisanal und den Marché de la Darse, in Basse-Terre einen kleineren Markt auf dem Boulevard du Général de Gaulle. **Tee Shirt Adventure** verkauft Geschenke und Souvenirs. Das größte Shopping-Center der Insel ist das **Centre Commercial Destreland** mit über 170 Läden, gefolgt vom **Centre Commercial Milenis**. An der Südküste von Grande-Terre lohnt der Besuch des **Village Artisanal** und des **Artisan d'Art Aquaverre** mit handbemalten Glasobjekten.

Sprache

Amtssprache auf Guadeloupe ist Französisch. Viele Insulaner sprechen auch Kreolisch und Englisch.

Strom

Auf Guadeloupe beträgt die Stromspannung 230 Volt mit 50 Hertz, wie in Deutschland, Österreich und der Schweiz. Adapter sind nicht nötig.

Zeit

Die Atlantic Standard Time (AST) auf Guadeloupe liegt fünf Stunden hinter der Mitteleuropäischen Zeit (MEZ), sechs Stunden hinter der Mitteleuropäischen Sommerzeit (MESZ).

Heiraten

Auf dem Archipel zu heiraten ist für Nichtfranzosen ein kompliziertes Unterfangen. Es gelten dieselben Vorschriften wie für Martinique *(siehe S. 375)*. Weitere Details zum Prozedere entnehmen Sie der Website des Comité du Tourisme.

Auf einen Blick

Anreise

Air Canada
W aircanada.com

Air Caraïbes
T 0820 835 835.
W aircaraibes.com

Air France
W airfrance.com

Austrian
W austrian.com

Comatrile
Saint-François, Grande-Terre.
T 0590 222 631.

Corsair
W corsair.fr

Jean's Ferry Service
Gare Maritime de Bergevin, Pointe-à-Pitre.
T 0825 010 125.
W jeansforfreedom.com

KLM
W klm.com

L'Express des Îles
Gare Maritime de Bergevin, Grande-Terre.
T 0825 359 000.
W express-des-iles.com

LIAT
T 0590 211 393.
W liat.com

Lufthansa
W lufthansa.com

Swiss
W swiss.com

Information

Comité du Tourisme des Îles de la Guadeloupe
Pointe-a-Pitre.
T Grande-Terre: 0590 820 930; Basse-Terre: 0590 325 101; Marie-Galante: 0590 975 651; Terre-de-Haut: 0590 995 860; La Désirade: 0590 850 086.
W lesilesdeguadeloupe.com

Sicherheit und Gesundheit

Centre Hospitalier Universitaire de Pointe-à-Pitre
Pointe-à-Pitre, Grande-Terre.
T 0590 891 010.

Feuerwehr
T 18.

Ambulanz
T 15.

Polizei
T 17.

Verkehrsmittel

Avis
T 0590 211 354.
W avis.com

Budget
T 0590 214 657.
W budget-antilles.com

C.D.L. Taxi
Grande-Terre.
T 0590 207 474.

Elie Castanet
Marie-Galante.
T 0590 973 334.

Étienne Léveillé
Marie-Galante.
T 0590 978 783.

Europcar
T 0590 387 388.
W europcar-guadeloupe.com

Quickly
T 0590 125 241.
W quickly.fr

Taxi Art
Pointe-à-Pitre, Grande-Terre.
T 0590 822 626.

Taxi: La Désirade
La Désirade.
T 0690 385 408.

Taxi Les Saintes Travel
Terre-de-Haut, Les Saintes.
T 0590 995 677.

Tele-Taxi
Guadeloupe.
T 0590 943 340.

Voitures des Îles
T 0590 892 210.
W voituresdesiles.com

Shopping

Artisan d'Art Aquaverre
Saint-François, Grande-Terre.
T 0590 886 844.

Centre Commercial Destreland
N1, Baie-Mahault, Basse-Terre.
T 0590 385 385.
W destreland.com

Centre Commercial Milenis
N1, Les Abymes, Grand-Terre.

L'Abeille Créole
Route de la Chapelle, Gosier, Grande-Terre.
T 0690 487 856.

Tee Shirt Adventure
4 Quai Ferdinand de Lesseps, Pointe-à-Pitre.
T 0590 212 101.

Village Artisanal
N4, westl. von Sainte-Anne, Grande-Terre.

Überblick: Martinique

Die Tropeninsel Martinique inspirierte Paul Gauguin zu seinen Landschaftsbildern. Sie ist das ganze Jahr über atemberaubend schön und wird vom Vulkan Montagne Pelée und den Pitons du Carbet dominiert. Der Hauptort Fort-de-France liegt in der Nähe eines Regenwalds. Die Urlaubsgebiete entlang der Südküste erstrecken sich bis zur von Stränden gesäumten Halbinsel gegenüber dem Hauptort. Ein malerischer Weg führt durch das Waldschutzgebiet im Norden zum Atlantik und einigen der schönsten Buchten der Antillen.

Zur Orientierung

Kunsthandwerksladen, Village de la Poterie, Trois-Îlets

Auf Martinique unterwegs

Auf Martinique sind Mietwagen zu empfehlen. Zwischen Fort-de-France und der Urlaubsregion um Trois-Îlets auf der südwestlichen Halbinsel verkehren Fähren. Viele Urlauber benutzen diese *vedettes*, um die lang gezogene Bucht zwischen Hauptstadt und Hotelgebiet zu überqueren. Taxis findet man ohne Probleme, manche Fahrer verdingen sich sogar als Fremdenführer. Von Pointe Simon nahe dem Kreuzfahrtterminal in Fort-de-France fahren Sammeltaxis in die meisten Orte der Insel. Allerdings sind diese Minibusse oft sehr voll und folgen keinem erkennbaren Fahrplan.

Le Carbet
Der Maler Paul Gauguin kam 1887 hierher und fand ein tropisches Paradies vor, welches er in seinem typisch impressionistischen Stil malte.

Sehenswürdigkeiten auf einen Blick

1. Fort-de-France
2. Trois-Îlets und Pointe du Bout
3. Caravelle-Halbinsel
4. *Route de la Trace S. 364f*
5. Sainte-Marie
6. Le Prêcheur
7. *Saint-Pierre S. 367*

0 Kilometer 5

Legende
- Hauptstraße
- Nebenstraße
- Piste
- Fährlinie
- Gipfel

Weitere Zeichenerklärungen *siehe hintere Umschlagklappe*

Allée Pécoul in Saint-Pierre

Sainte-Marie
Der für seine Blumenpracht bekannte Ort ist offizielle »Blumenstadt«.

Château Dubuc
Dieses einst als Zuckerplantage getarnte Anwesen diente als Versteck für Schätze aus geplünderten Schiffen und geheimer Sklavenmarkt.

Auf einen Blick

Politik: Französisches Überseedépartement (Teil der EU, aber nicht des Schengen-Raums).
Sprache: Französisch, umgangssprachlich Kreolisch.
Währung: Euro (€).
Mobilfunk: GSM/GPRS 900 MHz (wie in D, A, CH), UMTS 2100 MHz (wie in D, A, CH).
Strom: 220 V/50 Hz, Adapter: nein.

Le François
Napoléons Frau Joséphine soll in den seichten Becken namens Les Fonds Blancs gebadet haben.

❶ Fort-de-France

Westküste von Martinique. 150 000. Office du Tourisme de Fort-de-France, 76, Rue Lazare Carnot, 97200, 0596 602 773. Mo–Sa 6–16 Uhr. Karneval (Jan/Feb), Kulturfestival (Juli). **tourismefdf.com**

Der lebhafte Markt in Fort-de-France

Der Hauptort von Martinique ist eine lebendige Stadt mit französischem Flair und tropischen Farben. Unweit des Hafens in der Baie des Flamands ist die bezaubernde Place de la Savane mit ihren Palmen und Blumen ein idealer Ausgangspunkt für einen Rundgang.

Das Fort Saint-Louis besetzt eine Halbinsel an der Ostseite der Place de la Savane. Die Festung wurde 1638 unter der Herrschaft von Louis XIII gebaut. Teile davon werden bis heute militärisch genutzt, weswegen die Festung nicht öffentlich zugänglich ist. Ausnahmen gibt es zu besonderen Gelegenheiten wie dem Gedenktag im September. Östlich des Fort Saint-Louis steht das zwischen 1768 und 1771 errichtete Fort Desaix – heute das Militärhauptquartier.

Das **Musée d'Archéologie et de Préhistoire** an der Westseite des Parks residiert in einem historischen Bau. Es widmet sich der präkolumbischen Geschichte und den Anfängen der Kolonialzeit. Unter den beeindruckenden Artefakten sind Töpferwaren und Steinwerkzeug der indigenen Völker. Das Museum zeigt auch eine interessante Sammlung an Tonköpfen, mit denen die Arawak ihre Vasen verzierten. Nahe dem Musée d'Archéologie et de Préhistorie steht die **Cathédrale Saint-Louis**. Die Ende des 19. Jahrhunderts auf dem Gelände älterer Kirchen (von 1671) errichtete und 1978 renovierte Kathedrale ist ein Meisterwerk des renommierten französischen Baumeisters Henri Picq. Viele Gouverneure der Insel liegen hier begraben. Eine gewaltige Pfeifenorgel dominiert die Kirche mit ihrem 57 Meter hohen Turm und schönen Buntglasfenstern. Nördlich der Kathedrale findet man in der Rue Antoine Siger den größten Markt der Stadt. Jeden Morgen breiten Bauern hier unter dem Metalldach des Gebäudes ihre Erzeugnisse aus. Verkauft werden Gewürze, Rum und eine große Vielfalt an Obst und Gemüse. Der bemerkenswerteste, auch von Henri Picq errichtete Bau in Fort-de-France ist die **Bibliothèque Schoelcher** *(siehe S. 63)* zu Ehren des Sklavereigegners Victor Schoelcher. Der rosa-weiße Kuppelbau wurde in Paris für die Weltausstellung 1889 gebaut, danach zerlegt, hierher verschifft und im Jahr 1893 wieder aufgebaut. Er birgt über 130 000 Bücher, von denen viele von Schoelcher gestiftet wurden. Die Sammlung reicht von alten Texten bis zu Kriminalromanen.

Statue von Schoelcher

Das **Musée Régional d'Histoire et d'Ethnographie** in einer klassizistischen Villa nördlich von La Savane ist mit Mahagonimöbeln und filigranen Gittern elegant eingerichtet. Eine Hauptattraktion der interessanten Ausstellung sind die in feine Spitzen und echten Goldschmuck gekleideten Puppen.

Hauptschiff der Cathédrale Saint-Louis

Musée d'Archéologie et de Préhistoire
9 Rue de la Liberté.
0596 715 705.
Mo 13–17 Uhr, Di–Fr 8–17 Uhr, Sa 9–12 Uhr.

Cathédrale Saint-Louis
Ecke Rue Victor Schoelcher und Rue Antoine Siger.
0596 735 978.
tägl. 6.30–11.30 Uhr (Di–Do auch 14.30–17 Uhr).

Bibliothèque Schoelcher
1 Rue de la Liberté. 0596 556 830. Mo 13–17 Uhr, Di–Do 8.30–17.30 Uhr, Fr 8.30–17 Uhr, Sa 8.30–12 Uhr.

Musée Régional d'Histoire et d'Ethnographie
10 Boulevard Général de Gaulle.
0596 728 187.
Mo, Mi–Fr 8.30–17 Uhr, Di 14–17 Uhr, Sa 8.30–12.30 Uhr.

Hotels und Restaurants auf Martinique *siehe Seiten 372 und 373*

❷ Trois-Îlets und Pointe du Bout

28 km südl. von Fort-de-France.
Office du Tourisme des Trois-Îlets, Place Gabriel Hayot, 0596 684 763; Marina de la Pointe du Bout, Trois-Îlets, 0596 634 879.
troisilets-martinique.fr

Die bevorzugte Urlaubsgegend von Martinique liegt auf einer Halbinsel im Süden der Baie de Fort-de-France. Zwischen Fort-de-France und der Marina Pointe du Bout an der Nordküste der Halbinsel verkehren viele Fähren. Die Halbinsel ist auch mit dem Auto über die Küstenstraße erreichbar, doch wegen des dichten Verkehrs ist das nicht zu empfehlen.

Neben der großen Marina und den Stränden, an denen Wassersport möglich ist, besitzt das Gebiet einen erstklassigen Golfplatz, Luxushotels, edle Restaurants und Cafés.

Die **Église Notre Dame de la Bonne Délivrance** beherrscht den Marktplatz von Trois-Îlets. Hier heirateten 1761 die Eltern von Joséphine, der späteren Gemahlin von Napoléon, sie selbst wurde dort 1763 getauft und ihre Mutter 1807 dort begraben. Die als Historisches Denkmal geschützte, zauberhafte weiße Kirche kann man besichtigen.

In **Le Village de la Poterie** außerhalb von Trois-Îlets verkaufen Keramiker und andere Kunsthandwerker ihre Erzeugnisse. Östlich davon bietet **La Savane des Esclaves** auf über 20 000 Quadratmetern einen Einblick in die Geschichte der Sklaverei auf Martinique. Es gibt ein Museum, eine rekonstruierte Sklavensiedlung aus dem 19. Jahrhundert und einen Heilkräutergarten. Die **Domaine Château-Gailliard** ist ein nahe gelegener Komplex mit Läden und Ateliers, in denen Keramikartikel hergestellt und verkauft werden, aber auch Gewürze, Seifen, Kerzen und Lebensmittel. Domaine Château-Gailliard unternimmt auch Hubschrauberflüge über Martinique. Weiter westlich steht die **Maison de la Canne** auf einer Plantage (18. Jh.), zu der auch die alte Rumbrennerei Vatable gehört.

Im Osten von Trois-Îlets in La Pagerie ist das **Musée de la Pagerie** voller Erinnerungsstücke an Kaiserin Joséphine, die hier 1763 geboren wurde.

Die Fahrt von Trois-Îlets südwärts nach Le Diamant auf der Straße D7 führt durch eine der schönsten Gegenden von Martinique. In Le Diamant, einem hübschen Dorf mit bunten Häusern, beginnt der dreistündige Aufstieg auf den 478 Meter hohen Morne Larcher, den höchsten Punkt der Halbinsel. Dort hat man Blick auf Rocher du Diamant (183 m), der drei Kilometer vor der Küste aus dem Meer ragt. Während der Napoleonischen Kriege 1804 bestückte die britische Armee den Felsen mit Kanonen und über 100 Seeleuten und nannte das ganze HMS *Diamond Rock*. Von diesem unsinkbaren »Schiff« aus belagerten die Briten Martinique 17 Monate lang, bis die Franzosen Rumfässer zum Fels treiben ließen, die Seeleute sich betranken und schließlich von den Franzosen besiegt wurden.

Musée de la Pagerie, das Geburtshaus von Kaiserin Joséphine

Keramikwerkstatt in Le Village de la Poterie, vor Trois-Îlets

L'Église Notre Dame de la Bonne Délivrance
Place Centrale de la Commune, Trois-Îlets. tägl. 9.15–11.45 Uhr.

La Savane des Esclaves
Quartier La Ferme, 97229 Trois-Îlets.
0596 683 391.
tägl. 9–12, 14–17.30 Uhr.
Mo–Sa 10 & 11.15 Uhr.
lasavanedesesclaves.fr

Domaine Château-Gailliard
Route des Trois-Îlets. 0596 681 568. tägl. 9–18 Uhr.

La Maison de la Canne
Point Vatable. 0596 683 204.
Di–Do 8.30–17.30 Uhr, Fr, Sa 8.30–17 Uhr, So 9–17 Uhr.

Musée de la Pagerie
La Pagerie, D7, Trois-Îlets.
0596 683 834. Di–Fr 9–16.30 Uhr, Sa, So 9.30–14.30 Uhr, Feiertage 9.30–12.30 Uhr.

❸ Caravelle-Halbinsel

27 km nordöstl. von Fort-de-France. **i** Office de Tourisme de Trinité, Centre Commercial le Galion, 0596 586 998. **W** **ot-trinitemartinique.fr**

Caravelle erstreckt sich von der Ostküste Martiniques elf Kilometer weit in den Atlantik. Mit den malerischen Stränden vor steilen Klippen wirkt die Halbinsel wie ein eigenes Eiland. Durch das **Réserve Naturelle de la Caravelle** an der Spitze der Landzunge führen mehrere Wanderwege. Über die Baie du Galion wacht der älteste noch betriebene Leuchtturm der Insel. Er bietet den schönen Blick auf den Badeort Tartane.

Die Ruinen des **Château Dubuc** liegen innerhalb des Schutzgebiets, sind aber zugänglich. Das 1770 von der Familie Dubuc de Rivery im Stil einer Zuckerplantage angelegte Anwesen soll angeblich als Schmugglerzentrale gedient haben und erwirtschaftete seinen großen Reichtum mit dem Verkauf von Sklaven und Wertgegenständen von geplünderten Schiffen. Direkt vor dem Château Dubuc beginnt ein Naturpfad durch einen Mangrovenwald.

Réserve Naturelle de la Caravelle
0596 644 259.

Château Dubuc
Caravelle-Halbinsel.
0596 644 259.
tägl. 8.30–17 Uhr.

Ruinen des Château Dubuc auf der Caravelle-Halbinsel

❹ Route de la Trace

Die Fahrt entlang der Route de la Trace, der N3, führt von Fort-de-France an der Karibikküste durch Regenwald bis nach Le Morne Rouge, dem höchstgelegenen Dorf der Insel (457 m). Die Strecke folgt einem alten, von Jesuiten im 18. Jahrhundert angelegten Pfad. Heute fährt man allerdings auf einer geteerten Straße über die Bergkette. Professionelle Führer organisieren auch Geländewagen-Touren durch raueres Gelände. Durch manche Gegenden kommt man nur zu Fuß. Ein beliebter Wanderweg ist die Trace des Jésuites, die auf einem Bergrücken oberhalb der Route de la Trace mit Blick auf die Montagne Pelée verläuft.

④ Plateau Boucher
Die Route passiert eine Schlucht der Rivière Blanché und führt zum Plateau Boucher, von wo mehrere Pfade zu den *pitons* (Gipfel) führen.

③ Jardin de Balata
Der Garten von Balata ist um ein altes kreolisches Haus angelegt und birgt eine Sammlung bezeichneter Bäume, Pflanzen und Tropenblumen. Gartenbaukünstler Jean-Philippe Thoze brachte sie aus aller Welt hierher.

② Église de Balata
Die Kirche von Balata wurde im Stil der Basilika Sacré-Cœur auf dem Hügel von Montmartre (Paris) gebaut.

① Fort-de-France
Im Hauptort *(siehe S. 362)* gibt es viele historische Stätten zu entdecken.

⑤ **Pitons du Carbet**
Die Pitons du Carbet umfassen fünf Gipfel, deren höchster, der Piton Lacroix, 1196 Meter aufragt.

Routeninfos

Start: Fort-de-France.
Länge: 39 km.
Strecke: Nehmen Sie die N3 nach Norden ab Fort-de-France Richtung Balata. Die Hauptstraße ist geteert. Verschiedene Anbieter *(siehe S. 371)* organisieren Ausflüge in die unwegsameren Gegenden des Nationalparks und Regenwalds.

Legende
▲ Gipfel
Route de la Trace
Nebenstraße
Trace des Jésuites

⑥ **Fonds-Saint-Denis**
Von Deux-Choux führt ein Abstecher über die D1 nach Fonds-Saint-Denis. Das hübsche Dorf wird von einer sehenswert schönen Kirche überragt.

⑦ **Observatoire du Morne des Cadets**
Westlich von Fonds-Saint-Denis bietet das Observatoire du Morne des Cadets eine herrliche Aussicht auf die Montagne Pelée und die Pitons.

⑧ **Le Morne Rouge**
Das Dorf liegt an den Hängen des Vulkans Montagne Pelée und wurde bei der Eruption am 30. August 1902 zerstört. Alljährlich wird der Katastrophe, bei der 1500 Menschen umkamen, gedacht. Die Menschen besuchen Morne Rouge, knien vor einer wunderschönen Marienstatue aus der Normandie nieder und beten für die Toten.

Exponate im Musée du Rhum, Sainte-Marie

5 Sainte-Marie

34 km nordöstl. von Fort-de-France. 20 300. Office Samaritain du Tourisme, Rathaus, Küstenstraße, 0596 691 383. Fête du Rhum (Dez). **saintemarie-martinique.fr**

Sainte-Marie, offiziell Ville des Fleurs (Blumenstadt), ist die größte Stadt an der Atlantikseite der Insel und die viertgrößte Stadt Martiniques. Tagsüber konzentriert sich das Stadtleben auf die wunderbare Strandpromenade gegenüber der Îlet de Sainte-Marie, einem kleinen, 400 Meter vor der Küste gelegenen Eiland. Man erreicht es von Januar bis April bei Ebbe zu Fuß auf dem *tombolo* (Sandbank). Der Wanderclub der Insel organisiert über das Tourismusbüro Führungen auf dem *tombolo*, sofern Wetter und Seegang es zulassen. Die Sandbank ist auch bei Rad- und Quadfahrern sehr beliebt. Die geologische Formation ist in dieser Weise selten und sehr sehenswert. Wegen der starken Strömungen ist es extrem gefährlich, in den Buchten des Landstreifens zu schwimmen. Wanderungen auf der kleinen Insel können sehr anstrengen.

Das **Musée du Rhum** am Ortsrand auf dem Gelände der Distillerie Saint-James gibt bei Führungen einen Überblick über die Rumproduktion Martiniques. Das Museum in einem Kolonialhaus der früheren Zuckerplantage Sainte-Marie besitzt eine Sammlung antiker Maschinen und Geräte, Fotos, Dokumente und eine Probierbar. Die **Domaine de Fonds Saint-Jacques** 1,5 Kilometer nördlich der Stadt ist eines der besterhaltenen Anwesen von Martinique. Man kann die Kapelle, das Lagerhaus, die Küche und die Ruinen der anderen Gebäude besichtigen, in denen Père Jean-Baptiste Labat einen Destillierapparat für die Rumherstellung entwickelte und die einträgliche Schnapsbrennerei der Dominikaner im 17. Jahrhundert überwachte.

Musée du Rhum
Distillerie Saint-James, Le Bourg-Sainte-Marie. 0596 693 002. Mo–Sa 9–17 Uhr.

Domaine de Fonds Saint-Jacques
194 Rue du Pavé, 97230. 0596 691 012. Mo–Fr 10–16 Uhr. So nach Vereinbarung. **domainedefondsaintjacques.com**

6 Le Prêcheur

40 km nordwest. von Fort-de-France. 2100. Le Syndicat d'Initiative du Prêcheur, Le Bourg, Espace Samboura, Le Prêcheur, 0596 529 145.

Als erster Teil der Insel wurde im 17. Jahrhundert die Karibikküste vor der Montagne Pelée besiedelt. Die Dörfer Le Prêcheur und Saint-Pierre wurden zum Zentrum der blühenden Zucker- und Kakaoindustrie Martiniques.

Das einst von einer Elite aus französischen Aristokraten bewohnte Le Prêcheur ist heute ein einfaches Fischerdorf. Südlich des Orts passiert die Küstenstraße den Tombeau des Caraïbes, Klippen, von denen im 17. Jahrhundert angeblich eine Gruppe von Kalinagos in den Tod sprang, bevor französische Siedler sie gefangen nehmen konnten.

Die **Distillerie Neisson** ist einer der letzten Hersteller, der Zuckerrohr noch selbst anbaut. Connoisseurs behaupten nachdrücklich, der Rum aus diesem Zuckerrohr sei der weltweit beste.

Distillerie Neisson
Domaine Thieubert. 0596 780 370. Mo–Fr 9–17 Uhr, Sa 8–12 Uhr. **neisson.fr**

Ausbruch des Vulkans, Lithografie von Clement A. Andrieux (1902)

Ausbruch der Montagne Pelée 1902

Kurz vor dem Ausbruch 1902 spie die Montagne Pelée Vulkanasche. Obwohl die Bewohner von Saint-Pierre bereits viele Naturkatastrophen, darunter die Eruptionen von 1792 und 1851 sowie mehrere Erdbeben erlebt hatten, ignorierten sie die Warnzeichen. Am Morgen des 8. Mai 1902 brach die Montagne Pelée um acht Uhr aus und schleuderte glühenden Ascheregen auf die Stadt Saint-Pierre. Alle 30 000 Einwohner bis auf einen kamen um. Der einzige Überlebende, ein Häftling des Stadtgefängnisses, wurde erst nach drei Tagen von französischen Seeleuten gerettet.

Hotels und Restaurants auf Martinique *siehe Seiten 372 und 373*

7 Saint-Pierre

Das 1635 als erste Inselhauptstadt gegründete Saint-Pierre war 1902 das wirtschaftliche Zentrum Martiniques, eine blühende, kosmopolitische Stadt, als der Vulkan ausbrach und sie zerstörte. Die Stadt wurde wieder aufgebaut und ist heute eine prosperierende Metropole mit modernen Bauten, Läden und Restaurants, die alle auf die Ruinen gebaut wurden. Den besten Überblick über die neue Stadt und die zugewachsenen Reste der alten Stadt gewinnt man vom Cyparis Express aus. Der Minizug fährt durch die engen Einbahnstraßen und hält an interessanten Orten.

Infobox

Information
20 km nordwestl. von Fort-de-France. Office Municipal de St-Pierre, Rue Victor Hugo, 0596 783 405. Mo–Fr 9–13, 14–17 Uhr.
Cyparis Express 0596 555 092; Sa, So nach Vereinbarung, sonst bei Bedarf.
Musée Vulcanologique Rue Victor Hugo. 0596 781 516. tägl. 9–17 Uhr.

Anfahrt

Église du Fort
Am Morgen der Eruption wohnten viele Einwohner dem Gottesdienst in der Kirche bei. Keiner der Anwesenden überlebte. Die überwucherten Steinreste der Église du Fort erinnern bis heute an jenen schicksalhaften Tag.

Cachot de Cyparis
Die dicken Mauern des 1660 erbauten Gefängnisses retteten dem Häftling Auguste Cyparis das Leben. Es wurde nach ihm benannt.

Musée Vulcanologique
Der Geologe Franck Perret gründete es in den 1930er Jahren mit Erinnerungsstücken an die Katastrophe: um acht Uhr stehen gebliebene Uhren, eine geschmolzene Glocke und Fotos aus der goldenen Zeit der Stadt.

Ancien Théâtre
Der Treppenaufgang zum Vorraum des Ancien Théâtre erinnert noch heute an das Theater von 1786 mit 800 Sitzplätzen. Damals wurde es nach dem Vorbild des Theaters von Bordeaux gebaut.

Sport und Aktivurlaub

Mehr als 161 Kilometer markierte Wanderwege machen Martinique zu einem wahren Paradies für Wanderer. Zudem kann man Ausritte in die Landschaft oder auch Ausfahrten im Geländewagen unternehmen, in Korallenriffen, Höhlen und Schiffswracks tauchen und auf weichem Sand in einer geschützten Bucht sonnenbaden. Wer zum ersten Mal herkommt, macht gern eine Küstenrundfahrt im Segel- oder Motorboot. Man kann einen Privatführer engagieren oder die Insel im Mietwagen selbst erkunden. Die Urlaubsgebiete südlich von Fort-de-France, zwischen Trois-Îlets und Le Diamant, bieten zahllose Möglichkeiten, Wassersport zu treiben.

Der Strand der Anse d'Arlet an der Westküste von Trois-Îlets

Strände

Grande Anse du Diamant gegenüber von Rocher du Diamant an der Südküste ist mit fünf Kilometern feinem weißen Sand der längste Strand der Insel. Grande Anse d'Arlet an der Westküste der Halbinsel Trois-Îlets ist ideal für Familien. Bunte Fischerboote liegen auf dem Sand der Anse Noire und der Anse Dufour. Grand Anse des Salines zwischen Sainte-Anne und Pointe d'Enfer am Südkap wird auch »Perle der Antillen« genannt. Am Südende der Landzunge treffen Atlantik und Karibik aufeinander. Surfer bevorzugen aber Anse Trabaud und Baie des Anglais, zwei exzellente kleine Strände. Der Sandstrand der Anse Macabou ist meist menschenleer, nur Krabben tummeln sich hier. Beliebt unter den schwarzen Sandstränden an der Westküste ist die Anse Turin bei Le Carbet. Die Anse Couleuvre nördlich von Le Prêcheur ist ein Schnorchelspot.

Tauchen und Schnorcheln

Die versunkenen Schiffe vor Saint-Pierre faszinieren viele Taucher. Vor Rocher du Diamant gibt es aber auch Höhlen und Tunnel zu entdecken sowie nahe Cap Enragé herrliche Korallengärten. Tauchanfänger können in den seichten Gewässern der Korallenriffe eine gewaltige Vielfalt an Fischen entdecken. Tauchinteressierte können im Hotelpool einen Einführungskurs belegen und dann mit Lehrer in den flachen Ufergebieten tauchen.

Die Angestellten von **Espace Plongée** sind zweisprachig und am orange-blauen Boot in der Marina von Pointe du Bout zu erkennen. In der Ferienregion von Trois-Îlets betreiben Laurent und Sophie nahe Anse Mitan **Aliotis Plongée**. Tauchgänge am Diamond Rock unternimmt man mit **Antilles Sub Diamond** oder **Okeanos Club**. Lionel und Françoise Lafont von **Tropicasub** sind für das Wracktauchen in der Bucht vor Saint-Pierre zuständig.

Bootfahren und Segeln

Eines der wichtigsten Events in Martinique ist die Tour des Yoles Rondes, eine Regatta für traditionelle kanuähnliche Holzjollen mit zwei Segeln. Einheimische und Besucher sehen zu, wie Teilnehmer ihre bunt bemalten Boote von Le François um die Insel steuern.

Autremer Concept und **Sparkling Charter** im Yachthafen von Le Marin stellen Charterboote mit und ohne Besatzung. Ganz-, Halb- und Mehrtagestörns mit **A Fleur d'Eau** legen gegenüber dem Hafen von Fort-de-France in der Marina bei Pointe du Bout ab und kreuzen vor der Küste Martiniques oder fahren bis nach St. Lucia. Wer ein Motorboot selbst steuern will, wendet sich in Pointe du Bout an den Anbieter **Turquoise Yachting**.

Wassersport

Viele Hotels verleihen Wassersportausrüstung an ihre Gäste und unterhalten kleine Sporthütten an den Stränden mit diversen Ausrüstungen. Die beliebtesten Wassersportarten hier sind Kajakfahren, Jetskifahren und Windsurfen. Die Windverhältnisse sind an der Atlantikküste und rund um die Südspitze am besten. Ein besonderes Naturerlebnis ist es, per Kajak durch Lagunen und Mangroven zu gleiten. Mehrere Firmen auf der Halbinsel Trois-Îlets bieten solche Fahrten an, u.a. **Madinina Surf Club**, **Lagon Evasion**, **Fun Caraïbes**, **Club Nautique du Robert – Windforce**, **Windsurf Club**, **Alize Fun Dillon**, **Kayak Nature Evasion** und **Zagayaks**.

Surfer in voller Fahrt vor Martinique

Wracktauchen vor Saint-Pierre

Der Meeresboden vor Saint-Pierre ist ein Schiffsfriedhof. Als 1902 die Montagne Pelée ausbrach, waren mindestens ein Dutzend Schiffe im Hafen, die allesamt schnell auf den Grund des Tiefseehafens sanken. Nur ein einziges Schiff überstand die Katastrophe. Heute sind die Wracks beliebte Tauchziele. In diesen Unterwasserschatzkammern können Taucher bunte Fische und Korallen entdecken. Mehrere Anbieter organisieren Ausflüge zu diesen interessanten Wracks.

Beliebte Tauchziele

Mindestens zehn Schiffswracks schlummern in verschiedenen Tiefen vor der Küste. Einige der bekanntesten sind Roraima, Teresa Lo Vico *und die* Raisinier.

Schwämme und Korallen bedecken die versunkenen Schiffe vollkommen.

Wasserscooter kommen beim Erkunden der Unterwasserwelt oft zum Einsatz. Man kann sie tageweise mieten.

Der Rumpf der *Raisinier*, eines kanadischen Lastkahns, kenterte aufgrund starker Meeresströmungen. Wegen der relativ geringen Tiefe von 40 Metern ist das Schiffswrack der beste Tauchspot für Anfänger.

Korallen gedeihen rund um das Wrack der *Raisinier*, die mit der Zeit zu einem idealen Lebensraum für diverse Meeresgewächse geworden ist.

Fliesen und Seil liegen bis heute auf der gesunkenen *Teresa Lo Vico* in 30 Metern Tiefe. Das 1874 erbaute Holzschiff transportierte Baumaterial, als der Vulkan ausbrach. Nur drei Besatzungsmitglieder überlebten damals.

Roraima wurde zum bekanntesten Wrack in dieser Gegend, nachdem Jacques Costeau es im Jahr 1977 unter Wasser gefilmt hatte.

Der Maschinenraum der *Roraima* ist nach Jahren noch immer intakt. 35 der 50 Passagiere ertranken bei ihrem Untergang.

Die Wanderwege in den Parks von Martinique sind gut markiert

Sportangeln

In den Gewässern rund um Martinique finden Sportangler ein wahres Paradies vor. Am besten bucht man Fahrten über die größeren Hotels. Auch die Yachtbüros in Pointe du Bout und Le Marin kennen Anbieter für Angelcharter. Yves Pélisson ist bei **Sailfish-Marlin** zuständig. Weitere Firmen sind **Boucaniers Boating**, **Somatras Marina**, **Ocean Safari** und **Le Marin Pêcheur**.

Wandern und Radfahren

Es gibt ungefähr 160 Kilometer ausgeschilderte Wege auf Martinique sowie schier unendlich viele Pfade und Nebenstraßen. Ein geübter Wanderer kann den Gipfel der Montagne Pelée besteigen oder den Regenwald an der Nordküste durchqueren. Touren auf den Naturpfaden sind kürzer und weniger anspruchsvoll. Auf den Wegen des **Parc Naturel** kann man auch Rad fahren. Die offiziellen Parkführer bieten organisierte Touren an. Fahrräder mieten kann man bei Anbietern wie **V.T. Tilt** und bei **Aventures Tropicales**.

Canyoning

Führer, die vom **Bureau de la Randonnée et du Canyoning** und vom Parc Naturel vermittelt werden, unternehmen Touren durch Martiniques Flüsse und Canyons, bei denen die Teilnehmer mit dem Schlauchboot fahren, schwimmen und klettern. Die Exkursionen reichen von dreistündigen Ausflügen bis zu zwölfstündigen Kletterpartien. Zu den beliebtesten Geländen zählen die Gorges de la Falaise, eine malerische Schlucht im Regenwald um Mont Pelé, die zu einem Wasserfall führt. In der Region Carbet sind Rivière Mitan und die Absalon-Fälle besonders beliebt.

Regenwalddach-Touren

Canopy-Touren ermöglicht Adrenalinfans, im sicheren Klettergeschirr an einem Drahtseil entlang durch die Baumwipfel zu schweben und auf hohen Seilen entlangzuwandern. Der bekannteste Anbieter auf Martinique ist **Mangofil**.

Geländewagen-Touren

Die Ausflüge mit Geländewagen mit Allradantrieb führen abseits befestigter Straßen in die urwüchsigsten Gegenden der Insel. **Kata Mambo** kombiniert Jeep-Exkursionen mit Katamarantörns. **Archipel Evasion** unternimmt Buggyfahrten in den Süden und Norden von Martinique. Mit **Martinique Quad Explorer** kommen Gäste im Geländewagen ins Hinterland.

Wasserparks

Einheimische und Besucher von Martinique verbringen gern einen Tag im **Aqwaland**, einem Wasserpark für alle Altersgruppen. Auf vier Hektar mit üppiger Vegetation bietet der französische Park Wasserrutschen und ein Wellenbad. Aqwaland ist derzeit wegen Sanierungsarbeiten geschlossen. Eine Alternative ist der **Maya Beach Club**, eine perfekt für Kinder geeignete kleinere Variante von Aqwaland.

Golf

Der von Robert Trent Jones Sr. entworfene, im Jahr 1976 eröffnete **Martinique Golf und Country Club** ist ein erstklassig angelegter Platz auf einem Gelände von mehr als 63 Hektar. Englischsprachige Profigolfer bieten über die David Leadbetter Golf Academy Unterrichtsstunden und beraten bei der Wahl der Ausrüstung. Der Laden hat ein breit gefächertes Sortiment.

Gepflegte Rasenflächen des Martinique Golf and Country Club, Trois-Îlets

Reiten

Am Strand entlangzureiten ist fantastisch. Auch den Regenwald kann man kaum bequemer erkunden als zu Pferde. Die **Black Horse Ranch** bietet geführte Ausritte von bis zu fünf Tagen Dauer an. Die **Anse Macabou Ranch** an der Südküste unternimmt sogar Strandausritte bei Mondschein. Ponys eignen sich für Kinder ohne Vorkenntnisse.

Ausritt an einem der Strände von Martinique

Tennis

Zu den Hotels mit mindestens zwei Tennisplätzen gehören das Hôtel Carayou und das Hotel Bakoua *(siehe S. 372)*. Im Martinique Golf and Country Club sowie im **Tennis Club Sainte-Marie** sind Plätze mit Flutlicht vorhanden. **La Ligue Régionale de Tennis** und das Informationsbüro in Fort-de-France nennen Ihnen Tennisplätze auf der Insel.

Auf einen Blick

Tauchen und Schnorcheln

Aliotis Plongée
Anse Marette.
0696 904 025.
aliotis.plongee.free.fr

Antilles Sub Diamond
Pointe de la Cherry, Le Diamant.
0596 761 065.
plongeemartinique.fr

Espace Plongée
Marina Pointe du Bout, Trois-Îlets.
0596 660 179.
epm972.fr

Okeanos Club
Village Pierre & Vacances, Saint-Luce.
0696 719 441.

Tropicasub
Madi Créoles Resort, Le Carbet.
0696 242 430.
tropicasub.com

Bootfahren und Segeln

A Fleur d'Eau
Marina Pointe du Bout, Trois-Îlets.
0596 660 217.

Autremer Concept
0596 747 911.
autremerconcept.com

Sparkling Charter
0596 748 168.
sparkling-charter.com

Turquoise Yachting
Blvd Allègre, Le Marin.
0596 681 910.
turquoise-yachting.com

Wassersport

Alize Fun Dillon
Anse Michel, Saint-Anne.
0696 917 106.
alizefunkite martinique.com

Club Nautique du Robert – Windforce
Pointe-Fort, Le Robert.
0596 655 970.

Fun Caraïbes
0596 762 283.
funcaraibes.com

Kayak Nature Evasion
Trois-Îlets.
0596 682 710.
kayak-nature-evasion.com

Lagon Evasion
Anse Michel, Saint-Anne.
0696 909 574.
lagon-evasion.com

Madinina Surf Club
Tartane.
0596 580 236.
madininasurfclub.jimdo.com

Windsurf Club
Pointe du Bout, Trois-Îlets. 0596 661 906.

Zagayaks
Plage de l'Autre-Bord, Caravelle-Halbinsel, La Trinité.
0596 483 890.

Sportangeln

Boucaniers Boating
Bellefontaine.
0596 767 272.
boucaniers-boating.com

Le Marin Pêcheur
Port de Plaisance, Le Marin.
0596 787 196.

Ocean Safari
Case-Pilote.
0596 762 420.
ocean-safari.de.tl

Sailfish-Marlin
Marin Yacht Harbour Marina, Le Marin.
0596 762 420.

Somatras Marina
Pointe du Bout.
0596 660 774.
marina3ilets.com

Wandern und Radfahren

Aventures Tropicales
14 Chemin Bois Thibault-Didier, Fort-de-France.
0596 645 849.

Parc Naturel
Maison du Tourisme Vert, 9 Boulevard du Général-de-Gaulle, Fort-de-France
0596 552 800.

V.T. Tilt
Pointe du Bout, Trois-Îlets.
0596 660 101.

Canyoning

Bureau de la Randonnée et du Canyoning
Quartier Jolimont, Morne-Vert.
0596 550 479.
bureau-rando-martinique.com

Regenwalddach-Touren

Mangofil
Forêt Rateau, Trois-Îlets.
0596 680 808.

Geländewagen-Touren

Archipel Evasion
Rue Jean Jaures, Sainte-Luce.
0596 351 410.

Kata Mambo
Marina Pointe du Bout.
0596 661 183.

Martinique Quad Explorer
Distillerie Trois-Rivières, Sainte-Luce.
0696 293 344.
martinique-quad-explorer.blogspot.com

Wasserparks

Aqwaland
Route des Pitons, Carbet.
0596 784 000.
aqwaland.fr

Maya Beach Club
Plage de l'Hôtel, Anse Caritan, Sainte-Anne.
0596 973 645.

Golf

Martinique Golf and Country Club
Quartier Esperance, Trois-Îlets.
0596 683 281.
martiniquegolf.com

Reiten

Anse Macabou Beach
District Macabou, Le Vauclin.
0696 213 422.

Black Horse Ranch
La Pagerie, Trois-Îlets.
0696 317 300.

Tennis

La Ligue Régionale de Tennis
Petit Manoir, Lamentin.
0596 510 800.

Tennis Club Sainte-Marie
Sainte-Marie.
0596 692 363.

Hotelauswahl

Vis-à-Vis-Tipp

LA TRINITÉ: Le Domaine St. Aubin €
Boutique
Petite Rivière Salée, 97220
0596 693 477
domaine-saint-aubin.com
Das mit Antiquitäten eingerichtete kreolische Herrenhaus ist von Gärten umgeben. Angeboten werden Zimmer sowie Cottages und Apartments, einige davon mit Meerblick. Das Restaurant ist exzellent.

LA TRINITÉ: Résidence Océane Hôtel €
Boutique
Rue du Surf, Anse Bonneville, 97220
0596 587 373
residenceoceane.com
Die Bungalows mit Miniküche und Meerblick sind sauber und komfortabel. Man kann vor Ort fruhstucken.

LA TRINITÉ: Villa Îlet €€
Villa
Îlet Chancel, Baie du Robert
martinicaonline.it
Außer dem kreolischen Cottage stehen auf dieser Privatinsel kaum Häuser. Es gibt einen Anlegeplatz und ein Motorboot. Die Küche ist zur Terrasse hin offen.

LE DIAMANT: Casa Créole €€€
Modern
Rue de la Muscade, Quartier O'Mullane, 97223
0696 335 022
casacreole.fr
Die Villa in Strandnähe mit Küche, kleiner Bibliothek und Büro mit WLAN bietet einen Pool und Blick auf den Rocher du Diamant.

LE FRANÇOIS: Hôtel Frégate Bleue €
Boutique
Frégate Est 4, 97240
0596 545 466
fregatebleue.com
Das Hotel bietet Zimmer – manche mit Miniküche –, Suiten und ein Apartment. Ein kleines Restaurant ist vor Ort.

LE FRANÇOIS: Les Bungalows de la Prairie €€
Bungalows
Pointe Madeleine, Cap Est, 97240
0596 549 416
bungalowsdelaprairie.com
In den Bungalows in einem Park mit Pier gibt es Miniküchen.

LE FRANÇOIS: Cap Est Lagoon Resort & Spa €€€
Strandresort
La Prairie, 97240
0596 548 080
capest.com
In vielen der eleganten Suiten des Luxusresorts mit weißem Sandstrand, Tennisplatz und Spa ist ein kleiner Pool vorhanden.

SAINTE-ANNE: Résidence Orcéa €
Apartments
51 Domaine de Belfond, 97227
0696 443 385
location-orcea.com
In den von Gärten umgebenen Bungalows befinden sich Apartments mit kompletter Küche.

SAINTE-ANNE: Club Med Buccaneer's Creek €€€
Strandresort
Pointe Marin, 97227
0596 767 272
clubmed.us
Das schöne All-inclusive-Resort in kreolischem Stil liegt an einem herrlichen Strand. Es gibt Schulen für Tennis, Wakeboard und Wasserski sowie ein Spa.

SAINTE-LUCE: Hôtel Corail Résidence €
Boutique
Anse Mabouya, 97228
0596 621 101
hotelcorail.com
Alle Zimmer des kleinen Hotels bieten Blick auf die Anse Mabouya oder den Rocher du Diamant.

SAINTE-LUCE: Pierre & Vacances Sainte-Luce Holiday Village €€
Strandresort
Ponite Philippeau, 97228
0596 621 662
pierreetvacances.com
Das Resort mit zwei Stränden, Pools und vielen Aktivitäten bietet u. a. Studios und Apartments.

Preiskategorien
Die Preise gelten für ein Standard-Doppelzimmer pro Nacht (Hochsaison), inklusive Steuern und Service.

€	unter 180 Euro
€€	180 – 350 Euro
€€€	über 350 Euro

TARTANE: Karibéa Résidence La Goélette €
Boutique
Presqu'île de la Caravelle, 97220
0596 586 530
karibea.com
Das kleine Hotel über dem Fischerdorf Tartane an einem Hügel bietet Standardzimmer und Suiten mit Miniküche.

TROIS-ÎLETS: Hôtel La Pagerie €€
Modern
La Pointe Dubout, 97229
0596 660 530
hotel-lapagerie.com
Hier gibt es überwiegend Einzelzimmer mit Extrabett, manche haben eine Miniküche. In den tropischen Pool ist eine Bar integriert.

TROIS-ÎLETS: La Suite Villa €€
Boutique
Route du Fort d'Alet, Anse Mitan, 97729
0596 598 800
la-suite-villa.com
Das Juwel mit Suiten und Villen sowie Pool, Sonnenterrasse und Restaurant liegt in den Hügeln über der Anse Mitan und dem Karibischen Meer.

TROIS-ÎLETS: Hotel Bakoua €€€
Strandresort
La Pointe du Bout, 97229
0596 660 202
hotel-bakoua.fr
Das umwerfende, auf den Ruinen einer Kolonialvilla erbaute Luxusresort bietet einen Strand, zwei Restaurants und Tennisplätze.

La Suite Villa in Trois-Îlets ist innen mit moderner Kunst geschmückt

Restaurantauswahl

FORT-DE-FRANCE: Nuevo Mejico €
Mexikanisch
108 Rue Ernest Desproges, 97200
0596 606 021
Mit den mexikanischen Klassikern sowie den täglichen Spezialitäten aus aller Welt sollte jeder Gast satt werden – und zwar zu vernünftigen Preisen.

FORT-DE-FRANCE: Entre Nous €€
Cajun / Kreolisch
Bois Neuf, Saint-Joseph, 97212
0596 225 144 ● So – Di
In dem kreolischen Haus können Gäste innen, auf der Terrasse oder am Pool entspannt genießen. Auf der Tageskarte stehen Gerichte mit kreolischen und karibischen Gewürzen.

FORT-DE-FRANCE: Restaurant 1643 €€€
International
Anse Latouche, Le Carbet, 97200
0596 781 781 ● So, Mo
Das Restaurant in einem alten kreolischen Haus bietet eine wechselnde Speisekarte mit abwechslungsreich gewürzten Fleisch- und Seafood-Gerichten.

FORT-DE-FRANCE: Torii Sushi €€€
Japanisch
Route de Didier, 97200
0596 582 903 ● So
Das traditionelle japanische Restaurant serviert Sushi-, Sashimi-, Tempura- und *Yakitori*-Gerichte in cooler, moderner Umgebung und gibt auch Sushi-Kurse. In Le Lamentin gibt es ein weiteres Lokal.

LE DIAMANT: Pizzbook €
Pizzeria
24 Route Arawak, 97223
0596 387 223 ● So
Pizzafeinschmecker finden hier sowohl traditionelle Klassiker als auch Neukreationen vor. Probieren Sie die weiße Pizza oder eine der Dessertpizzas. Die Tische im Freien stehen neben einem Strand.

LE FRANÇOIS: Le Toucan €
Französisch
Pointe Faula, Le Vauclin, 97280
0596 742 588 ● abends, Sa
Das kleine Freiluftrestaurant in Familienbesitz serviert frische, aromareiche Gerichte der französisch-kreolischen Küche. Die Gastwirte sind entgegenkommend und freundlich.

Elegant gedeckte Tische des Plein Soleil, Le François

LE FRANÇOIS: Le Belem €€€
Französisch
Cap Est Lagoon Resort & Spa, 97240
0596 548 080
Das Restaurant im Poolbereich des luxuriösen Cap-Est-Resorts serviert À-la-carte-Gerichte für Feinschmecker. Die Portionen sind vielleicht nicht sehr groß, die Qualität ist jedoch spitze.

LE FRANÇOIS: Plein Soleil €€€
Französisch
Hotel Plein Soleil, Pointe Thalemont, 97240
0596 380 777 ● So abends
Gäste genießen hier Seafood- und Fleischgerichte in ruhigem, in Weiß und Beige gehaltenem Ambiente an einem Koi-Teich. Die hausgemachten Desserts sollten Sie nicht verpassen. Das Personal ist sehr aufmerksam.

LE PRÊCHEUR: Habitation Ceron €
Kreolisch
Quartier Anse Ceron
0596 482 753
Von Regenwald umgeben serviert das Restaurant in einem Haus aus dem 17. Jahrhundert frische authentische Gerichte, vor allem mit Krebsen und Muscheln. Das Grundstück liegt an einem Wasserfall und einem glasklaren Fluss.

SAINTE-ANNE: Chez Nadiége et Serge €
Strandcafé
Anse des Salines, 97227
0596 769 583 ● Mo
Die gehobene Strandhütte serviert Rippchen, Hühnchen, Langusten und Seafood vom Grill sowie guten frittierten Fisch – jedoch nur gegen Barzahlung.

Preiskategorien
Die Preise gelten für ein Zwei-Gänge-Menü pro Person mit einer halben Flasche Hauswein, inklusive Steuern und Service.

€	**unter 35 Euro**
€€	**35 – 50 Euro**
€€€	**über 50 Euro**

SAINTE-ANNE: Al Casanova €€
Italienisch
Avenue Nelson Mandela, 97227
0696 208 111 ● Do
Das fröhliche Freiluftrestaurant wenige Schritte außerhalb der Stadt verwöhnt seine Gäste mit frischer Pasta und anderen italienischen Spezialitäten sowie mit hausgemachten Desserts wie Tiramisu und Pannacotta.

Vis-à-Vis-Tipp

SAINTE-LUCE: Restaurant L'Hibiscus €€
Karibisch
23 Lotissement Panoramique, Trois-Rivières, 97228
0596 625 569 ● Di, Mi
Das ruhige Dinnerrestaurant mit Meerblick steht bei Kritikern hoch im Kurs. Karibische Zutaten und Aromen, gepaart mit französischem Flair, ergeben wunderbare Gerichte für den Gaumen und die Augen. Thunfischtatar mit Ingwer und Zitrone, alle Desserts und das »Entdeckermenü« zum Festpreis sind zu empfehlen.

SAINTE-LUCE: Pura Vida Restaurant €€€
Französisch / Karibisch
Villa B14, Gros Raisin, 97228
0596 538 935 ● Mo
Französische Klassiker erhalten durch Gewürze, Obst und Gemüse der Region eine karibische Note. Es gibt ein Kindermenü und einen Spielplatz.

TROIS-ÎLETS: O' Coup d'Cœur €
Bäckerei
Village de la Poterie, 97229
0596 697 032 ● So
Die Bäckerei und Teestube in einem kreolischen Haus am Rand der Village de la Poterie serviert frisches Gebäck sowie Focaccia-Sandwiches und Salate.

TROIS-ÎLETS: Le Zandoli €€
International
La Suite Villa
0596 598 800 ● mittags
Hier gibt es Gourmetküche mit grandiosem Ausblick. Probieren Sie den karibischen Wolfsbarsch oder die gefüllte Hähnchenbrust.

Praktische Hinweise

Auf dieser angenehmen Insel tummeln sich im Sommer zahlreiche Besucher. Wer zur Karnevalszeit – im Hochbetrieb – Urlaub machen möchte, sollte lange im Voraus buchen. Das französische Überseedépartement Martinique besitzt eine exzellente Infrastruktur, der Servicestandard ist gut, die Insel ist verkehrstechnisch bestens erschlossen, die freundlichen Einwohner sind hilfsbereit. Das Shoppingangebot ist hervorragend. Auch für Hochzeitsreisende ist diese Trauminsel wunderbar geeignet.

Kostümierte Trommler bei der Karnevalsparade

Beste Reisezeit

Die Temperaturen schwanken nur wenig. Zwischen Februar und Juni ist es am trockensten, ab Juli nehmen Regenfälle bis Ende des Jahres zu. Der jährliche Karneval beginnt meist im Januar und dauert ohne Unterbrechung bis Ende März. Viele Urlauber bevorzugen die Sommermonate, da die Preise dann niedriger sind und die Insel weniger voll ist. Allerdings gibt es in dieser Zeit auch immer wieder Tropenstürme, die zu Wirbelstürmen anwachsen können. Wie in Frankreich machen manche Firmen und Läden in den Monaten August und September Ferien.

Anreise

Aus Deutschland, aus Österreich und aus der Schweiz fliegen u. a. Maschinen der Fluggesellschaften **Air France**, **British Airways**, **Corsair**, **Iberia**, **KLM**, **Lufthansa** und **Swiss** mit einer oder zwei Zwischenlandungen zum Aéroport International Martinique Aimé Césaire (FDF) in Lamentin. **Air Caraïbes** verbindet Martinique mit einigen Nachbarinseln. Zwischen Martinique und Guadeloupe, Les Saintes und Marie-Galante sind Fähren von **L'Express des Îles** und **Compagnie Maritime West Indies** unterwegs. Martiniques Haupthafen liegt in Fort-de-France.

Einreise

Da Martinique ein französisches Überseedépartement ist, gelten hier dieselben Einreisebestimmungen wie für Frankreich. Staatsangehörige aus EU-Mitgliedsländern und der Schweiz – auch Kinder jeden Alters – benötigen für einen Aufenthalt von bis zu drei Monaten auf Martinique kein Visum, sondern lediglich einen gültigen Reisepass.

Information

Informationsstände mit Karten und Broschüren befinden sich in den Flughäfen und nahe den Anlegestellen der Fähren. Das **Office de Tourisme** in Fort-de-France und das **Comité Martiniquais du Tourisme** geben nützliche Informationen. Auf den Websites der offiziellen Tourismusbüros findet man Fotos, Karten und Details zur Urlaubsplanung sowie Links zu Unternehmen aus der Fremdenverkehrsbranche. Ein Großteil der Informationen ist allerdings in französischer Sprache abgefasst.

Sicherheit und Gesundheit

Kriminalität stellt auf Martinique kein großes Problem dar. Wenn doch etwas geschieht, dann sind kaum je Urlauber betroffen. Trotzdem sollte man die üblichen Sicherheitsregeln einhalten und Wertsachen nicht im Mietwagen liegen lassen. Melden Sie jede Art von Vergehen, und lassen Sie sich den Polizeibericht aushändigen. Das Leitungswasser ist nur in den größeren Hauptorten trinkbar, Mineralwasser aus Flaschen ist aber sicherer. Die medizinischen Einrichtungen sind modern und gut erreichbar. Das Hauptkrankenhaus ist das **Hôpital Pierre Zobda Quikman**.

Banken und Währung

Offizielle Währung ist der Euro. Die meisten bekannteren Kreditkarten werden akzeptiert, kleinere Cafés und Läden, insbesondere auf dem Land, bevorzugen allerdings Barzahlung. Die Banken haben montags bis freitags zwischen 8 und 16 Uhr geöffnet, in den größeren Orten gibt es Geldautomaten, an denen man mit Kreditkarte und meist auch mit Debitkarte Bargeld abheben kann.

Kommunikation

Die Telefonnummern auf Martinique haben zehn Stellen und beginnen mit 0596 (mobil 0696). Bei Telefonaten innerhalb von Martinique genügt die zehnstellige Rufnummer. Wer aus Europa in Martinique anruft, wählt 00596 und die Rufnummer ohne führende 0. Um ins Ausland zu telefonieren, wählt man 00 und die

Auf dem Aéroport International Martinique Aimé Césaire in Lamentin

entsprechende Ländervorwahl (Deutschland: 49; Österreich: 43; Schweiz: 41). Für Telefonzellen benötigt man eine Kreditkarte oder eine Telefonkarte. Letztere sind in Postfilialen und im Einzelhandel erhältlich. Der Mobilfunkanbieter heißt **Orange Caraïbe**. In manchen Hotels ist kabelloses Internet verfügbar. Internet-Cafés gibt es in größeren Orten, auf der ganzen Insel sind viele WLAN-Hotspots vorhanden.

Verkehrsmittel

Neben großen Mietwagenfirmen wie **Avis**, **Europcar** und **Budget** bieten auch einige einheimische ihre Dienste an. Buchen Sie für die Hochsaison rechtzeitig im Voraus. In einigen großen Hotels sind die Anbieter vor Ort vertreten, oder sie bringen den Wagen zum Flughafen. Fragen Sie nach dem Versicherungsschutz, und kontrollieren Sie das Auto bei der Übergabe auf bestehende Schäden.

An Flug-, Fähr- und Kreuzfahrthäfen gibt es massenhaft Taxis, ebenso vor größeren Hotels. Sie sind mit Taxameter ausgestattet, die allerdings zwischen 20 und sechs Uhr sowie an Sonn- und Feiertagen saftige Zuschläge berechnen. Falls das Taxi kein Taxameter besitzt, sollte der Preis vor Antritt der Fahrt ausgehandelt werden.

Souvenirpuppen auf dem Straßenmarkt, Fort-de-France

Shopping

Auf den Straßenmärkten in Fort-de-France bekommt man Souvenirs, Gewürze, Speisen und karibisches Kunstgewerbe. Der größte Markt befindet sich in der Rue Isambert. Die Läden in der Rue Victor Hugo verkaufen französische Waren. Die meisten sind montags bis samstags von 8.30 bis 17.30 Uhr geöffnet. Die großen Einkaufszentren liegen außerhalb. **Centre Commercial Le Phare** und **Centre Commercial La Galleria** sind beliebt.

In jedem Ort gibt es kleine Boutiquen mit Inselerzeugnissen und französischer Importware. Schnäppchen findet man dort aber keine.

Sprache

Die offizielle Sprache auf Martinique ist Französisch, Kreolisch ist ebenfalls weitverbreitet. In Hotels sprechen viele Angestellte auch ein wenig Englisch.

Strom

Auf Guadeloupe beträgt die Stromspannung 220 Volt mit 50 Hertz. Adapter sind nicht nötig.

Zeit

Die Atlantic Standard Time (AST) auf Martinique liegt fünf Stunden hinter der Mitteleuropäischen Zeit (MEZ), sechs Stunden hinter der Mitteleuropäischen Sommerzeit (MESZ).

Heiraten

Heiraten auf Martinique ist kompliziert. Geburtsurkunde, Führungszeugnis sowie Nachweis über den Familienstand und vieles mehr sind vorzulegen. Das alles wohlgemerkt auf Französisch. Danach muss man einen Monat auf die Urkunde warten. Einfacher ist, man heiratet im Heimatland und veranstaltet hier eine *Faux*-Zeremonie. Über Details informiert das Comité Martiniquais du Tourisme.

Auf einen Blick

Anreise

Air Caraïbes
0820 835 835.
aircaraibes.com

Air France
airfrance.com

British Airways
britishairways.com

Compagnie Maritime West Indies
0596 749 338.

Corsair
corsair.fr

Iberia
iberia.com

KLM
klm.com

L'Express des Îles
0825 359 000.
express-des-iles.com

Lufthansa
lufthansa.com

Swiss
swiss.com

Information

Comité Martiniquais du Tourisme
Pointe de Jaham, Schœlcher.
0596 616 177.
martinique.org

Office de Tourisme
Fort-de-France.
0596 602 773.
tourismefdf.com

Sicherheit und Gesundheit

Polizei
17.

Krankenwagen
15.

Feuerwehr
18.

Hôpital Pierre Zobda Quikman
Fort-de-France.
0596 552 000.

Kommunikation

Orange Caraïbe
orangecaraibe.com

Verkehrsmittel

Avis
avis.com

Budget
budget-antilles.com

Europcar
europcar-martinique.com

Shopping

Centre Commercial La Galleria
Lamentin.
galleria.mq

Centre Commercial Le Phare
Fort-de-France.

SÜDLICHE INSELN ÜBER DEM WINDE UND BARBADOS

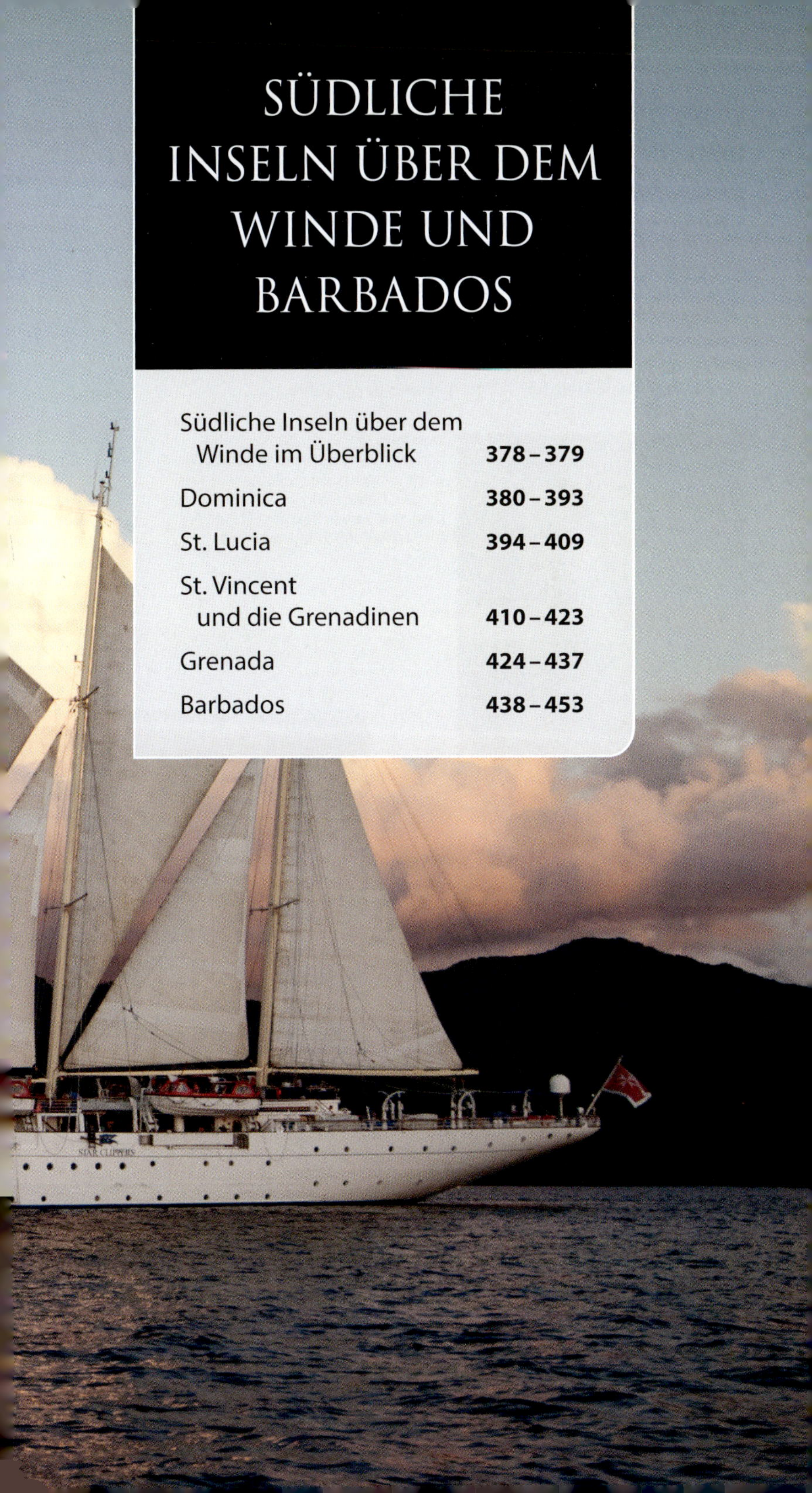

Überblick: Südliche Inseln über dem Winde und Barbados

Dominica, St. Lucia, St. Vincent und die Grenadinen, Grenada und Barbados gehörten früher zu den British Windward Islands. Mit Ausnahme von Barbados und den Grenadinen sind sie Teil eines weiten vulkanischen Bogens am östlichen Rand der Karibik. Deshalb steigen beispielsweise auf St. Lucia kontinuierlich Schwefeldämpfe auf. Mit ihren von Regenwald bedeckten Bergen, den mächtigen Wasserfällen, endlos scheinenden grünen Feldern und einer vielfältigen Tier- und Pflanzenwelt sind alle diese Inseln ideale Ziele für Öko-und Abenteuerurlauber.

Dominica gilt als karibisches Naturparadies. Die Insel bietet Regenwälder sowie zahlreiche Seen, Bäche und Wasserfälle. Nationalparks stellen sicher, dass Dominica auch in Zukunft ein Paradies für Taucher und Wanderer bleibt.

St. Vincent und die Grenadinen bestehen aus 32 Inseln verschiedener Größe. Sie locken mit ihrem bezaubernden altmodischen Charme viele Prominente an, sind aber auch ein Mekka für Segler. Zahlreiche Naturschutzeinrichtungen sorgen für den Erhalt der artenreichen Tier- und Pflanzenwelt der Inseln.

Grenadas Hauptstadt St. George's ist eine der schönsten Städte in der Karibik. Die beschauliche Insel mit üppigem Regenwald ist für ihren Rum und ihre Gewürze bekannt.

◀ **Viermastiges Luxussegelschiff auf Kreuzfahrt in den Gewässern vor Dominica** *(siehe S. 380 – 393)*

Zur Orientierung

Barbados lockt mit seinen berühmten weißen Traumstränden. Die kosmopolitischste der Inseln im Commonwealth hat Angebote für jedes Budget und unterhält mit einem turbulenten Nachtleben sowie faszinierenden Naturwundern wie etwa die Harrison's Cave.

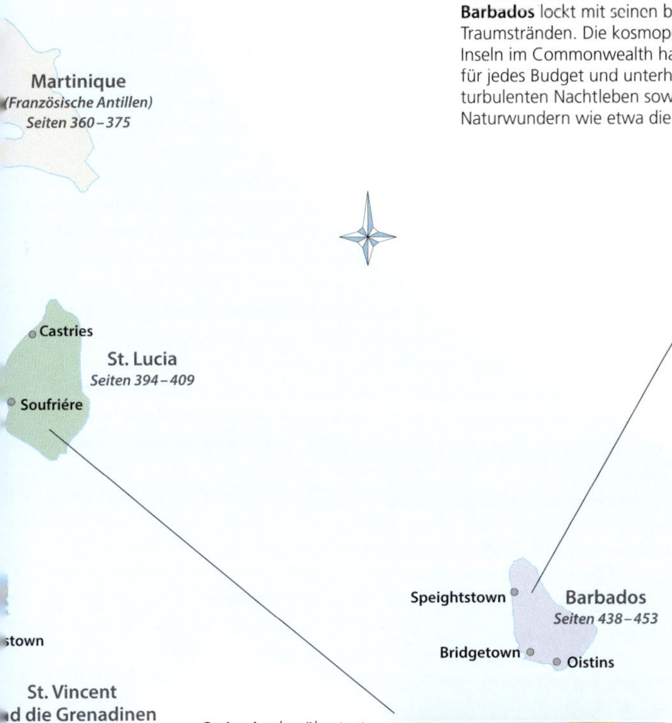

St. Lucias berühmteste Wahrzeichen, die Pitons, zeugen vom vulkanischen Ursprung der Insel. St. Lucia präsentiert sich mit dichten Wäldern, einsamen Stränden, unzähligen tropischen Fischen vor der Küste, erstklassigen Ferienanlagen und Restaurants sowie einem international bekannten Jazzfestival.

Überblick: Dominica

Dominica ist ein in großen Teilen unberührtes Naturparadies. Die meisten der 71 000 Inselbewohner leben in oder unweit der Hauptstadt Roseau, der Rest der Insel ist dünn besiedelt. Ursprüngliche tropische Wälder wie der Morne Trois Pitons National Park nehmen zwei Drittel des wunderschönen bergigen Inselinneren ein. Dort wachsen über 1200 Pflanzen- und leben 160 Vogelarten. Auf Dominica findet man viele einsame Strände und Riffe. Die stetig wachsende Zahl an Nationalparks stellt sicher, dass die Insel auch noch für künftige Generationen als ein einzigartiges Naturparadies erhalten bleibt.

Zur Orientierung

Hampstead Beach

Sehenswürdigkeiten auf einen Blick

1. Roseau
2. Trafalgar Falls
3. Soufrière
4. *Morne Trois Pitons National Park S. 383*
5. Massacre Village
6. Emerald Pool
7. Kalinago Territory
8. Morne Diablotin National Park
9. Cabrits National Park

0 Kilometer 5

Auf Dominica unterwegs

Mit einem Mietauto kann man (fast) ganz Dominica erkunden. Die meisten Straßen sind befestigt, nahezu jeder Ort ist leicht zu erreichen – zuweilen muss man jedoch das letzte Stück zum Startpunkt eines Wanderwegs oder an einen einsamen Strand zu Fuß gehen. Starke Regenfälle können Erdrutsche verursachen – achten Sie beim Fahren auf Schlaglöcher. Wenn Sie sich verfahren, fragen Sie Einheimische nach dem Weg. Busse verkehren auf ganz Dominica von Sonnenaufgang bis Sonnenuntergang.

Legende

- Hauptstraße
- Nebenstraße
- Gipfel

Boote liegen in der Mündungsbucht des Indian River, Portsmouth

Weitere Zeichenerklärungen *siehe hintere Umschlagklappe*

Auf einen Blick

Politik: Parlamentarische Republik.
Sprache: Englisch, Umgangssprache Kreolisch.
Währung: East Caribbean Dollar (EC$).
Mobilfunk: GSM/GPRS 900 MHz (wie in D, A, CH), 850/1900 MHz.
Strom: 220 V/50 Hz, Adapter: ja.

Marigot
Der Douglas-Charles Airport liegt nur drei Kilometer von diesem hübschen Dorf entfernt.

Massacre Village
Das Dörfchen war 1674 der Schauplatz eines Blutbads.

Soufrière
In der Nähe der kleinen Ortschaft gibt es Schwefel- und Thermalquellen.

Trafalgar Falls
Gut markierte Wege führen zu diesen Zwillings-Wasserfällen.

Farbenfrohe Souvenirpuppen auf dem Old Market Square von Roseau

❶ Roseau

58 km südwestl. vom Douglas-Charles Airport. 15 000.
1. Etage, Financial Centre, (767) 448 2045. tägl.
Karneval (Feb/März), Independence Day (3. Nov).

Die Hauptstadt Roseau ist tagsüber laut, turbulent und bunt, am Abend wird es hier jedoch sehr ruhig. Die Stadt ist klein genug, dass sie zu Fuß erkundet werden kann.

Der älteste Teil der Stadt ist die Gegend um den Old Market Square, dem früheren Sklavenmarkt. Hier findet man interessante alte Bauwerke und viele Handwerksläden. In der Nähe des alten Markts zeigt das Dominica Museum seine kleine Sammlung mit Objekten zur Inselgeschichte. Im neueren Teil der Stadt, am Südufer des Roseau River, gibt es Bürogebäude, Läden und Märkte, deren Stände bis auf die Bürgersteige reichen. Den New Market an der Bay Front sollte man am frühen Morgen besuchen, wenn er am lebhaftesten ist.

Einen Besuch lohnt auch die römisch-katholische **Cathedral Our Lady of Fair Haven**. Sie wurde aus Vulkangestein erbaut, das man am Flussufer sammelte. Die Bauarbeiten begannen im Jahr 1841, waren jedoch erst 1916 mit der Fertigstellung des Westturms vollendet. Die Kathedrale wird derzeit renoviert und ist für Besucher geschlossen. Die **Botanic Gardens** auf dem Gelände einer ehemaligen Zuckerrohrplantage bilden mit rund 162 000 Quadratmetern den größten freien Platz in der Stadt.

Roman Catholic Cathedral of Our Lady of Fair Haven
Virgin Lane. wegen Renovierung.

Botanic Gardens
Bath Road, Morne Bruce. tägl. 7–19 Uhr. **da-academy.org/dagardens.html**

❷ Trafalgar Falls

8 km östl. von Roseau.
tägl.

Die Trafalgar Falls sind unter den vielen Wasserfällen der Insel am einfachsten zu erreichen. Von Roseau fährt man durch das Roseau Valley zum Ausgangspunkt des markierten Fußweges, auf dem man in 15 Minuten an den Fällen ist (die Steine können allerdings glitschig sein). Mitten im Wald stürzt das Wasser über zwei Klippen hinab in einen Teich voller großer schwarzer Steine. Der linke, größere der beiden Fälle wird »Vater«, der andere »Mutter« genannt. Klettert man links vom »Vater« die Felsen hinauf, kommt man an ein Thermalbecken, dass sich herrlich zum Entspannen eignet. In der Nähe befindet sich das **Papillote Wilderness Retreat and Nature Sanctuary**. Das kleine Öko-Resort *(siehe S. 390)* inmitten tropischer Gärten voller Orchideen hat Mineralbecken, natürliche heiße Quellen und Wasserfälle. Es gibt lange Wanderwege mit herrlicher Aussicht. Am Ende des Tages genießt man auf der Terrasse exquisite Speisen.

Papillote Wilderness Retreat and Nature Sanctuary
Papillote Wilderness Retreat, Roseau. (767) 448 2287. tägl.
papillote.dm

❸ Soufrière

11 km südl. von Roseau.
1500.

Soufrière ist für seinen Palmenstrand, die Boote der Fischer und die am Meer gelegene Kirche mit Wandgemälden über das Dorfleben bekannt. Frühe französische Siedler tauften das Dorf nach den Schwefeldämpfen, die hier aus dem Boden dringen. Durch einen dichten Bambuswald gelangt man zu den Schwefel- und Thermalquellen im Tal des Flusses Soufrière.

Die Trafalgar Falls inmitten üppiger Regenwaldvegetation

Hotels und Restaurants auf Dominica *siehe Seiten 390 und 391*

❹ Morne Trois Pitons National Park

Der von der Küste aus über mehrere Straßen erreichbare Nationalpark dominiert die südliche Inselhälfte. Er ist nach dem Berg mit drei Gipfeln benannt, deren höchster 1387 Meter aufragt. 1975 wies man den 69 Quadratkilometer großen Park als erstes Naturreservat der Karibik aus. Hier finden sich viele von Dominicas größten Attraktionen, u. a. die Titou Gorge, die Seen Boeri Lake, Freshwater Lake und Boiling Lake sowie die Middleham Falls nordöstlich von Laudat.

Infobox

Information
13 km östl. von Roseau.
Dominica Forestry and Wildlife Division, (767) 266 3817.
Hinweis Es werden geführte Wanderungen angeboten. Für die meisten Touren wird dringend empfohlen, sich einem Führer anzuschließen.

Anfahrt

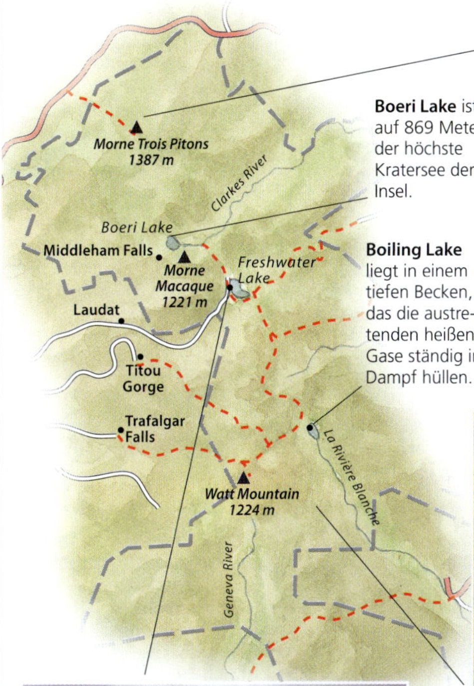

Boeri Lake ist auf 869 Meter der höchste Kratersee der Insel.

Boiling Lake liegt in einem tiefen Becken, das die austretenden heißen Gase ständig in Dampf hüllen.

Morne Trois Pitons Peak
Dominicas zweithöchster Berg zählt zum UNESCO-Welterbe. Vom Gipfel eröffnet sich ein herrlicher Blick über die Insel.

Valley of Desolation
Blubbernde Schlammlöcher und Thermalquellen prägen das vulkanische Tal. Schwefelhaltige Dämpfe dringen aus über 50 Öffnungen, die Vegetation ist deshalb nur karg.

Freshwater Lake
Dominicas größter See liegt 762 Meter über dem Meeresspiegel und ist Lebensraum für viele Tierarten. Einer Legende zufolge versteckt sich unter der Wasseroberfläche eine Riesenschlange.

0 km 2

Legende
- ▲ Gipfel
- Hauptstraße
- Nebenstraße
- Pfad
- Parkgrenze

❺ Massacre Village

6 km nördl. von Roseau.

Das kleine Dorf nördlich vom Canefield Airport war Schauplatz eines äußerst blutigen Massakers und ist als solches ein ganz besonderer historischer Ort. Sir Thomas Warner, Gouverneur von St. Kitts, hatte mit einer Kalinago (Karibin) einen Sohn und einen weiteren Sohn, Philip, mit seiner englischen Gattin. Nach dem Tod des Gouverneurs musste der Kalinago-Sohn um seine persönliche Sicherheit fürchten. Er floh nach Dominica, wo er zu einem mächtigen Anführer aufstieg.

1674 sollte Philip im Auftrag des neuen Gouverneurs die Kalinagos von Dominica vertreiben. Angeblich lud Philip seinen Halbbruder zum Essen auf sein Schiff ein – eine Falle: Philip erstach seinen Bruder, während seine Soldaten die anderen Kalinagos niedermetzelten. Später gaben die Franzosen dem Dorf seinen heutigen Namen, vermutlich um die Briten in Verlegenheit zu bringen. Die karibische Autorin Jean Rhys siedelte Teile ihres Romans *Wide Sargasso Sea* (1965) in diesem Dörfchen an.

Von Kalinagos gefertigte Souvenirs werden im Kalinago Territory verkauft

❻ Emerald Pool

14 km nordöstl. von Roseau.

Emerald Pool auf halbem Weg zwischen Canefield und Castle Bruce gehört zu den meistbesuchten Plätzen der Insel. Von der Straße etwa fünf Kilometer nordöstlich von Pont Cassé aus erreicht man ihn mit einem fünf- bis zehnminütigen Spaziergang durch Bergregenwald. Der Pool ist eine Grotte mit Wasserfall und tropischer Vegetation. Den Weg dorthin säumen Gummibäume, Malvenbäume mit Brettwurzeln, viele Orchideenarten, riesige Epiphyten und Flamingobäume. Auf dem Boden unter dem dichten Dach des Regenwaldes gedeihen nicht allzu viele Pflanzen. Zur bunten Vogelwelt gehören Kolibris, die endemischen Jaco-Papageien und Südseelaubsänger. Ein kurzes Wegstück haben Kalinagos vor Jahrhunderten mit Steinen gepflastert. Da der Pool sehr überlaufen sein kann, empfiehlt sich ein Besuch früh am Morgen.

❼ Kalinago Territory

32 km nordöstl. von Roseau
Führer aus Kalinago Barana Aute.

Das Kalinago Territory umfasst 15 Quadratkilometer Land mit einem langen Küstenabschnitt und Agrarflächen. 1903 gab Großbritannien den Nachkommen der ursprünglichen Inselbewohner dieses Areal zurück. Heute betreiben die Kalinagos hauptsächlich Landwirtschaft und Fischerei, ihre Boote fertigen sie noch immer per Hand an. Viele sind auch sehr gute Töpfer und Korbflechter – Fertigkeiten, die seit Jahrhunderten tradiert werden. Die Körbe sind so eng geflochten, dass sie wasserdicht sind. Auch traditionelle Musik, Tänze und Kräutermedizin werden gepflegt. In 16 Läden werden typische kunsthandwerkliche Souvenirs verkauft. Über die alte Küstenstraße erreicht man das Kulturdorf **Kalinago Barana Aute** am Crayfish River mit traditionellen Häusern.

Wasserspaß am Emerald Pool

Hotels und Restaurants auf Dominica *siehe Seiten 390 und 391*

❽ Morne Diablotin National Park

23 km nördl. von Roseau.

In dem 88 Quadratkilometer großen Nationalpark erhebt sich der »Kleine Teufel«, mit 1447 Metern der höchste Gipfel Dominicas. Mitten im ozeanischen Regenwald des Parks liegt ein Areal namens Syndicate, wo der Jaco-Papagei und die seltene Kaiseramazone zu Hause sind. Der Morne Diablotin ist nicht nach dem Teufel selbst benannt, sondern nach dem »teuflischen« Ruf des Teufelssturmvogels, der an den höher gelegenen Flanken des Berges nistet. Der Park, Teil des Northern Forest Reserve, hat noch viele weitere Vogelarten Bäume, Büsche und exotische Blumen, darunter einige endemische Arten, zu bieten.

Wer sich sechs oder sieben Stunden Zeit nimmt, um den Gipfel zu erklimmen, kann oben picknicken. Der Weg beginnt auf etwa 518 Höhenmetern und wird danach immer steiler, streckenweise ist er auch glitschig. Der Syndicate Nature Trail am Rand des Parks ist einfacher und ideal für gemächlichere Wanderungen. Für ihn benötigt man rund eine halbe Stunde oder auch länger, wenn man alles in sich aufnehmen möchte, was man unterwegs sieht. Der Weg führt unter anderem durch ein Waldstück, wo die meisten heimischen Vogelarten leben. Unterwegs gibt es drei Aussichtsplätze.

Die aufs Meer gerichteten Kanonen von Fort Shirley, Cabrits National Park

❾ Cabrits National Park

32 km nördl. von Roseau.

Der Cabrits National Park umfasst 525 Hektar Land und den 421 Hektar großen Unterwasserpark Cabrits Marine Reserve. Innerhalb der Parkgrenzen befinden sich die Ruinen des **Fort Shirley** (18. Jh.), die Vulkane East und West Cabrits, tropischer Regenwald, das größte Sumpfgebiet der Insel sowie Sandstrände und Korallenriffe vor der Küste. Der Begriff Cabrits entstammt dem französischen Wort für Zicklein *(cabri)*. Französische Seefahrer setzten auf der Halbinsel einst Ziegen aus, um bei der Rückkehr frisches Fleisch zu haben.

Fort Shirley wurde größtenteils von den Briten errichtet, später bauten die Franzosen die Anlage aus. Viele der einst 50 Gebäude wurden von der Vegetation überwuchert, nachdem die Garnison aufgegeben worden war. In ihren Hochzeiten hatte die Festung sieben Kanonenstellungen. Heute legen am Pier in der Prince Rupert's Bay Kreuzfahrtschiffe an. Vom Fort aus hat man einen fabelhaften Blick über die Bucht und auf die erhabene Bergwelt der Insel.

Wegweiser, Cabrits National Park

Korbflechter im Kalinago Territory

Kalinagos und Maroons auf Dominica

Dem indigenen südamerikanischen Volk der Kalinagos (Kariben) wird nachgesagt, sie seien besonders kämpferisch gewesen. Um das Jahr 1000 ließen sie sich im Norden der Insel nieder und verdrängten die Arawak und Taíno, die 1000 Jahre früher hier ankamen. Ihre Kriegskanus trugen mehr als 100 Mann Besatzung und waren so schnell, dass sie Segelschiffe einholen konnten. Die Kalinagos bauten Dörfer, bearbeiteten das Land und waren hervorragende Töpfer. Etwa 3000 Kalinagos, direkte Nachkommen dieser frühen Siedler, leben noch immer auf der Insel, die sie Waitukubuli (»Groß ist ihre Gestalt«) nennen. Im späten 18. Jahrhundert waren Dominicas Wälder und Berge Zuflucht für viele Afrikaner, die von anderen Inseln fliehen konnten. Diese »Maroons« genannten entflohenen Sklaven bauten im Inselinneren ein Wegenetz, das zum Teil noch heute genutzt wird. Sie überfielen Siedlungen und ermutigten andere afrikanische Sklaven, sie im Kampf gegen die Briten zu unterstützen – bis sie schließlich 1814 besiegt und ihre Anführer exekutiert wurden. Nach der Befreiung der britischen Sklaven im Jahr 1848 wurde die Insel erneut Schlupfwinkel von Afrikanern, die von französischen Inseln flohen, wo nach wie vor Sklaverei herrschte. Sie durften bleiben, kleine Flecken Land bewirtschaften und fischen.

Sport und Aktivurlaub

Dominica bietet herrliche Strände, riesige naturbelassene Regenwaldbestände und auch sonst alles, was sich Reisende von einer tropischen Insel erwarten. Warmes, türkisblaues Wasser umspült die Strände, die von sanft wogenden Palmen gesäumt werden. Viele Strände bestehen aus feinem vulkanischem Sand, dessen Farbe von Schwarz bis Grau reicht, goldene Sandstrände erstrecken sich an der Nordostküste jenseits von Melville Hall. Die Flora und Fauna der Insel genießt man am besten auf Bootstouren mit Führer oder bei Touren durch den Regenwald. Zahlreiche Unternehmen zeigen dem Besucher auch das faszinierende Meeresleben vor der Insel.

Ideal zum Entspannen – Purple Turtle Beach bei Portsmouth

Strände

Die besten Buchten zum Schwimmen liegen an der geschützten Westküste, aber auch im Norden und Nordosten der Insel erstrecken sich schöne Naturstrände, beispielsweise bei Portsmouth der Purple Turtle Beach sowie, bei Calibishie, L'Anse Noire und Woodford Hill Bay. Die Strände an Dominicas Ostküste sind lang, die See ist dort jedoch deutlich rauer – ein ideales Revier für Surfer und Windsurfer.

Bootfahren auf dem Indian River

Eine Fahrt auf dem Indian River ist ein unvergessliches Erlebnis, sieht man doch viele verschiedene Lebensräume mit unterschiedlicher Tier- und Pflanzenwelt von Nahem. An der Anlegestelle in Portsmouth sowie an der Brücke im Norden der Flussmündung werden Ausflüge zum Standardpreis angeboten. Für die Touren werden Ruderboote genutzt. Außenbordmotoren sind verboten, da der Lärm die Tiere verschreckt. Wer den Indian River besuchen möchte, muss einen Öko-Pass erwerben (auch in anderen Schutzgebieten). Die Fahrt führt durch Sümpfe und Röhricht voller Fische und Vögel. Halten Sie auf der Fahrt Ausschau nach Leguanen, die sich im Geäst der Bäume in der Sonne aalen.

Die Führer geben ständig zuweilen sehr humorvolle Kommentare von sich, während sie das Boot flussaufwärts navigieren. Sie legen an einer baufälligen Flussbar an, in der sie schmackhafte Kokosbowle servieren, ehe die Rückfahrt angetreten wird. Falls es die Zeit erlaubt, sollten Sie einen kurzen Spaziergang ins Inselinnere unternehmen, durch Bananen- und Kürbisfelder bis zum Rand eines Moores, in dem Tausende Vögel leben.

Regenwald-Touren

Im Regenwald auf Dominica gibt es Bäume, Pflanzen, Flüsse, Fledermäuse, Vögel und zahllose weitere Tiere zu sehen. Den besten Eindruck von der Schönheit der Natur erhält man bei einer Regenwald-Tour mit **Antours** oder **Hibiscus Eco-Tours** zu Wasserfällen, Schwefelquellen und durch das Kalinago Territory sowie mit der Möglichkeit, Schildkröten zu beobachten oder sich beim River Tubing zu versuchen. **Rainforest Riding** bietet Ausflüge zu Pferd an.

Boote vor Scotts Head, wo der Atlantische Ozean auf das Karibische Meer trifft

Tauchen und Wassersport

Dominica bietet mit warmem, klarem Wasser und tierreichen Riffen ideale Bedingungen für Taucher. Die besten Tauchreviere befinden sich im Cabrits National Park und im Cabrits Marine Reserve *(siehe S. 385)*, in der Douglas Bay an der Nordwestküste und bei Scotts Head im Soufrière Marine Reserve an der Südwestspitze der Insel. Alle Tauchgebiete haben permanente Anlegeplätze.

Auf Dominica kann man segeln, Gleitschirm fliegen, surfen und schnorcheln, fast überall Bootsausflüge buchen und Segelboote samt Crew für Inseltouren chartern.

Die meisten Tauchzentren bieten auch andere Wassersportarten an. Zu den größten zählen **Anchorage Whale Watch and Dive Center**, das auch Ausflüge mit Walbeobachtung im Programm hat, **Cabrits Dive Center** und **Dive Dominica**. **Nature Island Dive** organisiert auch Abenteuertouren. **Al Dive and Watersports** überzeugt mit interessanten Paketangeboten, die Tauchgänge und Führer für Surf-Trips beinhalten.

Jedes Jahr im Juli veranstaltet die Dominica Watersports Association das Dive Fest. Bei dieser Veranstaltung für Sporttaucher wird den Einheimischen wie auch den Urlaubern eindringlich vor Augen gehalten, dass die Meereswelt dauerhaft geschützt werden muss.

Walbeobachtung

Dominica gilt als »Karibische Kapitale für die Walbeobachtung«, weil man hier während des ganzen Jahres, vor allem aber von November bis Juni besonders viele Walarten erspähen kann. Am besten sieht man sie an der Westküste, weil die Tiere sich hier in der Hauptsaison im warmen Wasser vor der Küste zum Fressen und Paaren versammeln. Am häufigsten erblickt man Pottwale und im Winter Buckelwale, die hier vorbeiziehen. Außerdem sieht man Grind- und Zwergpottwale, Kleine Schwertwale, Breitschnabeldelfine, Atlantische Fleckendelfine und Clymene-Delfine. Insgesamt 22 Wal- und Delfinarten wurden hier dokumentiert. Im **Anchorage Whale Watch and Dive Center** sowie bei **Dive Dominica** kann man Bootsausflüge zur Walbeobachtung buchen.

Tauchgang mit Führer

Hochseeangeln

Angeln ist eine typische Inselbeschäftigung. Die Dominicaner angeln von Hafenmauern und Piers aus stundenlang. Verschiedene Anbieter, u. a. **Island Style Fishing**, haben Touren zum Hochseefischen im Programm. Gefangen werden Blauer Marlin, Thunfisch (bis zu 450 Kilo schwer), Wahoo und Segelfisch. Schnapper, Zackenbarsch, Bonito, Schwertfisch und Barrakuda fängt man in Küstennähe.

Surfer beim Ritt auf den Wellen vor Dominica

Auf einen Blick

Regenwald-Touren

Antours
(767) 440 5390.
antours.dm

Hibiscus Eco-Tours
(767) 445 8195.
hibiscusvalley.com

Rainforest Riding
(767) 445 3619.
rainforestriding.com

Tauchen und Wassersport

Al Dive and Watersports
Loubière Main Road, Loubière.
(767) 440 3483.
aldive.com

Anchorage Whale Watch and Dive Center
Roseau. (767) 448 2638.
anchoragehotel.dm

Cabrits Dive Center
Portsmouth. (767) 445 3010. **cabritsdive.com**

Dive Dominica
Roseau. (767) 448 2188.
divedominica.com

Nature Island Dive
Soufrière. (767) 449 8181.
natureislanddive.com

Walbeobachtung

Anchorage Whale Watch and Dive Center
Siehe Tauchen und Wassersport.

Dive Dominica
Siehe Tauchen und Wassersport.

Hochseeangeln

Island Style Fishing
(767) 265 0518.
islandstylefishing.com

Wandern

Am besten erkundet man Dominica zu Fuß auf einem der vielen schönen Wanderwege. Einige versteckte Schätze der Insel – smaragdgrüne Wasserstellen, Wasserfälle und Seen – erreicht man sogar ausschließlich zu Fuß. Die besten Wanderwege findet man im herrlichen Morne Trois Pitons National Park *(siehe S. 383)*. Die Schwierigkeitsgrade reichen von einfach (etwa der Weg zu den spektakulären Trafalgar Falls) bis schwierig (so die Kletterpartie zum Boiling Lake). Für manche Wanderungen ist ein erfahrener Führer erforderlich, der auch dafür sorgt, dass Teilnehmer die Tour optimal genießen können.

Dieses Panorama bietet sich auf dem Wanderweg Morne Anglais

Geringer Schwierigkeitsgrad

Viele Wege sind kurz und für die meisten Wanderer geeignet. Die Wege zum Emerald Pool und zu den Trafalgar Falls können überlaufen sein, wenn Kreuzfahrtschiffe im Hafen liegen. Je eher Sie aufbrechen, desto sicherer werden Sie unterwegs Tiere sehen.

Emerald Pool erreicht man in 15 Minuten über einen gut ausgeschilderten, familienfreundlichen Wanderweg. Unterwegs kann man die üppige Vegetation bestaunen und Tieren begegnen. Wer Badekleidung dabeihat, kann im sehr kühlen Wasser des Pools schwimmen.

Trafalgar Falls sind eine der beliebtesten Naturattraktionen der Insel. Eine kurze Wanderung führt vom Besucherzentrum am Ortsrand von Trafalgar zu den Wasserfällen. Im Becken unterhalb des kleineren Wasserfalls kann man sich erfrischen.

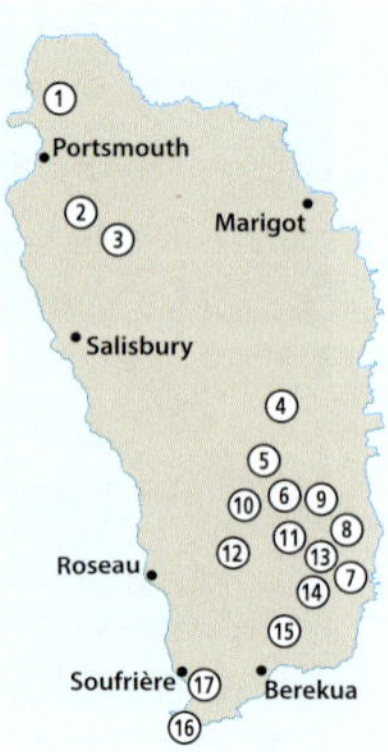

Wanderwege

1. Cabrits
2. Syndicate
3. Morne Diablotin
4. Emerald Pool
5. Morne Trois Pitons
6. Boeri Lake
7. Glassy
8. Sari Sari Falls
9. Freshwater Lake
10. Middleham Falls
11. Titou Gorge
12. Trafalgar Falls
13. Boiling Lake
14. Victoria Falls
15. Morne Anglais
16. Scotts Head
17. Waitukubuli National Trail

Titou Gorge ist das Ziel einer kurzen Wanderung. Sie führt an Wasserbecken vorbei, die von erhärteter Lava und dichtem Wald umgeben sind. Eine Thermalquelle vor dem Eingang der Schlucht eignet sich hervorragend für ein Bad.

Touranbieter

Antours
(767) 440 5390.
antours.dm

Bumpiing Tours
(767) 265 9128.
bumpiingtours.com

Hibiscus Eco-Tours
(767) 445 8195.
hibiscusvalley.com

Wacky Rollers
wackyrollers.com

Waitukubuli National Trail
(767) 266 3593.
waitukubulitrail.com

Mittlerer Schwierigkeitsgrad

Diese Wanderungen sind länger und führen über schwierigeres Terrain, eventuell muss man auch über kurze Abschnitte klettern. Zu den Middleham Falls führt ein Wanderweg ab Laudat. Anfangs ist er recht steil, aber in der Nähe der Wasserfälle wird er eben.

Middleham Falls ist einer der höchsten Wasserfälle Dominicas. Die Wanderung durch schönen, ursprünglichen Regenwald hierher dauert etwa eine Stunde. Der Wald ist das Refugium zahlreicher Vogelarten.

Hoher Schwierigkeitsgrad

Für erfahrene Wanderer gibt es sehr lohnenswerte Touren. Für den Rundweg zum Boiling Lake und ins Valley of Desolation sowie für die Besteigung des Morne Diablotin (und zurück ins Tal) benötigt man mindestens sechs Stunden.

Kaiseramazonen gibt es nur auf Dominica. Die große, aber scheue Papageienart kann man in dichtem Regenwald, vor allem in höher gelegenen Gebieten, sehen.

Boiling Lake ist der zweitgrößte aktiv brodelnde See der Welt mit Temperaturen von mehr als 82 °C. Der See scheint geradezu zu verschwinden, wenn dichte Gase den Vulkankrater füllen.

Syndicate erreicht man über einen Weg, der am Syndicate Visitors' Center beginnt und durch herrliche Landschaft führt. Die zweistündige Wanderung folgt der Schlucht des Picard River, der in Portsmouth ins Meer mündet. Wanderer können sich abholen lassen, wenn sie nicht den gleichen Weg zurückgehen möchten.

Hotelauswahl

Geschmackvoll eingerichtetes Zimmer der Crescent Moon Cabins

BATALIE BAY: Sunset Bay Club and Seaside Dive Resort $$
Strandresort
Batalie Beach
(767) 446 6522
sunsetbayclub.com
Das gemütliche Resort mit Tauchschule und Sauna an der Westküste ist ein guter Ausgangspunkt für Inselausflüge.

CALIBISHIE: Calibishie Lodges $$
Villa
Main Road
(767) 445 8537
calibishie-lodges.com
Die von einer Plantage umgebenen Lodges und Apartments in typisch karibischem Stil bieten den Blick aufs Meer.

CASTLE BRUCE: Beau Rive $$
Boutique
Zwischen Castle Bruce und Sineku
(767) 445 8992
beaurive.com
Die Zimmer des von tropischen Gärten mit rund 200 Obstbäumen und Blütenpflanzen umgebenen Beau Rive bieten den Blick aufs Meer. Kinder unter 16 Jahren werden nicht aufgenommen.

CASTLE COMFORT: Castle Comfort Lodge $
Meerblick
Main Road, 1,5 km südl. von Roseau
(767) 448 2188
castlecomfortdivelodge.com
Die Taucher-Lodge in Familienbesitz hat preiswerte Pakete und Touren im Angebot. Taucher können in unmittelbarer Nähe der Lodge unter Wasser gehen.

KALINAGO TERRITORY: Carib Territory Guest House $
Gästehaus
Crayfish River
(767) 445 7256
avirtualdominica.com/ctgh.htm
Das kleine, von einem sehr freundlichen Paar geführte Haus veranstaltet exzellente Führungen in die geschützten Wälder und den Nationalpark.

MARIGOT: Hibiscus Valley Inn $
Gästehaus
Concord #6
(767) 445 8195
hibiscusvalley.com
Es werden zwei Naturbungalows und Zimmer mit Veranda, Klimaanlage und Kabel-TV angeboten. Das Restaurant vor Ort serviert regionale Gerichte.

MARIGOT: Pagua Bay House Oceanfront Cabanas $$$
Boutique
Hatton Garden
(767) 445 8888
paguabayhouse.com
Das stylishe Resort in den Hügeln über der Atlantikküste ist ein idealer Ausgangspunkt für Touren in den Regenwald. In der Nähe ist ein Fluss mit tiefen Becken.

PORTSMOUTH: Secret Bay $$$
Luxus
Tibay
(767) 445 4444
secretbay.dm
Das kleine, exklusive Resort auf einer Klippe mit Blick auf das Karibische Meer besitzt vornehme Villen und Bungalows. Serviert werden regionale Bio-Gerichte.

RIVIÈRE LA CROIX: Crescent Moon Cabins $$
Öko-Lodge
Rivière La Croix
(767) 449 3449
crescentmooncabins.com
Die komfortablen Hütten am Fuß des Nationalparks sind eine gute Basis für Wanderer und Abenteurer. Es gibt einen kleinen Quellwasserpool und einen Whirlpool.

ROSALIE: 3 Rivers Eco Lodge $
Öko-Lodge
Newfoundland Estate
(767) 446 1886
3riversdominica.com
Die Gäste des 3 Rivers können in der Abgeschiedenheit des Regenwalds wählen zwischen Baumhäusern, Waldhütten, abgelegenen Dschungelhütten und Schlafsälen.

Preiskategorien
Die Preise gelten für ein Standard-Doppelzimmer pro Nacht (Hochsaison), inklusive Steuern und Service.

$	unter 100 US-Dollar
$$	100–300 US-Dollar
$$$	über 300 US-Dollar

ROSEAU: Cocoa Cottage and Gallery $$
Öko-Lodge
Roseau
(767) 448 0412
cocoacottages.com
Das in tropische Gärten und Regenwald eingebettete Gästehaus veranstaltet Touren für Abenteurer, z. B. Canyoning.

ROSEAU: Fort Young Hotel $$
Luxus
Victoria Street
(767) 448 5000
fortyounghotel.com
Alle Zimmer und Suiten des Hotels an der historischen Promenade haben einen Balkon, die meisten bieten den Blick aufs Meer.

ROSEAU: Garraway Hotel $$
Business
1 Dame Mary Eugenia Charles Blvd
(767) 449 8800
garrawayhotel.com
Die Besitzer des exzellenten Urlaubs- und Businesshotels an der Bucht vor Roseau sind Nachfahren von James Garraway. Der schottische Farmer ließ sich in den 1800er Jahren auf Dominica nieder. Aus den Zimmern sieht man Meer oder Berge.

STOWE: Zandoli Inn $$
Öko-Lodge
Roche Cassée
(767) 446 3161
zandoli.com
Die kleine, abgeschiedene Lodge bietet Zugang zu Wanderwegen und Zimmer mit Meerblick, jedoch ohne TV, Radio und Telefon.

Vis-à-Vis-Tipp

TRAFALGAR FALLS: Papillote Wilderness Retreat $$
Öko-Lodge
Trafalgar Falls Road
(767) 448 2287
papillote.dm
Dominicas erstes Öko-Resort ist ein kleines, abgeschiedenes Inn in tropischen Gärten mit komfortablen Zimmern. Hochzeitsreisende und Familien genießen hier die Wasserfälle, die Thermalbecken und die exotischen Pflanzen.

Restaurantauswahl

BATALIE BAY: Four Seasons $$$
Karibisch / Europäisch
Sunset Bay Club & Dive Center, Batalie Beach
(767) 446 6522
Das freundliche, entspannte Restaurant mit Blick auf Meer und Strand serviert frischen Fisch und Seafood mittags, abends und als Snack.

CASTLE BRUCE: Islet View Restaurant and Bar $$
Karibisch
Castle Bruce
(767) 446 0370
Auf der Karte des reizenden Gartenrestaurants sind karibische Klassiker und eine große Rumauswahl zu finden. Der Blick auf die Bucht ist umwerfend.

CASTLE BRUCE: Sea Surge Restaurant $$$
Karibisch / Französisch
Evergreen Hotel, Loubiere Road
(767) 448 3288
Hier können sich die Gäste in einem tropischen Garten durch saisonale regionale Gerichte mit französischer Note durchprobieren. Wer über das Meer blickt, erkennt in der Ferne Roseau.

LA PLAINE: Riverside Café $$
Karibisch
Citrus Creek Plantation
(767) 446 1234
Wer auf seiner Tour über die Insel an der Ostküste vorbeikommt, sollte hier eine Pause einlegen. Für die Gerichte und Snacks werden frische Zutaten aus der Region verwendet. Abends muss reserviert werden.

PORTSMOUTH: The Champs $$$
Karibisch / Italienisch
Blanca Heights, Picard
(767) 445 4452
Freitag- und samstagabends wird bei The Champs vornehm diniert, an den anderen Tagen geht es lockerer zu. An der Bar werden erstklassige Cocktails serviert. Dazu gibt es den Blick auf das Karibische Meer und den Cabrits National Park.

ROSEAU: Cocorico Restaurant $
Französisch / Karibisch
Ecke Bayfront Ave und Kennedy Ave
(767) 449 8686 — So
Kunst schmückt die Wände des entspannten Lokals am Meer. Die frischen regionalen Gerichte mit französisch-kreolischer Note umfassen u. a. Sandwiches, Salate, Crêpes und Pasta.

ROSEAU: Cartwheel Café $$
Karibisch
Roseau
(767) 448 5353 — So
Das kleine Café in einem historischen Steinhaus serviert regionale Gerichte. Hier kann man ausgezeichnet frühstücken.

ROSEAU: Old Stone Grill and Bar $$
Karibisch
15 Castle Street
(767) 440 7549 — mittags
Das Diner in einem historischen Haus ist ein beliebter Treffpunkt, um etwas zu essen, zu trinken und sich zu unterhalten.

ROSEAU: Pearl's Cuisine $$
Karibisch / Seafood
Sutton Place Hotel, 25 Old Street
(767) 448 8707 — So
Pearl's ist bekannt für authentische hausgemachte Gerichte der dominicanischen Küche. Dazu gibt es frische Obstsäfte.

Vis-à-Vis-Tipp

ROSEAU: TAO Restaurant & Lounge Bar $$
International
11 Victoria Street
(767) 316 6666
Sa mittags, So
Das elegante, dennoch entspannte Restaurant bietet ein wunderbares Ambiente. Von den Tischen der Hochterrasse blickt man auf das Karibische Meer. Serviert werden Gerichte aus aller Welt, u. a. aus Spanien, Peru und Japan. Vegetarier haben ebenfalls eine gute Auswahl. Auf dem Grundstück gibt es eine Kunstgalerie.

ROSEAU: Waterfront Café $$
Karibisch
Fort Young Hotel, Victoria Street
(767) 448 5000
Beim romantischen Blick auf das Karibische Meer genießt man kreolische Klassiker, aber auch Spezialitäten aus aller Welt. Serviert wird im klimatisieren Speisesaal oder auf der Veranda.

Preiskategorien
Die Preise gelten für ein Zwei-Gänge-Menü pro Person mit einer halben Flasche Hauswein, inklusive Steuern und Service.

$	unter 15 US-Dollar
$$	15 – 50 US-Dollar
$$$	über 50 US-Dollar

ROSEAU: Zam Zam Café $$
Mexikanisch
Citronier
(767) 612 7471 — Mo, Di
Das Café am Strand serviert ein paar internationale Gerichte, vorwiegend aber Mexikanisches, u. a. gute Burritos. Der Sonnenuntergang ist hier sehr schön.

TRAFALGAR FALLS: Papillote Rainforest Restaurant $$$
Karibisch / Seafood
Papillote Wilderness Retreat, Trafalgar Falls Road
(767) 448 2287
Das Restaurant in einem schönen Garten nahe einer Thermalquelle gehört zu einem Öko-Resort im Regenwald. Der Fokus liegt auf karibischen Bio-Gerichten, von denen manche vegetarisch sind.

WESLEY: Randy's Restaurant and Bar $$
Karibisch
Hunt Road
(767) 315 7474
Randy's ist bekannt für kreolische Regionalküche und internationale Klassiker. Zu empfehlen sind Hähnchencurry, Mahi Mahi, Rumpunsch und die Reggae-Partys am Mittwoch.

WOTTEN WAVEN: Le Petit Paradis $$
Karibisch
Wotten Waven
(767) 440 4352
Das umweltbewusste, von üppigen Gärten umgebene Restaurant serviert auch im Freien – allerdings nur mit Reservierung.

Von den Tischen des The Champs in Portsmouth kann man aufs Meer blicken

Praktische Hinweise

Dominica ist eines der wenigen Länder der Welt ohne internationalen Flughafen – aus dem wohlüberlegten Grund heraus, dass durch den Flugverkehr die Inselnatur beeinträchtigt würde. Die Dominicaner wollen nicht, dass riesige Jets auf ihrer Insel landen und starten, und haben stattdessen eine eigene Art Ökotourismus entwickelt. Besucher müssen in kleine Maschinen umsteigen, um Dominica anzufliegen – ein geringer Preis, um die Natur der Insel für die nächsten Generationen zu erhalten.

Duty-free-Einkaufszentrum in Dominicas Hauptstadt Roseau

Beste Reisezeit

Beste Zeit für einen Dominica-Besuch ist von Januar bis Juni, wenn es meist trocken ist. In der Regenzeit von August bis Oktober kommt es manchmal zu Hurrikans.

Anreise

In Deutschland, Österreich und der Schweiz kann man u. a. bei **Austrian**, **Lufthansa** und **Swiss** Flüge mit zwei Zwischenlandungen nach Dominica buchen. In Puerto Rico, Antigua, Sint Maartin, Barbados, Martinique oder Guadeloupe übernehmen dann u. a. Maschinen von **LIAT** und **Seaborne Airlines** die Etappe zum Douglas-Charles Airport (DOM). Von dort dauert die Fahrt nach Roseau rund 90 Minuten.

Ab St. Lucia, Guadeloupe und Martinique steuern Highspeed-Katamaranfähren Dominica an. Regelmäßig legen Kreuzfahrtschiffe vor der Insel an. Das größte Fährunternehmen ist **L'Express des Îles**. Überprüfen Sie am besten vor der Reise die Abfahrtszeiten.

Einreise

Für die Einreise nach Dominica benötigen Bürger der EU und der Schweiz – auch Kinder jeden Alters – einen gültigen Reisepass. Aufenthalte von bis zu 90 Tagen sind ohne Visum möglich. Besucher benötigen ein Rückflugticket. Bei der Abreise wird eine Ausreisegebühr fällig. Es empfiehlt sich, für wertvolle Güter eine Kopie des Besitznachweises mitzuführen.

Information

Die **Discover Dominica Authority** hilft Besuchern, sich auf der Insel zurechtzufinden – mit Straßenkarten, Informationen zu Aktivitäten etc.

Sicherheit und Gesundheit

Das **Portsmouth Hospital**, das **Princess Margaret Hospital** in Roseau mit Intensivstation sowie das **Marigot Hospital** sind Dominicas drei große Krankenhäuser. Das Princess Margaret Hospital besitzt die einzige Überdruckkammer der Insel. Überprüfen Sie vor der Reise Ihren Auslandsschutz.

Dominica hat eine niedrige Kriminalitätsrate, Schmuck und große Bargeldmengen sollte man dennoch nicht mit sich herumtragen. Lassen Sie Wertsachen nicht unbeaufsichtigt am Strand oder im Auto. Im Notfall rufen Sie die Polizei.

Banken und Währung

Offizielle Währung ist der East Caribbean Dollar (EC$), in vielen Läden werden jedoch Euro und US-Dollar angenommen. Gängige Kreditkarten werden meist akzeptiert, einige Restaurants nehmen nur Bargeld. Die Banken sind montags bis donnerstags von 8 bis 14 Uhr, freitags bis 16 Uhr geöffnet. An Geldautomaten erhalten Sie mit Kredit- und manchen Debitkarten Bargeld.

Kommunikation

Um von Dominica ins Ausland zu telefonieren, wählt man 011 und die Ländervorwahl (Deutschland: 49; Österreich: 43; Schweiz: 41). Wer aus Europa auf Dominica anruft,

Kreuzfahrtschiff an der Anlegestelle in Roseau

Handgefertigte Souvenirs aus der Kalinago-Region

wählt 001, dann die Inselvorwahl 767 und die siebenstellige Rufnummer. Für Gespräche innerhalb von Dominica genügt die siebenstellige Rufnummer. Prepaid-SIM-Karten für das Mobiltelefon sind bei **Flow** erhältlich.

Verkehrsmittel
Für die Erkundung der Insel ist es sinnvoll, einen Wagen zu mieten. Firmen wie **Valley Car Rental** und **Best Deal Rent-a-Car** stehen hierfür vor allem in Roseau zur Verfügung. Besucher müssen eine für vier Wochen gültige Lizenz kaufen und älter als 25 Jahre sein. Öffentliche Busse kann man an der Straße heranwinken. Taxis stehen an den Flughäfen und in Roseau zur Verfügung, sie sind allerdings teuer.

Shopping
Die Läden Dominicas sind in der Regel montags bis freitags von 8 bis 17 Uhr und samstags von 9 bis 13 Uhr geöffnet. Fast überall kann man Kunsthandwerksstände finden, die schöne Souvenirs verkaufen. In Roseau offerieren mehrere Stände am Old Market Square ein großes Angebot an Produkten aus Kokosnüssen und Stroh sowie typischen Handarbeiten der Kalinagos.

Zeit
Die Insel Dominica befindet sich in der Atlantic Time Zone. Die Atlantic Standard Time (AST) liegt fünf Stunden hinter der Mitteleuropäischen Zeit (MEZ) und sechs Stunden hinter der Mitteleuropäischen Sommerzeit (MESZ).

Sprache
Englisch ist die offizielle Landessprache. Viele Leute sprechen Kwéyòl, einen Dialekt, der auf dem Französischen basiert, sowie afrikanische und Kalinago-Sprachen.

Strom
Dominicas Stromspannung beträgt 220 Volt/50 Hertz. Für mitgebrachte Elektrogeräte ist ein Adapter erforderlich.

Heiraten
Wenigstens einer der Partner muss mindestens zwei Tage vor der Hochzeit in Dominica ankommen. Der Einreisestempel im Pass gilt als Nachweis.

Das ausgefüllte Heiratsformular (auf der Website der **Discover Dominica Authority** als Download verfügbar) muss von beiden Verlobten unterschrieben und von einem Friedensrichter, einem Notar, einer Urkundsperson oder einem Standesbeamten beglaubigt sein. Das Paar benötigt zudem die Geburtsurkunden und einen Beleg, dass jedwede vorherige Ehe nicht mehr besteht. Beide müssen dann vor einem Commissioner of Oaths eine Erklärung unterschreiben. Beide Dokumente werden gestempelt und dann alle Formulare dem Beamten vorgelegt, der dem Paar eine Eheerlaubnis erteilt, die wiederum vor der Heirat dem Standesbeamten übereicht wird.

Viele Hotels, etwa **Jungle Bay Resort and Spa** und **Fort Young Hotel**, bieten Hochzeits- und Flitterwochenpakete an. Professionelle Hochzeitsplaner sind u. a. **JTAS Weddings**.

Auf einen Blick

Anreise
Austrian
W austrian.com
L'Express des Îles
W express-des-iles.com
LIAT
W liat.com
Lufthansa
W lufthansa.com
Seaborne Airlines
W seaborneairlines.com
Swiss
W swiss.com

Information
Discover Dominica Authority
Kennedy Ave, Roseau.
(767) 448 2045.
Deutschland
(0711) 2634 6624.
W discoverdominica.com

Sicherheit und Gesundheit
Polizei, Feuerwehr und Ambulanz
999.
Marigot Hospital
Marigot. (767) 445 7091.
Portsmouth Hospital
Portsmouth. (767) 445 5237.
Princess Margaret Hospital
Roseau. (767) 448 2231.

Kommunikation
Flow
W discoverflow.co/dominica

Verkehrsmittel
Best Deal Rent-a-Car
15 Hanover Street, Roseau.
(767) 449 9204.
Valley Car Rental
Douglas-Charles Airport.
(767) 275 1310.

Heiraten
Discover Dominica Authority
Siehe Information.
Fort Young Hotel
Victoria Street. (767) 448 5000. W fortyounghotel.com
Jungle Bay Resort and Spa
Point Mulâtre.
(767) 446 1789.
W junglebaydominica.com
JTAS Weddings
PO Box 1528, Roseau.
(767) 440 5827.
W experiencescaribbean.com

Überblick: St. Lucia

St. Lucia liegt in der Ostkaribik – bei klarem Wetter kann man Martinique (35 km nördlich) und St. Vincent (42 km südwestlich) von hier aus sehen. St. Lucia wurde wegen der strategisch günstigen Lage jahrhundertelang umkämpft, 14-mal wechselte die Insel zwischen britischen und französischen Besitzern. Heute erinnert wenig an diese unruhigen Zeiten. St. Lucia bietet Naturstrände wie Marigot Bay und Choc Bay, türkisblaues Meer mit Tropenfischen, Sportmöglichkeiten zu Wasser wie zu Land, eine atemberaubende Landschaft mit Regenwald und zum Teil noch aktiven Vulkanen, erstklassige Ferienanlagen und eine hervorragende Küche.

Zur Orientierung

Der schön gestaltete Derek Walcott Square in Castries

Auf St. Lucia unterwegs

Ein Mietwagen ist die beste Option, aber Taxis sind durchaus preisgünstig. Die Fahrer sind als Fremdenführer ausgebildet. Man kann Taxis pro Stunde oder tageweise mieten, sollte aber vorher einen Preis vereinbaren. Private Minibusse, die die wichtigsten Strecken abdecken, sind das Hauptverkehrsmittel der Insel. Häufige Verbindungen gibt es zwischen Castries und Gros Islet, weniger oft wird die Strecke nach Soufrière und Vieux Fort befahren. Die Busse gen Süden fahren spätabends nicht mehr. Boote verkehren zwischen Castries und Soufrière.

Auf einen Blick

Politik: Parlamentarische Monarchie, Staatsoberhaupt ist die englische Königin, vertreten durch einen Gouverneur.
Sprache: Englisch, umgangssprachlich Patois.
Währung: East Caribbean Dollar (EC$).
Mobilfunk: GSM/GPRS 900/1800 MHz (wie in D, A, CH), 850/1900 MHz
Strom: 220 V/50 Hz (in manchen Hotels auch 110 V/60 Hz), Adapter: ja.

Pitons
Die beiden Vulkane Gros Piton und Petit Piton gehören zum UNESCO-Welterbe. Sie locken Besucher mit Wander- und Klettertouren.

Weitere Zeichenerklärungen *siehe hintere Umschlagklappe*

Gros Islet
Das lebhafte Fischerdorf verwandelt sich freitagabends in eine Partyhochburg mit Reggae-Konzerten und Tanz in den Straßen.

Fischerhafen von Choiseul, südlich von Soufrière

Sehenswürdigkeiten auf einen Blick

- ❶ Castries
- ❸ Fond Doux Holiday Plantation
- ❹ Soufrière
- ❺ Pitons
- ❻ Vieux Fort und Ostküste
- ❼ Choc Bay
- ❽ Rodney Bay
- ❾ Gros Islet
- ❿ *Pigeon Island National Landmark S. 399*

Hotel

- ❷ Capella Marigot Bay

Dennery
Das beschauliche Fischerdorf bietet reizvolle Strände und exzellente Fischrestaurants.

Legende

- Hauptstraße
- Nebenstraße
- Fährlinie
- Gipfel

Mankote-Mangrovensümpfe
Im größten Mangrovensumpf der Insel (rund 40 Hektar) leben viele verschiedene Vogelarten.

Palmen an der beliebten Marigot Bay

Römisch-katholische Kathedrale in Castries

❶ Castries

Nordwestküste von St. Lucia. 66 000. Pointe Seraphine, (758) 452 3036. St. Lucia Jazz Festival (Mai).

Die quirlige kleine Stadt mit malerischen Häuschen auf den Hügeln hinter dem Hafen brannte in den vergangenen 200 Jahren viermal. Nach dem letzten Brand wurde sie im Schachbrettmuster neu angelegt, weshalb man sich heute leicht in den Straßen zurechtfindet. Auf dem bunten Markt an der Peynier Street gibt es Produkte wie Strohartikel, Gewürze und Kräuter. Ein Marktführer, den man gegen ein geringes Honorar am Eingang anheuern kann, erklärt Ihnen alles.

In der 1899 erbauten **Roman Catholic Cathedral of the Immaculate Conception** hängen viele Gemälde mit Bibelszenen. Die dargestellten Figuren sind Schwarze. Die Kathedrale steht an der Ostseite des Derek Walcott Square, benannt nach dem Literatur-Nobelpreisträger von 1992 *(siehe S. 397)*. Der Samaan-Baum auf dem Platz soll über 400 Jahre alt sein.

Umgebung: In Pointe Seraphine gibt es an der Anlegestelle für Kreuzfahrtschiffe erstklassige Duty-free-Shops. Hier findet man auch das Hauptinformationszentrum sowie gute Restaurants und Bars.

The Morne, ein Hügel südlich der Stadt, bietet eine herrliche Aussicht auf Castries. Wegen der strategisch günstigen Position erbauten die Franzosen im 18. Jahrhundert nahe dem Gipfel das **Fort Charlotte**, das die Briten später erweiterten. Heute steht die Umgebung mit vielen restaurierten Militärgebäuden unter Denkmalschutz. Doch die größte Attraktion ist sicherlich das Panorama von The Morne.

Roman Catholic Cathedral of the Immaculate Conception
Laborie Street. (758) 452 2416. tägl. 8–16 Uhr.

Fort Charlotte
The Morne. tägl. von Sonnenaufgang bis Sonnenuntergang.

❷ Capella Marigot Bay

Marigot Bay. (758) 458 5300.
capellahotels.com/saintlucia

Etwa elf Kilometer südlich von Castries zweigt von der Hauptstraße eine kleine Straße zur Marigot Bay ab. Die von dicht bewachsenen Hügeln umgebene Bucht gilt als einer der schönsten Häfen der Karibik. Hier wurden schon Filme gedreht, u. a. *Dr. Dolittle* (1967) und *Firepower* (1979). Im lebhaften Hafen haben viele Handwerker ihre Werkstätten.

Das Capella Marigot Bay ist eine luxuriöse Ferienanlage, deren Unterkünfte von einem Hügel die Bucht überblicken. Einige Suiten haben eigene Tauchbecken, die meisten Gästezimmer bieten eine wunderbare Aussicht über die von Palmen gesäumte Bucht. In den Restaurants wird alles serviert, was das Herz begehrt: von Haute Cuisine bis zu einfachen tropischen Gerichten. Die Bar kredenzt exzellente Drinks. Auriga Spa & Fitness bietet vielerlei Wellness-Anwendungen. Restaurant und Spa stehen nicht nur Hotelgästen offen.

❸ Fond Doux Holiday Plantation

Soufrière. (758) 459 7545. tägl. 9–15 Uhr.

The Fond Doux Holiday Plantation ist eine der ältesten Plantagen der Karibik, die noch immer in Betrieb sind. Louis XIV übertrug die Plantage 1713 den Brüdern Devaux. Angebaut wurden Kaffee, Kakao und später Zuckerrohr. Heute gehört die 55 Hektar große Plantage mit Luxusunterkünften zum Kulturerbe. Sie produziert über 30 Baumarten und Nutzpflanzen und ist ein Vorzeigeobjekt für biologische Landwirtschaft.

Blick vom Aussichtsplatz über Marigot Bay

Hotels und Restaurants auf St. Lucia *siehe Seiten 406 und 407*

❹ Soufrière

24 km südl. von Castries. 7500.

Soufrière, St. Lucias erste Siedlung und während der französischen Besatzung die Hauptstadt der Insel, ist heute ein malerischer Fischerort. Zur Zeit der Französischen Revolution beschloss der Nationalkonvent die Umbenennung französischer Namen: Aus Soufrière wurde La Convention. Auf dem Stadtplatz wurde eine Guillotine aufgestellt. Die meisten königstreuen Plantagenbesitzer flohen, einige wurden exekutiert.

Die Stadt hat einen palmengesäumten Strand und wird vom Fluss Soufrière geteilt. Die meisten Läden, Handwerker, Restaurants und Hotels findet man in den Straßenzügen landeinwärts vom Landesteg. Schön sind vor allem die traditionellen kreolischen Wohnhäuser und der Markt.

In Malmaison am Rand der Stadt verbrachte Joséphine *(siehe S. 398)*, die spätere Gattin Napoléons, ihre Kindheit bzw. einen Teil ihrer Kindheit – über ihre Herkunft sind sich die Historiker bis heute uneins.

Umgebung: In der Nähe befinden sich weitere schöne Anwesen. **Diamond Estate** ist für seine therapeutischen Mineralbäder bekannt. Im Morne Coubaril Estate *(siehe S. 401)* sieht man, wie Kokos, Kopra und Kakao verarbeitet werden.

Die **Soufrière Volcanic Area** südlich der Stadt umfasst einen riesigen, bei einem Ausbruch vor 40 000 Jahren entstandenen Krater. Hier brodeln 24 Kessel mit 171 °C heißem Schlamm. Bleiben Sie besser auf den ausgeschilderten Wegen. Führer stehen am Eingang bereit.

❺ Pitons

32 km südl. von Castries.

Die meistfotografierten Wahrzeichen der Insel sind die vulkanischen Pitons, die wie Zuckerhüte aus dem Meer ragen

Soufrière mit den beiden Pitons im Hintergrund

und die Landschaft südlich von Soufrière dominieren. Petit Piton (der nördliche) ist 743 Meter hoch, Gros Piton 770 Meter. Letzterer ist leichter zu besteigen, nur ganz oben wird es steil. In rund fünf Stunden gelangt man auf einen Piton und wieder hinab. Gros Piton Tours *(siehe S. 403)* bieten geführte Wanderungen.

❻ Vieux Fort und Ostküste

40 km südl. von Castries. 16 500.

Vieux Fort liegt an der Südspitze der Insel. Jenseits des Meeres erkennt man St. Vincent. Vieux Fort, benannt nach einer Festung (17. Jh.), war einst Hauptstadt und bedeutendster Hafen von St. Lucia. Heute ist es das Zentrum für Windsurfer. Die **Mankote-Mangrovensümpfe** vor der Stadt sind bei Vogelfreunden sehr beliebt.

Etwas nördlich an der Ostküste liegt **Savannes Bay** mit einem Vogelreservat. Während die Westküste geschützt liegt, donnern an die felsige Ostküste häufig atlantische Brecher – ideal für Surfer. Etwas abseits von Micoud befinden sich die **Latille Gardens** mit einer tropischen Blütenpracht, exotischen Früchten und Wasserfällen.

Dennery weiter nördlich, eines der schönsten Inseldörfer, hat eine lange Fischer- und Bootsbautradition. Einige Boote werden nach wie vor von Hand gefertigt.

Mankote-Mangrovensümpfe
(758) 452 5005. tägl. von Sonnenaufgang bis Sonnenuntergang. **Hinweis** Im Sumpfgebiet gibt es kurze Wege und einen Aussichtsturm.

Savannes Bay
tägl. von Sonnenaufgang bis Sonnenuntergang.

Latille Gardens
(758) 489 6271.

Derek Walcott

Der im Jahr 1930 in Castries geborene Derek Walcott ist einer der berühmtesten Dichter der Insel. Seine Großväter waren weiß, die Großmütter stammten von Sklaven ab. Sein Vater, ein Bohème-Künstler, starb sehr jung, seine Mutter leitete die Methodistenschule der Stadt. All dies beeinflusste sein Werk, eine Mischung aus karibischen, englischen und afrikanischen Traditionen. Seine ersten Gedichte veröffentlichte Walcott mit 18 Jahren. Er verfasste viele hochgepriesene Gedichtbände und Theaterstücke. Auch nachdem er 1992 den Literatur-Nobelpreis erhalten hatte, schrieb und lehrte er weiterhin auf St Lucia.

Der Dramatiker und Dichter Derek Walcott

Die weitläufige Choc Bay an der Nordwestküste von St. Lucia

7 Choc Bay

5 km nördl. von Castries.

Sanfte Wellen umspülen den von Bäumen gesäumten Sandstrand der Choc Bay. Das beliebte Urlaubsziel bietet luxuriöse Hotels, All-inclusive-Resorts sowie Restaurants und Kunstgalerien.

Der kurze Naturwanderweg Union Trail beginnt hinter der Bucht am Interpretive Center des Union Agricultural Center in der Babonneau Road. Die Pflanzen des hiesigen Kräutergartens und ihre Elixiere wurden früher in der traditionellen Heilkunst der Insulaner eingesetzt. Der Weg führt weiter durch den Regenwald, in dem die seltene bunt gefiederte St.-Lucia-Amazone lebt.

Der **Fond Latisab Creole Park** in der Gemeinde Fond Assau gehört zu St. Lucias Heritage Tourism Program und bietet Einblick in kreolische Traditionen: Maniokbrot backen, Süßwasserkrebse fangen und mit dem Perkussionsinstrument *chak chak* musizieren.

Fond Latisab Creole Park
Babonneau. (758) 450 5461.
tägl. 9–16 Uhr.

8 Rodney Bay

10 km nördl. von Castries.

Die Rodney Bay ist eines der beliebtesten Ziele von Seglern in der Karibik. In der Bucht liegt eine schön gestaltete Marina mit Restaurants, Bars, Läden und Kunstgalerien. Der Yachthafen ist zudem eines der wichtigsten Charterzentren der Karibik mit zahlreichen Charterunternehmen. Tagsüber kann man durch die Läden bummeln und am Wasser zu Mittag essen. Abends geht es hier in den vielen Lokalen recht lebhaft zu.

Yacht in der von Palmen gesäumten Marina der Rodney Bay

9 Gros Islet

13 km nördl. von Castries.
19 000.

Gegenüber der Rodney Bay liegt das Fischerdorf Gros Islet, Schauplatz des berühmten Jump Up am Freitagabend. Diese gigantische Open-Air-Party dauert bis in die frühen Morgenstunden. Tische und Stühle werden in den engen Straßen aufgestellt, aus riesigen Boxen tönt laute Musik. Die Nachtschwärmer ziehen von Bar zu Bar, trinken Bier und tanzen ausgelassen.
An vielen Imbissständen kann man einheimische Delikatessen probieren.

Kaiserin Joséphine

Die spätere Kaiserin Joséphine kam am 23. Juni 1763 als Marie Josephe Rose de Tascher de la Pagerie auf Martinique zur Welt. 1779 heiratete sie dort den Armeeoffizier und reichen Landbesitzer Alexandre Vicomte de Beauharnais. Während der Terrorherrschaft der Revolution wurden beide 1794 verhaftet. Alexandre starb durch die Guillotine, Marie kam frei und traf 1795 Napoléon Bonaparte, damals noch Armeegeneral. Sie heirateten im März 1796. Bonaparte mochte den Namen Rose nicht und nannte sie Joséphine. Die adelige Herkunft seiner Gemahlin verschaffte ihm höchste Anerkennung. 1804 wurde sie zur Kaiserin Joséphine gekrönt, am 29. Mai 1814 verstarb sie.

Porträt von Kaiserin Joséphine

⑩ Pigeon Island National Landmark

Ein Damm verbindet das ins Meer ragende, 18 Hektar große Pigeon Island mit St. Lucia. Die Franzosen befestigten Pigeon Island 1778, im Jahr darauf wurden sie von einem riesigen britischen Marineheer vertrieben. Von hier aus griff der englische Admiral Rodney 1782 die französische Flotte an. Die nachfolgende Schlacht von Les Saintes beendete die französische Vorherrschaft in der Karibik. Pigeon Island war noch jahrzehntelang eine der beeindruckendsten Festungen, wurde aber im Jahr 1861 aufgegeben. Danach diente sie als Walfangstation und im Zweiten Weltkrieg als amerikanischer Marinefliegerstützpunkt.

Infobox

Information

13 km nördl. von Castries.

(758) 452 5005.

Interpretive Center, beim Zufahrtstor. tägl. 9–18 Uhr.

Anfahrt

Interpretive Center
Die einstigen Offiziersquartiere beherbergen das Interpretive Center und ein Museum mit Objekten zur Geschichte der Region, darunter die Büste von Admiral Rodney.

Signal Peaks
Pigeon Island wird von zwei kleinen Bergen dominiert, die hervorragende Beobachtungsposten darstellten.

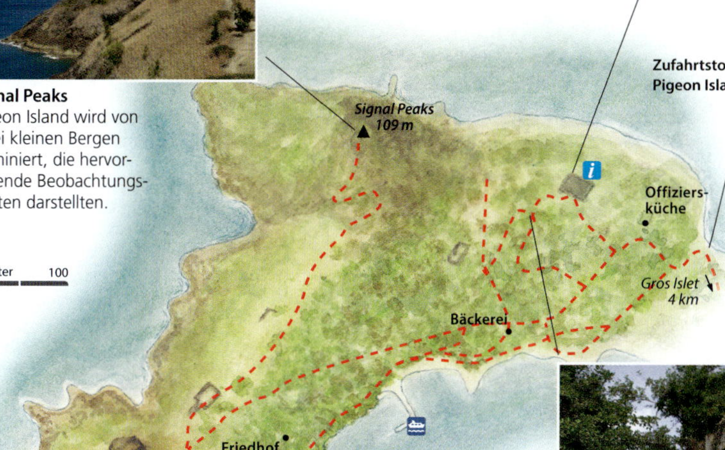

Kasernenruinen
Überreste der Kasernen und Lager findet man an der Ostseite der Insel.

Fort Rodney
Die einstige britische Festung ist heute eine Ruine. Von ganz oben hat man herrliche Aussicht über die Rodney Bay.

Strände von Pigeon Island
Die schönen weißen Sandstrände rund um die Insel bieten gute Bedingungen zum Schwimmen.

Weitere Zeichenerklärungen *siehe hintere Umschlagklappe*

Sport und Aktivurlaub

St. Lucia ist ein Paradies für Freiluftsportler und bietet unzählige Möglichkeiten, sich zu Wasser und zu Land zu vergnügen. Man kann wandern, im Regenwald seltene Tiere beobachten, hoch zu Pferd den Strand entlangreiten, Tennis oder Golf spielen, klettern, Rad fahren oder im warmen, kristallklaren Wasser zu unberührten Riffen tauchen. Vor den Küsten der Insel hat man Gelegenheit zum Hochseefischen. Das ganze Jahr über kann man in den Gewässern vor St. Lucia Wale und Delfine beobachten.

All-inclusive-Resort Sandals Grande in der Rodney Bay

Strände

St. Lucias Strände sind hervorragend zum Sonnenbaden, Schwimmen und Schnorcheln geeignet. Alle sind öffentlich zugänglich, auch wenn einige Hotels den Zugang erschweren. Es gibt jedoch immer einen öffentlichen Weg zum Strand, auch wenn man vielleicht ein bisschen danach suchen muss.

Die Südwestküste der Insel ist relativ geschützt und für Schwimmer sicherer. Anse des Pitons ist ein herrlicher sichelförmiger Strand vor der Kulisse der Pitons.

Anse Chastanet, gleich nördlich von Soufrière, ist ein malerischer, 1,5 Kilometer langer Strand mit weichem weißen Sand, Palmen und warmem, klarem Wasser. Soufrières eigener dunkler Sandstrand im Norden der Stadt ist bei den Insulanern äußerst beliebt.

An der Nordwestküste bietet die Marigot Bay *(siehe S. 396)* einen weiteren großartigen Strand. Die Bucht selbst ist an drei Seiten von bewaldeten Hügeln umgeben. In der Nähe findet man viele Restaurants, Bars, Cafés und Läden. Wer auf der Suche nach etwas Ruhe und Abgeschiedenheit ist, wird in einer kleinen Sandbucht in der Nähe fündig.

Die Choc Bay *(siehe S. 398)* in der Nähe von Castries ist mit ihrem ruhigen Wasser ideal für den Familien-Strandurlaub. Palmen spenden hier zu den heißesten Tageszeiten Schatten. Die Labrelotte Bay nahe Windjammer Landing, etwas weiter nördlich, ist ein kleiner Strand mit blauem Wasser.

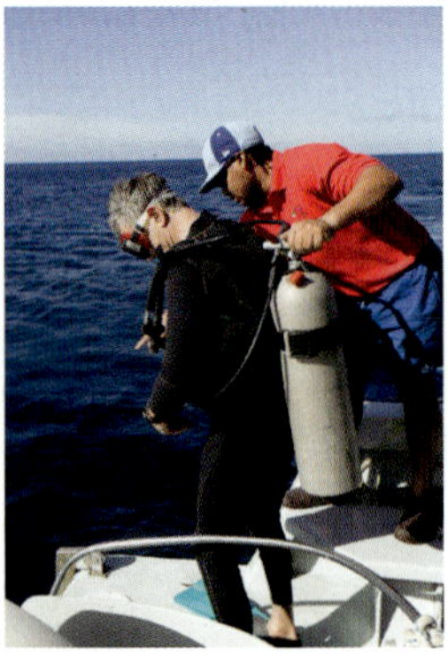

Vorbereitung zum Tauchgang, Anse Chastanet bei Soufrière

Reduit Bay und Rodney Bay *(siehe S. 398)*, St. Lucias Hauptstrände, haben diverse Bars und Wassersport zu bieten, können aber besonders am Wochenende etwas voll werden. Pigeon Island *(siehe S. 399)* ist sowohl historisch bedeutend als auch ein beliebtes Erholungsgelände mit kleinen, aber schönen Stränden.

Am Sandstrand Anse des Sables an der Südküste, mit Blick auf die Maria Islands, bläst immer ein kühlendes Lüftchen. Hier sieht man zahlreiche Surfer, aber auch viele Sonnenanbeter.

Nähere Informationen über die Strände und Strandaktivitäten erhält man in Hotels und Informationszentren wie etwa Pointe Seraphine in Castries *(siehe S. 396)*.

Aktivitäten in Ferienanlagen

Die Resorts der Insel haben zahlreiche Wassersportangebote, z. B. Kanufahren, Windsurfen, Segeln, Wasserski, Hydro-Biking, Schnorcheln und Tauchen – all dies ist meist im Preis inbegriffen, oder man erwirbt einen Tagespass. An Land gibt es Pingpong- und Billardtische, Shuffleboards, Krocket, Fitnessgeräte sowie Golf-, Tennis und Beachvolleyball-Plätze.

Die Wellness-Bereiche der Hotels bieten ein großes Verwöhnprogramm. Paare können die Anwendungen oft gemeinsam genießen. Auch Nichthotelgäste können reservieren. Wenn Sie also nicht in einem der luxuriösen All-inclusive-Resorts nächtigen, können Sie deren Angebote dennoch nutzen. Sandals etwa bietet in seinen drei All-inclusive-Anlagen Grande, Halcyon und Regency St. Lucia Tagespässe für Essen, Trinken und Wassersport an. Damit kann man einen Tag an den Pools und Stränden verbringen. Wer keinen Tagespass möchte, kann die hoteleigenen Sonnenliegen und -schirme am Strand gegen eine geringe Gebühr nutzen.

Plantagen auf St. Lucia

Plantagen vergegenwärtigen St. Lucias Geschichte. Hier arbeiteten afrikanische Sklaven, deren Nachkommen heute die Insel bewohnen. Einige Plantagen mit den aus Europa importierten Originalmaschinen für die Verarbeitung von Zuckerrohr, Baumwolle und Tabak werden noch betrieben. Viele Anwesen tragen ihre französischen Namen, die auf die einst großen Erwartungen hindeuten, wie z. B. L'Espérance (Hoffnung) oder Tranquilité (Frieden). Führungen durch die Plantagen informieren über das Leben der Sklaven und der Eigentümer.

Soufrière Estate, Standort der ältesten noch immer betriebenen Wassermühle der Karibik, zeigt Anbau und Verarbeitung heimischer Produkte.

Fond Latisab Creole Park *(siehe S. 398)* demonstriert alte kreolische Landwirtschaftsmethoden und Kochtechniken.

Marquis Estate bietet Führungen und präsentiert viele alte landwirtschaftliche Geräte.

Morne Coubaril Estate erlaubt Besuchern, bei traditionellen landwirtschaftlichen Tätigkeiten wie der Herstellung von Kopra (getrocknetem Kokosnussmark), Kakao und Maniokprodukten zuzusehen.

Fond Doux Holiday Plantation *(siehe S. 396)* verwendet noch immer die alten Trockenschuppen für die Kakaoverarbeitung. Besucher können auch die Wanderwege nutzen.

Plantagen

Balenbouche Estate
(758) 455 1244.
balenbouche.com

Fond Doux Holiday Plantation
(758) 459 7545.
fonddouxestate.com

Morne Coubaril Estate
(758) 459 7340.

Soufrière Estate
(758) 459 7565.

Legende
- Anwesen
- Gipfel
- Hauptstraße
- Nebenstraße

Balenbouche Estate, ein Anwesen des 19. Jahrhunderts, ist von einem schönen Garten umgeben. In der Nähe liegen die Ruinen einer großen Zuckerfabrik (18. Jh.).

Blick von einem Wanderweg auf Gros Piton

Wandern

Wandern – am besten mit einem Führer, der Terrain und Tiere kennt – ist die beste Art, die ruhigere Seite der Insel zu entdecken.

Wanderer sollten festes, rutschsicheres Schuhwerk und einen Hut tragen. Zum Marschgepäck sollten außerdem Insektenschutzmittel und Trinkwasser sowie ein Fernglas für die Beobachtung von Tieren gehören.

Das Hinterland der Insel St. Lucia ist von bis zu 548 Meter hohen Hügeln mit Regenwald geprägt, durch die ein 47 Kilometer langes Wegenetz führt. Hier besteht die Möglichkeit, seltene Vögel und exotische Pflanzen zu sehen. Einer der Wanderwege, der einfache Union Nature Trail, verläuft durch üppige Vegetation mit vielen Wildtieren und endet an einem kleinen Zoo mit heimischen Arten wie der seltenen St.-Lucia-Amazone und dem St.-Lucia-Leguan.

Der Barre de l'Isle Trail bei der Straße zwischen Castries und Dennery ist ebenfalls ein leichter Wanderweg durch ein Waldreservat. Der Name ist ein Hinweis darauf, dass der Weg die Insel in zwei Hälften teilt. Für die 1,5 Kilometer lange Wanderung benötigt man ungefähr eine Stunde, eine weitere, um den Mount La Combe zu erklimmen, von dem aus sich eine tolle Aussicht bietet.

Der Edmund Forest Reserve Trail beginnt am Eingang des Reservats. Die anstrengende Wanderung dauert in etwa vier Stunden und endet am Des Cartiers Rainforest Trail. Am Weg wachsen viele Orchideenarten. Eine Abzweigung führt auf den Morne Gimie, den mit 950 Metern höchsten Punkt der Insel.

Für die Wanderwege braucht man eine Genehmigung des **Forest and Lands Department**. Eine Liste der Wanderwege erhält man in Informationszentren und bei bekannten Tour-Anbietern wie **Heritage Tours** und **Gros Piton Tours**.

Regenwalddach-Touren

Gondelfahrten durch und über das Dach tropischer Regenwälder bieten Einblicke in die Flora und Fauna. Führer informieren die Fahrgäste über alles Sehenswerte. Weitere Informationen über diese Fahrten bekommt man bei **Rainforest Aerial Trams**.

Tauchen und Schnorcheln

Das klare, warme Wasser rund um St. Lucia ist ideal für Tauchgänge aller Schwierigkeitsstufen. Die Riffe sind voller Meerespflanzen und -tiere. Man kann zwischen Ammenhaien, Schildkröten und Schwärmen mit bunten tropischen Fischen schwimmen. Zu den herausragenden Tauchrevieren gehören Key Hole Pinnacles und Superman's Flight gleich beim Petit Piton. Hier taucht man an einer Steilwand entlang, die bis zu 488 Meter abfällt. Im Meer vor Gros Piton erstrecken sich die einzigartigen, fünf bis 15 Meter tiefen Coral Gardens.

Bekannte Tauchzentren sind **Sunsail**, **Tornado Kite and Surf**, **Scuba Steve's Diving**, **Mako Watersports** und **Sailing Let's**

Farbenfrohes Korallenriff im Meer vor St. Lucia

Go. Tauchgänge organisieren u. a. **Island Divers**, **Dive Saint Lucia** und **Dive Fair Helen**.

Reiten

International Riding Stables und **Trims National Riding Academy** organisieren Ausritte für Anfänger wie Fortgeschrittene, von Ritten durch den Wald bis zum »spritzigen« Galopp am Strand entlang.

Golf

St. Lucia hat Golfplätze in wunderbarer Landschaft zu bieten. In den Privatclubs sind Gäste willkommen. **St. Lucia Golf & Country Club** und **Sandals Regency Golf Resort and Spa** besitzen 18-Loch-Plätze, während Jalousie Plantation neun Löcher bietet.

Tennis

Nur wenige Tennisplätze haben Flutlicht. Man spielt besser morgens, ehe es zu heiß wird. Die meisten Hotels erlauben Nichtgästen, ihre Plätze gegen eine Gebühr zu nutzen.

Radfahren

Radfahren ist eine großartige Weise, die Wege der Insel zu erkunden, vor allem in Anse Mamin, einer historischen Plantage. Da die Insel ziemlich hügelig ist, sollten Radfahrer einigermaßen fit sein.

Segeln

Als bedeutendes Segelzentrum besitzt St. Lucia viele Segel- und Charteragenturen wie **Destination St. Lucia**, **Escape to Paradise**, **Tradewind Yachts** und **Moorings St. Lucia**. Man kann Yachten tageweise oder für eine Tour von Insel zu Insel chartern.

Angeln

Boote zum Hochseefischen kann man für halb- oder ganztägige Ausflüge chartern. Ein empfehlenswertes Unternehmen mit Angellizenz ist Mako Watersports.

Walbeobachtung

Vor der Küste von St. Lucia kann man das ganze Jahr über mehr als 20 Walarten, darunter Pott-, Buckel- und Grindwal, erspähen.

Mountainbiken durch üppige Vegetation, Anse Mamin

Auf einen Blick

Wandern

Forest and Lands Department
(758) 468 5645.

Gros Piton Tours
Soufrière.
(758) 489 0136.

Heritage Tours
La Clery, Castries.
(758) 458 1454.

Regenwalddach-Touren

Rainforest Aerial Trams
Bei Fond Asseau.
(758) 458 5151.

Tauchen und Schnorcheln

Dive Fair Helen
Castries.
(758) 451 7716.
W **divefairhelen.com**

Dive Saint Lucia
Rodney Bay Marina.
(758) 451 3483.
W **divesaintlucia.com**

Island Divers
Ti Kaye Village, Anse Cochon.
(758) 456 8110.
W **tikaye.com/diving**

Mako Watersports
(758) 452 0412.

Sailing Let's Go
Rodney Bay.
(758) 452 8234.

Scuba Steve's Diving
(758) 450 9433.
W **scubastevesdiving.com**

Sunsail
Rodney Bay Marina.
(758) 452 8648.

Tornado Kite and Surf
(758) 713 2110.

Reiten

International Riding Stables
(758) 452 8139.

Trims National Riding Academy
Gros Islet.
(758) 450 8273.

Golf

Sandals Regency Golf Resort and Spa
(758) 452 3081.
W **sandals.com**

St. Lucia Golf & Country Club
Cap Estate, Rodney Bay.
(758) 450 8523.
W **stluciagolf.com**

Segeln

Destination St. Lucia
Rodney Bay.
(758) 452 8531.
W **dsl-yachting.com**

Escape to Paradise
(758) 452 0344.

Moorings St. Lucia
Marigot Bay.
(758) 451 4357.
W **moorings.com**

Tradewind Yachts
Rodney Bay.
(758) 452 8424.

Festgemachtes Boot vor der Kulisse der Pitons, St. Lucia *(siehe S. 397)* ▶

Hotelauswahl

Zimmer des Windjammer Landing in Labrelotte Bay

Vis-à-Vis-Tipp

ANSE CHASTANET: Anse Chastanet $$$
Strandresort
Old French Road
(758) 453 2073
ansechastanet.com
Das Resort achtet auf Einklang mit der umgebenden Natur. Auf dem weitläufigen Gelände stehen Villen am Strand und in den Hügeln. Statt Telefon und TV gibt es das herrliche Panorama der Pitons. Gäste sollen hier die perfekte Oase für einen entspannten Urlaub vorfinden. Dafür tut man alles.

CASTRIES: Auberge Seraphine $$
Boutique
Vielle Bay, Pointe Seraphine
(758) 453 2073
aubergeseraphine.com
Der gemütliche Rückzugsort mit großen Zimmern und Blick auf Vigie Bay und Marina besitzt auch ein kreatives Restaurant.

CASTRIES: Bel Jou Hotel $$
Boutique
La Pensee
(758) 456 1810
Das Hotel auf einem Hügel über dem Hafen von Castries hat schicke Zimmer. Hier starten Touren zum Hochseeangeln, Segeltörns und Vulkanbegehungen.

COCONUT BAY: Coconut Bay Resort and Spa $$$
Luxus
Vieux Fort
(758) 459 6000
cbayresort.com
Das Resort mit großen Gärten bietet elegante Zimmer sowie auch für Kinder geeignete Aktivitäten zu Wasser und zu Land.

GROS ISLET: The BodyHoliday LeSport $$$
Luxus
Cariblue Beach, Cap Estate
(758) 457 7800
thebodyholiday.com
Das Resort legt Wert auf Wohlbefinden, Bewegung und Entspannung. Das therapeutische Spa ist bekannt.

LABRELOTTE BAY: Windjammer Landing $$
Strandresort
Labrelotte Bay
(758) 456 9000
windjammer-landing.com
Hier gibt es viel Platz, viel Luxus, voll ausgestattete Zimmer, große Villen mit eigenem kleinen Pool und fünf Restaurants.

MALABAR BEACH: Rendezvous $$$
Boutique
Malabar Beach
(758) 457 7900
theromanticholiday.com
Das Hotel nur für Paare besitzt schön dekorierte Cottages, Suiten und Zimmer. Romantische Candle-Light-Dinner werden im Zimmer, am Strand oder im Gourmetrestaurant serviert.

MARIGOT BAY: Oasis Marigot $$
Villa
117 Seaview Avenue
(758) 451 4185
oasismarigot.com
Jede Unterkunft bietet Ausblick auf die Marigot Bay sowie Zugang zum kleinen Palmenstrand.

REDUIT BAY: Royal Hotel $$$
Strandresort
Reduit Beach
(758) 425 9999
rexresorts.com
Das Royal Hotel steht am wohl schönsten Strand der Insel. Es gibt gut ausgestattete Zimmer, zwei Restaurants, ein Spa und einen Club für Kinder bis zehn Jahre.

Preiskategorien
Die Preise gelten für ein Standard-Doppelzimmer pro Nacht (Hochsaison), inklusive Steuern und Service.

$	unter 100 US-Dollar
$$	100–300 US-Dollar
$$$	über 300 US-Dollar

RODNEY BAY: Bay Gardens $$
Modern
Rodney Bay
(758) 457 8006
baygardenshotel.com
Die Zimmer sind nicht weit vom Strand entfernt und komfortabel, manche sind mit einer Miniküche ausgestattet. Hin und wieder sorgen Künstler aus der Umgebung für Unterhaltung.

RODNEY BAY: The Landings $$$
Luxus
Rodney Bay
(758) 458 7300
thelandingsstlucia.com
Das große Resort am Meer hat mit Blick auf die Familien unter seinen Gästen die Suiten mit kompletten Küchen ausstatten lassen. Es gibt auch einen eigenen Yachthafen.

SOUFRIÈRE: Ladera $$$
Strandresort
Rabot Estate
(758) 459 6600
ladera.com
Das kleine, elegante Resort mit Villen und Suiten, die mit Freiluftschlafzimmern und kleinen Pools versehen sind, nimmt nur Gäste ab 14 Jahren auf.

SOUFRIÈRE: Stonefield Estate Resort $$$
Luxus
Stonefield Estate
(758) 459 7037
stonefieldresort.com
Die schönen Villen bieten Duschen im Garten, Veranden und Hängematten. Das Restaurant kocht mit regionalen Bio-Zutaten.

SOUFRIÈRE: Sugar Beach, A Viceroy Resort $$$
Luxus
Val des Pitons
(758) 456 8000
viceroyhotelsandresorts.com
Das umweltbewusste Resort ist bekannt für sein Spa und sein Restaurant. Jedes Zimmer bietet das Panorama der Pitons oder des Karibischen Meers.

Restaurantauswahl

CASTRIES: Auberge Seraphine $$$
Karibisch / Fusion
Vielle Bay, Pointe Seraphine
(758) 453 2073
Das schöne und beliebte Restaurant mit Blick auf eine Marina macht ein erstklassiges Seafood-Risotto und herrliche Desserts.

CASTRIES: The Coal Pot $$$
Karibisch / Französisch
Vigie Cove
(758) 452 5566 Sa, So
Hier kann man am Wasser speisen – abends ist es besonders romantisch. Das Geschirr wird in der Region hergestellt.

MARIGOT BAY: Masala Bay $$
Asiatisch / Fusion
Hotel Capella Marigot Bay
(758) 458 5300 Mo
Das moderne Restaurant am Wasser serviert exzellente Kreationen nach Rezepten der asiatischen und indischen Küche. Auf der Speisekarte stehen auch ein paar vegetarische Gerichte.

REDUIT BAY: Chic $$$
Karibisch / Fusion
Royal St. Lucian Resort & Spa
(758) 452 9999
Genießen Sie im eleganten Chic einen romantischen Abend. Es gibt internationale Gerichte mit karibischer Note und eine große Weinauswahl.

RODNEY BAY: Wingz 'n' Thingz $
Karibisch / Amerikanisch
Seagrape Avenue
(758) 451 8200
Das Lokal steht für ein entspanntes Mahl in guter Gesellschaft. Neben Seafood-, Cajun- und karibischen Gerichten stehen natürlich auch »Wingz« auf der Karte.

RODNEY BAY: Big Chef Steakhouse $$$
Karibisch / Amerikanisch
Rodney Bay Village
(758) 450 0210 Mo
Einheimische und Urlauber schätzen die herzhaften Steaks und Seafood-Gerichte.

RODNEY BAY: Blue Olive $$$
Karibisch
Bay Walk Shopping Mall
(758) 458 2433
Das Restaurant am Wasser bietet nicht nur eine kühle Meeresbrise, sondern auch eine interessante Speisekarte mit kreativen Gerichten der karibischen Küche.

RODNEY BAY: Buzz $$$
Karibisch / Seafood
Rodney Bay
(758) 458 0450 Mo
Die abwechslungsreiche Speisekarte bietet viel Seafood, es gibt aber auch mehrere Optionen für Vegetarier. Renner sind Lobster und Crab Cake sowie marokkanische Lammkeule. Es gibt auch Tische im Freien.

RODNEY BAY: Razmataz $$$
Indisch
Rodney Bay
(758) 452 9800
Das lebendige Freiluftrestaurant mit Blick auf den Yachthafen serviert exzellente Gerichte nach Rezepten aus Südasien. Auf Wunsch hält man sich in der Küche mit den scharfen Gewürzen ein wenig zurück.

Vis-à-Vis-Tipp

RODNEY BAY: La Terrasse $$$
Französisch / Karibisch
Rodney Bay Village
(758) 572 0389 Di
Französische Küche und karibische Gewürze gehen hier eine Symbiose ein. Sämtliche Gerichte werden frisch zubereitet, selbst die Desserts. Das Restaurant auf einer schönen Terrasse in einem tropischen Garten gehört zu einem kleinen Inn. Lammkotelett, Seafood-Eintopf und Mahi Mahi sind besonders zu empfehlen.

SOUFRIÈRE: Camilla's $$
Karibisch
Soufrière
(758) 459 5379 Mo
Das beliebte Lokal liegt mitten in der Stadt und überblickt eine betriebsame Straße. HIer werden leckere karibische Gerichte zubereitet.

Handbemalte Teller auf den Tischen des The Coal Pot in Castries

Preiskategorien
Die Preise gelten für ein Zwei-Gänge-Menü pro Person mit einer halben Flasche Hauswein, inklusive Steuern und Service.

$	unter 15 US-Dollar
$$	15–40 US-Dollar
$$$	über 40 US-Dollar

Tische mit herrlichem Ausblick bietet das Dasheene in Soufrière

SOUFRIÈRE: Dasheene $$
Karibisch / Fusion
Ladera Resort
(758) 459 7323
Das Dasheene bleibt vielen Gästen wegen der ausgezeichneten Küche und des Blicks auf die Pitons in bleibender Erinnerung.

SOUFRIÈRE: Martha's Tables $$
Karibisch
Soufrière
(758) 459 7270 Sa, So
Regionale Gerichte mit Seafood, Fleisch und Gemüse werden auf einer luftigen Veranda mit Meerblick serviert.

SOUFRIÈRE: The Treehouse $$$
Karibisch
Anse Chastanet Resort
(758) 459 7354 Di abends
Die Lage auf einem Kliff ist atemberaubend. Das Open-Air-Restaurant bietet ein reichhaltiges Frühstücksbüfett und eine täglich wechselnde Abendkarte.

VIEUX FORT: The Reef Beach Café $$
Karibisch
Anse de Sables Beach
(758) 454 3518 Mo
Das Café im Chalet-Stil steht am Strand inmitten von Bäumen und Pflanzen. Die Auswahl ist groß, u. a. werden Hähnchencurry, Fisch vom Grill und Pizza serviert. Der Kaffee ist sehr gut.

Praktische Hinweise

Attraktionen und Klima machen St. Lucia zu einem ganzjährigen Urlaubsziel. Von Europa aus gibt es kaum Direktflüge, ansonsten legt man einen Zwischenstopp in Puerto Rico oder Martinique ein. Zu den Nachbarinseln verkehren Highspeed-Fähren. Die Infrastruktur auf St. Lucia ist sehr gut, überall findet man Unterkünfte und Verkehrsmittel. In der Hauptstadt Castries werden auf bunten Märkten und in netten Läden schöne Souvenirs angeboten.

Beste Reisezeit

St. Lucia ist das ganze Jahr mit gutem Wetter gesegnet, doch die Hauptsaison ist von Mitte November bis März, wenn es am trockensten ist. Der meiste Regen fällt zwischen Mai und Oktober, die Hurrikansaison dauert von Juni bis November. Die durchschnittliche Tagestemperatur liegt bei 29 °C.

Anreise

Auf dem Hewanorra International Airport (UVF) bei Vieux Fort, ca. 65 Kilometer südlich von Castries, landen Direktflüge von **Condor** aus Frankfurt am Main (nur donnerstags). Maschinen von **Austrian**, **British Airways**, **Lufthansa**, **Swiss** und **Virgin Atlantic** aus Deutschland, aus Österreich und aus der Schweiz fliegen meist mit Zwischenstopp.

Vom kleineren George F. L. Charles Airport in Vigie, nördlich von Castries, operieren die regionalen Fluglinien **Air Antilles**, **Air Caraïbes**, **LIAT** und **Caribbean Airlines**. Sie verbinden St. Lucia mit einigen anderen Karibikinseln. St. Lucia wird fast täglich von Kreuzfahrtschiffen angelaufen. Wichtigster Hafen ist Pointe Seraphine bei Castries. Die Highspeed-Fähren von **Caribbean Express** verkehren zwischen St. Lucia, Martinique, Guadeloupe und Dominica.

Einreise

Für die Einreise nach St. Lucia benötigen Bürger der EU und der Schweiz – auch Kinder jeden Alters – einen gültigen Reisepass. Aufenthalte von bis zu 90 Tagen sind ohne Visum möglich. Sie müssen ein Einreiseformular ausfüllen, von dem ein Teil abgestempelt und Ihnen zurückgegeben wird. Bei der Abreise müssen Sie es vorlegen. Häufig wird das Gepäck untersucht. Für Schmuck oder teure Kameras sollten Sie einen Kaufbeleg vorlegen können. Schon beim Ticketkauf wird für Personen ab zwölf Jahren eine Ausreisegebühr erhoben.

Information

Das **St. Lucia Tourist Board** hat in Castries seine Zentrale und in einigen Ländern, so auch Deutschland, Vertretungen. Auf St. Lucia sind Informationsbüros in La Place Carenage, Pointe Seraphine, Soufrière sowie an den Flughäfen zu finden.

Blick vom Morne Lookout, Castries, auf ein Kreuzfahrtschiff im Hafen

Urlauber entspannen sich unter einem Strohschirm, Reduit Beach

Sicherheit und Gesundheit

Hotels haben Ärzte auf Abruf. **Victoria Hospital**, **St. Jude Hospital**, **Dennery Hospital** und **Soufrière Hospital** sind die größten Kliniken der Insel. Insektenschutzmittel sind nötig, da Mücken zum Problem werden können.

St. Lucia hat eine niedrige Kriminalitätsrate. Vermeiden Sie dennoch nachts dunkle, einsame Orte, tragen Sie keinen teuren Schmuck und keine großen Bargeldmengen mit sich. Verwahren Sie Wertgegenstände im Hotelsafe. Straßenhändler sind allgegenwärtig, ein bestimmtes »Nein, danke« genügt jedoch meist, damit sie Sie in Ruhe lassen.

Banken und Währung

Offizielle Währung ist der East Caribbean Dollar (EC$), es werden jedoch überall auch US-Dollar angenommen. Banken sind montags bis donnerstags von 8 bis 14 Uhr, freitags bis 17 Uhr geöffnet. Sie bieten feste Wechselkurse, die meist besser sind als jene in Hotels und Läden. Überall gibt es Geldautomaten, an denen man mit Kredit- und meist auch mit Debitkarte Bargeld abheben kann. Gängige Kreditkarten werden akzeptiert.

Kommunikation

Um von St. Lucia ins Ausland zu telefonieren, wählt man 011 und die Ländervorwahl (Deutschland: 49; Österreich: 43; Schweiz: 41). Wer aus Europa auf St. Lucia anruft, wählt 001, dann die Inselvorwahl 758 und die siebenstellige Rufnummer. Für Gespräche innerhalb von St. Lucia genügt die siebenstellige Rufnummer. Karten für öffentliche Telefone sowie Miethandys sind bei **Flow** erhältlich. Internet-Zugang hat man in Internet-Cafés und vielen Hotels.

Verkehrsmittel

Auf der Insel ist ein Mietwagen zu empfehlen. Hierfür muss man über 25 Jahre alt sein und einen Führerschein besitzen. Falls Sie keinen internationalen Führerschein haben, können Sie bei u. a. bei **Avis**, **Hertz**, **Budget** und **Island Car Rental** einen vorläufigen erwerben. Auf St. Lucia herrscht Linksverkehr. Straßenschilder sind Mangelware, manche Straßen sind in schlechtem Zustand. Bei einem Unfall oder einer Panne rufen Sie die Mietwagenfirma oder die Polizei an.

Taxis und Busse sind billig. Taxifahrer sind zudem hervorragende Fremdenführer – aber handeln Sie vorher den Preis aus. Busse verkehren regelmäßig zwischen den größeren Städten, abends fahren sie jedoch seltener.

Mit **St. Lucia Helicopters** kann man die Insel auch mit dem Hubschrauber erkunden.

Lebhafter Markt in Castries

Shopping

Der Markt in Castries und Strandverkäufer bieten Kunsthandwerk. Pointe Seraphine und La Place Carenage sind Duty-free-Zentren, in Castries gibt es viele Boutiquen. Die großen Hotels und Resorts haben Shopping Malls.

Sprache

Die offizielle Sprache ist Englisch, viele sprechen jedoch den französisch-kreolischen Dialekt Patois.

Strom

St. Lucias Stromspannung beträgt 220 Volt/50 Hertz, in manchen Hotels sind auch 110 Volt/60 Hertz verfügbar. Für mitgebrachte Elektrogeräte ist ein Adapter erforderlich.

Zeit

St. Lucia gehört zur Atlantic Time Zone. Die Atlantic Standard Time (AST) liegt fünf Stunden hinter der Mitteleuropäischen Zeit (MEZ) und sechs Stunden hinter der Mitteleuropäischen Sommerzeit (MESZ).

Heiraten

Gegen Gebühr kann man bereits am Tag der Ankunft heiraten. Man benötigt Geburtsurkunde, Pass und Urkunden über Namensänderungen und Scheidungen – all das in Englisch. Kosten entstehen für die Heiratsurkunde und das Honorar des Standesbeamten. **A Wedding in St. Lucia**, **Tropic Isle Weddings** und **Weddings in St. Lucia** organisieren Hochzeiten.

Auf einen Blick

Anreise

Air Antilles
W airantilles.com

Air Caraïbes
W aircaraibes.com

Austrian
W austrian.com

British Airways
W britishairways.com

Caribbean Airlines
W caribbean-airlines.com

Caribbean Express
T (758) 452 2211.

Condor
W condor.com

LIAT
W liat.com

Lufthansa
W lufthansa.com

Swiss
W swiss.com

Virgin Atlantic
W virgin-atlantic.com

Information

St. Lucia Tourist Board
Sureline Building, Vide Bouteille, Castries.
T (758) 452 4094.
Deutschland
T (06172) 499 4138.
W stlucianow.com

Sicherheit und Gesundheit

Polizei, Feuerwehr und Ambulanz
T 911.

Dennery Hospital
Hospital Road.
T (758) 453 3310.

Soufrière Hospital
WC Queenland Street.
T (758) 449 7258.

St. Jude Hospital
St. Jude's Highway, Vieux Fort.
T (758) 454 6041.

Victoria Hospital
Hospital Road, Castries.
T (758) 452 2421.

Kommunikation

Flow
W discoverflow.co/saint-lucia

Verkehrsmittel

Avis
T (758) 452 2700.

Budget
T (758) 452 0233.

Hertz
T (758) 452 0679.

Island Car Rental
T (758) 450 4840.

St. Lucia Helicopters
T (758) 453 6950.
W stluciahelicopters.com

Heiraten

A Wedding in St. Lucia
W aweddinginstlucia.com

Tropic Isle Weddings
W tropicisleweddings.com

Weddings in St. Lucia
W weddingsinstlucia.com

Überblick: St. Vincent und die Grenadinen

Mit dichten Regenwäldern, Wasserfällen, schwarzen Sandstränden und zerklüftetem Terrain, über dem im Norden der Vulkan La Soufrière thront, ist St. Vincent ein Traum für naturbewusste Reisende, die es etwas abenteuerlicher mögen. Die Hauptstadt Kingstown im Süden ist tagsüber recht turbulent, doch abends tobt das Leben in den Bars und Restaurants von Villa und der Indian Bay mit. Die Grenadinen sind eine Reihe kleiner Inseln zwischen St. Vincent und Grenada und politisch zwischen diesen aufgeteilt. Die 32 zu St. Vincent gehörenden Eilande mit weißen Sandstränden, herrlichen vorgelagerten Inselchen und türkisblauem Wasser sind Karibikparadiese par excellence.

Zur Orientierung

Palmen spenden Schatten am Carenage Bay Beach, Raffles Canouan Resort auf Canouan

Sehenswürdigkeiten auf einen Blick

1. Kingstown
2. Botanical Gardens
3. Villa
4. Mesopotamia Valley
5. Owia
6. *La-Soufrière-Besteigung S. 413*
7. Bequia
8. Mustique
9. Canouan
10. Mayreau
11. *Tobago Cays S. 415*
12. Union Island

Auf St. Vincent und den Grenadinen unterwegs

Es gibt keine internationalen Direktflüge, aber Verbindungsflüge von anderen Karibikinseln landen auf dem E. T. Joshua Airport auf St. Vincent. Kleine Flugplätze finden sich auch auf Canouan, Bequia, Mustique und Union Island. Fähren sind billig und beliebte Transportmittel. Zu den meisten Orten gelangt man mit Minibussen, Taxis oder einem gemieteten Auto, Motorroller oder Fahrrad. Es gibt mehrere Anbieter für Sightseeing-Touren.

Legende

- Hauptstraße
- Nebenstraße
- Piste
- Fährlinie
- Gipfel

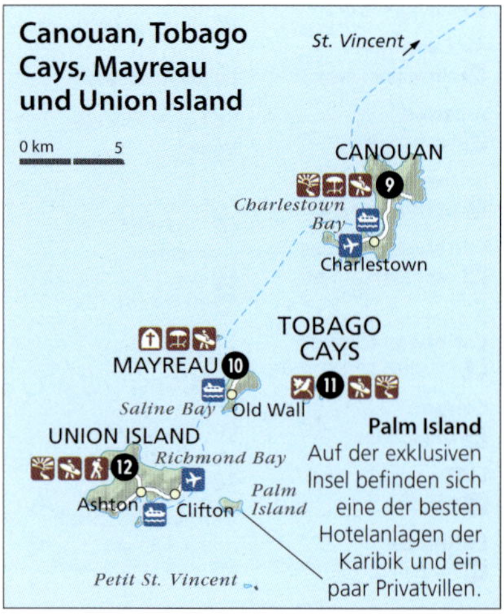

Weitere Zeichenerklärungen *siehe hintere Umschlagklappe*

Auf einen Blick

Politik: Parlamentarische Monarchie, Staatsoberhaupt ist die englische Königin, vertreten durch einen Gouverneur.
Sprache: Englisch.
Währung: East Caribbean Dollar (EC$).
Mobilfunk: GSM/GPRS 900/1800 MHz (wie in D, A, CH), 850 MHz.
Strom: 220–240 V/50 Hz (auf Palm Island und Petit St. Vincent 110 V/60 Hz), Adapter: ja.

Der 1762 gegründete Botanische Garten ist der älteste in der westlichen Hemisphere

Orange Hill
Fahrten im Geländewagen zur Bamboo Ridge am Fuß von La Soufrière beginnen in Orange Hill.

Mustique
Mustique ist die angesagte Insel der Reichen und Berühmten.

Yachten in der Admiralty Bay, Port Elizabeth, Bequia

Die hügelige Innenstadt von Kingstown mit typischen Arkadenhäusern

❶ Kingstown

Südwestküste von St. Vincent. 26 000. Ministry of Tourism, Upper Bay Street, (784) 457 1502. Fr, Sa. Vincy Mas (Ende Juni).

Die vitale Hauptstadt des Inselstaats liegt in einer geschützten Bucht und gilt wegen der vielen überdachten Bürgersteige in seinem Zentrum als Stadt der Arkaden. Hier findet man einige der Hauptattraktionen, etwa die drei Kirchen in der Grenville Street: die anglikanische St. George's, die Kathedrale St. Mary's und die Methodistenkirche, die 1841 mit Geldern befreiter Sklaven gebaut wurde. Ein Marktareal wird Little Tokyo genannt, weil sein Fischmarkt mit japanischer Unterstützung errichtet wurde. Auf einem 192 Meter hohen Hügel im Norden bietet Fort Charlotte Sicht über die Küste und die Grenadinen. Das 1805 erbaute Fort schützte vor Angriffen vom Meer her – viele der 34 Kanonen waren jedoch ins Inselinnere gerichtet, da die Briten die Schwarzen Kariben fürchteten. Ein paar Kanonen stehen noch. Im Fort erzählen Wandgemälde die Geschichte der Schwarzen Kariben.

❷ Botanical Gardens

4 km östl. von Kingstown, St. Vincent. (784) 457 1003. tägl. 6–18 Uhr.

St. Vincents Botanischer Garten, der älteste in der westlichen Hemisphäre, wurde 1762 als Zuchtstation für Pflanzen aus dem britischen Empire gegründet. Hier wachsen viele heimische und exotische Pflanzen. Berühmt ist ein Abkömmling eines Brotfruchtbaums, den der Marineoffizier Captain William Bligh hierherbrachte. Es gibt Zuchtprogramme für seltene Pflanzen und den gefährdeten Nationalvogel, die St.-Vincent-Königsamazone.

❸ Villa

5 km südöstl. von Kingstown, St. Vincent.

Für Nachtschwärmer ist Villa *der* Ort auf St. Vincent. Villa und die benachbarte Indian Bay sind weithin bekannt für ihre guten Restaurants, Bars und Clubs. Außerdem findet man in dem Gebiet einige der besten Hotels, sowohl noble als auch erschwingliche. Direkt vor der Küste liegt das Young Island Resort *(siehe S. 420)*.

❹ Mesopotamia Valley

13 km nordöstl. von Kingstown, St. Vincent. HazECO Tours.

Das Mesopotamia Valley oder »Mespo« gilt als St. Vincents Kornkammer. In dem fruchtbaren Tal wachsen auf Feldern und Plantagen u. a. Muskatnüsse, Bananen, Brotfüchte und alle Arten von Hackfrüchten. Das von Bergen – darunter Grand Bonhomme, der mit 969 Metern höchste Gipfel der Insel – umgebene Tal ist einzigartig in der südlichen Karibik.

Nördlich des Mesopotamia Valley lohnen die **Montreal Gardens** mit einer großen Vielfalt an Blumen und anderen Pflanzen einen Besuch.

Montreal Gardens
Bei Richland Park, Windward Highway. (784) 458 1198. Mo–Fr 9–16 Uhr. teilweise.

❺ Owia

48 km nordöstl. von Kingstown, St. Vincent. 2700.

Owia liegt nördlich von La Soufrière und ist eines der wenigen Kalinago-Dörfer an der zerklüfteten Nordostküste. Es ist für seine schönen, von vulkanischem Gestein umgebenen Gezeitenbecken im Salt Pond bekannt. Die Szenerie ist recht dramatisch, weil hier die Wellen des Atlantiks mit viel Wucht gegen die Felsen klatschen.

Schwarze Kariben backen vor ihrer Hütte Maniokbrot

Schwarze Kariben

1675 lief ein holländisches Schiff mit Siedlern und afrikanischen Sklaven an Bord vor St. Vincent auf Grund. Die Kalinagos (Kariben) hießen die überlebenden Afrikaner willkommen. Aus Ehen zwischen ihnen entstanden die »Schwarzen Kalinagos«, besser bekannt als »Schwarze Kariben«. Während der Kriege zwischen Briten und Franzosen standen sie auf französischer Seite. Als St. Vincent im Frieden von Paris 1783 an England fiel, rebellierten die Kariben – was zu den Karibischen Kriegen führte. 1797 wurden die Schwarzen Kariben geschlagen und viele von ihnen deportiert. Die Verbliebenen ließen sich in der Sandy Bay nieder, wo ihre Nachkommen heute leben.

❻ La-Soufrière-Besteigung

Die vierstündige Wanderung auf den 1219 Meter hohen Berg La Soufrière ist mittelschwer. Der aktive Vulkan kann von mehreren Seiten bestiegen werden, die leichtere Tour ist jedoch jene an der Atlantikküste. Der Weg führt durch Vegetationsformen wie Pfeilwurz-, Bananen- und Kokosnussplantagen, tropischen Regenwald und durch Nebelwald mit spärlichem Bewuchs. Der Blick vom Gipfel ist atemberaubend.

Routeninfos

Start: Bamboo Ridge.
Länge: 5 km.
Anfahrt: Minibus von Kingstown nach Orange Hill; Fahrt mit Geländewagen von Orange Hill zur Bamboo Ridge.
Hinweis: Nehmen Sie an einer geführten Tour teil, da Sie sich verirren könnten. Nötig sind festes Schuhwerk, Wechselkleidung und Insektenschutzmittel.

④ La-Soufrière-Krater
St. Vincents höchster Gipfel dominiert den Nordteil der Insel. 1970 bildete sich im Kratersee eine neue Insel.

③ Jacobs Well
Jacobs Well, ein ausgetrocknetes Flussbett, ist von unberührtem Tropenwald gesäumt.

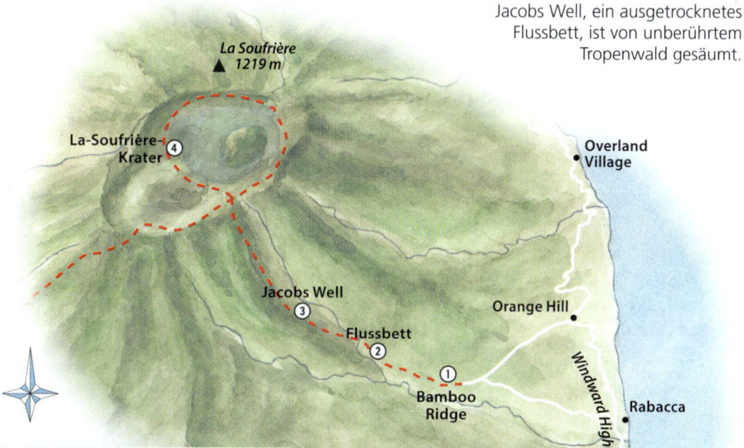

① Bamboo Ridge
Die Jeepfahrt durch Plantagen endet bei der Bamboo Ridge, wo der Wanderweg beginnt. Auf einer Höhe von 396 Metern fängt hier die Bergbesteigung an.

② Flussbett
Nach 20 Minuten Fußmarsch erreicht man das ausgetrocknete Flussbett mit Lavaströmen und -gestein. Dies ist ein guter Rast- und Picknickplatz.

Legende
▲ Gipfel
═ Straße
--- Pfad

0 Kilometer 2

Restaurant in Port Elizabeth, Bequia

❼ Bequia

14 km südlich von St. Vincent.
5000. Bequia Tourism Association, Port Elizabeth.
Easter Regatta (März/Apr).
bequiatourism.com

Bequia ist die nördlichste und mit 18 Quadratkilometern Fläche auch die größte Insel der Grenadinen. Ihr Hauptort Port Elizabeth ist ein malerisches Küstenstädtchen im natürlichen Hafenbecken der weitläufigen Admiralty Bay. Mit seinen Hotels, Restaurants, Bars und Läden ist Bequia ein bei Urlaubern und Seglern beliebtes Ziel. Seine berühmten einheimischen Modellbootbauer haben hier ihre Werkstätten. Man kann ihnen bei der Anfertigung ihrer detailgetreuen Nachbauten traditioneller Walfänger- und moderner Boote zusehen.

Bequia hat eine lange Fischer- und Walfangtradition. Die Internationale Walfangkommission erlaubt der Insel, pro Jahr zwei Buckelwale zu töten. Das Whaling Museum in Paget erzählt die Geschichte des Walfangs auf der Insel. Der passend benannte Mount Pleasant nahe der Ostküste bietet Panoramablick über Bequias goldene Strände, Buchten und das blitzblaue Wasser. Hier versteht man, warum die Insel bei Seglern und Schnorchlern so beliebt ist. Das Old Hegg Turtle Sanctuary ganz im Nordosten wird von Umweltschützer Orton King, einem Fan der Echten Karettschildkröte, geleitet.

❽ Mustique

11 km südöstl. von Bequia.
550. Mustique Blues Festival (Anfang Feb).
mustique-island.com

Wachsblumen, Bequia

Mustique wird seit Langem mit dem englischen Königshaus und anderer Prominenz assoziiert. Der schottische Grundbesitzer Colin Tennant kaufte die 5,5 Quadratkilometer kleine Insel in den 1960er Jahren und machte sie zum Resort des Jetsets. Heute gibt es neben den Privatresidenzen aber auch wochenweise vermietete Villen. Man kann schwimmen und wandern und die Insel per Roller oder Auto erkunden. Tagesausflüge von St. Vincent aus organisiert die Mustique Company. Basil's Bar ist weltbekannt.

❾ Canouan

22 km südl. von St. Vincent.
1200. Canouan Regatta (Mai). **canouan.com**

Canouan ist nur 13 Quadratkilometer groß, besitzt aber einige der herrlichsten Strände der Karibik. Weißer Sand, klares Wasser und ein eindrucksvolles Korallenriff machen die Insel ideal für Segler, Schwimmer und Schnorchler. Charlestown, der Hauptort der Insel, liegt in der Charlestown Bay, dem wichtigsten Hafen Canouans. Das exklusive Canouan Resort mit dem Trump International-Golf Course *(siehe S. 418)* und dem eleganten Casino hat illustre Gäste.

❿ Mayreau

10 km südöstl. von Canouan.
260.

Mayreau, die kleinste bewohnte Grenadinen-Insel, ist Zwischenstopp vieler Segeltörns. Die meisten Bewohner leben in Station Hill, wo es ein paar Restaurants und Bars gibt. Die römisch-katholische Kirche aus dem Jahr 1929 steht auf einem Hügel, von dem man einen herrlichen Blick über die Insel, die Salt Whistle Bay mit ihrem Privatresort und die Tobago Cays genießen kann.

Blick über die Charlestown Bay, Canouan

Hotels und Restaurants auf St. Vincent und den Grenadinen *siehe Seiten 420 und 421*

⓫ Tobago Cays

Die vom hufeisenförmigen Horseshoe Reef geschützten Tobago Cays sind eine Gruppe unbewohnter Inselchen. Der Tobago Cays Marine Park umfasst das empfindliche Riff und die Inseln. In dem besonders klaren Wasser tummeln sich Zackenbarsche, Husaren- und Kaiserfische.

Infobox

Information
1,5 km östl. von Mayreau.
Hinweis Es ist verboten, zu angeln und mit dem Boot anzulegen.
discoversvg.com

Anfahrt
Tagesausflüge von anderen Inseln der Grenadinen.

Horseshoe Reef
Das Riff wurde zwar von Ankern, durch Überfischung und das Abbrechen Schwarzer Korallen beschädigt, ist jedoch größtenteils erstaunlich gut erhalten.

Schnorcheln
Zu den schönsten Schnorchelgründen der ganzen Karibik zählen die Tobago Cays. Sie sind in der Hauptsaison (Dezember bis April) viel besucht.

Bootsverkäufer
Händler rudern mit Booten zwischen den Yachten und versuchen, Fische, Schmuck oder Kleidung zu verkaufen.

⓬ Union Island

1,5 km südöstl. von Mayreau. 3000. Easterval (März oder Apr).

Die etwa fünf Kilometer lange Union Island im südlichen Teil der Inselkette ist das Handels- und Verkehrszentrum der Grenadinen und von herrlichen Buchten, Lagunen und Riffen gesäumt. Hier herrschen ideale Bedingungen für Schwimmer und Segler.

Viele Besucher kommen nur auf Union Island, um eine Yacht zu chartern, aber man kann hier auch vieles unternehmen. Der Hauptort Clifton hat ein paar gute Restaurants, kleine Hotels, einen großen Hafen und Anlegestellen sowie einen Open-Air-Markt mit Handwerksprodukten und Lebensmitteln. Der Mount Taboi ist mit 305 Meter die höchste Erhebung der Grenadinen. Eine Wanderung auf den Berg oder auf einem der vielen anderen Wege ist eine schöne Art, die Insel zu erkunden. Union Island ist für seinen Trommeltanz bekannt, eine Kombination aus afrikanischen und französischen Stilen. Der Tanz wird nach Unglücksfällen, aber auch bei Hochzeiten oder Schiffstaufen aufgeführt.

Yachten ankern im Hafen von Clifton, Union Island

Sport und Aktivurlaub

Der kleine Inselstaat St. Vincent und die Grenadinen bieten Urlaubern eine enorme Vielfalt an Aktivitäten, u. a. Wanderungen durch die wunderschönen Landschaften, Delfinbeobachtung und die Besteigung des Vulkans La Soufrière auf St. Vincent. Zahlreiche Unternehmen auf den Inseln organisieren Sightseeing- oder Wandertouren, verleihen Yachten und bieten Bootsausflüge mit Tauchgängen und anderen Wassersport an. Sportenthusiasten, die lieber festen Boden unter den Füßen haben, können Tennis und Golf spielen oder Rad fahren und sich danach in exzellenten Wellness-Einrichtungen entspannen.

Strand auf Young Island, St. Vincent

Strände

Die Strände an St. Vincents ruhiger Leeseite sind von weichem schwarzem, vulkanischem Sand bedeckt, der in der Sonne glitzert. Den hellsten Sand findet man an den Stränden im Süden, vor allem in Villa und der Indian Bay, wo auch die meisten Hotels stehen. Calliaqua Bay, Blue Lagoon und Young Island Cut gehören zu den schönsten Stränden in dieser Gegend.

Die dem Wind zugewandte Seite der Insel ist felsig und hat starke Strömungen. Hier kann man nur bedingt schwimmen, aber die schwarzen Strände sind beeindruckend, und ein paar sind sehr beliebt, etwa Argyle, wo die Brandung dramatisch auf den Sand trifft. Der Salt Pond von Owia *(siehe S. 412)* liegt in zauberhafter Landschaft. In den Gezeitenbecken kann man gut schwimmen, während die Wellen durch riesige Felsen brechen. Türkisblaues Wasser und feinster weißer Sand zeichnen die wunderschönen Strände der Grenadinen aus – mit Ausnahme ein paar weniger auf Mustique sind sie öffentlich zugänglich.

Tauchen und Schnorcheln

Vor St. Vincent und den Grenadinen gibt es für Taucher viele Riffe und versunkene Wracks. Die Inseln sind von großen Korallenriffen umgeben, die sie zu den wohl besten Tauch- und Schnorchelrevieren der gesamten Karibik machen. In 25 Metern Tiefe findet man ein reiches Riffleben vor, schon in acht Metern Tiefe kann man mit Tropenfischen und anderen Meerestieren schwimmen.

Es gibt mehrere empfehlenswerte Tauchzentren in der Region. Auf St. Vincent etwa ist **Dive St. Vincent** beliebt. Auf den Grenadinen verleihen **Mustique Water Sports**, **Bequia Dive Adventures**, **Canouan Scuba Center** und **Grenadines Dive** Tauch- und Schnorchelausrüstungen. Sie sollten während der Tauchgänge immer darauf achten, die fragilen Korallen nicht zu beschädigen.

Wassersport

Geboten werden alle erdenklichen Wassersportarten, etwas Besonderes ist aber eine Kajaktour vor St. Vincents ruhiger Leeküste. **Baleine Tours** und **Coreas Caribbean Adventures** arrangieren Kajakausflüge. Andere Unternehmen bieten Windsurfing- und Jetski-Touren, u. a. Dive St. Vincent, **Sea Breeze Nature Tours** und **Fantasea Tours**.

Angeln

Versierte und weniger versierte Hobbyangler lieben die Inseln für das reiche Meeresleben und die exzellenten Segelbedingungen. Tauch- und Wassersportunternehmen, darunter Fantasea und Sea Breeze Nature Tours, bieten zahlreiche Optionen wie Hochseefischen und Angeln im seichten Wasser. In Schutzgebieten wie der Nordküste Bequias, Palm Island, Mustique, Mayreau und Tobago Cays ist Angeln verboten. Barrouallie auf St. Vincent ist ein beliebtes Fischerzentrum. Das Dorf ist für seinen »black fish« berühmt, eine kleine, hier sehr häufige Walart.

Korallengeäst im klaren Wasser von St. Vincent und den Grenadinen

Ein Katamaran nimmt Passagiere für einen Segeltörn auf

Segeln

St. Vincent und die Grenadinen haben eine lange Seefahrertradition und perfekte Segelbedingungen. Matrosen und Yachtenbesitzer waren die Ersten, die das Urlaubspotenzial der Inseln entdeckten.

Yachtbesitzer müssen an einer der Einreisestellen (Kingstown, Chateaubelair und Wallilabou auf St. Vincent, Port Elizabeth auf Bequia, Mustique, Canouan und Union Island) die Einreise- und Zollformalitäten erledigen.

Charterunternehmen wie **Barefoot Yacht Charters** und **Yannis Sail Private Charters** bieten herrliche Törns, auf denen auch Passagiere mit wenig Segelerfahrung die tropische See und das aktive, aber luxuriöse Leben an Bord einer bemannten Yacht kennenlernen können.

Bootsausflüge

Eine schöne Art, St. Vincent und die Grenadinen zu erleben, ist ein Bootsausflug zu abgelegenen Buchten und Stränden, an die man mit dem Auto nicht gelangen würde.

Vor St. Vincent kann man mit dem Speedboat an der windabgewandten Seite der Insel touren. Fort Charlotte *(siehe S. 412)*, mit Blick über Kingstown, ist der erste auffällige Orientierungspunkt auf der Fahrt, bei der man schwarze Sandstrände, hohe Klippen und bewaldete Berge zu sehen bekommt. Die Route folgt dem Küstenverlauf und führt auf dem Weg zu den Baleine-Wasserfällen an mehreren Dörfern vorbei. An den Wasserfällen können die Passagiere im natürlichen Pool schwimmen. Auf dem Ausflug gewinnt man auch einen Eindruck von der Fischerkultur der Insel mit bunten Booten und ruhigen Küstenorten.

Um Delfine zu beobachten, fährt der Kapitän weiter ins offene Meer hinaus, wo die Meeressäuger im Wasser spielen. Noch weiter hinaus muss man, um Wale zu beobachten. Etwa 20 Wal- und Delfinarten findet man rund um St. Vincent und die Grenadinen. Sea Breeze Nature Tours, Fantasea Tours und Baleine Tours gehören zu den besten Unternehmen.

Wandern und Vogelbeobachtung

Auf St. Vincent gibt es viele Wanderwege, von leichten Pfaden in der Gegend der Dark View Falls und durch das hügelige Terrain des Vermont Nature Trail bis hin zur anstrengenderen Kletterpartie zum La-Soufrière-Krater *(siehe S. 413)*. **Sailor's Wilderness Tours** bietet Wanderungen auf St. Vincent, **Ruff and Ready Hiking** auf den Grenadinen.

In St. Vincents Wäldern leben viele Vogelarten, die Grenadinen sind flacher und trockener. Diese geografische Vielfalt in solch einer kleinen Region garantiert unterschiedlichste Tiere und Vegetationsarten.

St.-Vincent-Kaiseramazone

Drosseln, Waldsänger, Reiher und Kolibris sieht man vielerorts. Am Vermont Nature Trail kann man auch Kaiseramazonen erspähen. Gute Plätze für Vogelbeobachter sind auch die Wasserfälle Baleine und Trinity, Owia Salt Pond, Buccament Valley, Wallilabou Falls, La Soufrière und Richmond Beach. Das **Ministry of Agriculture** bietet vielfältige Informationen über die Vogelwelt. Sailor's Wilderness Tours und **Richmond Vale Nature & Hiking Center** organisieren Ausflüge für Vogelliebhaber.

Weg durch Regenwald zum Gipfel des Vulkans La Soufrière, St. Vincent

Behandlungsraum im Canouan Resort

Wellness

Es ist kein Problem, auf St. Vincent und den Grenadinen Entspannung und Ruhe zu finden. Die meisten großen Ferienanlagen haben Spas mit Beauty-Anwendungen und entspannenden Massagen, die Körper und Seele guttun. Das Spa Kalina im Young Island Resort *(siehe S. 420)* gehört zu den besten Beauty- und Wellness-Einrichtungen auf diesen Inseln. Tages-Spas wie **Oasis Spa and Wellness Center** und **Bamboo Spa** sind ebenfalls sehr beliebt.

Golf

Einer der schönsten und anspruchsvollsten Golfplätze der Karibik gehört zum Canouan Resort in Canouan. Der Platz des **Grenadines Estate Golf Club** wurde von dem bekannten Architekten Jim Fazio angelegt. Der einzige 18-Loch-Wettkampfplatz auf St. Vincent und den Grenadinen gilt sogar als eines der weltweit besten Greens. Er erstreckt sich auf 55 Hektar Hügelland und Küste und bringt Canouans herrliche Landschaft zur Geltung. Das 13. Loch mit der wunderbaren Aussicht über die Grenadinen, den Atlantik und die Karibik ist am schönsten. Der Platz ist ein Paradies für Profis, bietet aber auch Kurse für Amateure. Zudem gibt es einen gut sortierten Golfladen und natürlich ein Clubhaus.

Das gepflegte Grün des Grenadines Estate Golf Club, Canouan

Auf einen Blick

Tauchen und Schnorcheln

Bequia Dive Adventures
Belmont Walkway, Bequia.
(784) 458 3826.
W bequiadiveadventures.com

Canouan Scuba Center
Tamarind Beach, Canouan.
(784) 532 8073.
W canouandivecenter.com

Dive St. Vincent
Young Island Dock, St. Vincent.
(784) 457 4948.
W divestvincent.com

Grenadines Dive
Clifton, Union Island.
(784) 458 8138.
W grenadinesdive.com

Mustique Water Sports
1 Watersports Way, Mustique.
(784) 488 8486.
W mustique-island.com

Wassersport

Baleine Tours
Villa, St. Vincent.
(784) 457 4089.
W baleinetours.com

Coreas Caribbean Adventures
Kingstown, St. Vincent.
(784) 456 2158.
W coreastours.com

Fantasea Tours
Villa Beach, St. Vincent.
(784) 457 4477.
W fantaseatours.com

Sea Breeze Nature Tours
Kingstown, St. Vincent.
(784) 458 4969.
W seabreezenaturetours.com

Segeln

Barefoot Yacht Charters
Blue Lagoon, St. Vincent.
(784) 456 9526.
W barefootyachts.com

Yannis Sail Private Charters
Clifton, Union Island.
(784) 458 8513.

Wandern und Vogelbeobachtung

Ministry of Agriculture
Richmond Hill, Kingstown, St. Vincent.
(784) 456 1111.
W gov.vc

Richmond Vale Nature & Hiking Center
Richmond, St. Vincent.
(784) 458 2255.
W richmondvalehiking.com

Ruff and Ready Hiking
Bequia.
(784) 495 2524.

Sailor's Wilderness Tours
Upper Middle Street, St. Vincent.
(784) 457 1712.
W sailorswildernesstours.com

Wellness

Bamboo Spa
Caine Hall, St. Vincent.
(784) 482 9506.

Oasis Spa and Wellness Center
Villa Flat, St. Vincent.
(784) 456 2555.

Golf

Grenadines Estate Golf Club
Canouan Resort, Canouan.
(784) 458 8000.
W canouan.com/golf-club

Segeln vor den Grenadinen

Angeln, Segeln, Tauchen und Bootsbau prägen das Leben auf St. Vincent und den Grenadinen. Es überrascht nicht, dass Segler und Yachtbesitzer die Ersten waren, die diese ruhigen Gewässer mit ihren weißen Sandstränden und den großen Riffen entdeckten. Die Grenadinen sind neben den Virgin Islands die besten Segelreviere der Karibik. Segler schätzen die optimalen Distanzen zwischen den Inseln und ihre Infrastruktur: viele Marinas, Läden, Ankerplätze, Restaurants und Bars direkt am Meer. Die Bedingungen sind für erfahrene Segler ideal, zur Auswahl stehen aber auch Charteryachten mit Crews für Amateure.

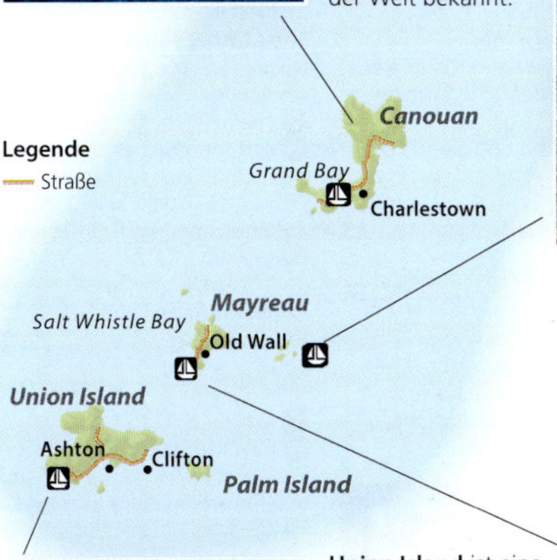

Bequia, die größte Grenadinen-Insel, hat abgeschiedene Strände, Korallenriffe und blaue Lagunen. Segler lieben Port Elizabeth wegen der vielen Restaurants und Bars am Meer.

Mustique lockt den Adel und Wohlhabende an – sowie Segler in großen und kleinen Yachten.

Canouan ist für seine puderzuckerweißen Sandstrände, türkisblaues Meer, Korallenriffe voller Meerestiere und einige der besten Schnorchelgründe der Welt bekannt.

Tobago Cays sind fünf unbewohnte, von Korallenriffen und herrlichem Wasser umgebene Inseln. Sie lohnen auch in der Hochsaison einen Besuch, wenn sich hier sehr viele Boote und Urlauber tummeln.

Union Island ist eine Einreisestelle für St. Vincent und die Grenadinen. Segelboote werden bei der Ankunft vom Zoll überprüft. Die Insel ist auch eine gute Basis für Törns zu den kleineren Inseln.

Mayreau ist ein Zwischenstopp für Charteryachten. Die Insel ist ideal zum Schwimmen, Schnorcheln oder für ein Barbecue am Strand.

Hotelauswahl

St. Vincent

BUCCAMENT: Buccament Bay Resort $$$
Luxus
Buccament Bay
☎ 1-855-212-1972
W **buccamentbay.com**
Das All-inclusive-Luxusresort mit eleganten Villen am Strand bietet Wassersport und Walbeobachtungen an.

KINGSTOWN: Hotel Alexandrina $
Preiswert
Prospect
☎ (784) 456 9788
W **hotelalexandrina.com**
Das gemütliche Hotel in Familienbesitz bietet vom Hang aus den Blick auf das Karibische Meer und die nördlichen Grenadinen.

KINGSTOWN: The Cobblestone Inn $
Historisch
Bay Street
☎ (784) 456 1937
W **thecobblestoneinn.com**
Das ehemalige Zuckerlager mit den stylishen Zimmern ist wegen der zentralen Lage bei Geschäftsreisenden beliebt.

VILLA: Beachcombers Hotel $
Boutique
Villa Beach
☎ (784) 458 4283
W **beachcombershotel.com**
Jedes der farbenfrohen Zimmer hat eine eigene Terrasse. Es gibt eine Strandbar, ein Restaurant und einen üppigen Garten.

VILLA: Grand View Beach Hotel $
Strand
Villa Point, Colonarie
☎ (784) 458 4811
W **grandviewhotel.com**
Eines der ältesten und charmantesten Hotels der Insel verfügt über luftige Zimmer und bietet traumhafte Ausblicke.

VILLA: Paradise Beach Hotel $
Strand
Villa Beach
☎ (784) 457 4795
W **paradisesvg.com**
Gäste haben im Paradise Beach die Wahl: Standardzimmer oder Apartments für Selbstversorger.

VILLA: Rosewood Apartment Hotel $
Modern
Rose Cottage
☎ (784) 457 5051
W **rosewoodsvg.com**
Rosewood bietet neben Standardzimmern und Zimmern für Selbstversorger auch einen herrlichen Blick aufs Meer.

VILLA: Young Island Resort $$$
Luxus
1, Young Island Crossing
☎ (784) 458 4826
W **youngisland.com**
Die De-luxe-Cottages stehen auf einer Privatinsel unweit der Küste von St. Vincent. Von dort kann man zur reizenden Coconut Bar schwimmen.

Grenadinen

BEQUIA: Bequia Beach Hotel $$
Strandresort
Friendship Bay
☎ (784) 458 1600
W **bequiabeach.com**
Manche der Suiten und Zimmer am Strand haben eine Terrasse mit Ausblick. Es gibt u. a. ein Restaurant, ein Spa und einen Pool.

BEQUIA: Firefly Plantation Hotel $$
Historisch
Spring Estate
☎ (784) 488 8414
W **fireflybequia.com**
Das Resort mit vielen tropischen Obstbäumen am Ort eines alten Gehöfts (18. Jh.) hat ausschließlich Zimmer mit Balkon.

Gemütlicher Sitzbereich im Freien, Firefly Plantation Hotel, Bequia

Preiskategorien
Die Preise gelten für ein Standard-Doppelzimmer pro Nacht (Hochsaison), inklusive Steuern und Service.

$	**unter 200 US-Dollar**
$$	**200 – 500 US-Dollar**
$$$	**über 500 US-Dollar**

Vis-à-Vis-Tipp

BEQUIA: Sugar Reef Bequia $$
Resort
Main Road, Crescent Beach
☎ (784) 458 3400
W **sugarreefbequia.com**
Das Resorts auf einer Kokosplantage neben einem Tropenwald ist eines der bekanntesten der Insel. An diesem Ort kann man luxuriös den Alltag vergessen. Außerdem ist dies ein idealer Ausgangspunkt für Ausflüge nach Bequia.

CANOUAN: Tamarind Beach Hotel and Yacht Club $$
Luxus
Grand Bay
☎ (784) 458 8044
W **tamarindbeachhotel.com**
Das Hotel an einem langen weißen Sandstrand bietet Zimmer mit einer Verkleidung aus Walnussholz und Balkon mit Blick aufs Karibische Meer.

MUSTIQUE: The Cotton House $$$
Luxus
Cheltenham
☎ (784) 456 4777
W **cottonhouse.net**
Das Full-Service-Resort auf der Privatinsel Mustique legt Wert auf Entspannung, Komfort und Exklusivität.

PALM ISLAND: Palm Island Resort & Spa $$$
Luxus
Palm Island
☎ 1-866-237-2157
W **palmislandresortgrenadines.com**
Die meisten Zimmer des All-inclusive-Resorts am Strand einer idyllischen Insel haben Terrassen und Badewannen.

UNION ISLAND: King's Landing Hotel $
Familienfreundlich
Clifton
☎ (784) 485 8823
W **kingslandinghotel.com**
Das komfortable zweistöckige Hotel ist ein guter Ort für Familienferien. Meer und Restaurants sind in der Nähe.

Restaurantauswahl

Wallilabou Anchorage in Wallilabou Bay auf St. Vincent

St. Vincent

GEORGETOWN: Ferdi's Restaurant and Bar $
Karibisch
Commercial Road
(784) 458 6433
Auf dem Weg zum Vulkan La Soufrière kann man sich hier herzhaft karibisch stärken.

KINGSTOWN: The Bounty $
Karibisch
Egmont Street
(784) 456 1776 ● So
Das Café serviert Kuchen, Gebäck, *rotis* (karibische Burritos) und Säfte. Es gibt auch einen Souvenirshop und eine Galerie.

KINGSTOWN: Cobblestone Rooftop Restaurant $$
Karibisch
Upper Bay Street
(784) 456 1937
Das Restaurant am Wasser serviert traditionelle und moderne Gerichte der karibischen Küche sowie Spezialitäten für Vegetarier.

VILLA: Beachcombers Restaurant & Bar $$
Karibisch
Villa Beach
(784) 458 4283
Das entspannte Hotelrestaurant am Strand bietet Kulinarisches für fast jeden Gaumen.

VILLA: Grand View Grill $$
Karibisch / Grill
Villa Point
(784) 457 5487 ● Mo
Das Strandrestaurant des historischen Grand View Beach Hotel serviert neben frischem Fisch, Seafood und Pizza auch Gerichte für Veganer.

VILLA: High Tide $$
Karibisch / Amerikanisch
Villa Harbour
(784) 456 6777
Das gesellige Lokal am Meer ist auf Gäste eingerichtet, die ein schickes Diner schätzen, bietet aber in der beliebten Bar auch die Möglichkeit, einen lockeren Abend zu verbringen.

Vis-à-Vis-Tipp

VILLA: Paradise Beach Hotel Restaurant $$
Karibisch / Grill
Villa Beach
(784) 457 4795
In traumhafter Lage mit Blick auf den Ozean serviert das exzellente Restaurant regionale Spezialitäten wie Hühnchen kreolische Art, Muschel-*rotis* (karibische Burritos), frischen Fisch und Langusten vom Grill. Die Themenabende sind sehr beliebt, z. B. »Grillin' with the Captain«, »Latin Dancing« und »Sunset Cocktails«. Das Personal ist sehr freundlich.

VILLA: Surf Side $$
Karibisch / Amerikanisch
Calliaqua
(784) 457 5362 ● Mo
Das zwanglose Restaurant bringt Pizza, Seafood, Steaks und andere Köstlichkeiten auf den Tisch.

VILLA: French Verandah $$$
Französisch / Karibisch
Villa Beach
(784) 453 1111
Das elegante französische Restaurant im Mariners Hotel ist bekannt für exquisite Gerichte, hohe Gastfreundlichkeit und den Blick auf Villa Beach.

Preiskategorien
Die Preise gelten für ein Zwei-Gänge-Menü pro Person mit einer halben Flasche Hauswein, inklusive Steuern und Service.

$	unter 15 US-Dollar
$$	15 – 50 US-Dollar
$$$	über 50 US-Dollar

WALLILABOU BAY: Wallilabou Anchorage $$
Karibisch / Seafood
Wallilabou Bay
(784) 458 7270
Filmfans werden nicht nur das Seafood genießen, sondern auch die Bucht, in der Szenen für *Fluch der Karibik* gedreht wurden.

Grenadinen

BEQUIA: De Reef Beach Bar $$
Seafood
Lower Bay
(784) 458 3958
Fisch und Seafood sind aus Bequia nicht wegzudenken, und dieses Lokal versteht es meisterhaft, die Leckereien zuzubereiten.

BEQUIA: Sugar Reef Café $$
Karibisch
Crescent Beach
(784) 458 3400
Das Restaurant mit der idyllischen Lage am Meer verkündet mit Stolz, ausschließlich frisches Bio-Fleisch und -Gemüse aus der Region zu verwenden.

BEQUIA: Coco's Place $$$
Karibisch
Lower Bay
(784) 458 3463
Meer, lebendige Atmosphäre, abwechslungsreiche Speisekarte mit Suppe, Fisch und Steak – dies ist ein Restaurant für einen netten Familienabend.

BEQUIA: L'Auberge des Grenadines $$$
Französisch / Karibisch
Admiralty Bay, Port Elizabeth
(784) 457 3555
Langusten sind die Spezialität dieses Restaurants – die Gäste wählen ihr Exemplar aus dem Wasserbecken. Reservierung ist dringend erforderlich.

UNION ISLAND: Big Citi Grill $
Karibisch
Clifton
(784) 458 8960 ● So
Das Café mit Veranda im ersten Stock des Informationsbüros serviert Pizza, Burger und Seafood aus der Region.

Praktische Hinweise

St. Vincent und die Grenadinen sind seit Langem bei Seglern beliebt und werden auch als Urlaubsziel immer populärer. Besucher der einstigen British Windwards Islands treffen auf sehr freundliche Bewohner. Informationen erteilt das Fremdenverkehrsamt, aber auch in Hotels steht man Urlaubern mit Rat und Tat zur Seite. Taxifahrer kennen sich für gewöhnlich gut aus und sind hilfsbereit.

E. T. Joshua Airport, Arnos Vale, St. Vincent

Beste Reisezeit

Die Jahresdurchschnittstemperatur auf St. Vincent und den Grenadinen beträgt 27 °C. Die Regenzeit dauert von Mai bis November, am kühlsten ist es zwischen November und Februar. Ideal für einen Besuch der Inseln sind die Monate von Dezember bis Februar, wenn einige Festivals stattfinden.

Anreise

In Deutschland, Österreich und der Schweiz bieten u. a. **Austrian**, **KLM**, **Lufthansa** und **Swiss** Flüge mit zwei, manchmal sogar drei Zwischenstopps zum E. T. Joshua Airport (SVD) auf St. Vincent an. Die Fahrt vom Flughafen nach Kingstown dauert mit dem Auto rund 15 Minuten. Wenn der seit 2008 im Bau befindliche Argyle International Airport an der Ostküste fertiggestellt ist, wird er nach und nach den E. T. Joshua Airport ersetzen.

Der Anbieter **LIAT** verbindet regelmäßig mit anderen karibischen Inseln. Auch auf Canouan, Bequia, Mustique und Union Island gibt es Flugplätze, auf denen **Mustique Airways** und **SVG Air** regelmäßig Flüge zwischen St. Vincent und den Grenadinen bieten. Zur Flotte von SVG Air und Mustique Airways gehören auch Chartermaschinen.

Einreise

Urlauber aus Deutschland, Österreich und der Schweiz – auch Kinder jeden Alters – benötigen einen noch mindestens sechs Monate gültigen Reisepass. Wer über die USA fliegt, sollte die speziellen Einreisebedingungen des Landes (die auch für Transitflüge gelten) beachten *(siehe S. 22)*. Alle Reisenden müssen bei der Einreise ein Rückflugticket vorlegen und sollten ausreichend Geldmittel für ihren Aufenthalt belegen können. Schmuck, Kameras und andere wertvolle Gegenstände dürfen nur für den persönlichen Gebrauch eingeführt werden. Personen ab 18 Jahren dürfen 200 Zigaretten oder 50 Zigarren sowie einen Liter Wein oder Spirituosen einführen. Bei der Ausreise wird eine Gebühr (auch zahlbar in US-Dollar) erhoben.

Information

Das Fremdenverkehrsamt, die **St. Vincent and The Grenadines Tourism Authority**, hat seine Zentrale in der Upper Bay Street in Kingstown und betreibt am Flughafen einen Informationsschalter. Die **Bequia Tourism Association** hat ein Büro in Port Elizabeth.

Sicherheit und Gesundheit

Das größte der sechs öffentlichen Krankenhäuser ist das **Milton Cato Memorial Hospital** auf St. Vincent, kleinere findet man in Georgetown, Chateaubelair und Bequia. Das **Maryfield Hospital** auf St. Vincent ist eine Privatklinik. An den Stränden gibt es keine Rettungsschwimmer. Lassen Sie keine Wertsachen unbeaufsichtigt, und meiden Sie unbeleuchtete Gegenden.

Banken und Währung

Offizielle Währung ist der East Caribbean Dollar (EC$). Fast überall auf den Inseln werden auch US-Dollar akzeptiert.

Banken sind montags bis donnerstags von 8 bis 13 Uhr, freitags bis 17 Uhr geöffnet. Die Bank am E. T. Joshua Airport ist montags bis freitags von 9 bis 12 Uhr und von 15 bis 17.30 Uhr geöffnet.

Auf St. Vincent, Bequia und Union Island gibt es ein paar Geldautomaten, an denen man mit Kredit- und manchen Debitkarten Geld abheben kann. Kreditkarten werden überall akzeptiert. In kleineren Restaurants und Bars sollte man allerdings sicherheitshalber vor der Bestellung nachfragen.

Motorroller einer Verleihfirma auf St. Vincent und den Grenadinen

Kommunikation

Um von St. Vincent und den Grenadinen ins Ausland zu telefonieren, wählt man 011 und die Ländervorwahl (Deutschland: 49; Österreich: 43; Schweiz: 41). Wer aus Europa auf den Inseln anruft, wählt 001, dann die Inselvorwahl 784 und die siebenstellige Rufnummer. Für Gespräche innerhalb der Inseln genügt die siebenstellige Rufnummer. Münz- und Kartentelefone findet man in allen Orten. Fast überall gibt es Handyempfang. Die Mobilfunkbetreiber sind **Digicel** und **Flow**.

Verkehrsmittel

Avis, **B&G Jeep Rental**, **Rent and Drive** und **Greg's Auto Care and Rental Services** vermieten Autos. Öffentliche Busse fahren auf St. Vincent, Taxis und Minibusse fast überall.

Shopping

In Kingstown findet man Handwerkskunst, Batikwaren, handbemalte T-Shirts und die berühmte Sea-Island-Baumwolle. Souvenirs, z. B. handgefertigte Puppen, gibt es im **St. Vincent and the Grenadines Craftsmen's Center**. Bequias Modellbootbauer verkaufen ihre Objekte in Ateliers in Port Elizabeth, das wohl bekannteste ist der **Sargeant Brothers Model Boat Shop**. Es gibt zudem Duty-free-Shops, darunter auch **Voyager** in Halifax.

Typische Modellboote in einem Laden auf Bequia

Sprache

Die offizielle Landessprache ist Englisch.

Strom

Die Stromspannung beträgt 220–240 Volt/50 Hertz, auf Palm Island und Petit St. Vincent 110 Volt/60 Hertz. Für mitgebrachte Elektrogeräte ist ein Adapter erforderlich.

Zeit

Die Atlantic Standard Time (AST) liegt fünf Stunden hinter der Mitteleuropäischen Zeit (MEZ), sechs Stunden hinter der Mitteleuropäischen Sommerzeit (MESZ).

Heiraten

Ehewillige müssen mindestens seit einem Tag auf den Inseln sein. Eine drei Monate gültige Genehmigung des Generalgouverneurs erhält man gegen Gebühr beim **Ministry of Legal Affairs**. Die Hochzeitsplanung übernimmt z. B. **A Caribbean Wedding**.

Auf einen Blick

Anreise

Austrian
W austrian.com

KLM
W klm.com

LIAT
W liat.com

Lufthansa
W lufthansa.com

Mustique Airways
W mustique.com

SVG Air
W svgair.com

Swiss
W swiss.com

Information

Bequia Tourism Association
Port Elizabeth, Bequia.
T (784) 458 3286.
W bequiatourism.com

St. Vincent and the Grenadines Tourism Authority
Upper Bay Street, Kingstown, St. Vincent.
T (784) 456 6222.
W discoversvg.com

Sicherheit und Gesundheit

Maryfield Hospital
Kingstown, St. Vincent.
T (784) 457 8991.

Milton Cato Memorial Hospital
Kingstown, St. Vincent.
T (784) 456 1185.

Polizei, Feuerwehr und Ambulanz
T 999 oder 911.

Kommunikation

Digicel
Halifax Street, St. Vincent.
T (784) 453 3022.

Flow
Halifax Street, St. Vincent.
T (784) 457 1901.

Verkehrsmittel

Avis
E. T. Joshua Airport, St. Vincent.
T (784) 456 6861.

B&G Jeep Rental
Port Elizabeth, Bequia.
T (784) 458 3760.

Greg's Auto Care and Rental Services
St. Vincent.
T (784) 457 9814.

Rent and Drive
St. Vincent.
T (784) 457 5601.

Shopping

Sargeant Brothers Model Boat Shop
Port Elizabeth, Bequia.
T (784) 458 3344.

St. Vincent and the Grenadines Craftsmen's Center
Kingstown, St. Vincent.
T (784) 457 2516.

Voyager
Kingstown.
T (784) 456 1686.

Heiraten

A Caribbean Wedding
Bequia.
T (784) 528 7444.
W acaribbeanwedding.com

Ministry of Legal Affairs
Granby Street, Kingstown, St. Vincent.
T (784) 456 1762.

Überblick: Grenada

Grenada mit seinen 110 000 Einwohnern ist in aller Welt als »Gewürzinsel« bekannt. Es ist fruchtbar und gebirgig, wird von tiefen Schluchten mit Wasserfällen und Bächen durchschnitten. Die 344 Quadratkilometer große, von Vulkanausbrüchen geformte Insel ist mit tropischem Regenwald sowie herrlichen weißen und schwarzen Sandstränden gesegnet. Nordöstlich von Grenada liegen die trockeneren hügeligen Schwesterinseln Carriacou und Petite Martinique. Das Leben auf diesen Inseln hat ein gemächliches Tempo, die Bewohner betreiben Seefahrt, Fischerei und Bootsbau. Zusammen bilden die drei Inseln den südlichsten Teil der Grenadinen.

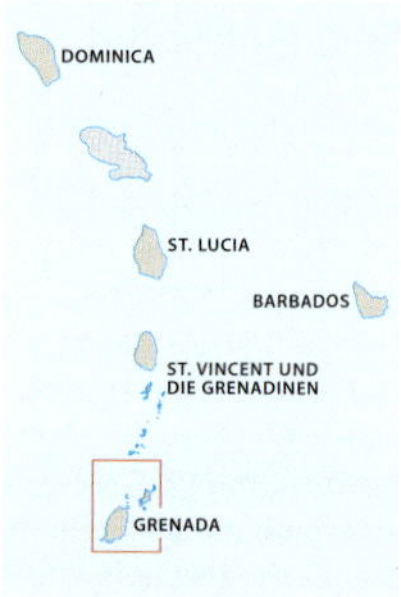

Zur Orientierung

Riesige Kreuzfahrtschiffe überragen die Häuser von St. George's

Legende

- Hauptstraße
- Nebenstraße
- Pfad
- Fährlinie
- Gipfel

0 Kilometer 5

Auf Grenada unterwegs

Grenada und seine Schwesterinseln lassen sich am besten mit Touranbietern oder Taxis erkunden. Auf Carriacou warten Taxifahrer, die Sightseeing-Touren anbieten, an der Fähranlegestelle. Zwischen Grenada und Carriacou verkehren Flugzeuge (20 Minuten), die meisten Besucher ziehen aber die Fähre vor. Der Highspeed-Katamaran *Osprey* bedient die Strecke zwischen Grenada und Carriacou. Eine Route verbindet Petite Martinique, das ausschließlich übers Wasser zu erreichen ist, Grenada und Carriacou. Auf Petite Martinique bietet ein Taxiunternehmen Touren an. Die *Osprey* fährt einmal täglich. Auf allen Inseln stehen auch private Wassertaxis zur Verfügung.

Sehenswürdigkeiten auf einen Blick

1. St. George's
2. Grand Étang Forest Reserve
3. Leapers Hill
4. Belmont Estate
5. Carriacou
6. Petite Martinique

Auf einen Blick

Politik: Parlamentarische Monarchie, Staatsoberhaupt ist die englische Königin, vertreten durch einen Gouverneur.
Sprache: Englisch, umgangssprachlich Patois.
Währung: East Caribbean Dollar (EC$).
Mobilfunk: GSM/GPRS 900/1800 MHz (wie in D, A, CH), 850/1900 MHz.
Strom: 220 V/50 Hz, Adapter: ja.

Weitere Zeichenerklärungen *siehe hintere Umschlagklappe*

Mount Carmel Waterfall zwischen Port Royal und Carmel

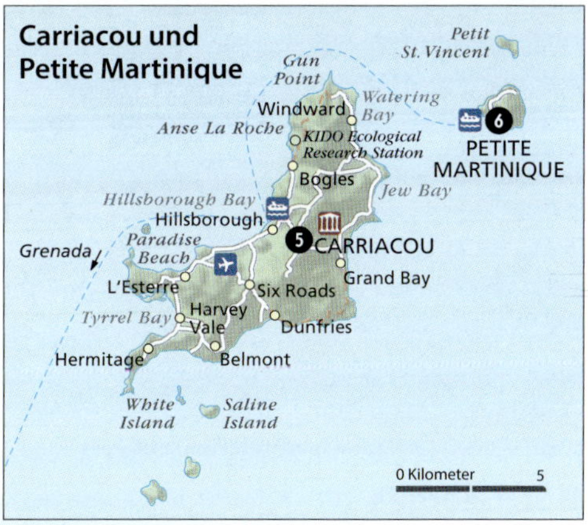

Belmont Estate
In der Nähe der früheren Kakaoplantage steht eine Schokoladenfabrik. Tagesgäste genießen ein üppiges Mittagsbüfett.

Grenville
Das von den Franzosen in den 1760er Jahren gegründete Grenville ist die zweitgrößte Stadt auf Grenada. Hier steht die größte Muskatnuss verarbeitende Fabrik der Insel.

La Sagesse Nature Center
Die ehemalige Plantage ist heute ein idyllisches Paradies. In der Nähe locken drei wunderschöne goldene Sandstrände an azurblauem Wasser.

Stand mit Gewürzen auf dem Spice Market von St. George's

❶ St. George's

Südwestküste von Grenada.
36 000. Burns Point (Ostende des Carenage), (473) 440 2279. **puregrenada.com**

Grenadas Hauptstadt mit seinem malerischen Hafen zählt zu den schönsten Orten der Karibik. Aus der britischen und französischen Vergangenheit von St. George's sind noch viele schöne Gebäude erhalten. Den hufeisenförmigen Hafen umgeben pastellfarbene Lagerhäuser, an den Hügeln stehen alte georgianische Gebäude. Deren Dächer sind mit roten Ziegeln gedeckt, die einst als Schiffsballast dienten.

Im »Carenage«, dem inneren Hafen, liegen bunte Carriacou-Schaluppen, Fischer- und Ausflugsboote. Direkt am Hafen verläuft die Wharf Road mit Läden und Restaurants. Besucher können am Carenage entlang zu den Hügeln spazieren und die wechselnde Aussicht genießen. Von der Lowther's Lane aus etwa sieht man vor allem am Morgen viele einlaufende Boote.

Auch von **Fort George** lassen sich der Carenage und die Stadt gut fotografieren. Hoch auf St. George Point thront die 1706 von Franzosen erbaute, heute ziemlich verfallene Festung – ihre Kanonen auf das Meer gerichtet. 1983 wurden hier der Premierminister Maurice Bishop und zahlreiche Kabinettsmitglieder von Soldaten hingerichtet. Bei der folgenden Militärintervention bombardierten US-Truppen die Festung.

Gegenüber dem Carenage stehen das schöne georgianische Parlamentshaus und drei Kirchen, die seit dem verheerenden Hurrikan Ivan im Jahr 2004 ohne Dach sind: St. Andrew's Presbyterian Kirk, St. George's Anglican Church und St. George's Roman Catholic Cathedral. Der 1818 errichtete neugotische Turm der Kathedrale ist das auffälligste Wahrzeichen der Stadt. Die Kathedrale selbst wurde im Jahr 1884 an der Stelle einer älteren Kirche errichtet.

Ganz in der Nähe befindet sich an der Young Street das **Grenada National Museum** in einer ehemaligen Militärkaserne mit Gefängnis. Das kleine, aber interessante Museum widmet sich verschiedenen Aspekten der Geschichte und Kultur Grenadas, von den Kariben bis zum Hurrikan Ivan.

Der 103 Meter lange Sendall-Tunnel verbindet seit 1894 den Carenage mit der Esplanade, wo sich im Kreuzfahrtterminal ein Duty-free-Shopping-Center befindet.

In der Nähe führt die Granby Street zum Market Square (auch Spice Market genannt). Im Freien verkaufen Frauen in Inseltracht Gewürze und Lebensmittel. In der kühlen neuen Markthalle werden Souvenirs und andere Waren aus Grenada angeboten.

Acht Kilometer östlich der Stadt liegt an der Eastern Main Road das La Sagesse Hotel, Restaurant & Beach Bar *(siehe S. 434)*, ein 1968 erbautes Herrenhaus, das heute als Gasthof dient.

Fort George
St. George Point.
Mo–Fr 9–17 Uhr.

Grenada National Museum
Ecke Young und Monkton St.
(473) 440 3725. Mo–Fr 9–16.30 Uhr, Sa 10–13 Uhr.

Fort George thront oberhalb der kolonialen Lagerhäuser des Hafens Carenage, St. George's

Hotels und Restaurants auf Grenada *siehe Seiten 434 und 435*

Der Grand Étang Lake in einem Vulkankrater, Grand Étang Forest Reserve

❷ Grand Étang Forest Reserve

11 km nordöstl. von St. George's.
Grand Étang Visitors' Center, (473) 440 6160. Mo–Fr 9–16 Uhr.
Hinweis Wenn Kreuzfahrtschiffe im Hafen liegen, auch am Wochenende geöffnet.

Das Schutzgebiet in den Bergen bewahrt üppigen Regenwald und mehrere ökologische Subsysteme. Wanderwege führen zu den vielen Wasserfällen *(siehe S. 431)* des Grand Étang Forest Reserve. Hurrikan Ivan richtete im Wald große Schäden an. Der Bestand hat sich aber schnell wieder erholt. Am Weg zum Besucherzentrum stehen Gewürzhändler und Straßenmusikanten. Mit etwas Glück sieht man Monameerkatzen. Das Zentrum bietet interessante Ausstellungen und eine schöne Aussicht auf den Grand Étang Lake in einem Vulkankrater.

❸ Leapers Hill

37 km nördl. von St. George's.
(473) 444 3222.
tägl. 10–16 Uhr.

An dieser Stelle, auch Carib's Leap genannt, sprangen 1651 die letzten überlebenden Kariben von einer 30 Meter hohen Klippe ins Meer, um sich nicht den Franzosen ergeben zu müssen. Bei Touren über die Insel kann man an hier gut eine Pause einlegen. Es gibt einen Friedhof und rekonstruierte Felsenzeichnungen zu besichtigen – alles vor dem Panorama der Grenadinen.

❹ Belmont Estate

32 km nördl. von St. George's.
(473) 442 9524. So–Fr 8–16.30 Uhr.
belmontestate.net

Das 1,5 Quadratkilometer große Anwesen (spätes 17. Jh.) ist seit 1944 im Besitz der Familie Nyack. Hier gewinnt man einen Eindruck vom Leben auf einer traditionellen grenadischen Plantage. Ursprünglich wurde Kaffee angebaut, später Getreide, und heute werden vor allem Kakaobohnen und Muskatnüsse gezogen. Bei der Führung durch die Kakaoplantage erfährt man viel über die traditionelle Verarbeitung der Kakaobohne, von der Hülse am Baum über die Fermentierung bis zur Trocknung auf Holzbohlen in der Sonne. Besucher können Kakaotee und dunkle Schokolade aus der Produktion der Grenada Chocolate Company probieren. Ein Museum dokumentiert die Inselgeschichte und zeigt Erinnerungsstücke. Das Mittagsbüfett mit kreolischen Gerichten aus selbst angebauten Produkten ist ein Gedicht.

Umgebung: Das **Helvellyn House** an der nördlichen Spitze der Insel ist ein weiteres Plantagenhaus in dieser Region. Hier werden mittags authentische karibische Gerichte unter freiem Himmel serviert. In der dazugehörige Töpferwerkstatt kann man Kurse belegen.

Helvellyn House
La Fortune, St. Patrick.
(473) 442 9252.
Töpferwerkstatt: Mo–Sa 9–17 Uhr.

Frauen gehen über Kakaobohnen, um sie zu belüften, Belmont Estate

Pfahlhaus am Strand, Nordostküste von Carriacou

❺ Carriacou

37 km nördl. von Grenada. 5300. Main Street, Hillsborough, (473) 443 7948. **puregrenada.com**

Mit nur 34 Quadratkilometern ist Carriacou die größte der Grenadinen-Inseln. Carriacou ist ein beliebtes Ziel für Tagesausflüge von Grenada, es bietet aber auch günstige, ruhige Unterkünfte. Carriacou ist karibisch und bedeutet »Land der Riffe« – die Insel ist von einigen der schönsten Riffe der Karibik gesäumt.

Die Fähre von Osprey Lines *(siehe S. 437)* fährt täglich von Grenada zur Inselhauptstadt Hillsborough. Hier zeigt das kleine **Carriacou Museum** in einer restaurierten Baumwollfabrik indianische und afrikanische Artefakte und erzählt über die frühe britische und französische Besetzung der Inseln. Eine Ausstellung widmet sich dem international bekannten grenadischen Künstler Canute Calliste (1914–2005).

Um einen herrlichen Panoramablick auf die Hillsborough Bay, Carriacou und andere Inseln zu genießen, fährt man gen Norden zum 195 Meter hohen Hügel des Princess Royal Hospital in Belair, vor dem Kanonen zum Meer hin ausgerichtet sind.

In dem Dorf Windward an der Ostküste werden die Carriacou-Schaluppen – robuste Holzboote, die schottische Siedler einst mitbrachten – noch immer in traditioneller Bauweise gefertigt.

Gun Point, die nördliche Inselspitze, ist nach den noch immer hier stehenden Kanonen benannt, die die Briten in den 1780er Jahren aufstellten.

An der Westküste etwas südlich liegt die **KIDO Ecological Research Station**, wo man auch Wanderungen durch den High North National Park, den höchsten Punkt der Insel, und Schildkrötenbeobachtung anbietet.

Den wunderbaren Strand Anse La Roche mit Korallenriffen erreicht man per Wassertaxi oder zu Fuß.

Südlich von Hillsborough in der L'Esterre Bay liegt der berühmte 1,5 Kilometer lange Paradise Beach mit vielen Bars und Restaurants. Sandy Island, ein Inselchen vor der Küste, ist zum Schnorcheln und Picknicken beliebt.

Die Tyrrel Bay weiter südlich ist ein Seglerparadies. Von Belmont aus fahren Wassertaxis nach White Island mit unbebauten Sandstränden und guten Schnorchelbedingungen. Das Inselchen ist nie überlaufen – ideal für Leute, die Ruhe suchen.

Carriacou Museum
Paterson Street, Hillsborough. (473) 443 8288. Mo–Fr 9.30–16 Uhr. Feiertage.

KIDO Ecological Research Station
Sanctuary, Carriacou. (473) 443 7936. **kidoplanet.com**

❻ Petite Martinique

5 km nordöstl. von Carriacou. 900.

Die von einem 225 Meter hohen Vulkankegel dominierte kleine Insel Petite Martinique (meist einfach »PM« genannt) misst rund 1,5 Kilometer im Durchmesser. Sie ist spärlich besiedelt, die meisten Bewohner kennen sich gut. Lebensgrundlage ist das Meer, Haupterwerbszweig der Bootsbau.

Besucher kommen in Paradise an, dem einzigen Dorf auf der Insel mit einfachen Einrichtungen. Es gibt lediglich eine einzige ausgebaute, rund drei Kilometer lange Straße – eine Tour per Taxi dauert nicht einmal eine Stunde. Die felsige Ostküste ist unbewohnt und nicht über Land zu erreichen. Paradise bietet eine weißen Sandstrand. Strände gibt es auch auf Petit St. Vincent, fünf Bootsminuten entfernt, und auf anderen vorgelagerten Inselchen.

Vulkangipfel auf Petite Martinique

Insel der Gewürze

Auf Grenada werden mehr Gewürze pro Quadratkilometer angebaut als irgendwo sonst auf der Welt. Überall duftet es auf der »Gewürzinsel«, dem einzigen Gewürzproduzenten der Karibik, nach Zimt, Ingwer und Vanille. Das wichtigste Anbauprodukt ist Muskat, den der ehemalige Premierminister George Brizan 1995 als »schwarzes Gold« bezeichnete. Plantagen wie die Gouyave und die Grenville Nutmeg Processing Station oder Dougaldston Spice Estate führen durch ihre Felder und Produktionshallen und verkaufen zudem frische Gewürze.

Muskatnuss und Muskatblüte

Grenada ist wieder zweitgrößter Muskatproduzent der Welt, da sich die Insel von den Verwüstungen des Hurrikans Ivan im Jahr 2004 wieder erholt hat. Seit die Muskatnuss 1843 aus Banda (Indonesien) eingeführt wurde, ist dieser Erwerbszweig das Rückgrat der Ökonomie und Landwirtschaft Grenadas. Muskatnuss und Muskatblüte (Macis, der Samenmantel der Nuss) sind die wichtigsten Exportgüter der Insel.

Der Muskatbaum wird bis zu 23 Meter hoch und trägt eine gelbe fleischige Frucht namens Perikarp, die zwei Gewürze enthält: Muskatnuss und Macis. Wenn sie reif ist, platzt die Frucht auf und fällt zu Boden, wo sie per Hand aufgesammelt wird.

Der Muskatsamen hat eine dunkle, dünne Schale, die vom leuchtend roten Samenmantel umgeben ist.

Muskatblüte wird von der Nussschale getrennt und vier Monate lang in Holzbehältern getrocknet. Dabei nimmt sie nach und nach eine goldene Färbung an.

Muskatnüsse trocknen sechs bis acht Wochen, dann werden die spröden Schalen entfernt. Die Nüsse werden gewaschen, poliert und für den Export verpackt.

Muskatsirup, -gelee, -likör sowie Schokoladenriegel, Seifen und Kerzen sind nur einige der grenadischen Gewürzprodukte.

Weitere Gewürze

Grenada produziert auch Gewürznelken, Ingwer, Pfeffer, Piment, Zimt, Lorbeer und Tonkabohnen. Überall auf der Insel findet man Plantagen und Fabriken zur Weiterverarbeitung.

Die Zimtrinde wird in der Regenzeit abgeschält. Beim Trocknen in der Sonne rollt sie sich zu Zimtstangen zusammen.

Lorbeerblätter mit ihrem ganz eigenen Aroma wachsen am immergrünen Lorbeerbaum, der auf den Inseln über dem Winde zu Hause ist.

Schwarze Pfefferkörner wachsen an einer Kletterpflanze. Rot werden sie gepflückt, nach dem Trocknen sind sie schwarz.

Gewürznelken sind bei der Ernte tiefrot. Beim Trocknen werden sie allmählich dunkelbraun.

Sport und Aktivurlaub

Regenwälder, Wasserfälle, Gebirge, Vulkane – dank der vielfältigen, abwechslungsreichen Landschaften sind Grenada und seine Schwesterinseln das ganze Jahr über ideale Reiseziele für abenteuerlustige und sportbegeisterte Urlauber. Das Inselinnere von Grenada und Carriacou lernt man am besten auf geführten Wanderungen kennen. Die zerklüfteten Küstenabschnitte und herrlichen Strände lassen sich hervorragend auf einem Segeltörn oder einer Fahrt mit dem *Osprey*-Katamaran vom Meer aus erkunden. Die Inseln bieten selbstverständlich auch andere Freizeitaktivitäten, unter anderem Tauchen und Schnorcheln an den zahlreichen vorgelagerten Riffen.

Weißer Sand und türkisblaues Wasser am Grand Anse Beach, Grenada

Strände

Die Drei-Insel-Nation aus Grenada, Carriacou und Petite Martinique ist mit 45 weißen und neun schwarzen Sandstränden gesegnet, die zu den besten der Karibik gehören. Der drei Kilometer lange, bei Sonnenanbetern beliebte Grand Anse Beach ist mit Abstand Grenadas schönster Strand, während Morne Rouge, ebenfalls im Südwesten, ruhiger und einsamer ist. Empfehlenswert sind auch der Bathway Beach im Nordosten und das La Sagesse Nature Center mit drei Stränden.

Den Paradise Beach auf Carriacou schützt ein Riff – hier kann man in ruhigem Wasser schwimmen. Anse La Roche ist nur über einen steilen, gut markierten Weg oder per Wassertaxi zu erreichen.

Das Dorf Paradise auf Petite Martinique ist eine gute Basis, um die kleinen Buchten und tollen Strände in der Nähe zu erkunden. Petit St. Vincent liegt auch nur eine fünfminütige Bootsfahrt entfernt.

Tauchen und Schnorcheln

Grenada ist zwar nicht so sehr fürs Tauchen bekannt wie andere karibische Inseln, bietet aber eine größere Vielfalt an Meerestieren und mehr intakte Riffe, von denen viele durch die fünf Meeresparks der Insel geschützt sind. Carriacou, das »Land der Riffe«, ist ein populäres Ziel für Taucher. Zusammen haben die beiden Inseln mehr als 50 Tauchgründe, von denen die meisten als einfach eingestuft werden (außer ein paar mit starken Strömungen) und mit dem Boot in fünf bis 15 Minuten zu erreichen sind. Es gibt mehrere Tauchwände und Wracks voller Meeresleben, darunter Haie, Schildkröten, Hummer, Riesenmuränen, Weichkorallen und Schwämme. Carriacou ist für seine schönen Korallengärten und kleinen Meerestiere wie Seepferdchen berühmt.

Taucher lieben die vielen Wracks, etwa die *Bianca C*, das größte Schiffswrack der Karibik. Das als »*Titanic* der Karibik« bekannte 183-Meter-Kreuzfahrtschiff ist nur für erfahrene Taucher geeignet.

Grenadas bester Platz für Schnorchler liegt südlich vom Grand Anse Beach. Auch La Sagesse ist ideal zum Schnorcheln. Ein neuer, einzigartiger Tauch- und Schnorchelgrund ist der **Underwater Sculpture Park** des Künstlers Jason de Caires Taylor in Grenadas Molinière Bay. Segel- und Tauchzentren wie **Aquanauts Grenada** bieten hier Tauch- und Schnorcheltouren.

Alle grenadischen Inseln, auch Petite Martinique und seine benachbarten Eilande, sind ideal zum Schnorcheln.

Grenada hat ein paar Tauchläden, zumeist an der Südküste, auf Carriacou gibt es drei. Eine Liste der Shops erhalten Sie bei der Grenada Tourism Authority *(siehe S. 437)* oder bei der **Grenada Scuba Diving Association**.

Wassersport

Viele Resorts, Wassersportzentren und Tauchläden, hauptsächlich jene am Grand Anse Beach, bieten alle möglichen Wassersportarten und vermieten z. B. Ozeankajaks, Hobie Cats, Surfbretter und Gleitschirme. **Adventure River Tubing** ist ein feuchtfröhlicher Spaß mitten im Regenwald von Grenada. Die Passagiere ziehen Schwimmwesten und Helme an, ehe sie sich, begleitet von Führern, in Autoreifen mit Handgriffen den Balthazar River hinunterstürzen. Im Angebot sind auch kombinierte Jeep- und Tubing-Ausflüge.

Bananenboot-Ritt am Grand Anse Beach, Grenada

Grenadas Wasserfälle

In Grenadas bergigen tropischen Regenwäldern rauschen malerische Wasserfälle, die zu den schönsten der ganzen Karibik zählen. In keiner anderen Region der Welt ist die Wasserfalldichte so hoch wie im Grand Étang Forest Reserve *(siehe S. 427)*. Die Rosemount Falls bei St. John im Westen der Insel donnern auf Privatland in die Tiefe und können nur von Gästen besichtigt werden, die im Rosemount Plantation House zu Mittag essen. Weiter nördlich sind die Victoria Falls (oder Tufton Hall), die höchsten der Insel, relativ schwer zu erreichen.

Tropische Pflanzen, etwa Bananenstauden, wachsen bei den Seven Sisters Falls.

Die Seven Sisters umfassen kleine Kaskaden ebenso wie 21-Meter-Fälle.

Wasserbecken unterhalb der Seven Sisters eignen sich für ein erfrischendes Bad.

Wasserfälle im Grand Étang Forest Reserve

Innerhalb des Naturschutzgebietes gibt es fünf prächtige Wasserfälle: Concord, Honeymoon, Annandale, Seven Sisters und Royal Mt. Carmel. Wege führen durch Regenwald, Zitrushaine sowie durch Gewürz- und Obstplantagen.

Die Annandale Falls sind leicht zu erreichen. Den Weg säumt ein Garten mit beschilderten Bäumen (darunter Muskatbäume) und blühenden Pflanzen.

Concord Falls sind drei Wasserfälle. Der erste ist am leichtesten zugänglich und am populärsten.

Flora und Fauna

Bei den Wasserfällen wachsen Mahagoni- und Gummibäume sowie endemische Pflanzen wie der Grand-Étang-Farn. Zu den Bewohnern gehören Neunbinden-Gürteltiere und Leguane.

Die Monameerkatze, die vor 300 Jahren aus Afrika eingeführt wurde, gehört zu den Tieren, die man bei den Rosemount Falls am häufigsten sieht.

Wasserhyazinthen wachsen an den Grand-Étang-Wasserfällen neben Blumenrohr, wilder Fuchsie und Hibiskus.

Moosfarne und Pilze sind im Wald um die Victoria Falls weitverbreitet.

Segelboote in der Lagune der Marina von St. George's

Wandern

Grenadas gebirgiges Terrain mit dem höchsten Gipfel Mount St. Catherine (840 m) bietet einige der schönsten Wanderwege der Karibik und eine vielfältige Tier- und Pflanzenwelt. Zum nachhaltigen Schutz der Natur sind ein Sechstel der Inselfläche zu Schutzgebieten und Parks erklärt worden.

Eines der beliebtesten Wandergebiete, das Grand Étang Forest Reserve *(siehe S. 427)*, hat Optionen von leichten 15-minütigen Spaziergängen bis zu anstrengenden Expeditionen. Alle Wege werden von den Mitarbeitern des Forestry Department of the Ministry of Agriculture gepfelgt und instand gehalten. Grundsätzlich sind Führer zu empfehlen.

Der Experte **Telfor Bedeau**, der die Insel wie seine Westentasche kennt, schneidert Wanderungen individuell auf die Interessen und die Fitness seiner Kunden zu. Weitere bekannte Veranstalter sind **Edwin Frank's Tours and Services**, **Henry's Safari**, **Kennedy Tours**, **K&J Tours** und **Mandoo Tours**.

Das hügelige Carriacou ist ideal für relaxte Wanderungen. Die Ökologische Forschungsstation KIDO *(siehe S. 428)* organisiert Führer.

Segeltörns und Bootsausflüge

Dank der vielen Buchten und geschützten Ankerplätze ist Grenada eines der wichtigsten Segelzentren in der östlichen Karibik. Mehrere Firmen bieten eintägige Segeltörns an. **Carib CATS**, ein 18-Meter-Katamaran, hat halb- und ganztägige Schnorchel- sowie Sonnenuntergangsfahrten im Programm, ebenso **Shadowfax**. **First Impressions** bietet Wal- und Delfinbeobachtung, vier Segeltörns (ab sechs Passagieren), Ausflüge zum Fischen und abendliche Karaoke-Touren mit Katamaranen. **Conservation Kayak** bietet geführte Ökotouren mit dem Kajak zu fast unberührten Ecken Grenadas. Dort zeigt sich die natürliche Schönheit der Insel. **Grenada Seafaris** bietet Highspeed-Zodiac-Fahrten an Grenadas Westküste. Der zweistündige Ausflug beinhaltet Schnorcheln im Underwater Sculpture Park *(siehe S. 430)* und eine Einführung in Geschichte, Ökologie und Geografie der Insel. Das britische Unternehmen **Carib Tours** betreibt bei Grenada Luxusyachten. Auf Carriacou bietet KIDO Katamaranfahrten.

Wanderer auf dem Weg zum Royal-Mt.-Carmel-Wasserfall

Angeln

In den Gewässern vor den Grenadinen angelt man u. a. Schwertfisch, Marlin, Blauen und Weißen Segelfisch, Wahoo, Gelbflossen-Thunfisch und Mahi Mahi. Ein Anbieter von halb- oder ganztägigen Ausflügen zum Angeln ist **True Blue Sportfishing** mit der neun Meter langen *Yes Aye*. Das Unternehmen hat es sich zum Ziel gesetzt, den Fischbestand zu erhalten. Gefangene Marline und Segelfische werden markiert und wieder freigelassen. Skipper Stewarts **Wayward Wind Fishing Charters** bietet Gruppenrabatte.

Urlauberin mit ihrem Fang

Gärten

Angesichts der Fülle an tropischer Flora ist es nicht verwunderlich, dass man auf Grenada wunderschöne Gärten besichtigen kann. Bei einer Führung durch den **Laura Herbs and Spice Garden** lernt man sämtliche Kräuter und Gewürze der Insel, darunter Thymian, Zimt und Basilikum, und deren medizinische Verwendung kennen.

Eine 15-minütige Autofahrt von St. George's entfernt liegt der **Sunnyside Garden**. Der wunderschöne 12 150 Quadratmeter große Garten ist eine Schöpfung von Jean Renwick. Sie gestaltete ihn mit einem prächtigen Koi-Teich, heimischen Pflanzen, Schildkröten, einem Zitrushain und Mottogärten, z.B. einem japanischen Garten. Die Aussicht von hier oben, 183 Meter über dem Meeresspiegel, ist überwältigend.

Hibiskus im Sunnyside Garden

Schildkrötenbeobachtung

Einst waren die Insulaner auf Meeresschildkröten als Nahrungs- und Einkommensquelle angewiesen. **Ocean Spirits** ist eine ehrenamtliche Organisation, die sich für den Schutz der gefährdeten Lederschildkröte einsetzt. Sie bietet Führungen zur Beobachtung dieser Tiere. Ein gut ausgebildeter Führer zeigt den Teilnehmern das Spektakel, wenn die großen Lederschildkröten am einsamen Levera Beach – wo die drei größten Nistgruppen beheimatet sind – Eier ablegen. Die Einnahmen gehen an regionale Umweltschutzprojekte.

Eine Lederschildkröte legt ihre Eier ab

Auf Carriacou nisten in der Zeit von Mai bis Oktober Leder- und Echte Karettschildkröten auf dem Petite Carenage Beach. Besucher können abends die Patrouillen begleiten, die die Tiere vor Wilderern und Eierräubern zu schützen versuchen. Weitere Informationen erteilt die KIDO Ecological Research Station.

Auf einen Blick

Tauchen und Schnorcheln

Aquanauts Grenada
True Blue Bay Resort und Spice Island Beach Resort, Grenada.
(473) 444 1126.
aquanautsgrenada.com

Grenada Scuba Diving Association
grenadadiveshops.com

Underwater Sculpture Park
(473) 405 7900.
grenadaunderwatersculpture.com

Wassersport

Adventure River Tubing
St. George's, Grenada.
(473) 444 5337.
adventuregrenada.com

Wandern

Edwin Frank's Tours and Services
Grenada.
(473) 407 5393.

Henry's Safari
Grenada.
(473) 444 5313.
henrysafari.com

Kennedy Tours
Grenada.
(473) 444 1074.

K & J Tours
St. Pauls, Grenada.
(473) 440 4227.
grenadaguide.com/kjtours

Mandoo Tours
St. George's, Grenada.
(473) 440 1428.
grenadatours.com

Telfor Bedeau
Grenada.
(473) 442 6200.

Segeltörns und Bootsausflüge

Carib CATS
St. George's, Grenada.
(473) 444 3222.
travelgrenadagrenadines.com

Carib Tours
The Point, 210 New Kings Road, London.
011-44-20-7751-0660.
caribtours.co.uk

Conservation Kayak
Whisper Cove Marina, Woburn Bay.
(473) 449 5248.
conservationkayak.com

First Impressions
St. George's, Grenada.
(473) 440 3678.
catamaranchartering.com

Grenada Seafaris
Grenada.
(473) 405 7800.
grenadaseafaris.com

Shadowfax
True Blue, St. George's, Grenada.
(473) 437 3737.
bananaboattoursgrenada.com

Angeln

True Blue Sportfishing
St. George's, Grenada.
(473) 444 2048.
yesaye.com

Wayward Wind Fishing Charters
Grenada Yacht Club, St. George's, Grenada.
(473) 538 9821.
grenadafishing.co.uk

Gärten

Laura Herbs and Spice Garden
Perdmontemps, St. David, Grenada.
(473) 443 2604.

Sunnyside Garden
St. Paul's Village, St. George's, Grenada.
(473) 440 2747.

Schildkrötenbeobachtung

Ocean Spirits
St. George's, Grenada.
(473) 442 2341.
oceanspirits.org

Hotelauswahl

CARRIACOU: Bogles Round House Cottages $
B&B
Bogles
(473) 443 7841
boglesroundhouse.com
Buchen Sie ein gemütliches Cottage für Selbstversorger. Wassersport und Touren sind möglich.

GRAND ANSE, ST. GEORGE'S: Jenny's Place $
Strand
Grand Anse Bay
(473) 439 5186
jennysplacegrenada.com
Das gemütliche Gästehaus am Strand mit Apartments für Selbstversorger bietet Aktivitäten wie Kajakfahren, Schnorcheln und Wandern.

GRAND ANSE, ST. GEORGE'S: Blue Horizons Garden Resort $$
Boutique
Grand Anse
(473) 444 4316
grenadabluehorizons.com
In dem Strandresort in einem großen tropischen Garten mit über 20 Vogelarten sind Suiten mit einem Schlafzimmer sowie Studios mit Miniküche verfügbar.

GRAND ANSE, ST. GEORGE'S: The Flamboyant Hotel and Villas $$
Strandresort
Morne Rouge
(473) 444 4247
flamboyant.com
Aus jedem Zimmer des zwanglosen Hotels sieht man den Grand Anse Beach und die Hauptstadt Grenadas. Am Strand gibt es ein Restaurant mit Bar.

Gemütliches Schlafzimmer im Laluna in St. George's

PETITE MARTINIQUE: The Palm Beach Guest House $
Preiswert
Petite Martinique
(473) 443 9103
petitemartinique.com
Die kleine Insel mit diesen beiden Apartments in Strandnähe ist mit der Fähre erreichbar.

ST. DAVID'S: La Sagesse Hotel, Restaurant & Beach Bar $
Boutique
La Sagesse Beach
(473) 444 6458
lasagesse.com
Das kleine gemütliche Hotel an einer malerischen Bucht ist ein besonders romantischer Ort. Die Zimmer haben meist Meerblick.

ST. GEORGE'S: Le Phare Bleu Boutique Hotel $$
Boutique
Petite Calivigny Bay
(473) 444 2400
lepharebleu.com
Das reizende Dorfhotel bietet Strandvillen und Apartments.

Vis-à-Vis-Tipp

ST. GEORGE'S: True Blue Bay Resort & Marina $$
Strandresort
Old Mill Road, True Blue
(473) 443 8783
truebluebay.com
Hochzeiten und Flitterwochen sind hier die Spezialität, doch auch Familien schätzen die Pools, die Spielplätze und die verfügbaren Babysitter. Für Erwachsene gibt es Kochkurse, Rumproben und »Mermaid Swimming«. In den modernen Zimmern wurde geschmackvoll mit Farbe umgegangen.

ST. GEORGE'S: Calabash Hotel $$$
Luxus
L'Anse Aux Epines Beach
(473) 444 4334
calabashhotel.com
Das gemütliche Resort mit schönen Zimmern und Spa bietet seinen Gästen im Restaurant fast jeden Abend Live-Unterhaltung.

ST. GEORGE'S: Laluna $$$
Luxus
Portici Beach, Morne Rouge
(473) 439 0001
laluna.com
Das kleine romantische Boutiqueresort in einer abgelegenen Bucht bietet Suiten mit kleinem Pool, ein Spa und Yogakurse.

Preiskategorien
Die Preise gelten für ein Standard-Doppelzimmer pro Nacht (Hochsaison), inklusive Steuern und Service.

$	**unter 200 US-Dollar**
$$	**200–500 US-Dollar**
$$$	**über 500 US-Dollar**

ST. GEORGE'S: Mount Cinnamon $$$
Strandresort
Morne Rouge
(473) 439 4400
mountcinnamongrenadahotel.com
Das luxuriöse Strandresort verfügt über sehr schöne Villen. In der Cabana am Strand können sich Gäste unter freiem Himmel massieren lassen.

ST. GEORGE'S: Sandals LaSource Resort and Spa $$$
Luxus
Pink Gin Beach, Point Salines
1-888-726-3257
sandals.com
Design und die Erfüllung sämtlicher Gästewünsche stehen im Sandals hoch im Kurs, u. a. gibt es Zimmer mit Butlerservice, Infinity Pools, Wasserfälle und neun Restaurants.

ST. GEORGE'S: Spice Island Beach Resort $$$
Luxus
Grand Anse Beach
(473) 444 4258
spiceislandbeachresort.com
Tropisches Dekor und atemberaubende Ausblicke sind nur zwei der Punkte, die für das Spice Island sprechen. Alle Suiten sind zum Strand hin ausgerichtet und bieten einen Garten.

ST. JOHN: Mango Bay Cottages $
Resort
Woodford
(473) 444 3829
mangobaygrenada.com
Die Ruheoase verfügt über Cottages mit Veranda, Meerblick und Hängematte. Gäste haben die Möglichkeit, zu schnorcheln und Kajak zu fahren. Außerdem gibt es ein vegetarisches Restaurant und Yogakurse.

ST. PATRICK: Petite Anse $$
Strandresort
Prospect Road, Sauters
(473) 442 5252
petiteanse.com
Das von Hügeln und Wasserfällen umgebene Anwesen am Strand bietet geschmackvolle Cottages und Suiten an.

Restaurantauswahl

CARRIACOU: Slipway Restaurant $$
Karibisch
Tyrell Bay, Hermitage
(473) 443 6500
Lage und Atmosphäre sind toll. Die Speisekarte richtet sich nach der Verfügbarkeit frischer Zutaten. Der Sonntagsbrunch ist gut.

PETITE MARTINIQUE: Palm Beach Restaurant & Bar $$
Karibisch
Petite Martinique
(473) 443 9103
Zu frischem Seafood gibt es hier den Panoramablick auf weitere Inseln Grenadas sowie eine große Auswahl an Cocktails, darunter auch Eigenkreationen.

ST. DAVID'S: La Sagesse Nature Centre $$
Seafood
La Sagesse Beach
(473) 444 6458
In wunderschöner Umgebung serviert La Sagesse frischen Fisch und Seafood mit Gemüse und Kräutern aus dem eigenen Bio-Garten.

ST. GEORGE'S: BB's Crabback Caribbean Restaurant $$
Karibisch
Progress House, The Carenage
(473) 435 7058
Das Lokal an der Promenade von St. George's kocht nach regionalen Rezepten. Probieren Sie die Hausspezialität »Crabback«.

ST. GEORGE'S: Carib Sushi $$
Sushi
16 Le Marquis Complex, Grand Anse
(473) 439 5640
Die Sushi-Experten verwenden Fisch und Seafood aus der Region. Das beliebte Restaurant serviert neben Sushi, *nigiri* und Sashimi auch Hauptgerichte.

ST. GEORGE'S: Museum Bistro $$
Karibisch
Young Street
(473) 444 4371 ● So
Genießen Sie leckeres Essen und frische Säfte im Innenhof des Grenada National Museum.

Vis-à-Vis-Tipp

ST. GEORGE'S: Patrick's Homestyle Cooking $$
Karibisch
Lagoon Road
(473) 440 0364
Die Kellner des reizenden Restaurants servieren Spezialitäten der Region in Tapas-Form. So kann man 20 grenadische Gerichte, Suppen und Desserts probieren, etwa *coo-coo* (aus Maismehl und Okra), Kaninchenpfanne, *lambi* (Muscheln) oder Tanniakuchen mit Garnelen. Reservierung ist nötig.

ST. GEORGE'S: Victory Bar and Restaurant $$
Karibisch / Amerikanisch
Port Louis Marina, Lagoon Road
(473) 435 7263
Die Pizzas und Grillspezialitäten des zwanglosen, geselligen Lokals sind mittags und abends gut.

ST. GEORGE'S: Whisper Cove Marina $$
Steakhaus
Woburn Street, Grand Anse
(473) 444 5296
Die Bio-Steaks aus der Region sind ebenso beliebt wie die Roast Chicken Night am Donnerstag. Die Lage am Wasser ist schön.

ST. GEORGE'S: Dodgy Dock Restaurant $$$
Karibisch / International
Old Mill Road, True Blue Bay
(473) 443 8783
Auf einer Terrasse mit Meerblick werden abwechslungreiche Gerichte serviert, etwa Seafood aus der Region oder Mexikanisches. Der Sonntagsbrunch ist beliebt.

Tische im Freien mit Ausblick, Whisper Cove Marina, St. George's

Preiskategorien
Die Preise gelten für ein Zwei-Gänge-Menü pro Person mit einer halben Flasche Hauswein, inklusive Steuern und Service.

$	unter 15 US-Dollar
$$	15 – 50 US-Dollar
$$$	über 50 US-Dollar

ST. GEORGE'S: Savvy's Restaurant $$$
Karibisch / Fusion
Morne Rouge, Grand Anse
(473) 439 4400
Gäste können auf der Terrasse oder in der Strand-Cabana mit tollem Blick auf Meer und Stadt z. B. *şiş kebap* mit Fisch oder ein vegetarisches Gericht genießen.

ST. GEORGE'S: The Aquarium Restaurant $$$
Karibisch / Europäisch
Magazine Beach, Point Salines
(473) 444 1410 ● Mo
Europäische Gerichte erhalten eine karibische Note. Sonntags gibt es ein Strand-Barbecue.

ST. GEORGE'S: The Beach House Restaurant & Bar $$$
Karibisch
Portici Bay
(473) 444 4455 ● So
Auf der abwechslungsreichen Speisekarte des Restaurants stehen gebratener Thunfisch, Gemüse vom Grill und *rotis*.

ST. GEORGE'S: The Red Crab $$$
Karibisch
L'Anse Aux Épines
(473) 444 4424 ● So
In der zwanglosen Atmopshäre eines Pubs sind Fisch und Seafood sowie das samstägliche Lobster Fest zu empfehlen.

ST. PATRICK: Aggies Restaurant and Bar $$
Karibisch
Bathway Beach
(473) 442 2336 ● Mo
Wer durch den Norden der Insel tourt, kann sich hier mit leckeren Seafood-Gerichten stärken.

ST. PATRICK: Belmont Estate $$
Karibisch
Belmont Estate
(473) 442 9524 ● Sa
Das Mittagsbüfett auf dieser Kakao- und Gewürzplantage ist sehr beliebt. Fisch und Fleisch werden mit Gemüse und Kräutern aus der Region zubereitet. Die Suppen sind ebenfalls gut.

Praktische Hinweise

Grenada, das zweitkleinste eigenständige Land der westlichen Hemisphäre, verzeichnet hinsichtlich Fremdenverkehr und Infrastruktur ein langsameres Wachstum als die größeren Karibikinseln. Nach dem Hurrikan Ivan von 2004 hat sich Grenada allerdings schnell erholt und zog internationale Investoren an. Heute finden Urlauber luxuriöse Unterkünfte und vielfältige Einrichtungen. Das ruhige Flair der Insel verspricht entspannende, erholsame Ferien.

Beste Reisezeit

Die meisten Besucher kommen zwischen Dezember und April nach Grenada. Im Jahresdurchschnitt liegen die Temperaturen bei 24 bis 30 °C. Am kühlsten ist es von November bis Februar, am trockensten von Januar bis Mai. In den Monaten Juni bis Dezember herrscht eher feuchtes Klima, es gibt jedoch keine zuverlässigen Regenvorhersagen. Die Hurrikansaison ist von Juni bis November, die meisten Hurrikane treten im September auf.

Anreise

Internationale Flüge nach Grenada landen auf dem Maurice Bishop International Airport (GND) rund 15 Kilometer südwestlich der Hauptstadt St. George's. Aus Deutschland, Österreich und der Schweiz fliegen **Air Canada**, **Austrian**, **Condor**, **Lufthansa**, **Singapore Airlines**, **Swiss**, **United Airlines** und **Virgin Atlantic** meist mit einem, manchmal auch mit zwei Zwischenstopps. **Condor** hat in der Hauptreisezeit Direktflüge ab Frankfurt am Main im Programm.

Einreise

Bürger aus Deutschland, Österreich und der Schweiz benötigen für die Einreise einen noch mindestens sechs Monate gültigen Reisepass sowie ein Rückreiseticket. Ein Personalausweis reicht für die Einreise nicht aus. Auch Kinder jeden Alters müssen ein eigenes Reisedokument mit Lichtbild mitführen. Weitere Informationen über die Einreisebestimmungen liefern das **Immigration Department** und die **Grenada Tourism Authority**.

Die Ausreisegebühr ist bereits im Preis für das Flugticket enthalten und muss nicht mehr am Flughafen bezahlt werden. Fährverbindungen bestehen nur zwischen Grenada und den Schwesterinseln.

Information

Die Grenada Tourism Authority hat ihre Zentrale auf Grenada am Burns Point in St. George's. Die Filiale in der Main Street in Hillsborough auf Carriacou informiert über Verkehrsmittel, Unterkünfte, Veranstaltungen und Freizeitaktivitäten auf Grenadas Schwesterinseln Carriacou und Petite Martinique.

Sicherheit und Gesundheit

An öffentlichen Krankenhäusern gibt es in St. George's das **General Hospital**, in St. Andrew's Parish das **Princess Alice Hospital** und auf Carriacou das **Princess Royal Hospital**. Urlauber sollten eine Auslandsreisekrankenversicherung abschließen. Bei Hurrikanen wird man meist in größere Notfallzentren evakutiert.

Grenada ist generell ein sicheres Reiseziel. Bei Dunkelheit kommt es manchmal zu Überfällen – lassen Sie Wertsachen am besten im Hotelsafe. Seien Sie vor allem in öffentlichen Bussen vorsichtig. Die Früchte des an Stränden häufigen Manzinellabaums sind giftig und führen zu Hautreizungen.

Banken und Währung

Offizielle Währung ist der East Caribbean Dollar (EC$). Praktisch überall werden auch US-Dollar akzeptiert. In den meisten Hotels, Mietwagenfirmen und Läden kann man mit gängigen Kreditkarten bezahlen. Banken sind in der Regel montags bis donnerstags von 8 bis 15 Uhr, freitags bis 16 Uhr geöffnet. Automaten, an denen man mit Kredit- und manchen Debitkarten Geld abheben kann, findet man auf Grenada und Carriacou.

Kommunikation

Öffentliche Telefone – Münztelefone für Ortsgespräche, Kartentelefone für Orts- und Auslandsgespräche – gibt es überall auf den Inseln. Um von Grenada ins Ausland zu telefonieren, wählt man 011 und die Ländervorwahl (Deutschland: 49; Österreich: 43; Schweiz: 41). Wer aus Europa auf Grenada anruft, wählt 001, dann die Inselvorwahl 473 und die siebenstellige Rufnummer. Für Gespräche auf Grenada selbst genügt die siebenstellige Rufnummer.

Betreiber der Mobilfunknetze sind **Digicel** und **Flow**, in deren Niederlassungen man Handys leihen kann. Fragen Sie Ihren Mobilfunkanbieter nach den Roaming-Gebühren, wenn Sie Ihr Handy benutzen möchten. Die meisten Hotels bieten ihren Gästen einen WLAN-Internet-Zugang. Es gibt auch ein paar Internet-Cafés.

Kreuzfahrtschiffe an der Anlegestelle von St. George's, Grenada

Verkehrsmittel
Lizenzierte Taxis und Minibusse erkennt man an einem »H«. Zwischen 18 und 6 Uhr kommt zum Fahrpreis eine Nachtpauschale hinzu. Private Minibusse sind günstig. Busse tragen eine Liniennummer, der Fahrpreis ist fix und richtet sich nach der Entfernung. Der Busbahnhof auf Grenada befindet sich in St. George's in der Melville Street. Auf Carriacou fahren Busse von 7 bis 17 Uhr. Wassertaxis sind in St. George's sowie auf Carriacou und Petite Martinique verfügbar.

Um einen Wagen zu mieten, müssen Sie über 21 Jahre alt sein und einen Führerschein besitzen. Die örtliche Fahrerlaubnis bekommen Sie bei Mietwagenfirmen wie **Dollar Rent-A-Car**, **Avis** und **Martin & Wayne's Auto Rental**. Grenada hat 1050 Kilometer recht gute Teerstraßen. Viele Kurven sind unübersichtlich, Standstreifen fehlen oder sind sehr schmal. Man fährt links, und alle Insassen müssen sich anschnallen.

Osprey Lines betreibt tägliche Fähren zwischen Grenada, Carriacou und Petite Martinique. **SVG Air** bietet einmal pro Tag einen 20-minütigen Flug von Grenada zu Carriacous Lauriston Airport.

Shopping
Die besten Mitbringsel sind Gewürze, Gelees (vor allem Muskat), Rum, Batik- und Siebdrucktextilien sowie Kunsthandwerk. In Duty-free-Shops in der Carenage and Esplanade Shopping Mall in St. George's sowie am Flughafen gibt es Schmuck, Alkohol, Parfum und Souvenirs.

Souvenirstand mit Lebensmitteln aus Grenada

Sprache
Die offizielle Sprache ist Englisch, viele sprechen jedoch den französisch-kreolischen Dialekt Patois.

Strom
Grenadas Stromspannung beträgt 220 Volt mit 50 Hertz. Für mitgebrachte Elektrogeräte ist ein Adapter erforderlich.

Zeit
Die Atlantic Standard Time (AST) liegt fünf Stunden hinter der Mitteleuropäischen Zeit (MEZ), sechs Stunden hinter der Mitteleuropäischen Sommerzeit (MESZ).

Heiraten
Eine Heiratserlaubnis kann man nach einem Tag Aufenthalt auf der Insel beantragen. Man muss Gebühren entrichten und persönlich im Büro des Premierministers vorstellig werden. Meist erhält man die Erlaubnis nach zwei Arbeitstagen – falls ein Partner geschieden ist, kann es länger dauern. Details lefert die Website der Grenada Tourism Authority.

Auf einen Blick

Anreise

Air Canada
W aircanada.com

Austrian
W austrian.com

Condor
W condor.com

Lufthansa
W lufthansa.com

Singapore Airlines
W singaporeair.com

Swiss
W swiss.com

United Airlines
W united.com

Virgin Atlantic
W virgin-atlantic.com

Einreise und Information

Grenada Tourism Authority
(473) 440 2001 (St. George's), (473) 443 7948 (Carriacou).
W puregrenada.com

Immigration Department
(473) 440 2456.

Sicherheit und Gesundheit

General Hospital
Grand Étang Road, St. George's, Grenada.
(473) 440 2051.

Polizei und Feuerwehr
911.

Princess Alice Hospital
Mirabeau, St. Andrew's, Grenada.
(473) 442 7251.

Princess Royal Hospital
Carriacou.
(473) 443 7400.

Kommunikation

Digicel
(473) 439 4500.
W digicelgrenada.com

Flow
W discoverflow.co/grenada

Verkehrsmittel

Avis
Ecke Paddock und Lagoon Road, St. George's, Grenada.
(473) 440 3936.

Dollar Rent-A-Car
Maurice Bishop International Airport, St. George's, Grenada.
(473) 444 4786.

Martin & Wayne's Auto Rental
Tankstelle Hillsborough, Carriacou.
(473) 443 7204.

Osprey Lines
Queen's Jetty, The Carenage, St. George's, Grenada.
(473) 440 8126.
W ospreylines.com

SVG Air
1-784-457-5124.
W svgair.com

Überblick: Barbados

Der 430 Quadratkilometer große Inselstaat (285 000 Einwohner) bietet schöne Strände mit klarem blauem Wasser und Korallenriffen sowie das ganze Jahr über gutes Wetter. Barbados lockt mit bunter Kultur, zu der fröhliche Feste ebenso gehören wie historische Gebäude – vor allem in der Hauptstadt Bridgetown. Das größte Kapital der Insel sind jedoch ihre Bewohner. Die Barbadier oder Bajans erzählen Besuchern gern von ihrer Geschichte und Kultur. Urlauber können hier u. a. versteckte Wasserfälle oder die unterirdischen Flüsse in Harrison's Cave erkunden. Restaurants mit typischer Inselküche findet man an den meisten Stränden.

Zur Orientierung

Bunt bemalte Läden verkaufen Kunsthandwerk und Souvenirs, Holetown

Sehenswürdigkeiten auf einen Blick

1. Bridgetown
2. Garrison Historic Area
3. Südküste
4. Oistins
5. Barbados Concorde Experience
6. Sunbury Plantation House
7. Gun Hill Signal Station
8. Harrison's Cave
9. Bathsheba
10. Barbados Wildlife Reserve
11. Holetown
12. *St. Nicholas Abbey* *S. 445*

Auf einen Blick

Politik: Parlamentarische Monarchie, Staatsoberhaupt ist die englische Königin, vertreten durch einen Gouverneur.
Sprache: Englisch, umgangssprachlich Bajan.
Währung: Barbados-Dollar (BDS$).
Mobilfunk: GSM/GPRS 900/1800 MHz (wie in D, A, CH), 1900 MHz, UMTS 2100 MHz (wie in D, A, CH), 850 MHz.
Strom: 115 V/50 Hz, Adapter: ja.

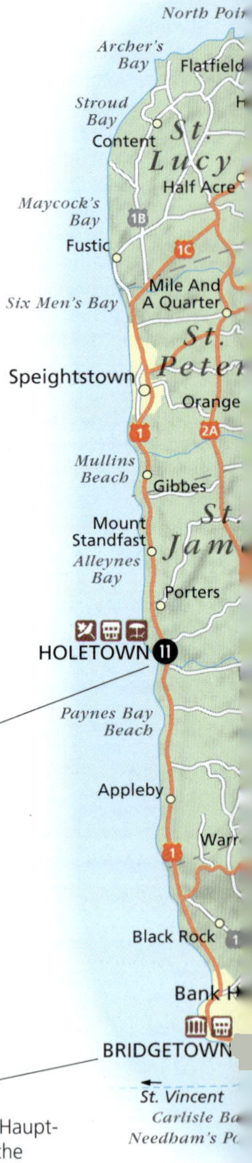

Westküste
In der wichtigsten Ferienregion auf Barbados befinden sich einige der sichersten Strände der ganzen Karibik.

Bridgetown
In der kosmopolitischen Hauptstadt findet man zahlreiche Duty-free-Shops und Bars.

Weitere Zeichenerklärungen *siehe hintere Umschlagklappe*

Einer der mächtigen Felsen an der Küste, Bathsheba

Auf Barbados unterwegs

Mit Bussen kann man Barbados sehr gut erkunden. Sie verkehren auf der ganzen Insel zu einem Fixpreis, unabhängig von der Strecke. Es empfiehlt sich, den Betrag abgezählt bereitzuhalten oder sich an den Haltestellen Marken zu kaufen. Taxis gibt es zuhauf zu vernünftigen Preisen. Da sie keinen Taxameter haben, sollte man den Fahrpreis vorher aushandeln. Registrierte Taxis tragen auf ihrem Kennzeichen ein »Z«. Taxifahrer sind auch gute Fremdenführer für Halbtages- oder Tagestouren. Wer mit einem Mietwagen unterwegs ist, sollte eine gute Straßenkarte dabeihaben, wenngleich viele Straßen nicht beschildert und Nebenstraßen häufig voller Schlaglöcher sind.

Barbados Wildlife Reserve
Das Schutzgebiet ist der ideale Ort, um die scheuen Grünmeerkatzen zu erspähen, die einst aus Westafrika eingeführt wurden.

Bathsheba
Der bei Surfern populäre Ort bietet herrliche Sicht auf den Atlantik, dessen Wellen sich an der zerklüfteten Küste brechen.

Parlamentsgebäude in Barbados' Hauptstadt Bridgetown

❶ Bridgetown

Südwestküste von Barbados. 96 500.
Barbados Tourist Office, Bridgetown Harbor Road, (246) 427 2623.
Crop Over Festival (Aug).

Das 1628 gegründete Bridgetown ist ein faszinierender Mix aus Alt und Neu. Ein Bummel durch die kompakte Innenstadt beginnt man am besten am National Heroes Square an der Statue von Lord Nelson. Daran schließt sich der Carenage an, wo einst Schiffe *careened* wurden – sie wurden auf die Seite gelegt, um die Muscheln abkratzen zu können. Heute ist das Areal eine betriebsame Marina mit Luxusyachten, umgeben von Restaurants, Bars und Läden.

Die Broad Street – seit dem 18. Jahrhundert die wichtigste Einkaufsmeile auf Barbados – wird vom 1895 errichteten Mutual Building mit zwei weißen Kuppeln dominiert.

Am Ende der Broad Street stehen die im Stil der italienischen Renaissance gestalteten **Parlamentsgebäude**, die drittältesten in der englischsprachigen Welt. Das Parlament tagt hier seit 1639. Im Westflügel befinden sich das Museum of Parliament und die National Heroes Gallery.

In der Synagogue Lane steht die **Bridgetown Synagogue** mit Friedhof. Die 1654 eingeweihte Synagoge gilt als eine der ältesten der westlichen Hemisphäre. Nach der Restaurierung dient sie sowohl als **Nidhe Israel Museum** als auch als Gotteshaus.

Bridgetown Harbor bietet Duty-free-Läden, Bars, Restaurants und ein Kreuzfahrtschiffterminal. Im Pelican Village, dem Kunsthandwerkszentrum mit schönen Gärten am Wasser, können Besucher den Künstlern bei der Arbeit zusehen und die Werke kaufen.

Parlamentsgebäude
Broad Street. (246) 427 2019.
Mo–Fr 10–16 Uhr.

Bridgetown Synagogue und Nidhe Israel Museum
Synagogue Lane. (246) 436 6869. Mo–Fr 9–16 Uhr.

❷ Garrison Historic Area

3 km südöstl. von Bridgetown.

Hier wurde eine der erste britischen Garnisonen im karibischen Raum eingerichtet. Heute stehen noch mehr als 70 Originalgebäude, von denen die meisten ab 1789 errichtet wurden, als Barbados das britische Hauptquartier auf den Inseln über dem Winde war. Charles Fort, die erste Befestigungsanlage der Insel, entstand in 1650er Jahren, St. Ann's Fort 1688. Die Grabsteine auf dem restaurierten Militärfriedhof lassen die Geschichte und das harte Leben der Garnisonen erahnen. Garrison Savannah auf der anderen Seite des Highway 7 ist die größte Pferderennbahn der Insel. Auch Paraden und Feiern finden hier statt.

Das **Barbados Museum** ist im früheren Garnisonsgefängnis untergebracht. In den ehemaligen Zellen des um 1818 errichteten Baus, ein Beispiel für georgianische Architektur in der Karibik, erfährt man viel über Geschichte, Kultur und Bevölkerung der Insel. Die Ausstellungen erzählen lebensnah von verschiedenen Perioden.

Umgebung: In der **Mount Gay Distillery**, fünf Kilometer nordwestlich der Garrison Historic Area, wird seit 1703 offiziell Rum hergestellt. Damit ist sie eine der ältesten Rumbrennereien der Welt. Neben dem Lagerhaus wurde ein Besucherzentrum eingerichtet. Führungen durch den gesamten Herstellungsprozess von Rum enden in der Probierstube. Die **West Indies Rum Distillery** in der Nähe beherbergt das Malibu-Besucherzentrum. Hier, in einer der modernsten Brennereien der Karibik, werden vor allem Cockspur Rum und Malibu Coconut Rum produziert. Man kann die Brennerei besichtigen, im Malibu Beach Club essen und Rum-Cocktails probieren und sich anschlie-

Arawak-Ausstellung im Barbados Museum, Garrison Historic Area

Hotels und Restaurants auf Barbados *siehe Seiten 450 und 451*

Läden und Restaurants im St. Lawrence Gap an der Südküste

ßend am schönen Strand des Clubs ausruhen.

Im Kensington Oval werden seit 1982 internationale Kricket-Testspiele ausgetragen. Die Insulaner sind Kricketfans. Bei den Spielen herrscht stets eine ausgelassene Stimmung.

Barbados Museum
(246) 427 0201. Mo–Sa 9–17 Uhr, So 14–18 Uhr.

Mount Gay Distillery
Spring Garden Highway, St. Michael.
(246) 425 8757. Mo–Fr 9.30–15.30 Uhr.
mountgayrum.com

West Indies Rum Distillery
Black Rock. (246) 425 9301.
Mo–Fr 9–16 Uhr.
westindiesrum.com

❸ Südküste

8 km südöstl. von Bridgetown.

Die Südküste zwischen Bridgewater und Oistins ist dicht bebaut, weist aber auch wunderbare Sandstrände auf, etwa bei Accra, Rockley und Dover. Eine gut beschilderte Straße führt von der Küstenstraße zur Partymetropole **St. Lawrence Gap**. Hier gibt es Restaurants mit verschiedensten Küchen, doch besonders gut sind die regionalen Bajan-Gerichte, vor allem jene mit frischem Fisch. Gegen Abend öffnen an der Straße die bei den Anwohnern sehr beliebten Fast-Food-Stände. Andere Stände verkaufen handgefertigten Schmuck und anderes Kunsthandwerk. In Bars spielen Bands, langsam beginnt das Nachtleben, das erst frühmorgens ausklingt. St. Lawrence hat eine eigene kleine Polizeiwache, trotzdem sollten Nachtschwärmer vorsichtig sein und unbeleuchtete Straßen meiden.

»The Gap« lohnt auch tagsüber einen Besuch, besonders das schöne Chattel House Village mit seinen Läden für Tropenmode, Kunsthandwerk und Souvenirs.

❹ Oistins

11 km südöstl. von Bridgetown.
Fish Festival (März oder Apr).

Oistins ist nach dem ersten Grundbesitzer in der Gegend benannt. Der kleine Ort ist Barbados' wichtigster Fischerhafen mit modernem Pier und lebhaftem Fischmarkt. In der Mermaid Tavern wurde 1652 ein Vertrag unterzeichnet, in dem Barbados die Autorität von Oliver Cromwell als Lordprotektor von England, Schottland und Irland anerkannte.

Im Dorf findet man viele historisch interessante, denkmalgeschützte Gebäude und mehrere Rumläden. Abends sieht man die farbenfroh bemalten Fischerboote einlaufen und ihren Fang abladen. Alljährlich steigt in Oistins das Fish Festival, mit dem die heimische Fischerei gefeiert wird. Es gibt Musik und Tanz, an Straßenständen werden gesalzene Fischküchlein, gebratener Fisch, Getränke und andere Waren verkauft.

❺ Barbados Concorde Experience

Grantley Adams International Airport, 13 km östl. von Bridgetown.
(246) 420 7738.
Di–Sa 9–17 Uhr.
barbadosconcorde.com

Barbados gehört zu den wenigen Orten auf der Welt, die von der Concorde G-BOAE angeflogen wurden. Barbados Concorde Experience widmet sich diesem berühmten Überschallflugzeug und zeigt in seinen Ausstellungen viele weitere Flugzeuge. Darüber hinaus wird die Entwicklung der modernen Luftfahrt beleuchtet. Besuchern stehen Flugsimulatoren zur Verfügung, zu den Highlights gehört ein Kurzaufenthalt in einer Concorde.

Flugzeugausstellung, Barbados Concorde Experience

Klassisches Interieur mit Stilmöbeln im Wohnzimmer des Sunbury Plantation House

❻ Sunbury Plantation House

16 km östl. von Bridgetown.
(246) 423 6270.
tägl. 10–17 Uhr.
barbadosgreathouse.com

Matthew Chapman, einer der ersten Bewohner der Insel, baute um 1660 das Sunbury Plantation House, eines der ältesten und schönsten Häuser auf Barbados. Chapman bekam offenbar Land zugesprochen, weil er mit dem Earl of Carlisle verwandt war. Das Haus wurde so konstruiert, dass es einem Hurrikan standhalten konnte – die Mauern sind 76 Zentmeter dick.

Nach einem Brand im Jahr 1995 wurde es restauriert und das Ambiente des 18. und 19. Jahrhunderts wiederhergestellt. Die Originalmöbel wurden jedoch durch Antiquitäten aus anderen Gebäuden ersetzt. Beachten Sie in dem Haus, in dem alle Räume zu besichtigen sind, die inseltypischen Mahagonimöbel, die zum Teil aus plantageneigenem Holz gefertigt wurden. Im Untergeschoss findet man eine einzigartige Sammlung von Pferdekutschen, überall auf dem Gelände stehen alte Fahrzeuge und Geräte. Zudem gibt es eine Bar, ein Restaurant und einen Andenkenladen. Das Planter's Candlelit Dinner ist ein fünfgängiges Menü am 200 Jahre alten Mahagonitisch, an dem der berüchtigte Pirat Samuel Hall Lord einst gespeist haben soll. Nach dem Dinner werden die Gäste durchs Haus geführt.

Umgebung: Etwa drei Kilometer südlich des Sunbury Plantation House liegt **Four Square Rum Factory and Heritage Park** an der Stelle einer früheren Zuckerrohrplantage von 1636. Die modernste Brennerei der Insel kann man täglich kostenlos auf eigene Faust besichtigen. Es werden auch Rumproben veranstaltet.

Etwas östlich erstreckt sich der **Crane Beach** unterhalb von Klippen, die den herrlichen weiß-rosafarbenen Korallensand überblicken. Dieser abgeschiedene Strand gehört zu den schönsten der ganzen Insel. Einst ankerten Schiffe in der Bucht, ein an einer Klippe angebrachter Kran entlud ihre Ladung. Im Wasser des von einem Korallenriff geschützten Crane Beach kann man sicher schwimmen.

Eingang zur Gun Hill Signal Station

❼ Gun Hill Signal Station

8 km nordöstl. von Bridgetown.
Mo–Sa 9–17 Uhr.

Die Gun Hill Signal Station gehört zu einer Reihe von Signalstationen, welche die Briten 1818 auf Barbados einrichteten. Wenn sich feindliche Schiffe näherten, wurden mit Spiegeln Leuchtsignale von Station zu Station weitergegeben. Diese Station auf 213 Meter Höhe wurde vom Barbados National Trust *(siehe S. 448)* renoviert. Sie bietet grandiose Sicht über die Insel und ein kleines Museum mit Militärandenken. Vom Turm aus sieht man die Statue eines großen weißen Löwen unterhalb der Station. Dieses britische Militäremblem meißelte der Offizier Henry Wilkinson im Jahr 1868 aus einem einzigen Steinblock.

❽ Harrison's Cave

11 km nordöstl. von Bridgetown.
(246) 438 6640.
Welchman Hall, St. Thomas.
Mi–So 9–15.45 Uhr.
harrisonscave.com

Die atemberaubende Höhle wurde in Jahrmillionen von Sickerwasser geschaffen. In den unterirdischen Räumen aus kristallisiertem Kalkstein findet man Flüsse, Wasserfälle sowie einzigartige Stalagmiten, Stalaktiten und Säulen. Die Höhle ist nach Thomas Harrison benannt, dem dieses Land in den 1770er Jahren gehörte. Es dauerte fast 200 Jahre, bis die Höhle gänzlich erforscht war. Der dänische Ingenieur und Höhlenforscher Ole Sorensen kartografierte sie schließlich. In kleinen Elektrobahnen kann man durch die schön beleuchtete Höhle fahren.

Umgebung: Fünf Kilometer nördlich der Höhlen liegt auf der Old Richmond Plantation der 20 Hektar große **Flower Forest**, den Einheimische anpflanzten, die diese tropische Pracht für künftige Generationen bewahren wollten. Eine Karte, die man im Besucherzentrum bekommt, informiert über die tropischen Obstbäume und exotischen Blumen. Zu den tierischen Bewohnern gehören Grünmeerkatzen und zwitschernde Vögel. Das Gelände ist für Rollstuhlfahrer geeignet, aber ein paar Wege sind holprig. Beim Informationszentrum kann man auch Erfrischungen kaufen.

In der **Welchman Hall Gully**, drei Kilometer nördlich der Harrison's Cave, sind mehr als 200 Arten tropischer Pflanzen, Blumen und Früchte beheimatet. Die Schlucht im Besitz des Barbados National Trust ist nach General William Asygell benannt. Dem Waliser (Welshman) gehörte die umliegende Plantage. Die Überreste einer riesigen Höhle, deren Dach vor Tausenden von Jahren einstürzte, sind noch zu sehen. Einst gab es eine Verbindung zwischen Harrison's Cave und der Schlucht. Asygell führte 1860

Seerosenteich und Palmen in den Andromeda Gardens bei Bathsheba

tropische Pflanzen aus aller Welt ein – heute sieht man mächtige Bäume und hohe Bambushaine. Die Grapefruit, die »verbotene Frucht von Barbados«, soll hier ihren Ursprung haben. Man will jetzt mehr heimische Arten anpflanzen, damit die Flora und Fauna jener vor 300 Jahren gleicht.

❾ Bathsheba

18 km nordöstl. von Bridgetown.

Während der Fahrt ins hübsche Fischerdorf an der zerklüfteten Atlantikküste hat man hervorragende Sicht auf die gigantischen Felsen vor der Küste. Wegen des starken Wellengangs steht Bathsheba bei Surfern hoch im Kurs. Hier finden viele internationale Surf-Events statt. Schwimmer indes sollten sich vor den Wellen und gefährlichen Strömungen unbedingt in Acht nehmen.

Umgebung: Am Dorfrand befinden sich die **Andromeda Gardens**. Der botanische Garten zählt zu den vielfältigsten seiner Art in der Karibik. Iris Bannochie, die die Anlage 1954 schuf, vermachte sie dem Barbados National Trust. In den Gärten sieht man zum Beispiel herrliche Anpflanzungen mit Hibisken, Orchideen, Bougainvilleen und Heliconien.

Weißer Rum aus Barbados

Rumherstellung

Auf Barbados werden seit Jahrhunderten einige der besten Rumsorten der Welt produziert. Ende des 17. Jahrhunderts war Rum zur bedeutenden Handelsware avanciert und spielte eine wichtige Rolle im berüchtigten Atlantischen Dreieckshandel, bei dem auf den karibischen Inseln afrikanische Sklaven für Rum verkauft wurden. Rum und andere Güter wurden wiederum nach Europa verkauft, um mehr Geld für weitere Sklaven zu bekommen. Rum wird aus Zuckerrohr hergestellt, das auf Barbados angebaut wird. Der Zucker wird gekocht, um den dicken Sirup, die Melasse, zu gewinnen. Dieser wird fermentiert und zur klaren Flüssigkeit destilliert. Weißer Rum wird sofort oder nach ein paar Monaten in Flaschen gefüllt, dunkler oder goldener Rum reift mehrere Jahre in Eichenfässern, um Farbe und Geschmack zu intensivieren. Zwei der besten goldenen Rumsorten aus Barbados sind Mount Gay Eclipse und Mount Gay Extra Old.

Weg durch den schattigen Mahagoniwald im Barbados Wildlife Reserve

⑩ Barbados Wildlife Reserve

22 km nördl. von Bridgetown.
(246) 422 8826. tägl. 10–17 Uhr, Affenfütterung 14 Uhr.
barbados.org

Das Barbados Wildlife Reserve ist ein wunderbarer Ort, um die wilden Tiere der Insel in ihrer natürlichen Umgebung zu sehen. Der kanadische Primatenforscher Jean Baulu gründete das Schutzgebiet 1985 für die Barbados-Grünmeerkatzen, die im 17. Jahrhundert mit Sklavenschiffen aus Westafrika eingeführt wurden. Auch andere Tiere der Karibik wie Leguan, Aguti, Hirsch, Gürteltier und die seltene Köhlerschildkröte sind in den Mahagoniwäldern des Schutzgebiets heimisch.

Außerdem gibt es ein paar importierte Tierarten, eine begehbare Voliere, eine Schlangenabteilung sowie ein Informationszentrum, das aus Korallengestein gebaut ist. Die Steine für die Wege stammen von Zuckermühlen des 17. und 18. Jahrhunderts.

Umgebung: In der Nähe des Reservats windet sich ein fünf Kilometer langer Weg durch einen Wald zur restaurierten **Grenade Hall Signal Station** aus dem 19. Jahrhundert. Der Signalturm war einer von sechs auf der Insel, die dafür sorgten, dass Neuigkeiten schnellstmöglich zur Garnison in Bridgetown gelangten. Bei der Restaurierung fand man über 6000 Artefakte, darunter präkolumbische Werkzeuge. Viele davon sind heute im Turm ausgestellt, ebenso Militärausrüstung wie die Signalflaggen, mit denen einst Nachrichten von Turm zu Turm übermittelt wurden.

Sie wurden bis zur Einführung des Telefons im Jahr 1883 benutzt. Vom Turm hat man eine wunderbare Aussicht. Schilder am Wegrand erklären die medizinischen, kulinarischen und anderen Verwendungen der Bäume, Kräuter und Büsche des Waldes.

Aguti in einem Gehege im Barbados Wildlife Reserve

⑪ Holetown

10 km nördl. von Bridgetown.
35 000.
Holetown Festival (Feb).

Der Ort an der Westküste hieß ursprünglich Jamestown. Captain John Powell, Anführer eines Trupps britischer Seefahrer, die hier 1625 an Land gingen, benannte ihn nach dem englischen König James I. Zwei Jahre später trafen die ersten englischen Siedler ein und tauften den Platz Holetown. Die Bucht, in der sie ankerten, erinnerte sie an Limehouse Hole, einen Abschnitt der Themse in London. Ein Denkmal im Stadtzentrum steht für die Landung der ersten Engländer auf Barbados.

Die **St. James Parish Church** unweit des Zentrums ist eines der ältesten Gotteshäuser der Insel. Der erste Kirchenbau an dieser Stelle wurde 1628 begonnen und bestand noch aus Holz. Nach einem verheerenden Hurrikan im Jahr 1675 wurde die Kirche in Steinbauweise wiedererrichtet. Teile des Baptisteriums sind über 300 Jahre alt.

Heute ist Holetown eine lebhafte Stadt mit guten Restaurants, Bars und Läden. Das alljährliche Holetown Festival wird mit Umzügen, Sportveranstaltungen, Ausstellungen und Konzerten begangen.

Umgebung: Außerhalb der Stadt findet man weitläufige weiße Palmenstrände. Das ruhige, seichte, türkisblaue Karibische Meer steht in kras-

Imposante Fassade der St. James Parish Church, Holetown

Hotels und Restaurants auf Barbados *siehe Seiten 450 und 451*

sem Gegensatz zur wilden Brandung des Atlantiks an der Ostküste der Insel. An der dicht bebauten Westküste befinden sich viele luxuriöse Ferienanlagen und Residenzen. An den zahlreichen Buchten gibt es Cafés und Bars.

Gleich nördlich von Holetown erstreckt sich der **Folkstone Marine Park**, der im Jahr 1981 offiziell zum Meeresschutzgebiet erklärt wurde. Gegründet wurde er 1976, als der griechische Frachter *Stavronikita*, der von einem Feuer zerstört worden war, hier versenkt wurde, um ein künstliches Riff zu schaffen. Das Schiff liegt in 37 Meter Tiefe und ist nur für erfahrene Taucher zu erreichen. Doch im seichteren Gewässer des Folkstone Beach gibt es einen markierten Unterwasserpfad durch das Dottins Reef, den auch Tauchanfänger bewältigen können. Hier sieht man vielerlei Fische und andere Meerestiere. An Land präsentiert ein kleines Aquarium mit Informationszentrum Ausstellungen über das Riff und seine Bewohner.

Rettungsschwimmer-Station am Folkstone Beach bei Holetown

⓬ St. Nicholas Abbey

Die St. Nicholas Abbey auf einer ehemaligen Zuckerplantage ist ein prächtiges Steingebäude, das der reiche Plantagenbesitzer Colonel Berringer Mitte des 17. Jahrhunderts bauen ließ. Auf dem wunderschönen Gelände findet man beschilderte Pflanzen und einen Kräutergarten. Ein Film, den Colonel Cave, ein weiterer Besitzer des Anwesens, 1935 drehte, zeigt das Haus und das Plantagenleben zu jener Zeit.

Infobox

Information
27 km nordöstl. von Bridgetown. (246) 422 5357.
So–Fr 10–15.30 Uhr.
Hinweis Die Filmvorführung beginnt alle zwei Stunden.
stnicholasabbey.com

Anfahrt

Alte Zuckerfabrik und Rumbrennerei

Great House
Das Hauptgebäude ist zugleich das älteste erhaltene Bauwerk auf Barbados.

Interieur
Im Haus sieht man altes Porzellan sowie Antiquitäten, von denen einige aus heimischem Barbados-Mahagoni gefertigt sind.

Windmühle
Die alte Mühle und andere Nebengebäude, darunter die alte Zuckersirupfabrik, wurden restauriert.

Sport und Aktivurlaub

Weißer und rosafarbener Korallensand und Palmen sowie das warme, türkisblaue Wasser machen die Strände des Inselstaats zu idealen Ferienzielen all jener, die ausgiebig sonnenbaden, schwimmen, tauchen oder andere Wassersportarten ausüben wollen. Der Nationalsport Kricket wird von zahlreichen Inselteams mit viel Elan gepflegt, aber auch den begeisterten Zuschauern macht er großen Spaß. Besucher, die sich selbst sportlich betätigen wollen, finden auf Barbados eine beachtliche Palette an Möglichkeiten, vom Radfahren über Golfen und Wandern bis hin zum Reiten.

Küste bei Bathsheba im Osten von Barbados

Strände

Auf Barbados gibt es schöne Strände mit einer Gesamtlänge von etwa 112 Kilometern. An der Westküste ist das Wasser wärmer und gut zum Schwimmen geeignet. Mullins Beach bei Speightstown ist ein wunderschöner weißer Sandstrand. Der beliebte Paynes Bay Beach bietet Cafés, Restaurants und Wassersportläden. An den Stränden der Ostküste kann man sich hervorragend sonnen, aber die atlantischen Wellen können für Schwimmer gefährlich sein. Die Südküste hat ebenfalls ein paar gute Strände. Der Accra Beach, auch Rockley Beach genannt, zieht Einheimische wie Urlauber an. An der Südostküste eignet sich der von einem Riff geschützte Crane Beach zum Bodysurfen. Alle Strände sind öffentlich zugänglich und kostenlos. Für Liegen und Sonnenschirme muss man jedoch bezahlen.

Segeln

Yachten aus der ganzen Welt steuern die Gewässer rund um Barbados an. Hier finden einige internationale Regatten statt, darunter die jährliche Mount Gay Regatta im Dezember. Viele Hotels und Wassersportzentren bieten Tagestörns an – mit oder ohne Crew. Die besten Bedingungen bieten die West- und die Südküste. Zu den renommierten Unternehmen, die Yachten und Ausflüge anbieten, gehören u. a. **Small Cats**, **Shasa**, **Shamon Too**, **El Tigre Catamaran Cruises** und **Jolly Roger**.

Fahrten auf Piratenschiffen

Die Fahrten auf Piratenschifen sind lustig, laut und ideal für den, der gratis Rum trinken möchte. Bei den von Veranstaltern wie Jolly Roger angebotenen Touren kann man Barbados' Westküste vom Meer aus betrachten, wird aber dabei von »Verbrechern«, die über die Planke gehen müssen (einer Hinrichtungsform auf Piratenschiffen), oder einer Piratenhochzeit gestört.

U-Boot-Fahrten

Mit einem Boot fährt man von Bridgetown aus in 15 Minuten hinaus zur *Atlantis*, dem weltweit ersten Freizeit-U-Boot, das Passagiere in bis zu 40 Meter Tiefe bringt. Der von **Atlantis Submarines (Barbados)** angebotene Unterwassertrip über Riffe und Wracks dauert eine knappe Stunde. Dabei sieht man an den großen Bullaugen Fische ganz nah vorüberschwimmen.

Glasbodenboote

Für weniger gute Schwimmer sind Glasbodenboote eine sichere Art, die Wunderwelt der Riffe zu erkunden, vor allem in Begleitung eines guten Führers. Viele Veranstalter, die Touren mit Glasbodenbooten anbieten, holen ihre Passagiere im Hotel ab und bringen sie auch dorthin wieder zurück.

Wassersport

Überall auf Barbados gibt es Möglichkeiten für Wassersportler. Viele Hotels und Resorts an der Westküste verleihen Jetski. Die besten Bedingungen zum Surfen bietet die Ostküste, auch wenn das Meer hier sehr rau sein kann. Will man ein Brett ausleihen oder

Hobie-Cat-Verleih an einem Strand an der Westküste von Barbados

Windsurfer am Silver Sands Beach an der Südküste

an einem Kurs teilnehmen, wendet man sich etwa an **Surf Barbados** oder **Zed's Surfing Adventures**. Internationale Events finden im Soup Bowl von Bathsheba *(siehe S. 443)* statt, benannt nach dem schäumenden Wasser der Küste. Die Südwestküste lockt Parasailer und Windsurfer, besonders die Little Bay bei South Point. Am besten Wasserski fahren kann man an der Westküste, vor allem frühmorgens oder abends, wenn weniger Leute im Wasser sind. Agenturen wie **Good Times Barbados** und **The Boatyard** sind auf Wassersport spezialisiert.

Tauchen

Seichtes, warmes, kristallklares Wasser, natürliche Riffe mit vielen Pflanzen und Tieren sowie zahlreiche Schiffswracks machen Barbados zu einem Paradies für Taucher, ob Anfänger oder Fortgeschrittener. Die Carlisle Bay an der Westküste ist wegen der vielen Wracks, Höhlen und steilen Gräben einer der beliebtesten Tauchgründe. Seit 1666 gingen vor der Küste wohl mehr als 200 Schiffe unter. Andere versenkte man absichtlich, um künstliche Riffe zu schaffen. Zu den beliebtesten Tauchgebieten gehören Bright Ledge, Clarkes Reef, Fisherman's Reef und Speightstown Reef. Mehrere lizenzierte Tauchzentren bieten Kurse zum Tauchschein, Ausrüstungsverleih und Tauchgänge an. Bekannte Agenturen sind **Reefers and Wreckers**, **Barbados Blue Watersports** und **Hightide**.

Angeln

Beim Hochseefischen rund um Barbados hat man gute Chancen auf einen beachtlichen Fang, am besten stehen sie an der Nord- und Südküste mit ihren stärkeren Strömungen. Hiesige Rekorde waren ein Blauer Marlin (230 kg), ein Gelbflossen-Thunfisch (76 kg) und ein Wahoo (33 kg). Viele Hotels bieten Ausflüge zum Fischen, vielerorts kann man Boote mieten. Bootstouren zum Hochseefischen organisieren u. a. **Cannon Charters**, **IOU Fishing Charters** und die **Barbados Game Fishing Association.**

Wandern

Auf Barbados gibt es viele Wanderwege und Organisationen, die – zum Teil kostenlos – geführte Wanderungen anbieten. Die meisten Pfade verlaufen entlang der Küste, einige wenige führen durchs Inselinnere. In der **Welchman Hall Gully** *(siehe S. 443)* kann man durch einen Tropenwald mit exotischen Pflanzen spazieren. Man sollte jedoch früh aufbrechen, ehe die Sonne zu hoch steht. Der **Barbados National Trust** organisiert von Januar bis März kostenlose, wegen der vielen Teilnehmer sehr gesellige Wanderungen auf dem Land. Sie beginnen um 6 Uhr und um 15.30 Uhr, Mondscheintouren starten um 17.30 Uhr. **Hike Barbados** und **Xtreme Hikers Barbados** organisieren längere und zum Teil auch schwierigere Wanderungen.

Fischerboote vor Oistins an der Südküste von Barbados

Geländewagen-Touren

Touranbieter wie **Island Safari** bieten Offroad-Fahrten in speziell ausgerüsteten Fahrzeugen mit Allradantrieb. Dabei gelangt man in Gebiete, die man ansonsten nicht erreichen würde. Die Touren enthalten ein Mittagessen oder ein Bad im Meer. Gute Führer tragen zum großartigen Erlebnis bei.

Urlauber auf einer Jeep-Safari im geländetauglichen Wagen

Ausritt im ländlichen Barbados

Mountainbiking

Mit Mountainbikes, die es an mehreren Orten zu leihen gibt, kann man die langen Nebenstraßen und Wege der Insel erkunden. Barbados ist nicht gebirgig, doch ein paar Hügel sind sehr steil. Die Aussicht ist grandios. Unterwegs gibt es immer eine Bar, ein Restaurant oder einen Strand zum Ausspannen. **Highland Adventure Center** und **Flex Bicycle Tours** bieten Ausrüstung und Infos.

Reiten

In den Urlaubsgebieten gibt es mehrere Reitställe. Unerfahrene Reiter können einen gemächlichen Ausritt unternehmen, erfahrenere können an Abenteuertouren ins Innere der Insel teilnehmen. Gestüte wie **Caribbean International Riding Centre** und **Ocean Echo Stables** holen ihre Gäste vom Hotel ab und bringen sie auch wieder zurück.

Wellness

Nach all den Aktivitäten ist ein wenig Wellness das Richtige. In den meisten großen Resorts und Hotels verwöhnen Spas die Gäste, etwa The Spa im Sandy Lane, Yin Yang im Hotel Savannah, das **Sugar Cane Spa** oder das **Sea Moon Spa at Cobblers Cove**.

Auf einen Blick

Segeln

El Tigre Catamaran Cruises
T (246) 417 7245.
W eltigrecruises.com

Jolly Roger
T (246) 436 2885.
W barbadosblackpearl-jollyroger1.com

Shamon Too
T (246) 233 6089.
W westwater-adventures-barbados.com

Shasa
T (246) 433 8274.
W shasacatamarancruises.com

Small Cats
T (246) 421 6419.
W smallcatscruises.com

U-Boot-Fahrten

Atlantis Submarines (Barbados)
T (246) 436 8929.
W atlantissubmarines.com

Wassersport

The Boatyard
T (246) 436 2622.
W theboatyard.com

Good Times Barbados
T (246) 422 1900.
W goodtimesbarbados.com

Surf Barbados
T (246) 256 3906.
W surfing-barbados.com

Zed's Surfing Adventures
T (246) 428 7873.
W zedssurftravel.com

Tauchen

Barbados Blue Watersports
T (246) 434 5764.
W divebarbadosblue.com

Hightide
T (246) 432 0931.
W divehightide.com

Reefers and Wreckers
T (246) 422 5450.
W scubadiving.bb

Angeln

Barbados Game Fishing Association
T (246) 230 2684.
W barbadosgamefishing.com

Cannon Charters
T (246) 424 6107.
W fishingbarbados.com

IOU Fishing Charters
T (246) 269 8905.
W iouchartersbarbados.net

Wandern

Barbados National Trust
T (246) 426 2421.
W funbarbados.com

Hike Barbados
T (246) 230 4818.
W hikebarbados.com

Welchman Hall Gully
T (246) 438 6671.
W welchmanhallgullybarbados.com

Xtreme Hikers Barbados
T (246) 262 0935.

Geländewagen-Touren

Island Safari
T (246) 429 5337.
W islandsafari.bb

Mountainbiking

Flex Bicycle Tours
T (246) 419 2453.

Highland Adventure Center
T (246) 438 8069.

Reiten

Caribbean International Riding Centre
T (246) 422 7343.
W funbarbados.com

Ocean Echo Stables
T (246) 433 6772.
W barbadoshorseriding.com

Wellness

Sea Moon Spa at Cobblers Cove
T (246) 422 2291.
W cobblerscove.com

Sugar Cane Spa
T (246) 422 5026.
W sugarcaneclub.com

Golfplätze

Auf Barbados gibt es sieben Golfplätze. Der Rockley Golf Club, ein Neun-Loch-Platz, wurde 1946 angelegt. Die drei Plätze des Sandy Lane Resort, Old Nine, Green Monkey und Country Club, unterscheiden sich in Stil und Schwierigkeitsgrad. Royal Westmoreland liegt in einer umzäunten Luxuswohnanlage. Der Barbados Golf Club befindet sich bei Oistins. Mit die schönste Aussicht hat man im Apes Hill Golf Club. Die Clubs sind meist privat und für Nichtmitglieder nur eingeschränkt zugänglich. Viele Resorts haben aber Angebote zur Golfplatznutzung.

Der Old Nine Course im Sandy Lane Resort wurde Anfang der 1960er Jahre angelegt. Golfstar Tiger Woods feierte hier 2004 seine Hochzeit. Die kleinen Greens und schmalen Fairways des 3059 Meter langen Par-36-Platzes stellen Spieler vor echte Herausforderungen.

Das Country Club Restaurant bietet nach einer Runde Golf im Country Club, entworfen von Tom Fazio, Erholung. Der Club trug 2006 den World Golf Championships World Cup aus.

Der Barbados Golf Club hat einen Par-72-Platz über 6222 Meter. Ron Kirby gestaltete den 18-Loch-Wettkampfplatz im Jahr 2000 um. An den Löchern 15 und 16 gibt es hier eine schwierige »Amen Corner«.

Der Green Monkey Course ist ein exklusiver Par-72-Platz mit 6715 Metern. Er ist nach den Grünmeerkatzen benannt, die hier überall herumspringen und manchmal lästig werden können.

Den Royal-Westmoreland-Wettkampfplatz gestaltete Robert Trent Jones Jr. Der Par-72-Golfplatz bietet an jedem Loch herrlichen Meerblick. Einige Löcher sind schwierig – ein Green grenzt z. B. direkt an eine Schlucht.

Golfclubs

Apes Hill Golf Club
T (246) 432 4500.
W **apeshillclub.com**

Barbados Golf Club
T (246) 428 8463.
W **barbadosgolfclub.com**

Rockley Golf Club
T (246) 435 7873.
W **rockleygolfclub.com**

Royal Westmoreland
T (246) 422 4653.
W **royalwestmoreland.com**

Sandy Lane
T (246) 444 2000.
W **sandylane.com/golf**

Hotelauswahl

CHRIST CHURCH: Accra Beach Hotel $
Strand
Rockley
(246) 435 8920
accrabeachhotel.com
Geschmackvoll eingerichtete Zimmer, ein Full-Service-Spa, zwei Pools und Gratis-WLAN machen dies zu einem der beliebtesten Hotels der Insel.

CHRIST CHURCH: Coconut Court Beach Hotel $
Strand
The Garrison Historic Area, Hastings
(246) 427 1655
coconut-court.com
Das Hotel an einem kleinen weißen Sandstrand bietet moderne, gut ausgestattete Zimmer, eine lebhafte Bar, gutes Essen und Gratis-WLAN.

CHRIST CHURCH: Divi Southwinds $
Strand
St. Lawrence Main Road
(246) 428 7181
diviresorts.com
Das Hotel mitten in St. Lawrence Gap bietet alles, was Gäste brauchen, u. a. große Suiten mit Küche, Wassersport und Wandermöglichkeiten.

CHRIST CHURCH: Pirate's Inn $
Preiswert
Browne's Gap
(246) 426 6273
piratesinnbarbados.com
Die gemütlichen Studio-Suiten und Apartments mit Schlafzimmer und Miniküche sind bei Familien beliebt. WLAN ist gratis.

CHRIST CHURCH: Barbados Beach Club $$
Strandresort
Maxwell Coast Road
(246) 428 9900
barbadosbeachclub.com
Das All-inclusive-Resort mit Spezialangeboten für Hochzeitspaare ist auch für Familien und Gruppen ideal. Es gibt einen Pool, Minigolf und Zimmer mit Blick auf Meer, Pool oder Garten.

CHRIST CHURCH: Bougainvillea Beach Resort $$
Strandresort
Maxwell Coast Road
(246) 418 0990
bougainvillearesort.com
Das Resort mit Tropengarten, zwei weißen Sandstränden und drei Pools mit »schwimmender« Bar bietet auch einen Kids' Club.

Pool mit Höhlenbar im Crystal Cove, St. James

CHRIST CHURCH: Little Arches $$
Boutique
Enterprise Beach Road
(246) 420 4689
littlearches.com
Das Hotel nur für Erwachsene legt viel Wert auf Privatsphäre. Es gibt elegante Zimmer und ein Mini-Spa.

ST. JAMES: Europa – All Seasons $
Strand
Palm Avenue, Sunset Crest
(246) 432 5046
allseasonsresort.bb
In der entspannten Atmosphäre des All Seasons können Gäste herrlich zur Ruhe kommen, u. a. im Süßwasserpool.

ST. JAMES: Coral Reef Club $$$
Luxus
Porters
(246) 422 2372
coralreefbarbados.com
Das elegante Hotel mit Zimmern, Suiten und Cottages steht in sehr schön gestalteten Gärten.

ST. JAMES: Crystal Cove $$$
Strandresort
Appleby
1-888-996-9948
crystalcovehotelbarbados.com
Das All-inclusive-Strandresort bietet große Zimmer und drei lagunenartige Swimmingpools.

ST. JAMES: Mango Bay $$$
Strandresort
2nd Street, Holetown
(246) 432 1384
mangobaybarbados.com
Das All-inclusive-Resort am Strand tut alles für das leibliche Wohl und die Unterhaltung der Gäste.

Preiskategorien
Die Preise gelten für ein Standard-Doppelzimmer pro Nacht (Hochsaison), inklusive Steuern und Service.

$	**unter 200 US-Dollar**
$$	**200–400 US-Dollar**
$$$	**über 400 US-Dollar**

Die Zimmer sind modern und mit Balkon oder Terrasse versehen. Vor Ort gibt es ein kleines Fitnesscenter und ein Spa.

ST. LUCY: Little Good Harbour $$$
Boutique
Shermans
(246) 439 3000
littlegoodharbourbarbados.com
Das vielleicht beste an diesem kleinen Hotel mit komfortablen Cottages und üppigen Gärten ist das Restaurant The Fish Pot.

ST. MICHAEL: Barbados Hilton $$
Business
Needham's Point
(246) 426 0200
hiltonbarbadoshotel.com
In jedem Zimmer des modern gestalteten Hotels gibt es vom Balkon einen schönen Ausblick. Business-Services, ein Konferenzzentrum und Freizeitaktivitäten sind verfügbar.

ST. MICHAEL: Island Inn Hotel $$$
Boutique
Aquatic Gap, Garrison Historic Site
(246) 436 6393
islandinnbarbados.com
Das 1804 errichtete Rumlager beherbergt heute ein kleines reizendes Hotel mit vielen bei Hotelketten üblichen Annehmlichkeiten und Einrichtungen. Die Zimmer sind geschmackvoll eingerichtet.

Vis-à-Vis-Tipp

ST. PHILIP: The Crane Residential Resort $$
Luxus
Crane Beach
(246) 423 6220
thecrane.com
Die Lage an einem Kliff ermöglicht den Blick auf den bekannten Crane Beach. Das Full-Service-Resort ist nicht nur wegen der Ausblicke, sondern auch wegen der fantastischen Restaurants begehrt. Die Gästezimmer sind prächtig ausgestattet, manche bieten Pools, Gärten oder Terrassen.

Restaurantauswahl

AQUATIC GAP: Brown Sugar $$
Bajan / Karibisch
Bay Street
(246) 426 7684
Kreolische Küche vom Feinsten in der eleganten Umgebung eines »Lebkuchenhauses«, der Sonntagsbrunch und die montäglichen Bajan-Büfetts sorgen für volle Tische.

Vis-à-Vis-Tipp

BRIDGETOWN: Waterfront Café $
Karibisch
Carenage
(246) 427 0093 ● So
Am Rand des Yachthafens von Bridgetown beglückt das Lokal Einheimische wie Urlauber mit frisch zubereiteten karibischen Spezialitäten, aber auch mit Pasta, Steaks und Seafood-Gerichten. Die Atmosphäre ist sehr ansprechend. An den Abenden von Donnerstag bis Samstag werden die Gäste live unterhalten. Dienstagabends wird ein Büfett serviert.

CHRIST CHURCH: 39 Steps Bistro & Wine Bar $$
Karibisch
The Chattel Plaza, Hastings
(246) 427 0715 ● So
Zu empfehlen ist vor allem der »blackened« Fisch (auf Cajun-Art mariniert und gewürzt). An manchen Samstagen ist Jazzabend.

CHRIST CHURCH: Champers $$
Karibisch / Seafood
Skeetes Hill, Worthing
(246) 434 3463 ● So
Vor der Kulisse der Rockley Bay serviert das Restaurant exzellente Gerichte. Die Kokosnuss-Shrimps sind als Vorspeise eine Top-Empfehlung.

CHRIST CHURCH: Crave $$
Karibisch / Seafood
St. Lawrence Gap
(246) 420 1518
Das Restaurant im Freien mit Bar und Live-Musik serviert Fisch vom Grill, Sandwiches, Teigtaschen und großartige Cocktails.

CHRIST CHURCH: Harlequin $$
Karibisch / Seafood
St. Lawrence Gap
(246) 420 7677
Mitten im lebhaften St. Lawrence Gap gibt es Bistro-Gerichte mit Seafood, vom Grill, für Vegetarier und für Kinder.

ST. JAMES: Cariba $$
Bajan / Karibisch
1 Clarke's Gap, Derricks
(246) 432 8737 ● Mo
Das sehr schön eingerichtete »Chattel House« serviert in freundlichem Ambiente gute Fleischgerichte und Cocktails.

ST. JAMES: Elbow Room $$
Grill
2nd Street, Holetown
(246) 432 1927 ● So
Das entspannte Restaurant serviert Gerichte auf heißen Lavasteinen. An den Wochenenden ist das Lokal meistens voll.

ST. JAMES: Cin Cin By The Sea $$$
Karibisch / Fusion
Prospect
(246) 424 4557
In dem beliebten Restaurant muss man reservieren, will man mit Blick aufs Meer die mediterrane Küche mit karibischer Note genießen.

ST. JAMES: The Cliff $$$
Seafood
Derricks
(246) 432 1922
Die romantische Lage auf einem Felsen und feine, sehr schön angerichtete Speisen mit asiatischer Note machen The Cliff zu einem Lokal für besondere Anlässe.

ST. JAMES: Daphne's $$$
Italienisch
Paynes Bay
(246) 432 2731 ● So
Daphne steht für kultiviertes Ambiente und innovative italienisch-karibische Fusionsküche mit vegetarischen und glutenfreien Kreationen.

Preiskategorien
Die Preise gelten für ein Zwei-Gänge-Menü pro Person mit einer halben Flasche Hauswein, inklusive Steuern und Service.

$	unter 50 US-Dollar
$$	50 – 70 US-Dollar
$$$	über 70 US-Dollar

ST. JAMES: The Tides $$$
Karibisch / Vegetarisch
Balmore House, Holetown
(246) 432 8356
Eines der feinsten Restaurants der Westküste ist auf Seafood spezialisiert. Die Lage am Meer macht es zu einem beliebten Lokal für Hochzeitsfeiern.

ST. LUCY: The Fish Pot $$$
Karibisch / Seafood
Shermans
(246) 439 2604
Das Restaurant im Hotel Little Good Harbour serviert in einem Fort des 18. Jahrhunderts karibische Klassiker. Die Fischplatte ist besonders zu empfehlen.

ST. PHILIP: Zen $$$
Japanisch / Thai
The Crane Residential Resort
(246) 423 6220 ● Sa, So
Kenner loben die authentischen Gerichte der japanischen und thailändischen Küche des schicken Restaurants mit Sushi-Bar. Der Blick aufs Meer ist grandios.

ST. THOMAS: Chatters Tea Room $
Englisch
Bagatelle Great House
(246) 438 7403 ● Mo, Di
In diesem traditionellen Plantagenhaus mit Garten wird die Tradition des englischen Nachmittagstees gepflegt. Es werden auch Führungen angeboten.

The Cliff in St. James ist in der Dämmerung besonders malerisch

Praktische Hinweise

Barbados ist die perfekte Insel für einen entspannten Urlaub. Das Wetter ist ganzjährig gut und die Insel klein genug, um ihre Erkundung nicht anstrengend werden zu lassen. Den Besucher erwarten eine gute Infrastruktur und exzellenter Service, dafür zählt die Insel nicht zu den preiswertesten Zielen der Karibik. Mietwagen sind überall erhältlich, aber auch die öffentlichen Busse eignen sich durchaus für die Besichtigung der Insel.

Der Grantley Adams International Airport bei Bridgetown

Beste Reisezeit

Die Hauptsaison dauert von Dezember bis April, aber Barbados hat das ganze Jahr über gutes Wetter mit einer Jahresdurchschnittstemperatur von 27 °C. Die beste Zeit für einen Barbados-Urlaub ist von Januar bis April, wenn es am kühlsten ist. Von Juli bis September wird es sehr heiß. Es ist immer viel los, aber das Holetown Festival im Februar und das Crop Over Festival im Juli und August bieten sich besonders für einen Besuch an.

Anreise

Internationale Flüge nach Barbados landen auf dem Grantley Adams International Airport (BGI) rund 13 Kilometer östlich von Bridgetown. Aus Deutschland, Österreich und der Schweiz fliegen **Air Canada**, **Austrian**, **British Airways**, **Condor**, **Iberia**, **Lufthansa**, **Swiss**, **United Airlines** und **Virgin Atlantic** meist mit einem Zwischenstopp. **Condor** hat in der Hauptreisezeit drei Direktflüge pro Woche ab Frankfurt am Main im Programm. In der Nebensaison fliegt Condor einmal pro Woche direkt.

Einreise

Deutsche, österreichische und Schweizer Bürger – auch Kinder jeden Alters – benötigen für die Einreise einen mindestens sechs Monate gültigen Reisepass und ein Rückflugticket. Bei der Einreise werden Sie eventuell gefragt, ob Sie über die für den Aufenthalt nötigen Geldmittel verfügen.

Information

Prospekte und Landkarten gibt es bei der **Barbados Tourism Authority** in deren Hauptbüro in Warrens (St. Michael) und in den beiden Filialen in Bridgetown und am Grantley Adams International Airport.

Sicherheit und Gesundheit

Gesundheitliche Risiken sind minimal, aber verwenden Sie Sonnen- und Insektenschutzmittel. Das größte Krankenhaus ist das **Queen Elizabeth** am Stadtrand von Bridgetown. **Bayview Hospital** und **Sandy Crest Medical Centre** sind Privatkliniken.

Barbados hat eine niedrige Kriminalitätsrate, führen Sie dennoch keinen wertvollen Schmuck oder große Bargeldsummen mit sich. Lassen Sie Wertsachen nicht im Auto oder am Strand liegen. Meiden Sie abends dunkle Gegenden. Rufen Sie bei Diebstählen oder anderen Delikten die Polizei.

Banken und Währung

Die offizielle Währung ist der Barbados-Dollar (BDS$). Ein US-Dollar ist zwei Barbados-Dollars wert. Die Bezahlung mit US-Dollar ist fast überall auf der Insel möglich.

Die meisten gängigen Kreditkarten werden in den Städten auf Barbados akzeptiert. In Cafés und kleinen Läden muss man oft bar bezahlen. Banken gibt es in Bridgetown, Holetown und Speightstown, aber auch in kleineren Ortschaften. Rund um die Uhr verfügbare Geldautomaten findet man vielerorts. Hier kann man mit der Kreditkarte, manchmal auch mit der Debitkarte Geld abheben. Die Banken sind von montags bis donnerstags von 8 bis 15 Uhr und freitags von 8 bis 13 Uhr und von 15 bis 17 Uhr geöffnet. Die Bank am Flughafen ist täglich von 8 bis 24 Uhr geöffnet.

Barbados National Bank, Holetown

Kommunikation

Um von Barbados ins Ausland zu telefonieren, wählt man 011 und die Ländervorwahl (Deutschland: 49; Österreich: 43; Schweiz: 41). Wer aus Europa auf Barbados anruft, wählt 001, dann die Inselvorwahl 246 und die siebenstellige Rufnummer. Für Gespräche auf Barbados selbst genügt die siebenstellige Rufnummer. **Digicel** und **Flow** sind große Mobilfunkanbietern.

In großen Hotels steht meist Internet zur Verfügung. Es gibt auch einige Internet-Cafés.

Verkehrsmittel

Wer ein Auto mieten will, muss einen Führerschein haben und eine ein Jahr gültige Lizenz erwerben. Auf den Preis wird eine Steuer (12,5 Prozent) aufgeschlagen. Mietwagen erkennt man am »H« auf dem Kennzeichen. Prüfen Sie vor Vertragsabschluss den Zustand des Autos, vor allem der Reifen und des Ersatzreifens. Auf Barbados herrscht Linksverkehr. Die Höchstgeschwindigkeit beträgt 40 km/h in der Stadt, 60 km/h auf Landstraßen und 80 km/h auf Autobahnen. An vielen Tankstellen wird nur Bargeld akzeptiert. Die größten Mietwagenfirmen sind **ABC Rentals**, **Courtesy Car Rentals**, **Double J Car and Moke Rentals** und **Drive-A-Matic Car Rentals**. Das billigste Verkehrsmittel sind Busse, die überall verkehren und in denen man schnell in Kontakt kommt. Auch Taxis, erkennbar am »Z« auf dem Nummernschild, findet man leicht. Da es kein Taxameter gibt, sollte man sich vor der Fahrt auf einen Preis einigen.

Shopping

Die Broad Street ist die größte Einkaufsmeile in Bridgetown. Auf der ganzen Insel findet man kleine Einkaufszentren. In vielen Hotels gibt es Läden mit Kunsthandwerk und Souvenirs. Außerhalb der Hauptstadt gibt es die Sky Mall in Haggatt Hall, Lanterns in Hastings, den Vista Complex in Worthing und das Sheraton Centre in Sargeants Village. In Holetown befinden sich die West Coast Mall, das Chattel House Village und das Limegrove Lifestyle Centre.

Sprache

Offizielle Sprache ist Englisch, Umgangssprache ist Bajan – der barbadische Dialekt ist ein Mix aus Altenglisch und westafrikanischen Sprachen.

Strom

Die Stromspannung beträgt 115 Volt mit 50 Hertz. Für mitgebrachte Elektrogeräte ist ein Adapter erforderlich.

Zeit

Die Atlantic Standard Time (AST) liegt fünf Stunden hinter der Mitteleuropäischen Zeit (MEZ), sechs Stunden hinter der Mitteleuropäischen Sommerzeit (MESZ).

Heiraten

Auf Barbados kann man bereits am Tag der Anreise heiraten. Die Lizenz erteilt das **Ministry of Home Affairs**, wo man persönlich vorstellig werden muss. Sie benötigen hierfür einen gültigen Pass oder die Geburtsurkunde, Dokumente früherer Scheidungen, Rückreiseticket und das Geld für die Lizenz und die Stempelmarke. Viele Hotels haben eigene Hochzeitsplaner, die sich um alles kümmern. Die meisten haben spezielle Flitterwochen-Angebote.

Shopping-Viertel mit Handwerks- und Souvenirläden in Holetown

Auf einen Blick

Anreise

Air Canada
W aircanada.com

Austrian
W austrian.com

British Airways
W britishairways.com

Condor
W condor.com

Iberia
W iberia.com

Lufthansa
W lufthansa.com

Swiss
W swiss.com

United Airlines
W united.com

Virgin Atlantic
W virgin-atlantic.com

Information

Barbados Tourism Authority
Warrens, St. Michael.
T (246) 467 3600.
W visitbarbados.org

Sicherheit und Gesundheit

Ambulanz
T 511.

Bayview Hospital
Bridgetown.
T (246) 436 5446.

Feuerwehr
T 311.

Polizei
T 211.

Queen Elizabeth
Martindale's Road, St. Michael.
T (246) 436 6450.

Sandy Crest Medical Centre
St. James.
T (246) 419 4911.

Kommunikation

Digicel
W digicelbarbados.com

Flow
W discoverflow.co/barbados

Verkehrsmittel

ABC Rentals
T (246) 420 4648.

Courtesy Car Rentals
T (246) 431 4160.

Double J Car and Moke Rentals
T (246) 423 8135.

Drive-A-Matic Car Rentals
T (246) 422 3000.

Heiraten

Ministry of Home Affairs
W visitbarbados.org/weddings

SÜDLICHE KARIBIKINSELN

Überblick: Südliche Karibikinseln

Die südlichen Karibikinseln bieten schöne Küsten, vielfältige Landschaften und herrliche Riffe mit unzähligen Meerestieren. Von den ABC-Inseln bis Trinidad und Tobago hat jede Insel ihren eigenen, einzigartigen Charakter entwickelt, seit sie vor etwa 500 Jahren von verschiedenen europäischen Nationen besiedelt wurden. Auf allen Inseln spielen jedoch Musik, Kunst, gutes Essen und ausgiebiges Feiern eine große Rolle. Dem sinnenfreudigen, gemächlichen Lebensstil kann sich kein Urlauber verschließen.

Blautangaren leben auf Trinidad und Tobago

Arubas Ostküste prägen bilderbuchgleiche weiße Sandstrände. Hochhäuser der Ferienanlagen säumen den Palm Beach, der Eagle Beach dagegen ist behutsamer bebaut.

Bonaire ist der Inbegriff der Karibik von einst und wird es auch bleiben – dank der strengen Gesetzgebung bezüglich Unterwasserparks und Landbebauung.

Curaçaos zauberhafte Hauptstadt, Willemstad, ist UNESCO-Welterbestätte und war bis zur 2010 erlangten Autonomie Regierungssitz der gesamten Niederländischen Antillen.

◀ **Strand an der Englishman's Bay in der Nähe von Castara an der Küste von Tobago** ***(siehe S. 465)***

Zur Orientierung

Trinidad ist auffallend industrialisiert. Von den ca. 1,7 Millionen Einwohnern sind die meisten afrikanischer oder ostindischer Abstammung. Die Insel ist für ihr turbulentes Nachtleben, ihren bunten Karneval und die mitreißende Soca-Musik bekannt.

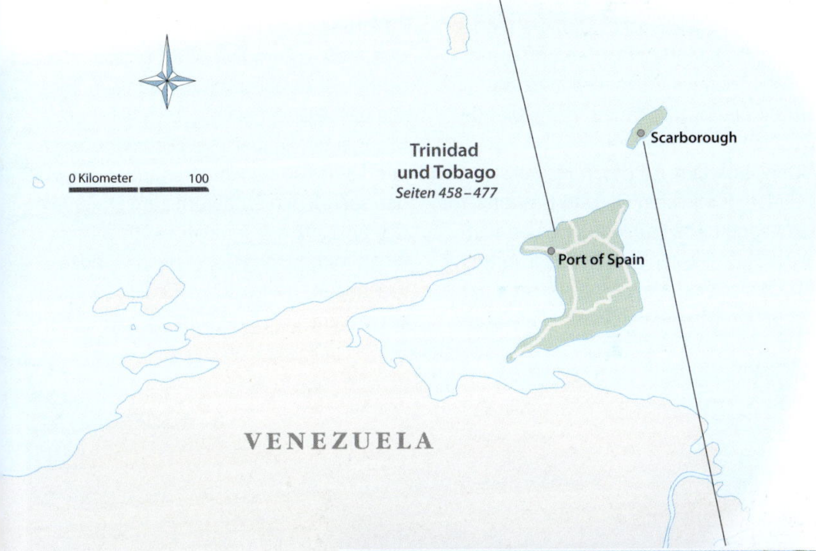

Tobago ist ein Öko-Paradies für Naturliebhaber. Hier kann man durch Wälder wandern, über kleine Straßen durch zerklüftete Hügellandschaften fahren, zu wundervollen Wasserfällen klettern und versteckte Buchten mit weißen Sandstränden entdecken.

Ein Porträt von Trinidad und Tobago

Der kulturell wie landschaftlich abwechslungsreiche Inselstaat Trinidad und Tobago fasziniert jeden Besucher. Die zwei südlichsten Karibikinseln haben Atlantikstrände mit tosenden Wellen, aber auch ruhige Strände am Karibischen Meer. Die Flora und Fauna dieser Inseln ist außergewöhnlich vielfältig.

Als Reiseziele sind Trinidad und Tobago nicht so gründlich erschlossen wie einige Nachbarinseln – was sie umso liebenswerter macht. Besonders auf Trinidad teilen sich Anwohner und Urlauber die Strände und andere Attraktionen. Tobago ist mit vielen Hotels und Restaurants besser auf Urlauber eingestellt, aber auch hier sind die Strände abseits des lebhaften Crown Point entweder gänzlich unbebaut oder bieten ein paar nette Unterkünfte und Lokale. Tobagos Waldreservat ist das älteste geschützte Regenwaldgebiet der westlichen Hemisphäre.

Den südlichen Teil des industrialisierteren Trinidad dominieren Öl- und Gaskonzerne, seit Langem die Stützen der blühenden Wirtschaft des Landes. Trinidads mittlerer Abschnitt verfügt an der Ostküste über einen herrlichen Palmenstrand. Im Northern-Range-Regenwald im Norden gibt es Wanderwege, Wasserfälle und über 400 Vogelarten.

Bevölkerung und Geschichte

Viele Feste auf Trinidad und Tobago wurzeln in ethnischen Traditionen der Bewohner: 38 Prozent der »Trinbagonier« (Trinbagonians) haben afrikanische Wurzeln, 40 Prozent stammen aus Indien, der Rest sind Araber, Europäer und Chinesen. Dieser Mix ist das Resultat der dunklen Epoche des Sklavenhandels sowie jahrhundertelanger Einwanderung. Die ursprünglich auf den Inseln siedelnden Kariben fielen den spanischen Eroberern zum Opfer, die sich ab 1592 auf Trinidad breitmachten. Ihnen folgten, angelockt durch Landzuweisungen, französische Siedler. Langsam entwickelte sich eine Plantagenwirtschaft,

Dichte Vegetation umgibt die Maracas Bay, Trinidad

Stelzenläufer bei einem Karnevalsumzug, Trinidad

die auf die Arbeitskraft afrikanischer Sklaven angewiesen war. Zwischen 1592 und der britischen Machtübernahme 1814 war Tobago Spielball zwischen Niederländern, Franzosen und Briten. Insgesamt wechselte es 31-mal den Besitzer. Ende der 1950er Jahre wurde der Ruf nach Unabhängigkeit laut – die die Insel 1962 erlangte. Erster Premierminister war der charismatische Dr. Eric Eustace Williams (1911–1981), nach wie vor eine politische Kultfigur.

Die Entdeckung großer Ölvorkommen in den 1970er Jahren trieb die Wirtschaft voran, die zu den stabilsten in der Region zählt. In den letzten Jahrzehnten pendelte die politische Macht zwischen zwei Parteien, dem United National Congress (UNC) und dem People's National Movement (PNM). 2010 wurde mit Kamla Persad-Bissessar (UNC) erstmals in der Geschichte des Landes eine Frau Premierministerin. Seit 2015 ist Keith Rowley (PNM) Regierungschef.

Feste

Auf Trinidad und Tobago finden das ganze Jahr über Feste statt. Die Feierlust der Trinbagonier, deren Inseln die eigentliche Heimat des West Indian Carnival sind, kann selbst eingefleischte Partylöwen erschöpfen. Der Karneval, den schon Monate vorher Feste ankündigen, steigt kurz vor der Fastenzeit. Am Beginn steht immer der J'ouvert vor Morgengrauen, zu dem die Feiernden, mit Lehm und Farbe bemalt, durch die Straßen ziehen. Höhepunkt ist die Parade of the Bands mit Tausenden kostümierten Teilnehmern, die zu Soca-Rhythmen tanzen. Die Hindus feiern Phagwa, bei dem sie sich gegenseitig mit Farbe, *abir*, bemalen. Beim indischen Diwali-Fest erleuchten Tausende Öl- und Elektrolampen die Inseln. Auf Tobago finden nach Ostern Krabben- und Ziegenrennen statt. Der Sommer ist die Zeit des Great Race und der sehr beliebten Fishermen's Festivals.

Der große Hindutempel in Waterloo, Trinidad

Überblick: Trinidad und Tobago

Trinidad (1,7 Millionen Einwohner), die größte Insel der Kleinen Antillen, erhielt ihren Namen von Christoph Kolumbus nach drei Bergen an der Küste. Während in Trinidads Hauptstadt Port of Spain das Leben tobt, ist das Inselinnere ein Paradies für Schildkröten- und Vogelliebhaber. Das viel kleinere Tobago (60 000 Einwohner) bietet lange Strände mit weißem, feinem Sand, hervorragende Tauchgebiete und üppige Regenwälder.

Zur Orientierung

Dichte Vegetation säumt die Lagune in Blanchisseuse an Trinidads Nordküste

Auf Trinidad und Tobago unterwegs

Bis auf die Busse, die auf beiden Inseln die Städte verbinden, sind die Verkehrsmittel in privater Hand. Auf Trinidad fahren Maxi-Taxis (farbig markierte Minibusse) und Routen-Taxis (Wagen für bestimmte, kurze Strecken). Ein Wassertaxi verbindet Port of Spain mit San Fernando und den Chaguaramas auf der westlichen Halbinsel. Tobago hat nur Busse und Routen-Taxis. Am besten erkundet man die Inseln mit einer Ausflugsgruppe oder einem Mietwagen. Die Inseln sind durch Fähren und Flugzeuge miteinander verbunden. Flughäfen liegen in Piarco und Crown Point, Fähren verkehren zwischen Port of Spain und Scarborough.

0 Kilometer 15

Blanchisseuse
Das Dorf ist als Erholungsort bei den Einheimischen beliebt.

Port of Spain
Das Viertel Laventille in Trinidads lebhafter Hauptstadt gilt als Geburtsstätte der Steelpan.

Zentral-Trinidad
Das Kernland der indischstämmigen Bevölkerung ist geprägt von wunderbaren Stränden, unzähligen Vögeln und schönen Wanderwegen an der Ostküste.

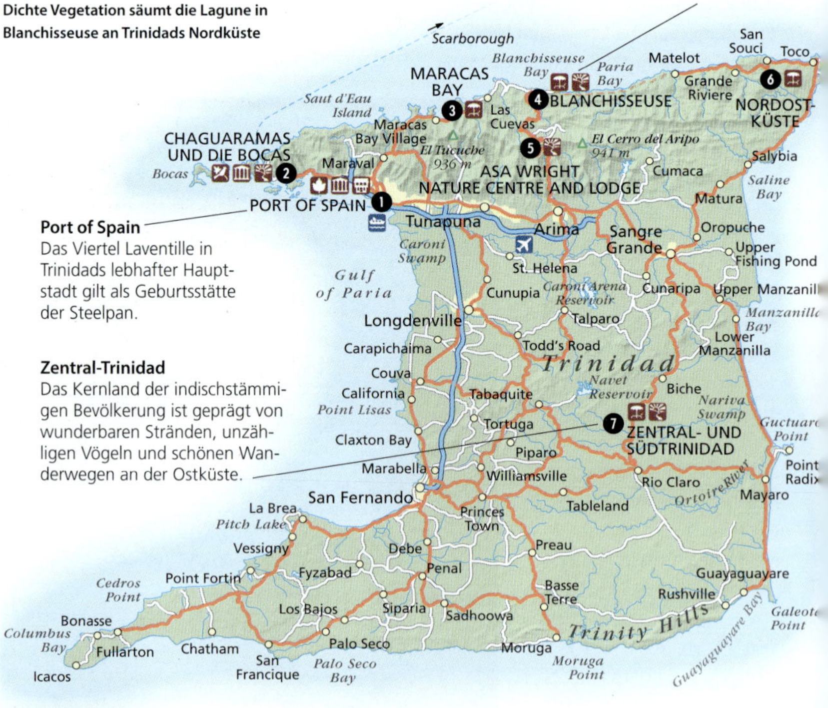

Weitere Zeichenerklärungen *siehe hintere Umschlagklappe*

Typischer Lebensmittelladen in Castara, Tobago

Charlotteville
Die kleine, gemütliche Stadt an Tobagos Nordrand hat hübsche Strände und einige nette Unterkünfte und Restaurants.

Castara
Dieses kleine zauberhafte Dorf ist vor allem für seine goldenen Sandstrände bekannt.

Auf einen Blick

Politik: Parlamentarische Republik.
Sprache: Englisch, umgangssprachlich auch Spanisch, Patois, Hindi und Chinesisch.
Währung: Trinidad-und-Tobago-Dollar (TT$).
Mobilfunk: GSM/GPRS 1800 MHz (wie in D, A, CH), 850/1900 MHz, UMTS 850/1900 MHz.
Strom: 110 V/60 Hz (zum Teil auch 220 V/60 Hz), Adapter: ja.

Das malerische Küstendorf Mount Irvine auf Tobago

Sehenswürdigkeiten auf einen Blick

1. Port of Spain
2. Chaguaramas und die Bocas
3. Maracas Bay
4. Blanchisseuse
6. Nordostküste
7. Zentral- und Südtrinidad
8. Crown Point
9. Pigeon Point Beach
10. Buccoo
11. Mount Irvine
12. Kimme Museum
13. Castara
14. Englishman's Bay und Bloody Bay
15. Scarborough
16. Küste an der Luvseite
17. Tobago Forest Reserve
18. Speyside S. 466f
19. Charlotteville

Hotel

5. Asa Wright Nature Centre and Lodge

Legende

- Autobahn
- Hauptstraße
- Nebenstraße
- Piste
- Fährlinie
- Gipfel

Alte Plantagenvilla, Queen's Park Savannah, Port of Spain

❶ Port of Spain

Nordwestküste von Trinidad. 35 000. Tourism Development Company, 29 Tenth Avenue, Barataria, (868) 675 7034. Karneval (vor der Fastenzeit), Diwali (Okt/Nov).

Die Hauptstadt von Trinidad und Tobago ist laut, verkehrsreich und voller Leben. Hier findet man die besten Restaurants und Clubs der Insel sowie eine pulsierende Kulturszene. Zentrum ist der Independence Square, ein Boulevard mit Läden und der Brian Lara Promenade in der Mitte. Nördlich davon führt die Einkaufsmeile Frederick Street zum Woodford Square, einem kleinen grünen Park. In einer Ecke für Stegreifredner, »The University« genannt, diskutieren Anwohner über aktuelle Ereignisse. An der Westseite steht das imposante Red House, das Parlamentsgebäude im Stil der Neorenaissance. Die **National Museum and Art Gallery** am Nordende der Frederick Street bietet eine Sammlung zu Geschichte und Geologie, eine Kunstgalerie und die **National Academy for the Performing Arts (NAPA)**, eine Bühne für kulturelle Veranstaltungen.

Daran schließt sich **Queen's Park Savannah** an, die größte freie Fläche der Stadt und Schauplatz der alljährlichen Karnevalsparade. Am nördlichen Rand des Platzes liegen die **Botanical Gardens** mit ihren rund 700 Bäumen und vielen exotischen Pflanzen. Im **Emperor Valley Zoo** daneben, einem der größten Tiergärten im karibischen Raum, leben heimische Arten wie Rote Brüllaffen und Scharlachibisse.

National Museum and Art Gallery
Ecke Frederick und Keate Street. (868) 623 5941. Di–Sa 10–18 Uhr, So 14–18 Uhr.

Botanical Gardens
Circular Road. (868) 622 1221. tägl. 6–18 Uhr.

Emperor Valley Zoo
Circular Road. (868) 622 3530. tägl. 9–18 Uhr.

❷ Chaguaramas und die Bocas

10 km westl. von Port of Spain, Trinidad. (868) 634 4227. Chaguaramas Development Authority (CDA), an der Western Main Road. **chagdev.com**

An der Westspitze der Insel liegen die Chaguaramas, Port of Spains exklusiver Tummelplatz für Yachtbesitzer. Im Norden

Yachten in der Crews Inn Marina, Chaguaramas

erstreckt sich rund um das Tucker Valley ein Nationalpark mit Bambushainen und Wanderwegen. An der Südküste, wo US-Truppen im Zweiten Weltkrieg eine Basis errichteten, erzählt das **Military History and Aerospace Museum** die militärische Geschichte der Insel. Auf den Bocas-Inseln im Golf von Paria stehen viele palastartige Ferienhäuser. Die **Gasparee Cave** auf Gaspar Grande beeindruckt mit Stalaktiten und einem See.

Military History and Aerospace Museum
Western Main Road, Chaguaramas. (868) 634 4391. tägl. 9–17 Uhr.

Gasparee Cave
Gasparee Island. mit der Chaguaramas Development Authority (CDA).

Palmenstrand an der Maracas Bay an Trinidads Nordküste

❸ Maracas Bay

11 km nordöstl. von Port of Spain, Trinidad.

Die Maracas Bay ist der von Port of Spain aus nächstgelegene Strand mit Freizeiteinrichtungen. Er hat feinen gelben Sand, Palmen und als Kulisse bewaldete Hügel. Wochentags ist es hier recht ruhig, an den Wochenenden jedoch liegen viele Einheimische unter Sonnenschirmen, essen, trinken und vergnügen sich im Wasser. Auf dem Parkplatz kann man *bake and shark*, ein köstliches Fischsandwich mit Sauce, sowie Salate kaufen.

Umgebung: Sechs Kilometer östlich von Maracas liegt **Las**

Hotels und Restaurants auf Trinidad und Tobago *siehe Seiten 474 und 475*

Cuevas, der längste Strand der Nordküste. Hier geht es ruhiger zu als am Maracas-Strand, die Wellen sind zudem sanfter. Der einzige Nachteil sind die vielen lästigen Sandfliegen.

❹ Blanchisseuse

27 km nordöstl. von Port of Spain, Trinidad. 800.

An der Nordküste kommt Blanchisseuse der Vorstellung eines Ferienortes am nächsten. Die ruhige, ländliche Gegend mit vielen kleinen Ortschaften bietet nette Unterkünfte und Lokale, ein paar wilde, bei Surfern beliebte Strände und den kristallklaren Marianne River. Etwa 30 Gehminuten flussaufwärts erreicht man mehrere Wasserfälle. Von Blanchisseuse kann man an der unbebauten Ostküste entlang ohne Führer zur beeindruckenden Paria Bay und dem gleichnamigen Wasserfall wandern.

❺ Asa Wright Nature Centre and Lodge

Arima Valley, Straße von Arima nach Blanchisseuse, Trinidad.
(868) 667 4655.
asawright.org

Das Asa Wright Nature Centre hoch im Regenwald der Northern Range ist eine bekannte Öko-Lodge, die die besten Bedingungen zur Vogelbeobachtung in der ganzen Karibik bietet. In dem unberührten, fünf

Vogelbeobachter im Asa Wright Nature Centre

Quadratkilometer großen Wald rund um ein Kolonialhaus leben unzählige Vögel und andere Tiere. Von den 159 Vogelarten haben viele ein auffallend schönes Gefieder. Wer nicht über Nacht bleibt, kann hier tagsüber über das Gelände wandern und zu Mittag essen.

❻ Nordostküste

nach Arima, dann Taxi nach Sangre Grande und zur Küste.

Die Küste im Nordosten Trinidads gehört zu den schönsten der Insel. Matura, ein dem Wind ausgesetzter Strand, ist bevorzugter Nistplatz von Lederschildkröten. Hier kann man wunderbar am Strand spazieren gehen, zum Schwimmen ist das Meer allerdings zu rau. Baden können Sie jedoch drei Kilometer nördlich in Salybia, wo das Wasser des Rio Seco über acht Meter in ein breites, tiefes, von üppiger Vegetation umgebenes Becken stürzt. Einen weißen Sandstrand mit ruhigem Wasser und einem Riff findet man 19 Kilometer weiter im beschaulichen Fischerdorf Toco.

Der einzige gute Ferienort an der Nordostküste ist Grande Riviere, ein wunderbar abgelegener Ort an einem zerklüfteten Strand mit ein paar wenigen Unterkünften und guten Restaurants. Westlich davon kann man sich im kühlen Wasser des Shark River erfrischen.

Trinidads dicht bewaldete Nordostküste

❼ Zentral- und Südtrinidad

In Zentral- und Südtrinidad leben die meisten indischstämmigen Bewohner. Hier findet man einige atemberaubende Naturattraktionen. An der Ostküste erstreckt sich der 22 Kilometer lange Manzanilla Beach mit einer dichten Kokosnussplantage dahinter, die der Gegend den Namen gab: The Cocal. Südtrinidad ist augenscheinlich Öl-Land, mit Bohrkränen an den Straßen und Bohrtürmen vor der Küste. Der geologische Reichtum blubbert in La Brea, Stätte des **Pitch Lake**, des mit 40 000 Quadratmetern größten Asphaltsees der Welt, an die Oberfläche.

Am Nordrand von San Fernando, Trinidads zweitgrößter Stadt, kann man beim **Pointe-a-Pierre Wildfowl Trust** seltene Vögel beobachten. Einen besseren Blick hat man im **Caroni Swamp Bird Sanctuary**, wo der Scharlachibis in einem dichten Netz aus Mangroven lebt.

Pitch Lake
Southern Trunk Road. (868) 648 7697. tägl. 9–17 Uhr.

Point-a-Pierre Wildfowl Trust
An der Southern Main Road.
(868) 658 4200. Mo–Fr 8–17 Uhr, Sa, So 10–17 Uhr.
teilweise.
papwildfowltrust.org

Caroni Swamp Bird Sanctuary
Uriah Butler Highway. (868) 645 1305. tägl. 9–16 Uhr.

❽ Crown Point

Südostküste von Tobago. ANR Robinson International Airport, (868) 639 0509.

Crown Point mit seinen zahlreichen Restaurants und Hotels sowie herrlichen Stränden ist Tobagos wichtigstes Urlaubsziel. Der **Store Bay Beach** unweit des Flughafens ist ein kleiner weißer Sandstrand mit ruhigem, klarem Gewässer und ein paar Handwerksläden. In den Restaurants hier bekommt man Frühstück und Mittagessen zum Mitnehmen.

Store Bay Beach
Store Bay Local Road.
Hinweis Rettungsschwimmer, Umkleidekabinen tägl. 10–18 Uhr.

❾ Pigeon Point Beach

Pigeon Point Road, Crown Point.

Pigeon Point, als bester Strand von Tobago gerühmt, ist auf jeden Fall der typischste Karibikstrand der Insel: weißer Sand, Palmen und türkisfarbenes Wasser. Allerdings ist dies auch der einzige Strand der Insel, für den man Eintritt bezahlen muss. Er ist ideal für Familien mit Kindern geeignet, weil es einen Spielplatz gibt und das Wasser bis zum Riff hinaus recht seicht ist. Man kann sich einen Imbiss und Erfrischungen kaufen und die Jetskis und Hobie Cats beobachten, die auf dem Wasser umherflitzen.

Häuschen im Fischerdorf Buccoo, Tobago

❿ Buccoo

6 km nordöstl. von Crown Point, Tobago. Glasbodenboot-Ausflüge zum Riff ab Buccoo, Pigeon Point und Store Bay.

Nordöstlich von Crown Point zweigt von der Milford Road die Shirvan Road nach Buccoo ab, einem Fischerdorf, in dem jeden Sonntagabend die Outdoor-Party »Sunday School« steigt. Das Buccoo Reef gleich vor der Küste ist das meistbesuchte Korallenriff der Insel. Von den Stränden in dieser Gegend fahren Glasbodenboote hierher. Obwohl die rund 40 Korallenarten von Stürmen und menschlichen Eingriffen beschädigt wurden, sieht man doch noch farbige Korallenbäume und prächtige tropische Meeresbewohner wie Falter- und Papageifische. Südlich vom Riff befindet sich hinter einer Sandbank der Nylon Pool mit kristallklarem Wasser, in dem man sich herrlich erfrischen kann.

⓫ Mount Irvine

8 km nordöstl. von Crown Point, Tobago.

Das nächste Küstendorf nach Buccoo ist Mount Irvine mit Tobagos erstem Golfplatz. Kurz hinter Buccoo führt die Shirvan Road mitten durch den **Mount Irvine Golf Course** (18 Löcher) und weiter am **Mount Irvine Bay Beach** vorbei. An dem Sandstrand stehen Picknicklauben vor Palmen und Meertraubenbäumen. Die Wellen hier gehören zu Tobagos besten, weshalb Mount Irvine auch bei Surfern beliebt ist. Auf der anderen Seite des Strands bietet ein sandiger Abschnitt gute Bedingungen zum Schwimmen und Schnorcheln über Felsen und Korallen. Hinter Mount Irvine führt die Straße zu zwei weiteren exzellenten Badeplätzen: Grafton Beach und Turtle Beach.

Mount Irvine Golf Course
Shirvan Road. (868) 639 8871.
mtirvine.com

Mount Irvine Bay Beach
Hinweis Am Strand gibt es Umkleidekabinen.

⓬ Kimme Museum

8 km nordöstl. von Crown Point, Tobago. (868) 639 0257. So 10–17 Uhr; Besuche außerhalb dieser Zeiten tel. vereinbaren.
luisekimme.com

Gleich hinter dem Mount Irvine Golf Course führt eine Abzweigung rechts auf die Orange Hill Road, über die

Feiner weißer Sand, Palmen und türkisblaues Meer: Pigeon Point Beach auf Tobago

Hotels und Restaurants auf Trinidad und Tobago *siehe Seiten 474 und 475*

Parlatuvier Bay an Tobagos Nordküste

man zum Kimme Museum hinauf gelangt. In dem mit Türmchen und Wandmalereien verzierten Haus lebte und arbeitete die deutsche Bildhauerin Luise Kimme rund 30 Jahre lang bis zu ihrem Tod im Jahr 2013. Ihre von der hiesigen Volkskunst inspirierten kraftvollen Werke bestehen alle aus massiven Eichenstämmen und zeigen z. B. die mythische Figur La Diablesse, Balletttänzer und tanzende Paare.

⓭ Castara

29 km nordöstl. von Crown Point, Tobago.

Hinter der kleinen Stadt Plymouth verläuft parallel zur Küste die Northside Road, eine kurvenreiche, malerische Route, an der man tolle Ausblicke auf Dörfer im Inselinneren und die unzugängliche Küste hat.

Der erste interessante Halt ist Castara, ein kleiner Ferienort, der sich rund um ein Fischerdorf entwickelt hat. Mit seinem herrlichen Strand, hervorragenden Strandrestaurants und ein paar zwanglosen Unterkünften mit Blick über die Bucht ist Castara der richtige Platz, um sich so richtig zu entspannen. Das Städtchen ist selten wirklich überlaufen, aber wer einmal ganz alleine sein möchte, kann die benachbarte Little Bay aufsuchen.

Von Castara starten verschiedene Bootstouren *(siehe S. 469)* zu mehreren exzellenten Stränden und Schnorchelplätzen in der Umgebung.

⓮ Englishman's Bay und Bloody Bay

32 km nordöstl. von Crown Point, Tobago.

Im Gebiet hinter Castara wird der geringere Einfluss des Menschen auf die Natur deutlich. Die Northside Road windet sich hier durch Regenwälder, man sieht nur sehr wenige Gebäude.

Den ersten Halt sollte man an der Englishman's Bay einlegen, einem schönen, hufeisenförmigen Sandstrand zwischen Dschungel auf der einen und smaragdgrünem Meer auf der anderen Seite. Das vorgelagerte Riff ist ideal zum Schnorcheln.

Oberhalb des Fischerdorfs Parlatuvier, etwa drei Kilometer weiter an der Küstenstraße, hat man von einem Parkplatz eine wunderbare Aussicht auf die Bucht, in der Fischerboote auf türkisblauem Wasser schaukeln, sowie auf die Terrassenfelder an den Hügeln.

Drei Kilometer weiter liegt die Bloody Bay, die ebenfalls herrliche Aussichten bietet, z. B. auf die beeindruckenden Sister Rocks direkt vor der Küste. Am Strand führt eine Abzweigung ins Inselinnere zum Tobago Forest Reserve *(siehe S. 467)*. Fährt man an der Küste weiter gen Osten, kommt man durch das hübsche Dorf L'Anse Fourmi und erreicht Charlotteville *(siehe S. 467)* an der Nordostspitze der Insel.

Sunday School

Die alte Tradition der Sunday School ist nach wie vor bei Einheimischen wie Besuchern beliebt: Jeden Sonntagabend tobt in Buccoo das Leben. Ab etwa 20 Uhr spielt die Steeldrum-Band Bucconeers unter freiem Himmel nahe den Strandeinrichtungen vor hauptsächlich älterem Publikum, das auf der Tanzfläche die Beine schwingt. Nach dem Live-Auftritt legen Discjockeys für die Jüngeren Dancehall-, Hip-Hop- und R&B-Scheiben auf. Der Alkohol fließt in Strömen, die Menge wird immer ausgelassener, die sandige Tanzfläche am Strand immer voller. Verkäufer bieten den ganzen Abend über an der Straße nach Buccoo Kunsthandwerk und Schmuck an. Zum Abendessen hat man die Wahl zwischen einer sättigenden Fischmahlzeit und leichteren Snacks wie Maissuppe. Für die Heimfahrt bestellt man am besten schon vorher ein Taxi.

Auftritt der Steelpan-Band bei der Sunday School, Buccoo, Tobago

⑮ Scarborough

11 km nordöstl. von Crown Point, Tobago. 20 000. Kreuzfahrtschiff-Komplex, (868) 635 0934.
gotrinidadandtobago.com

Tobagos Hauptstadt ist, verglichen mit dem Rest der Insel, ein Hexenkessel. Taxis und Passanten füllen die Straßen, an Ständen wird alles Mögliche feilgeboten, zwischen Stadt und Fährhafen herrscht reger Verkehr. Die beste Einkaufsmöglichkeit bietet der Markt hinter dem Uferbereich, den man über die Gardenside Street erreicht. Freitags und samstags ist er am lebhaftesten, aber auch sonst findet man hier Berge von exotischen Früchten und alles andere für den täglichen Bedarf. Auf der anderen Seite der Gardenside Street liegt der sieben Hektar große, täglich geöffnete Botanische Garten, eine Oase der Ruhe mit Grünflächen und Fischteichen.

Schild am Fort King George, Scarborough

Scarboroughs zweite Attraktion ist das Fort King George mit Ziegelbauten aus der Kolonialzeit in unterschiedlichem baulichen Zustand rund um den modernen Leuchtturm. Hier stehen noch einige Kanonen. Der Blick über die Küste und Scarborough ist bezaubernd. Im Fort King George zeigt das kleine **Tobago Museum** Exponate zur Inselgeschichte.

Tobago Museum
Fort King George. (868) 639 3970. Mo–Fr 9–16.30 Uhr.

⑯ Küste an der Luvseite

25 km nordöstl. von Scarborough, Tobago.

Im Unterschied zur ruhigen Leeküste am Karibischen Meer ist die Küste an der Luvseite viel zerklüfteter, da die stürmischen atlantischen Wellen hier die Felsen auswaschen. Starke Strömungen machen das Schwimmen an vielen Stränden unmöglich. Der beste Platz am Meer ist die King's Bay mit ruhigem Wasser, feinem vulkanischem Sand und einem Palmenhain. Südwestlich davon gibt es eine weitere Bademöglichkeit: den Argyle Waterfall, den mit 54 Metern höchsten, dreistufigen Wasserfall der Insel mit mehreren Becken. Ansonsten kann man die landschaftliche Schönheit der Luvküste am besten bei einer Autofahrt bewundern, vorbei an hübschen kleinen

⑱ Speyside

Nach einer kurzen Fahrt von Charlotteville über den zentralen Höhenzug der Insel erreicht man Speyside an der Ostküste, einen der besten Tauch- und Schnorchelplätze Tobagos. Vom Aussichtsplatz an der Straße nach Scarborough blickt man auf das bunt bemalte Dorf und die Inseln vor der Küste, darunter Little Tobago. Glasbodenboote fahren regelmäßig vom Strand zum Riff hinaus. Sie können aber auch mit Schnorchelmaske und Schwimmflossen selbst hinausschwimmen.

Jemma's Sea View Kitchen wurde um einen Baum herumgebaut

Tauchen ist eine der Hauptbeschäftigungen in Speyside. Wundervolle Tauchgründe liegen ganz in der Nähe, darunter ein Riff zwischen der Hauptinsel, Goat Island und Little Tobago.

Legende
Hauptstraße
Nebenstraße

Weitere Zeichenerklärungen *siehe hintere Umschlagklappe*

Ortschaften mit Häusern an den Klippenrändern oder am Straßenrand.

Argyle Waterfall
Windward Road. tägl. 9–17 Uhr; letzte Führung 16 Uhr.
Hinweis Umkleidekabinen sind vorhanden.

⓱ Tobago Forest Reserve

27 km nordöstl. von Scarborough, Tobago.

Das Tobago Forest Reserve ist der älteste geschützte Regenwald der westlichen Hemisphäre. Das Gebiet umfasst 57 Quadratkilometer Dschungel in der Nordhälfte der Insel, durch den eine Panoramastraße führt. Große Teile sind nicht zugänglich, aber ab dem Gilpin Trace – den ein großer Stein an der Straße markiert – führt ein Weg in den Wald mit turmhohen Bäumen, deren Kronen das Sonnenlicht filtern. Am Eingang des Reservats bieten Führer ihre Dienste an.

Picknicklaube in der Cambleton Battery, Charlotteville

⓳ Charlotteville

43 km nordöstl. von Scarborough, Tobago.

Versteckt an einem Hügel in einer geschützten Bucht an Tobagos nordöstlicher Spitze liegt Charlotteville, ein entspannter Ort, in dem Fremdenverkehr und Fischerei die Haupteinnahmequellen sind. Die Man O'War Bay, in der das Dorf aufs Meer trifft, bietet gelben Sandstrand und ruhiges Wasser. Im Westen überblickt die von Briten erbaute Cambleton Battery die Bucht, im Osten erreicht man über eine Sandpiste die völlig unbebaute Pirate's Bay – vielleicht Tobagos schönster Strand mit herrlichen Schnorchelplätzen.

Der Panoramablick von Speyside ist das meistfotografierte Motiv Tobagos: Links liegt der öffentliche Strand, vor der Küste erkennt man Goat Island und dahinter das größere Little Tobago.

0 Kilometer 2

Infobox

Information
32 km nordöstl. von Scarborough, Tobago. Ausflüge mit dem Glasbodenboot inklusive Schnorchelmöglichkeit bieten Frank's im Blue Waters Inn, (868) 660 5438, sowie Fear Not in der Jemma's Sea View Kitchen, (868) 660 4654.

Anfahrt
ab Scarborough.

Speysides Korallen und Tierwelt

Taucher bei einer riesigen Hirnkoralle

Da der venezolanische Fluss Orinoco sie mit Nährstoffen anreichert, gehören die Riffe bei Speyside zu Tobagos artenreichsten. Taucher sehen hier unglaublich viele Tiere und Korallen, darunter eine der größten Hirnkorallen der Welt beim Kelleston Drain: Sie ist vier Meter hoch und sechs Meter breit. Aufgrund der Lage der Insel am Treffpunkt von Karibik und Atlantik trifft man auch auf Arten, die im offenen Meer zu Hause sind, wie die riesigen, eleganten Mantarochen. Little Tobago, das seit 1924 unter Naturschutz steht, ist ein Paradies für Vogelbeobachter, die hier z. B. Tölpel, Fregattvögel und Rotschnabel-Tropikvögel vors Fernglas bekommen. Mehrere Veranstalter *(siehe S. 470)* bieten Ausflüge auf die Insel an.

Speysides Strand ist am schönsten westlich vom Dorf, beim Hotel Blue Waters Inn *(siehe S. 474)* sowie auf der Ostseite, wo beim Fußballplatz einige Umkleidekabinen zur Verfügung stehen.

Sport und Aktivurlaub

Die Inseln Trinidad und Tobago bieten auch abseits der Strände vielerlei Möglichkeiten für eine aktive Gestaltung des Urlaubs. In den unterschiedlichen Landschaften – von Sümpfen über Savannen bis hin zu Regenwäldern – findet man einige der besten Wanderwege der Karibik vor. Diverse Unternehmen organisieren Ausflüge oder ganze Urlaube für Vogelbeobachter und Taucher. Man kann an geführten Wanderungen und Mountainbike-Touren teilnehmen oder Kajakfahrten durch die Sümpfe unternehmen, um z. B. Seekühe zu sehen. Oder man beobachtet bei Nacht, wie Millionen von Fledermäusen aus ihren Höhlen schwirren und riesige Lederrückenschildkröten am Strand ihre Eier ablegen.

Abgeschiedener Strand bei Blanchisseuse im Norden Trinidads

Strände

Tobago bietet von beiden Inseln die besseren Strände. Doch auch an der Nordküste Trinidads mit ihren langen Bogen aus gelbem Sand mit kristallklarem Wasser gibt es schöne Plätze zum Schwimmen. Die Maracas Bay *(siehe S. 462f)* bietet exzellente Einrichtungen und kühles, türkisfarbenes Wasser. Die bei Einheimischen wie Urlaubern beliebte Bucht ist nur am Wochenende recht voll. Ruhiger geht es am abgeschiedenen Strand namens One Thousand Steps in La Filette oder am natürlichen Yarra-Strand zu. An der von Blanchisseuse nur zu Fuß oder per Boot erreichbaren Paria Bay gibt es einen Wasserfall mit tiefem Becken und einen wunderbaren Sandstrand.

An Tobagos Leeküste findet man ein paar herrliche Strände. Der Pigeon Point Beach *(siehe S. 464)* lockt mit feinem weißem Sand und azurblauem Wasser. Mit dem Boot gelangt man zu Stränden, die man auf dem Landweg nicht erreicht, darunter das bilderbuchmäßige No Man's Land. Am Stingray Beach hat man die Gelegenheit, mit friedlichen Rochen zu schwimmen.

Taucher in der schillernden Korallenwelt vor Tobago

Tauchen und Schnorcheln

Die Riffe vor Trinidad und Tobago beeindrucken mit ihrem vielfältigen Meeresleben, genährt von den großen Strömen Südamerikas. In den Gewässern vor Trinidad hat man von zwei bis 15 Metern Tiefe gute Sicht. Auch bei den Bocas gibt es interessante Plätze, doch die meisten Taucher zieht es nach Tobago, wo die Sicht klarer ist und man sich von der Guyana-Strömung treiben lassen kann. Tobago ist zudem einer der wenigen Plätze der Welt, wo man mit Mantarochen tauchen sowie Krötenkugelfisch und Rotbauch-Fledermausfisch sehen kann. Die besten Tauchreviere liegen bei Speyside *(siehe S. 466f)*. An der Nordküste gibt es mit der Man O' War Bay in Charlotteville und den St. Giles Islands weitere gute Plätze. Buccoo Reef, Arnos Vale Bay Beach, Pirate's Bay und Speyside sind für Schnorchler ideal. Tauch- und Schnorchelausrüstung kann man ausleihen, u. a. bei **R & Sea Divers**, **Blue Waters Div'N** und **Tobago Dive Experience**.

Wassersport

Tobago hat ein größeres Wassersportangebot als die Nachbarinsel. Die beste Auswahl hat man in Crown Point. Eine der vielen Firmen am Pigeon Point Beach ist **Radical Sports**. In Mount Irvine Bay hat der

Wassersportzentrum am Pigeon Point Beach, Tobago

Veranstalter **Tobago Surf & Kite Camp** seinen Sitz. Die Möglichkeiten reichen von Bananenbooten über Kitesurfen bis zu Wasserski und Parasailing. Auch Jetski und Hobie-Cat-Katamarane kann man mieten.

Bootsausflüge

Tobagos Küste mit vorgelagerten Inseln und Regenwäldern, die sich von Anhöhen bis zu verlassenen, unzugänglichen Stränden erstrecken, ist am besten per Boot zu besichtigen. Touren mit Mittagessen, Getränken und Stopps zum Schnorcheln und Schwimmen oder auch Angeln bieten z. B. **Frankie Tours** und **Alibaba Tours**. Fahrten an der Westküste führen in die Englishman's Bay zum Schnorcheln und zurück zum No Man's Land Beach zum Mittagessen. Von Orten wie Castara aus erreicht man einsame Buchten, unterwegs sieht man Delfine, Schildkröten und Fliegende Fische. Auf den Booten von **Plantation Beach Watersports** (auch als Island Girl bekannt) für bis zu 30 Passagiere gibt es Duschen und ein Mittagsbüfett.

Bootstouren von Trinidad zu den Bocas-Inseln gewähren einen Einblick in die faszinierende Inselgeschichte. Im Rahmen der Fahrten kann man an abgeschiedenen Stränden oder in einer Höhle auf Gasparee Island schwimmen und durch trockenen Gebüschwald wandern. Auch **In Joy Tours** in Petit Valley organisiert Bootstouren.

Angeln

Die Gewässer um Trinidad und Tobago eignen sich hervorragend zum Hochseefischen, etwa nach Marlin, Thunfisch und Wahoo. Ein ganzes Sportfischerboot zu chartern, ist möglicherweise zu teuer. Günstiger ist es, eine traditionelle Piroge zu mieten und mit der Rute nach Königs- und Stachelmakrelen, Mahi Mahi oder Barrakudas zu angeln. **Hard Play Fishing Charters** und **King David Tours** auf Tobago bieten Boote an.

Kajakfahren

Da es nur wenige Flüsse im Inselinneren gibt, sind Kajakfahrten auf Tobago hauptsächlich aufs Meer beschränkt. Radical Sports verleiht Kajaks und bietet Touren, bei denen das Phänomen der Biolumineszenz sowie die Küstenlinie und das Mangroven-Ökosystem erforscht werden. Bei diesen Touren kommen auch Stehpaddelbretter zum Einsatz.

Auf Trinidad vermietet das **Chaguaramas Kayak Centre** Kajaks, mit denen man durch die ruhige Williams Bay oder um die Bocas-Inseln paddeln kann. Von Blanchisseuse aus kann man den Marianne River hinaufrudern. An der Ostküste findet man den geschützten Nariva Swamp mit vielen Vögeln und Säugetieren sowie hervorragenden Kajakrouten durch Wasserhyazinthen und Seerosen. Kajaktouren auf Trinidad arrangieren Firmen wie Caribbean Discovery Tours und Paria Springs Eco Community *(siehe S. 471)*.

Mountainbiking

Obwohl Mountainbiking auf Trinidad und Tobago relativ neu ist, findet man Agenturen, die aufregende Fahrten für Neulinge und Mountainbike-Profis organisieren. Es bietet sich an, früh am Morgen zu fahren und schattige Waldwege zu bevorzugen, um der Hitze zu entgehen. Viele Fahrten enden jedoch zum Glück mit einem Bad im Meer oder an einem Wasserfall. Interessierte wenden sich an **Mountain Biking Tobago** auf Tobago und an Paria Springs Eco Community auf Trinidad.

Kajakfahrer in der ruhigen Williams Bay, Trinidad

Wanderung durch das üppig grüne Tobago Forest Reserve

Wandern

Auch auf Tobago gibt es schöne Wege wie jene durch das Tobago Forest Reserve *(siehe S. 467)* und an der Leeküste. Die besseren Wanderwege findet man jedoch auf der Nachbarinsel Trinidad. In den Bergen der Northern Range passiert man rauschende Wasserfälle, Flüsse, Schluchten und dichten Regenwald. Die Touren auf die Gipfel El Tucuche (936 m) und El Cerro del Aripo (941 m) sind anstrengend. Gemächlicher erklimmt man den Mount Tamana, wo man abends Fledermäuse beobachten kann. Paria Springs Eco Community und Caribbean Discovery Tours arrangieren geführte Wanderungen. **Harris' Jungle Tours** und Peter Cox Nature Tours *(siehe S. 471)* bieten Exkursionen auf Tobago.

Vogelbeobachtung

Mit etwa 460 Vogelarten gehört Trinidad und Tobago zu den zehn artenreichsten Ländern der Erde. Weitverbreitet sind Kuhstärling und Zuckervogel, schwieriger ist es, Grüntangar, Dottertukan und den sehr seltenen, nachtaktiven Fettschwalm zu Gesicht zu bekommen. In allen Regenbogenfarben schillern die Kolibris der Inseln. Tatsächlich war der Taíno-Name für Trinidad *Iere*, »Land der Kolibris«. In der Northern Range liegt das Mekka der Hobby-Ornithologen: Asa Wright Nature Centre and Lodge *(siehe S. 463)*. Weitere perfekte Orte zur Vogelbeobachtung sind der Caroni Swamp, wo sich abends Schwärme von Scharlachibissen versammeln, und der Koshain Cocal in Manzanilla, ein Nistplatz des Rotbaucharas. Touren für Vogelbeobachter organisieren Paria Springs Eco Community und Caribbean Discovery Tours auf Trinidad sowie **NG & Company Nature Tours** und Peter Cox Nature Tours auf Tobago.

Golf

Auf den Inseln gibt es exquisite Golfclubs. Der 18-Loch-Platz Mount Irvine *(siehe S. 464)* auf Tobago bietet herrlichen Meerblick. Der Plantations-Platz hat ebenfalls 18 Löcher. Auf Trinidad gibt es den Chaguaramas-Club (9 Löcher), St. Andrew's (18 Löcher) und den Millennium Lakes Golf Club. Informationen liefert die **Trinidad and Tobago Golf Association**.

Golfer beim Putten auf dem Mount Irvine Golf Course, Tobago

Auf einen Blick

Tauchen und Schnorcheln

Blue Waters Div'N
Speyside, Tobago.
(868) 660 5445.
bluewatersinn.com

R & Sea Divers
Crown Point, Tobago.
(868) 639 8120.
rseadivers.com

Tobago Dive Experience
Speyside, Tobago.
(868) 660 4888.
tobagodiveexperience.com

Wassersport

Radical Sports
Pigeon Point Heritage Park, Tobago.
(868) 631 5150.
radicalsportstobago.com

Tobago Kite & Surf Camp
Mount Irvine Bay, Tobago.
(868) 313 1260.
surfcamp-tobago.com

Bootsausflüge

Alibaba Tours
Castara, Tobago.
(868) 635 1017.
alibaba-tours.com

Frankie Tours
Mount Irvine Bay Beach, Tobago.
(868) 631 0369.
frankietours.com

In Joy Tours
Petit Valley, Trinidad.
(868) 633 4733.
injoytours.com

Plantation Beach Watersports (Island Girl)
Bon Accord, Tobago.
(868) 639 7245.
sailtobago.com

Angeln

Hard Play Fishing Charters
Old Grange, Tobago.
(868) 639 7108.
hardplay.net

King David Tours
Castara, Tobago.
(868) 660 7906.

Kajakfahren

Chaguaramas Kayak Centre
Williams Bay, Trinidad.
(868) 633 7871.

Mountainbiking

Mountain Biking Tobago
Bon Accord, Tobago.
(868) 639 9709.
mountainbikingtobago.com

Wandern

Harris' Jungle Tours
Crown Point, Tobago.
(868) 639 0513.
harris-jungle-tours.com

Vogelbeobachtung

NG & Company Nature Tours
Speyside, Tobago.
(868) 660 5463.
newtongeorge.com

Golf

Trinidad and Tobago Golf Association
St. Andrew's Golf Club, Moka, Trinidad.
(868) 629 7127.
ttgolfassociation.org

Schildkrötenbeobachtung

Alljährlich zwischen März und Juli wandern Tausende von Schildkröten auf die Strände von Trinidad und Tobago, um ihre Eier abzulegen. Am weitesten verbreitet ist die Lederschildkröte. Bis zu 50 sieht man an den bekannten Niststränden in einer Nacht. An mehreren Plätzen haben Naturschützer Wachen eingerichtet, um die Schildkröten vor Raubtieren und Menschen zu schützen. An vielen solcher Orte können Besucher dem Spektakel beiwohnen. Die besten Strände zur Schildkrötenbeobachtung auf Trinidad sind in Matura und Grande Riviere, auf Tobago findet man auf dem Turtle Beach mehrere Nistplätze.

Ein Loch gräbt die Lederschildkröte in den Sand. Leere Nestattrappen sollen Raubtiere verwirren.

80 bis 100 Eier werden im Lauf von etwa zwei Stunden gelegt. Ihre Augen schützt die Lederschildkröte vor dem Sand, indem sie Tränen vergießt. Nach der Eiablage bedeckt sie das Nest mit Sand und geht ins Meer zurück.

Ablegen der Eier

Weibliche Lederschildkröten legen bis zu neunmal in einer Saison Eier. Sie schleppen sich nachts bei Flut an Land und legen ihre Eier in ausgebuddelten Löchern oberhalb des Wasserpegels ab, damit das Meer den Nestern nichts anhaben und die Eier nicht freilegen kann.

Mit ihren kräftigen Flossen gräbt die Schildkröte Löcher in den Sand.

Zuschauer können nahe an die Tiere herangehen, weil diese sich bei der Eiablage in einer Art Trance befinden.

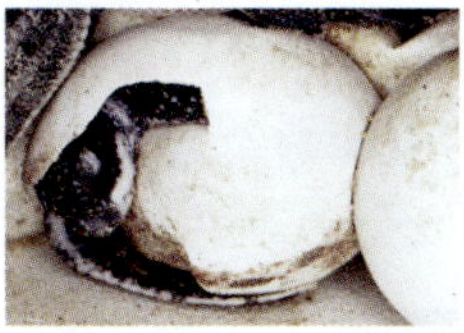

Die winzigen Jungen schlüpfen nach einer Brutzeit von etwa 60 Tagen aus den Eiern, normalerweise während einer Nacht.

Touranbieter

Caribbean Discovery Tours
Trinidad. (868) 624 7281.
caribbeandiscoverytours.com

Grande Riviere Nature Tour Guide Association
Trinidad. (868) 469 1288.

Nature Seekers
Trinidad. (868) 668 7337.

Paria Springs Eco Community
Trinidad. (868) 622 8826.
pariasprings.com

Peter Cox Nature Tours
Tobago. (868) 294 3086.

Kleine Schildkröten bewegen sich sofort nach dem Schlüpfen zum Meer. In diesem Stadium fallen viele großen Fischen, Vögeln und Krebsen zum Opfer. Sind sie erst mal im Meer, kehren die Männchen nie mehr an Land zurück, während die Weibchen immer an dem Strand nisten, an dem sie selbst geschlüpft sind.

Hotelauswahl

Trinidad

ARIMA: Asa Wright Nature Centre and Lodge $$$
Öko-Lodge
Spring Hill Estate
(868) 667 4655
asawright.org
Die Öko-Lodge im Regenwald der Northern Range bietet einfache Zimmer und die besten Bedingungen für Vogelbeobachter.

BLANCHISSEUSE: Laguna Mar $
Gästehaus
65 ½ Mile Marker, Paria Main Road
(868) 669 2963
lagunamar.com
Die Zimmer sind einfach, die Umgebung dagegen umwerfend.

GRAND RIVIERE: Mt. Plaisir Estate $$
Öko-Lodge
Grande Riviere
(868) 670 1868
mtplaisir.com
Die Zimmer der rustikalen Lodge sind mit Werken von Handwerkern aus der Region eingerichtet.

PORT OF SPAIN: Monique's $
Gästehaus
114/116 Saddle Road, Maraval
(868) 628 3334
moniquestrinidad.com
Die geräumigen Zimmer sind nicht weit von den Stränden der Nordküste entfernt.

Vis-à-Vis-Tipp

PORT OF SPAIN: Hilton Trinidad and Conference Centre $$
Luxus
Lady Young Road
(868) 624 3211
hiltontrinidadhotel.com
Monarchen, Regierungschefs und Künstler aus aller Welt stehen auf der Gästeliste des familienfreundlichen Hotels mit der Lobby in der obersten Etage. Die Zimmer sind stylish und modern. Sonntags gibt es für Gäste und Einheimische einen beliebten Brunch, danach die Erfrischung im Pool.

PORT OF SPAIN: Kapok Hotel $$
Business
16–18 Cotton Hill, St. Clair
(868) 622 5765
kapokhotel.com
Das Hotel in Familienbesitz bietet Top-Restaurants. Zimmer, Anlage und Service sind ebenfalls gut.

PORT OF SPAIN: Courtyard Marriott $$$
Business
Invaders Bay, Audrey Jeffers Highway
(868) 627 5555
marriott.com
Das Full-Service-Hotel in der Nähe eines Shopping- und Unterhaltungsviertels verfügt über stylishe, komfortable Zimmer.

PORT OF SPAIN: Hyatt Regency $$$
Business
1 Wrightson Road
(868) 623 2222
trinidad.hyatt.com
Das luxuriöse Business-Hotel bietet hell und modern eingerichtete Zimmer.

Tobago

CROWN POINT: Bananaquit Apartments $
Gästehaus
Store Bay Local Road
(868) 368 3539
bananaquit.com
Wer den Strand liebt, wird von diesen Apartments für Selbstversorger angetan sein.

Vis-à-Vis-Tipp

CROWN POINT: Kariwak Village $$
Boutique
Store Bay Local Road
(868) 639 8442
kariwak.com
Ein Spaziergang führt von der Store Bay zu dieser Oase mit komfortablen Cabanas. Für die köstlichen Gerichte wird Gemüse aus dem eigenen Garten verwendet. Yoga- und Tai-Chi-Kurse, Hängematten und Massagen sowie der Wasserfall, der Jacuzzi und der Pool sorgen für Entspannung pur.

Preiskategorien
Die Preise gelten für ein Standard-Doppelzimmer pro Nacht (Hochsaison), inklusive Steuern und Service.

$	unter 100 US-Dollar
$$	100–200 US-Dollar
$$$	über 200 US-Dollar

CROWN POINT: Coco Reef Resort $$$
Resort
Coconut Bay
(868) 639 8571
cocoreef.com
Bei diesem All-inclusive-Resort mit weißem Sandstrand ist auch Wassersport im Preis inbegriffen.

CULLODEN BAY: Footprints Eco Resort $
Öko-Lodge
Golden Lane, Culloden Road
(868) 660 0416
footprintseco-resort.com
Das abgeschiedene Resort bietet viele Tiere und Naturpfade für Wanderer und Vogelbeobachter.

MOUNT IRVINE: Mount Irvine Bay Hotel and Golf Club $$
Resort
Scarborough
(868) 639 8871
mtirvine.com
Das Hotel unweit von Strand und 18-Loch-Golfplatz verfügt über einen Süßwasserpool mit Bar.

SCARBOROUGH: Bacolet Beach Club $$$
Boutique
73 Bacolet Street
(868) 639 2357
bacoletbeachclub.com
Das kleine gemütliche Hotel bietet eine Strandbar, einen Infinity Pool und eine Sonnenterrasse.

SPEYSIDE: Blue Waters Inn $$$
Strandresort
Batteaux Bay
(868) 660 4341
bluewatersinn.com
Das kleine elegante Inn veranstaltet Aktivitäten im Freien.

Der attraktive Poolbereich des Kariwak Village, Crown Point, Tobago

Restaurantauswahl

Einfache, farbenfrohe Einrichtung des Veni Mangé, Port of Spain, Trinidad

Trinidad

PORT OF SPAIN: Femmes du Chalet $
Karibisch
Wrightson Road
In der »Breakfast Shed« kann man nicht nur herzhaft frühstücken, sondern auch Mittag essen oder etwas mitnehmen.

PORT OF SPAIN: Veni Mangé $$
Karibisch
67A Ariapita Avenue, Woodbrook
(868) 624 4597 — Sa, So
Das Lokal ist bekannt für Gastfreundlichkeit, karibische Kunst und westindische Küche.

Vis-à-Vis-Tipp

PORT OF SPAIN: Aioli $$$
Mediterran
Ellerslie Plaza, Boissiere
(868) 222 3291 — So
Der Küchenchef des stylishen, modernen Restaurants ist jung, talentiert und stammt aus Trinidad. Die Speisekarte bietet etwas für jeden Gaumen, die Desserts sind besonders zu empfehlen. Aioli ist ein beliebtes Lokal für Familienfeiern, aber auch für romantische Abende zu zweit. Der Service ist makellos und aufmerksam.

PORT OF SPAIN: Apsara $$$
Indisch
13 Queen's Park East
(868) 623 7659
Das Apsara serviert in luxuriösem Ambiente klassische Gerichte der nordindischen Küche. Vegetarier haben hier ebenfalls eine große Auswahl.

PORT OF SPAIN: Chaud KM $$$
Französisch / Karibisch
6 Nook Avenue, St Ann's
(868) 621 2002 — So
Hier trifft französische Gourmetküche auf karibische Aromen. Sehr zu empfehlen sind die Fischsuppe, das Backhähnchen und die Desserts. Die Mittagsgerichte sind preisgünstiger.

Tobago

BLACK ROCK: The Fish Pot $$$
Karibisch / Seafood
Pleasant Prospect
(868) 635 1728 — So
Das angenehm zurückhaltende Lokal wechselt täglich die Speisekarte. Die Tagesspezialitäten werden auf einer Tafel angepriesen.

BLACK ROCK: The Seahorse Inn Restaurant & Bar $$$
Karibisch
Grafton Beach Road
(868) 639 0686
Außer Seafood, Fleisch und Salaten kann man hier den Blick auf den Sonnenuntergang genießen.

Vis-à-Vis-Tipp

BUCCOO: El Pescador $$$
Seafood
14 Miller's Street, Buccoo Village
(868) 631 1266
An der malerischen Buccoo Bay serviert El Pescador frischen Fisch und Seafood. Der Chefkoch ist Spezialist für karibische Fusionsküche und Desserts. Gäste können hier entspannen und einen vergnüglichen Abend verbringen.

Preiskategorien
Die Preise gelten für ein Zwei-Gänge-Menü pro Person mit einer halben Flasche Hauswein, inklusive Steuern und Service.

$	unter 20 US-Dollar
$$	20–50 US-Dollar
$$$	über 50 US-Dollar

BUCCOO: La Tartaruga $$$
Italienisch
Buccoo Bay Road
(868) 639 0940 — So
Neben italienischen Klassikern – auch für Vegetarier – gibt es hier eine sehr gute Weinauswahl.

CASTARA: The Boat House Restaurant $$
Karibisch
Depot Road, Little Bay
(868) 483 0964 — Sa
Das Lokal am Meer serviert u. a. frische Langusten. Mittwochs spielt gelegentlich eine Percussion- und Limbo-Band.

CROWN POINT: La Cantina $$
Italienisch
Milford Road, Store Bay
(868) 639 8242
Das beliebte Familienrestaurant serviert in fröhlicher Atmosphäre Pizza und Pasta.

LAMBEAU: Shore Things Café and Craft $$
Karibisch
Red Point, 25 Milford Road
(868) 635 1072 — Sa, So
Regionale Spezialitäten, Pizza, frische Säfte und der Ausblick sind die Highlights des Gartencafés am Meer.

SCARBOROUGH: Blue Crab $$
Karibisch
Ecke Robinson und Main Street
(868) 639 2737 — Sa, So
Das beliebte Restaurant in Familienbesitz serviert gutes Essen und dienstags Nachmittagstee.

SCARBOROUGH: Ciao Café $$
Italienisch
Burnett Street
(868) 639 3001
Das italienische Café ist bekannt für seine authentische neapolitanische Pizza, für Pasta und für sein hausgemachtes Eis.

SPEYSIDE: Jemma's Tree House Restaurant $$$
Karibisch
Main Street
(868) 660 4066 — Sa
Urlauber lieben die Gerichte mit frischem Fisch und Seafood, die man hier mit Blick aus Meer genießen kann.

Praktische Hinweise

Trinidad und Tobago sind komfortable Reiseziele. Der öffentliche, recht verlässliche Verkehr bietet mehrere Optionen, darunter die auf diesen Inseln einzigartigen Maxi-Taxis. Auch die Infrastruktur ist gut ausgebaut. Trinidad und Tobago sind im Vergleich mit anderen Inseln der Region kostengünstiger – das gilt vor allem für Trinidad, wo die Preise mehr auf Einheimische zugeschnitten sind als auf Urlauber. Shopping macht auf beiden Inseln Spaß, da es zahlreiche Läden für interessante Souvenirs gibt.

Beste Reisezeit

Die ideale Reisezeit ist zwischen Januar und Mai, wenn das Wetter am besten ist. Bis Mai ist es auf den Inseln recht trocken, die Regenzeit dauert dann von Juni bis Dezember. Auch im September, zur Zeit des Indian Summer, wenn die Flüge billiger sind, kommen Besucher nach Trinidad und Tobago.

Anreise

In Deutschland, Österreich und der Schweiz bieten u. a. **British Airways**, **Caribbean Airlines**, **Iberia**, **Lufthansa**, **Swiss** und **United Airlines** Flüge mit einem Zwischenstopp zum Piarco International Airport (POS) auf Trinidad an. Maschinen von British Airways und Iberia fliegen mit einem Zwischenstopp auch zum A. N. R. Robinson International Airport (TAB) auf Tobago. Fähren und Kreuzfahrtschiffe legen an Trinidads King's Wharf sowie in Scarborough auf Tobago an.

Einreise

Bürger der EU und der Schweiz benötigen für den Aufenthalt bis zu drei Monaten auf Trinidad und Tobago einen Reisepass, der noch mindestens sechs Monate gültig sein muss. Dies gilt auch für Kinder jeden Alters. Für Privatpersonen ist auf den Inseln das Tragen von militärischer oder militärähnlicher Kleidung strengstens verboten.

Information

Die Fremdenverkehrsbehörde von Trinidad und Tobago, die **Tourism Development Company**, betreibt an beiden internationalen Flughäfen Schalter und hat eine Vertretung in Deutschland.

Sicherheit und Gesundheit

Es gibt keine größeren gesundheitlichen Risiken auf Trinidad und Tobago. Auf beiden Inseln gibt es gute Krankenhäuser, etwa das **Port of Spain General Hospital** und das **Tobago Regional Hospital**.

In der Innenstadt von Port of Spain ist Kriminalität ein Problem, auf beiden Inseln werden hie und da Urlauber ausgeraubt. Seien Sie beim Verlassen des Piarco International Airport bei Dunkelheit vorsichtig, da auf dem Parkplatz und auf der Straße Diebe lauern könnten. Bestellen Sie für die Fahrt zum Hotel ein Taxi. Meiden Sie abends dunkle Viertel und einsame Strände.

Am A. N. R. Robinson International Airport, Tobago

Geldautomat auf Trinidad

Banken und Währung

Offizielle Währung ist der Trinidad-und-Tobago-Dollar (TT$). Der US-Dollar wird ebenfalls überall akzeptiert. Banken bieten die besten Wechselkurse. Geldautomaten sind weitverbreitet. Jene in den Flughäfen geben US- und TT-Dollar heraus. Kreditkarten werden meistens akzeptiert.

Kommunikation

Um von Trinidad und Tobago ins Ausland zu telefonieren, wählt man 011 und die Ländervorwahl (Deutschland: 49; Österreich: 43; Schweiz: 41). Wer aus Europa auf Trinidad und Tobago anruft, wählt 001, dann die Inselvorwahl 868 und die siebenstellige Rufnummer. Für Gespräche auf den Inseln selbst genügt die siebenstellige Rufnummer. Telefonkarten bekommt man in Supermärkten und kleinen Läden – viele Kartentelefone sind jedoch defekt. Mit Karten für günstige Auslandsgespräche kann man von jedem Festnetzanschluss telefonieren. Fürs Handy sind Prepaid-SIM-Karten erhältlich.

Verkehrsmittel

Auf Trinidad fahren alle Busse vom Busbahnhof City Gate in Port of Spains Innenstadt ab, ebenso die farbcodierten Maxi-

Maxi-Taxi, Port Of Spain, Trinidad

Taxis (20 Sitzplätze): gelbe (Port of Spain und Westen), rote (Ost-West-Verbindung), grüne (Zentrum und Süden), schwarze (Gegend um Princes Town) und braune (San Fernando). Auf Tobago fahren Busse am Depot an der Sangster Hill Road in Scarborough los. Routen-Taxis verkehren auf bestimmten Kurzstrecken. Am besten bittet man Anwohner um Hilfe bei der Taxiwahl.

Auf beiden Inseln gibt es zahlreiche Mietwagenfirmen. Die Fahrer müssen über 25 Jahre alt sein und einen gültigen Führerschein vorlegen. Große internationale Firmen wie **Thrifty** und **Hertz** haben Filialen auf beiden Inseln. Außerdem verleihen z. B. **Econo-Car**, **Auto Rentals**, **Rattan's** und **Sheppy's** Autos. Es ist anzuraten, vor Vertragsunterzeichnung den Zustand des Wagens zu überprüfen.

Shopping

Strohhüte, Schnitzereien aus Treibholz und Schmuck aus Muscheln und Perlen sind klassische Mitbringsel. CDs mit inseltypischer Musik sind in vielen Läden erhältlich. Hübsche Stoffe findet man in der Charlotte Street in Port of Spain.

Die Läden sind in der Regel wochentags von 8 bis 17.30 Uhr und samstags von 8 bis 17 Uhr, die Einkaufszentren montags bis samstags bis 21 Uhr und sonntags von 13 bis 17 Uhr geöffnet.

Sprache

Neben der Amtssprache Englisch sprechen die Menschen zum Teil auch Spanisch, Patois, Hindi und Chinesisch.

Strom

Die Stromspannung beträgt 110 Volt (zum Teil auch 220 V) mit 60 Hertz. Für mitgebrachte Elektrogeräte ist ein Adapter erforderlich.

Zeit

Die Atlantic Standard Time (AST) liegt fünf Stunden hinter der Mitteleuropäischen Zeit (MEZ), sechs Stunden hinter der Mitteleuropäischen Sommerzeit (MESZ).

Heiraten

Heiratswillige Partner können ab dem vierten Tag ihres Aufenthalts auf den Inseln eine Heiratsgenehmigung beantragen, wofür Reisepass und Scheidungs- oder Sterbeurkunden früherer Partner nötig sind. Agenturen wie **Tobago Weddings** erledigen die notwendigen Formalitäten.

Souvenirstand an der Northside Road, Tobago

Auf einen Blick

Anreise

British Airways
W britishairways.com

Caribbean Airlines
W caribbean-airlines.com

Iberia
W iberia.com

Lufthansa
W lufthansa.com

Swiss
W swiss.com

United Airlines
W united.com

Information

Tourism Development Company
29 Tenth Avenue, Barataria, Trinidad.
(868) 675 7034.

Deutschland
c/o Aviareps AG, Josephspitalstraße 15, 80331 München.
(089) 552 533 405.
W gotrinidadand tobago.com

Sicherheit und Gesundheit

Ambulanz und Feuerwehr
990.

Polizei
999.

Port of Spain General Hospital
Port of Spain, Trinidad.
(868) 623 2951.

Tobago Regional Hospital
Scarborough, Tobago.
(868) 639 2551.

Verkehrsmittel

Auto Rentals
(868) 675 7368 (Trinidad);
(868) 639 0644 (Tobago).

Econo-Car
W econocarrentalstt. com

Hertz
W hertz.com

Rattan's
Tobago.
(868) 639 8271.

Sheppy's
(868) 639 1543.
W tobagocarrental.com

Thrifty
W thrifty.com

Heiraten

Tobago Weddings
(868) 660 8063.
W tobagoweddings. com

Ein Porträt der ABC-Inseln

Aruba, Bonaire und Curaçao, die sogenannten ABC-Inseln, gehören zum karibischen Teil des Königreichs der Niederlande. Sie liegen in einer Reihe vor der Nordküste von Venezuela, weitab vom atlantischen Hurrikangürtel. Besucher finden auf den Inseln nicht nur eine wunderbare Mischung aus Naturlandschaften, herrlichen Stränden und Buchten, tollen Riffen und schöner Architektur vor, sondern auch erstklassige Läden und Casinos.

Die drei Inseln Aruba, Bonaire und Curaçao sind zerklüftete Landfragmente, die von Südamerika abbrachen, lange bevor Dinosaurier die Erde bevölkerten. Im Lauf der Zeit wuchsen rund um die Inseln Korallenriffe, die heute als Schutzbarrieren für die Strände sowie als Lebensraum vieler Meerestiere und Spielwiese von Tauchern fungieren.

Geschichte

Als Christoph Kolumbus und andere Europäer die Inseln im späten 15. Jahrhundert erforschten, lebte hier das indigene Volk der Caiquetio, das zur größeren Gruppe der Arawak gehörte. Die spanischen Eroberer hatten erwartet, auf den Inseln Gold zu finden. Als sie erkannten, dass es kein Gold und außerdem kaum Süßwasser gab, nahmen sie die Caiquetio gefangen, entführten sie als Plantagenarbeiter nach Hispaniola und gaben ihren Anspruch auf die Inseln auf.

Die Niederländische Westindien-Kompanie (West-Indische Compagnie, WIC) übernahm in den 1630er Jahren die Inseln, schuf ergiebige Plantagen und gründete erfolgreiche Geschäftszweige. Unter anderem importierte sie afrikanische Sklaven, bildete sie zu Haus- und Farmarbeitern aus und verkaufte sie an karibische und amerikanische Interessenten weiter. In jenen Tagen entwickelte sich die Sprache Papiamentu, eine Mischung aus Niederländisch, Spanisch, Portugiesisch und afrikanischen Sprachen. Heute sprechen die meisten Bewohner Papiamentu, Niederländisch ist die offizielle Landessprache. Im frühen 18. Jahrhundert lockten die Häfen und die gute Lage der Inseln Europäer an, die Wert legten auf einträgliche Handelsrouten und militä-

Gebäude im niederländischen Stil mit Freiluftcafés in Willemstad, Curaçao

Divi-Divi-Baum am Eagle Beach auf Aruba

Etwa 75 Prozent des Bruttoinlandsprodukts liefert der Fremdenverkehr, aber auch Öltransport, Bau- und Finanzwesen tragen einen großen Teil dazu bei. Die Arbeitslosenrate ist niedrig, der Lebensstandard höher als auf vielen anderen Karibikinseln. Es gibt gute Ausbildungschancen, einen stabilen Arbeitsmarkt und solide politische Verhältnisse.

rische Stützpunkte. Die Besitzer der Insel wechselten des Öfteren, doch um 1850 hatten die Niederlande die Kontrolle wiedererlangt. Als im Jahr 1920 vor der venezolanischen Nordküste Öl gefunden wurde, entstanden auf Aruba und Curaçao Raffinierien, in denen Arbeiter aus der ganzen Welt beschäftigt waren. Die Niederländer machten Curaçao zu einem der bedeutendsten Häfen der Karibik, züchteten Pferde auf Aruba und gewannen Salz auf Bonaire. Nach dem Zweiten Weltkrieg wurde den Inseln eine Teilautonomie zugesprochen.

Inseln heute

Der offizielle Status der ABC-Inseln ist kompliziert. Alle drei gehören als überseeische Gebiete zum Königreich der Niederlande und bildeten zusammen mit Sint Maarten, St. Eustatius und Saba die Niederländischen Antillen, die im Jahr 2010 aufgelöst wurden. Aruba hatte sich bereits 1986 offiziell von der Antillen-Gruppe getrennt. Aruba und Curaçao sind heute autonome Landesteile der Niederlande. Bonaire hat innerhalb der Niederlande den Status einer besonderen Gemeinde.

Kultur und Kunst

Musik, Tanz und bildende Künste sind feste Bestandteile des Insellebens. Das niederländische Erbe ist allgegenwärtig, vermischt sich jedoch mit englischen, spanischen und afrikanischen Einflüssen. Einheimische Künstler ziehen mit eindrucksvollen Skulpturen, die oft Afrikaner oder Niederländer darstellen, sowie mit Bildern in den sprühenden Farben der Karibik internationales Interesse auf sich. Auf allen Inseln wird alljährlich Karneval gefeiert, bei dem die mitreißende Musik – ein Mix aus Calypso und Tumba – sowie Straßentänze *(jump-ups)* im Mittelpunkt stehen.

Bunt kostümierte Kinder beim Karneval auf Curaçao

Überblick: ABC-Inseln

Aruba, Bonaire und Curaçao gehören seit 1634, als die Holländer sie den Spaniern abnahmen, zum Königreich der Niederlande. Die luxuriösen Ferienanlagen und Casinos an Arubas Stränden bieten viel Unterhaltung und Aktivitäten. Im unberührten Gewässer um Bonaire sind erstklassige Tauchreviere zu finden. Curaçao ist berühmt für die UNESCO-Welterbestätte Willemstad mit schönen niederländischen Bauten.

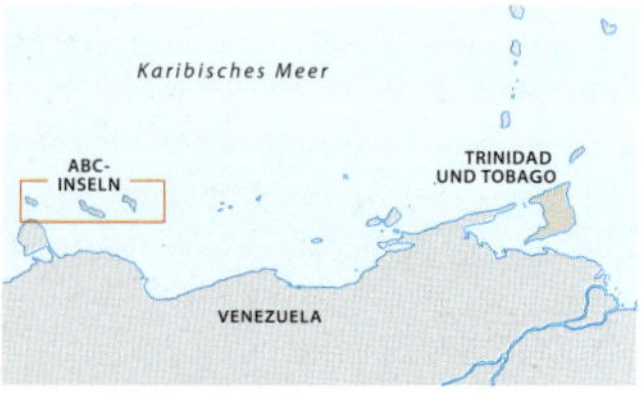

Zur Orientierung

Christoffel National Park
In diesem Öko-Park führen Naturpfade an Ruinen von Plantagengebäuden vorbei.

Arikok National Park
Diese trockene Gegend ist der Lebensraum von Wüstentieren und Zugvögeln.

Höhle im Christoffel National Park, Curaçao

Auf einen Blick: ABC-Inseln

Politik: Aruba und Curaçao sind autonome Landesteile, Bonaire eine besondere Gemeinde der Niederlande (keine EU-Gebiete).
Sprache: Niederländisch, Papiamentu, weitverbreitet sind Englisch und Spanisch.
Währung: Aruba: Aruba-Florin (Afl); Bonaire: US-Dollar (US$); Curaçao: Antillen-Gulden (ANG).
Mobilfunk: Verfügbar auf allen drei Inseln sind: GSM/GPRS 900 MHz (wie in D, A, CH), UMTS 2100 MHz (wie in D, A, CH).
Strom: Aruba: 115 V/60 Hz, Adapter: ja; Bonaire und Curaçao: 127 V/50 Hz, Adapter: ja.

Weitere Zeichenerklärungen *siehe hintere Umschlagklappe*

Die breite Konigin Emmabrug in Willemstad, Curaçao

Washington Slagbaai National Park
Das älteste Naturschutzgebiet der ABC-Inseln umfasst zwei der größten Plantagen der Insel: Washington und Slagbaai.

Curaçao Sea Aquarium
Im riesigen Komplex des Curaçao Sea Aquarium leben mehr als 400 Meeresbewohner.

Pekelmeer
Pekelmeer an Bonaires Südspitze ist ein Schutzgebiet für Flamingos, die zum Nisten von Venezuela hierher fliegen.

0 Kilometer 10

Legende
- Hauptstraße
- Nebenstraße
- Gipfel

Sehenswürdigkeiten auf einen Blick

1. Oranjestad
2. California-Dünen und Leuchtturm
3. Palm Beach
4. Eagle Beach
5. Arikok National Park
6. *Willemstad S. 484f*
7. Curaçao Sea Aquarium
8. Christoffel National Park
9. Kralendijk
10. Rincón
11. Washington Slagbaai National Park
12. Kaminda Goto
13. Pekelmeer

Auf den ABC-Inseln unterwegs

Auf dem Queen Beatrix International Airport auf Aruba sowie auf dem Bonaire International Airport und dem Curaçao International Airport werden täglich internationale Flüge sowie Flüge zu anderen Karibikinseln abgefertigt. Fähren sind aufgrund der großen Entfernungen zwischen den Inseln und der unvorhersehbaren Bedingungen auf See keine praktischen Verkehrsmittel. Auf Aruba verbinden Buslinien den Flughafen, Oranjestad und die Ferienorte an der Westküste. Bonaire hat überhaupt keine öffentlichen Verkehrsmittel, auf Curaçao fahren ein paar Busse und Kleinbusse, am besten nimmt man sich jedoch einen Mietwagen. Taxis sind auf allen drei Inseln verfügbar.

Ganz in Pink – die Royal Plaza Mall in Oranjestad auf Aruba

❶ Oranjestad

Westküste von Aruba. 30 000. Kreuzschifffahrtshafen. L. G. Smith Boulevard, (297) 582 3777. tägl. am Hafen. Bonbini Festival (Do). **aruba.com**

Im Zentrum der Hauptstadt von Aruba liegt der Yacht- und Kreuzschifffahrtshafen im holländischen Kolonialstil mit bunten Läden und Restaurants. Der Lloyd G. Smith Boulevard, die Hauptverkehrsstraße, verläuft am Meer entlang und verbindet die Stadt mit den Feriengebieten an der Nordwestküste. Besondere Attraktionen gibt es in Oranjestad nicht, die Stadt bietet aber eine nette Abwechslung während des Strandurlaubs.

Am südlichen Stadtrand liegt das Fort Zoutman, das 1796 erbaut und nach einem niederländischen Admiral benannt wurde. Der Willem III Tower von 1868, der besterhaltene Teil der Festung, diente früher als Leuchtturm. Gegenüber dem Fort, direkt am Meer, liegt die Renaissance Mall mit mehr als 100 schicken Läden und Boutiquen. Ein Stück von der Küste entfernt zeigt das **Archäologische Museum** 4500 Jahre alte Steinwerkzeuge, die man in Arikok und Sero Muskita fand, und menschliche Knochen der Caiquetio, der ersten Inselbewohner.

Das **Münzmuseum** (Museo Numismático) zeigt eine ausgesprochen interessante Kollektion alter Münzen, welche der Sammelleidenschaft der Familie Mario Odor zu verdanken ist. Zu besichtigen sind ungefähr 40 000 Münzen aus 400 Ländern. Zu jedem einzelnen Exponat gibt es eine Beschreibung.

Archäologisches Museum
Schelpstraat 42. (297) 582 8979. Mo–Fr 8–12 Uhr, 13–16 Uhr.

Münzmuseum
Weststraat 7. (297) 582 8831. Mo–Do 9–16 Uhr, Fr 9–13 Uhr, Sa 9–12 Uhr.

❷ California-Dünen und -Leuchtturm

11 km nördl. von Oranjestad, Aruba.

Die Hauptstraße an der Westküste führt zum California-Leuchtturm an der Nordspitze von Aruba. Hinter der Stadt Malmok erstreckt sich ein erhöhter Landabschnitt, von den Einheimischen *hudishibana* (in der von den Caiquetio verwendeten Sprache) genannt, häufig aber als California-Dünen bezeichnet. Hügel aus weißem Sand bestimmen die wüstenartige Landschaft rund um den Leuchtturm, der 1914–16 nach Entwürfen eines französischen Architekten erbaut wurde. Benannt wurde der Turm nach der SS *California*, einem fünfmastigen Holzschiff, das im späten 19. Jahrhundert vor der Küste sank und heute ein beliebter Tauchplatz ist. Der Leuchtturm selbst ist nicht zugänglich, aber schon der Blick vom erhöhten Fundament über die Dünen und den Tierra del Sol Resort & Golf Club *(siehe S. 494)* ist phänomenal. Besonders schön ist es hier bei Sonnenuntergang.

Blick durch Kakteen auf den California-Leuchtturm

Hotels und Restaurants auf den ABC-Inseln *siehe Seiten 496–498 und 499–501*

Festgemachte Boote am Palm Beach, Aruba

❸ Palm Beach

6 km nördl. von Oranjestad, Aruba.

Palm Beach – einer der schönsten Strände der Welt – ist ein langer weißer Sandstrand mit luxuriösen Ferienanlagen, Restaurants, Strandbars und Wassersportangeboten. Zu den extravaganten Urlaubsdomizilen gehören drei Marriott-Komplexe, die sich am nördlichen Ende des Strands über reizende Gärten mit tropischen Vögeln erstrecken. Das Divi Aruba Phoenix Beach Resort belegt den südlichsten Teil des Strands vor einem felsigen Küstenabschnitt, der den Palm Beach vom Eagle Beach trennt.

In der **Butterfly Farm** *(siehe S. 488)* gleich gegenüber dem Resort flattern 40 Schmetterlingsarten, deren Lebenszyklus man auf interessanten Führungen kenenlernt. Südlich der Hotelhochhäuser am Palm Beach liegt in einem Marschgebiet das Bubali Bird Sanctuary. Das Schutzgebiet zieht Hunderte von Zugvögeln sowie Hobby-Ornithologen an.

Butterfly Farm
J. E. Irausquin Boulevard, Oranjestad. (297) 586 3656. tägl. 9–16 Uhr.
thebutterflyfarm.com

❹ Eagle Beach

3 km nördl. von Oranjestad, Aruba.

Ein überwucherter felsiger Küstenabschnitt trennt den malerischen Eagle Beach vom Palm Beach. Während Palm Beach für Aktivitäten und Spaß bekannt ist, geht es am Eagle Beach geruhsamer zu. Motorisierte Wasserfahrzeuge sind verboten. An Picknicktischen im Schatten sitzen einheimische Familien und Gäste nahe gelegener Resorts. Im ruhigen Wasser vor dem weißen Sandstrand kann man herrlich schwimmen. Es gibt weniger Bars und Restaurants als am Palm Beach, die Hotels sind nicht höher als die Schatten spendenden Palmen. Viele Anlagen bemühen sich mit dem »Green Globe Program« um nachhaltigen Fremdenverkehr.

❺ Arikok National Park

12 km östl. von Oranjestad, Aruba. National Park Office, Santa Cruz, (297) 585 1234. Hütte am Eingang: tägl. 7–17 Uhr; Park: tägl. 24 Std. am Eingang zu den Höhlen.

Der Eingang zu diesem Öko-Park liegt abseits des Highway 7 A/B, östlich der Stadt Santa Cruz. Der Park schützt ein weitläufiges Gelände, das im Osten ans Meer grenzt. Ein 33 Kilometer langes Netz markierter Wanderwege führt durch das Gebiet mit heimischer Flora, darunter Divi-Divi-Bäume, seltene Kakteen, Aloe-Vera-Pflanzen und blühende Büsche. Im Park leben *conejos* (Kaninchen), *kododo blauw* (Rennechse) und die *cascabel* (Klapperschlange).

Ein Weg führt vom Eingang zum Cunucu Arikok, einem teilrestaurierten Bauernhof am Fuß des 150 Meter hohen Hügels Cero Arikok mit der Radarstation des Flughafens. Das typische Bauernhaus aus Lehmziegeln ist von den Resten eines Kaktuszauns und einer Steinmauer umgeben.

Von der Straße am Eingang führt ein vier Kilometer langer Weg zum höchsten Punkt der Insel, dem 192 Meter hohen Mount Jamanota. Auf derselben Straße gelangt man zur Küste mit ihren Sanddünen. Der Dos-Playa-Strand hier ist aufgrund starker Strömungen nicht zum Schwimmen geeignet, aber Fotografen lieben die Landschaft und den Blick aufs Meer. An einer kleinen Snackbar kann man sich stärken.

Von der Bar führt eine Straße zu den Fontein Caves. Die Wände und Decken dieser Höhlen zieren schöne Felsenzeichnungen der ursprünglichen Einwohner. In der Nähe liegt der Fontein Garden mit einem Plantagenhaus aus dem 19. Jahrhundert und einem Museum für alte Werkzeuge.

Dos-Playa-Strand am Rand des Arikok National Park an Arubas Ostküste

❻ Im Detail: Willemstad

Die Hauptstadt von Curaçao ist seit 1997 UNESCO-Welterbestätte. Architekturstile aus der Zeit der holländischen Kolonisation der ABC-Inseln im 17. Jahrhundert prägen den älteren Teil der Stadt. Sint Annabaai, ein Kanal zwischen dem Meer und dem inneren Hafenbecken, teilt die Innenstadt in das Wohnviertel Otrobanda und das Geschäftszentrum Punda. Die viel fotografierte Konigin Emmabrug, eine schwimmende Pontonbrücke, kann zur Seite geschwenkt werden, um Schiffe passieren zu lassen.

Jahrhundertealte Häuser in Punda

★ Konigin Emmabrug
Das Wahrzeichen von Willemstad wurde 1888 von dem amerikanischen Geschäftsmann Leonard B. Smith entworfen.

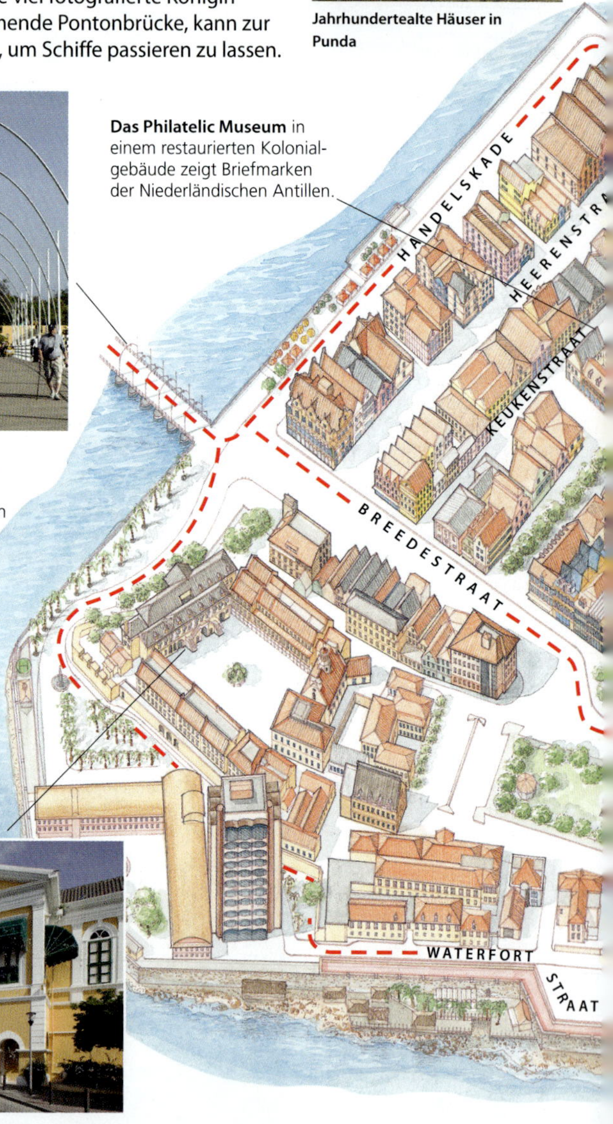

Das Philatelic Museum in einem restaurierten Kolonialgebäude zeigt Briefmarken der Niederländischen Antillen.

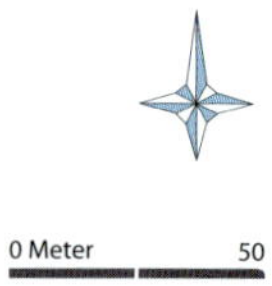

★ Fort Amsterdam
Das 1635 errichtete Fort Amsterdam beherbergt heute Verwaltungsbüros. Die Fassade ist in den traditionell kräftigen Farben holländischer Kolonialarchitektur bemalt. In der Südwestmauer der alten Fort-Kirche, heute ein Museum, steckt noch immer eine englische Kanonenkugel.

Hotels und Restaurants auf den ABC-Inseln *siehe Seiten 496–498 und 499–501*

Schwimmender Markt
Händler aus Venezuela verkaufen hier direkt von ihren Booten Waren wie frischen Fisch, Fleisch, Tropenfrüchte, Gemüse und Gewürze.

Infobox

Information
Südwestküste von Curaçao. 125 600. Pietermaai 19, (5999) 434 8200. Karneval (Feb/März). **curacao.com**

Anfahrt
Kreuzschifffahrtshafen.

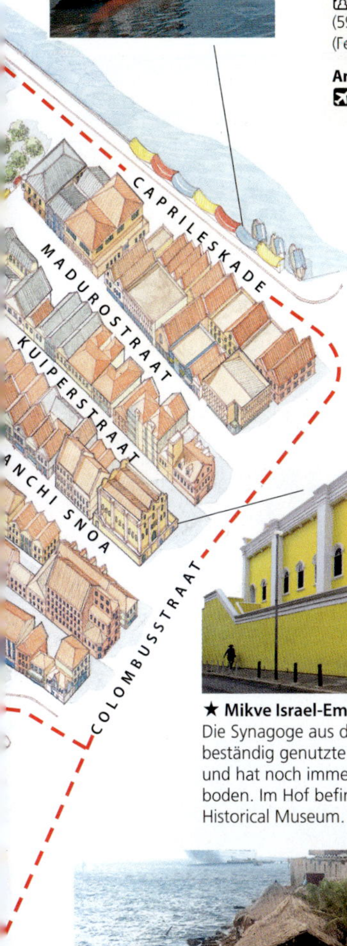

Legende
— Routenempfehlung

★ **Mikve Israel-Emanuel Synagogue**
Die Synagoge aus dem Jahr 1674 ist die älteste beständig genutzte Synagoge der Neuen Welt und hat noch immer den ursprünglichen Sandboden. Im Hof befindet sich das Jewish Cultural Historical Museum.

Waterfort
Das 1634 gebaute und 1827 renovierte Waterfort ist heute eine lebhafte Gegend mit Läden und Restaurants mit Blick aufs Meer. Viele der Originaltürme und -bogen sind noch zu sehen.

7 Curaçao Sea Aquarium

5 km südöstl. von Willemstad, Curaçao. (5999) 461 6666. tägl. 8.30–17.30 Uhr. **curacao-sea-aquarium.com**

In diesem Komplex an einem Strand können über 400 Meerestiere in ihrer natürlichen Umgebung betrachtet werden. Streichelbecken erlauben hautnahen Kontakt mit Seesternen, Fechterschnecken und Seeigeln. Im Rahmen des Animal Encounter Program können Besucher aller Altersstufen mit Rochen, Haien und Schildkröten schnorcheln oder tauchen sowie mit Delfinen und Seelöwen schwimmen. Kinder erfahren, wie Riffe erhalten werden, und lernen gefährdete Arten aus der Nähe kennen. Am benachbarten Seaquarium Beach wird Wassersportausrüstung verliehen.

8 Christoffel National Park

40 km nordwestl. von Willemstad, Curaçao. (5999) 864 0363. Mo–Sa 7–16 Uhr, So 6–15 Uhr. **carmabi.org**

Der Christoffel National Park über drei ehemalige Plantagen ist Curaçaos wichtigstes Umweltschutzgebiet. Am Eingang zeigt das Savonet Museum im Rahmen geologischer und archäologischer Ausstellungen die Naturschätze und die Geschichte der Insel. Vier markierte Wege schlängeln sich durch den 18 Quadratkilometer großen Park. Wer den 370 Meter hohen Mount Christoffel erklimmt, wird mit der Aussicht über die raue Landschaft belohnt. Farbig markierte Routen führen zu besonderen Stätten im Park, wie etwa zur Küste an der Luvseite mit ihren uralten Felszeichnungen und Höhlen in den Klippen. Eine andere Route beginnt in Piedra de Monton und windet sich, vorbei an Hügeln voller Wildorchideen, zu den Buchten Santa Marta Bay und Seru Bientu.

Promenade in Kralendijk, der Hauptstadt von Bonaire

❾ Kralendijk

Westküste von Bonaire.
15 000. Kreuzschifffahrtshafen. Tourism Corporation Bonaire 2, (599) 717 8322.
Lebensmittelmarkt am Pier, Handwerkermarkt im Wilhelmina Park. **tourismbonaire.com**

Bonaires Hauptstadt Kralendijk ist eigentlich ein großes Dorf mit relaxtem Flair an der kurvigen Westküste der Insel. Da Kralendijks Hauptstraße parallel zur Küste verläuft, findet man sich leicht zurecht. Am besten erkundet man die Stadt zu Fuß. Wenn ein Kreuzfahrtschiff im Hafen liegt, verwandeln sich die engen Straßen in einen Open-Air-Markt für Kunst und Kunsthandwerk aus der Region. In einem Freiluftgebäude nahe dem Pier findet täglich ein Lebensmittelmarkt statt. Die meisten Läden und Restaurants residieren in zwei Straßen: Kaya Craane mit einer schönen Uferpromenade und Kaya Grandi, einen Block vom Meer entfernt.

Das Fort Oranje steht am südlichen Ende der Innenstadt Wache. Das 1639 von den Niederländern errichtete Bauwerk ist eines der ältesten auf Bonaire. Vier Kanonen verteidigten es gegen Engländer, Spanier und Franzosen. Der Steinturm wurde 1932 hinzugefügt. Heute befinden sich in der Festung Büros der Behörden. Das hübsche zweistöckige goldgelbe Haus daneben stammt ebenfalls aus dem 19. Jahrhundert und ist ein gutes Beispiel holländisch-karibischer Bauweise. Besonders schön ist die vordere Veranda. Auch in diesem Gebäude, bekannt als Bestuurskantoor (Regierungsbüro), haben Ämter ihren Sitz. Beide historische Gebäude sind nicht öffentlich zugänglich.

Das **Terramar Museum** in Kralendijk liegt direkt am Meer. Das archäologische Museum widmet sich der Geschichte von Bonaire und der Karibik mit Fundstücken und interaktiven Vorführungen. Das historische Haus selbst ist unter dem Namen Van der Dijs bekannt und von einem Wohn- und Shoppingkomplex umgeben.

Wegweiser in Kralendijk, Bonaire

Terramar Museum
Kaya J. N. E. Craane 24, Kralendijk.
(599) 780 4327.
terramarmuseum.com

❿ Rincón

18 km nordwestl. von Kralendijk, Bonaire. 2000.
Dia di Rincón (30. Apr).
rincon.nl

Rincón (spanisch für Ecke), Bonaires älteste Ortschaft, ist reich an Lokalkolorit. Die Spanier gründeten Rincón Ende des 16. Jahrhunderts als sichere Siedlung im Inselinneren, außerhalb der Sichtweite von Piraten. Später wohnte hier eine Gemeinde ehemaliger Sklaven. In Rincón kamen viele politische und kommerzielle Köpfe der Insel zur Welt. Alljährlich 30. April richten die Einwohner ihren Dia di Rincón aus. Den ganzen Tag lang wird gefeiert, es gibt Musik, regionales Kunsthandwerk und *Crioyo*-Gerichte.

Dazu tanzen Menschen in Kostümen durch die Straßen. In der Dorfmitte erhebt sich die imposante San Luis Beltrán Church, die als historisches Denkmal gilt, auch wenn das heutige Bauwerk erst im Jahr 1984 auf den Ruinen der alten Kirche fertiggestellt wurde. Die ursprünglich bereits 1861 erbaute Kirche war im Jahr 1907 von einem gewaltigen Hurrikan zerstört worden.

Die katholische San Luis Beltrán Church in Rincón, Bonaire

Hotels und Restaurants auf den ABC-Inseln *siehe Seiten 496–498 und 499–501*

Renovierter Aloe-Ofen, Washington Slagbaai National Park

⑪ Washington Slagbaai National Park

26 km nordwestl. von Kralendijk, Bonaire. Parkeingang, (599) 717 8444. tägl. 8–17 Uhr. Weihnachten, 1. Jan. **stinapabonaire.org**

Der 66 Quadratkilometer große Nationalpark nimmt etwa 20 Prozent von Bonaires nördlicher Hälfte ein. Auf dem Gelände der ehemaligen Plantagen Washington und Slagbaai findet man Tauchplätze, Wanderwege, Straßen, Salzpfannen und einen See. Auf den Plantagen, in Papiamentu *cunucus* genannt, wurden die inseltypischen Divi-Divi-Bäume, aus deren Hülsen Tannin zum Gerben von Tierfellen gewonnen wurde, und Aloe-Vera-Pflanzen, deren Saft als Abführmittel verwendet wurde, angebaut.

Die Washington-*cunucu* wurde 1969 zum öffentlichen Park erklärt. Als die Slagbaai-Plantage 1979 eingegliedert wurde, entstand das erste Naturschutzgebiet der ABC-Inseln. Papageien, Sittiche, Flamingos und Leguane sind nur ein paar der vielen endemischen Arten im Park. Die Strände dienen allen vier Spezies der karibischen Meeresschildkröte als Nistplätze, zudem ist der Park Mitglied der Ramsar-Konvention, eines internationalen Abkommens zum Schutz von Feuchtgebieten und deren Bewohnern. Das Besucherzentrum am Parkeingang präsentiert gut erhaltene Originalbauten aus der Plantagenzeit. Hier bekommt man Wegekarten und Informationen. Ein Museum im früheren Hauptgebäude zeigt historische, archäologische und geologische Exponate über die Insel und erklärt die heimische Flora und Fauna.

Die Highlights des Parks sind der 238 Meter hohe Brandaris Hill, Bonaires höchster Gipfel, Pos di Mangel, ein guter Platz für Vogelbeobachter, Boca Chikitu, eine felsige Bucht mit Sanddünen, sowie Wayaka und Boca Slagbaai, die besten Strände zum Schnorcheln. Zwei Feldwege winden sich durch den Park: Yellow, ein 33 Kilometer langer Bogen an der Nordküste, und der 24 Kilometer lange Green, der durch das Parkinnere führt. Naturliebhaber bevorzugen die Wanderwege, die beim Besuchereingang beginnen, sowie die Rad- und Wanderpfade auf den Brandaris und Pos di Mangel. Der Süßwassersee bei Pos di Mangel zieht große Vogelschwärme an.

Die felsige Küste bei Boca Chikitu, Washington Slagbaai National Park, Bonaire

⑫ Kaminda Goto

15 km nordwestl. von Kralendijk, Bonaire.

Kaminda Goto ist eine Straße am Ufer des Lake Goto (Gotomeer) an der Südwestgrenze des Nationalparks. Von der Straße zum landumschlossenen Salzwassersee Goto hat man exzellenten Blick auf die Schwärme von Flamingos, die hier nisten. Die Vögel sind scheu, aber vor allem am Fressen und Putzen interessiert, weshalb man mit Geduld nahe an diese faszinierenden Tiere herankommen kann. Bänke am gepflasterten Aussichtspunkt Salina Grande laden dazu ein, sich zu setzen und die Vögel zu beobachten.

⑬ Pekelmeer

21 km südl. von Kralendijk, Bonaire.

Pekelmeer im äußersten Süden Bonaires ist ein Schutzgebiet für die Südkaribischen Flamingos. Viele fliegen vom 80 Kilometer entfernten Venezuela zum Nisten hierher. In der Brutzeit schlüpfen dann bis zu 2500 Küken. Die 30 Zentimeter hohen und etwa 60 Zentimeter breiten Nester sind leicht auszumachen.

Auch andere Vögel haben hier ihre Nist- und Futterplätze, darunter Reiher, Fischadler und weitere Meeresvögel. Der Morgen und der Spätnachmittag sind die besten Zeiten, um die Vögel im Flug zu sehen. Um sie nicht zu stören, müssen Besucher im Auto bleiben.

Ausflüge auf den ABC-Inseln

Aruba, Bonaire und Curaçao sind so klein, dass sie jeweils an einem Tag erkundet werden können. Kreuzfahrtpassagiere können alle Sehenswürdigkeiten absolvieren und trotzdem rechtzeitig zum Abendessen wieder an Bord sein. Besucher mit mehr Zeit fahren geruhsamer über die Inseln und halten an attraktiven Orten. Agenturen bieten verschiedene Exkursionen, auch viele Taxifahrer sind gute Fremdenführer. Am besten ist es jedoch, auf eigene Faust loszufahren. Die Hauptstraßen sind geteert, Nebenstraßen führen oft durch zerklüftetes Terrain.

⑦ **Die mysteriösen Casibari-Felsformationen, Aruba**

Aruba

Aruba ist eine Schönheit mit zwei Gesichtern: glamouröse Strände und Ortschaften an der Westküste, kuriose Felsformationen im sengend heißen Inselinneren. Fünf Kilometer von Oranjestad entfernt liegt die **Butterfly Farm** ①, ein von einem Netz umschlossener Garten mit Schmetterlingen aus aller Welt *(siehe S. 483)*. Morgens sind die Tiere am aktivsten. Drei Kilometer östlich liegt das Dorf Noord. Seine kleine **Santa Anna Church** ② ist für Hochzeiten beliebt. Den soliden neugotischen Eichenaltar zimmerte der Niederländer Hendrik van der Geld in den 1870er Jahren. Etwa vier Kilometer nordöstlich von Noord steht die kleine, gelb gestrichene **Chapel of Alto Vista** ③. Die als Wallfahrtskirche bekannte Kapelle ist eines der meistfotografierten Gebäude der Insel. Das von einheimischen Indianern und spanischen Siedlern errichtete Bauwerk entstand 1952 neu. Es steht auf einem beeindruckenden Felsvorsprung über dem Meer, die schmale Straße säumen weiße Kreuze. Zehn Kilometer östlich von Noord findet man die **Bushiribana Gold Mine Ruins** ④. Ein Steinhaufen und eine bröckelnde Mauer ist alles, was von der Aruba Island Gold Mining Company übrig ist, aber der Blick von hier ist grandios. Die **Boca Andicuri Natural Bridge** ⑤ liegt östlich von Bushiribana. Der berühmte Kalksteinbogen brach 2005 unerwartet zusammen, zieht aber noch immer die Neugier auf sich. Eine weitere natürliche Brücke steht im Süden der Andicuri Bay. Die **Ayo-Felsformationen** ⑥, drei Kilometer von Andicuri im Inselinneren, ähneln Bildern von fremden Planeten. Geologen rätseln über ihre Entstehung auf der ansonsten flachen Insel. In Höhlen in der Nähe hinterließen frühe Anwohner Felsenzeichnungen. Ähnliche Felsbrocken findet man in den **Casibari-Felsformationen** ⑦, etwa drei Kilometer weiter im Inselinneren.

③ **Die zauberhafte Chapel of Alto Vista überblickt die Nordküste**

Weitere Details über Autotouren *siehe »Information« Seiten 502f*

Curaçao

Die Einheimischen nennen den östlichen Teil Curaçaos Banda Riba, »Gegenwind«. Über die Landschaft verteilen sich Wohngebiete, Yachthäfen und ein paar Ferienanlagen. Auf den Hügeln stehen rund 70 *landhuizen* (alte Plantagenhäuser) im niederländischen Kolonialstil. Salina Ariba, drei Kilometer östlich von Willemstad, ist Sitz der **Senior Curaçao Liqueur Distillery** ①. Die Brennerei im Landhuis Chobolobo (17. Jh.) stellt ihren berühmten Likör aus getrockneten Orangenschalen noch immer mit Geräten aus dem 19. Jahrhundert her. Auf Führungen wird der Produktionsprozess erklärt. Verkauft wird der Likör im Geschenkeladen. Fünf Kilometer von Willemstad liegen **Spanish Water und Caracasbaai** ②. Die Orte sind bei jungen Einheimischen und Yachtbesitzern beliebt. Man kann im Landhuis Brakkeput Mei Mei in Spanish Water essen und das Fort Beekenburg in Caracasbaai besichtigen. Zehn Kilometer östlich der Hauptstadt lockt Kräuterduft in **Dinah's Botanic and Historic Garden (Den Paradara)** ③ mit heimischen Gewächsen, die seit Jahrhunderten als Heilpflanzen genutzt werden. Hier gibt es ein Modelldorf der Amazonas-Indianer. Die **Ostrich and Game Farm** ④, die größte Straußenfarm außerhalb Afrikas, liegt elf Kilometer östlich von Willemstad. In Jeeps werden die Besucher nahe an die größten Vögel der Welt herangefahren und dürfen sie füttern. Der African Art Shop verkauft handgefertigte Waren aus Afrika. Die **Hato Caves** ⑤, sieben Kilometer nördlich von Willemstad, entstanden vor Jahrmillionen, als Curaçao noch unter Wasser lag. Hier gibt es unterirdische Wasserfälle, einen See und Höhlen mit Stalagmiten, Stalaktiten und Fledermäusen.

③ **Dinah Veeris in ihrem Botanic and Historic Garden**

Curaçao-Likör

Bonaire

Bonaires sonnendurchflutete Landschaften bieten viele natürliche Attraktionen. Auf einer Fahrt über die Insel entdeckt man weite, wüstenhafte Flächen mit überraschend schönen Flecken. Im **Donkey Sanctuary** ① vier Kilometer südlich von Kralendijk finden alte, verletzte oder verwaiste Esel unter Leguanen, Schildkröten und Vögeln eine Zuflucht. Der **Rooi Lamoenchi Kunuku Park** ② sieben Kilometer östlich von Kralendijk ist eine der besterhaltenen alten Plantagen *(kunuku)* Bonaires. Führungen beinhalten die Besichtigung des alten Wohnhauses, der Aloe-Vera-Felder und der Gärten voller heimischer Pflanzen und Tiere. Das **Mangrove Information Center** ③ an der Lac Bay, sieben Kilometer südöstlich der Hauptstadt, arbeitet mit dem Zoo in Rotterdam zusammen, um den bedrohten Lebensraum Mangrovenwald zu erforschen. Auf Kajak- oder Bootstouren mit Führer lernt man diesen Platz kennen. Kleine Steinhütten, die einst als Sklavenquartiere dienten, stehen in **Witte Pan** ④, elf Kilometer südlich von Kralendijk an der Küstenstraße. Im 19. Jahrhundert waren holländische Unternehmen, die hier Salz gewannen und nach Europa exportierten, auf die Arbeit der Sklaven angewiesen, die zu fünft oder zu sechst in diesen Hütten auf dem Boden schliefen.

Sport und Aktivurlaub

Viele Besucher der Inseln Aruba, Bonaire und Curaçao planen ihren Aufenthalt rund um bestimmte sportliche Aktivitäten. Während Aruba viele Urlauber anzieht, die einfach am Strand liegen und ein Buch lesen möchten, ist Bonaire ist ein Paradies für abenteuerlustige Taucher und Schnorchler. Curaçao wiederum ist für all jene ideal, die den Strandurlaub gern für Ausflüge zu den Attraktionen der Insel unterbrechen. Die Veranstalter auf den drei Inseln haben auch aufregende Naturerlebnisse, wie etwa nächtliche Kajakfahrten durch Mangroven oder Schnorcheln durch Höhlen an den Küsten, sowie Sightseeing und Motorradausflüge im Programm.

Palm Beach, Aruba, einer der belebtesten Strände der drei Inseln

Strände

Aruba hat von den drei Inseln die besten Strände und das quirligste Strandleben. Palm und Eagle Beach *(siehe S. 483)* sind die bekanntesten, Arashi und Malmok Beach im Norden sind weniger bevölkert. Am Hadicurari Beach, zwischen Malmok und Palm Beach, findet alljährlich ein Wettbewerb im Windsurfen statt. Im Süden ist der Sereo Colorao bei Familien beliebt. Die Strände an der Luvküste sind meist felsig, wegen der starken Strömung ist das Schwimmen gefährlich.

Auch vor Curaçaos Stränden an der Luvseite herrscht starke Strömung. An der Leeküste ist der Sand häufig mit Korallen vermischt. Der Mambo Beach bei Willemstad ist ein lang gezogener weißer Sandstrand, Jan Thiel Beach hat dagegen wenig Sand, aber Betonpiers zum Sonnenbaden. Ganz im Nordwesten liegt der für seine hohen Klippen bekannte Westpunt Beach. Am Knip Bay Beach weiter südlich findet man besseren Sand.

Die Strände des Taucher-Eldorados Bonaire sind zumeist felsig. Te Amo Beach jedoch präsentiert schönen weißen Sand und ist ideal zum Schnorcheln. Playa Funchi hat weit im Meer draußen eine starke Strömung, näher am Strand findet man schöne Korallen und viele Fische. Der Strand Lac Cai ist voller Muscheln und am Wochenende bei Einheimischen beliebt. Der Pink Beach zählt, weil er durch die roten Korallenstückchen im Sand in der Nachmittagssonne rosarot scheint, zu den eindrucksvollsten Stränden der Karibik. Auf Klein Bonaire, einer Insel vor Kralendijk, findet man den schönen Palmenstrand No Name Beach, zu dem man mit dem Wassertaxi gelangt.

Wegweiser, Palm Beach, Aruba

Tauchen und Schnorcheln

Bonaire gilt als bestes Tauch- und Schnorchelziel der südlichen Karibik, hauptsächlich aufgrund seiner geschützten Unterwasserparks. Vor der Küste fällt der Meeresboden steil ab – man kann direkt vom Strand aus tauchen. Auch Curaçao hat geschützte Tauchreviere mit großen Korallenformationen, in denen unzählige Tiere leben. Die beliebtesten Plätze haben flache Riffe mit jähen Tauchwänden. Aruba ist für seine versunkenen Wracks bekannt, darunter mehrere Schiffe, die im Zweiten Weltkrieg mit Torpedos beschossen wurden, und zwei Flugzeuge, die versenkt wurden, um künstliche Riffe zu schaffen.

Auf allen drei Inseln gibt es ambitionierte Programme zur Erhaltung und Pflege der Korallenriffe und zum Schutz der Meeresbewohner. Besucher werden ermahnt, nicht auf die Korallen zu treten oder in geschützten Bereichen den Anker zu werfen. Da alle Meereskreaturen unter Schutz stehen, ist Angeln und Muschelsammeln verboten. Die Sicht unter Wasser ist überall sehr gut. Schnorchler können Riffe und Fische in bis zu 15 Meter Tiefe sehen. Taucher berichten von Sichtweiten von mehr als 30 Metern, außer bei Sturm. Die Veranstalter **Bonaire Dive & Adventure**, **Red Sail Sports**, **Ocean Encounters** und **Dive Aruba** bieten Schnorchel- und Tauchausflüge an.

Sporttaucher bereiten sich auf einen Tauchgang vor Aruba vor

Tauchen vor Bonaire

Bonaires National Marine Park bewahrt einige der besterhaltenen Riffe der Welt. Taucher können über 80 Plätze erkunden, 54 davon befinden sich in Küstennähe. Das Meer vor der Westküste ist durch die umgedrehte C-Form der Insel geschützt und bietet hervorragende Bedingungen für Tauchschüler. Die Tauchreviere an den weniger geschützten Küsten im Nordwesten und Süden sind eher für erfahrene Taucher ideal. Da es selten regnet und noch seltener Stürme das Meer aufwühlen, beträgt die Sichtweite unter Wasser fast immer mindestens 30 Meter. Vielerorts gibt es schöne Riffe, die bis zu 60 Meter Tiefe reichen und Bonaire zum bevorzugten Urlaubsort von Tauchprofis machen.

Unterwasserwelt

Korallen wachsen nahe der Küste in relativ seichtem Wasser, wodurch Schnorchler eine wunderbare Vielfalt an tropischen Fischen, Rochen usw. sehen können.

Karibische Riffkraken sind nachts leicht auszumachen, da ihre blaugrüne Haut das Licht reflektiert und sie in seichtem Wasser fressen.

Elchgeweihkorallen tragen ihren Namen wegen ihrer geweihähnlichen Zweige, die bis zu zehn Zentimeter pro Jahr wachsen.

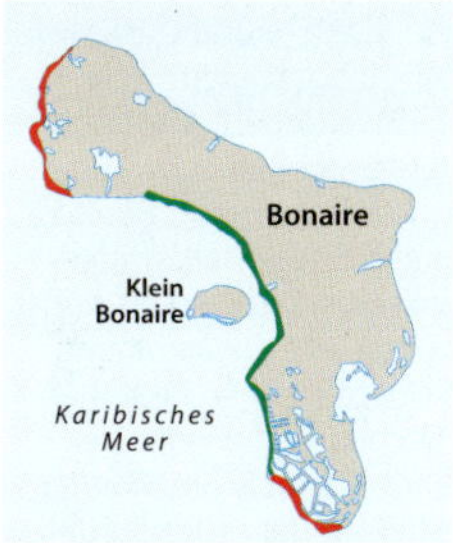

Legende
- Tauchgebiet für Anfänger
- Tauchgebiet für Profis

Gelbe Meerbarben fressen bei Nacht.

Ein Taucher beobachtet Fische im Licht seiner Taschenlampe.

Hirnkorallen haben eine Kugelform.

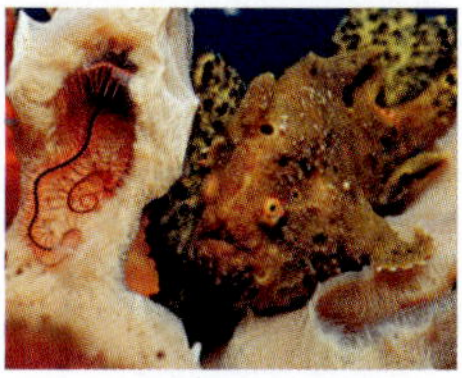

Ein Anglerfisch, der seine Farbe verändern kann, um sich zu tarnen, kriecht auf dem Meeresboden entlang – die Bauchflossen dienen als Füße.

Tauchresorts

Wer die meiste Zeit im Urlaub im oder gar unter Wasser verbringen möchte, ist in einem Tauchresort richtig untergebracht.

Tauchkurse beginnen im seichten Wasser am Strand. Später tauchen sogar Anfänger mit einem Lehrer in tieferen Gewässern.

Das Buddy Dive Resort ist eines der Hotels auf Bonaire, die Sporttauchern unterschiedliche Ferienpakete anbieten.

Windsurfer vor Aruba

Angeln

Aruba, Bonaire und Curaçao bieten Hobbyanglern viele Möglichkeiten. Charterboote fahren zu großen Schwärmen von Thunfischen und Bonitos, während Fischer mit Tintenfischen und Sardinen als Köder Tarpune und Snooks fangen. Auf Charterbooten lässt man die Fische meist wieder frei. Frischen Fisch darf man in die meisten Länder nicht einführen, und die Inseln untersagen Besuchern, ihren Fang zu kaufen. Die Fischereilizenzen der Charterboote auf Aruba und Curaçao gelten auch für ihre Kunden, weshalb diese keine eigene benötigen.

Für Bonaires eindrucksvollen National Marine Park erhält man gegen Gebühr eine Nutzungsplakette, die auch für den Washington Slagbaai National Park gilt. Man bekommt sie bei Wassersportanbietern, in den Yachthäfen der Insel sowie in den meisten Hotels. Die größten Agenturen sind **Mahi Mahi**, **Piscatur Fishing Charters**, **Le Grand Bleu Fishing Charters**, **Fish Curaçao** und **Captain Boots**.

Windsurfen

Bonaire ist ein beliebtes Ferienziel von Surfern. Am beliebtesten sind Windsurfing und Kiteboarding. Leichtgewichtige Drachen und Segel, Sicherheitssysteme und Hightech-Boards machen den Surfsport auch für Anfänger zum Vergnügen. Während Curaçao in Sachen Surfen noch in den Kinderschuhen steckt, gewinnt Aruba immer mehr Ansehen als Surfing-Destination von Weltformat. Auf allen drei Inseln gibt es Agenturen, die Kurse und Ausrüstungsverleih bieten. Die Hi-Winds Pro Am Windsurfing Competition, ein Windsurfing-Wettbewerb für Anfänger wie Profis, findet jeden Sommer an Arubas Hadicurari Beach statt, mit Teilnehmern aus über 30 Ländern. Auf Bonaire ist Lac Bay wegen des klaren Wassers, der konstanten Brise und exzellenter Einrichtungen einer der Favoriten der Windsurfing- und Kiteboarding-Fans.

Curaçao hat einen locker organisierten Surfclub und ein paar Läden, die Events veranstalten, Kurse geben und Ausrüstung verleihen. Einheimische treffen sich meist in geschützten Buchten im Osten der Insel, Surfing-Agenturen findet man hingegen an der Caracas Bay im Süden und an der St. Joris Bay im Norden. Zu den Anbietern gehören **Jibe City**, **Aruba Active Vacations**, **Kitesurfing Aruba** und **Windsurfing Curaçao**.

Windsurfing-Schild am Sorobon Beach, Bonaire

Wassersport

Parasailing, Jetski-Verleih, Wasserski und Wakeboarding gibt es am Palm Beach auf Aruba. Auf Curaçao haben sich Agenturen darauf spezialisiert, immer das Neueste in Sachen Wassersport zu bieten. Auf Bonaire gibt es aufgrund des Verbots im Meerespark so gut wie keine motorisierten Wassersportfahrzeuge, hier bevorzugt man Tauchen, Schnorcheln und Windsurfing.

In den sumpfigen Mangroven der Inseln kann man hervorragend Kajak fahren, viele Agenturen bieten Öko-Touren. Auch auf dem Meer kann man Kajak fahren. Anbieter sind **Pelican Adventures**, **Aruba Watersports Center** und **Caribbean Sea Sports**.

Segeln

Vom Boot aus hat man den besten Blick auf die Küste. Auf Tagestörns und thematisierten Ausflügen gelangt man an Plätze, die auf dem Landweg unerreichbar sind. Eintägige Segeltörns bieten u. a. **Jolly Pirates** und **Bounty Adventures**. Beim Buchen längerer Charterfahrten sollte man nachfragen, wie viele Passagiere an Bord sein werden, da der individuell verfügbare Platz den Unterschied zwischen einem schönen und einem fantastischen Törn ausmachen kann. Auf Aruba sind Partyboote populär, Sonnenuntergangstouren gibt es auf allen drei Inseln.

Motorboote, Hobie Cats und andere kleine Wasserfahrzeuge für eigene Touren kann man bei **Adrenaline Tours** und **Insulinde** (Curaçao), **De Palm Tours** (Aruba) und **Woodwind Sailing** (Bonaire) anmieten.

Wassersport-Equipment wartet am Palm Beach, Aruba, auf Kundschaft

Segeltörns vor den ABC-Inseln

Aruba, Bonaire und Curaçao sind seit über 500 Jahren sichere Segelgebiete. Die Inseln liegen nicht im Hurrikangürtel und verzeichnen nur selten Tropenstürme. Das ruhige Wasser ist perfekt für Tagestörns, bei denen man vor abgelegenen Inselchen wie Klein Curaçao (südöstlich von Curaçao) schnorcheln kann, und für Sonnenuntergangsfahrten mit Snacks und Getränken. Einige Veranstalter bieten abenteuerliche Fahrten auf Piratenschiffen, asiatischen Dschunken oder mehrmastigen Schonern. Die Crews sind je nach Schiff und Thema kostümiert. Eine wunderbare Erfahrung sind auch nächtliche Segeltouren.

Aktivitäten wie Schnorcheln sind Teil der Tagestouren. Kundige Crewmitglieder begleiten die Besucher und zeigen ihnen die Sehenswürdigkeiten unter Wasser.

Zu den Piratenfahrten mit Jolly Pirates gehört ein eintägiger vergnüglicher Segeltörn an Bord einer schönen 26 Meter langen Gaff-Rigg-Yacht, die wie ein Piratenschiff gestaltet ist.

Eine Nachtfahrt ist ein einzigartiges Erlebnis. Fantastisch ist Tauchen oder Schnorcheln bei Dunkelheit, wenn die Meerestiere schlummern, fressen und sich verstecken.

Passagiere auf der Samur warten auf das grüne Blitzen am Himmel, ein Phänomen, das bei Bonaire manchmal in der Abenddämmerung auftritt.

Schiffswracks an der Küste von Klein Curaçao sind ein faszinierender Anblick. Viele Tourunternehmen haben Tagesfahrten zu den Wracks im Programm.

Farbenfrohe Büfetts, die häufig im Preis inklusive sind, erwarten die Teilnehmer privater Charterausflüge, entweder an Bord oder an einem Privatstrand.

Radlerinnen machen an Bonaires Nordwestküste eine Pause

Wandern

Angesichts der Nationalparks und der guten Bedingungen für Aktivitäten im Freien werden Wandern, Klettern, Abseilen und Höhlenerforschung auf den Inseln Aruba, Bonaire und Curaçao immer beliebter. Auf Aruba ist der Arikok National Park *(siehe S. 483)* ein populäres Gebiet. Wanderkarten führt das Besucherzentrum. Fürs Felsenklettern eignen sich die Klippen bei Grapefield im Osten der Insel. Der Washington Slagbaai National Park *(siehe S. 487)* auf Bonaire hat 33 Kilometer Feldwege und drei ausgewiesene Pfade, darunter einen mäßig anstrengenden auf den Brandaris, den höchsten Punkt der Insel. Auf Curaçao gibt es mehr als drei Dutzend markierter Wege, Agenturen wie **Curaçao Actief** bieten geführte Wanderungen. Im Christoffel National Park *(siehe S. 485)* kann man z. B. wandern und klettern. Empfehlenswerte Agenturen sind **Aruba Nature Sensitive Tours**, **Bonaire Dive & Adventure** und **Outdoor Bonaire**.

Radfahren

Mountainbiker benutzen häufig die gleichen Wege wie die Wanderer. Mountainbike-Touren bieten z. B. **Pablito's Bike Rental** und **WannaBike**. Im Washington Slagbaai Park auf Bonaire gibt es zwar keinen Radverleih, doch man kann sich zuvor in Läden wie **De Freewieler** Räder ausleihen und mitbringen. Fahrradtouren sollten auf Anraten des Parks frühmorgens beginnen. Christoffel auf Curaçao bietet mehrere mittelschwere bis schwere Radrouten, vorbei an einsamen Buchten, Höhlen mit uralten Malereien und dem höchsten Gipfel der Insel, dem Christoffelberg. Die Parkranger von Arikok auf Aruba liefern Informationen über Mountainbike-Touren über die Feldwege. Die Fahrten führen vom Eingang nach Kunuku Arikok und Cero Arikok.

Jeep- und Quad-Touren

Mit Jeeps und Quads gelangt man an Orte, die für Autos und Busse unerreichbar sind. Ob in der Gruppe oder auf eigene Faust fährt man damit übers Land und entlang der Luvküste der drei Inseln. Wer nicht selbst fahren möchte, kann an einer Jeep-Tour teilnehmen, aber eine Geländewagenfahrt (mit Führer) ist sicherlich aufregender. Auf Aruba veranstalten **Action Tours Aruba**, **Aruba Jeep Safari** und **ABC Tours** Jeep-Ausflüge. Auf Curaçao arrangiert **Eric's ATV Adventures** vierstündige und eintägige Trips inklusive Höhlenwanderungen. **Rento Fun Drive** bietet Touren zu einsamen Plätzen auf Bonaire.

Urlauber auf Quads bei den Bushiribana Gold Mine Ruins, Aruba

Golf

Curaçao, Aruba und Bonaire haben schöne 18-Loch-Plätze. Curaçaos **Blue Bay Golf** und **Old Quarry Golf Course** (beide auf dem Gelände einer Plantage) bieten fantastische Blicke aufs Meer. Im **Tierra del Sol Resort & Golf Club** auf Aruba betont der Platz den Kontrast zwischen der wüstenhaften Landschaft und dem tiefblauen Meer. **Bonairean Golf Course Piedra So** ist eine weitgehend naturbelassene Anlage an der Ostküste von Bonaire.

Ausritt auf einer Ranch auf Aruba

Reiten

Ausritte übers Land und an den Küsten werden auf allen drei Inseln von Hotels oder von Agenturen arrangiert. Sie können sich aber auch direkt an die Gestüte **Gold Mine Ranch** auf Aruba, **Rancho Washikemba** auf Bonaire and **Rancho Alegre Club** auf Curaçao wenden. Bei einigen Ausritten ist ein Picknick am Meer oder ein Bad an einem abgeschiedenen Strand enthalten.

Tennis

Zahlreiche Ferienanlagen haben Tennisplätze, die teilweise auch von Nichtgästen gegen Gebühr genutzt werden können. Die besten Plätze auf Aruba findet man in Resorts wie Occidental Grand Aruba, Divi Village Golf & Beach Resort und Tierra del Sol Resort & Golf Club *(siehe S. 496)* sowie in der **Aruba Tennis Academy**. Auf Bonaire verfügt das **Plaza Beach Resort** über exzellente Plätze. Auf Curaçao kann man in vielen gehobenen Resorts den weißen Sport ausüben.

Auf einen Blick

Tauchen und Schnorcheln

Bonaire Dive & Adventure
Kaya Gobernador N Debrot 77A, Kralendijk, Bonaire.
(599) 717 2229.
bonairediveandadventure.com

Dive Aruba
Renaissance Marina, Oranjestad, Aruba.
(297) 582 7337.
divearuba.com

Ocean Encounters
Seaquarium – Mambo Beach, Curaçao.
(5999) 461 8131.
oceanencounters.com

Red Sail Sports
L. G. Smith Boulevard 17, Oranjestad, Aruba.
(297) 586 1603.
aruba-redsail.com

Angeln

Captain Boots
Kimi Kalki Marina, Curaçao.
(5999) 513 2747.
captainboots.com

Fish Curaçao
Willemstad, Curaçao.
(5999) 511 8671.
fishcuracao.com

Le Grand Bleu Fishing Charters
Harbor Village Marina, Bonaire.
(599) 795 1139.
fishingbonaire.com

Mahi Mahi
Seaport Marina, Oranjestad, Aruba.
(297) 587 0538.
aruba-mahimahi.com

Piscatur Fishing Charters
Kaya J. Pop 4, Kralendijk, Bonaire.
(599) 717 8774.
bonairefishing.com/piscatur

Windsurfen

Aruba Active Vacations
Fisherman's Huts, Hadikurari Beach, Aruba.
(297) 586 0989.
aruba-active-vacations.com

Jibe City
Lac Bay, Bonaire.
(599) 717 5233.
jibecity.com

Kitesurfing Aruba
Fisherman's Huts, Hadikurari Beach, Aruba.
(297) 733 1515.
kitesurfingaruba.com

Windsurfing Curaçao
Caracasbaai, Curaçao.
(5999) 738 4555.
windsurfingcuracao.com

Wassersport

Aruba Watersports Center
J. E. Irausquin Boulevard 81B, Palm Beach, Aruba.
(297) 586 6613.
arubawatersportscenter.com

Caribbean Sea Sports
John F. Kennedy Boulevard, Marriott Resort, Curaçao.
(5999) 462 2620.
caribseasports.com

Pelican Adventures
J. E. Irausquin Blvd 232, Oranjestad, Aruba.
(297) 587 2302.
pelican-aruba.com

Segeln

Adrenaline Tours
Jan Thiel Beach, Curaçao.
(5999) 767 6241.
adrenalinetourscuracao.com

Bounty Adventures
bountyadventures.com

De Palm Tours
Oranjestad, Aruba.
(297) 582 4400.
depalmtours.com

Insulinde
Punda, Curaçao.
(5999) 560 1340.
insulinde.com

Jolly Pirates
(297) 588 8107.
jolly-pirates.com

Woodwind Sailing
Kaya Seminole 3, Bonaire.
(599) 786 7055.
woodwindbonaire.com

Wandern

Aruba Nature Sensitive Tours
Oranjestad, Aruba.
(297) 594 5017.
naturesensitivetours.com

Bonaire Dive & Adventure
Siehe Tauchen und Schnorcheln.

Curaçao Actief
Willemstad, Curaçao.
(5999) 433 8858.
curacao-actief.com

Outdoor Bonaire
Straße nach Lac Bay, Kralendijk, Bonaire.
(599) 791 6272.
outdoorbonaire.com

Radfahren

De Freewieler
Kaya Grandi 61, Kralendijk, Bonaire.
(599) 717 8545.

Pablito's Bike Rental
L. G. Smith Boulevard, Oranjestad, Aruba.
(297) 587 8655.

WannaBike
Caracasbaaiweg 340.
(5999) 527 3720.
wannabike.com

Jeep- und Quad-Touren

ABC Tours
(297) 582 5600.
abc-aruba.com

Action Tours Aruba
Noord, Aruba.
(297) 592 7514.
actiontoursaruba.com

Aruba Jeep Safari
Oranjestad, Aruba.
(297) 582 5600.
abc-aruba.com

Eric's ATV Adventures
Kaya Serafin 63, Willemstad, Curaçao.
(5999) 524 7418.
curacao-atv.com

Rento Fun Drive
Kaya Grandi 47, Kralendijk, Bonaire.
(599) 717 2408.
rentofunbonaire.com

Golf

Blue Bay Golf
Landhuis Blauw, Curaçao.
(5999) 868 1755.
bluebay-curacao.com

Bonairean Golf Club Piedra So
(599) 717 8684.
piedraso.com

Old Quarry Golf Course
Santa Barbara Plantation, Nieuwpoort, Fuik, Curaçao.
(5999) 840 6886.
oldquarrygolfcuracao.com

Tierra del Sol Resort & Golf Club
(297) 586 0978.
tierradelsol.com

Reiten

Gold Mine Ranch
Arikok National Park, Aruba.
(297) 586 4954.
thegoldmineranch.com

Rancho Alegre Club
Landhuis Groot, St. Michiel, Curaçao.
(5999) 868 1181.

Rancho Washikemba
Playa Pariba, Bonaire.
(599) 788 8686.
ranchowashikemba.com

Tennis

Aruba Tennis Academy
Oranjestad, Aruba.
(297) 583 7074.

Plaza Beach Resort
Kralendijk, Bonaire.
(599) 717 2500.
plazaresortbonaire.com

Hotelauswahl

Arubas beschauliches Divi Village Golf & Beach Resort

Aruba

DRUIF BEACH: Divi Village $$
Strandresort
J. E. Irausquin Boulevard 93
(297) 583 5000
diviresorts.com/divivillage
Neben Studios und Apartments mit ein oder zwei Zimmern birgt das Resort Golfplatz, Tennisplatz und Restaurants. Über die Straße geht's zum weißen Sandstrand.

DRUIF BEACH: Tamarijn Aruba All Inclusive $$$
Strandresort
J. E. Irausquin Boulevard 41, Druif Beach
(297) 525 5200
tamarijnaruba.com
In dem All-inclusive-Resort am Hafen wohnt man in zweckmäßigen Zimmern direkt am schönen Strand und darf die Einrichtungen von Divi Village nutzen.

EAGLE BEACH: Amsterdam Manor $$
Strandresort
J. E. Irausquin Boulevard 252
(297) 527 1100
amsterdammanor.com
Familien schätzen dieses Resort im holländischen Kolonialstil für die Suiten mit Küche, den Swimmingpool mit Wasserfall, das Kinderbecken am Strand und die zwei Restaurants.

EAGLE BEACH: Manchebo Beach Resort & Spa $$
Strandresort
J. E. Irausquin Boulevard 55
(297) 582 3444
manchebo.com
Gäste des beschaulichen Resorts am Strand erfreuen sich an den Begrüßungscocktails, an den eleganten, mit dunklem Holz eingerichteten Zimmern sowie an einem karibisch-balinesischen Spa und Yogastunden.

Vis-à-Vis-Tipp

EAGLE BEACH: Bucuti & Tara Beach Resorts $$$
Strandresort
L. G. Smith Boulevard 55B
(297) 583 1100
bucuti.com
Das preisgekrönte umweltfreundliche Hotel an einem herrlichen Strand begrüßt seine erwachsenen Gäste mit Champagner. Es gibt luxuriöse Matratzen, edle Toilettenartikel, gutes Frühstück und ein Restaurant. Die Tara-Suiten bieten traumhaften Meerblick.

NOORD: My Aruban Home $
Apartments
Bakval 15A
(297) 593 3367
myarubanhome.com
Die geschmackvollen Apartments mit Wohnbereich und Miniküche liegen nah am Strand.

NOORD: Caribbean Palm Village Resort $$
Apartments
Noord 43E, Palm Beach Road
(297) 526 2875
cpvr.com
Mit kostenlosem Shuttle gelangt man von den Studios und Apartments mit Küche an den Strand.

NOORD: Tierra del Sol Resort & Golf Club $$$
Boutique
Caya di Solo 10
(297) 586 7800
tierradelsol.com
Die Luxusvillen, Suiten und Apartments mit Tennisplätzen, Zugang zum Arashi Beach und Pool grenzen an einen 18-Loch-Golfplatz.

ORANJESTAD: Aruba Harmony Apartments $
Apartments
Palmitastraat 9
(297) 593 7661
arubaharmony.com
Der zentrale Komplex bietet moderne Studios und Suiten mit Küche und Terrasse. Fitnesscenter und Spa sind ebenfalls vor Ort.

ORANJESTAD: Paradera Park Apartments $
Apartments
Paradera 203
(297) 582 3289
paraderapark-aruba.com
Nahe den Attraktionen von Oranjestad findet sich dieser Komplex mit Ein- und Zwei-Zimmer-Apartments, grünen Gärten und Pool.

Preiskategorien
Die Preise gelten für ein Standard-Doppelzimmer pro Nacht (Hochsaison), inklusive Steuern und Service.

$	unter 200 US-Dollar
$$	200 – 400 US-Dollar
$$$	über 400 US-Dollar

PALM BEACH: Boardwalk Small Hotel Aruba $$
Boutique
Bakval 20
(297) 586 6654
boardwalkaruba.com
Das schöne Gartenhotel am Strand bietet reizende Häuschen mit kleiner Küche, Hängematten und Terrassen.

PALM BEACH: Brickell Bay Beach Club & Spa $$
Boutique
J. E. Irausquin Boulevard 370
(297) 586 0900
brickellbayaruba.com
In dem Hotel gegenüber vom Strand genießt man in eleganten Zimmern Annehmlichkeiten wie abendlichen Zimmerservice, freie Telefonate nach Nordamerika und Gratis-Mineralwasser.

PALM BEACH: Occidental Grand Aruba $$$
Luxus
J. E. Irausquin Boulevard 83
(297) 586 4500
occidentalhotels.com
Mit Restaurants, Casino, Tennisplätzen, Pools, Shoppingarkaden und Kinderprogramm bietet das Resort alles, was Urlauber brauchen. Frühstück ist inklusive.

PALM BEACH: Riu Palace Aruba $$$
Luxus
J. E. Irausquin Boulevard 79
(297) 586 3900
riu.com
In dem Strandhotel mit seinen fünf Restaurants, drei Pools, Spa und Wassersportmöglichkeiten fühlt man sich wie auf einem Kreuzfahrtschiff – Essen, Getränke und Unterhaltung sind inklusive.

SAVENETA: Club Arias Bed & Breakfast $$
B&B
123-K Saveneta
(297) 592 4042
clubarias.com
Die netten Besitzer des kleinen Inns in der ältesten Stadt der Insel kümmern sich gut um ihre Gäste. Die Suiten verfügen über Miniküchen. Saveneta Beach ist nur ein paar Schritte entfernt.

Bonaire

BELNEM: Hotel Roomer $
Preiswert
E. E. G. Boulevard 97
(599) 717 7488
roomerbonaire.com
Das kleine Inselhotel bietet einfache, aber behagliche Zimmer, ein gutes Restaurant, familiären Service und eine ganze Reihe Einrichtungen für Taucher.

BELNEM: Bellafonte Chateau de la Mer $$
Boutique
E. E. G. Boulevard 10
(599) 717 3333
bellafontebonaire.com
Von dem eleganten Resort mit Ein- und Zwei-Zimmer-Suiten und Studios führt ein Promenadensteg direkt ans Wasser – ideal für Schnorchler und Taucher.

BELNEM: Belmar Oceanfront Apartments $$
Apartments
E. E. G. Boulevard 88
(599) 717 7878
belmar-bonaire.com
Moderne Apartments mit ein bis drei Zimmern warten in diesem Komplex, wo Terrassen herrlichen Meerblick erlauben. Taucher freuen sich über Spezialangebote und den hauseigenen Shop.

KRALENDIJK: Auriga Ecolodge $
Öko-Lodge
Rancho San Minguel 100, Bara di Carta
(599) 785 6272
ecolodgebonaire.com
Die umweltbewusst geführte Lodge im ländlichen Osten der Stadt bietet zwei Doppelzimmer, Hängematten und ein Podest für Himmelsbeobachtungen. Touren und Aktivitäten organisiert Outdoor Bonaire *(siehe S. 495)*.

Vis-à-Vis-Tipp

KRALENDIJK: Eden Beach Resort $
Strandresort
Kaya Gobernador N Debrot 73
(599) 717 6720
edenbeach.com
Das Resort mit entspannter Atmosphäre hat einen der schönsten Strände der Insel. Gäste können zwischen Studios, Suiten und Zwei-Zimmer-Apartments wählen. Zudem locken hier Spa und Fitnesscenter mit Meerblick sowie ein eigenes Tauchcenter mit breitem Angebot. Toll sind z. B. die Kurse im Freitauchen.

KRALENDIJK: Sonrisa Boutique Hotel $
Boutique
Kaya Finlandia 1/3
(599) 717 6633
sonrisabonaire.com
In dem gemütlichen Hotel wohnt man im Herzen der Stadt und dennoch strandnah in hübschen Zimmern oder Apartments mit Küche. Frühstück ist inklusive.

KRALENDIJK: Bamboo Bali Bonaire Resort $$
Boutique
Kaya Gobernador N. Debrot 86
(599) 700 6933
bamboobalibonaire.com
Ein üppiger Garten birgt Gästebungalows in asiatischem Stil. Das behagliche Resort liegt nahe Tauchshops, Läden und Restaurants, bietet aber auch Jeeps.

KRALENDIJK: Captain Don's Habitat $$
Strandresort
Kaya Gobernador N. Debrot 103
(599) 717 8290
habitatbonaire.com
Zimmer, Suiten, Bungalows und Apartments stehen in dem umweltbewussten Strandresort zur Wahl. Ein Anbieter vor Ort organisiert Tauchausflüge.

KRALENDIJK: Coral Paradise Resort $$
Strandresort
Kaya Gobernador N. Debrot 107
(599) 717 7005
coralparadise.com
In dem reizenden kleinen Strandresort fühlt man sich gleich zu Hause. Ein Tauchshop liegt gleich nebenan, für Ausflüge stehen Pick-ups zur Verfügung.

KRALENDIJK: Divi Flamingo Beach Resort & Casino $$
Strandresort
J. A. Abraham Boulevard 40
(599) 717 8285
diviresorts.com
Das als Taucherparadies bekannte Resort lockt mit Tagesausflügen, Kursen, Ausrüstungsverleih und tollen Bedingungen vor Ort. Die Zimmer blicken aufs Meer oder in den Garten.

KRALENDIJK: La Pura Vista $$
Villa
Kaya Turkesa 7
(599) 717 6582
lapuravista.com
Nur erwachsene Gäste kommen in den Genuss, in der luxuriösen Villa zu wohnen. Zur Wahl stehen ein Studio, drei Zimmer und eine Suite mit Jacuzzi. Die Küche und der Grillplatz zählen zum Gemeinschaftsbereich.

KRALENDIJK: Bonaire Sunset Villa $$$
Villa
Hamlet Oasis
(599) 786 8602
Vier bis zehn Personen können in der hübschen Villa wohnen, die fünf Schlafzimmer, eine ufernahe Sonnenterrasse, eine Dachterrasse, eine große Küche und schöne Freiluftbereiche zu bieten hat.

KRALENDIJK: Harbour Village Beach Club $$$
Strandresort
Kaya Gobernador N Debrot 71
(599) 717 7500
harbourvillage.com
Das luxuriöse Strandresort auf der Halbinsel verfügt über eine Marina, Tennisplätze, ein Wassersportzentrum samt Tauchshop und ein Spa. Die schönen Suiten besitzen ein oder zwei Schlafzimmer, gemütliche Sofas und kleine Küchen.

LAC BAY: Lac Bay Casitas $
Apartments
Kaminda Sorobon 64
(599) 717 5369
acbaycasitas.com
Der kleiner Komplex mit geschmackvoll gestalteten Studios und Ein- oder Zwei-Zimmer-Apartments mit Küche und Balkon überblickt die Lac Bay. Am Strand stehen kleine Hütten.

Strahlend weiß: Bonaire Sunset Villa in Kralendijk, Bonaire

LAC BAY:
Sorobon Beach Resort $$
Strandresort
Sorobon 10
(599) 717 8080
sorobonbeachresort.com
Die Gästehütten an einem Sandstrand bieten den Blick auf Lac Bay und Korallenriffe. Um die Taucher kümmert sich Wannadive Bonaire, doch auch Windsurfer kommen hier nicht zu kurz.

Curaçao

JAN THIEL:
B & B Sombré di Kabana $
B & B
Kaya Beethoven 62
(5999) 520 7790
bnb-sombredikabana.com
Die reizende Frühstückspension bietet neben Zimmern im Haupthaus auch ein hübsches Gartenhäuschen. Für Entspannung sorgen Pool und Jacuzzi.

JAN THIEL:
Landhuis Jan Thiel $$
Historisch
Caracasbaaiweg z/n
(5999) 747 1068
landhuisjanthiel.com
Vier bezaubernde Gästehäuschen warten auf der ehemaligen Plantage auf Paare oder kleine Gruppen. Das Anwesen birgt Tennisplatz, Pool und einen kleinen Pitch & Putt-Golfplatz.

JAN THIEL: Papagayo Beach & Lounge Resort $$
Strandresort
Jan Thiel Village
(5999) 747 4333
papagayo-beach.com
Tropische Gärten mit Meerblick bergen die eleganten Villen mit zwei oder vier Schlafzimmern, Küche und Wohnbereichen mit praktischen Holzschiebewänden.

JAN THIEL: Villa Boca $$$
Luxus
Boca Gentil B-04
(5999) 514 6305
villaboca.nl
Die Luxusvilla inmitten tropischer Gärten blickt auf Caracas Bay und Meer. Hier locken ein Infinity Pool und Gourmetküche.

Vis-à-Vis-Tipp

NIEUWPOORT: Santa Barbara Beach & Golf Resort $$
Strandresort
Porta Blancu
(5999) 840 1234
santabarbararesortcuracao.com
Entspannen Sie am weißen Sandstrand oder am Lagunenpool des großen Resorts in einem Naturschutzgebiet vor der Stadt. Die Anlage umfasst einen von Pete Dye gestalteten 18-Loch-Golfplatz, vier Restaurants, Pools und ein Spa. Die Zimmer und Suiten bieten Meer- oder Resortblick.

SABENA WESTPUNT:
Marazul Dive Resort $
Apartments
Westpunt z/n
(5999) 516 9640
marazuldiveresort.an
Die meisten der Apartments und Bungalows bieten Blick aufs nahe Meer. Ein schönes Riff liegt quasi vor der Tür und lockt Taucher an.

SABENA WESTPUNT:
Nos Krusero Apartments $
Apartments
Westpunt z/n tegenover kv 20, Playa Kalki
(5999) 524 9454
noskrusero-apartments.com
Von dem bunten Haus mit Meerblick, Pool und freiem WLAN ist es gar nicht weit zu Strand und Tauchshop.

WILLEMSTAD: PM78 Urban Oasis Curaçao $
Boutique
Pietermaai 78
(5999) 528 6118
pietermaai78.com
Das schicke Stadthaus birgt ein elegantes Apartment mit eigenem Pool, ein »City Apartment« und eine Junior Suite.

WILLEMSTAD: Royal Sea Aquarium Resort $
Strandresort
Bapor Kibra z/n
001 954 736 5841
royalreservations.com
Unweit des Stadtzentrums finden sich auf einer Insel diese Villen. Für Gäste ist der Besuch im benachbarten Meeresaquarium frei.

WILLEMSTAD:
Scuba Lodge & Suites $
Boutique
Pietermaai 104
(5999) 465 2575
scubalodge.com
Das schöne moderne Resort bietet Zimmer, Suiten und Villas, einen PADI-Tauchshop und reizvolle Paketangebote für Taucher.

WILLEMSTAD: Villa Tokara $
Historisch
Penstraat 55
(5999) 461 0674
villatokara.com
In einem reizenden Wohnhaus (18. Jh.) warten vier individuelle Zimmer unterschiedlicher Größe und angenehmer Komfort.

WILLEMSTAD: Avila Hotel $$
Strandresort
Penstraat 130
(5999) 461 4377
avilahotel.com
Zwei weiße Strände säumen die künstlichen Lagunen des eleganten Resorts im Stadtkern. Das Spa des Hauses gibt auch Kurse.

WILLEMSTAD: The Strand $$
Apartments
Penstraat z/n
(5999) 671 5927
thestrandcuracao.com
Zu den Annehmlichkeiten des Apartmenthotels am Strand zählen neben gut ausgestatteten Küchen auch iPod-Stationen.

WILLEMSTAD:
Baoase Luxury Resort $$$
Strandresort
Winterswijkstraat 2
(5999) 461 1799
baoase.com
Das Resort – ein Gartenparadies mit asiatischem Touch – bietet an einer Lagune mit weißem Strand Zimmer, Suiten und Villen.

Hübscher Uferweg hinter dem Avila Hotel in Willemstad, Curaçao

Preiskategorien *siehe Seite 496*

Restaurantauswahl

Palmdach des Barefoot Restaurant in Oranjestad, Aruba

Aruba

DRUIF BEACH: Windows on Aruba Restaurant $$$
Amerikanisch
J. E. Irausquin Boulevard 93
(297) 523 5017
Das edle Restaurant im Divi Village Golf & Beach Resort ist für Steaks, Seafood-Gerichte und den sonntäglichen Champagnerbrunch bekannt. Auch der Blick aufs Meer ist reizvoll.

EAGLE BEACH: Carte Blanche $$$
Vornehm
L. G. Smith Boulevard 55G
(297) 586 3339 ● So, Mo
Bis zu 16 Gäste finden an der ovalen Theke Platz, um das Fünf-Gänge-Menü zu genießen, das der Küchenchef vor ihren Augen bereitet.

EAGLE BEACH: Passions on the Beach $$$
Karibisch
J. E. Irausquin Boulevard 252
(297) 527 1129
Das Restaurant an einem schönen Strand gehört zum Amsterdam Manor Beach Resort. Auf der Karte stehen Seafood-, Fleisch- und Pastagerichte.

NOORD: Bingo! Café $$
Grill
Palm Beach 6D
(297) 586 2818
Die typisch holländische Bar serviert auf einer großen Terrasse hervorragendes Essen – Grillgerichte, Burger, Spießchen und Salate – zu vernünftigen Preisen.

NOORD: Wacky Wahoo's $$
Seafood
33B Palm Beach
(297) 586 7333 ● So
Spezialität des kleinen Lokals an einer Shoppingmeile sind großzügige Portionen karibischer Seafood-Gerichte. Da der Tagesfang von den Docks direkt hier landet, sind diese unglaublich frisch.

Vis-à-Vis Tipp

NOORD: 2 Fools & A Bull $$$
Vornehm
Palm Beach 17
(297) 586 7177 ● Sa, So
Als »närrische Dinnerparty mit zwei verrückten Gastgebern« bezeichnen die beiden Besitzer des »Gourmet-Studios« ihr Angebot – ein täglich wechselndes Fünf-Gänge-Menü für nur 18 Personen an einem großen Tisch, zu dem Gäste mit Champagner begrüßt werden. Da kaum jemand dieses Erlebnis verpassen möchte, ist rechtzeitige Onlinereservierung (www.2foolsandabull.com) nötig, die am Vortag des Termins bestätigt werden muss.

ORANJESTAD: Barefoot Restaurant $$
Seafood / Karibisch
L. G. Smith Boulevard 1
(297) 588 9824
Zwanglos elegant speist man in dem Restaurant am Strand, das für Fisch und Seafood bekannt ist, aber auch Fleisch- und vegetarische Gerichte serviert. Weine und Desserts sind exzellent.

ORANJESTAD: Gostoso Restaurante $$
Portugiesisch / Regional
Caya Ing Roland H Lacle 12
(297) 588 0053 ● Mo
Auf der Karte des bei Anwohnern beliebten Lokals stehen Tagesspezialitäten, einige Gerichte mit Rindfleisch, Huhn oder Seafood und Pasta. Ein Renner ist Black Angus Steak in Rotweinsauce.

ORANJESTAD: Yemanja Woodfired Grill $$$
Karibisch / Grill
Wilhelminastraat 2
(297) 588 4711 ● So
Vom einzigen Holzkohlegrill der Insel kommen überragende Fleisch- oder Seafood-Gerichte. Beginnen Sie auf jeden Fall mit den Garnelen in Blätterteig. Auf der Karte finden sich auch einige glutenfreie Speisen.

Preiskategorien
Die Preise gelten für ein Zwei-Gänge-Menü pro Person mit einer halben Flasche Hauswein, inklusive Steuern und Service.

$	unter 50 US-Dollar
$$	50–70 US-Dollar
$$$	über 70 US-Dollar

PALM BEACH: Bavarian German Restaurant $
Deutsch
Palm Beach 186 #3
(297) 736 4007 ● So
Wen es nach Wiener Schnitzel, Bratwurst oder Sauerbraten gelüstet, ist in diesem einladenden Restaurant gut aufgehoben. Das Speisenangebot wird von einer großen Auswahl deutscher Biere, Weine und Schnäpse begleitet.

PALM BEACH: Linda's Dutch Pancakes & Pizza $
Niederländisch / Amerikanisch
Palm Beach 6D
(297) 586 3378 ● So
Holländische Pfannkuchen, ob süß mit Obst und Eiscreme oder herzhaft mit Käse und Schinken, kann man den ganzen Tag essen. Wer mag, erhält hier auch Pizza, Sandwiches, Salate und andere kleine Gerichte.

PALM BEACH: Scott's Brats $
Amerikanisch
Palm Beach
kein Telefon ● So
Direkt am Strand werden verschiedene Arten Bratwurst aus Wisconsin freundlich und preiswert serviert. Dazu gibt es Bier, Limonaden und Bloody Marys.

PALM BEACH: Texas de Brazil Churrascaria $$$
Brasilianisch
J. E. Irausquin Boulevard 382
(297) 586 4686
In dem Steakhaus, Teil einer internationalen Kette, laufen Kellner mit langen Spießen umher und schneiden Fleisch direkt auf die Teller der Gäste. Das Festpreismenü umfasst diverse Beilagen und Salate.

SAVENETA: The Flying Fishbone $$$
Seafood
Saveneta 344
(297) 584 2506
Die Tische stehen hier nicht nur am Strand, sondern fast schon in den Wellen. Dies und Genüsse wie »Seafood History Soup« und der frisch zubereitete Fang des Tages sorgen für das besondere Erlebnis.

Bonaire

Vis-à-Vis-Tipp

KRALENDIJK: La Cantina Bonaire $
Lateinamerikanisch / Grill
Kaya Grandi 12
(599) 717 3595
Die abwechslungsreiche Karte des reizenden Innenhof-Lokals bietet Tapas, Burritos, *ceviche* und Fleisch vom Grill, aber auch vegetarische und glutenfreie Gerichte. Freunde und Familien können hier in einladender Atmosphäre einen fröhlichen Abend verbringen. Reservierung wird empfohlen.

KRALENDIJK: Dive Hut Bonaire $
International
Kaya Dialma 11
(599) 701 0404
Das beliebte kleine Lokal kocht nach Motto – dienstags isst man schweizerisch, mittwochs gibt es Thai-Küche, donnerstags wird gegrillt. Reservieren ist angeraten.

KRALENDIJK: Diver's Diner Bar & Grill $
Karibisch / Grill
Kaya Korsow
(599) 788 3679
Direkt an der Bucht serviert das Restaurant Fisch in vielen Variationen. Probieren Sie Fisch-Tacos (auch die Variante mit Schwein ist lecker) oder *ceviche*.

KRALENDIJK: Pasa Bon Pizza $
Italienisch
Kaya Gobernador N Debrot
(599) 780 1111 ● Mo, Di
Neben traditionellen Pizzas serviert das einfache Lokal köstliche Varianten mit frischem Fisch, aber auch Pasta, Salate und Desserts – drinnen und draußen.

KRALENDIJK: Plazita Limena $
Peruanisch
Kaya Grandi
(599) 717 8080 ● So
Die großen Portionen authentisch peruanischer Speisen, darunter *ceviche*, Seafood- und Fleischgerichte, muss man bar bezahlen.

KRALENDIJK: Ribs Factory $
Mexikanisch
Kaya Grandi 51
(599) 717 4600 ● Mi
Hier genießt man unglaublich leckere Babybackribs – am Stück oder geteilt – Seafood, Drinks auf Eis und Cocktailspezialitäten. Auch Kinder finden sicher etwas auf der Karte.

KRALENDIJK: Bistro de Paris $$
Französisch
Kaya Gobernador N. Debrot 46
(599) 717 7070 ● So
Das klassische Bistro verfeinert seine Speisen mit karibischen Akzenten. Croissants, Suppen und Desserts sind frisch zubereitet.

KRALENDIJK: Chez Madeleine $$
Französisch
Yachtclub Apartments, Kaya Gobernador N. Debrot 54
(599) 782 1714 ● Di, Mi
Ein Sternekoch zaubert hier Variationen französischer und belgischer Speisen. Besonders lecker sind die Lamm- und Entengerichte und der Ziegenkäsesalat.

KRALENDIJK: It Rains Fishes $$
Seafood
Kaya Jan N. E. Craane 24
(599) 717 8780 ● So
Der Tagesfang gelangt vom eigenen Boot direkt in die Küche, entsprechend frisch sind die exquisiten Seafood-Gerichte. Steaks und Salate runden das Angebot ab.

KRALENDIJK: Spice Beach Club $$
Karibisch / Grill
Kaya Gobernador N Debrot 73
(599) 717 8080
Das stilvolle Strandrestaurants zeigt coolen Chic und serviert Seafood, Steaks und Pasta. Paare sollten für ein romantisches Cabana Dinner reservieren.

KRALENDIJK: Unbelievable $$
Seafood
Kaya J. A. Abraham Boulevard 29
(599) 717 3000 ● Sa
Auf der Dachterrasse des viel gelobten Restaurants genießt man zum Sonnenuntergang frisches Seafood, Steaks, Pasta und hausgemachte Desserts.

KRALENDIJK: At Sea $$$
Vornehm
Kaya C. E. B. Hellmund 25
(599) 701 0134 ● So, Mo
Das schicke Restaurant am Meer gilt für viele als bestes der Insel. Es bietet ein ständig wechselndes Festpreismenü aus vier Gängen und Gerichte à la carte.

KRALENDIJK: Capriccio Il Ristorante $$$
Italienisch
Kaya C. E. B. Hellmund 5
(599) 717 7230 ● Di
Die italienische Küche zeigt karibische Note, umfasst aber auch Traditionelles wie Pizza, Pasta, Eis und andere Desserts. Der Weinkeller ist der größte der Insel.

Bunt bemalte Außenwände des It Rains Fishes in Kralendijk, Bonaire

KRALENDIJK: La Guernica Fish & Tapas $$$
Spanisch
Kaya Bonaire 4C
(599) 717 5022
Mit der breiten Auswahl an Tapas, frischem Fisch und spanischen Spezialitäten wie Gazpacho hebt sich das Uferrestaurant von anderen ab. Auch Fleischesser und Vegetarier kommen auf ihre Kosten. Die Weine stammen aus Spanien, Frankreich und Chile.

SOUTH END: Cactus Blue on the Beach $
Karibisch / Amerikanisch
Kite Beach, Donkey Bay
(599) 786 0816
Wenn in der Donkey Bay die Surfer auf den Wellen tanzen, taucht dieser Imbisswagen auf und verkauft u. a. großartige Burger, Fischsandwiches und Bier.

Curaçao

CARACASBAAI: Pincho Garden $
Grill
Caracasbaaiweg 216A
(5999) 528 1234
Das Lokal mag von außen etwas schäbig wirken, doch hier gibt es die besten Grillspieße der ganzen Insel. Die leckere Spezialität wird mit Salat portugiesischer Art und geröstetem Brot serviert, man erhält sie aber nur gegen Bargeld.

JAN THIEL: Zanzibar Beach $$
International
Jan Thiel Beach
(5999) 747 0633
In der noblen Strandbar sind verschiedenste Vorspeisen, Hauptgerichte und Desserts zu haben. Paare können ein romantisches Vier-Gänge-Menü auf großen Loungeliegen genießen.

Preiskategorien *siehe Seite 499*

JAN THIEL:
Boathouse Food & Marina $$$
Karibisch / Seafood
Brakkeput Ariba z/n
(5999) 767 2221 Di
Das zwanglose Lokal, das von seinem Hügel Spanish Water überblickt, bietet Probiermenüs mit Namen wie »Tasting Curaçao« und »Tasting Asia« sowie Seafood und Fleisch vom Grill.

SABENA WESTPUNT:
Jaanchie's Restaurant $
Karibisch
Westpunt 15
(5999) 864 0126
Leckere Klassiker der Inselküche und nettes Ambiente sorgen hier seit Langem für große Beliebtheit. Der Wirt begrüßt alle Gäste selbst und zählt das Tagesangebot auf. Probieren Sie unbedingt den Leguaneintopf.

SABENA WESTPUNT:
Landhuis Misje $
Karibisch
Weg Naar Westpunt
(5999) 515 6888 So
Die Örtlichkeit ist nichts Besonderes, wohl aber das herzliche Personal und die gute heimische Küche. Zu den Favoriten zählen *keshi yena* (gefüllter Käse) und überbackene Nudeln mit würzigem Rindfleisch und Rosinen.

SABENA WESTPUNT:
Sol Food $
Amerikanisch
Im Sunshine Getaway auf dem Weg nach Playa Kalki
(5999) 864 0005 Mo–Do
Das lässige Restaurant mit umweltfreundlichem Anspruch überzeugt mit tollem Essen. Die Wochenkarte führt meist Pizza, Burger, Hotdogs, gegrillten Fisch und fabelhafte Brownies auf.

WILLEMSTAD: Ginger $
Asiatisch / Karibisch
Nieuwestraat 32
(5999) 465 1666
Die asiatische Fusionsküche kombiniert indische, chinesische und thailändische Aromen mit karibischen Gewürzen und Früchten, um gute Nudel- und Reisgerichte und wechselnde dreigängige Festpreismenüs zu kreieren.

WILLEMSTAD: Marshe Bieu $
Karibisch
De Ruyterkade
Das zwanglose Lokal in einem großen lagerhausähnlichen Bau im Marktviertel ist perfekt für ein herzhaftes, traditionelles Mittagessen. An den langen Bänken und Tischen herrscht eine freundliche Atmosphäre.

WILLEMSTAD:
Playa Porto Mari $
Karibisch
Porto Mari, West Coast
(5999) 864 7558
Ein Komplex am Strand birgt die preiswerte Bar, die Snacks, Salate, Sandwiches, Pfannkuchen und Satays, aber auch Hauptgerichte mit Fisch oder Fleisch bietet.

WILLEMSTAD:
Karakter Curacao $$
Mediterran / Karibisch
Coral Estate, Rif St. Marie
(5999) 864 2233
Das Strandcafé nahe Coral Estate, das tagsüber Sandwiches, Salate und Smoothies serviert, wird abends zum feinen Restaurant mit guter Auswahl an Fleisch-, Seafood- und vegetarischen Gerichten, an Tapas und an Weinen.

Vis-à-Vis-Tipp

WILLEMSTAD: Kome $$
International
Johan van Walbeeckplein 6
(5999) 465 0413 So
Kome heißt auf Papiamentu »essen« – und das kann man hier ausgiebig. Die fantasievolle, stets wechselnde Auswahl an Speisen umfasst Huhn mit Kimchi oder mit Waffeln sowie hausgemachte Wurst und Desserts wie Salty Dog – eine Kombination aus Schokoladenkuchen, Eiscreme, Karamellsauce und Salzbrezeln. Mittwoch ist Tapas-Tag, die Cocktailkarte ist lang.

WILLEMSTAD:
L'Aldea Restaurant BV $$
Südamerikanisch
Santa Catharina 67
(5999) 767 6777
Das Festpreismenü des südamerikanischen Restaurants umfasst einen Hauptgang, bei dem ganze 20 verschiedene Stücke Grillfleisch zur Wahl stehen. Köstliche Beilagen, eine Salatbar und Desserts komplettieren das Angebot.

WILLEMSTAD:
Mundo Bizarro $$
Lateinamerikanisch
Nieuwestraat 12
(5999) 461 6767
Hippe Atmosphäre und ausgefallenes Dekor runden den Genuss der exzellenten Speisen ab. Zur Wahl stehen ein Überraschungsmenü sowie mehrere Fisch- oder Fleischgerichte und Desserts wie *tarte tartin* oder Baklava.

WILLEMSTAD:
Bistro Le Clochard $$$
Französisch
Rif Fort, Otrabanda
(5999) 462 5666
Das noble Bistro an historischer Stätte überblickt Punda und den Hafen. Auf der Karte stehen Klassiker wie Foie gras und Zwiebelsuppe, aber auch Käsefondue und Seafood-Gerichte. Die Auswahl an Weinen ist groß.

WILLEMSTAD: El Gaucho Restaurant $$$
Lateinamerikanisch / Grill
Parasasa 3–4
(5999) 462 8323
An Tischen im Freien genießt man argentinisches Steak, frischen Fisch aus der Region sowie Weine aus ganz Lateinamerika.

WILLEMSTAD:
The Wine Cellar $$$
Französisch
Ooststraat Ecke Concordiastraat
(5999) 461 2178 So
Der Küchenchef des reizenden Restaurants setzt beim Kreieren der mehrgängigen Dinnermenüs ganz auf frische Zutaten. Das Resultat – französische Gerichte mit karibischer Note – genießt man in angenehmer Atmosphäre.

Schönes Ambiente des Restaurants Kome in Willemstad, Curaçao

Praktische Hinweise

Die drei Inseln Aruba, Bonaire und Curaçao standen und stehen geografisch und politisch miteinander in Verbindung. Die Unterkünfte sind auf Aruba am kostspieligsten, Bonaires Hotels sind hauptsächlich auf Taucher ausgerichtet, während Curaçao die größte Anzahl an günstigen Hotels bietet. Die freundlichen Mitarbeiter in den Fremdenverkehrsorganisationen aller drei Inseln helfen gern beim Organisieren von Zimmern, Tickets für Veranstaltungen und Sightseeing. In den Informationsbüros erhalten Urlauber unzählige Tipps, Karten und Broschüren.

Terminal des Curaçao International Airport

Beste Reisezeit

Die Inseln liegen außerhalb des Hurrikangürtels. Stürme kommen zwar vor, aber meist herrschen warme Temperaturen und kühle Brisen vor. Sommer und Herbst, wenn die meisten kulturellen Veranstaltungen stattfinden, sind die beste Zeit für einen Besuch.

Anreise

In Deutschland, in Österreich und in der Schweiz bieten u. a. **Austrian**, **KLM**, **Lufthansa**, **Swiss** und **United Airlines** Flüge mit einem Zwischenstopp zu den ABC-Inseln an. Die Maschinen landen auf dem Aeropuerto Internacional Reina Beatrix (AUA) auf Aruba sowie auf dem Bonaire International Airport (BON) und auf dem Curaçao International Airport (CUR). Regionale Fluglinien wie **Divi Divi Air** und **Insel Air** verkehren zwischen den Inseln. Ein Linien-Fährbetrieb existiert nicht.

Einreise

Deutsche, österreichische und Schweizer Staatsbürger benötigen für die Einreise lediglich einen gültigen Pass sowie ein Rück- oder Weiterflugticket. Dies gilt auch für Kinder jeden Alters. Ein Personalausweis reicht nicht aus. Individualreisende werden mitunter nach ausreichenden Geldmitteln für den Aufenthalt gefragt.

Information

Informationsstände findet man an den Flughäfen von Aruba und Curaçao. Die Fremdenverkehrsämter **Aruba Tourism Authority**, **Tourism Corporation Bonaire** und **Curaçao Tourist Board** haben auf allen drei Inseln Filialen. Im deutschsprachigen Ausland werden sie in der Regel durch Reisebüros vertreten. Die Internet-Seiten der Fremdenverkehrsbüros informieren über alle Aspekte der Urlaubsplanung und haben nützliche Links zu vielen Unternehmen und Hotels.

Sicherheit und Gesundheit

Die Kriminalitätsrate ist auf allen drei Inseln niedrig – die Zahl der Vergehen gegen Urlauber ist die niedrigste in der Karibik. Dennoch sollten Sie Vorsichtsmaßnahmen, vor allem gegen Diebstähle aus Mietwagen, treffen und keine Wertsachen unbeaufsichtigt lassen. Meiden Sie bei Dunkelheit einsame Orte. Jedes Verbrechen muss der Polizei gemeldet werden. **Dr. Horacio Oduber Hospital** auf Aruba, **San Francisco Hospital** auf Bonaire und **St. Elizabeth Hospital** auf Curaçao gehören zu den besten Krankenhäusern der Inseln.

Banken und Währung

Auf den ABC-Inseln gibt es drei offizielle Währungen. Auf Aruba gilt der Aruba-Florin (Afl), auf Bonaire der US-Dollar (US$) und auf Curaçao wird mit Antillen-Gulden (ANG) bezahlt. US-Dollar und gängige Kreditkarten werden auf den Inseln in der Regel akzeptiert. Banken und Geldautomaten, an denen man mit Kreditkarte und manchen Debitkarten Bargeld abheben kann, findet man überall. Banken sind montags bis freitags von 8 bis 15.30 Uhr geöffnet.

Kommunikation

Um von Aruba, Bonaire und Curaçao ins Ausland zu telefonieren, wählt man 00 und die entsprechende Ländervorwahl (Deutschland: 49; Österreich: 43; Schweiz: 41). Wer aus Europa auf einer der Inseln anruft, wählt 00, dann die Inselvorwahl 297 für Aruba, 599 für Bonaire oder 5999 für Curaçao, gefolgt von der siebenstelligen Rufnummer. Für Gespräche innerhalb einer der Inseln genügt es, die siebenstellige Rufnummer zu wählen.

Viele der großen Ferienanlagen sowie die Flughäfen bieten Internet-Zugang, außerdem hat man in zahlreichen Internet-Cafés und anderen »Hotspots« Internet-Zugang. SIM-Karten für Ihr Handy sind in den Büros des Mobilfunkanbieters **Digicel**. Fragen Sie Ihren heimischen Mobilfunkanbieter nach den anfallenden Roaming-Gebühren bei Benutzung des eigenen Handys.

Verkehrsmittel
Taxis sind an den Flughäfen, den Terminals von Kreuzfahrtschiffen und an den meisten Attraktionen zu finden. An den internationalen Flughäfen gibt es Schalter der Mietwagenfirmen. Fahrer müssen hier einen gültigen Führerschein und eine Kreditkarte vorlegen. Auf den ABC-Inseln herrscht Rechtsverkehr, überall verbindet ein gutes Straßennetz die Städte. Für die Feldwege außerhalb der großen Feriengebiete bietet sich ein Auto mit Allradantrieb an. Bekannte Mietwagenfirmen auf den Inseln sind **Avis**, **Hertz**, **AB Carrental**, **Amigo Rent-A-Car** und **Michel Car Rental**. Auf Aruba und Curaçao verkehren auch öffentliche Linienbusse.

Shopping
Curaçao bietet Urlaubern das schönste Shopping-Erlebnis. Käse, Schokolade und Delfter Porzellan sind beliebte Souvenirs. Auf Aruba und Curaçao sind die Waren aufgrund der niedrigen Einfuhrsteuer recht günstig. Hier sind vor allem niederländische Produkte gefragt. In Kralendijk auf Bonaire findet man Kunst, Schmuck und Bademode. Beliebte Ziele für eine Shopping-Tour sind der **Strada Complex** auf Aruba, **Island Fashions** auf Bonaire sowie das **Riffort Village** auf Curaçao.

Stände an der Anlegestelle für Kreuzfahrtschiffe, Brionplein, Willemstad

Sprache
Auf den Inseln spricht man offiziell Niederländisch, umgangssprachlich Papiamentu. Englisch und Spanisch sind weitverbreitet.

Strom
Arubas Stromspannung beträgt 115 Volt mit 60 Hertz, auf Bonaire und Curaçao sind es 127 Volt mit 50 Hertz. Für mitgebrachte Elektrogeräte ist ein Adapter erforderlich.

Zeit
Die Atlantic Standard Time (AST) liegt fünf Stunden hinter der Mitteleuropäischen Zeit (MEZ), sechs Stunden hinter der Mitteleuropäischen Sommerzeit (MESZ).

Heiraten
Auf Aruba müssen Paare ihre Papiere 14 Tage vor der Hochzeit im **Office of Civil Registry** vorlegen. Auf Bonaire müssen beide kurzzeitig Inselbürger werden. Informationen liefert die Tourism Corporation Bonaire. Auf Curaçao beginnen die Formalitäten zwei Monate im Voraus, und beide müssen für drei Tage Inselbürger werden. Informationen gibt es beim Curaçao Tourist Board.

Auf einen Blick

Anreise
Austrian
W austrian.com

Divi Divi Air
(5999) 839 1515.
W flydivi.com

Insel Air
(5999) 737 0444.
W fly-inselair.com

KLM
W klm.com

Lufthansa
W lufthansa.com

Swiss
W swiss.com

United Airlines
W united.com

Information
Aruba Tourism Authority
W aruba.com

Curaçao Tourist Board
W curacao.com

Tourism Corporation Bonaire
W tourismbonaire.com

Sicherheit und Gesundheit
Polizei, Feuerwehr und Ambulanz
911; außer Polizei Aruba 100; Ambulanz Curaçao 912.

Dr. Horacio Oduber Hospital
(297) 587 4300.

San Francisco Hospital
(599) 717 8900.

St. Elizabeth Hospital
(5999) 462 5100.

Kommunikation
Digicel
W digicelaruba.com
W digicelbonaire.com
W digicelcuracao.com

Verkehrsmittel
AB Carrental
W abcarrental.com

Amigo Rent-A-Car
W amigocar.com

Avis
W avis.com

Hertz
W hertz.com

Michel Car Rental
W michelcarrental curacao.com

Shopping
Island Fashions
5 Kaya Grandi, Kralendijk, Bonaire.

Riffort Village
Otrobanda, Willemstad, Curaçao.

Strada Complex
Caya G. F. Betico Croes, Oranjestad, Aruba.

Heiraten
Office of Civil Registry
Oranjestad, Aruba.
(297) 583 4400.

Textregister

Fett gedruckte Seitenzahlen verweisen auf Haupteinträge.

D

E

L

M

Q

R

T

Danksagung und Bildnachweis

Dorling Kindersley bedankt sich bei allen, die bei der Herstellung dieses Buches mitgewirkt haben.

Hauptautoren

Christopher P. Baker wurde 2008 mit dem Lowell Thomas Award als Travel Journalist of the Year ausgezeichnet. Sein Spezialgebiet ist die Karibik, vor allem Kuba. Er hat weltweit für über 200 Publikationen geschrieben, u. a. für *Caribbean Travel & Life*, *Islands*, *Maxim* und *National Geographic Traveler*. Die Caribbean Tourism Organization und das Jamaican Tourist Board ernannten ihn zum *Travel Writer of the Year*.

James Henderson reist seit über 20 Jahren in die Karibik. Seine Berichte und Fotos wurden in Reiseführern und Magazinen veröffentlicht. Er war Gründer und Herausgeber des Online-Reiseführers *definitivecaribbean.com*.

Skye Hernandez lebt in Trinidad und Tobago. Die Autorin und Herausgeberin hat die Karibik ausgiebig bereist und ist Herausgeberin von *Caribbean Beat* und der Zeitschrift *MACO Caribbean Living*.

Lynda Lohr lebt auf St. John (US Virgin Islands) und schreibt regelmäßig Artikel für viele Agenturen und Reisepublikationen. Sie hat zu zahlreichen Reiseführern über die Karibik Texte beigetragen.

K. C. Nash reist seit über 20 Jahren in die Karibik und lebt heute auf Antigua. Die amerikanische Autorin und ehemalige Redakteurin einer Tageszeitung hat für viele regionale Magazine und Publikationen geschrieben.

Don Philpott arbeitet seit über 40 Jahren als Autor und hat rund 90 Bücher über verschiedenste Themen, auch über Reisen, geschrieben. Mehr als 5000 seiner Artikel wurden in Zeitungen und Zeitschriften in den USA und Großbritannien veröffentlicht.

Theresa Storm hat u. a. in *Reader's Digest*, *Islands* und *Caribbean Escapes* veröffentlicht. Die kanadische Reisejournalistin, Autorin und Fotografin hat diverse Preise für ihre Reiseartikel gewonnen.

Lynne Sullivan schreibt häufig und viel über die Karibik. Die amerikanische Journalistin ist Mitglied der Society of American Travel Writers und American Society of Journalists and Authors.

Polly Thomas lebt in Trinidad. Die Autorin und Herausgeberin kam als 17-Jährige erstmals in die Karibik, damals bereiste sie Jamaika. Seitdem hat sie die meisten Inseln erkundet und Reiseführer für Jamaika, Trinidad und Tobago, St. Lucia und Antigua verfasst.

Fact Check

Lynda Lohr, Textosdom (Santo Domingo)

Korrektorat

Nikky Twyman, Stewart Wild

Index

Cyber Media Services Ltd., Helen Peters

Gestaltung und Redaktion

Publisher Douglas Amrine
List Manager Vivien Antwi
Managing Art Editor Jane Ewart
Project Editor Alastair Laing
Project Art Editors Kate Leonard, Shahid Mahmood
Editorial Assistance Vicki Allen
Senior Cartographic Editor Casper Morris
Managing Art Editor (Jackets) Karen Constanti
Jacket Designer Tessa Bindloss
Senior DTP Designer Jason Little
DTP Designer Natasha Lu
Picture Researcher Ellen Root
Production Controller Liz Cherry

Neubearbeitung

Emma Anacootee, Parnika Bagla, Christopher P. Baker, Kate Berens, Hilary Bird, Cobalt Id, Imogen Corke, Dipika Dasgupta, Jane Ellis, Fay Franklin, Skye Hernandez, Shobhna Iyer, Taraneh Ghajar Jerven, Claire Jones, Sumita Khatwani, Priya Kukadia, Jude Ledger, Hayley Maher, Alison McGill, Casper Morris, K. C. Nash, George Nimmo, Lucy Richards, Sands Publishing Solutions, Ankita Sharma, Neil Simpson, Susana Smith, Anna Streiffert, Priyanka Thakur, Rukmini Tilara, Priyansha Tuli, Janis Utton, Conrad Van Dyk, Vinita Venugopal, Lisa Voormeij, Tanveer Abbas Zaidi

DK Picture Library

Romaine Werblow

Weitere Fotografien

Max Alexander, Andy Crawford, Ian Cummings, Mike Dunning, Lydia Evans, Neil Fletcher und Matthew Ward, Trish Gant, Heidi Grassley, Frank Greenaway, Dave King, Cyril Laubscher, Martin Norris, Ian O'Leary, Gary Ombler, Martin Richardson, Tim Ridley, Lucio Rossi, Rough Guides, Ian Cummings, Lydia Evans, Roger Mapp, Anthony Pidgeon, Martin Richardson, Karl Shone, Tony Souter, Jon Spaull, Polly Thomas.

Genehmigung für Fotografien

Dorling Kindersley bedankt sich bei folgenden Personen und Institutionen für die freundlich gewährte Erlaubnis, in ihren Einrichtungen zu fotografieren:

Ajili Mójili, Puerto Rico; Altar de la Patria, Santo Domingo; Anse Chastanet, St. Lucia; Apple Bay, British Virgin Islands; Barbados Golf Club; Cindy Corbin vom Barbados Museum; Belmont Estate, Grenada; Biras Creek; Calle San Sebastián, Puerto Rico; Captain Oliver's Resort Hotel, Sint Maarten; Caribelle Batik, St. Kitts; Catedral Primada de América; Craighton Estate Coffee Farm and Great House; Daphne's, Barbados; Decker's Grille & Lounge; Diamond Casino; Discovery at Marigot Bay; Firefly; Grace Bay Club, Turks & Caicos; Mr Bob Betton vom Greenwood Great House; Half Moon Club, Jamaika; Harbour Lights, Barbados; Annabella Proudlock von Harmony Hall; Hotel El Convento, Puerto Rico; Jobean's Hot Glass Studio; Jump Up Casino; La Cathédrale Saint-Louis, Martinique; Le Plein Soleil, Martinique; Le Sereno; Grand Cul-de-Sac, St. Barthélemy; Matilde Restaurant & Historic Monument, Guadeloupe; Carlos I. Ayala vom Museo de Arte de Puerto Rico; Museo de Arte e Historia de San Juan; Old Gin House; St. Eustatius; Parque de Bombas; Pati de St. Barth; Pedro St. James National Historic Site; Pyrat Rum Factory, Anguilla; Raffles Canouan; Rainforest Restaurant at Papillote, Dominica; Rawlins Plantation Inn; Rockhouse; Negril; Royal Westmoreland; Sacred Heart Church, einer römisch-katholischen Kirche; Frank Costin von der Savannah Gallery, Anguilla; Marietta Norville von der St. Nicholas Abbey, Barbados; Sunbury Plantation House; The Blue Haven Hotel, Tobago; The Cove, Antigua; The Edge, St. Lucia; The Fort Young Hotel, Dominica; The Grenadines Resort; The Hermitage Plantation Inn, Nevis; The Jaipur Restaurant; The Rhodes Restaurant; The Roman Catholic Cathedral, St. Lucia; Westin Dawn Beach Resort Casino, St. Martin; Young Island Resort, St. Vincent und die Grenadinen; Zurra, Anguilla.

Bildnachweis

o = oben, m = Mitte, u = unten, l = links, r = rechts, d = Detail.

Dorling Kindersley hat sich bemüht, alle Inhaber von Bildrechten ausfindig zu machen. Falls dies nicht gelungen sein sollte, bitten wir Rechte-Inhaber, sich mit dem Verlag in Verbindung zu setzen. Versäumte Nennungen von Rechte-Inhabern werden in der nächsten Auflage nachgeholt.

Dorling Kindersley dankt allen Personen, Firmen und Bildbibliotheken für die freundlich gewährte Erlaubnis, ihre Fotografien abzubilden: Kunstwerke wurden mit der freundlichen Genehmigung der folgenden Copyright-Inhaber abgebildet:

Figura Ecuestre auf der Plaza de la Revolución © Alberto Lescay Merencio 91m; Sam Sharpe Monument in Montego Bay © Kay Sullivan 137ol; *Maternity* in der Galeria de Arte Cándido Bidó © Cándido Bidó 166ul; Wandbild *The Resurrection and Ascension* in der Sacred Heart Church, einer römisch-katholischen Kirche, Saba © Heleen Cornet 282ul.

123RF.com: Luis Santos 326mro.

4Corners: Larsen Collinge 58or; Guido Cozzi 335ur, 493mru, 494ol, 494mr; Devaux Danielle 388–389m; SIME/Dutton Colin 351mr, Romiti Fabrizio 118ur, Damm Fridmar 479ur, Grafenhain Gunter 29mru, 30–31m, 245or, 456ml, 493ur, Mehlig Manfred 46mr, Ripani Massimo 266u, Schmid Reinhard 5or, 29ur, 40um, 73ur, 84ol, 90ul, 92or, 102ml, 132u, 133ol, 152ur, 461ol.

Aguaviva Restaurant: 218om.

Alamy Images: Rolf Adlercreutz 338ml; John Anderson 491m; Arco Images GmbH 87mro, 181mlo, 325m; Bill Bachmann 253or; Mark Bassett 31ur; 145mlu; Henry George Beeker 485ol, 493ul; John Bentley 52mlu; Blaine Harrington III 54mr; blickwinkel 31ul; Steve Bly 498ul; Brandon Cole Marine Photography 48mlu; George Brice 427o; Caribbean 131or; Maria Grazia Casella 54or; Heeb Christian 189ur; Robert Clay 433or; Thornton Cohen 34–35m; Content Mine International 55mu, 297ur; Chris A Crumley 339or; Stuart Crump 58mru; CuboImages srl 82ol, 155ur; Tim Cuff 44mru, 120um, 130or; Danita Delimont 1m, 110um, 121or, 127ol, 130ml, 303um, 349ur, 353ml, 383ul, 485m, 494um, 500or; Susan E. Degginger 244ml, 401mlo; Delfini Int Ltd. (UK) 245ol; Reinhard Dirscherl 48or, 180ur; Don Despain/www.rekindlephoto.com 106or; Alissa Everett 41ur; Fabian Gonzales Editorial 401mlu, 401ur; FAN travelstock 95om; Waldhaeusl Franz 192ur; Robert Fried 48mlo, 137ml, 207or; Dan Galic 37ul, Geogphotos 112ur, 113ml; David Giral 372ur; Jeff Greenberg 44or, 126ol, 126u; Guillen Photography/UW/Bonaire 491ml; Nick Hanna 44ul, 105mr, 183ml; Headline Photo Agency 147ur; Bill Heinsohn 104ul; Gavin Hellier 49ol, 295o, 448ol; Hemis 84ur; John Henshall 78ul; Wesley Hitt 140ul; Tryphosa Ho 441ur; Peter Horree 338mlu; ImageGap 157or; ImageState 61or, Imagestate Media Partners Limited – Impact Photos 55ul; Ingolf Pompe 452mru; Ingolf Pompe-8 349ol, 353ur; Ingolf Pompe-32 52mlo, 464om; Isifa Image Service s.r.o 87om, 89ml; James Davis Photography 319mlo; Andre Jenny 227ur, 244ul; Matthew Johnston 431mlu; Jon Arnold Images Ltd. 79ol, 296mr; JTB Photo Communications, Inc. 86mlu; Karen & Ian Stewart 33mr, 49mr; Kim Karpeles 200ml, Jim Kidd 258ur; David Kilpatrick 447ur; Dan Leeth 31ol; Mark Lewis 37ol, 121ol, 237ml; LH Images 296ul, 297mru; Randy Lincks 285um; Melvyn Longhurst 78ml, LOOK Die Bildagentur der Fotografen GmbH 483ur; Lordprice Collection 52or; Iain Lowson 456or; MagicSea.com/Carlos Villoch 241ur, 245ul, 280ur; Stephen Mallaby

86ml; Mark Summerfield 232ul, 232ur, 233mru; Marka 98ol; Mary Evans Picture Library 398ur; mediacolor's 34ul, 432ul; Michael DeFreitas Caribbean 36mru, 127mr; MJ Photography 477mr; Mountain Light/Galen Rowell 259ul; Steve Murray 41mr; nagelestock.com 136ul; Martin Norris 86or; Brian North 431um; North Wind Picture Archives 143mru; M. Timothy O'Keefe 40mu, 40ur, 48ul, 109ur, 124ml, 179m, 179ur, 192ml, 300ol, 383mru, 389ur; Paul Thompson Images 437m; Peter Arnold, Inc. 203ur; Photoshot Holdings Ltd. 461mr; Photov.com/Hisham Ibrahim 138o; David Pick 58mr, 312ur; Walter Pietsch 346ur, 353mlu; Kristjan Porm 338ur; Prisma Bildagentur AG 434ul; Reimar 271ur; Robert Harding Picture Library Ltd. 75ur, 465ur; Helene Rogers 328or, 476mro, 477ol; Grant Rooney 54ml; Rough Guides 315ul; Kevin Schafer 213m, 431ul; James Schwabel 237mlu, 263ur; SCPhotos 228m; Alex Segre 78mu, 79mru; Antony Souter 100u; Stephen Frink Collection 32mr, 125ur, 248um, 416ur; Stock Connection Blue 53or; Stockfolio 353mr; Lee Karen Stow 179or; Rick Strange 236ol; Mark Sykes 338um; Steve Taylor ARPS 386or; Terry Harris just Greece photo library 45ol; Terry Smith Images Turks and Caicos Collection 124mru; Topcris 162or, 163ul; Travelib Asia 47ur; Travelshots.com 313ur, 432mr; Kirk Treakle 237ul; Bob Turner 476ul; Eye Ubiquitous 445mlu; Tom Uhlman 31or, 39or; V1 54mru; Universal Images Group /DeAgostini 380ml; Landrin Valerie 421ol; Michael Ventura 423m; Visual&Written SL 33mru; Nik Wheeler 39ol; Poelzer Wolfgang 429mo; Andrew Woodley 42mu, 316ml, 322or, 338or; World Pictures 435ul, 444ur; WorldFoto 111ml; Ruchan Ziya 49ur.

Amanyara Hotel: 128om.

Aruba Tourism Authority: 488mru, 492ol, 496ol.

Axiom Photographic Agency: 389ul; Gardel Bertrand 35ol; Chris Caldicott 40–41m; Ian Cumming 133ur, 145ol, 151ol, 153ol; Hemis 330u.

Bananas Restaurant: www.taraleighphotography.com 307ur.

Barefoot: 499mr.

Louis N Batides: 45or.

El Beaterio: 189or.

Blue Bubbles Watersports & Dive Center: 274ol.

Bonaire Sunset Villa: 497ur.

Bonito: 341ol.

The Bridgeman Art Library: *Drakes Angriff auf Santo Domingo*, um 1595 (Stich) 65or, Sir Henry Morgan (um 1635–1688) (kolorierter Stich) 65um, *Vulkanausbruch auf Martinique*, aus *Le Petit Parisien* 15. Mai 1902 (Farblithografie) 366mru.

Cayman Brac Lost City of Atlantis: Elisa Buller 111um.

The Champs: 391ur.

Anne Chopin: 367ur.

Christopher Baker: 93mro.

Chukka Caribbean Adventures: 155mro, 155m.

Philip Chung: 63ml.

Coal Pot: 407um.

Coco Beach Resort: 356ul.

Corbis: 412um; C. I. Aguera 269om; Tony Arruza 67ur; Yann Arthus-Bertrand 413ml, 415mlo; Atlantide Phototravel 58ul, 71ur, 194u, 458u; Tom Bean 38ur, 195ur; Bettmann 40or, 67or; Blaine Harrington III 5mru, 459ol, 472–473; Tibor Bognar 88ol; Gary Braasch 471ur; Diane Cook & Len Jenshel 181ur; Reinhard Eisele 145ul; EPA/Alejandro Ernesto 20ul; Macduff Everton 59ur, 419ur; Ales Fevzer 41ul; Stephen Frink 111mru, 285ml, 467um; Goodlook Pictures/Philippe Giraud 38–39m, 63ur, 365ur, 379ur; Rose Hartman 41mru; Gavin Hellier 378ul; Hemis/Bertrand Gardel 165ur; Du Boisberranger Jean 26–27; Dave G. Houser 53mro, 54ur, 259o, 260um, 287ur, 429mlo; George H. H. Huey 383mro, 454–455; image100 456or; J.Garcia/photocuisine 429mu; JAI/Doug Pearson 68–69; Catherine Karnow 38or; Layne Kennedy 153ur; Bob Krist 35ul, 232ml, 243mr, 303ml, 385ml, 429mlu; Liu Dawei/Xinhua Press 43ul; Buddy Mays 233ul; Joe McDonald 47mr; MedioImages 123mlu, 388ml; Minden Pictures/Norbert Wu 222–223; Amos Nachoum 493ml; Neil Emmerson/Robert Harding World Imagery 314ul; Sergio Pitamitz 376–377; Onne van der Wal 36ml; Mark Peterson 139um; Reuters/Jorge Silva 54mu; Bill Ross 29mro; Rykoff Collection 67ul; Bob Sacha 52–53m; Sygma/Philippe Giraud 334o; Liba Taylor 43ur; Troy Wayrynen/NewSport 43or; Michele Westmorland 120o; Nik Wheeler 281o; Hein van den Heuvel/zefa 36mlu.

Crescent Moon Cabins: 390ol.

CuisinArt Golf Resort & Spa: 262om.

Danita Delimont Stock Photography: Bill Bachmann 491ur; Walter Bibikow 5mlu, 331ol, 486ol, 491ul; Robin Hill 45mr; Greg Johnston 302ml; Jon Arnold Images 28ur; Scott T. Smith 331ur, 365ol, 374ml; Nik Wheeler 303mlu.

Dirk Dijkhuizen: 485ul.

Dorling Kindersley: Mit freundlicher Genehmigung des Mesón de la Cava, Santo Domingo/Jon Spaull 191o.

Dreamstime.com: Kevin Berry 482u; Donyane-domam 184–185; Emotionart 482ol; Roxana González 12or; Wangkun Jia 106ml; Gail Johnson 480ul; Kevin Panizza 105ur; Sean Pavone 13u, 234ml; Tim Ridgers 404–405; Aaron Settipane 52ur; David Smith 479ol; Jo Ann Snover 483ol; Yykkaa 96ul; Zhukovsky 17om, 114om.

The Fairmont Royal Pavilion: 58ur.

Firefly Plantation: 420ul.

FLPA: SA TEAM/FN/Minden 471ml.

Geejam: 159ul, 161ol.

Getty Images: AFP/Jacques Demarthon 43mlu; Adrian Dennis 42ml; Axiom Photographic Agency/Ian Cumming 141or; Juan Barreto 43mro; Shaun Botterill 42–43m; Gustavo Caballero 53ul; David Cannon 40mlo; Jeff R. Clow 246–247; Digital Vision/Stephen Frink 32mru; Horst Tappe/Hulton Archive 397ur; The Image Bank/Michele West-morland 56ml; Darrell Jones 32ul; Ross Kinnaird 40mlu; LatinContent / STR 42mru; Medioimages Photodisc 29ol; Philippe Merle 53mru; Michael Ochs Archives 151mlu; Donald Miralle 37mr; Photodisc/Stuart Gregory 379or; Photographer's Choice/Jeff Hunter 111m; Photodisc Chel Beeson 2–3; Photonica/Daniel Allan 41um; Premium Archive/Alan Oxley 85um; Redferns/Ian Dickson 52um; JM International 53ur; David Redfern 53ol, 53um; Riser/Jeff Hunter 93ml; Robert Harding World Imagery/Richard Cummins 456ul; Roger Viollet/Harlingue 347um; Stringer 42mru; Brian Kersey 43mru; Phil Inglis 449ul; Taxi/Richard Bradbury 57ol; Michele Westmorland 467m.

GoldenEye: 158ol.

The Granger Collection, New York: 64mr, 64ul, 64ur, 65mu, 66ol, 66um, 67mu.

Hotel Nacional de Cuba: 97or.

Houserstock: Ellen Barone 31mr, 419mu; Dave G. Houser 419mlo.

Grete Howard: South West Regional Development Agency 155mlu.

Iberostar Hotels & Resorts: 99u, 186mr.

Island Exposure Inc: 325ur.

iStockphoto.com: Susanna Pershern 237mru.

Jacobson Associates, Inc: 125ml, 125mr, 125mlu.

Jolly Harbour Golf and Country Club: 321o.

jupiterimages: Don Hebert 233or.

Kariwak Village: Skene Howie 474ur.

Mikko Karvonen: 55or.

Kome : 501ur.

La Guarida: 101or.

La Samanna: 276ul.

La Yola: 190ul.

Lonely Planet Images: Jerry Alexander 489ml; Richard Cummins 489m; Richard I'Anson 34or, 338mr; John Elk III 213mlo; Wayne Walton 317ur.

Lucio Rossi: 59or, 89ul, 91or, 92mr, 273mlu.

Malliouhana Hotel & Spa: 44mlu.

Mary Evans Picture Library: 299um.

Masterfile: Jean-Yves Bruel 342ml; Mark Downey 145mu; Steve Fitzpatrick 36mr; Greg Stott 54ul.

Christopher Mazz: 285mru, 285ur.

Mike Messina: 213mlu.

Mille Fleurs: 161um.

National Geographic Stock: Cotton Coulson 415ml; Melissa Farlow 46mu; Michael Melford 51ul; Minden Pictures/Gerry Ellis 419ml; Laus Meyer 51mr; Mike Parry 93mru; Joel Sartore 213um; Rex Stucky 4ur, 35mu; Steve Winter 50mlo, 50mr, 50mlu.

naturepl.com: Nigel Bean 50mru; Brandon Cole 122ur; George McCarthy 303mu; Rolf Nussbaumer 46mru, 47mro, 144or, 213ul, 213ur; Pete Oxford 50ul, 123um, 289ml; Doug Perrine 50or, 210um, 211ol; Mike Potts 47mlo, 50ml, 50m; Jean E. Roche 47ul; Shattil & Rozinski 47or; Lynn M. Stone 47m; Kim Taylor 46ul; Doug Wechsler 46ml, 123m; Rod Williams 123ml.

Paul F. Neumann: 237mo.

Nisbet Plantation Beach Club: 59ml.

Odyssey Productions, Inc.: Robert Frerck 195ol; James Quine 72u.

Ondeck Group: 34ml, 319mlu, 319mru, 319ur.

Ottley's Plantation Inn: 59mru, 60ml, 60ul, 306om.

The Peninsula House: 188ul.

Peter Island Resort & Spa: 250or.

Photographer's Direct: Alan Weaver Photography 46mlu.

Photolibrary: age fotostock/Alvaro Leiva 389mr; Georgie Holland 106ur; Gonzalo Azumendi 366ol; P. Narayan 346ol, 493mlu; Terrance Klassen 267mr; Walter Bibikow 486ur; Angelo Cavalli 245ur; Animals Animals/Hamman/Heldring 471mr; Bill Bachmann 135ol; Dan Barba 70ur; Bibikow Bibikow 119ul; Walter Bibikow 351ul; Imagestate/Greg Johnston 33ml; John Warburton-Lee Photography/ Paul Harris 388ul; Jon Arnold Travel/Walter Bibikow 34ur; Joyce & Frank Burek 49or; JTB Photo 70mlu; Mark M. Lawrence 71ol; Alvaro Leiva 429ml; Japack Photo Library 46or; Mauritius/Walter Bibikow 486m; Wendell Metzen 71mr; moodboard 471mlo; Roberta Parkin 429mr; PhotoLink/T. O'Keefe 135ur; Photononstop 354om; J-C&D. Pratt 370u; PureStock 268u; Alex Quesada 37or; Robert HardingTravel/ Ellen Rooney 28ul; J. Lightfoot 28or; Richard Cummins 380u, 442um, 478u, 481o; Lothar Schulz 73ol; Paul Thompson 35ur; WaterFrame/Reinhard Dirscherl 32or, 32ml, 491mlu, 491mru; Manuela Kirschner 92ul, 468ur.

Photoshot: Authors Images 365mr; Eye Ubiquitous 42or; Jean-Marc Lecerf 355om, 371om, 374ur; NHPA/Jany Sauvanet 471mu; World Pictures 28mlu, 42ul, 364m, 368ur, 415mr; WpN 55om.

Reflexstock: PhotoNonStop/Van Osaka 55ml.

Reuters: Jorge Silva 457or.

Robert Harding Picture Library: Walter Bibikow 422ur, Bruno Morandi 57m.

Sandy Lane: 449ml, 449mr, 449mru.

Sebastian's on the Beach: 251um.

Seven Stars Resort: 129ul.

Steve Simonsen – Marine Scenes: 8–9, 59ul, 109ol, 224ml, 288mlo, 299mru, 303ul, 304o, 402ol, 402u, 403mr; Spain Pix 59ol.

Sonesta Maho Beach Resort & Casino, Sint Maarten: 44ur.

SuperStock: Angelo Cavalli 121ur.

Sweet Plantains: 252um.

The Bay at Nonsuch: 327ur.

The Casino Royale at Sonesta Maho Beach Resort & Casino: 273ml.

The Mangrove Information Center: 36ur.

The Ocean Adventure: 2008 Wayne & Karen Brown/ Brown & Co. Photography 369mlo.

TopFoto.co.uk: The Image Works 353mru.

Tortuga Bay: 187ul.

The Travel Library: Erik Schaffer 63ol.

Travel Pictures: PCL Travel/Terry Harris 431mru, Spain Pix 37mlu.

Travel-Images.com: 55ol, G. Friedman 62mlu, M.Torres 171ur, 177ur; 2006 David Smith 272um.

Tropic Isle Weddings: 60or, 61ml.

Tropical Ties: Celia Sorhaindo 388or.

Tropicasub Plongee: 369ml, 369mr, 369mlu, 369ul, 369ur.

Veni Mange: 475ol.

Vordere Umschlaginnenseiten
Corbis: JAI/Doug Pearson ol; Keren Su ur; Minden Pictures/Norbert Wu om; Robert Harding World Imagery/Sergio Pitamitz um.

Umschlag

Vorderseite: **Dorling Kindersley:** Demetrio Carrasco.
Rückseite: **Dorling Kindersley**.
Buchrücken: **Dorling Kindersley:** Demetrio Carrasco o; **Dorling Kindersley:** Lydia Evans u.

Fluglinien zwischen den karibischen Inseln

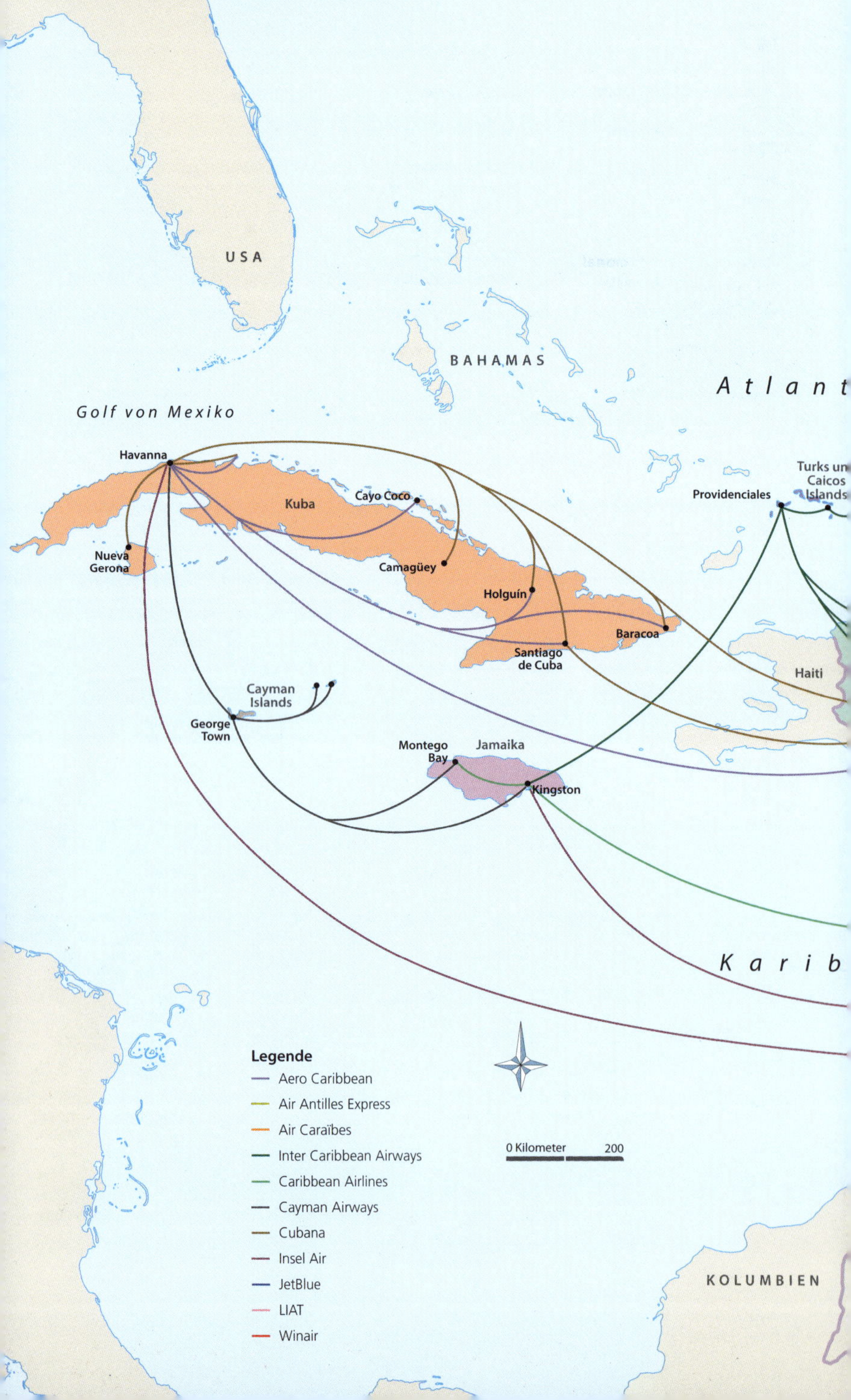